亳州年鉴

BOZHOU YEARBOOK

（2022）

中共亳州市委党史和地方志研究室 编

总第21卷

方志出版社
Publishing House of Local Records

图书在版编目（CIP）数据

亳州年鉴 . 2022 / 中共亳州市委党史和地方志研究室编 .—北京 : 方志出版社 , 2022.12
ISBN 978-7-5144-5375-1

Ⅰ . ①亳… Ⅱ . ①中… Ⅲ . ①亳州市— 2022 —年鉴
Ⅳ . ① Z525.43

中国版本图书馆 CIP 数据核字 (2022) 第 257324 号

责任编辑：张　颢
责任校对：刘玉霞
责任印制：梅中英
出 版 者：方志出版社
地　　址：北京市朝阳区潘家园东里 9 号（国家方志馆 4 层）
邮　　编：100021
网　　址：http://www.zgfzcb.cn
发　　行：方志出版社图书营销中心（010-67110500）
印　　刷：济南书来书往印刷有限公司
开　　本：889 毫米 ×1194 毫米　1/16
印　　张：28.25
字　　数：870 千字
版　　次：2022 年 12 月第 1 版
印　　次：2022 年 12 月第 1 次印刷
定　　价：260.00 元

《亳州年鉴（2022）》编辑委员会

《亳州年鉴（2022）》编辑部

编辑说明

一、《亳州年鉴（2022）》以马克思列宁主义、毛泽东思想、邓小平理论、“三个代表”重要思想、科学发展观、习近平新时代中国特色社会主义思想为指导，坚持辩证唯物主义和历史唯物主义的立场、观点和方法，全面记述2021年亳州市自然、经济、政治、文化、社会、生态文明等各方面的发展情况。本卷是连续出版的第21卷。

二、《亳州年鉴（2022）》采用分类编辑法，按类目、分目、条目编排，部分内容设有次分目。条目为记述的基本单位。条目标题加【 】。全书设特载、专记、大事记、市情概览、中国共产党亳州市委员会、亳州市人民代表大会、亳州市人民政府、中国人民政治协商会议亳州市委员会、纪检 监察、民主党派、群众团体、法治、军事、经济管理、中药产业、农业、工业、商贸、旅游、财政 税务 金融、交通 邮政 通信、城乡建设与管理、教育、科技、文化、医疗卫生、体育、社会事务管理、开发区简介、县（区）概览、人物、附录32个类目。

三、本卷文字资料由全市各部门、各县（区）及其他有关单位提供，亳州年鉴编辑部统筹编纂，经各部门和单位审核定稿。记述时限为2021年1月1日至12月31日，为保持内容资料的完整性和连续性，部分资料适当上溯或下延。

四、本卷主要综合性统计数据由市统计局或相关单位提供。所用数据由于统计的来源、口径、方式、方法和时间的不同，可能存在一定差异，使用时以市统计局提供的统计数据为准；凡市统计局未做统计的，以供稿单位提供的数据为准。计量单位一般均使用法定的单位。为遵从行业或使用习惯，有些内容使用“亩”等单位。数据一般保留到小数点后两位，保留数末尾为“零”的，一般不标出；同时，根据实际情况对部分数据予以全部保留。

五、本卷年鉴对各类目、分目间的交叉重复资料，在分清主次和互相协调的基础上，采取详此略彼的记述方法予以记载。

六、为方便读者查阅，本卷年鉴设“目录”“主题词索引”“图表索引”三种检索系统。

类　目

亳州市行政区划图

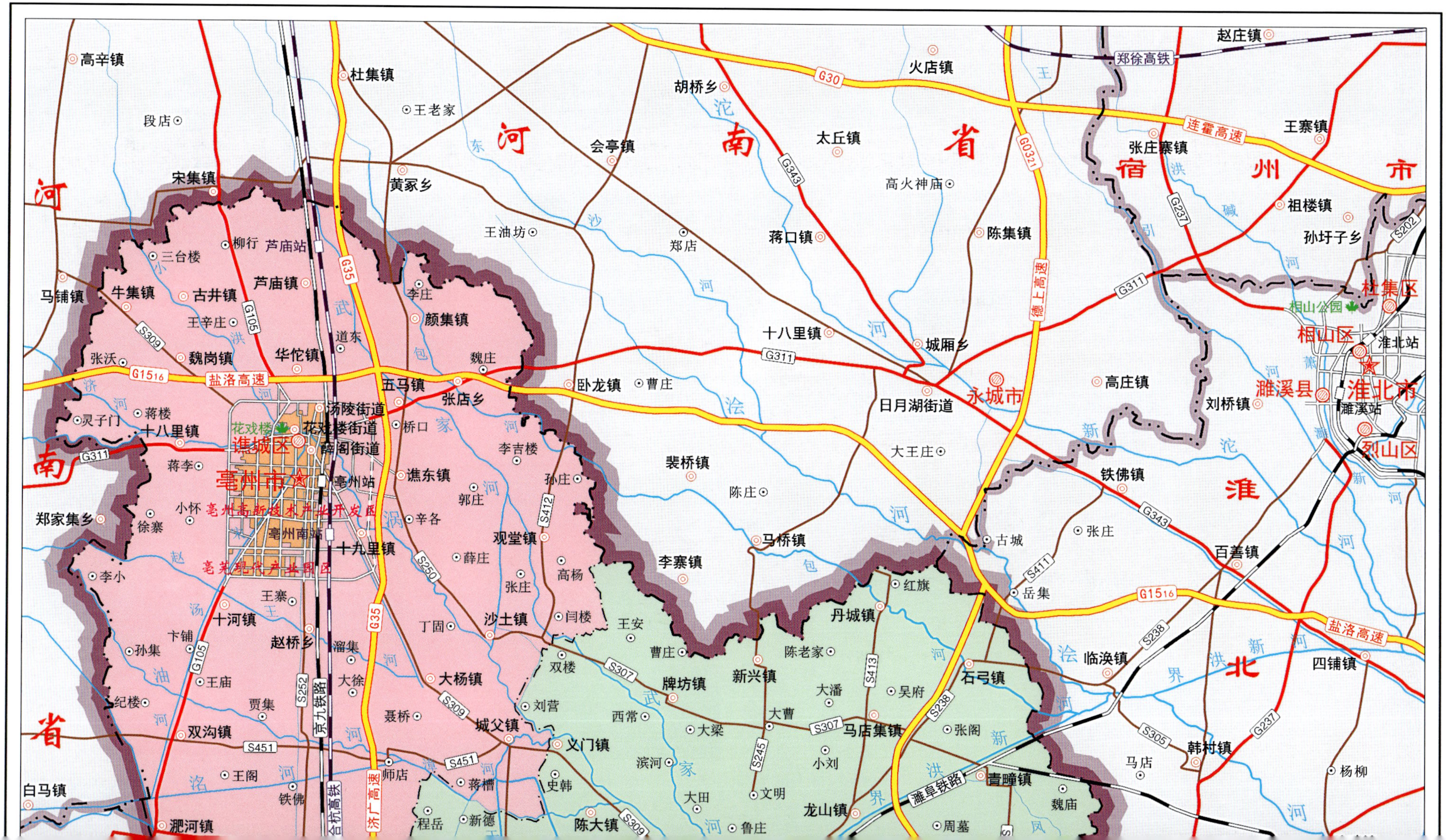

河南省
宿州市
淮北市
淮北
南
河
省
亳州市
谯城区
永城市
濉溪县
相山区
杜集区
烈山区
亳州高新技术产业开发区
亳芜现代产业园区
相山公园
花戏楼
淮北站
濉溪站
亳州站
亳州南站
芦庙站
郑徐高铁
京九铁路
合杭高铁
濉阜铁路
连霍高速
盐洛高速
德上高速
济广高速
G30
G35
G0321
G1516
G311
G343
G105
G237
S202
S238
S245
S250
S252
S305
S307
S309
S411
S412
S413
S451
高辛镇
段店
杜集镇
王老家
宋集镇
黄冢乡
会亭镇
胡桥乡
太丘镇
火店镇
高火神庙
蒋口镇
陈集镇
郑店
王油坊
十八里镇
城厢乡
日月湖街道
大王庄
卧龙镇
曹庄
裴桥镇
陈庄
马桥镇
李寨镇
高庄镇
刘桥镇
铁佛镇
张庄
古城
岳集
百善镇
临涣镇
四铺镇
韩村镇
马店
杨柳
赵庄镇
王寨镇
张庄寨镇
祖楼镇
孙圩子乡
马铺镇
牛集镇
三台楼
柳行
古井镇
芦庙镇
王辛庄
魏岗镇
华佗镇
张沃
灵子门
蒋楼
李庄
颜集镇
道东
魏庄
五马镇
张店乡
汤陵街道
花沟楼街道
薛阁街道
桥口
谯东镇
李吉楼
郭庄
孙庄
观堂镇
辛各
薛庄
高杨
张庄
十九里镇
蒋李
郑家集乡
小怀
徐寨
李小
王寨
十河镇
卞铺
孙集
王庙
纪楼
贾集
赵桥乡
溜集
大徐
丁固
沙土镇
闫楼
大杨镇
聂桥
城父镇
双沟镇
王阁
铁佛
师店
蒋槽
白马镇
淝河镇
程岳
新德
史韩
陈大镇
王安
双楼
刘营
曹庄
牌坊镇
新兴镇
陈老家
红旗
丹城镇
西常
大梁
大潘
大曹
吴府
马店集镇
石弓镇
张阁
文门镇
滨河
大田
文明
小刘
鲁庄
龙山镇
青疃镇
魏庙
周墓

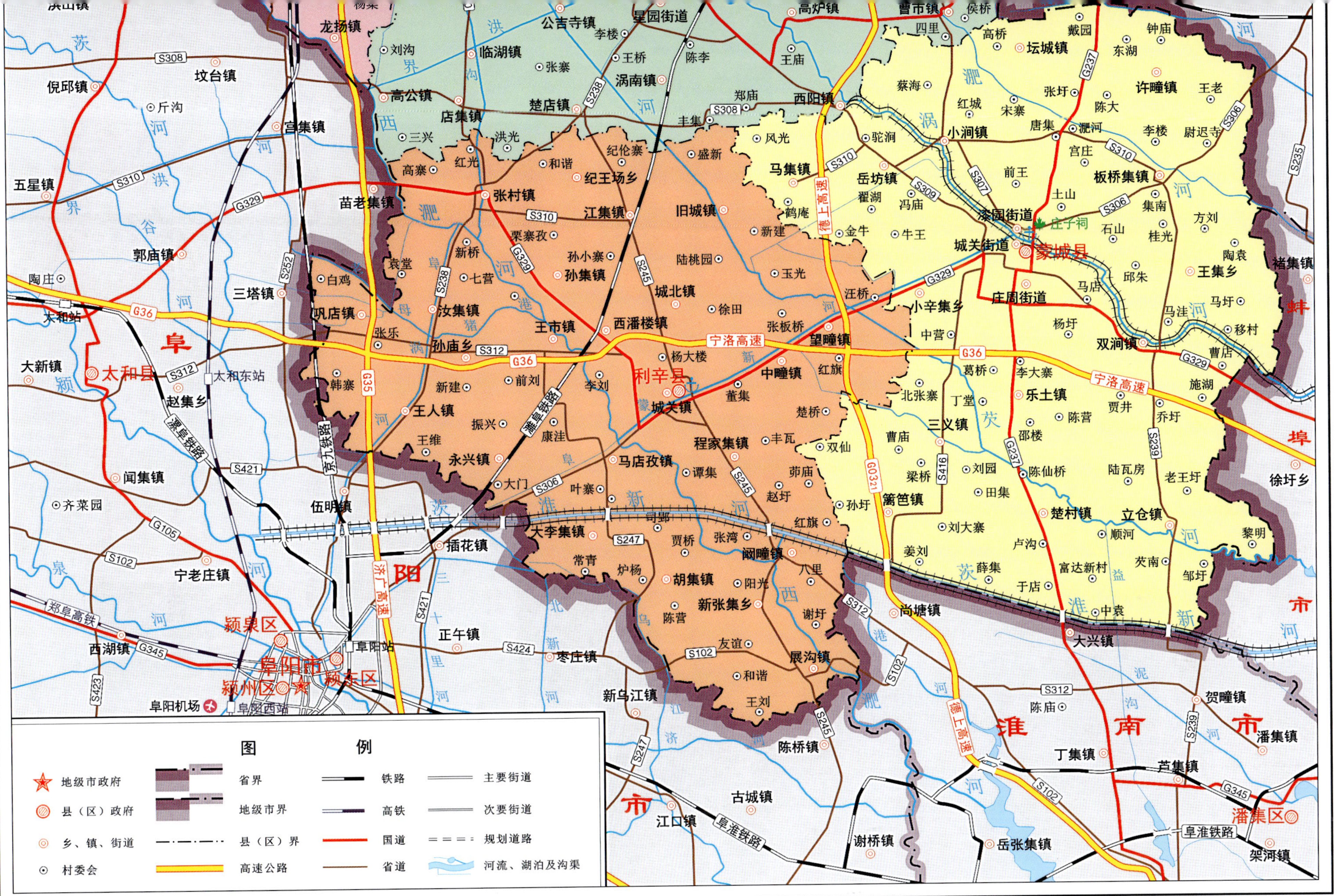

安徽省第四测绘院编制　审图号：皖亳S（2020）02号

二〇二〇年十一月

鸟瞰亳州市高新区　（刘勤利　摄）

亳州中药材商品交易中心
CHINESE MEDICINE EXCHANGE

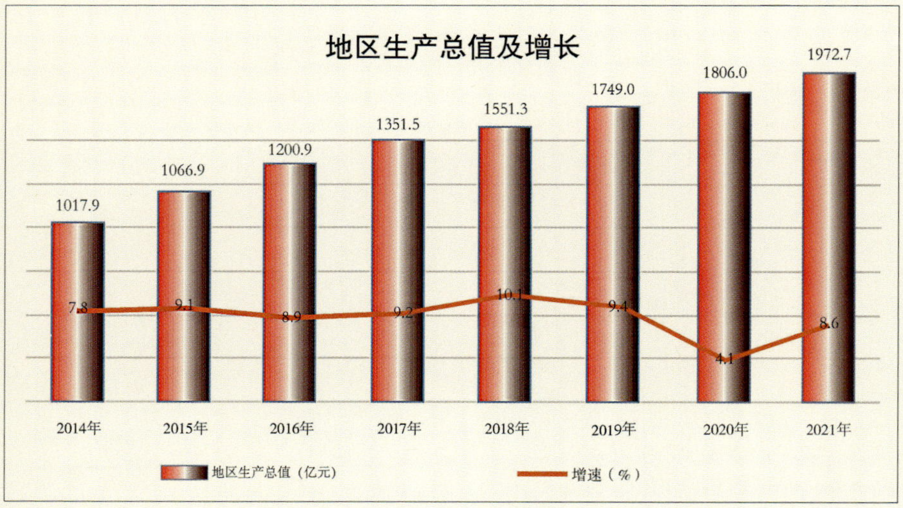
地区生产总值及增长
1017.9
1066.9
1200.9
1351.5
1551.3
1749.0
1806.0
1972.7
7.8
9.1
8.9
9.2
10.1
9.4
4.1
8.6
2014年
2015年
2016年
2017年
2018年
2019年
2020年
2021年
地区生产总值（亿元）
增速（%）

数字亳州

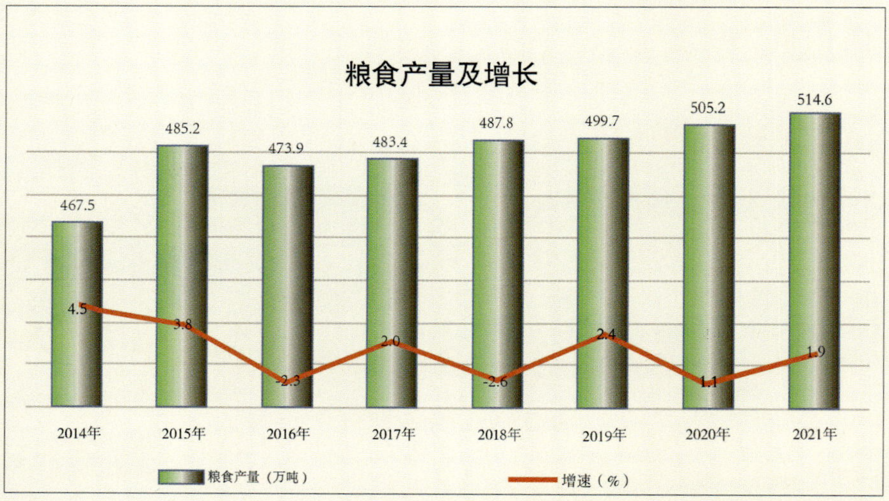
粮食产量及增长
467.5
485.2
473.9
483.4
487.8
499.7
505.2
514.6
4.5
3.8
-2.3
2.0
-2.6
2.4
1.1
1.9
2014年
2015年
2016年
2017年
2018年
2019年
2020年
2021年
粮食产量（万吨）
增速（%）

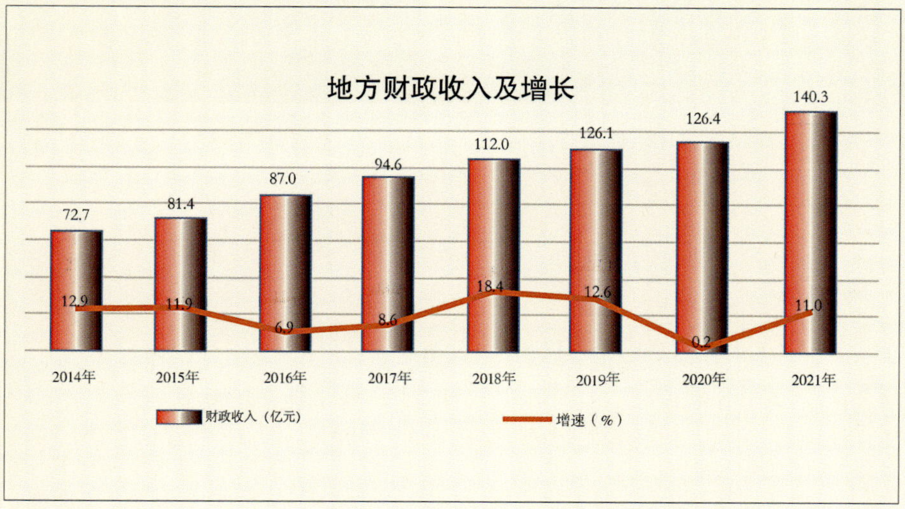
地方财政收入及增长
72.7
81.4
87.0
94.6
112.0
126.1
126.4
140.3
12.9
11.9
6.9
8.6
18.4
12.6
0.2
11.0
2014年
2015年
2016年
2017年
2018年
2019年
2020年
2021年
财政收入（亿元）
增速（%）

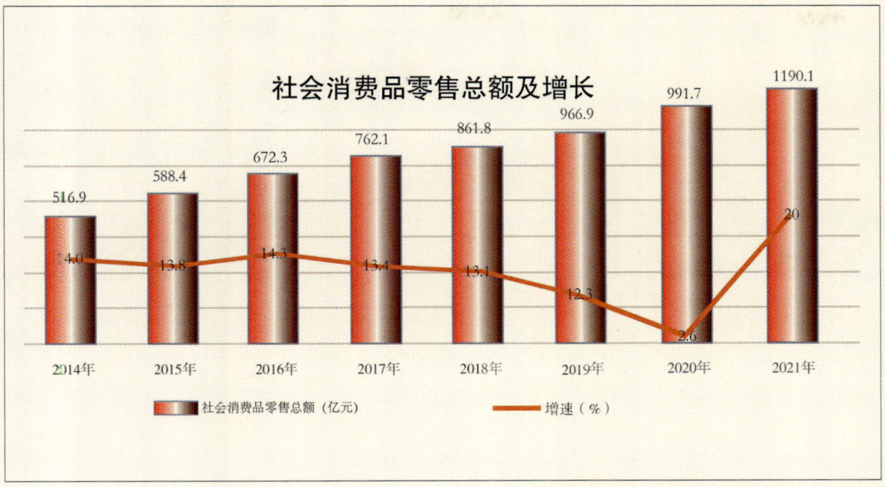
社会消费品零售总额及增长
516.9
588.4
672.3
762.1
861.8
966.9
991.7
1190.1
14.0
13.8
14.3
13.4
13.1
12.3
2.6
20
2014年
2015年
2016年
2017年
2018年
2019年
2020年
2021年
社会消费品零售总额（亿元）
增速（%）

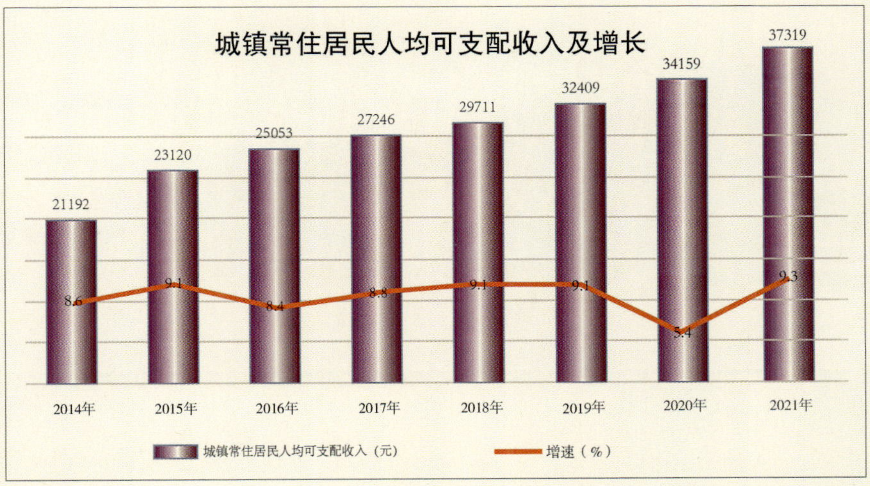
城镇常住居民人均可支配收入及增长
21192
23120
25053
27246
29711
32409
34159
37319
8.6
9.1
8.4
8.8
9.1
9.1
5.4
9.3
2014年
2015年
2016年
2017年
2018年
2019年
2020年
2021年
城镇常住居民人均可支配收入（元）
增速（%）

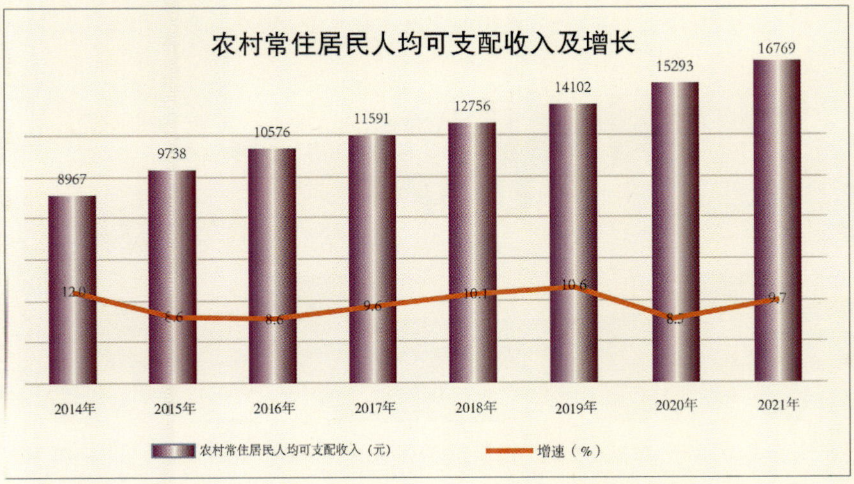
农村常住居民人均可支配收入及增长
8967
9738
10576
11591
12756
14102
15293
16769
12.0
8.6
8.6
9.6
10.1
10.6
8.5
9.7
2014年
2015年
2016年
2017年
2018年
2019年
2020年
2021年
农村常住居民人均可支配收入（元）
增速（%）

2021 年 6 月 12 日，亳州市高新区新时代文明实践中心开展“浓浓端午情　永远跟党走”文明实践活动　（王　磊　摄）

回顾百年党史，赓续前行力量。图为 2021 年 9 月 30 日，亳州市暨谯城区在皖北烈士陵园举行向烈士敬献花篮仪式　（张延林　摄）

党史学习教育

2021 年 4 月 27 日，亳州学院附属学校举办“传唱红色经典　弘扬爱国精神”喜迎建党 100 周年校园红歌展演活动　（张延林　摄）

2021 年 6 月 22 日，亳州市庆祝中国共产党成立 100 周年文艺演出　（张延林　摄）

2021 年 9 月 30 日，亳州市风华桐乡路小学举行“请党放心，强国有我”党史主题教育活动

（张延林　摄）

2021 年 4 月 9 日，在谯城区沙土镇张大村，老党员与青年党员一起学党史　（张延林　摄）

2021 年，中共亳州市委党史和地方志研究室举办中国共产党亳州历史图片展（1921—2021），全市上下掀起参观热潮　（杨　柳　供图）

2021 年 3 月 30 日，在皖北烈士陵园，益源电力有限公司的党员参加“缅怀先烈学党史，坚守初心勇担当”纪念建党 100 周年活动

（张延林　摄）

乡村振兴

2021 年 10 月 19 日，亳州市谯城区举行第九届农民广场舞大赛，助力乡村振兴　（刘勤利　摄）

2021 年 12 月 20 日，亳州市谯城区古井镇康森玩具厂内，工人在加工出口毛绒玩具

（刘勤利　摄）

2021 年 10 月 26 日，新华书店工作人员正在为农家书屋网店配送图书　（张延林　摄）

2021 年 11 月 11 日，谯城区十河镇大周村农民在晾晒丰收的农作物　（刘勤利　摄）

2021 年 6 月 11 日，国家电网（亳州供电公司）工人正在维护电网线路，助力乡村振兴

（刘勤利　摄）

2021 年 6 月 9 日，农民在“特色种养产业园区”大棚内采摘玫珑网纹甜瓜

（刘勤利　摄）

2021 年 8 月 17 日，农户在亳州方向家庭农场内收获鲜核桃

（刘勤利　摄）

2021 年 3 月 14 日，亳州市利辛县张村镇高老家村蔬菜种植基地，村民在田间收获青菜苔

（刘勤利　摄）

2021年4月26日，高炉家徽酒集团助力学校疫情防控

（徽酒集团　供图）

2021 年 8 月 16 日，G105 国道亳州北疫情防控查验点

（张延林　摄）

疫情防控

2021年8月23日，亳州市党员志愿服务队开展疫情消杀工作　　（张延林　摄）

2021年5月15日，亳州市民在华佗国医馆有序接种疫苗

（王长江　摄）

2021 年 5 月 29 日，亳州市医保局开展定点零售药店疫情防控督查

（李秀刚　供图）

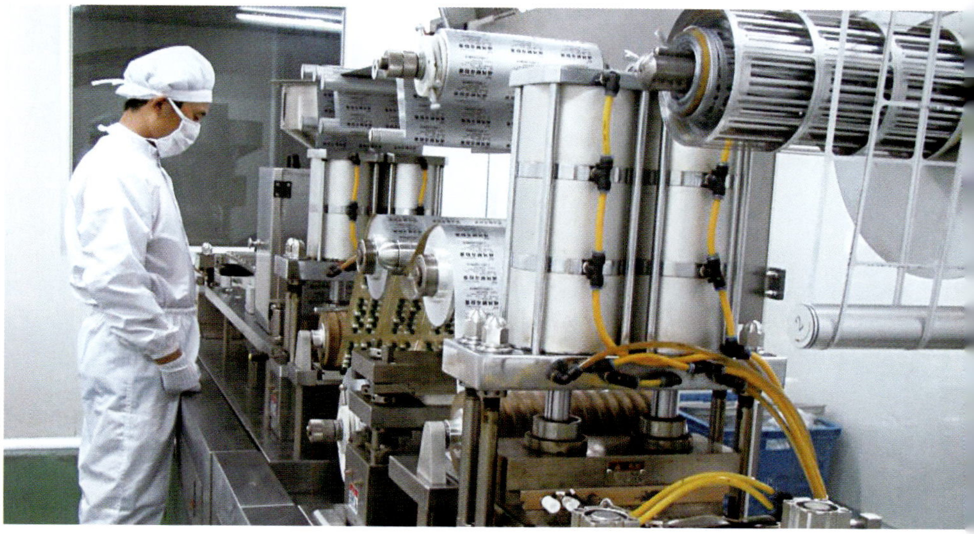

亳州济人药业生产的疏风解毒胶囊入选国家新冠肺炎诊疗方案。图为疏风解毒胶囊生产现场

（申　晶　供图）

新冠肺炎疫苗流动接种车

（何　甜　供图）

2021 年 5 月 15 日，党员志愿者为市民进行新冠肺炎疫苗接种登记

（王长江　摄）

2021 年 7 月 13 日，全省推行生态环境保护专项监督长制度动员会暨大气污染防治现场会在亳州召开

（刘清照　供图）

2021 年 12 月 17 日，亳州市生态环境局积极推进药企污水排放标准调整，助力药企降本增效

（刘　超　供图）

环境**保护**

治理后的陵西湖　　（刘勤利　摄）

2021 年 3 月 25 日，志愿者参加植树活动
（张延林　摄）

2021 年 12 月 5 日，志愿者在涡河边开展垃圾清理环保活动
（张延林　摄）

2021 年 9 月 12 日，公路护栏清洗车开展清理工作　（杨华卿　供图）

2021 年 6 月 3 日，亳州环保世纪行暨“六五”环境日主题活动举行
（张延林　摄）

2021 年 5 月 16 日，亳州市第五小学学生到康美中药城开展社会实践活动，传承中医药文化　　（张秀礼　供图）

2021 年 9 月 9 日，药工在亳州中药材专业市场会展中心展示中药炮制技艺　　（刘勤利　摄）

2021 年 2 月 12 日，亳州
安徽九方制药有限公司生产车
（刘勤利　摄

世界中医药之都

2021 年 9 月 9 日，2021 年国际（亳州）中医药博览会暨第 37 届全国（亳州）中药材交易会开幕式　　（张延林　摄）

2021 年 9 月 9 日，亳州市举办纪念华佗诞辰 1894 周年祭祀典礼　　（张延林　摄）

亳州中药材商品交易中心　（刘勤利　摄）

中国亳州中药材专业市场　　（张延林　摄）

2021 年 9 月，药农在采收亳菊　　（刘勤利　摄）

2021 年 9 月 8 日，游客在谯城区第五届花茶展上参观　　（刘勤利　摄）

亳州市高新区宝龙药业有限公司提取车间（刘勤利 摄）

蒙城县安徽瑞蒙科技公司无机保温装饰板生产车间（张延林 摄）

皖北承接产业转移集聚区

板集电厂（刘勤利 摄）

2021 年 12 月 11 日，亳州市涡阳县经济开发区鸿路钢构生产车间　（刘勤利　摄）

2021 年 12 月 2 日，亳州市谯城经开区安徽养岁府健康产业有限公司生产车间　（刘勤利　摄）

2021 年 7 月 26 日，安徽济人医药集团研发中心实验室　（刘勤利　摄）

蒙城县安徽华威汽车公司专用车生产项目　（张延林　摄）

亳芜产业园区安徽臻芯电子科技项目　（张延林　摄）

2021 年，谯城区绿色农产品喜获丰收。图为 2 月 22 日，十八里镇洪庄村农民展示外销长三角的莴苣 （刘勤利 摄）

2021 年 1 月 13 日，亳州市方向家庭农场农民在田间晾晒销往长三角地区的红薯粉丝 （刘勤利 摄）

长三角绿色农产品
生产加工供应基地

2021 年，亳州市粮食生产实现“十八连丰”。图为 6 月 4 日，谯城区小麦收割现场 （刘勤利 摄）

2021 年 11 月 28 日，蒙城县安徽精益诚食品有限公司，工人正在加工销往长三角地区的西兰花
（亳州晚报　供图）

在蒙城蔬菜基地，农民正在采收主供应上海的青菜
（胡卫国　摄）

涡阳县安徽正宇面粉有限公司磨粉车间
（亳州晚报　供图）

蒙城县兴农绿港现代化农业科技产业园
（张廷林　摄）

古井贡酒灌装车间　　　　　　　　（刘勤利　摄）

高炉家徽酒集团生产酿造车间　　（王玉恒　摄）

华夏 酒城

金不换酿酒明清古窖池　（冯国杰　摄）

2021 年 3 月 15 日，古井贡酒连续六年获评“全国产品和服务质量诚信示范企业”　（杨金川　供图）

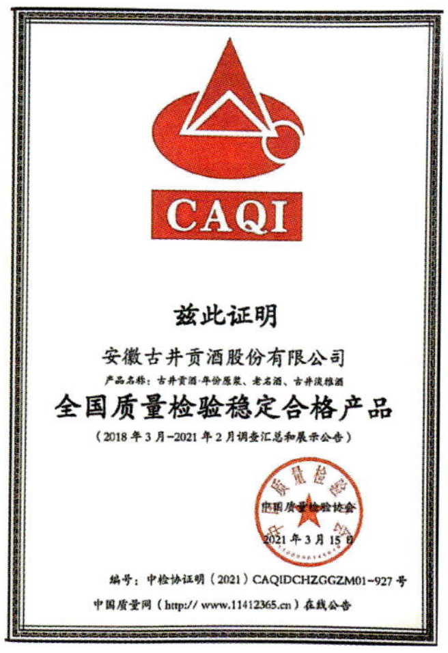

2021 年 3 月 15 日，古井贡酒连续六年获评“全国质量检验稳定合格产品”　（杨金川　供图）

2021 年 10 月 8 日，落实“六一战略”建设“华夏酒城”专题座谈会在亳州宾馆召开　（杨金川　供图）

2021 年 1 月 10 日，古井贡酒•明光酒业战略合作签约仪式暨明光酒业“十四五”规划发布会在明光市举行

（杨金川　供图）

2021 年 10 月 9 日，古井贡酒 2021 秋季开酿大典在亳州市中华酒谷古井酒神广场举行

（张延林　摄）

古井酒文化博物馆　（古井集团　供图）

2021 年 9 月 9 日，健身爱好者在华佗广场表演华佗五禽戏

（刘勤利　摄）

2021 年 10 月 17 日，“亳州杯”全国象棋快棋锦标赛开赛　　（刘勤利　摄）

文化旅游强市

2021 年 7 月 4 日，安徽省龙舟公开赛（亳州站）开赛　　（刘勤利　摄）

林拥城景区　　（刘勤利　摄）

2021 年 8 月 6 日，亳州市“农旅融合”葡萄园采摘乐 （刘勤利　摄）

2021 年 2 月 26 日，亳州老街明道宫 （王长江　摄）

花戏楼景区文艺展演 （刘勤利　摄）

亳州花戏楼景区 （刘勤利　摄）

亳州谯望楼 （孙佳丽　供图）

高铁筑梦亳州腾飞　　（张廷林　摄）

省际毗邻 区域中心城市

亳州北部新城　（刘勤利　摄）

鸟瞰亳州市区　（张延林　摄）

亳州南部新区一角　（刘勤利　摄）

2021 年 12 月 16 日，亳州机场开工建设。图为机场跑道建设施工现场 （张延林　摄）

亳州市涡河大寺水利枢纽工程 （刘勤利　摄）

亳州市政公园夜景 （城建集团　供图）

目　录

特　载

专　记

大事记

市情概览

中国共产党亳州市委员会

亳州市人民代表大会

亳州市人民政府

中国人民政治协商会议亳州市委员会

纪检　监察

民主党派

群众团体

法　治

军　事

经济管理

旅　游

财政 税务 金融

交通 邮政 通信

城乡建设与管理

教 育

科　技

文　化

医疗卫生

体　育

社会事务管理

开发区简介

县（区）概览

人　物

附　录

索　引

特　载

亳州中药材商品交易中心　　（刘勤利　摄）

弘扬伟大建党精神 全面实施“六一战略” 奋力谱写现代化美好亳州建设新篇章

——在中国共产党亳州市第五次代表大会上的报告

（2021 年 9 月 27 日）

中共亳州市委书记 杜延安

同志们：

现在，我代表中国共产党亳州市第四届委员会向大会作报告。

中国共产党亳州市第五次代表大会，是在建党 100 周年、开启全面建设社会主义现代化国家新征程向第二个百年奋斗目标进军的关键时期，召开的一次十分重要的会议。大会的主题是：高举中国特色社会主义伟大旗帜，坚持以习近平新时代中国特色社会主义思想为指导，系统总结市第四次党代会以来的工作，科学确定未来五年的奋斗目标和重点任务，动员全市广大党员干部群众，弘扬伟大建党精神，全面实施“六一战略”，奋力谱写现代化美好亳州建设新篇章。

一、回顾五年奋进历程，发展基础更加坚实

市第四次党代会以来，市委团结带领全市各级党组织和广大党员干部群众，坚决贯彻中央及省委各项决策部署，统筹推进“五位一体”总体布局、协调推进“四个全面”战略布局，解放思想、锐意进取，求真务实、真抓实干，圆满完成了市第四次党代会确定的各项目标任务，6 次获国务院通报表扬，连续 5 年获省对市综合考核“优秀”等次，连续 5 年获省目标管理绩效考核先进单位称号，连续 5 年获脱贫攻坚年度成效考核“好”的等次，连续 3 年获省稳增长贡献奖。

五年来，我们坚持优化结构、加快发展，综合实力大幅提升。地区生产总值跨越 8 个百亿元台阶、达 1806 亿元、是“十二五”末的 1.7 倍，年均增长 8.3%、居全省第一位；累计完成财政收入 951 亿元、是“十二五”的 1.9 倍，年均增长 10.9%、居全省第二位，经济总量和财政收入均新赶超 2 个市、分别升至全省第九和第十位。今年上半年，一般公共预算收入增长 24.6%、居全省第二位、总量升至全省第八位，三次产业结构优化为 14.2：35.0：50.8。农业基础更加稳固。粮食生产实现“十八连丰”，规模以上农产品加工总产值、增速均居全省第二位。长三角绿色农产品生产加工供应基地加快建设，建成全省首个上海市外蔬菜主供应基地，累计销往沪苏浙地区农产品 350 万吨、294 亿元。工业发展质效齐升。战略性新兴产业产值年均增长 21.2%。“世界中医药之都”建设上升为省级战略，现代中医药产业规模达 1450 亿元，亳药集团挂牌成立。古井集团营业收入连续 3 年突破百亿元。江淮 MPV 生产基地落地建设。第三产业快速发展。金融机构贷款余额 2380 亿元、年均增长 24.9%。连续 5 年开展“文化旅游年”活动，旅游总收入、接待国内外游客人数分别较“十二五”增长 7.1 倍、7.8 倍。中药保健饮品亳州花草茶被评为全国快递服务现代农业金牌项目第二名。

五年来，我们坚持尽锐出战、攻坚克难，重大战役成果丰硕。脱贫攻坚取得全面胜利。三县一区全部摘帽，286 个贫困村全部出列，现行标准下 48.95 万建档立卡贫困人口全部脱贫。污染防

治目标顺利实现。中央环保督察及“回头看”、省环保督察交办问题及“23+80+N”涉及亳州问题完成整改，$PM_{2.5}$完成攻坚目标，水污染防治考核连续3年居全省第一位，土壤环境保持稳定，乡镇生态环境保护工作站等制度机制更加完善。防范重大风险底线牢牢守住。认真践行总体国家安全观，落实落细防范化解重大风险“1+9+12”方案体系，严格执行政府隐性债务防范化解各项政策，顺利完成省下达的非法集资案件化解任务，全面完成房地产领域历史遗留“难办证”问题专项治理。疫情防控取得重大战略成果。迅速打响疫情防控阻击战，全市108个确诊病例全部治愈康复，无死亡病例，至今无新增确诊、疑似病例和无症状感染者。扎实做好常态化防控，坚持“守土有责、守土尽责、守好大门、守护平安”，守好了安徽“北大门”。按照“知情、自愿、规范、安全”原则，有力有序推进疫苗接种工作。扫黑除恶专项斗争圆满收官。依法查办黑社会性质组织案件13起，打掉涉恶犯罪集团37个，摧毁涉恶犯罪团伙71个，查封、冻结、扣押涉案资产3.2亿元，市扫黑除恶专项斗争领导小组获评全省先进。

五年来，我们坚持改革创新、扩大开放，发展动能日益增强。持续以改革破难题、优环境。累计谋划推进改革任务近千项，开展国家、省级改革试点近百项。高质量完成党政机关机构改革，成立财经委员会、审计委员会等议事协调机构，打造了一批彰显亳州辨识度、具有全国影响力的改革成果，连续5年考核位居全省前列。“放管服”改革深入推进，10280个网上办理事项实现全程网办，740个市本级公共服务事项实现1日办结。在全国首创“税信通”联合激励机制，率先实行“企业联办服务”。“一线一网”打造“永不下班的政府”成为全省唯一入选全国走好网上群众路线的平台案例，“12345”市长热线经验写入《安徽省进一步优化政务服务便民热线实施方案》，“免申即享”等举措在全省推广。深入推进“服务企业年•重点企业五级包保”行动，累计为企业减税降费91.5亿元。持续以开放促融合、拓空间。深度融入长三角一体化发展和中部地区崛起，与沪苏浙3个市（区）、20个园区签订合作共建协议，累计落地招商项目1675个，总投资3050亿元，引进高层次人才174人、急需紧缺人才1064人，国内500强企业、医药百强企业分别有22家、69家落户亳州。中医药“走出去”在全国率先取得重大突破。亳州海关开关运营。外贸进出口总额是“十二五”末的2.2倍。持续以创新促转型、提质量。全社会研究与试验发展经费、每万人口发明专利拥有量、高新技术企业数、技术合同交易额分别较“十二五”末增长2倍、4倍、5倍、30倍。全省开发区改革创新推进大会在我市召开。深入推进药都“双创”英才计划，持续开展“亳州老乡，请您回家”和助力青年学子创业活动，新开办市场主体34万户，较“十二五”增长8.6倍。

五年来，我们坚持统筹全域、建管并重，城乡面貌变化巨大。城市功能更加完备、管理能力持续提升。市中心城区建成区面积扩大到117.4平方千米，三县县城建成区面积扩大到113.3平方千米，城镇化率由37%提高到42.5%。城市生活污水集中处理率提高到95%以上，生活垃圾日处理能力提高3倍。全市共投入12亿元、市中心城区投入8.45亿元完成72条道路雨污分流和248个易涝点整治，城市防洪排涝“点长制”实施成效明显，“城市看海”问题实现根本性改变。成功蝉联省级文明城市，入围全国文明城市提名城市。乡村环境更加宜居、服务能力持续提升。获批省级特色小镇5个，建成美丽乡村省级中心村271个。新建农村公路10298千米，1141个建制村全部通客车，40户以上较大自然村全部通硬化路。农村居民饮水安全得到有效保障，电网电压低问题得到极大改善。农村人居环境整治三年行动目标任务基本完成，卫生厕所普及率72%，生活垃圾无害化处理率98.2%。畜禽粪污资源化利用做法在全国会议上作经验交流。基础设施更加完善、承载能力持续提升。累计获批各类建设用地16.9万亩，新建改建国省干线公路555千米。引江济淮亳州段提前实现供水，商合杭高铁通车运行，阜蒙淮城际铁路亳州段加快建设，亳蒙高速顺利开工，亳州机场即将开工，涡河高等级航道整治工程有序实施。

五年来，我们坚持以民为本、共建共享，群众生活明显改善。民生保障水平大幅提升。滚动实施民生工程46项，累计民生支出834.8亿元。全市城镇、农村常住居民人均可支配收入分别是“十二五”末的1.5倍、1.6倍。新增城镇就业30.2万人、转移农村劳动力58.8万人。城乡养老服务三级中心实现全覆盖，棚户区改造获国务院督查激励通报表扬。社会事业取得长足进步。新建改扩建公办中小学、幼儿园696所，增加学位25.4万个。每千人口医疗卫生机构床位数、执业（助理）医师数、注册护士数分别是“十二五”末的1.7倍、1.9倍、2.2倍，是全省第一个荣获“全国基层中医药工作先进单位”的市。医保基金监管方式创新试点被认定为全国优秀等次。建成各类文化场馆1421个，梆剧《印记》等荣获全省精神文明建设“五个一工程”奖，新增3项国家级非物质文化遗产。建成体育馆、体育公园，是全省唯一荣获2017—2020年度全国群众体育先进单位和全国体育系统先进集体“双先进”的市。《亳州年鉴（2019）》荣获第七届全国地方志优秀成果年鉴类（市级）一等奖。成功创建国家级数字档案馆。平安亳州建设扎实推进。视频数据平台实现城市公共区域、农村重点部位监控全覆盖，“一村一警”建设成效初显。邻长制改革入选2020年全省十大改革案例。安全生产形势稳定，信访秩序持续好转，群众安全感实现“五连升”。

五年来，我们坚持发扬民主、厉行法治，治理能力显著提升。全面依法治市扎实推进。深入学习贯彻习近平法治思想，圆满完成“七五”普法评估验收，行政机关负责人出庭应诉率100%，法治政府基本建成。政法队伍教育整顿成效明显。共接收各类线索2706件，查结率97.7%。排查出的23921个顽瘴痼疾具体问题完成整改，中央督导组下沉督导时给予充分肯定。公检法重要岗位干部交流轮岗在教育整顿中作为规定动作向全国推广。民主政治建设不断深化。充分发挥人大及其常委会立法工作的主导作用，颁布实施4部地方性实体法规。出台《关于新时代加强和改进人民政协工作的实施意见》，推进政协委员进社区，开展基层民主恳谈试点。爱国统一战线巩固发展，多党合作、民族宗教、民营经济等各领域统战工作创新推进，工会、共青团、妇联等群团组织桥梁纽带作用进一步发挥。坚持党管武装，国防动员和后备力量建设持续加强，蝉联全国双拥模范城。老龄、残疾人、红十字等事业实现新发展，气象、地震、外事、对台、侨务、保密、机要、关工委、公积金、机关事务管理等工作再上新台阶。

五年来，我们坚持党要管党、从严治党，政治生态持续优化。“两个维护”更加自觉。认真落实领导班子决策前学习习近平总书记重要讲话和有关重要论述制度机制，出台《深入学习贯彻习近平新时代中国特色社会主义思想若干规定》《贯彻落实习近平总书记重要指示批示若干规定》。制定完善《全市各级领导班子和领导干部政治建设监督检查参考指标》，推进未巡先改和巡察工作规范化。认真开展党内政治监督谈话。查处违反政治纪律案件112件118人。理想信念更加坚定。“不忘初心、牢记使命”主题教育入脑入心，党史学习教育走深走实，“三个以案”等系列警示教育常态化开展。严格落实意识形态工作责任制，及时处置涉亳网络舆情。建立健全“村村通”广播体系，常态化播出习近平总书记重要讲话同期声。组织建设更加有力。认真落实新时期好干部标准，坚持正确用人导向，累计从脱贫攻坚、环境保护、疫情防控、项目建设、信访维稳等工作一线提拔、进一步使用及职级晋升县处级干部223人次。持续开展“一月一课一片一实践”活动，基层党组织“三会一课”和各级党员领导干部参加双重组织生活实现常态化。创新村级集体经济“联合体·组合投资·优先股”模式，在全省率先全面消除集体经济“空壳村”。选派1459名非公企业和社会组织党建工作指导员。累计整顿软弱涣散村党组织270个，创建“五星基层党组织”675个。作风改进更加明显。严格落实中央八项规定精神及实施细则，力戒形式主义官僚主义，深化为基层减负工作，市级层面文件、会议三年来年均分别减少22.8%、46.2%。纪律规矩更加严明。强化审计问题整改责任落实，一体推进各类巡视巡察督导督查交办问题整改，实现市县巡察全覆盖。推深做实乡镇纪检监察协作区，赵乐际同志两次批示肯定并亲临亳州视察指导。保持惩治腐败高压态势，处置问题线索22964件，立案8580件，其中县处级干部89人，给予党纪政务处分7947人，移送检察机关185人。

过去的五年，是亳州发展史上综合实力提升最快、城乡面貌变化最大、人民群众受益最多的五年。五年来，我们解决了许多长期想解决而没有解决的难题，办成了许多过去想办而没有办成的大事，取得了打一仗胜一仗的优异成绩。这些成绩的取得，靠的是习近平新时代中国特色社会主义思想的科学指引，靠的是党中央及省委的坚强领导，靠的是历届市委和老领导、老同志打下的坚实基础，靠的是全市人民的伟大创造。在此，我代表中共亳州市第四届委员会，向全市广大党员、干部和人民群众，向所有关心、支持、参与亳州发展建设的各界朋友，表示衷心感谢并致以崇高敬意！

五年的积极探索和生动实践，给我们以深刻的启示：必须始终从严从实抓党建。党的领导是我们各项事业取得成功的根本保证。市委坚持以党的政治建设为统领，总揽全局、协调各方，营造了团结一心、和谐共事、各司其职、各尽其力的良好政治生态，为推进高质量发展提供了坚强政治保证。必须始终聚焦聚力谋发展。发展是解决一切问题的基础和关键。我们坚持立足新发展阶段，完整、准确、全面贯彻新发展理念，服务和融入新发展格局，破解了一个个发展难题，补齐了一项项发展短板，经济社会高质量发展结出累累硕果。必须始终担当担责抓落实。真抓实干才能攻坚克难、梦想成真。面对亳州建市晚、基础差、底子薄的基本市情，我们时刻保持“等不起”的紧迫感、“慢不得”的危机感、“坐不住”的责任感，敢于担责担险、敢于攻坚克难，咬住目标，一往无前追求最优方案，夙夜在公，一着不让干出最佳结果。必须始终用心用情解民忧。人民群众是我们的最大靠山。我们坚持以人民为中心的发展思想，聚焦人民群众对美好生活的向往，加快补上教育、医疗、住房、养老、托育等民生短板，真正让发展更有“温度”，让幸福更有“质感”。必须始终清正清廉守底线。我们带头严明责任、严守纪律、严肃家风，深入开展党内集中教育，严肃查处违反中央八项规定精神问题，坚决纠治形式主义官僚主义，主动自觉接受监督，坚定不移正风肃纪反腐，保持了共产党员的政治本色。

纵观五年发展，在前进中还存在一些不容忽视的困难和问题，主要是：发展体量偏小、发展质量不优、创新能力较弱、工业化率不高、发展不平衡不充分问题仍然突出；生态环保任重道远，民生保障短板较多，社会治理还有弱项，重点领域和关键环节改革任务仍然艰巨，经济社会高质量发展面临较大压力；党建工作开展不平衡，一些基层党组织战斗堡垒作用发挥不足，一些干部思想观念和能力素质还存在不符合、不适应问题，等等。对此，我们必须高度重视，采取更加有力措施，认真加以解决。

二、准确把握形势任务，全面实施“六一战略”

未来五年，是开启全面建设社会主义现代化国家新征程向第二个百年奋斗目标进军的第一个五年，也是我市推进高质量发展、加快建设现代化美好亳州的关键时期。根据面临形势和国家、省对我市战略定位及全市发展实际，我市将全面实施“六一战略”，全力建设“一都一区一基地、一城一市一中心”，即建设“世界中医药之都、皖北承接产业转移集聚区、长三角绿色农产品生产加工供应基地、华夏酒城、文化旅游强市、省际毗邻区域中心城市”，作为未来五年乃至更长一段时期的重大战略任务。全市上下一定要认清历史方位，把握发展要求，抢抓机遇，砥砺奋斗，努力闯出一条符合中央及省委要求、具有亳州特色的跨越赶超、全面振兴、高质量发展新路。

今后五年的指导思想是：高举中国特色社会主义伟大旗帜，坚持马克思列宁主义、毛泽东思想、邓小平理论、“三个代表”重要思想、科学发展观，全面贯彻习近平新时代中国特色社会主义思想，认真贯彻党的十九大和十九届二中、三中、四中、五中全会精神，深入贯彻习近平总书记在庆祝中国共产党成立100周年大会上的重要讲话和考察安徽重要讲话指示精神，弘扬伟大建党精神，始终牢记初心使命，统筹推进“五位一体”总体布局、协调推进“四个全面”战略布局，立足新发展阶段，完整、准确、全面贯彻新发展理念，服务和融入新发展格局，聚焦强化“两个坚持”、实现“两个更大”的目标要求，坚持稳中求进工作总基调，围绕打造“一极四区”，深度融入长三角一体化发展，全面实施“六一战略”，在高质量发展中促进共同富裕，统筹发展和安全，着力提升治理体系和治理能力现代化水平，纵深推进全面从严治党，坚定有力地朝着建设现代化美好亳州的宏伟目标进军。

今后五年的奋斗目标是：全面实施“六一战略”，完成“十四五”规划目标任务，主要经济指标增速保持全省前列，力争总量位次继续前移，加快推动现代中医药产业迈向中高端，皖北承接产业转移集聚区建设走在全省前列，长三角绿色农产品生产加工供应基地建设取得重大进展，华夏酒城影响力和美誉度不断提升，文化旅游对经济发展贡献度持续提高，省际毗邻区域中心城市地位更加牢固，新时代党的建设新的伟大工程深入推进，确保亳州工作在皖北走前列、全省站前排、全国有影响。

确立“六一战略”作为未来发展的奋斗目标，主要考虑是：

——这是我们正确认识和把握面临的历史机遇，贯彻落实中央及省委决策部署的重大举措。近年来，国家陆续推出长三角一体化发展、共建“一带一路”、加快长江经济带发展、促进中部地区加快崛起、推进中原城市群、淮河生态经济带、黄河流域生态保护和高质量发展先行区等一系列发展战略，我们面临着多重战略叠加、政策红利加速释放的重大机遇，能否紧紧抓住这些重大机遇，关键就看我们如何敏锐地认识和有效地把握。从国家层面看，明确了我市皖北承接产业转移集聚区、长三角绿色农产品生产加工供应基地的定位；从省级层面看，明确了“一极四区”和世界中医药之都、省际毗邻区域中心城市的定位；从市级层面看，明确了华夏酒城、文化旅游强市的定位，这些都是我们贯彻落实中央及省委决策部署，结合实际，厘清思路，科学确定的发展定位和着力重点。我们一定要抓紧抓好历史机遇、吃干榨尽优惠政策，努力拓展更大的空间，赢得更好的发展。

——这是我们正确认识和把握亳州的发展实际，加快推进经济社会高质量发展的战略抉择。经过建市20多年来一届接着一届的艰辛奋斗，全市经济持续平稳健康较快发展，主要经济指标增速居全省前列，经济总量已经从全省垫底上升到全省居中，呈现出“增速全省靠前、总量全省居中、位次逐步上升”的良好态势。同时，当前区域竞争日益加剧，不进则退、慢进亦是退。亳州作为全省最年轻的地级市，发展不平衡不充分的问题仍然突出，面临着加快发展与提升质量的双重挑战、促进增长与维护安全的双重压力、发展经济与改善民生的双重任务。我们必须明晰大势、保持定力，坚持战略思维和全局视野，从国际和全国全省的发展大局来认识和把握我们面临的形势。“六一战略”就是我们立足实际，着眼未来，综合考虑资源禀赋、市场空间、区位交通等比较优势所作出的科学决策。全市上下要进一步深化思想认识，强化现有优势，发掘潜在优势，努力把原有的劣势转化为新的优势，推动全市经济更好更快发展。

——这是我们正确认识和把握群众的需求意愿，努力满足人民美好生活新期待的现实需要。人民对美好生活的向往，就是我们的奋斗目标。进入新阶段，我国社会的主要矛盾已经转化为人民日益增长的美好生活需要和不平衡不充分的发展之间的矛盾。对亳州来说，我们顺利完成了脱贫攻坚目标，与全省全国一道全面建成小康社会，人民群众追求幸福美好生活的要求更高，内容更多，愿望更加迫切。我们实施的“六一战略”，既是一个发展战略，更是一个民生战略，归根结底是要实现共同富裕。我们不仅要把“蛋糕”做大、解决“有没有”的问题，还要把“蛋糕”分好、解决“好不好”的问题，让人民群众的获得感成色更足、幸福感更可持续、安全感更有保障。

我们确立的“六一战略”，既力求体现工作的继承性和连续性，又力求体现工作的开拓性和创新性，是保持发展定力，一届接着一届干、一张蓝图绘到底的具体体现。全市广大党员干部群众必须切实统一思想认识，增强行动自觉，坚持“三严三实”“马上就办、真抓实干”，按照“好、快、高”要求，逐项明确牵头领导，成立工作专班，制定专项规划，强化调度推进，确保取得实实在在成效。在实践中，要做到“六个聚力建设”：

第一，聚力建设“世界中医药之都”。坚持以药立市，充分发挥中医药历史、资源、市场、文化优势，传承精华、守正创新，加快推动现代中医药产业迈向中高端，努力建设产业规模、创新能力、品牌塑造、文化传承等方面处于全球领先水平的“世界中医药之都”，力争到2025年产业总体规模达到2000亿元以上。大力推动中药材种植标准化。实施道地中药材提升工程，强化种子种苗企业培育，制定推广标准化、规范化技术规程，积极推动大宗道地中药材规模化、机械化生产，建立完善溯源体系，加快建设中药现代生态农业示范区、绿色初加工产业园区。大力推动中医药制造集群化。围绕全国现代中药产业基地建设，深化产学研合作，加快安徽省中医药科学院亳州分院和华佗中医药研究院建设，提升中医药科技创新能力。加大中成药、中药提取物、中药配方颗粒、破壁饮片等支持力度，推进仿制药一致性评价、创新药研发，建设药品上市许可持有人平台和委托生产基地，推动亳药集团发展壮大，培育年销售收入10亿元以上企业10家、亿元以上单品种10个，中医药制造业产值突破500亿元。支持谯城区、亳州高新区中医药产业核心区建设，鼓励三县发展中医药产业。大力推动中医药贸易国际化。实施国家级出口中药材质量安全示范区专项行动。围绕中药材贸易，加快建设中药材特殊监管区、国家级中药材仓储物流中心、中药产业互联网线上交易平台，谋划申报中药材期货交易平台。深化中医药国际合作，办好国际（亳州）中医药博览会暨全国（亳州）中药材交易会等重大展会，加快中医药“走出去”步伐。大力推动中医药业态多元化。实施中医药“四名”工程，加快发展中医药健康服务，打造省级中医区域医疗中心，做大做强亳州中医药养生品牌。建成总投资10.5亿元的亳州中医药学院并在此基础上申创华佗中医药大学。推进中医药健康养生旅游产业融合发展，药膳、花草茶等产业规范发展。

第二，聚力建设“皖北承接产业转移集聚区”。坚持“四化同步”，发挥多重国家战略叠加优势，对接“五个区块链接”，全方位开放合作，聚力打造新阶段皖北地区全面振兴的“一极四区”，高水平推动集聚区建设走在全省前列。培育产业集群。坚持工业强市，壮大实体经济。积极对接省十大新兴产业，加快建设“现代中医药及大健康、白酒、绿色食品、文化旅游和现代服务、新一代信息技术和数字创意、先进装备制造和节能环保”六大产业集群。支持三县发挥优势，做大做强特色产业。实施产业强链延链补链工程，依托省“6+2+N”产业承接平台布局，探索发展“飞地经济”，采取“园中园”、委托管理、投资合作等模式，深化与沪苏浙园区对接合作。加大规模企业培育力度。提升承载能力。深化开发区改革创新，完善园区供电、供水、供热、供气、给排水、污水处理等基础设施。拓展承接产业空间，构建“一区多点”城镇空间承接格局。深化“标准地”改革和“亩均效益”评价，推进低效闲置用地再开发，建立落地工业项目互助共享机制，省级以上开发区新增产业用地按照“标准地”供地的面积不低于20%。推动亳州高新区建设省级承接长三角产业转移试验区，成功创建国家级高新区。深化南北合作共建，支持亳芜现代产业园区打造现代新兴产业园区。谯城经开区成功创建国家级开发区。强化“双招双引”。树牢“项目为王、招商为要、环境为本”理念，实施招商引资提质增效工程，在法定权限内制定出台招商引资优惠政策，围绕产业链供应链精准招商。坚持“招商引资市长接待日”，定期开展已签约项目“回头看”，持续跟进项目投资转化。开展“亳商归来”专项行动、办好“天下亳商”圆桌会议，加大《再致亳州老乡的一封家书》宣传力度，持续开展“亳州老乡，请您回家”和助力青年学子创业活动。推进招才引智，建立健全“引得进、留得住、用得好”的人才工作机制。加快项目建设。深化“四督四保”、领导包保、“双调度”等项目工作机制，推行“容缺受理+承诺”和政府投资项目代建制，常态化开展“招商项目落地集中攻坚”和“项目建设进度集中攻坚”行动，继续实施新开工项目“季度滚动计划”、重大项目集中开工，精准扩大有效投资。发挥政府投资撬动作用，用足用活地方政府专项债券政策。落实放开民间投资政策措施，激发民间投资活力。聚焦“两新一重”、先进制造业、民生保障等领域谋划项目，形成“储备一批、开工一批、建设一批、投产一批”的梯次推进格局，力争每年实施亿元以上重点项目500个以上。

第三，聚力建设“长三角绿色农产品生产加工供应基地”。坚持提质增效，发挥农业大市资源禀赋优势，加快推进蔬菜、畜禽、优质粮食等绿色农产品生产加工，推动更多优质农产品销往长三角地区。建设高品质种养基地。大力发展优质专用小麦、高蛋白大豆。新增市级以上蔬果标准园20个，打造全国重要的设施蔬菜种植基地。推动养殖业转型升级，加快发展优质生猪养殖，实施黄牛产业振兴计划，加快推进产业化肉羊养殖双百万工程。发展农产品精深加工。落实省“158”行动计划，依托市、县（区）食品产业园，实施农产品加工业“五个一批”工程，打造“绿色亳农”品牌。引进培育一批农产品深加工企业，推动企业集群化发展，培育国家级龙头企业7家、省级龙头企业70家、亿元以上龙头企业150家。拓展长三角销售市场。健全完善一体化农产品物流配送体系，建设冷链物流集散中心，共建长三角3小时鲜活农产品物流圈，打通设施蔬菜产销链条。瞄准市场需求，做大做强上海市外蔬菜主供应基地，支持龙头企业规范化、标准化、品牌化、规模化发展，建成长三角地区优质“菜园子”。

第四，聚力建设“华夏酒城”。坚持做大做优做强，发挥古井、徽酒等行业龙头优势，以创新创造引领白酒产业转型升级，建设集名酒名镇、酿酒基地、文化传承、康养旅游于一体的华夏酒城，力争到2025年培育年销售收入超过200亿元的白酒企业1家、亿元以上白酒企业5～8家。推动企业做大做强。完善支持白酒产业高质量发展政策措施，加快推进古井贡酒酿酒生产智能化技术改造等项目建设，支持古井集团发展酿酒专用粮食基地，优化产品结构，延伸产业链条，建设全国具有较大影响力、知名度的白酒产业集聚中心和白酒历史文化中心。依托芦庙高铁站优化发展布局，发挥品牌和技术优势，提升产业集群竞争力。支持企业对外合作。依托国际友城及合作协议，大力支持白酒企业“走出去”开展对接合作，重点开发并紧盯海外华人聚集国家、烈性酒消费传统国家和“一带一路”新兴国家，持续扩大全球影响力。保护性开发酒文化遗产。做好亳州酒文化遗产申报和保护工作，探索药酒融合发展，加快建设总投资89.2亿元的古井智能园区和古井白酒特色小镇，推进白酒博览展示馆、特色公园、特色街区、休闲酒吧、主题式精品酒庄等项目建设。创新方式，传播酒文化。

第五，聚力建设“文化旅游强市”。坚持提升内涵、拓展空间，发挥国家历史文化名城、中国优秀旅游城市品牌优势，深化“文化旅游年”活动，提高文化旅游对经济发展贡献度，打造底蕴厚重、功能完善的文化旅游强市，力争到2025年文化旅游产业产值达到1200亿元以上。着力创品牌。深入实施重大品牌打造工程，发挥三县一区特色旅游资源优势，串珠成链，串点成面，打造全域旅游目的地。以争创AAAAA级景区、国家中医药健康旅游示范区、国家旅游度假区、国家全域旅游示范区（县）为抓手，加快建设林拥城、北关历史街区二期、大型国防教育综合基地二期、亳药花海休闲观光大世界、华佗百草园二期、道源国家湿地公园、庄子文化产业园、北淝河国家湿地公园等一批精品景区，聚力打造中华传统文化研修（感悟）之旅、中医药康养之旅、白酒文化体验之旅等一批精品线路，持续办好中国（亳州）芍花养生文化旅游节、中国康养旅游大会等一批特色活动，开发推广温泉康养、五禽戏习练等一批休闲旅游产品。着力促融合。实施文旅融合提升工程，促进文化、旅游、中医药、健康养生、体育等业态深度融合。深入推进养生文化旅游基地建设，加快建设华佗五禽戏健康旅游基地、汤王温泉等中医药健康旅游项目。深化“乡村+旅游”，扶持建设特色旅游名镇名村、乡村景点、休闲农庄、农家小院和养生度假村等乡村旅游项目。积极开发红色游、研学游等旅游新业态。着力优服务。完善旅游景区基础设施，实施智慧文旅建设工程，开展精细化质量服务提升活动，持续深化旅游市场秩序专项整治，加大亳州特色文创产品开发力度，改进游客旅游体验，营造标准高、秩序好、服务优的旅游消费环境。着力拓市场。巩固提升以亳州为中心、半径300千米范围内周边旅游市场的知名度，紧盯长三角城市群和高铁沿线城市客源市场，强化宣传推介，开展精准营销，实现资源互补、客源互送、市场共建，吸引更多游客走进亳州。

第六，聚力建设“省际毗邻区域中心城市”。坚持生态宜居、产城融合，发挥省际交汇区位优势和人力资源丰富优势，加快打造城乡区域协调发展试验区，持续巩固省际毗邻区域中心城市地位，力争到2025年全市常住人口城镇化率达52%。增强辐射带动能力。突出抓好规划建设，发挥承东启西、左右逢源的区位优势，推动深度融入长三角与促进中部地区崛起双向互济，发挥三县战略支点作用，加强跨区域路网衔接，推动与周边城市重大基础设施互通互联，深化与周边城市医疗卫生、教育科技、社会保障、文化旅游、公共交通等方面合作，不断提升城市能级。加快新型城镇化建设。深入落实“四创一建”，合理确定城市规模、人口密度、空间结构，划定“三区三线”，更好引领城市发展。加快市中心城区建设，统筹新城区建设和老城区改造，推进高铁片区、涡北新城、机场片区建设，不断扩大建成区面积，早日建成百万人口城市。支持三县建设50万人口规模中等城市，支持基础条件好的乡镇立足本地特色资源，高质量建设特色小镇。深化户籍制度改革，强化基本公共服务保障。坚持“房住不炒”定位，有效增加保障性住房供给，促进房地产市场平稳健康发展。补齐基础设施短板。推进市中心城区城市更新，统筹协调、立体化布局实施补短板工程，增强城市综合承载能力。综合施策，大力推进城市生命线安全工程。完善城区内联外通交通骨架网络，加快建设市中心城区快速通道、三清大道等一批主干道路，升级改造普通国省干线公路、县乡道路，建成亳州机场、阜蒙淮城际铁路亳州段、徐淮阜高速公路亳州段、亳蒙高速公路和三县到市中心城区、机场快速通道，积极推进亳蚌城际铁路、三洋铁路亳州段、蒙城和利辛两个通用机场建设。实施涡河高等级航道整治和港口码头一体化建设，建设亳州港多式联运综合物流园。提升城市管理水平。全面实施城市精细化管理提升工程，大力创建全国文明城市，确保首创首成。深入开展市中心城区电动三轮车专项整治，实施城市生活垃圾分类治理。积极创建国家园林城市，有序推进城市公园、街头游园建设，着力构建“10分钟公园绿地服务圈”。以“城市大脑”为载体，实施智慧交通、智慧城管、智慧消防、智慧停车等工程，提升城市智能化信息化水平。强化国家历史文化名城保护，推进北关历史街区、涡阳天静宫、蒙城庄子祠及尉迟寺遗址等保护传承和合理利用，延续悠久历史文脉，塑造城市特色风貌。

实施“六一战略”是一项系统性、综合性工程，需要举全市之力，围绕目标任务，完善体制机制，强化支撑保障，坚持不懈推进。具体来说要做到“六个坚定不移、六个着力”：

（一）坚定不移深化改革开放，着力构建“六一战略”实施的支撑体系。坚持用市场的逻辑谋事、资本的力量干事、平台的思维成事，解放思想，改革创新，加快打造增强高质量发展新动能的强劲增长极，为“六一战略”注入动力、激发活力。以更深层次改革破解难题。加快转变政府职能，充分发挥市场在资源配置中的决定性作用，破除深层次体制机制障碍，提高改革精确发力和精准落地能力。坚持“两个毫不动摇”，落实国企改革三年行动实施方案，推进国有企业做大做优做强，加大对民营企业和中小微企业支持力度，深化行业协会、商会和中介机构改革，推进财政税收、招投标、教育、医疗卫生等重点领域改革。健全地方政府举债融资机制，加快地方融资平台市场化转型，防范发生系统性债务风险。支持金融机构创新金融产品，建设覆盖“企业创新全周期”的投融资体系。深化地方农商行改革，发展普惠金融。大力推进企业上市，新增1～2家上市公司。以更高水平开放激发潜能。深度融入国家重大战略，不断拓展对外开放的领域、空间和层次。充分利用市域内外市场和资源，深化区域合作共建，完善利益共享机制。坚持以开发园区为牵引，抓实开放平台建设。加快外贸主体培育，拓宽利用外资领域，推动更多企业“走出去”。以更大力度创新提升动力。整合创新平台，开展关键技术攻关，打造一批“专精特新”中小企业，到2025年全社会研究与开发经费投入、高新技术产业增加值、高新技术企业较“十三五”末翻一番。深入推进药都“双创”英才计划，探索与沪苏浙人才双向挂职机制，加强本地人才培养，激发各类人才创新创业活力。推进科技体制改革，探索“揭榜挂帅”“竞争赛马”机制，健全企业投入为主的全社会研发机制，厚植宽容失败、鼓励创新的土壤。以更好服务优化营商环境。牢固树立“民营企业和民营企业家是我们自己人”“为自己人办事就是办自己的事”理念，纵深开展“四送一服”专项行动，依法依规、穷尽办法、竭尽所能帮助企业解决问题，构建亲清政商关系。推动“放管服”改革迭代升级、“一网一门一次”改革延伸扩面。推广沪苏浙地区经验做法，推深做实“一照通用”“一窗通办”“免申即享”“拿地即开工”、告知承诺制等改革，持续深化“证照分离”改革，提升7×24小时不打烊“随时办”服务质效，融入长三角“12345”热线一体化服务。健全要素市场化配置，完善城乡统一的建设用地市场，主动对接全省人力资源服务大市场，促进各类要素自主有序、循环畅通流动。

（二）坚定不移保障改善民生，着力夯实“六一战略”的群众基础。坚持把实现好、维护好、发展好最广大人民根本利益作为发展的出发点和落脚点，保障群众共享“六一战略”发展成果，推动共同富裕取得更为明显的实质性成效。推动居民就业更加充分。坚持就业优先，抓好援企稳岗扩就业工作，常态化开展“2+N”“招聘进镇村”活动，着力做好高校毕业生、退役军人、农民工、残疾人等重点群体就业，畅通农民工外出务工渠道，创建亳州养生劳务品牌，扩展公益性岗位，确保零就业家庭动态清零。完善公共就业创业服务平台，加强就业失业监测和风险防范，健全保障农民工工资支付长效机制。提升劳动者技能素质，完善终身职业技能培训制度。加强亳州技师学院、县区技工学校和公共实训基地建设。推动收入分配更加合理。健全促进共同富裕的政策体系和举措，完善收入分配制度和劳动报酬增长机制，合理调节过高收入，清理规范不合理收入，坚决取缔非法收入。实施中等收入群体倍增工程，持续提升低收入群体收入，推动更多低收入人群迈入中等收入行列，确保城乡居民人均可支配收入持续稳定增长。推动民生保障更加普惠。深入实施全民参保计划，提高社会保险覆盖面。深化医保基金监管制度改革。完善社会保障制度体系，构建覆盖全民、统筹城乡、公平统一、可持续的多层次社保体系。推进居民服务“一卡通”建设。完善最低生活保障、特困人员供养、医疗救助、临时救助等制度，健全帮助残疾人、孤儿等社会福利制度，统筹推进扶老、助残、救孤、济困、关爱留守妇女儿童等福利和慈善事业发展。

（三）坚定不移发展社会事业，着力补齐“六一战略”的短板弱项。牢固树立以人民为中心的发展思想，切实解决老百姓“急难愁盼”问题，在更高水平上发展社会事业，满足人民群众日益增长的美好生活需要。努力办好人民满意教育。坚持立德树人，牢记为党育人、为国育才使命，加强思想政治工作和师德师风、校风学风建设，深化教育体制改革，着力培养德智体美劳全面发展的社会主义建设者和接班人。推进学前教育优质普惠发展，到2025年普惠性幼儿园覆盖率超过85%。推进义务教育优质均衡发展，促进优质教育资源共享。全面推行公办中小学午餐供应和课后延时服务。稳步推进农村小规模学校布局调整。切实减轻义务教育阶段学生作业负担和校外培训负担。加强民办义务教育规范管理。建立健全确保高中阶段教育可持续发展的体制机制，推进高中教育特色化多样化发展。实施现代职业教育质量提升计划，支持职业院校和企业共同建设“双师型”教师培养培训基地。支持亳州学院办成皖北一流、全省知名高校，亳州职业技术学院建成省级技能型高水平大学，亳州幼儿师范学校升格为高等专科学校。着力提升医疗服务水平。大力实施总投资66亿元的医疗卫生健康事业“三年提升、两年巩固”行动，提升医疗卫生服务能力，加强短缺医疗资源配置，加快推动智慧医院建设，实现县乡村远程医疗全覆盖，强化县级医院综合能力建设，提高基层医疗机构服务质量。深化医护养结合“亳州模式”。常态化抓好新冠疫情防控，积极推进疫苗接种，尽快建立免疫屏障。深化疾病预防控制体系改革，完善应急物资储备和调运机制，健全突发公共卫生事件应急与指挥决策系统，全面提升防控和救治能力。大力发展中医药事业，实施中医药传承创新工程，加快中医药人才队伍建设。深入开展爱国卫生运动，推进健康亳州建设，成功创建国家卫生城市，全方位、全周期保障人民健康。大力繁荣发展文化事业。拓展新时代文明实践中心建设，加强公民思想道德建设。强化社会主义核心价值观引领，不断满足群众多样化、多层次、多方面的精神文化需求，促进人民精神生活共同富裕。加强科普工作，提升全民科学素质。传承弘扬优秀传统文化、红色文化、老庄文化、曹魏文化，加强历史文化名城名镇、历史文化街区和文物保护。全面繁荣新闻出版、广播影视、文学艺术、哲学社会科学事业，丰富公共文化产品和服务内容供给。实施文化惠民工程，建立健全四级公共文化服务网络。发展体育事业，完善市中心城区“15分钟健身圈”设施体系，广泛开展全民健身运动，实施学生体魄强健工程，争创全国全民运动健身模范市。

（四）坚定不移实施乡村振兴，着力拓展“六一战略”的发展空间。坚持统筹城乡、协调发展，强化劳动力、土地等要素资源支撑，更好推进农业农村现代化，加快打造乡村全面振兴先行区。巩固拓展脱贫成果。过渡期内严格落实“四个不摘”要求，保持现有主要帮扶政策总体稳定，健全防止返贫动态监测和帮扶机制，开展常态化监测，定期核查，动态清零，推进巩固拓展脱贫攻坚成果同乡村振兴有效衔接。实施乡村特色产业发展提升行动，促进脱贫人口稳定就业。健全农村低收入人口常态化帮扶机制，带动更多脱贫人口和低收入人口就业增收。加快现代农业发展。坚决扛稳粮食安全重大政治责任，深入实施藏粮于地、藏粮于技战略，落实“田长制”，坚决遏制耕地“非农化”、防止“非粮化”，力争到2025年粮食种植面积稳定在1300万亩以上，高标准农田面积达800万亩。强化农业种质资源保护与利用，加快推进农业关键核心技术攻关。发挥农机作业托管优势，强化农机装备支撑。开展中小河流治理、农村沟渠疏浚，推进农田水利“最后一公里”建设。优化农业生产力布局，深化农业供给侧结构性改革，加快小麦生产专用品牌粮食生产基地等建设，发展生态农业、休闲农业、农村电商、乡村旅游，推进农村一、二、三产业融合发展，促进农民持续稳定增收。实施乡村建设行动。实施农村人居环境整治提升五年行动，因地制宜推进“三大革命”，继续实施“三大行动”，持续开展村庄“五清一改”，提升乡镇政府驻地建成区50个，建成美丽乡村省级中心村200个、自然村庄2000个。加大乡村水、电、路、气、通信、广电、物流等基础设施投入建设和管护力度，统筹推进农田林网、“四好农村路”建设，提升农房建设质量。大力弘扬时代新风，倡树农村文明新风尚。深化农业农村改革。衔接落实好第二轮土地承包到期后再延长三十年政策，完善农村承包地“三权分置”制度。深入推进城乡建设用地增减挂钩工作，有序推进农村闲置宅基地和闲置住宅盘活利用试点。巩固农村集体产权制度改革成果，深入推进农村“三变”改革。深化“联合体·组合投资·优先股”模式，扶持壮大村级集体经济。健全农业专业化社会化服务体系，发展多种形式适度规模经营。

（五）坚定不移推进绿色发展，着力筑牢“六一战略”的生态屏障。深入践行“绿水青山就是金山银山”理念，加快打造生态优先绿色发展转型区，守护好良好生态环境这个最普惠的民生福祉，让亳州蓝天常在、碧水长流、美丽与发展同行。抓好生态治理保护。全面实施大气、水、土壤污染防治升级版，深化大气污染防治精细化管理，持续降低细颗粒物和臭氧浓度，促进空气质量持续好转，优良天气数量持续上升；实施城镇污水处理提质增效三年行动，加强城镇雨污分流改造，深入开展入河排污口和畜禽养殖场污染整治，加强河流断面水质监测，突出抓好清水廊道和茨河鳜鱼青虾种质资源保护，实施“喝上更好水”工程；保护耕地土壤环境，推进化肥农药减量化和土壤污染治理，加强秸秆和畜禽粪污资源化利用。抓好突出环境问题整改。紧盯中央及省环保督察交办问题等，严格落实整改验收销号及核查考核制度。完善和落实固体废物污染防控体制机制，严厉打击跨境非法转移、倾倒固废危废违法犯罪。推深做实河长制、林长制、生态环境保护专项监督长制，实行生态环境损害责任终身追究制。抓好绿色低碳发展。全面提高资源利用效率，落实自然资源资产产权制度，推进资源总量管理、科学配置、全面节约、循环利用。制定并实施碳达峰、碳中和行动方案，确保如期实现降碳减排目标。实施节水行动，深化地下水超采综合治理，巩固国家节水型城市创建成果。培育壮大节能环保、循环经济、清洁生产、清洁能源、绿色建筑等新业态，坚决遏制“两高”项目盲目发展。实施节约型机关、绿色家庭等绿色生活创建行动。

（六）坚定不移提升治理能力，着力强化“六一战略”的体制保障。更加注重治理能力建设，坚持在法治轨道上推进“六一战略”实施，努力把各方面制度优势转化为治理效能。大力推进全面依法治市。深入学习贯彻习近平法治思想，突出抓好领导干部这个“关键少数”，推动全社会形成尊法学法守法用法的良好氛围。制定实施《法治亳州建设规划（2021—2025年）》，全面提升法治社会建设水平。扎实推进“八五”普法规划实施，推动全社会增强法治观念。大力实施法治政府建设示范创建活动，深化“五大领域”综合执法改革。加快权责清单制度体系建设，动态调整权责清单。巩固政法队伍教育整顿成果，深化政法干部交流轮岗。深化司法体制改革，维护司法公平正义。大力推进平安亳州建设。全面贯彻总体国家安全观，深入落实防范化解重大风险“1+9+12”方案体系。坚持和发展新时代“枫桥经验”，落实市领导包保和定期调度集体访制度，加强各级综治中心标准化规范化建设，健全社会矛盾纠纷多元预防调处化解综合机制。创新基层社会治理，持续深化邻长制改革，实施社区治理和服务能力提升工程。统筹发展和安全，落实安全生产责任制，深入开展安全生产专项整治三年行动，推动应急管理高质量发展。深化视频数据平台应用，完善“警民联调”机制，常态化机制化开展扫黑除恶斗争，加快推进网络综合治理体系建设，维护社会大局和谐稳定。大力发展民主政治。支持和保证人大及其常委会依法行使职权，使立法权、监督权、重大事项决定权和人事任免权更好地体现人民意志。坚持党对经济工作的领导，支持政府依法行使职权。支持人民政协充分发挥协商民主职能作用，促进基层协商与社会治理有效衔接。发挥统一战线重要法宝作用，加强民族、宗教、对台、港澳、外事、侨务和新时代民营经济统战工作。加强党对群团工作的领导，深化群团组织改革。坚持党管武装，加强国防动员和后备力量建设，促进军民融合深度发展。

三、弘扬伟大建党精神，全面推进党的建设

坚持把抓好党建作为最大政绩，大力弘扬“坚持真理、坚守理想，践行初心、担当使命，不怕牺牲、英勇斗争，对党忠诚、不负人民”的伟大建党精神，以党的政治建设为统领，深入落实新时代党的建设总要求，为全面实施“六一战略”、加快建设现代化美好亳州提供坚强的政治保证。工作中要坚持“六个突出”：

（一）突出抓好党的政治建设，坚定坚决做到“两个维护”。深入学习贯彻习近平新时代中国特色社会主义思想，增强“四个意识”、坚定“四个自信”、做到“两个维护”，不断提高政治判断力、政治领悟力、政治执行力。严明党的政治纪律和政治规矩。严格落实民主集中制，认真执行个人有关事项报告、外出报备等请示报告制度。严格落实《深入学习贯彻习近平新时代中国特色社会主义思想若干规定》《贯彻落实习近平总书记重要指示批示若干规定》，深入推进“三查三问”，推动中央及省委各项决策部署在亳州落地见效。严格执行《关于新形势下党内政治生活的若干准则》，坚持和完善民主生活会、组织生活会制度，健全“三会一课”、主题党日、谈心谈话、民主评议党员等制度，落实党员领导干部双重组织生活制度，增强党内政治生活的政治性、时代性、原则性和战斗性。继续探索完善《全市各级领导班子和领导干部政治建设监督检查参考指标》。深入开展党内政治监督谈话，扎实做好“后半篇文章”。统筹推进各类巡视巡察督导督查交办问题整改。

（二）突出抓好党的思想建设，用新时代党的创新理论武装头脑、指导实践、推动工作。认真落实《中国共产党宣传工作

条例》，围绕“一个高举”“两个巩固”“三个建设”，举旗帜、聚民心、育新人、兴文化、展形象。坚持把学懂弄通做实习近平新时代中国特色社会主义思想作为首要政治任务，及时跟进学习习近平总书记最新重要讲话指示批示精神，强化理论武装，坚定理想信念。健全完善党委（党组）理论学习中心组学习制度，严格执行领导班子决策前学习习近平总书记重要讲话和有关重要论述制度机制，推进“两学一做”学习教育常态化制度化，巩固深化“不忘初心、牢记使命”主题教育成果，深入开展党史学习教育。开展“举旗帜•送理论”宣讲活动。加快融媒体中心建设，发挥“村村通”广播、“学习强国”学习平台等作用，推动习近平新时代中国特色社会主义思想进农村、进企业、进机关、进校园、进社区、进网络。严格落实意识形态工作责任制，压实属地属事责任，管好重点领域、重要阵地，牢牢掌握意识形态工作领导权。加强网络舆情监测和应对处置，切实防范化解意识形态领域风险。

（三）突出抓好党的组织建设，构建严密高效富有战斗力的组织体系。认真贯彻新时代党的组织路线，深入落实《中国共产党组织工作条例》，把党的领导贯彻到组织工作各方面全过程。健全维护党的集中统一的组织制度，完善上下贯通、执行有力的组织体系，实现党的组织和党的工作全覆盖。发挥党的地方委员会在本地区总揽全局、协调各方的领导作用，把方向、管大局、作决策、保落实。坚持和完善党组工作制度。支持和保证县区党委依法依规履职。坚持大抓基层的鲜明导向，深入抓好基层党建“四大工程”，统筹推进各领域基层党组织建设，持续开展党委（党组）书记抓党建述职评议考核，把各领域党的基层组织建设成为坚强战斗堡垒。全面推进党支部标准化规范化建设，做好发展党员和党员教育、管理、监督、服务工作。坚持党管干部原则，坚持新时期好干部标准，推行“赛场选马”，着力建设忠诚干净担当的高素质专业化干部队伍。大力发现培养选拔优秀年轻干部，用好各年龄段干部，优化干部队伍梯次结构。统筹做好培养选拔女干部、少数民族干部和党外干部工作。综合运用平时考核、年度考核、专项考核、任期考核成果，落实好领导干部日常谈话提醒机制，深入推进“三案”精准管理，注意掌握干部在重大任务、重大斗争一线的表现，推动形成能者上、优者奖、庸者下、劣者汰的正确导向。坚持严管和厚爱结合、激励和约束并重，以正确用人导向引领干事创业导向。认真做好离退休干部工作。坚持和加强党对机构编制工作的集中统一领导。完善人才服务保障体系，形成人人皆可成才、人人尽展其才的生动局面。

（四）突出抓好党的作风建设，持续整治形式主义官僚主义。坚持“三严三实”“马上就办、真抓实干”，夙夜在公、殚精竭虑，做到该办的事坚决办、决不能拖，能办的事马上办、决不能等，难办的事想法办、决不能放，合办的事协同办、决不能推，用我们的辛苦指数换取亳州的发展指数和老百姓的幸福指数。强化宗旨意识，扎实开展“我为群众办实事”实践活动，建立健全直接联系群众机制，认真执行调查研究、驻村走访、结对帮扶等规定，始终保持党同人民群众的血肉联系。严格落实中央八项规定精神及实施细则，防止老问题复燃、新问题萌发、小问题坐大。持续纠治“四风”突出问题，坚决防止反弹回潮。加强对惠民富民、促进共同富裕政策措施落实情况的监督检查，严肃查处教育医疗、养老社保、生态环保、安全生产、食品药品安全、执法司法等领域群众反映强烈的不正之风和腐败问题，维护群众切身利益，推动基层干部作风转变。巩固“三个以案”系列警示教育成果，坚决防止形式主义官僚主义滋生蔓延。以“钉钉子”精神抓好为基层减负工作，推动健全长效机制。

（五）突出抓好党的纪律建设，切实强化对权力运行的制约和监督。始终把纪律挺在管党治党最前沿，严明政治纪律、组织纪律、廉洁纪律、群众纪律、工作纪律、生活纪律，做到有纪必依、执纪必严、违纪必究。推动巡察工作高质量发展，系统实施五届市委巡察工作规划，推进审计监督全覆盖，落实加强巡视巡察整改和成果运用的意见。统筹推进党委（党组）全面监督、纪委监委专责监督、党的工作部门职能监督、党的基层组织日常监督、党员民主监督等党内监督，带动人大监督、民主监督、行政监督、司法监督、审计监督、财会监督、统计监督、舆论监督、群众监督等贯通协调。加强和改进同级监督，严格落实《中共中央关于加强对“一把手”和领导班子监督的意见》。建立健全“关键少数”插手干预重大事项记录制度，完善任职回避、定期轮岗、离任审计等制度，规范领导干部配偶、子女及其配偶经商办企业行为。认真落实“三个区分开来”要求，贯通运用监督执纪“四种形态”，精准规范用好问责利器，扎实做好澄清、暖心回访工作。

（六）突出抓好反腐败斗争，标本兼治推进正风肃纪反腐。认真履行全面从严治党主体责任，一体推进不敢腐、不能腐、不想腐体制机制建设，把“严”的主基调长期坚持下去。强化“不敢腐”的震慑，坚持反腐败无禁区、全覆盖、零容忍，坚持重遏制、强高压、长震慑，坚持受贿行贿一起查，有腐必反、有案必查，巩固发展反腐败斗争压倒性胜利。推深做实乡镇纪检监察协作区建设，加强对村级“小微权力”的制约监督，推动全面从严治党向基层一线、向群众身边延伸。深入开展粮食购销领域腐败问题专项整治。扎牢“不能腐”的笼子，加强制度建设，推动办案、整改、治理贯通融合，建立健全以案促改工作机制，及时堵塞制度漏洞。增强“不想腐”的自觉，加强党员干部纪法教育，注重用身边事教育身边人，推进廉洁文化和家风建设，实现正气充盈、政治清明。

同志们，征途漫漫，唯有奋斗。让我们更加紧密地团结在以习近平同志为核心的党中央周围，在省委的坚强领导下，不忘初心、牢记使命，只争朝夕、砥砺前行，干在实处、走在前列，为全面实施“六一战略”、加快建设现代化美好亳州而不懈奋斗！

名词解释

1. 伟大建党精神：坚持真理、坚守理想，践行初心、担当使命，不怕牺牲、英勇斗争，对党忠诚、不负人民的伟大建党精神。

2.“六一战略”——即“一都一区一基地、一城一市一中心”发展战略，举全市之力建设“世界中医药之都、皖北承接产业转移集聚区、长三角绿色农产品生产加工供应基地、华夏酒城、文化旅游强市、省际毗邻区域中心城市”。

3.“23+80+N”——“23”即2019年长江经济带生态环境警示片披露的涉皖23个问题；“80”即2019年省长江经济带生态环境警示片披露的80个问题；“N”即中央环保督察及“回头看”反馈问题、省环保督察及各方面检查督查发现的突出问题。

4. 强化“两个坚持”、实现“两个更大”——即坚持改革开放、坚持高质量发展，在构建新发展格局中实现更大作为、在加快建设美好安徽上取得新的更大进展。

5.“三严三实”——即严以修身、严以用权、严以律己，谋事要实、创业要实、做人要实。

6.“马上就办、真抓实干”——即时任福州市委书记的习近平总书记提出的“马上就办、真抓实干”。

7.“好、快、高”要求——即工作成果和质量效益要好，工作节奏和发展速度要快，在全省和皖北位次要高。

8. 中医药“四名”工程——即建设“名院”、创建“名科”、培养“名医”、推广“名药”。

9. 四化同步——即新型工业化、信息化、城镇化、农业现代化同步发展。

10. 五个区块链接——即谋划和共建“一地六县”长三角生态优先绿色发展产业集中合作区，共建“3+N”省际毗邻地区新型功能区，共建各类省际产业合作园区，推动全省各市的城区与沪苏浙相关市的城区对口合作，推动全省16个省辖市与沪苏浙的相关市（区）结对共建。

11.“一极四区”——即增强高质量发展新动能的强劲增长极、承接产业转移集聚区、城乡区域协调发展试验区、生态优先绿色发展转型区、乡村全面振兴先行区。

12.“6+2+N”产业承接平台——皖北承接产业转移集聚区建设“6+2+N”承接产业转移空间布局模式。其中，“6”即淮北濉溪经开区、亳州高新区、宿州高新区、蚌埠高新区、阜阳合肥现代产业园（阜阳经开区）、淮南高新区；“2”即凤阳经开区、霍邱经开区；“N”即皖北其他符合条件的园区。

13. 标准地——即在完成建设项目相关区域性统一评估基础上，明确建设项目投资、能耗、环境、建设、亩均税收等控制性指标履约承诺出让的国有建设用地。

14.“四督四保”——即督查推进新建项目，保证开工率；督查推进续建项目，保证竣工率；督查推进竣工项目，保证达产率；督查推进储备项目，保证转化率。

15.双调度——即对经济运行、项目建设、招商引资、安全生产和环境保护工作，实行市政府分管负责人每周一调度、市政府主要负责人和分管负责人共同两周一调度的工作制度。

16.容缺受理＋承诺——即对前置要件及相关材料暂不齐备的，在项目单位作出书面承诺后按相关规定可先行办理。

17.“两新一重”——即新型基础设施建设，新型城镇化建设，交通、水利等重大工程建设。

18.“158”行动计划——实施长三角绿色农产品生产加工供应基地建设“158”行动计划。其中，“1”即围绕优势特色产业，开展“一县一业（特）”全产业链创建，力争到2025年，每个县至少重点培育1个优势主导产业全产业链发展，建设一批优势特色产业集群；“5”即到2025年，全省建立长三角绿色农产品生产类、加工类、供应类示范基地500个；“8”即到2025年，面向沪苏浙地区的农副产品和农产品加工品年销售额达到8000亿元。

19.农产品“五个一批”工程——即发展一批农产品加工强县（市、区），建设一批农产品加工强园，打造一批农产品加工领军企业，引进一批知名大型农产品加工企业，培育一批有影响力的农产品品牌。

20.“四创一建”——即创新城市发展方式、创建城市特色风貌、创造城市优良环境、创优城市管理服务，建设绿色江淮美好家园。

21.“三区三线”——“三区”即生态、农业、城镇三类空间；“三线”即生态保护红线、永久基本农田保护红线和城镇开发边界三条控制线。

22.揭榜挂帅——即把需要的关键核心技术项目张榜出来，英雄不论出处，谁有本事谁就揭榜。

23.“四送一服”——即组织千名机关干部，深入千家企业，送新发展理念、送支持政策、送创新项目、送生产要素，服务实体经济，构建亲清政商关系。

24.“一网一门一次”改革——即线上服务“一网通办”，线下办事“只进一扇门”，现场办理“最多跑一次”。

25.“一照通用”“一窗通办”改革——即针对各类证件照片标准不一、格式不同，群众每办一次证件就需采集一次人像问题，市公安局统一照片规格，将新采集的照片纳入“统一照片库”，实现“一次采集、自动生成、多证通用”。同时为让群众少跑腿，推出全省首家“一窗通办”公安综合窗口，实行“前台统一受理、后台集中审批、综合窗口出件”，群众通过一个窗口，就可办理治安、交管、出入境等165项业务。

26.田长制——即为落实最严格的耕地保护制度，省、市、县（市、区）三级设立总田长，省、市、县（市、区）、乡镇（街道）、村（社区）五级设立田长，省、市、县（市、区）同步设立田长制办公室，田长制办公室设在同级自然资源主管部门。

27.村庄“五清一改”——即清理村内沟塘，清理畜禽养殖粪污等农业生产废弃物，清理乱搭乱建、乱堆乱放，清理废旧广告牌，清理无功能建筑，改变影响农村人居环境的不良习惯。

28.农村承包地“三权分置”制度——即在坚持农村土地集体所有的前提下，促使承包权和经营权分离，形成所有权、承包权、经营权三权分置，经营权流转的格局。

29.农村“三变”改革——即资源变资产、资金变股金、农民变股东。

30.“两高”项目——即高耗能、高排放项目。

31.“一个高举”“两个巩固”“三个建设”——即高举中国特色社会主义伟大旗帜；巩固马克思主义在意识形态领域的指导地位、巩固全党全国人民团结奋斗的共同思想基础；建设具有强大凝聚力和引领力的社会主义意识形态、建设具有强大生命力和创造力的社会主义精神文明、建设具有强大感召力和影响力的中华文化软实力。

32.基层党建“四大工程”——即农村基层党建“一抓双促”工程、城市基层党建“三抓一增强”工程、机关企事业单位基层党建“强基领航”工程、非公经济和社会组织党建“双创两提升”工程。

政府工作报告（节选）

——2022年1月10日在亳州市第五届人民代表大会第一次会议上

一、过去五年工作回顾

过去五年，我们先后迎来一系列具有里程碑意义的大事盛事，满怀豪情庆祝改革开放40周年、中华人民共和国成立70周年、中国共产党成立100周年，书写了全面建成小康社会的新篇章，踏上了向第二个百年奋斗目标进军的新征程。五年来，在省委、省政府及市委的坚强领导下，全市人民坚持以习近平新时代中国特色社会主义思想为指导，深入贯彻党的十九大和十九届历次全会精神，全面落实习近平总书记对安徽作出的系列重要讲话指示批示，坚持稳中求进工作总基调，攻坚克难、开拓创新，奋力实现“十三五”圆满收官和“十四五”良好开局，现代化美好亳州建设迈出坚实步伐。

这五年，综合实力显著增强。“十三五”期间，地区生产总值连续跨越8个百亿元台阶，年均增长8.3%、居全省第一位；累计完成财政收入951亿元，年均增长10.9%、居全省第二位；经济总量、财政收入均新赶超2个市，分别上升至全省第九和第十位。三次产业协调发展。三次产业结构由19.7∶38.7∶41.6调整为13.8∶34.5∶51.7。农业现代化加速推进，粮食生产实现“十八连丰”，农业产业化龙头企业635家，规模以上农产品加工总产值居全省第三位。工业强市步伐加快，规模工业增加值年均增长9.4%，“世界中医药之都”建设上升为省级战略，现代中医药产业规模1500亿元，古井集团营业收入连续四年超百亿元。涡阳县绿色装配式建筑、蒙城县汽车及装备制造、利辛县轻纺服饰产业获批为全省县域特色产业集群（基地）。现代服务业提档升级，社会消费品零售总额年均增长12.1%，获批省级服务业集聚区12家，新增各类资本市场挂牌企业479家，旅游总收入突破200亿元，邮政业务总量增速连续三年位居全省第一，中药保健饮品亳州花草茶多年被评为全国快递服务现代农业金牌项目。三县均获评国家级电子商务进农村综合示范县。重大项目相继落地。累计有6家世界500强企业、22家全国500强企业、69家医药百强企业在亳投资，鸿路钢构、宝龙药业、韵达产业园、金沙河面业等1131个亿元以上工业项目签约落地，538个亿元以上项目顺利竣工，重点项目投资完成率、开工率、竣工率保持全省前列。到位上级转移支付资金1136亿元，获批地方政府专项债券额度454亿元。创新能力快速提升。战略性新兴产业产值年均增长19.5%，全社会研发经费支出增长2.1倍，有效发明专利拥有量增长4.4倍，高新技术企业数增长4.6倍。国家农业科技园区通过验收，新增国家级专精特新“小巨人”企业、国家绿色工厂（产品）21个，获批国家级众创空间、星创天地7个，新增省级以上创新平台53个。

这五年，发展活力竞相迸发。开放合作全面拓展。加快融入长三角一体化，与沪苏浙的3个市（区）、21个园区签订合作共建协议，连续四年均有2个开发区入围全省开发区30强，亳芜现代产业园区被列入全省首批长三角省际产业合作园区。亳州海关开关运营。外经外贸拓展到20多个国家和地区。改革攻坚深入推进。政府机构改革全面完成，“放管服”改革不断深化，国资国企、财税金融、农业农村、公共资源交易管理等领域改革取得突破性进展，中小学教师“无校籍管理”、医保基金监管方式创新、“一镇一委一站”基层火灾防控体系建设等改革走在全国前列。“一块田”改革、农村敬老院集成改革、乡镇纪检监察工作协作区建设、“税信通”联合激励机制入选中国改革典型案例，是全省唯一连续四年获评典型案例的市。营商环境持续优化。为市场主体减负216.7亿元。常态化开展“四送一服”行动，推出免费为新开办企业刻制寄送公章、“一照通用、一窗通办”等一批特色做法，政务服务事项全程网办率99.3%，全部实现“最多跑一次”。谯城区连续六年居全省民营经济发展三类县（区）第一名。创业氛围日益浓厚。两次发出“一封家书”，迎老乡、回故乡、建家乡，吸引3.5万人返乡成功创业，促进外出人口返乡创业经验在全省推广。推进药都“双创”英才计划，引进高层次人才209人、急需紧缺人才1346人。城镇新增就业32.9万人，转移农村劳动力54.4万人。新增市场主体36万家。

这五年，脱贫攻坚全面胜利。坚持以脱贫攻坚统揽经济社会发展全局，上下同心、尽锐出战，坚决落实“六个精准”“五个一批”，三县一区全部摘帽，286个贫困村全部出列，48.95万贫困人口全部脱贫。累计投入131亿元，贫困群众“两不愁三保障”全部实现，改造农村危房5万户，解决544万农村居民饮水安全问题。以“四带一自”为抓手，发展到村到户种养业扶贫项目41万个，设置扶贫公益性岗位3万个，90%以上贫困群众得到产业和就业扶贫支持，创造了村级集体经济“联合体·组合投资·优先股”模式等先进经验。各级各单位勇担使命，广大基层干部和1047名驻村干部冲锋在前，6万名党员干部开展结对帮扶，省级定点单位、民主党派、驻亳单位、广大企业倾情帮扶，凝聚了决战决胜脱贫攻坚的强大合力。经过这场声势浩大的人民战争，乡村面貌发生历史性变化，农村发展取得历史性突破，脱贫群众精神风貌得到极大提升，党群干群关系得到极大改善，脱贫攻坚精神成为我们的宝贵财富。

这五年，环境质量大幅提升。深入践行“绿水青山就是金山银山”理念，以前所未有的力度防治污染，强力推进生态环境问题整改，擦亮了高质量发展的生态底色。严格落实“五控”举措，大力开展烟花爆竹禁放、城区散煤治理等专项整治，关停取缔“散乱污”企业1075家。市县建成区基本消除黑臭水体，在全省率先实现乡镇政府驻地污水处理设施全覆盖，地表水考核断面达标率100%，水污染防治考核连续三年位居全省第一。主要农作物化肥、农药使用量连续六年下降，农作物秸秆、畜禽粪污资源化综合利用率居全省前列。生态保护修复能力不断提高，河（湖）长制、林长制、乡镇生态环境保护工作站机制不断健全。成功创建国家节水型城市。涡阳县、利辛县入选国家大宗固体废弃物综合利用示范基地。

这五年，城乡面貌焕然一新。空间布局更加优化。高质量完成“十四五”规划纲要编制工作，国土空间总体规划加快编制，医疗、教育、排水、供热等系列专项规划修编完成，“一核两翼三极、一带两轴多点”空间布局初步形成，城镇化率从38.3%提高到43.5%。城市功能日益完善。市中心城区建成区面积由62平方千米扩大到118平方千米、增加90%，百万人口的现代化大城市呼之欲出。实施城建重点项目299个、完成投资279亿元，新建改建城市道路143千米，高铁新城、涡北新城基础设施不断完善，“城市看海”问题基本解决，打通断头路、机械化清扫、数字化城管等工作成效明显。获评全国文明城市提名城市，通过国家历史文化名城保护评估验收。三县县城建成区面积由80平方千米扩大到114平方千米、增加43%，新区建设和老城改造协调并进，蒙城县城市总体规划、涡阳县城南新区规划荣获全国优秀城乡规划设计奖，利辛县获评全国水生态文明城市。交通体系不断健全。区域“米”字形立体交通走廊、市中心城区“一环七横七纵”路网初步形成，商合杭高铁通车运行，亳州机场开工建设，阜蒙淮城际铁路、亳蒙高速、徐淮阜高速亳州段、涡河航道及港口一体化项目加快建设，新建改建国省干线公路461千米、农村公路1万千米，县县通高速、镇镇通干线、村村通客车、组组通硬化路，内畅外联的综合交通网络不断完善。利辛县获评全国“四好农村路”示范县。美丽镇村展现新姿。全面完成农村人居环境整治三年行动、水利薄弱环节三年行动计划，实施改厕34.2万户，农村生活垃圾无害化处理率98%。获批省级特色小镇5个，新建美丽乡村省级中心村355个，人工造林37万亩，实现动力电“村村通”。蒙城县获评全国村庄清洁行动先进县。

这五年，民生福祉持续改善。城镇、农村常住居民人均可支配收入年均分别增长8.3%和9.7%，均高于同期地区生产总值增速。民生保障坚实有力。财政支出的85%投向民生领域，建成民生工程项目点10万个。城乡低保、特困人员供养、孤儿救助标准逐步提高，养老服务三级中心实现全覆盖，建立了覆盖全民的社会养老保险体系。实现长三角地区异地就医门诊、住院医保费用即时结算。改造棚户区住房11万套、老旧小区141个。教育事业长足发展。新建改扩建学校696所，所有县区达到国家义务教育发展基本均衡标准，“双减”政策有序落实，义务教育课后延时服务实现全覆盖，职业教育提质培优，亳州学院中医药学院加快建设。健康亳州扎实推进。医疗卫生健康事业“三年提升、两年巩固”行动稳步实施，建成各类卫生项目279个，“北华佗”中医药品牌影响力日益增强。文化事业繁荣发展。市文化馆、市体育馆、涡阳县文化艺术中心、蒙城县全民健身中心、利辛县青少年活动中心等一批设施建成投用，公共文化场馆全部免费开放，亳州国际马拉松等201项体育赛事精彩纷呈。谯城区入选全国新时代文明实践工作试点区。

这五年，社会大局和谐稳定。精准开展疫情防控。迅速打响疫情防控阻击战，108个确诊病例全部治愈康复，2020年3月以来保持在低风险地区。防范化解重大风险。信贷质量居全省第六位，各级政府债务余额严格控制在限额以内，化解非法集资陈案13件，解决房地产领域历史遗留“难办证”问题5.3万件。加快建设法治政府。提请市人大常委会制定地方性法规5件，办理人大代表议案建议1133件，政协提案建议（案）1893件。重大决策事项合法性审查实现全覆盖，行政复议工作走在全省前列，行政机关负责人出庭应诉率100%。“七五”普法全面完成。蒙城县荣获全国法治政府建设示范县。全面加强社会治理。创新构建邻长制基层组织体系。连续五年安全生产事故起数和死亡人数“双下降”，连续七年获得省安全生产工作考核先进市。防范自然灾害能力持续增强。信访积案有效化解，扫黑除恶斗争扎实推进，群众安全感、满意度实现“五连升”。

国防动员工作扎实高效，军民融合发展深入推进，退役军人事务服务保障能力全面提升，蝉联全国双拥模范城市。圆满完成第四次全国经济普查和第七次全国人口普查。成功创建国家级数字档案馆。气象、人防、地震、外事、地方志、民族宗教、工商联、对台、侨务、公积金管理、无线电管理和机关事务管理等工作再上新台阶，工会、老龄、妇女儿童、残疾人、红十字、慈善、志愿服务等事业得到新加强。

刚刚过去的2021年，我们统筹推进常态化疫情防控和经济社会发展，全面落实“六稳”“六保”任务，较好完成了市四届人大五次会议确定的各项目标任务。地区生产总值达1973亿元、同比增长8.6%，一般公共预算收入140.3亿元、增长11%，社会消费品零售总额增长20%，固定资产投资增长1%，规模工业增加值增长7.5%，城镇、农村常住居民人均可支配收入分别增长9.3%和9.7%。高质量发展迈出新步伐。制定实施支持民营经济高质量发展“25条”措施，扎实开展“招商项目落地”和“项目建设进度”集中攻坚行动，新落地亿元以上工业项目120个，集中开工亿元以上项目105个，清理低效闲置用地1.8万亩。新增规模工业企业91家。服务业增加值1020亿元。改革创新焕发新活力。动态调整省级开发区赋权清单，顺利承接省政府用地审批权下放，全面推开“标准地”改革，启动实施“亩均论英雄”改革，惠企政策“免申即享”入选全省十大改革案例。新增高新技术企业76家，每万人口发明专利拥有量增长36.4%。中国（安徽）自由贸易试验区亳州联动创新区启动建设，全国首批、全省唯一的国家加工贸易产业园成功获批。城乡面貌实现新改观。扎实推进城市更新，完成重点城建项目61个。大力实施城市生命线安全工程，获批为国家城市体检样本城市。深入开展文明创建系列专项行动。全面实施乡村建设行动，建成美丽乡村省级中心村84个。$PM_{2.5}$浓度、空气质量优良天数改善幅度均居长三角第一位。人民生活水平得到新提升。32项民生工程全面完成，城镇登记失业率2.5%，在皖北率先启动“喝上引调水”工程，推动三孩政策落地，建成普惠性托育机构10家，教育、医疗、体育、文化等事业发展提质扩面。抓好常态化疫情防控，新冠病毒疫苗全程接种率95.7%，守好安徽“北大门”。

过去五年，我们用汗水浇灌收获，以实干笃定前行。这是亳州发展史上综合实力提升最快的五年，是城乡面貌变化最大的五年，是人民群众得实惠最多的五年，是各级干部和全市人民干得最拼的五年，办成了许多过去想办而没有办成的大事，解决了许多长期想解决而没有解决的难题。对此，我们倍感欣慰、充满自豪！五年来，我们万众一心，在苦干实干中跑出了“亳州速度”。经济总量在全国333个地级市中位次上升66位，在长三角40个市中上升5位，在中部地区82个市中上升18位，在全省16个市中上升2位，主要经济指标呈现出“增速靠前、总量居中、位次前移”的良好态势。五年来，我们砥砺奋进，在百舸争流中收获了“亳州荣誉”。先后6次获国务院通报表扬，连续5年获省对市综合考核“优秀”等次，连续5年获省目标管理绩效考核先进单位称号，连续5年获省脱贫攻坚考核“好”的等次，连续3年获省稳增长贡献奖。五年来，我们奋力拼搏，在善作善成中实现了“亳州梦想”。城乡居民生活品质大幅提升，商合杭高铁连南接北，亳州机场开工建设，引江济淮入亳带来“一河清水”，全市人民的“小康梦”“高铁梦”“机场梦”“饮水安全梦”期盼已久、今朝梦圆。五年来，我们勇毅前行，在大战大考中凝聚了“亳州力量”。战贫困、治污染、防风险、抗疫情“四场硬仗”连战连捷，涌现一大批先进典型、行业标兵、劳动模范、中国好人，每一步都不容易，每个人都了不起，改变了亳州大地的面貌，提振了全市人民的精气神，为我们战胜一切困难注入了一往无前的强大力量。

五年来，我们前进的每一个位次、收获的每一个荣誉、实现的每一个梦想、赢得的每一场战斗，根本在于习近平新时代中国特色社会主义思想的科学指引，离不开省委、省政府和市委的坚强领导，离不开市人大、市政协的监督支持，离不开历届市政府打下的坚实基础，是广大干部群众一起干、一起拼、一起奋斗出来的。在此，我代表市人民政府，向全市人民，向各位人大代表、政协委员，向各民主党派、工商联、人民团体和社会各界人士，向驻亳解放军指战员、武警官兵、政法公安干警和消防救援队伍指战员，向所有关心支持亳州发展的各界朋友，表示衷心的感谢！

发展永无止境，奋斗未有穷期。回首五年非凡历程，我们深深体会到，做好新时代政府工作，必须坚持党的领导。衷心拥护“两个确立”，忠诚践行“两个维护”，加强自身建设，勇于自我革命，在政治立场、政治方向、政治原则、政治道路上同以习近平同志为核心的党中央保持高度一致。必须坚持发展为要。把发展作为解决一切问题的基础和关键，自觉在市委领导下推动工作，自觉接受人大法律监督、工作监督和政协民主监督，强化审计监督，运用法治思维和法治方式推进发展，以经济发展比实力，以产业项目论英雄，用新发展理念引领高质量发展。必须坚持人民至上。始终与人民群众想在一起、干在一起，同甘共苦、风雨同舟，着力解决群众操心事烦心事揪心事，深入整治群众身边的不正之风和腐败问题，不断满足人民对美好生活的向往，让改革发展成果更多更公平惠及全体人民。必须坚持干字当头。坚持“三严三实”“马上就办、真抓实干”，把全部的心思和精力用到干事创业上，把拼搏刻进年轮，用实干托起梦想，一以贯之追求最优目标，一着不让干出最佳结果，不断夺取一个又一个新胜利。

在肯定成绩的同时，我们也清醒认识到，我市经济社会发展还面临不少问题和挑战。经济发展总量不大、结构不优、人均偏低，发展不快、发展不足、发展不优仍是当前最大的市情和最大的矛盾。工业化水平偏低，特色产业不强。城镇化率不高，市中心城区能级不足。县域经济体量不大，对全市经济发展的贡献度不高。生态环保任重道远，民生保障仍存短板，巩固脱贫攻坚成果任务繁重，社会治理还有弱项。少数部门和工作人员思想不够解放，破解难题的担当不足、本领不强，个别领域形式主义、官僚主义现象仍不同程度存在。针对以上问题，我们将坚持问题导向、效果导向，采取有力举措认真解决。

二、今后五年奋斗目标和主要任务

今后五年，是亳州跨越赶超

的战略机遇期。我们必须紧紧围绕“六一战略”，充分发挥国家战略叠加、市场空间巨大、要素资源丰富三大优势，有效应对需求收缩、供给冲击、预期转弱三重压力，只争朝夕、奋勇争先，强力推动政府各项工作在皖北走前列、全省站前排、全国有影响。

今后五年政府工作的总体要求是：坚持以习近平新时代中国特色社会主义思想为指导，深入贯彻党的十九大和十九届历次全会精神，全面落实习近平总书记对安徽作出的系列重要讲话指示批示，按照中央经济工作会议、省第十一次党代会、市第五次党代会部署，弘扬伟大建党精神，坚持稳中求进工作总基调，完整、准确、全面贯彻新发展理念，服务和融入新发展格局，以推动高质量发展为主题，以深化供给侧结构性改革为主线，以改革创新为根本动力，以满足人民日益增长的美好生活需要为根本目的，聚焦强化“两个坚持”、实现“两个更大”和建设“五个安徽”的目标要求，全面实施“六一战略”，为加快建设现代化美好亳州而努力奋斗。

今后五年经济社会发展的奋斗目标是：

——综合发展实力显著提升。完成“十四五”规划目标任务，地区生产总值突破3000亿元，人均生产总值与全省差距进一步缩小，一般公共预算收入较大幅度增长，制造业增加值占生产总值比重达到27%，固定资产投资年均增长10%，全社会研发经费投入增速高于全省平均水平，高新技术企业达400家以上。

——城乡协调水平显著提升。省际毗邻区域中心城市地位更加稳固，常住人口城镇化率达52%以上，推动基础设施和公共服务设施向农村拓展延伸，工农互促、城乡互补、协调发展、共同繁荣的新型工农城乡关系基本形成。

——生态环境质量显著提升。国土空间开发保护格局不断优化，单位生产总值能耗、碳排放降幅完成省下达目标，主要污染物排放总量持续减少，绿色低碳循环发展的经济体系初步形成。

——改革开放活力显著提升。融入长三角一体化发展取得明显成效，高标准市场体系基本建成，产权制度、要素市场化配置改革取得重大进展，进出口总额年均增长10%以上。

——人民生活品质显著提升。居民人均可支配收入年均增长8%，社会消费品零售总额达到1500亿元，基本公共服务均等化水平明显提高，社会治理能力明显增强。

今后五年经济社会发展的重点任务是：

（一）高水平建设世界中医药之都。坚持以药立市，着力打造中药材种植、中医药制造、流通贸易、健康服务、文化传承、创新研发六大中心，不断壮大现代中医药产业规模。促进中药农业现代化，实施道地药材提升工程，强化种子种苗企业培育，支持中药材标准制定，建设中药现代生态农业示范区、绿色初加工产业园区。做强中医药制造，推动饮片企业差异化发展，鼓励发展中药配方颗粒和中成药制造，培育年销售收入超十亿元企业10家、超亿元大品种40个。做大中医药贸易，加强市场现代化运营管理，建设中药产业互联网平台，打造中医药国家电子商务示范基地、中医药外贸转型示范基地。建成“15分钟中医药服务圈”，打造省级区域中医医疗中心，争创国家中医药综合改革试验区。

（二）高质量建设皖北承接产业转移集聚区。大力实施三次产业高质量协同发展计划，推动集聚区建设走在全省前列。改造提升传统产业，培育壮大新兴产业，提高产业链供应链稳定性和竞争力，努力打造3个千亿级、6个百亿级产业，3个超百亿元、8个超50亿元、60个超10亿元企业的“36386”产业集群。加强与沪苏浙园区对接合作，深化“标准地”和“亩均论英雄”改革，完善园区基础设施。加快建设中国（安徽）自由贸易试验区亳州联动创新区和国家加工贸易产业园。强力抓好“双招双引”，纵深开展“四送一服”，不断强化要素支撑保障，大力提升产业发展能级。

（三）高标准建设长三角绿色农产品生产加工供应基地。实施“两强一增”行动计划，推进农业产业化、绿色化、品牌化发展，加快乡村全面振兴步伐。提高种养品质，优质专用粮食面积达到560万亩，设施蔬果种植面积稳定在100万亩，发展生猪、黄牛、肉羊养殖，打造“绿色亳农”品牌。发展精深加工，做大面粉面条、畜禽、蔬菜、中药材等优势农产品加工产业，培育亿元以上龙头企业150家，农产品加工业产值达1300亿元，每个县区至少培育1家50亿元以上的农产品深加工龙头企业。拓展销售市场，建设冷链物流集散中心，共建长三角3小时鲜活农产品物流圈，推动“亳”字号农产品走出去。

（四）高定位建设华夏酒城。发挥古井集团、徽酒集团等行业龙头优势，推进白酒产业基础高级化和产业链现代化，白酒企业主营业务收入达300亿元以上。支持企业做大做强，提升古井、高炉白酒小镇能级，建设全国具有较大影响力、知名度的浓香型白酒产业集聚中心和历史文化中心，培育年销售收入超200亿元白酒企业1家、亿元以上白酒企业5～8家。发挥“世界十大烈酒产区”品牌优势，支持白酒企业开展对外合作，持续扩大全球影响力。完善白酒产业链条，优化产品结构，促进药酒融合、酒旅融合，做好酒文化遗产申报和保护工作，推动白酒产业集聚发展。

（五）高品质建设文化旅游强市。充分发挥国家历史文化名城、中国优秀旅游城市品牌优势，统筹规划、重点提升，以点串线、由线拓面，加快建设全域旅游目的地。打造一批精品旅游项目，扩大在中原地区乃至全国的重要影响力，推出一批贴近群众日常生活需求的乡村旅游项目，争创AAAAA级旅游景区、国家级旅游度假区。深化“文化旅游年”活动，完善基础设施，加强人才培养，提供更优质的旅游服务。深挖老子、庄子、曹操、华佗等历史文化名人资源，开发推广亳州养生等特色旅游产品，加强形象策划和品牌营销，吸引更多游客来亳旅游。

（六）高能级建设省际毗邻区域中心城市。坚持生态宜居、产城融合，科学编制国土空间总体规划，加快建设百万人口的现代化大城市。以规划引领建设，加强城市建设和管理，推进城市更新和城市体检，提高城市品质。以产业带动就业，推动产业集群化、集群园区化，创造更多就业岗位，促进更多人口融入城市。以供给吸引消费，发展生活性服务业和生产性服务业，打造省际毗邻区域教育高地、医疗中心，吸引更多周边地区群众来亳消费。以环境留住人口，创建全国文明城市、国家园林城市，打造宜居城市生活环境，让更多人在亳安家定居。以交通拓展空间，推进交通基础设施建设，完善内联外通交通骨架网络，融入更大经济圈。以文化提升内涵，延续悠久历史文脉，塑造城市特色风貌，提升城市包容度和外向度。

三、2022年重点工作

2022年是党的二十大召开之年，是实施“十四五”规划、落实市第五次党代会精神的重要一年，是新一届政府任期的第一年。按照“稳字当头、稳中求进”，全面实施“六一战略”的要求，全市经济社会发展的主要预期目标是：地区生产总值增长8.5%，一般公共预算收入增长7%以上，社会消费品零售总额增长10%以上，固定资产投资增长10%以上，城镇、农村常住居民人均可支配收入与全省同步增长，城镇新增就业3.2万人以上，城镇登记失业率4.5%以内，居民消费价格涨幅低于全省平均水平，常住人口城镇化率提高1个百分点以上，粮食产量稳定在100亿斤左右，碳排放、能耗及生态环境质量指标完成省下达年度目标任务。

围绕上述目标，重点做好十个方面的工作：

（一）扩大有效投资，着力增强经济发展内生动力。

强力推进项目建设。精准对接国家扩大内需政策，聚焦“两新一重”、先进制造业、生态环保、市政工程、防灾减灾等领域，谋划重点项目1200个以上。全面打响有效投资攻坚战，健全“管行业必须管投资”权责匹配考核机制，新开工亿元以上项目160个以上、竣工100个以上。适度超前开展基础设施投资，加快建设引江济淮入亳等基础工程，基础设施投资增长10%以上。常态化开展“项目建设进度”集中攻坚，落实“双调度”、政府投资项目代建等机制，推动项目早开工、快建设、早投产、快见效。

全力推进“双招双引”。拓宽招商眼界，把招商范围扩大到国内重点地区，瞄准世界500强和国内500强企业、跨国公司、央企国企、实力民企，新签约亿元以上项目200个，其中工业项目100个。创新招引方式，综合运用产业链招商、商协会招商、“基金+基地”“投资+服务”等方式，开展“亳商归来”专项行动，办好“天下亳商”圆桌会议，进一步提升药博会影响力。坚持“招商引资市长接待日”制度，深化“招商项目落地”集中攻坚，新落地亿元以上工业项目

120个，实际利用省外资金增长5%以上。大力招才引智，引进高层次人才55人、急需紧缺人才400人，完善与沪苏浙地区人才双向交流、挂职锻炼机制。

统筹抓好要素保障。完善“要素跟着项目走”机制，抓好土地要素保障，完成国土空间总体规划编制工作，开展批而未供土地、闲置建设用地、工业低效土地“全域治理”，储备建设用地规模1.3万亩。加快标准化厂房建设，兼顾企业个性化、专业性需求。抓好资金要素保障，加强财政金融政策协同配合，用好地方政府专项债券，完善市县政府性融资担保体系建设，开展政银企对接活动，推进重点企业主板上市，新增挂牌企业11家，实现直接融资200亿元以上。实行能耗指标市场化交易使用管理。

（二）推进农业“两强一增”，着力加快乡村全面振兴。

坚持科技强农。促进农业“四新”科技成果转化，选派科技特派员400名。开展中药材种植技术规范和质量标准研究，推动中药材种子种苗繁育产业化，建设产地趁鲜切制初加工基地。提升种养业质效，优质专用粮食面积发展到500万亩。推进种养加一体化发展，大力发展畜牧加工业，加快形成“一县一业”全产业链。新建长三角绿色农产品生产加工供应基地6个以上，培育产值超50亿元加工园区3个。开展农业生产“三品一标”提升行动，新增绿色食品、有机农产品、地理标志农产品50个以上。建设数字农业工厂5个。

坚持机械强农。落实国家农机购置补贴政策，培育引进农机装备龙头企业，农作物耕种收综合机械化率达94%以上。加快农田宜机化改造，提高农机作业通行条件。提升农机社会化服务能力，机械化综合农事服务中心发展到80个，农业机械总动力达840万千瓦以上。坚决扛起粮食安全政治责任，建设高标准农田58万亩。建设一批农产品仓储冷链设施。

增加农民收入。严格落实“四个不摘”要求，保持主要帮扶政策总体稳定，加大产业就业帮扶力度，持续推动巩固脱贫攻坚成果同乡村振兴战略有机衔接。深化农村集体产权制度改革，扩大“三变”改革覆盖面，推进农村集体经营性建设用地入市，赋予农民更多财产权利。加快土地流转，强化职业农民培训，适度规模经营面积达480万亩。

实施乡村建设行动。统筹乡村建设规划，编制“多规合一”实用性村庄规划。持续改善农村环境，完善考核评价机制，实施农村人居环境整治提升五年行动，深化“三大革命”“三大行动”，建成美丽乡村省级中心村42个，农村改厕2万户。完善农村基础设施，加大农村公路新改建力度，继续推进“喝上引调水”工程，升级改造农村电网。倡导农村文明新风，支持能人下乡、人才兴乡。开展国家和省级乡村治理示范创建，补齐基本公共服务短板，让乡村成为农民安居乐业的幸福家园。

（三）推进工业“提质扩量增效”，着力强化高质量发展的产业支撑。

在“提质”上求突破。开展优质企业引育行动，推进“五企”培育，构建“头部企业+中小企业”生态圈，培育省级专精特新企业30家。开展产学研协同创新行动，以市场化为导向开展科技创新和成果转化，新认定高新技术企业40家，新建科技创新平台5家，完成科技成果登记400件。开展数字赋能行动，建设数字经济产业园，推广应用工业机器人，培育智能工厂和数字化车间5个，打造工业互联网平台2个，工业技改投资增长10%以上。开展质量提升行动，力争实现省级质量强县（区）全覆盖。开展绿色发展行动，建设绿色工厂，促进绿色建筑和装配式建筑发展。

在“扩量”上求突破。实施“扶优育规”工程，建立工业企业分类帮扶机制，新增规模工业企业80家，规模工业增加值增速高于全省平均水平。加快“三重一创”建设，战略性新兴产业产值增长15%以上。做大中医药制造业，落实“世界中医药之都”发展规划年度任务，提升中药饮片质量，发展中成药、中药提取物、中药配方颗粒，医药制造业产值增长20%以上。推进白酒产业高质量发展，完善支持政策措施，白酒产业产值增长8%以上。推动特色产业集聚发展，支持各县区、开发区立足资源禀赋，因地制宜发展优势产业，各培育1～3个特色产业集群，形成错位联动、竞相发展的产业格局。支持涡阳县重点发展绿色装配式建筑产业，蒙城县重点发展汽车及装备制造产业，利辛县重点发展轻纺服饰产业，谯城区和亳州高新区重点发展中医药产业，亳芜现代产业园区重点发展电子信息产业。

在“增效”上求突破。发挥“亩均论英雄”改革牵引作用，紧盯亩均税收、亩均增加值、劳动生产率等关键指标，推动规模工业企业亩均效益评价全覆盖，实行分类管理、激励约束机制，差别化使用财税、用地、用能、金融等支持政策。发挥土地容积率指标倒逼作用，提升开发区、产业园土地容积率，鼓励传统产业“零增地”技改，依法依规处置零散工业区块、僵尸企业。推进开发区“标准地”改革，所有新出让工业用地按“标准地”出让，让企业“拿地即开工”。实施“1%二作法”，减少企业物流、资金等方面成本，不断提高企业利润率。

（四）推进三产“锻长补短”，着力加快消费市场恢复增长。

促进消费扩容升级。培育壮大消费新业态新模式，改造提升实体零售业，建立商贸流通企业帮扶机制，新增限上商贸流通企业90家以上。鼓励新能源汽车消费，推进充电桩、换电站等配套设施建设，推动绿色智能家电下乡和以旧换新。继续开展“文化旅游年”活动，提升景区品质，培育精品业态，旅游总收入增长15%以上。提升城市商圈业态，打造一批特色商业示范街区、“夜经济”特色街区，构建“5分钟便利店+10分钟农贸市场+15分钟超市”便民生活圈。打造“美食亳州”等特色消费品牌。

完善现代流通体系。补齐物流基础设施短板，启动建设市级电商快递园，加快建设亳州港多式联运综合物流园、涡阳多式联运物流园、蒙城城市骨干冷链物流产业园、利辛农产品冷链物流产业园，大力发展谯城区花草茶产业园、香辛料产业园。健全物流运输体系，加强公路、铁路货运能力建设，推动县城配送投递设施提档扩面，实现行政村快递服务全覆盖。引进培育综合电商平台，发展行业细分市场垂直电商平台，农村产品网络销售额增长15%以上。规范提升中药材实体市场，完善中药材质量信用追溯体系，推进建设中药产业互联网平台，实现中医药贸易总额1200亿元。

加快发展生产性服务业。促进先进制造业和现代服务业深度融合，实现服务业增加值1100亿元。支持发展供应链管理、供应链金融、工业设计、科技咨询等生产性服务业，集聚发展服务外包，建设省级服务业集聚区2家，培育省级服务型制造示范企业、工业设计中心5家。

（五）推进城乡统筹，着力提升城市发展能级。

完善交通基础设施。按照“打通主动脉、畅通微循环、消除断头路”总体思路，建立交通项目库。打通对外通道，加快建设亳州机场、阜蒙淮城际铁路、亳蒙高速、徐淮阜高速亳州段，全面实施涡河航道及港口一体化项目，积极推进亳蚌城际铁路、三洋铁路项目，开展蒙城和利辛通用机场前期工作。实施市域互联，新建续建国省干线95千米，加快G237、S306一级公路改造，启动G105、G311、S245等新改扩建工程，提升市域交通畅达能力。

做美做亮中心城市。精心编制市中心城区控制性详规，优化重点片区、重要节点城市设计，一体推进西部片区、涡北片区、涡河滨水片区更新项目，在城市更新中传承历史文脉、留住城市记忆。坚持“东西南北中”协调并进，增强高铁新城、涡北新城功能，加快道东片区成片开发，改善老城区风貌。实施市中心城区重点城建项目100个，建成三清大道、汤王大道涡河隧道等路桥工程，实施魏武大道、希夷大道等4条道路“白加黑”改造项目，启动光明路和药都大道东延及跨涡河大桥、古井大道北延工程。建设“城市大脑”，开展市中心城区电动三轮车治理，加强停车管理、物业管理、社区管理，推进背街小巷改造、雨污分流改造、老旧小区改造，提升绿化水平，实施城市居民小区生活垃圾分类。争创全国文明城市、国家园林城市。

做大做强县域经济。牢固树立县域兴则市兴、县域强则市强的理念，把县域作为城乡融合发展的切入点，完善县域发展激励机制，努力实现三县经济总量争先进位。坚持产城融合、职住平衡，完善基础设施，健全公共服务，推动省级开发区从单一产业园区向现代化城区转变，力争6个省级开发区经营（销售）收入突破2300亿元。加强以县城为重要载体的城镇化建设，支持三县建设50万以上人口规模中等城市，科学规划布局，提档升级公共服务设施，吸引农村转移人口就近进城。支持涡阳县启动建设河东新区，完善涡北片区，争创国家园林县城。支持蒙城县加快推进高铁片区、西北片区规划建设，争创全国文明城市。支持利辛县滨河新区、板集矿区“多区联动”发展，争创省级文明城市。

精心打造特色小镇。按照城市理念规划建设小城镇，坚持产业引领、因地制宜、市场主导、融合发展，支持各县区分别打造3～4个具有较高知名度的产业小镇、经济强镇。加快建设涡阳县义门中药养生小镇、蒙城县立仓农旅小镇、谯城区古井白酒小镇、十河芍花养生小镇、亳州高新区中药电商小镇，打造产城融合新样板。

（六）推动更深层次改革，着力激发市场主体活力。

大力发展民营经济。持续实施民营经济上台阶行动计划，全面落实市场准入负面清单制度，强化公平竞争审查机制，加强知识产权保护，新增市场主体5.5万户，民营经济增加值增速高于全省平均水平。全力抓好全民创业，唱响“亳州老乡，请您回家”和助力青年学子创业品牌，推进药都“双创”英才计划，开展“药都创赢”大赛，加大企业用工支持力度，提升产业工人技能水平。大力弘扬企业家精神，完善企业信用修复机制，依法保护各类市场主体产权和合法权益。

不断深化重点领域改革。全面实施财政零基预算改革，整合使用专项资金，加强预算绩效管理，推动财政资金效益最大化。完成国企改革三年行动任务，完善国企考核评价机制，基本形成以管资本为主的国资监管制度体系。深化开发区体制机制改革，动态调整赋权清单，确保社会事务管理职能应收尽收，经济发展管理权限应放尽放。整合共享公共资源交易平台，推进“评定分离”试点。提升紧密型县域医共体建设质量，新建紧密型城市医联体2个，县域内就诊率达到省定标准。深化医保支付方式改革。推深做实教育、科技、文化体制等领域改革，加快行业协会、商会和中介机构改革发展。

持续优化营商环境。纵深开展“四送一服”行动，深入推进“五级包保”活动，坚持顶格服务，树牢“不轻易说‘不’”理念，健全企业问题政府负责人领衔办理机制，完善企业诉求办理反馈刚性机制，做到“好时不扰、难时出手”。深化“放管服”改革，落实“免申即享”“税信通”等服务措施，精简涉企经营许可，完善“皖事通办”平台亳州分厅功能，提升7×24小时不打烊“随时办”质效，推动更多事项“一网通办”“跨省通办”。全面落实减税降费政策，切实减轻企业负担。扩大信用贷款、无还本续贷和制造业中长期贷款覆盖面，新增信贷投放300亿元。健全中小企业综合服务平台，加强企业用工、用能、物流等政策支持。

（七）抢抓国家战略机遇，着力扩大对内对外开放。

融入长三角一体化和中部地区高质量发展。深化与上海奉贤区结对共建，落实与江苏连云港、浙江衢州战略合作协议，支持各载体各领域与沪苏浙建立紧密型、互补性合作关系。加快融入长三角产业体系，发展“飞地经济”“园中园”，建设亳芜五金机电产业园、涡阳永康共建产业园。参与共建长三角科技创新共同体，培育一批公共技术平台和协同创新服务平台，形成“创新在沪苏浙、转化在亳州”新模式。推动公共服务链接，深化教育、医疗、市场监管、信用建设等领域合作，扩大与沪苏浙服务“一卡通”覆盖面，推进异地医保即时结算。参与中原城市群城市间合作，落实淮河生态经济带城市重点合作事项。拓展与京津冀、粤港澳大湾区合作。

扩大对外开放合作。建好用好开放平台，高标准建设中国（安徽）自由贸易试验区亳州联动创新区、国家加工贸易产业园，积极组织企业参加进博会、世界制造业大会等展会和经贸活动。持续做大外贸增量，推动中医药产品、农产品“走出去”，支持协和成药业、同辉香料、涡阳道远工艺等企业扩大对外贸易，进出口总额增长10%以上。积极发展跨境电子商务，申报省级跨境电商产业园。开拓多元化国际市场，抢抓共建“一带一路”、RCEP实施等机遇，推动亳州产品和服务走向世界。培育壮大外贸主体，完善外贸企业孵化培育机制，新增进出口实绩企业20家以上。完善利用外资项目库，利用外商直接投资增长10%以上。深化国际友城交流，加强对外文化宣传和旅游推介。

（八）落实“双碳”战略部署，着力推动经济社会发展全面绿色转型。

继续巩固大气污染防治成果。大力实施$PM_{2.5}$和臭氧浓度

“双控双减”，持续开展重度污染、臭氧污染、柴油车污染、秋冬季大气污染等攻坚行动，强化大气污染防治网格化管理，精细化治理“散乱污”企业、餐饮油烟，强力遏制建筑工地扬尘。

强力推进地表水污染治理集中攻坚战。组织开展系列专项整治行动，落实地表水断面生态补偿机制，国考断面水质优良比例达到考核要求。开展农村各类污染源问题摸底调查工作。强化“三线一单”管控，加强涡河、茨淮新河、西淝河等河道生态修复和湿地保护，编制完成流域面积1000平方千米以上河道岸线保护与利用规划。落实河（湖）长制、林长制，健全生态环境公益诉讼和生态环境损害赔偿制度。

扎实做好土壤污染防治。强化土壤分类管控和污染源头治理，优先保护耕地土壤环境。加强农业面源污染治理，抓好化肥农药减量增效，实施畜禽粪污资源化利用整县推进项目。实行农作物秸秆“四离一集中”，秸秆综合利用率94%以上。开展生活垃圾分类。提升危险废物处置能力。

大力推动绿色低碳发展。编制实施碳达峰行动方案，强化减污降碳激励约束，坚决遏制“两高”项目盲目发展。培育壮大循环经济、环保建材等新业态，推进园区循环化改造。统筹发展风电、光伏、生物质等可再生能源，有序推进储能项目建设，新增可再生能源装机30万千瓦以上。加强电力保供，开工建设500千伏亳二输变电工程。实施国土绿化提升行动，加快江淮运河生态廊道建设，新增人工造林8500亩、森林抚育5.6万亩。深化地下水超采区综合治理。

（九）优化公共服务供给，着力保障改善民生。

完善社会保障体系。创新民生工程建管机制。做好重点群体就业工作。实施全民参保计划，提高低保、特困人员供养标准，基本养老保险参保率在95%以上。发展社区居家养老，促进社会办养老机构发展。实施三孩生育政策及配套措施，创建托育服务示范机构6家，普惠性幼儿园覆盖率85%以上。加强保障性住房建设，新开工棚户区改造住房1.3万套，改造老旧小区99个。促进房地产业良性循环和健康发展，更好满足购房者的合理住房需求。

发展更加公平更高质量的教育。实施德智体美劳全面培养“五大行动”。扩大优质教育资源供给，新建改扩建公办中小学、幼儿园33所，开工建设市职教园区，建成投用亳州学院中医药学院、利辛县机电科技学校新校区，支持亳州职业技术学院建设省级技能型高水平大学。促进教育公平，规范民办教育发展，提高课后延时服务质量。稳妥推进高考综合改革，深化市中心城区学校管理体制改革，落实“双减”政策，加强学生心理健康教育。实施名师培养工程，强化师德师风建设。

推进健康亳州建设。继续实施医疗卫生健康事业“三年提升、两年巩固”行动，建成市第二人民医院、市儿童医院、市人民医院急诊大楼项目，加快建设涡阳县中医院三期、蒙城县第二人民医院新区、利辛县第三人民医院等项目。建设中医优势学科，打造“北华佗”中医药品牌。深入开展爱国卫生运动，积极创建全国卫生城市。

繁荣文化体育事业。以社会主义核心价值观引领社会风尚，汇聚向上向善强大力量。完善公共文化服务体系，开展“文化进万家”活动，村综合文化服务中心覆盖率在99%以上。规划建设市博物馆、市图书馆。争创全国全民运动健身模范市，经常参加体育锻炼人口比例达42%。大力提升全民科学素养。繁荣发展新闻出版、广播影视、档案方志等事业。

（十）统筹发展和安全，着力建设更高水平的平安亳州。

科学精准防控疫情。毫不放松坚持“外防输入、内防反弹”总策略，健全全链条精准防控机制，提升监测预警、流调溯源、核酸检测、诊疗救治等能力水平，持续做好疫苗接种工作，构筑更加牢固的免疫屏障，巩固来之不易的防控成果。

有效防范化解风险。贯彻落实总体国家安全观，防范化解大型企业债务、房地产、互联网金融等领域风险，坚决防范和打击非法金融活动，牢牢守住不发生系统性风险的底线。严格落实政府隐性债务化解计划，依法规范政府举债行为。

提升公共安全保障能力。深化安全生产“铸安”行动，开展“一业一策”专业化治理，重大安全隐患按期整改率不低于98%。深化“一镇一委一站”基层火灾防控体系建设，加强应急指挥中心建设，持续提升防灾减灾救灾能力。实施城市生命线安全工程。

健全食品药品安全联动工作机制，争创国家食品安全示范城市。

加强和创新社会治理。提升基层治理能力，健全社会矛盾纠纷多元预防调处化解综合机制，推进各级综治中心标准化规范化建设。开展信访事项“大起底、大化解、大督办”专项行动，落实接访下访、包案化解、阅批群众来信等制度，做到接访不走过场、写信真管用。完善社会治安防控体系，常态化机制化推进扫黑除恶斗争，提高人民群众安全感和满意度。

深入贯彻习近平强军思想，加强国防教育、国防动员、人民防空、退役军人事务、双拥共建工作，巩固军政军民团结。抓好气象、地震、外事、民族宗教、工商联、对台、侨务等工作，发展工会、妇女儿童、残疾人、红十字、关心下一代等事业，做好公积金管理、无线电管理和机关事务管理等工作。

踏上新的赶考之路，我们将在习近平新时代中国特色社会主义思想的科学指引下，永葆忠诚之心、进取之心、为民之心、敬畏之心，把全部身心投入、浸入、融入亳州发展和各项事业中去，绝不辜负人民的信任和重托。

强化政治思维，提升政治担当能力。弘扬伟大建党精神，衷心拥护“两个确立”，忠诚践行“两个维护”，始终心系“国之大者”，不断提高政治判断力、政治领悟力、政治执行力。坚决把讲政治体现在履职中、落实到行动上，坚决贯彻党中央及省委、市委决策部署，确保“总书记有号令、党中央有部署、安徽见行动”的要求在亳州落地落实。

强化群众思维，提升为民服务能力。始终坚持人民立场，把群众放在心中最高位置，把群众满意作为做好一切工作的价值取向和根本标准。用好“我为群众办实事”实践活动形成的良好机制，加强12345市长热线社情民意分析，着力解决群众关心关注的急难愁盼问题。认真对待每一个来信来访问题，带着感情和温度把工作做细做实，将心比心、换位思考，办好人民群众牵肠挂肚的民生大事和天天有感的关键小事。

强化市场思维，提升经济工作能力。尊重市场规律，增强成本意识，推进要素市场化配置，追求发展的高质量、高效益，在“没有先例”的领域做出成功案例，在“普遍在做”的领域做出最优水平。善用资本力量，推动政府母基金、产业基金和市场基金联动发展，形成资本盈利、亳州发展的共赢局面。开拓视野格局，选派干部到企业和市场机构跟班学习，提高解决改革发展问题的本领和能力。

强化法治思维，提升依法行政能力。深入贯彻习近平法治思想，加强法治政府、法治社会建设，加快形成决策尊法、遇事找法、解决问题用法、化解矛盾靠法局面。主动接受人大法律监督、工作监督和政协民主监督，强化审计监督、统计监督，深化政务公开，让依法办事成为自觉行动。深入开展违法行政行为整治，全面兑现政府公共政策，加强行政机关负责人出庭应诉，深入实施“八五”普法，让法治成为全社会的共同信仰。

强化系统思维，提升统筹落实能力。坚持科学的思维方法，尊重规律、把握规律，严格按规律办事。运用系统观、全局观辩证分析问题，善于把握本质，抓住主要矛盾，妥善处理好解放思想与实事求是、整体推进与重点突破、全局与局部、长远与当前、对上负责与对下负责等一系列重大关系。坚持“好、快、高”要求，把工作放到全国大坐标系中去衡量，敢于同先进比高下，敢于同自己过不去，努力创造出色、出彩、出众的一流业绩。

强化底线思维，提升拒腐防变能力。落实全面从严治党政治责任，履行“一岗双责”，用制度管人管事，加强重点领域风险防控，深入整治群众身边的不正之风和腐败问题。严格落实中央八项规定及其实施细则精神，扎实开展“三严三实”“马上就办、真抓实干”作风建设专项行动，持续纠治形式主义、官僚主义。严格控制“三公”经费和一般性支出，大兴节约之风，勤俭办一切事情，用政府的“紧日子”换取群众的“好日子”。

奋斗百年路，启航新征程。让我们更加紧密地团结在以习近平同志为核心的党中央周围，在中共亳州市委的坚强领导下，忠诚尽职、奋勇争先，知重负重、攻坚克难，加快建设现代化美好亳州，以优异成绩迎接党的二十大胜利召开！

专 记

2021年5月28日，亳州市中学生参加红歌活动　　　　（张延林　摄）

党史学习教育

党史学习教育开展以来，市委从衷心拥护“两个确立”、忠诚践行“两个维护”的政治高度，坚持把党史学习教育作为重大政治任务、摆上全局重要位置，认真学习贯彻习近平总书记关于党史和党史学习教育的重要论述，牢牢把握学党史、悟思想、办实事、开新局的部署要求，立足实际、守正创新、精业笃行，全市党史学习教育形成强大声势、取得良好成效。

一、总体情况

2月20日中央动员大会和3月2日省委动员部署大会召开后，全市各级党组织迅速行动，第一时间召开动员部署会议，制发工作方案，成立工作专班，明确工作职责，实现组织、人员、责任、工作“四到位”。全体党员围绕习近平新时代中国特色社会主义思想，围绕党的百年历史，迅速掀起大学习、大宣传、大实践热潮。“七一”以来，亳州市委把学习宣传贯彻习近平总书记在庆祝中国共产党成立100周年大会上的重要讲话精神作为核心内容，通过举办专题读书班、召开理论研讨会、开好组织生活会、上好专题党课、办好民生实事、开展基层宣讲等方式，纵深推进党史学习教育。党的十九届六中全会以来，市委及市委党史学习教育领导小组相继出台《关于深入学习宣传贯彻党的十九届六中全会精神的意见》《关于学习贯彻党的十九届六中全会精神、深化拓展党史学习教育具体举措》等文件，提出实化、细化、量化落实措施，示范带动各级党组织不断将党史学习教育引向深入。

在党史学习教育中，亳州市委从严落实规定动作，从细抓好自选动作，形成了一批具有亳州辨识度、广泛影响力的特色做法。其中，“免审即享”“税信通”“一照通用”“一窗通办”等惠企利民举措得到中央指导组充分肯定，《人民日报》、《光明日报》、《安徽日报》、安徽广播电视台等中央、省直主流媒体深度报道。推动外出流动党员“流动不流学、务工不误学”经验做法受到中央《党史学习教育简报》大力推介。

党史学习教育中央第三指导组对市党史学习教育工作给予有力指导。9月9—10日，中央第三指导组到亳州市下沉至4家基层单位开展指导工作。指导组组长沙海林在调研时指出，亳州市认真学习贯彻习近平总书记关于党史和党史学习教育的重要论述，抓党史学习教育认识到位，领导重视，推动有力，成效明显。省委党史学习教育第三巡回指导组先后12轮次深入市81个基层单位开展调研指导，并通过查阅资料、个别访谈、列席旁听、召开座谈会等方式，精准指导全市党史学习教育工作。指导组组长徐飞在多个场合充分肯定、大力宣介亳州市有关经验做法。

二、基本做法

*第一，坚持以上率下，强化组织领导，在担当作为中彰显政治本色。*市委坚决贯彻落实党中央决策部署、省委工作要求，坚决扛稳政治责任，始终把党史学习教育紧抓在手，垂范带动、上下联动、一体推动。一是“一把手”抓带头。市委主要负责人亲自谋划推动，多次作出批示，并主持召开动员会、推进会等，及时听取工作情况汇报，研究解决有关问题，有力推动了党史学习教育深入开展。市委常委及其他市级负责人高标准、严要求抓好分管领域、部门和地方的党史学习教育工作。各级党委（党组）主要负责人自觉扛起第一责任人职责，形成一级带一级、一级抓一级的良好局面。二是“一盘棋”抓统筹。在市委直接领导下，成立由市委主要负责人任组长的市委党史学习教育领导小组负责牵头抓总、统筹协调、靠前指挥，先后召开专题会、座谈会等，研究讨论重大事项，部署推进各项工作。领导小组下设办公室和综合协调、材料简报、实践活动、宣传报道、联络指导5个小组，既各司其职、各负其责，又密切配合、相互协调。各级党委（党组）组专班、定方案、强调度，形成了各工作机构联动、地方部门互动、整体协调推动的工作格局。三是“一张网”抓督导。组建8个市委巡回指导组，面向80家市直单位及县区开展全覆盖全过程全方位督导，发现问题、督促整改，挖掘亮点、上报推介。针对不同单位实际，坚持“一把钥匙开一把锁”，综合运用“听、查、谈、评、测、帮”六字工作法，把准指导重点，常态化推进，条目化紧盯，确保各项工作举措落到实处。谯

城区在督导中，针对各单位开展工作进度不一等情况，创新实施“结对帮扶”行动，得到了中央、省委指导组的高度评价。

第二，坚持“不落一人”，开展分众教育，在学思践悟中感悟思想伟力。习近平新时代中国特色社会主义思想是当代中国马克思主义、二十一世纪马克思主义，是中华文化和中国精神的时代精华。亳州市立足学深学透、全员覆盖，拓展学习载体、丰富学习形式，引导广大党员干部群众在学思践悟中进一步夯实自觉拥戴核心、坚决维护核心、绝对服从核心、始终紧跟核心的思想基础。一是深化干部“领学”。市委理论学习中心组坚持读原著、学原文、悟原理，中心组成员及时跟进学习习近平总书记系列重要讲话指示批示精神，接力领学党史学习教育学习书目，开展集体学习23次、交流研讨20次、现场教学2次，带动全市县处级党委（党组）中心组学习1268次、研讨713次。市委主要负责人带头赴基层讲专题党课，带动各级领导干部、基层党组织书记讲党课1.2万余次。在《党史学习教育简报》开设“领导干部学习笔谈”专栏，定期刊发各级领导干部学习体会文章，推动理论学习深化、成果转化。二是推动党员“比学”。引导党员在潜心自学的基础上，依托“学习强国”学习平台，创新开展“学习百年党史、凝聚磅‘亳’力量”线上竞答活动，以赛促学，以学促行，极大激发了广大党员的学习热情。截至目前，已举办3期，参与学员达20万人次。发动全体党员，以基层党组织为单位，严肃认真召开党史学习教育专题组织生活会，交流学习体会，相互查找不足，深刻剖析原因，明确整改措施，推动党史学习教育走深走实。三是推动广大群众“共学”。全市域开通“学习强国”乡村大喇叭，面向300万基层群众，每天早中晚播出习近平总书记同期声，接续播放《习近平新时代中国特色社会主义思想学习问答》等音频，用老百姓喜闻乐见的方式强化日常宣传教育，引导群众感悟思想伟力、感受领袖风范。四是引导青少年“互学”。市委宣传部、市教育局、团市委等部门紧扣青少年“拔节孕穗期”特点，广泛组织开展红色书籍大家读、红色故事大家讲、红色影视大家看、红色歌曲大家唱、红色精神大家传“五红”互学行动，创新开通党史学习教育百万学子“空中课堂”，成功“圈粉”295万。五是关注流动党员“送学”。坚持市县乡村四级联动，逐一联系外出流动党员，将全市1.4万余名流动党员全部纳入动态管理，搭建2083个流动党员微信学习平台，逐一寄送“红色包裹”，开启邮寄资料送学、微信支部助学、交流心得共学“三学”模式，推动外出流动党员“流动不流学、务工不误学”。六是发动离退休党员“深学”。通过组织上门送学、回原单位讲学、到革命纪念场馆悟学“三学”联动，推动离退休党员“离岗不离党、退休不退学”。

第三，坚持守正创新，深耕本土资源，在红色教育中凝聚奋进力量。认真落实习近平总书记关于“切实把革命文物保护好、管理好、运用好”的重要指示，坚持以文物史料为“教材”，着力加强红色资源挖掘整理，引导干部群众修好党史这门“必修课”。一是激活红色地标。整理印发《全市党史学习教育红色资源名录》，将24处红色资源串点连线拓面，为各级党组织开展现场教学提供指引。市退

2021年6月19日，亳州市演艺公司演员在药都剧院表演梆剧《傲雪红梅迎风绽放》

役军人局、市文化旅游体育局通过实景复原、虚拟现实等手段，优化提升了革命纪念场馆展陈水平，皖北烈士陵园、辉山革命烈士陵园等爱国主义教育基地累计接待100余万名党员群众。二是讲好红色故事。突出分众化、互动化特点，积极构建“市—县—乡—村”四级宣讲体系和“专家讲理论、干部讲政策、百姓讲故事、英模讲奉献、巾帼讲担当、青年讲传承”六大宣讲矩阵，全力打造进机关、进企业、进学校、进社区、进农村、进网络、进“两新组织”“七进”全景课堂，广泛开展专题宣讲活动，宣讲场次达8700余场、直接受众近100万人次，宣讲场次和覆盖面均为近年来之最。三是厚植红色文化。市委史志研究室组织编写了《中国共产党亳州历史百年大事记（1921—2021）》，推出亳州党史图片展。全市广大文艺工作者倾情投入、用心创排了梆剧《彭雪枫》、歌曲《老兵》、情景剧《满门忠烈》等一批精品力作，开展艺术党课基层巡演、红歌快闪等活动，组织书法、摄影、美术等主题作品征集展示活动，以文化之力、艺术之美，深情讴歌党、讴歌祖国、讴歌人民、讴歌英雄。四是唱响红色主旋律。统筹网上网下、内宣外宣资源，以“奋斗百年路、启航新征程”为统揽，市直媒体推出新闻稿件2900余篇，《人民日报》、中央电视台、《安徽日报》等中央、省级主流媒体推出涉亳报道600余篇，推动全市党史学习教育持续升温。以本地英雄事迹为题材制作的“不忘来时路”系列微广播剧、“百年百秒”“少年说”“在林间”等系列微视频刷屏朋友圈。

第四，坚持知行合一，厚植民生福祉，在勇毅前行中践行初心使命。深刻领会习近平总书记关于“江山就是人民，人民就是江山”的重要论断，从最困难的群众入手，从最突出的问题抓起，及时回应“槽点”、打通“堵点”，用心用情用力解决群众的“急难愁盼”问题、破解改革发展中的痛点难点问题。一是走好群众路线。开展信访事项“大起底、大化解、大督办”专项行动，市委、市政府主要负责人带头下沉到县公开接访，健全领导干部接访下访和阅批群众来信制度，实施《市委市政府主要负责同志阅批信访件工作暂行办法》，将心比心、换位思考，依法依规、穷尽办法、倾尽全力，切实解决群众合理诉求，做到接访不走过场、写信真管用。充分发挥基层党组织战斗堡垒作用和党员先锋模范作用，持续深化机关和企事业单位党支部与村（社区）党支部开展结对共建，深入开展“我为群众办实事”主题党日活动，认真落实机关联系基层和党员、干部联系群众“双联系”制度。二是办好为民实事。精准对接发展所需、基层所盼、民心所向，积极构建广泛调研收集诉求、分级办理分类推送、定时督办评估反馈工作闭环，把群众反映的问题清单、基层提出的需求清单变成履职清单，提出市级层面办实事清单91项，市有关领导带头认领53项，目前已完成91项，跨年度实事项目2项。“喝上引调水”“乡村小规模学校布局调整”等一大批民生工程让老百姓有了实实在在的获得感。涡阳县整合各类法律服务资源，在全县383个村（社区）开办“法治门诊”，有效打通了法律服务群众“最后一公里”。蒙城县整合政法、信访、公安、司法、法院及相关部门资源，创新推行疑难复杂信访案件“5+N”联合会商机制，极大提升了基层化解矛盾纠纷的能力。利辛县围绕事关民生福祉的办事难、就业难、看病难、上学难、出行难、办证难、增收难和事关企业发展的用工难、融资难、转型难10个方面的难点问题，拿出实招硬招加以解决，受到群众的广泛赞扬。三是实施“六一战略”。坚持把学习党史同总结经验、观照现实、推动工作结合起来，同贯彻落实中央、省委各项决策部署结合起来，全力建设“一都一区一基地、一城一市一中心”，即建设世界中医药之都、皖北承接产业转移集聚区、长三角绿色农产品生产加工供应基地、华夏酒城、文化旅游强市、省际毗邻区域中心城市，在实现高质量发展中走好新时代“赶考之路”。

三、主要成效

通过党史学习教育，全市广大党员干部群众更加深刻认识到习近平总书记是经过历史检验、实践考验、斗争历练的当之无愧的党的核心，是赢得全党全国人民衷心拥护爱戴的人民领袖，是实现中华民族伟大复兴的领路人，习近平新时代中国特色社会主义思想是全党全国人民的思想旗帜、精神旗帜。668万亳州儿女真诚拥护核心、真心感念党恩，坚决在政治立场、政治方向、政治原则、政治道路上同以习近平同志为核心的党中央保持高度一致，切实让“总书记有号令、党中央有部署，安徽见行动”的要求在亳州落地落实。

通过党史学习教育，全市广大党员干部群众更加深刻认识到正是党百年来的梦想和追求、情怀和担当、牺牲和奉献，成就了党的伟大、光荣、正确。党史学习教育给人以信心、以力量、以希望，极大激发了全市党员干部群众奋进新征程、夺取新胜利的磅礴力量。2021年前三季度，在省统计局公布的24项主要经济指标中，亳州市有16项指标增速居前六位，15项居前五位，8项居前三位。地区生产总值1504亿元，增长12.6%、居全省第二位；一般公共预算收入117亿元，增长18.5%，居全省第八位。预计全年地区生产总值1980亿元，增长8%，一般公共预算收入140.3亿元，增长11%。

通过党史学习教育，全市广大党员干部更加深刻认识到党的百年历史就是一部与人民心心相印、与人民同甘共苦的历史，更加深刻理解习近平总书记“我将无我、不负人民”的赤子情怀。今年以来，亳州市大力开展“我为群众办实事”实践活动，加快补齐教育、医疗、住房、养老、托育等短板。接续推进巩固拓展脱贫攻坚成果同乡村振兴有效衔接，深入开展城市精细化管理提升工程，大力推进全国文明城市创建。深入开展安全生产专项整治三年行动，构建“一镇一委一站”城乡基层火灾防控体系，该做法得到应急管理部消防救援局充分肯定、专刊推广，全省现场会在亳州召开。抓紧抓实平安亳州建设，维护社会大局和谐稳定。毫不放松抓好常态化疫情防控，做到“守土有责、守土尽责、守好大门、守护平安”，人民群众获得感、幸福感、安全感显著增强。

通过党史学习教育，全市广大党员干部更加深刻认识到自我革命精神是党永葆青春活力的强大支撑。党史学习教育开展以来，亳州市大力弘扬伟大建党精神，全面贯彻新时代党的建设总要求，着力打造忠诚尽职、奋勇争先、能力过硬的领导班子。坚持党管干部原则，坚持好干部标准，树立面向基层、突出实干的用人导向，切实打造高素质专业化干部队伍。扎实开展“三严三实”“马上就办、真抓实干”作风建设专项行动，锤炼雷厉风行、务实创新、奋勇争先的优良作风。持续推进“三不”体制机制建设，始终保持惩治腐败高压态势，2021年以来，共处置问题线索5592件，立案1237件。

四、下步安排

下一步，全市将扎实做好党史学习教育“后半篇文章”，着力巩固拓展党史学习教育成果。一是持续学懂弄通做实习近平新时代中国特色社会主义思想，及时跟进学习贯彻习近平总书记最新重要讲话指示批示精神，以实际行动衷心拥护“两个确立”、忠诚践行“两个维护”。二是组织开好专题民主生活会，严格按照中央及省委要求进行全程把关，确保开出高质量好效果。三是全面总结提炼“学党史、悟思想、办实事、开新局”的经验做法，努力把有效做法和成功经验上升为制度性成果，建立党史学习教育常态化、长效化制度机制。四是引导全市广大党员干部切实把党史学习教育激发的力量和干劲投入经济建设、民生保障、风险防控、党的建设等各项工作中去，为加快实施“六一战略”、推进现代化美好亳州建设提供坚强政治保证。

（市委党史学习教育领导小组办公室）

乡村振兴

2021年是巩固拓展脱贫成果同乡村振兴有效衔接开局之年。一年来，市乡村振兴局深入学习习近平总书记关于巩固拓展脱贫攻坚成果同乡村振兴有效衔接重要讲话指示批示和视察安徽重要讲话精神，在市委、市政府的坚强领导和省乡村振兴局的指导下，立足持续攻坚区定位，严格落实“四个不摘”要求，狠抓工作推进和落实，细化目标任务，落实具体措施，巩固拓展脱贫攻坚成果同乡村振兴有效衔接取得明显成效。

政策稳定衔接。市委以亳发〔2021〕8号文件印发亳州市有效衔接实施方案，明确总体要求、重点任务和保障措施等。继续保持兜底保障类政策稳定、落实好民生保障普惠性政策、优化产业就业等发展类政策。针对国家、省级层面出台的衔接政策，会同市直有关单位研究制定23个配套政策文件，调整优化全市政策举措，构建有效衔接政策体系。

2021年，市县安排衔接资金（原财政专项扶贫资金）预算11.49亿元，其中市级5.64亿元，与2020年持平。实施项目1976个，已全部完工。完成扶贫项目资产摸底清查登记确权和数据录入，累计投入扶贫项目资金166.88亿元，形成资产总规模128.48亿元。

防返贫动态监测帮扶。健全防止返贫动态监测和帮扶机制，开展巩固成果集中排查，符合条件监测对象做到应纳尽纳、应帮尽帮。2021年，新识别监测对象250户845人，新安排帮扶联系人386名，按照“缺什么补什么”原则，精准落实帮扶措施1515条。

精准落实到户政策。精准研判脱贫户及监测对象返贫致贫风险，根据实际需求，分级分类精准施策，优化调整“一户一方案、一人一措施”，制定完善脱贫户“一户一方案，一人一措施”162.9万条、户均9.2条。“三保障”和饮水安全、产业就业、兜底保障等各项政策措施精准落实。

产业帮扶。全市衔接补助资金用于产业发展项目比例63.1%，支持新型农业经营主体带动脱贫户18121户，引导和支持36856户脱贫户开展自种自养。持续完善运维管理长效管护机制，坚持“一月一分析”“一月一暗访”，建立“一站一策”问题整改长效机制，2021年全年累计发电量为6.25亿千瓦时、等效利用小时数1236.20小时，同比分别增加2590.10万千瓦时、51.2小时，增长4.32%，产生收益6.12亿元。积极推进脱贫人口小额信贷，2021年累计发放贷款3.05亿元。

稳岗就业。开展贫困劳动力务工就业状况摸底调研，进一步挖掘务工就业潜力。建立外出务工动态管理台账，坚持不定期核查和“一月一摸排”相结合，动态掌握外出务工情况。2021年全市脱贫劳动力务工就业16.3万人，占2020年底外出务工脱贫劳动力的104.63%。

网格化管理。构建县乡村组四级网格4.49万个，确定网格员4.5万人，全面建立健全网格化管理台账，每月开展相关行业部门数据比对，预警信息分类分级反馈基层核实，实行监测对象动态管理，确保符合条件的农户及时纳入监测对象并落实帮扶。

（王亚奇）

2021年4月8日，亳州市谯城区张店乡泥店瓜果蔬菜交易市场，农民在出售刚采收的蒜薹

新冠肺炎疫情防控

2021年，在市委、市政府的坚强领导下，全市上下深入贯彻习近平总书记关于疫情防控的指示批示和重要讲话精神，以及党中央、国务院和省委、省政府决策部署，坚持把疫情防控工作作为重大政治任务、最重要的工作、头等大事来抓，严格贯彻落实“外防输入、内防反弹”防控策略和“动态清零”总方针，从严从紧抓好常态化疫情防控工作，重点人员、重点场所、重点环节防控有力，防控能力和应急处置能力不断提升，疫情形势持续保持平稳态势。截至2021年底，全市连续近23个月、685天无新增病例。

一、工作开展情况

（一）提高政治站位，增强

疫情防控工作全局意识。一是强化工作落实。市委召开市委常委会会议、市委理论学习中心组学习（扩大）会、全市疫情防控和疫苗接种工作会、专题调度会、调研座谈会等会议24次，市政府召开常务会9次、疫情防控和疫苗接种专题会9次，深入学习贯彻习近平总书记指示批示和重要讲话精神，贯彻落实国家和省疫情防控决策部署，研究部署全市疫情防控工作。二是强化监督检查。制定疫情防控监督检查工作方案，压实监督检查工作责任，建立常态化监督检查工作机制。市卫健委建立疫情防控“五条线”督查机制，对院感防控、乡镇卫生院、村卫生室（私人诊所）、重点场所、集中隔离点开展常态化督查，做到每周督查、每周通报，及时督促整改发现的问题。市纪委监委组建专项督查组，对车站、医院、农贸市场、宾馆酒店、商场超市等376处重点场所开展监督检查，发现问题255个，处理4人。市委督查考核办牵头开展疫情防控专项暗访督查29次、涉及重点场所600多个，发现并督促整改问题682个，形成督查报告29期。三是强化经费保障。紧盯防疫需要，坚持“特事特办、急事急办”原则，积极统筹各项资金，简化办事流程，开通拨付“绿色通道”，切实提高资金拨付效率，全市共落实各级疫情防控资金3.36亿元，支出3.28亿元，保障疫情防控工作的开展。

（二）着力从严从紧，落细落实常态化疫情防控措施。一是强化入境人员防控。大数据工作专班保持24小时高效运转，每日分析比对入境涉亳人员信息，第一时间推送到县区，县区第一时间对接联系、精准掌握抵亳时间，严格落实“14+7+7”闭环管理措施，全年隔离管控入境到（返）亳人员1137人，全年未发生入境人员阳性事件。二是强化进口物品防控。加强进口冷链食品和高风险非冷链食品监管，县区全部建成并使用进口冷链食品集中监管仓，严格落实核酸检测、预防性消毒、赋码管理等防控措施。累计采集冷链食品、包装、环境和从业人员标本32.45万份，其中阳性标本4份。开展常态化督查，全年出动检查人员5510人次，检查冷链食品生产经营单位11933家次、第三方冷库216家次，发出责令整改通知61份，查处进口冷链食品案件49件，罚没款48.5万元。先后妥善处置奔驰4S店、山东奶枣、进口冷链鸡脚等涉疫物品输入事件8起，未造成由物到人传染。三是强化风险人员排查。建立风险人群闭环管理机制，完善信息推送—人员核查—精准管控—结果反馈工作流程，对重点人员实行快查快管，尽可能减少风险隐患，累计排查管控涉疫地区到（回）亳人员3.72万人、密切接触者等病例接触人员1321人。四是强化交通防控措施。为妥善应对全国多点、多地散发的疫情，特别是防范河南郑州、商丘、周口等地疫情输入，2021年8月，亳州市升级管控措施，在火车站、高铁站、高速公路出口、国省干道、县道等处设置交通防控查验点114处、配备工作人员4700多人，对入亳车辆、到亳人员逐人开展“双码”（安康码、行程码）查验，做到了风险人员早发现、早管控，坚决防范了疫情输入，守住了安徽北大门。五是强化发热患者筛查。规范设置发热门诊12家，严禁个体诊所、村卫生室等基层医疗机构接诊发热患者，发热门诊对发热患者全部落实“应检尽检”措施，全年报告检测发热患者4.52万人，检测结果均为阴性。严格执行“一退两抗”药品处方销售、实名登记制度，筛查药店购药114.85万人次，其中购买“一退两抗”类药品35.23万人次。六是强化农村地区防控。印发《农村地区新冠肺炎疫情防控工作方案》，发布《致全市在外父老乡亲的一封信》，引导亳州老乡非必要不返乡。建立返乡人员摸排日报送机制和“乡采样、县检测”工作机制，开展返乡人员摸底排查，做好人员健康管理。1月28日—2月14日，全市摸排务工返乡人员20.38万人，与2020年同期农村地区返乡人员数量相比大幅度减少，开展核酸检测19.87万人、26.63万人次。2月9日，市疫情防控应急指挥部开展了农村地区新冠肺炎疫情应急处置桌面演练。七是强化重点场所防控。压实主管部门行业监管责任，督促交通场站、商场、超市、宾馆、酒店、农贸市场、景区景点、网吧等重点场所落实疫情防控措施。市交通运输局暂停发往中高风险地区所在地市的客运班线66条、停运车辆130辆，查扣防疫措施落实不到位的出租车50辆；市商务局先后6次召开中心城区大型商场超市疫情防控工作调度会，开展疫情防控督查25次；市市场监管局把农贸市场疫情防控与卫生城市创建工作有机结合，实行“机关科室+辖区市场监管所联合包保”工作方式，检查农贸市场29家次；市文化旅游体育局成立疫情防控工作领导小组，设立办公室和影院书店、星级酒店、景点景区、文旅市场、体育场馆等六个工作组，加大监督检查力度，检查经营场所610家次，发现隐患148个，全部督促整改到位。

（三）立足有备无患，持续强化应急处置能力建设。一是健全应急处置体系。疫情防控转入常态化以来，市疫情防控应急指挥部保持机构不减、班子不撤、人员不散、制度不变，先后增设数据核查组、物防监管组、后勤保障组、疫苗接种工作领导小组、全员核酸检测工作组，先后成立流调溯源、区域协查、安康码管理工作专班，应急处置人员力量不断加强。坚持平战结合、平急结合原则，进一步完善突发疫情应急预案和应急处置操作手册，优化突发疫情应急处置流程，实行24小时应急值班制度。发生疫情后，应急指挥体系第一时间启动应急响应、应急人员第一时间到岗到位开展应急处置。二是健全核酸检测机制。制定《全员核酸检测应急预案和9个工作方案》，建立全员核酸检测体系。投入财政资金1076万元用于提升核酸检测能力，将全市公立医疗卫生机构日检测能力提升到6.3万管，将第三方协议机构的日检测能力提升到12.2万管，全市日核酸检测能力达到18.5万管。将全市97个乡镇（街道、社区管理中心）、1348个村（社区）划分成核酸采样网格4066个，选配采样点负责人、秩序员、标本收集员16264人。组建核酸采样队伍7453支、14906人。开发核酸检测信息系统，开展人员信息预登记510万人。城市核酸检测组织实施能力建设通过省级验收，为全省通过的四个地市之一。三是健全流调溯源机制。成立流调溯源工作专班，组建市县两级流调工作队28支、224人和市级流调专家队8支、71人，先后多次开展流调业务培训，不断提升流调人员工作能力和业务水平。建立公安、公卫、工信“三公”协同流调和隔离转运衔接工作机制。流调工作队24小时待命，一旦突发疫情，第一时间赶赴现场，迅速对感染者开展流调溯源，精准排查追踪密接者、次密接者，及时进行转运隔离，确保“应隔尽隔”。四是健全隔离运转机制。统筹全市宾馆酒店、人才公寓等房屋资源，设置集中隔离点104个、储备隔离房间10598间，配备工作人员1509人。强化转运隔离力量，统筹120救护车、公交车辆、大巴车等运力资源，配备转运车辆675辆、转运人员950人，确保第一时间将应隔离人员转运隔离到位。五是健全社区防控体系。坚持“人员、空间”全覆盖，建立贯通到底的邻长制基层组织体系，全市共选配“三长”143589名，其中片长9222名、组长26812名、邻长107555名。同时，以邻长制基层组织体系为基础，建立“县（区）—乡镇（街道）—村（社区）—片—组—邻”六级疫情防控网格化管理责任体系，并将“三长”充实到网格管理员队伍中来，明确其风险人员排查、防控政策宣传等防控职责，基层防控力量不断加强，有效解决了疫情防控“最后5米”的末梢问题。

（四）紧盯全民免疫，稳妥推进新冠病毒疫苗接种工作。一是优化接种服务。统筹全市公立医疗机构、民营医院等接种资源，按照“就近便民、高效服务”的原则，全市设置接种点135个，配备接种台709个、接种工作人员3899人。同时，改造流动接种车8辆，并将流动接种车开进广场、养老院、看守所、企业、乡村，方便群众接种。统筹全市医疗资源，成立医疗救治专家组，抽调救治人员594人，开展救治培训，提升业务能力。实行二级以上公立医院划片负责工作机制，并将医务人员、救护车等急救力量合理分配到各接种点，配备必要的设备、药品，畅通救治绿色通道，确保不良反应能第一时间得到救治或转运，全市共上报预防接种异常反应9例，均已规范处置。二是合理安排接种计划。紧盯目标任务，聚焦接种率、完成率、脱漏比等关键指标，以第七次人口普查数据为基础，将第一剂次、第二剂次、免疫加强任务精准分配到各县区，科学制定接种计划，开发疫苗接种管理系统，坚持高位推动与下沉包保相结合、信息查人与精准找人相结合、固定接种与便民服务相结合，切实把人组织起来、把疫苗打下去，尽快完成接种任务。上半年，亳州市均提前3天完成省下达的第一剂次、第二剂次接种任务；下半年，12～17岁人群第一剂次接种任务完成率109.99%、第二剂次完成率106.41%，60岁以上人群第一剂次接种任务完成率105.39%、第二剂次完成率101.24%。三是做好接种服务费用保障。严格按照每剂次服务费10元的标准，全市兑现疫苗接种服务费5660.21万元，并及时、足额发放至基层医疗卫生机构，保障一线医务人员合法权益。

（五）聚焦人民健康，不断强化医疗救治保障体系。一是做强定点医院。市委将定点医院建设作为年度重点任务，明确由分管副市长牵头协调推进，并将全市综合实力强、救治水平高、感染防控基础好的市人民医院设置为定点医院。对照定点救治医院设置管理规范，市财政投入专项资金1125万元，开通招标绿色通道，对定点医院感染科大楼、2号楼、ICU病区和儿科重症监护室实施改造，建立了独立的传染病院区，配备救治床位800张（包括重症床位80张）。二是做好设备配置。规范配备有创呼吸机90台、无创呼吸机11台、心电监护仪710台、经鼻高流量呼吸治疗仪80台、便携式超声诊断仪12台、震动排痰仪10台、ECMO（人工膜肺）2台、CRRT仪3台、PICCO监测仪1台、ICU多功能床49张、CT机4台、救护车22辆、负压救护车4辆、负压担架2个。三是做足人员储备。成立市级医疗救治专家组43人，配备新冠肺炎救治队伍1754人（医生472人、护士1272人、呼吸治疗师10人），重症医学科医生、感染科医生、呼吸科医生、院感专职人员、护理人员等均按规定配备。四是做严院感防控。开展医疗机构院感防控全员培训，完成培训27003人、涉及192家医疗机构，覆盖医疗机构内所有医务人员、管理人员以及保安、保洁、护工等工勤人员，并全部考核合格。成立全市医疗卫生机构感染防控专家委员会，组建市级院感专家组，常态化开展院感防控督查，全年督查33次、涉及医疗机构479家，发现并整改问题1413条，整改率100%。

（六）畅通信息渠道，严格规范及时发布疫情信息。一是严格信息发布。宣传、网信、卫健、新闻媒体等单位组成宣传报道组，全权负责宣传报道、信息发布工作，建立信息发布工作机制和新闻发言人制度。严格落实国家、省疫情信息发布程序和工作要求，5小时内发布权威信息、24小时内举行新闻发布会，及时通报确诊病例的基本情况、行动轨迹等，做到不遮不盖、发实声、报实情，切实保障群众的知情权。二是加强宣传教育。统筹市直媒体，利用“报、台、网、微、端、屏”全媒体平台及时推送全市疫情防控政策和防控动态，全年刊播稿件4000余篇（条），总点击量2900万+。亳州发布、药都时空微信公众号，发布健康提示、紧急提醒、疫苗接种、疫情防控通告等相关信息110多篇；依托广播栏目，循环播出疫苗接种、预防流感、正确佩戴口罩等公益广告1095条次；依托4万只村村通“大喇叭”，播发疫情紧急提醒、疫情防控工作通告等稿件700余条，播出疫情防控公益广告260余次。印制发放健康教育相关知识宣传折页、宣传手册等材料2万份；组织健康科普进机关、进学校、进社区，开展宣讲活动5628次、覆盖31.9万人。

二、存在的问题

尽管全市疫情防控工作取得积极成效，但与国家、省的新要求和人民群众对健康生活的新期盼相比，在风险防控、能力建设等方面仍存在不少短板和弱项，具体表现在：

一是核酸检测能力不足。按照国家最新要求，1000万以下人口城市24小时内完成全员核酸检测，亳州市日核酸检测能力应至少达到25万管，而实际日检测能力为18.5万管。其中，第三方机构协议能力达12.2万管、占比近三分之二，且均在合肥，应急检测保障能力依然有所不足。

二是群防群控意识不强。部分商场、超市、餐馆、酒店等公共场所疫情防控措施落实不严不实，对工作人员的健康管理不到位，对进入顾客未能做到逐人检测体温、查验安康码。部分群众的个人防护意识不强，在公共场所不佩戴口罩、不遵守“一米线”等防控规定的现象依然存在。

（侯学振）

生态环境保护

2021年，亳州市以习近平新时代中国特色社会主义思想为指导，全面落实党的十九大和十九届历次全会精神，深入贯彻习近平生态文明思想，持续强化深入打好污染防治攻坚战的政治自觉，推深做实齐抓共管大环保格局，改进工作方法，优化管理措施，入围国务院大督查正面激励名单，圆满完成国家和省下达的年度生态环境保护目标任务。

一、生态环境质量显著改善

以改善环境质量为目标，坚持精准、科学、依法治污，推动全市生态环境质量显著改善，为经济社会高质量发展筑牢了生态屏障。

（一）巩固提升大气污染防治成效。2021年，全市城市空气质量综合指数3.85，同比下降14.3%，降幅居全省第一位；$PM_{2.5}$平均浓度38.1微克/立方米，同比下降23.6%，降幅居长三角区域城市第一位；优良天数比率78.5%，同比增长11.8个百分点，增幅居全省第一位。一是着力打好重污染天气消除攻坚战。实施集中办公，加强会商，及时启动应急预警3次，实施管控15天，有效起到削峰作用。坚决做到春节期间烟花爆竹、大盘香禁燃禁放城乡全覆盖，列入国家调度的“散乱污”企业整治等17项重点工作任务均按时完成。二是着力打好臭氧污染防治攻坚战。完成100家企业VOCs污染治理“一厂一策”编制、20余家企业源头替代和深度治理。开展油品质量抽测，加大非法流动加油车、点查处力度，启动工业园区VOCs监测走航，实现省级工业园区走航全覆盖。2021年臭氧浓度首次实现达标，完成省下达的优良天控制目标。三是有效管控机动车排放污染。强化机动车尾气遥感监测和车载终端OBD远程在线监控数据运用，发送一次超标车辆预警短信11764辆次，移交超标车辆886辆次。完成277辆4.5吨以上国Ⅳ柴油车尾气排放深度改造，开展路检路查50余次，检测237辆次。市生态环境、市场监管、交警等部门联合聘请专家对机动车尾气监测机构进行检查，对存在问题的机构分别计分。四是加强大气面源污染治理。开展县区监督帮扶，促进市县联动，持续加强网格管理，推进“九查九做”，强化施工、道路、裸露地面等扬尘管控，实施城市精准保洁。五是积极推动应对气候变化工作。完成2016年、2019年市级温室气体碳排放清单编制，完成3家发电企业碳排放核查，基本完成碳达峰行动方案编制。

利辛县西淝河国家湿地公园 （刘勤利 摄）

（二）全面推进地表水污染防治集中攻坚。2021年，全市地表水国考断面水质优良比例69.2%，优于国家、省下达目标任务15.4个百分点。一是全面提升水污染防治的深度和广度。开展集中整治，全力推进沿河居民生活污水直排污染河道整治等九大专项行动。分步实施地表水国考断面水质自动监测站建设项目，推进清水廊道水环境的实时监测和及时预警。明确了清水廊道污染防治部门职责和属地责任，积极推进西淝河污染防治项目2个，落实西淝河周边环境综合整治及8条支流污染整治，改善西淝河水环境质量。二是保障饮用水安全。亳州市城南地表水厂日供水量13万吨左右，占城区总供水量的76%，中心城区已主要使用地表水作为供水水源，氟化物、钠离子超标问题将彻底解决。开展2次集中式饮用水水源地专项检查，检查保护区429处，发现问题156处均已完成整改。三是深化农村污水治理。市生态环境、城管、住建、农业等部门联合对各乡镇驻地污水处理工作开展拉网式全覆盖督查，推动乡镇污水处理厂及管网问题整改。统筹专项资金560万元开展农村生活污水处理试点，打造样板工程以便复制推广。

（三）深入推进土壤污染防治。确定土壤环境污染重点监管单位21家，并向社会公开。推进受污染耕地安全利用和严格管控，持续开展耕地周边涉镉等重金属行业企业排查整治。严格建设用地土壤污染风险管控和修复，加强污染地块名录管理，对9个疑似污染地块开展现场排查，认定土壤污染责任人，督促依法开展初步调查。依托安徽省固体废物管理信息系统，实现了危险废物处置全过程监管。2021年，亳州市危险废物产生2.98万吨，处置利用率达95.97%；亳州永康医疗废物处置有限公司接收医疗废物2847.40吨，安全处置率100%。

二、群众身边环境问题显著减少

市委主要负责人召集各县区、市直相关职能部门定期在突出环境问题整改现场召开环委会会议，现场看、站着讲、站着听，现场发清单、定期限、推整改，常态化抓细抓实环境问题整改。坚持问题导向、效果导向，通过常态化暗访核查、定期调度通报、典型案例警示曝光等措施，强化环境风险隐患排查整治，妥善解决“全民参与·环保风暴”群众信访问题，各类突出生态环境问题整改均按序时进度全面推进。2021年，全市需整改中央和省生态环保督察反馈突出生态环境问题983个，经县区整改初验、市级复核指导、市环委办跟踪督办，已完成整改968个，正在按序时进度推进整改15个。2021年，亳州市环境保护类投诉举报件数同比下降33.9%；省生态环境厅转办亳州市投诉举报401件，居全省倒数第4位；全市公众生态环境满意度为93.7%，高于全省0.3个百分点。

三、生态环境管理水平显著提升

一是制订并实施绿色发展行动计划工作要点和施工图，强化自然保护地生态环境监管，市生态环境、自然资源、农业农村、交通运输、水利等部门联合对全市自然保护地进行联合执法检查，对11个重点点位进行现场核查，整体情况较好。二是拓展“三线一单”成果应用范围。已广泛应用于全市建设项目环评文件编制与审批，成为部门规划编制的重要依据，项目选址选线时严格落实生态红线保护要求，依法避绕湿地公园等生态环境敏感区域。6个省级开发区环境影响区域评估报告已全部编制完成并公开。13个省级以下开发区环境影响区域评估报告已完成编制12个。三是不断加强辐射安全监管。完成5个辐射类建设项目环评审批，核发64家（次）辐射安全许可证，对射线类装置、放射源使用单位进行全覆盖检查，完成10枚（许疃煤矿）废旧放射源安全收储。

四、环境综合执法效能显著提高

坚持依法行政，敢于铁面执法，勇于创新执法，以温情帮扶规范企业污染治理，提高环境综合执法实效。2021年，全市共查处环境违法案件269件，同比增长33%；罚款2000.3887万元，同比增长66%；全市共适用《中华人民共和国环境保护法》“四个配套办法”办理案件296件，同比增长21%。《安徽龙运铝业科技有限公司行政处罚决定书（亳环罚字〔2020〕19号）》案卷被省司法厅评为全省优秀行政执法案卷，为全省生态环境系统唯一优秀行政执法案卷。组织召开4次生态环境损害赔偿磋商会，签订磋商协议3件，赔偿合计107.01万元。纳入《生态环境执法监管正面清单》管理企业增至102家，对清单内企业做到“无事不扰”。对企业轻微环境违法违规行为给予免罚，共对10余家企业实施首违免罚，数量全省第一。帮助23家被罚企业修复信用，激发失信主体守信意愿。市生态环境局代表省生态环境厅参加生态环境部大气监督帮扶实战练兵，成绩位居全国第三、全省第一。2021年全省生态环境保护执法大练兵评比中，亳州市生态环境保护综合行政执法支队成绩位列全省市级集体第一名，利辛县、蒙城县、涡阳县大队分别位列全省县级前三名。

五、服务企业发展能力显著强化

一是突出服务定位，以全程不说“不”的态度做好项目落地工作，找准“小切口”，认真做好结对帮扶，助力企业高质量发展。2021年，全市共审批建设项目415个，其中报告书35个，报告表380个。二是铆定绿色发展轨道，加大节能环保产业“双招双引”力度，补齐企业环境保护短板。重点围绕药渣、酒糟、秸秆、污泥处理等方面加大招商力度，力促节能环保技术企业来亳开展业务，推进主导产业补链强链。先后洽谈11家企业，其中4家企业落户或即将落户亳州。三是延伸服务流程，解答企业疑问，回应企业关切，减轻企业经营负担。建立环评超市，实施动态管理，公布环评单位信用，引入竞争机制，促使古井镇小型白酒企业环评费用由平均约4万元降低到最低3000元，让利于项目企业。四是充分利用国家政策，主动调研、积极作为，整合生态环保资源，降低企业治污设施运维成本。促进首批13家中药企业与中节能国祯亳州公司签订了纳管污水排放标准协议，放宽企业污水排放标准，每年可减少企业治污成本约1000万元。

六、环境保护氛围显著增强

线上线下协同开展宣传，巩固提升生态环境保护社会共识。借助“世界地球日”“国际生物多样性日”“‘六五’环境日”“全国低碳日”等节点，组织环保法律法规进校园、机关、农村、企业、社区，通过网络直播、环保设施集中“云”开放共享环保理念。强化网络舆情发现、收集和处理，及时回应社会关切，组织召开4次新闻发布会。2021年亳州环保世纪行暨“六五”环境日主题宣传活动通过4个平台同步直播，活动点击量突破120万。推送微信公众号动态1187条、微博2058条，被省生态环境厅双微采用、转载155篇，被生态环境部双微采用、转载3篇。在《中国环境报》《安徽日报》《亳州晚报》等主流媒体及其新媒体平台刊发各类稿件800余篇。

（亳州市生态环境局）

大事记

2021 年 9 月 29 日，中国共产党亳州市第五届委员会第一次全体会议在市行政会议中心举行　　（张延林　摄）

1月

1日　亳州市公安交管部门推行道路交通事故处理进度和结果网上查询服务措施。道路事故当事人无须提出申请，即可在“交管12123”手机App或互联网服务平台查询事故处理进度和结果。

2日　安徽省卫健委公布省秋冬季新冠肺炎防控救治定点医院名单，亳州市1家市级医院和4家县级医院可进行冬季新冠肺炎救治。分别是：市人民医院、华佗中医院、蒙城县第一人民医院、涡阳县人民医院和利辛县人民医院。

4日　亳州市首批重点人群新冠病毒疫苗开始接种。据统计，全市设置新冠病毒疫苗接种点共计26个，亳州市重点人群5万多人，将于2月5日前全部完成新冠病毒疫苗接种。

5日　市长杜延安带队到市人民医院急诊楼、市区还原B区配套幼儿园、市儿童医院、光明小区、和平路九年一贯制学校、西湖雅苑新型智慧农贸市场、黎明小学及幼儿园等项目现场，调研民生工程建设，实地察看项目建设进展，协调解决存在问题。

同日　亳州市开展新冠病毒疫苗质量督查专项工作。主要检查对象为疾病预防控制机构和承担新冠病毒疫苗接种的医疗机构和预防接种单位，重点对新冠病毒疫苗储存、运输和落实紧急使用新冠病毒疫苗全过程温度是否符合要求情况进行检查。

6日　全市疫情防控工作专题会议召开，市委书记汪一光主持会议并讲话，市长杜延安、市委副书记孔涛出席会议。会上，市疫情防控指挥部办公室、各县区分别汇报疫情防控相关情况。

同日　亳州市印发《关于促进中医药传承创新发展若干措施》，打造“15分钟中医药服务圈”。措施明确，将提供覆盖全民全生命周期的中医药服务，提出到2022年，争创国家级区域中医医疗中心1个、省级区域中医医疗中心2～3个。

7日　安徽省大气污染防治与应对气候变化工作座谈会（北片）在亳州市召开。会上，参会地市分别汇报大气污染防治工作进展情况、存在的问题、相关意见建议，并就如何进一步抓好2021年大气污染防治及应对气候变化工作进行交流。

同日　信湖煤矿铁路专线顺利完成铺设，开始运行试验。该铁路专用线于2019年7月开工建设，总投资约2.65亿元，自信湖煤矿铁路装车站至蔡楼集配站，为涡阳县信湖煤矿配套建设铁路专用线，设计总长度13.449千米。

同日　“举旗帜·送理论”党的十九届五中全会精神市委宣讲团走进亳州市各县区、高校、企业，深入宣讲党的十九届五中全会精神。

10日　古井贡酒·明光酒业战略合作签约仪式暨明光酒业“十四五”规划发布在明光市举行。双方正式达成战略合作。

12日　亳州市召开大气污染防治领导小组专题会议。市委书记汪一光出席会议并讲话，市人大常委会主任王玉玺、市政协主席汤涌出席会议。会议听取大气污染防治工作开展情况和长江经济带生态环境警示片涉亳问题整改情况汇报。

同日　亳州市扶贫干部刘双燕入选2020年度安徽“十大新闻人物”。

同日　2021年亳州市征兵工作电视电话会议召开，各县区设分会场。市长、市征兵工作领导小组组长杜延安出席会议并讲话。会上，谯城区政府介绍谯城区2020年征兵工作情况，亳州军分区司令员邹建华总结2020年征兵工作，部署2021年征兵工作。

14日　亳州市委常委会会议暨市委理论学习中心组学习会议召开，市委书记汪一光主持会议并讲话，市长杜延安、市人大常委会主任王玉玺、市政协主席汤涌、市委理论学习中心组成员出席会议。会议传达学习习近平总书记在中央全面深化改革委员会第十七次会议、中央经济工作会、中央农村工作会等会议上的重要讲话精神和习近平主席二〇二一年新年贺词。集体学习中共中央政治局民主生活会议精神，部分市领导联系思想和工作实际，作交流发言。传达学习全省防汛救灾表彰大会、公共卫生体系建设和中医药工作电视电话会议、2020年度市委（工委）书记抓党的建设工作述职评议会议精神，听取市委常委会民主生活会、市“两会”筹备情况汇报。会议还研究了其他事项。

同日　安徽医科大学附属亳州医院签约揭牌仪式在亳州市举行。市长杜延安与安徽医科大学校长曹云霞共同为安徽医科大学附属亳州医院揭牌，副市长曹振萍与安徽医科大学副校长余永强签署《亳州市人民政府、安徽医科大学共建安徽医科大学附属亳州医院合作协议》。根据协议，安徽医科大学将充分发挥内外部人才、技术资源优势，结合亳州地区疾病谱及实际需要，通过人员培训、安排专家坐诊、会诊、病例讨论等方式，重点加强亳州市人民医院胸痛中心、卒中中心、危重新生儿中心、危重孕产妇、创伤中心、产前诊断及生殖中心的建设。

同日　中央广播电视总台中文国际频道播出《记住乡愁》第七季《亳州——中华药都 厚道立世》，让世界各地的观众通过节目领略亳州古城的魅力。《记住乡愁》大型纪录片是由中共中央宣传部、住房和城乡建设部、国家广播电视总局、国家文物局联合发起，中央广播电视总台中文国际频道组织拍摄的系列纪录片。

15日　市长杜延安带领市直相关部门及谯城区负责人，到新冠病毒疫苗接种点、亳州含量无忧中药材检测有限公司、安徽邵氏华艾生物医疗电子科技公司、安徽云泉医药有限公司、承庆堂国药股份有限公司、安徽德昌药业股份有限公司等处，检查药品药材综合整治工作。

16日　亳州市冬季用电负荷持续走高。1月6日19点51分，亳州电网调度口径最大负荷达到195.9万千瓦，继2020年12月29日的177.4万千瓦、2020年12月30日的192.8万千瓦，今冬第三次打破冬季负荷历史纪录。

17日　亳州市加快建设特色产业集群暨全省贯彻“六稳”重大项目集中开工现场推进会，在利辛县四叶花环境技术有限公司年产5000台环卫机具设备项目现场举行，市长杜延安下达开工令。本次全市8个重点项目集中开工，总投资28.1亿元。

18日　亳州供电公司35千伏古城变电站带负荷试验成功送电，亳州地区首座预制式标准化变电站改造完成。新古城站为亳州地区首座预制式标准化变电站，采用装配式预制舱建筑格局，投运后将彻底解决原变电站设备老旧等现状，供电可靠性和供电能力大幅提升。

同日　亳州市正式启动政府储备猪肉投放工作。该次投放储备猪肉时间为：1月18—24日，投放时间共7天。投放品种为：前腿肉、后腿肉、五花肉等产品（均经相关部门检验检疫）。投放数量将根据市场销售情况，确定供应量。后续投放数量视前一天销售情况确定。

19日　2020年度县区委（工委）书记抓党的建设工作述职评议会议在亳州市行政会务中心召开。市委书记汪一光主持会议并讲话。市委副书记、市长杜延安，市委副书记孔涛出席会议。会议采取现场述职和书面述职相结合的方式，听取16位县区委（工委）书记抓党的建设、基层党建、党风廉政建设工作述职，汪一光代表市委逐一点评。参会市领导，市委党建工作领导小组成员，有关市直单位负责人，熟悉了解情况的“两代表一委员”、基层党员干部和群众代表，进行现场评议。省委组织部有关人员到会指导。

同日　2021年全市重点项目和市本级政府投资项目及专项债项目调度会议召开。市长杜延安主持会议并讲话，市委副书记孔涛参加会议。会上，市发展改革委汇报2021年全市重点项目和市本级政府投资项目情况，市财政局汇报专项债项目推进情况，市直相关部门汇报项目进展情况。

20日　亳州市首部老小区加装电梯投入使用。市区光明小区是亳州市老旧小区加装电梯的试点小区，目前该小区11号楼加装电梯已投入使用。

21日　市委常委会会议暨市委理论学习中心组学习会议召开，市委书记汪一光主持会议并讲话，市长杜延安、市人大常委会主任王玉玺、市政协主席汤涌、市委副书记孔涛，市委理论学习中心组成员出席会议。会议集体学习习近平总书记在省部级主要领导干部学习贯彻党的十九届五中全会精神专题研讨班开班式上重要讲话精神，部分市领导联系思想和工作实际，作交流发言。会议听取市人大常委会、市政府、市政协、市中院、市检察院党组工作汇报。会议还研究了其他事项。

同日　2021年全市安全生产工作会议暨市安委会第一次全体成员（扩大）会议召开，市长杜延安出席会议并讲话。会议通报2020年全市安全生产形势、安全生产专项整治三年行动及安全生产工作考核存在的问题，对2021年安全生产重点工作进行部署。

22日　亳州军分区党委三届八次全体（扩大）会议召开，市委书记、军分区党委第一书记汪一光出席会议并讲话，市委副书记孔涛出席会议。会议宣读2020年度表彰通报，传达军委国防动员部和省军区党委全体（扩大）会议精神，听取军分区党委工作报告和纪委工作报告。

25日　亳州市与北京市血液中心完成援助血液交接。亳州市在确保全市临床用血的同时，向北京援助130个单位（每200毫升全血制备）去白悬浮红细胞，1000个单位血浆，合计约126000毫升。

26日　亳州市区巡游出租车运价调整暨完善运价与气价联动机制听证会召开。17位听证会代表均支持上调运价，其中12位代表支持方案一运价模式：起步价由现行5元/2千米调整为6元/2.5千米，车千米租价由现行1.4元/千米调整为1.6元/千米。

27日　省第十三届人大第四次会议将在合肥开幕，出席会议的亳州市代表在驻地召开全体代表会议。会议推选省人大代表、市委书记汪一光为亳州市代表团团长，推选省人大代表、市人大常委会主任王玉玺为亳州市代表团副团长。全国人大代表、市长杜延安列席会议。省政协十二届四次会议在安徽大剧院开幕。本次会议共有10名驻亳省政协委员参会，分别为汤涌、秦凤玉、龚艳玲、张国芳、李长春、李福、张明生、张慧芳、姜晓东、金国珍。

28日　亳州市代表团集中审议省政府工作报告、审查省“十四五”规划和2035年远景目标纲要草案。省人大代表、省检察院党组书记、副检察长陈武，省人大代表、市委书记汪一光，省人大代表、市人大常委会主任王玉玺参加审议。全国人大代表、市长杜延安，市委副书记孔涛列席会议。

同日　北京西至亳州南高铁正式开通。北京西至亳州南高铁G1591车次，北京西10：15发车，亳州南15：17到达，经停涿州东、保定东、石家庄、邢台东、邯郸东、安阳东、郑州东、商丘8个站点，比原来普列节省约4个小时。亳州南至北京西高铁G1592车次，亳州南15：40发车，北京西21：15到达，经停商丘、郑州东、新乡东、鹤壁东、安阳东、邯郸东、邢台东、石家庄、保定东9个站点。

同日　亳州中药材专业市场休市。2020年，亳州中药材专业市场在全国同类市场中率先开市，常态化疫情防控有力有序，市场已平稳运营330多天。

同日　亳州市开展欠薪投诉集中接访活动。市本级在市信访局二楼进行现场接访，涡阳县接访地点设在县人社局，蒙城县接访地点设在县治欠办，利辛县接访地点设在县信访局，谯城区接访地点设在谯城经开区管委会院内，市本级和各县区分别由市、县（区）相关领导领衔接访，接访时间为8：00—12：00、14：30—17：30。

30日　亳州市代表团集中审议省人大常委会工作报告。省人大代表、市委书记汪一光，省人大代表、市人大常委会主任王玉玺参加审议。全国人大代表、市长杜延安，全国人大代表、市委副书记孔涛列席会议。

31日　亳州市代表团集中审议省高级人民法院工作报告、省人民检察院工作报告。省人大代表、省检察院党组书记、副检察长陈武，省人大代表、市委书记汪一光，省人大代表、市人大常委会主任王玉玺参加审议。全国人大代表、市长杜延安，全国人大代表、市委副书记孔涛列席会议。

同月　亳州市获评第十批国家节水型城市。

同月　亳州市入围2021—2023年创建周期全国文明城市地级提名城市名单。蒙城县成功入围县级提名城市名单。

同月　利辛西淝河国家湿地公园通过验收正式成为国家级湿地公园。利辛西淝河国家湿地公园位于亳州市利辛县，以西淝河中游河段为主体，包括周边相关水文库塘、沼泽湿地，总面积958.71公顷。划分为湿地保育、恢复重建、宣教展示、合理利用、管理服务五大功能区。

同月　《亳州市农田建设工程建后管护办法（试行）》出台。《亳州市人民政府关于推进质量治理体系和治理能力现代化的实施意见》出台。

同月　亳州市全面完成5G基站建设的年度任务。市累计开通5G基站1300个，5G基站建设年度目标完成率达130%，基本实现中心城区和三县县城主要区域5G网络覆盖。

同月　国家医疗保障局办公室下发《关于推介全国医疗保障经办精细化管理服务典型案例的通知》，“亳州市开启医保智慧监管模式　维护群众救命钱”获优秀奖。亳州市12家二级以上公立医院和市区275家定点药店均已纳入智能监控平台，共收到事前提醒28058余次，涉及金额573万元。14家公立医院实现事中人脸比对智能，有效遏制虚假住院、挂床住院等违规行为。事后审核实现对全辖定点机构结算数据全面审核，发现疑点约12.06万个，拟扣款金额约1573.1万余元。

同月　亳州市建立“乡镇（街道）—村（社区）一片一组一邻”邻长制基层组织体系，全市116个城市社区、1228个村全部完成片、组、邻划分，选配片长9793名、组长2.5万名、邻长10.1万名，打通了社会治理体系延伸到户的“最后一米”。

同月　安徽省文物局公布第五届安徽省博物馆陈列展览精品项目推介名单，亳州市博物馆“曹操宗族墓群文字砖展”荣获“安徽省十佳精品陈列展览”。

同月　国家邮政管理局公布60个“2020年快递服务现代农业金牌项目”，其中亳州花草茶以业务量第二名位列榜单。经统计，2020年亳州花草茶全年快递发送量约在7000万件。

同月　农业农村部公布农业农村系统抗击新冠肺炎疫情先进集体、先进个人和突出贡献农民表彰名单，亳州市农产品协会会长胡守山获评抗击新冠肺炎疫情突出贡献农民。

同月　全国妇联表彰第十二届全国五好家庭暨家庭工作先进集体、先进个人，揭晓2020年全国最美家庭。亳州市王建家庭和马溶健家庭获评第十二届全国五好家庭；王桂英家庭和邵淑侠家庭获评第二批全国最美家庭；谯城区薛阁街道马元社区居民委员会获评全国家庭工作先进集体。

2月

1日　出席省第十三届人大第四次会议的亳州市代表团在驻地举行最后一次全体会议，审议关于六项报告的决议草案、“十四五”规划和2035年远景目标纲要的决议草案，对亳州市代表团各项工作进行总结。省人大代表、市人大常委会主任王玉玺主持会议。全国人大代表、市长杜延安，全国人大代表、市委副书记孔涛列席会议。省人大代表金春龙、查文彪、马昭华、胡明文参加会议。

3日　市政府召开第九次全体会议，讨论即将提请市四届人大五次会议审议的《政府工作报告（讨论稿）》和《亳州市国民经济和社会发展第十四个五年规划和二〇三五年远景目标纲要（讨论稿）》，部署近期重点工作。市长杜延安主持会议并讲话。会议听取《政府工作报告（讨论稿）》起草情况和《规划纲要（讨论稿）》编制情况说明，并进行讨论。市委常委、常务副市长李军，副市长曹振萍、郑超、孟祥国、钟治峰、张泉，市政府秘书长戴力出席会议。

6日　亳州市“扫黄打非”办公室负责人杨洋获评2020年全国“扫黄打非”先进个人。亳州市“扫黄打非”办公室、市文化市场综合执法支队、利辛县城关镇和谐社区获评全省“扫黄打非”先进集体，市公安局张计划、程旭等3人获评全省“扫黄打非”先进个人。

7日　市委常委会会议暨市委理论学习中心组学习会议召开，市委书记汪一光主持会议并讲话，市委副书记、市长杜延安，市人大常委会主任王玉玺，市政协主席汤涌，市委副书记孔涛，市委理论学习中心组成员出席会议。会议集体学习习近平总书记在中共中央政治局第二十七次集体学习、同党外人士共迎新春时的重要讲话精神；学习省“两会”等有关会议精神，部分市领导联系思想和工作实际，作交流发言；学习全国、全省宣传部长会议，全国、全省统战部长会议，中央、省委政法工作会议，全国、全省文明办主任会议，省委农村工作会议，全省网信办主任会议等精神；传达中央纪委、省纪委全会精神；听取市纪委四届六次会议筹备情况汇报；讨论并原则通过《亳州市国民经济和社会发展第十四个五年规划和2035年远景目标纲要》。

同日　2020年由中央文明办和国家卫生健康委联合开展的“中国好医生、中国好护士”推荐评议结果揭晓，市人民医院呼吸与危重症医学科副主任、副主任医师张孝飞入围10月月度人物入选。

同日　省委宣传部、省公安厅联合开展的2020年度全省“最美基层民警”评选揭晓，蒙城县公安局刑侦大队副大队长杨磊入选。

8日　市文明办发出《关于春节期间做好移风易俗和疫情防控工作的倡议书》。倡导全市广大群众积极行动，从自身做起，从小事做起，做文明之风的倡导者和传播者，以实际行动推进移风易俗，支持疫情防控。

同日　亳州市召开烟花爆竹、大盘香禁燃禁放电视电话会，对春节期间烟花爆竹和大盘香禁燃禁放、秸秆禁烧等工作再动员、再部署。

同日　2021年亳州“春风行动”拉开帷幕。本次活动由亳州、芜湖两地联合启动，通过直播带岗、远程面试等线上求职招聘新模式为脱贫劳动力返乡务工人员、离校未就业高校毕业生等有就业创业意愿的劳动者和各类用人单位提供就业服务。共组织亳州、芜湖两地500多家用人单位参加，提供优质就业岗位7万多个。

9日　亳州市纪委四届六次全会召开。会议以电视电话会议形式召开，各县区设分会场。市委书记汪一光出席会议并讲话，市委副书记、市长杜延安，市人大常委会主任王玉玺，市政协主席汤涌，市委副书记孔涛出席会议，省纪委监委有关人员到会指导。市委常委、市纪委书记、市监委主任候选人查文彪主持会议，并代表市纪委常委会作《推动纪检监察工作高质量发展，为新阶段现代化美好亳州建设提供坚强保障》工作报告，会议审议通过全会工作报告和决议。

同日　《亳州市确保经济高质量“开门红”措施清单》发布，开出九张惠民惠企措施清单。

同日　市改革办收到来自中国经济体制改革杂志社的表彰证书。市改革办被授予“2020年地方改革部门通联工作先进单位”，是全省唯一连续2年获得此项殊荣的地方改革办部门。

10日　市长杜延安带队到亳州市社会福利中心、亳州市骨科医院、圆通速递亳州公司、高铁亳州南站、亳州汽车南站、文采家园菜市场、沃尔玛超市等地，检查春节安全生产和保障供应工作。

11—17日　亳州发放350万元消费券，活跃春节市场，引导居民消费，推动商贸企业复工复业后持续健康发展。

15日　中央广播电视总台新闻频道《我和我的村庄》栏目聚焦亳州市利辛县朱集村，讲述朱集村在村党总支第一书记、扶贫工作队长刘双燕的带领下发生的巨大变化。

17日　国家卫生健康委办公厅公布2018—2020年改善医疗服务先进典型名单，对在改善医疗服务的5项工作制度和10项创新举措等15个方面中涌现出的先进典型集体和个人进行通报表扬。市中医院获评“签约服务为依托，拓展药学服务新领域”先进典型医院；市中医院刘超获评“以危急重症为重点，创新急诊急救服务”先进典型个人；市中医院李松明获评“以社会新需求为导向，延伸提供优质护理服务”先进典型个人。

18日　加快新兴产业高质量发展暨2021年第二批贯彻“六稳”重大项目集中开工现场推进会亳州分会场活动在蒙城县举行。此次全市集中开工项目18个，总投资76.9亿元，2021年计划投资16.6亿元。市长杜延安下达“开工令”。

19日　省委召开中央第五巡视组巡视安徽省反馈意见整改暨新一轮深化“三个以案”警示教育动员部署大会后，亳州市召开动员部署会议，市委书记汪一光出席会议并讲话，安排贯彻落实工作。市长杜延安、市人大常委会主任王玉玺、市政协主席汤涌、市委副书记孔涛出席会议。汪一光指出，要提高政治站位，深刻认识抓好巡视整改、开展好新一轮深化“三个以案”警示教育的重要意义，切实把思想和行动统一到中央和省委决策部署上来。全市各级党组织要从政治和全局的高度，对表对标习近平总书记重要讲话精神，主动对照反馈问题，认真落实整改工作，扎实开展好新一轮深化“三个以案”警示教育，用整改的行动和效果增强“两个维护”的自觉性和政治判断力、政治领悟力、政治执行力。市领导李军、金春龙、秦凤玉、查文彪、刘中汉、胡明文等参加会议。

同日　亳州市委常委会会议召开，市委书记汪一光主持会议。会议传达学习中央第五巡视组巡视安徽反馈意见整改暨新一轮深化“三个以案”警示教育动员部署会议等会议精神，研究贯彻落实意见；听取全市耕地保护、生态环境保护、防范化解重大风险工作情况的汇报，并安排部署有关工作。

同日　市安委办发出《企业节后复工复产温馨提示》，指导企业做好春节后复工复产的安全工作。

同日　即日起至3月14日，老街明道宫光影秀上演。

20日　亳州市人社部门举办节后首场大型线下招聘会。招聘会共74家企业参加，提供岗位4552个，涵盖管理、生产等领域。

20—26日　亳州市对符合条件的非亳籍员工按照每人500元的标准申请奖补。奖补对象为春节期间（2月11—17日）留亳工作的非亳籍员工。

21日　上午9时25分，长三角地区首列务工专列G7669次列车从高铁亳州南站发车。来自全市各县区的200余名务工人员免费乘坐专列直达浙江宁波返岗复工。此次列车是长三角地区的首趟务工专列。

22日　安徽省文明办命名表彰2020年度学雷锋志愿服务“四个十佳”先进典型。其中，亳州市闫书见、刘俊霞（夫妇）获评“全省十佳志愿者”，利辛县蓝天救援中心获评“全省十佳志愿服务组织”，蒙城县“情暖夕阳空巢有爱”志愿服务项目获评“全省十佳志愿服务项目”。

同日　2020年度亳州“十大新闻”评选结果揭晓。分别是：《“十四五”规划和二〇三五年远景目标的建议出台，描绘新阶段现代化美好亳州新蓝图》《经济发展稳中向好，交出“十三五”圆满收官的合格答卷》《坚持把人民群众生命安全和身体健康放在第一位，抗击新冠肺炎疫情斗争取得重大战略成果》《脱贫攻坚取得决定性胜利，现行标准下农村贫困人口全面脱贫》《建立“邻长制”基层组织体系，贯通社会治理体系延伸到户的“最后一米”》《加强与沪苏浙战略合作，加快融入长三角一体化发展》《世界中医药之都建设路线图出炉，中医药事业发展迈出坚实步伐》《着力增进民生福祉，人民群众获得感成色更足》《深入实施“地净、路畅、水活、天蓝、林拥城”工程，污染防治三年攻坚标顺利完成》《“中国好人”连续四年年度上榜人数全省第一，精神文明建设再结硕果》。

22—24日　中国人民政治协商会议第四届亳州市委员会第五次会议在亳州举行。中共亳州市委书记汪一光、市人民政府市长杜延安等市党政军领导出席会议，向大会表示祝贺，参加分组讨论，共商发展大计。会议审议批准市政协主席汤涌所作的常务委员会工作报告、副主席宋峰所作的提案工作情况的报告，听取并讨论杜延安市长所作的政府工作报告，讨论《亳州市国民经济和社会发展第十四个五年规划和二〇三五年远景目标纲要（草案）》、市中级人民法院工作报告、市人民检察院工作报告及其他报告，对上述报告表示赞同并提出意见建议。会议补选刘岩、孙文亭、孙光华、孙绍光、李龙杰、李成杰、陈亮、高川、彭殿伟、董扬德10人为政协第四届亳州市委员会常务委员。委员们围绕“十四五”时期经济社会发展重大问题和涉及群众切身利益的实际问题，深入协商议政，积极建言献策。会议认为，2020年是新中国历史上极不平凡的一年，也是亳州发展史上极不寻常的一年。中共亳州市委团结带领全市人民，坚持以习近平新时代中国特色社会主义思想为指导，深入学习贯彻习近平总书记考察安徽重要讲话指示精神，全面贯彻落实中共中央及省委的部署要求，统筹推进疫情防控和经济社会发展，扎实做好“六稳”工作，全面落实“六保”任务，在大战大考中践行初心使命、交出优异答卷。经过五年的拼搏奋斗，亳州市“十三五”规划圆满收官，决战脱贫攻坚取得全面胜利，决胜全面建成小康社会取得决定性成就，各项事业实现了新发展、开创了新局面。广大政协委员在见证辉煌成就、感受奋进力量中，更加深刻认识到中国共产党领导和中国特色社会主义制度的显著优势，更加深切体会到风雨袭来时，党的坚强领导、党中央的权威是最坚实的靠山，进一步筑牢了共同团结奋斗的思想根基。会议号召，全市各级政协组织、政协各参加单位和广大政协委员，更加紧密地团结在以习近平同志为核心的中共中央周围，高举习近平新时代中国特色社会主义思想伟大旗帜，发扬为民服务孺子牛、创新发展拓荒牛、艰苦奋斗老黄牛的精神，认真落实中共亳州市委和汪一光书记讲话部署要求，同心同德、群策群力，砥砺奋进、勠力前行，不断开创新时代亳州市政协事业新局面，为新阶段现代化美好亳州建设做出新的更大贡献，以优异成绩向中国共产党成立100周年献礼。

23—25日　亳州市第四届人民代表大会第五次会议在亳州市召开。会议听取和审议《亳州市人民政府工作报告》、审查《亳州市国民经济和社会发展第十四个五年规划和2035年远景目标纲要（草案）》《亳州市2020年国民经济和社会发展计划执行情况与2021年国民经济和社会发展计划草案的报告》，批准《亳州市2021年国民经济和社会发展计划》，审查《亳州市2020年预算执行情况与2021年预算草案的报告》，批准2021年市级预算，听取和审议《亳州市人民代表大会常务委员会工作报告》《亳州市中级人民法院工作报告》《亳州市人民检察院工作报告》会议进行选举。会上，查文彪当选为亳州市监察委员会主任，程修略当选为亳州市第四届人民代表大会常务委员会秘书长，王险峰、刘传华、刘兴群、杜飞、董现林当选为亳州市第四届人民代表大会常务委员会委员。新当选的国家工作人员向宪法进行宣誓。大会表决通过《亳州市第四届人民代表大会第五次会议关于政府工作报告的决议》《关于亳州市国民经济和社会发展第十四个五年规划和2035年远景目标纲要的决议》《关于亳州市2020年国民经济和社会发展计划执行情况与2021年计划的决议》《关于亳州市2020年预算执行情况和2021年市级预算的决议》《关于亳州市人民代表大会常务委员会工作报告的决议》《关于亳州市中级人民法院工作报告的决议》《关于亳州市人民检察院工作报告的决议》。大会最后，汪一光发表讲话，要求全市上下大力发扬孺子牛、拓荒牛、老黄牛精神，苦干实干加油干，谱写亳州奋进“十四五”新征程的新篇章。

24日　亳州市委常委会2020年度民主生活会暨中央巡视整改专题民主生活会召开，省委常委、统战部部长、省政协党组副书记张西明全程参加指导。会议书面通报“不忘初心、牢记使命”专题民主生活会、中央脱贫攻坚专项巡视“回头看”整改暨深化“三个以案”警示教育专题民主生活会查摆问题的整改落实情况。会上，汪一光代表市委常委会作对照检查，常委分别作对照检查并开展相互批评。

同日　亳州市三曹历史文化研究会成立暨第一届会员代表大会召开。会议表决通过协会的章程、选举办法、会费收取及使用管理办法。研究会有会员120余人；其性质是学术性、联合性、专业性、地方性的非营利性社会组织。会议选举邢玉玲为研究会会长。协会将围绕三曹历史文化作品、三曹历史文化遗址等开展学术交流研讨活动。

25日　在北京人民大会堂举行的全国脱贫攻坚总结表彰大会上，副市长应国君，市扶贫开发局局长陈昭敏，涡阳县高炉镇代集村党总支书记、村委会主任邵米娜，蒙城县许畽镇土桥村驻村第一书记、扶贫工作队队长、蒙城县数据资源管理局工作人员卢毅，利辛县中疃镇副镇长、扶贫办主任贾建民5人和中共涡阳县西阳镇委员会、亳州药都农村商业银行股份有限公司、利辛县永兴镇永兴村党总支3个集体，获全国脱贫攻坚先进表彰。

26日　市生态环境局段云翔、市蒙城县环境监测站袁维明、市利辛县生态环境分局解凤连、市生态环境保护综合行政执法支队刘奇4人获生态环境部执法局通报表扬。

27日　亳州市体育运动学校首届招生开始。该校于2019年7月3日由亳州市机构编制委员会正式批复设立，为财政全额拨款事业单位。校园位于市第三十一中和市第一小学西南角，在场地、器材、教育教学、业余训练等方面与市三十一中、市第一小学共建共享、资源互补。招生项目有田径、游泳、击剑、体操、手球、拳击、激光射击、武术套路、跆拳道。各项目按照项目要求录取25～40人。市体校是青少年运动员业余训练学校，学生录取后文化课学习仍在原学校进行，业余时间进行相关训练。正式录取的学生必须按照要求，代表亳州市进行运动员注册。凡正式录取的学生均可代表原县区参加各级各类比赛。对体育竞赛表现优异的运动员将按照《亳州市有突出贡献的运动员教练员奖励暂行办法》《亳州市体育运动学校运动员、教练员生活补贴及服装补助费暂行管理办法》给予成绩奖励和运动员生活补贴发放。

同月　2021年1—2月份“亳州好人”揭晓：文艺工作者扎根基层35年、让农民成为舞台主角的涡阳县临湖镇文化站站长董涛；从事公益16年扶危济困、践行雷锋精神传播文明风尚的亳州交广雷锋车队志愿者张殿侠；退役军人深夜勇救落水女童、默默离开不留名的涡阳县退役军人李健；用双拐带领村贫困户全部脱贫、实现村集体经济从零增至75万余元的蒙城县乐土镇梨园村党总支第一书记、扶贫工作队队长修志；悉心照料患病父母近二十载、乐观向上坚守孝道传承的谯城区居民李宏斌、朱新艳夫妇。

同月　省民政厅公布第八批安徽省千年古镇、千年古村落地名文化遗产名单。涡阳县丹城镇入选安徽省千年古镇，谯城区牛集镇安溜村、谯城区古井镇减店村、涡阳县义门镇赵屯村、涡阳县曹市镇柴村、涡阳县马店集镇大罗村、蒙城县小涧镇红城村、蒙城县坛城镇坛城社区入选安徽省千年古村落。

同月　同月始至9月底，亳州市开展中药饮片质量提升行动。重点针对单体药店、个体诊所、民营特色专科医院加大监督检查力度，加大中药饮片抽验力度。开展第四批“十大皖药”产业示范基地初选上报工作，开展中药材专业市场专项整治。

3月

2日　全省党史学习教育动员部署大会后，亳州市召开党史学习教育动员部署会议。市委书记汪一光出席会议并讲话，市长杜延安、市人大常委会主任王玉玺出席会议。会议指出，要提高政治站位，深入学习贯彻习近平总书记重要讲话精神，紧紧围绕学懂弄通做实党的创新理论，坚持学习党史和学习新中国史、改革开放史、社会主义发展史相贯通，引导广大党员干部增强“四个意识”、坚定“四个自信”、做到“两个维护”，切实把思想和行动统一到以习近平同志为核心的党中央精神上来；要突出抓主抓重，切实把学习成效转化为工作动力和发展成就；要强化组织领导，确保学出党性学出信仰担当。

3日　市委书记汪一光、市长杜延安分别参加指导亳芜现代产业园区党工委、亳州高新区党工委2020年度民主生活会暨中央巡视整改专题民主生活会。

5日　亳州市杜延安、孔涛、梁金辉、陈静四位全国人大代表在京参加第十三届全国人民代表大会第四次会议，共提出议案、建议21件。其中，市长杜延安围绕中医药高质量发展、生态环境保护、乡村振兴、防范化解重大风险、棚户区改造、交通基础设施建设等方面，提出9件议案、建议；市委副书记孔涛围绕弘扬优秀传统文化、促进中医药良性发展等方面，提出2件建议；古井集团董事长梁金辉围绕加强白酒文化遗产与知识产权保护、健全线上消费配套机制、乡村振兴、常态化疫情防控等方面，提出7件建议；市文化旅游体育局全民健身指导中心主任陈静围绕中医药传统知识保护、校园五禽戏推广、智慧养老体系建设等方面，提出3件议案、建议。

同日　市人大常委会2021年立法工作会议召开。2021年列入立法计划的共有1个实施类项目和4个调研类项目。实施类项目为《亳州市旅游促进条例》，调研类项目分别为《亳州市环境噪声污染防治条例》《亳州市扬尘污染防治条例》《亳州市饮用水源地保护条例》《亳州市养老服务保障条例》。

8日　市委常委会会议暨市委理论学习中心组学习会议召开，市委书记汪一光主持会议并讲话，市人大常委会主任王玉玺，市委理论学习中心组成员出席会议。会议集中传达学习习近平总书记在中央政治局第二十八次集体学习时、2月26日中央政治局会议、全国脱贫攻坚总结表彰大会、党史学习教育动员大会等重要讲话精神及关于应对气候变化的重要论述；传达学习省委书记李锦斌在指导阜阳市委常委会2020年度民主生活会暨巡视整改专题民主生活会和全省新一轮深化“三个以案”警示教育座谈会、在全省党史学习教育动员部署大会上的讲话精神等；学习贯彻全国信访局长会议、全省信访工作会议精神，全国、全省春季农业生产工作电视电话会议精神，并就有关工作进行安排部署；讨论并原则通过《关于开展党史学习教育的实施方案》《2021年督查检查考核年度计划》等。

11日　市委书记汪一光带队到涡阳县，对习近平总书记考察安徽重要讲话指示精神落实暨中央巡视整改亳州工作进行现场调度。汪一光一行察看鸿路钢构四期项目建设点、涡阳县生活垃圾填埋场、中原绿色食品产业基地暨涡阳长三角蔬菜基地等处，了解有关项目建设、设施蔬菜、粮食安全、污水处理等情况，对做好融入长三角一体化发展、粮食安全、实施乡村振兴战略、中央巡视反馈意见整改亳州工作等提出具体要求。

同日　亳州市召开“扫黄打非”工作会议，传达全省“扫黄打非”工作电视电话会议和市委常委会会议精神，并对2020年全市“扫黄打非”工作考评情况进行通报。2020年，亳州市推进“扫黄打非”基层站点规范化标准化建设，共建成1345个，实现村（社区）全覆盖。查处“扫黄打非”案件65起，形成强力震慑。全市“扫黄打非”工作在全省年度考评中位居第二，1人被评为全国“扫黄打非”先进个人。

12日　省政法队伍教育整顿驻亳州指导组见面会举行。驻亳州指导组组长张峰传达中央及省委关于政法队伍教育整顿的有关精神和整体部署，对亳州政法队伍教育整顿工作提出要求。市委书记、市政法队伍教育整顿领导小组组长汪一光主持会议并作表态发言。

同日　市长杜延安到北京开展招商活动。考察北京春风药业集团公司、中国光大养老健康产业有限公司，洽谈投资合作事宜。

同日　亳州市支持民营企业绿色发展座谈会及合作协议签字仪式举行。会议传达学习省工商联、省生态环境厅《关于进一步做好支持民营企业绿色发展工作的通知》，围绕民营企业绿色发展进行座谈，市县区工商联和生态环境部门分别签订《关于共同推进民营企业绿色发展打好污染防治攻坚战合作协议》。

15—16日　省人民检察院检察长陈武一行到谯城区五马镇杨楼村、谯城区人民检察院、市人民检察院等地实地调研并听取工作汇报，陈武对亳州市检察工作给予充分肯定，强调要统筹推进党史学习教育、政法队伍教育整顿、中央巡视反馈问题整改和新一轮深化“三个以案”警示教育等重点工作，努力打造又红又专的检察队伍。市委书记汪一光陪同调研。

16日　市委全面依法治市暨平安亳州建设工作会议召开。会议学习贯彻习近平法治思想，贯彻落实习近平总书记考察安徽重要讲话指示精神、在中央全面依法治国工作会议上的重要讲话精神和对平安中国建设作出的重要指示精神，贯彻落实省委全面依法治省暨平安安徽建设工作会议精神；动员全市上下坚持人民至上，发扬斗争精神，知责于心、担责于身、履责于行，高质量推进全面依法治市、平安亳州建设，为新阶段现代化美好亳州建设提供有力法治保障。市委书记汪一光出席会议并讲话，市长杜延安、市人大常委会主任王玉玺出席会议。

同日　市长杜延安到市区望州路十二年制学校、道东2号和3号地块路网工程、亳州学院中医药学院、市污水处理厂中水回用一期厂区、亳州职业技术学院二期等项目建设现场，协调解决困难和问题。市委副书记孔涛参加调度。

同日　市政协“打造白酒产业集聚，推进白酒产业高质量发展”专题协商情况通报会召开。截至2020年底，全市共有白酒生产企业150家，规上白酒生产企业33家，中国驰名商标5个，各类注册商标8354个，年生产能力超14万千升，形成以古井镇和高炉镇为中心的白酒产业集群区。全年全市规上白酒工业总产值为141.4亿元，同比增长4.2%；实现增加值66.5亿元，同比增长5.8%；实现利润总额25.07亿元；实现税金总额26.18亿元，税金总额占全部规模以上企业税金总量的58.4%。2020年古井贡酒品牌价值1971.36亿元，位居全国白酒行业第四位。

16—17日　副省长周喜安到谯城区赵桥乡卫生院、医保办，赵桥村卫生室、医保站等地，现场督导调研市医保基金监管、医保经办服务体系建设等情况，对亳州市医保智能化监管取得的成绩给予充分肯定，强调要以太和县医疗骗保案件为警戒，坚持问需于民、问计于民，建立健全长效监管制度体系，集合卫健、医保等多部门力量，全力维护医保基金安全；到市区翁庄还原小区、北关历史街区、陵西湖公园、魏武广场停车楼以及涡阳县，实地调研住房和城市建设规划、老街改造、水环境治理等工作，对下一步工作提出明确要求。省政府副秘书长谷剑锋，省住建厅厅长贺懋燮参加调研。市委副书记孔涛陪同调研。

18日 省委书记李锦斌到亳州市协和成药业饮片有限公司、中医药文化展馆、谯城区薛阁街道马元社区、谯城区花戏楼街道杏花村社区等地，实地督导突出生态环境问题整改工作。他强调，要坚持以习近平生态文明思想为指导，认真落实习近平总书记在中财委第九次会议上的重要讲话精神，持续落实习近平总书记考察安徽重要讲话指示精神，把碳达峰、碳中和纳入生态文明建设整体布局，从政治上、大局上、长远上加强生态环境保护工作，突出依法防治、精准防治、科学防治、责任防治、持续防治，深入打好污染防治攻坚战，加快打造具有重要影响力的经济社会发展全面绿色转型区。省委常委、省委秘书长郭强陪同。

18—20日 “学习强国”学习平台长三角学习联盟到亳州开展采风活动。对亳州市“学习强国”学习平台乡村大喇叭及农产品深加工、文化旅游、中医药、白酒等主导产业参观考察。

19日 全市创建全国文明城市工作推进会议召开。市委书记汪一光出席会议并讲话，市委副书记、市长杜延安主持会议，市人大常委会主任王玉玺、市委副书记孔涛出席会议。汪一光指出，创建全国文明城市是贯彻落实新发展理念的具体实践，是建设新阶段现代化美好亳州的重要载体和重要推动力。要统一思想认识、强化责任担当，锚定目标要求、明确工作举措，以坚定的信心决心、昂扬向上的精神状态，狠抓各项任务落实，确保实现“首创首成”的目标。杜延安指出，要迅速传达贯彻会议精神，对照工作方案安排，主动认领、系统部署任务，迅速全面掀起创建工作热潮；要牢固树立“一盘棋”思想，保持长期韧劲，全力攻坚，坚决打赢创建全国文明城市三年攻坚战。会上，孔涛作创建全国文明城市工作报告，谯城区、市高新区和市直有关单位作表态发言。

同日 全市政法队伍教育整顿主题党课报告会召开。市委书记、市政法队伍教育整顿领导小组组长汪一光作党课报告，省政法队伍教育整顿驻亳州指导组副组长程金林到会指导，市委副书记、市长杜延安主持会议，市委副书记孔涛出席会议。汪一光指出，要提高政治站位，站在“两个维护”的高度，旗帜鲜明讲政治，深刻认识开展政法队伍教育整顿的重大意义。要坚持全面从严管党治警，积极回应人民群众新期待，更好地履行职责使命，建设更高水平的法治亳州、平安亳州，为全市“十四五”开好局、起好步提供有力保障。会议以电视电话会形式召开，各县区设分会场。市领导金春龙、秦凤玉、查文彪、刘中汉、胡明文等出席会议。市、县政法队伍教育整顿领导小组及办公室全体成员参加会议。

22日 亳州市首家节水教育基地正式揭牌投用。基地位于亳州国祯污水处理有限公司，布展面积约190平方米，内容有环保公益展板块、地球之痛板块等七大板块，主要发挥节水宣传教育引领作用。该基地免费向公众开放。

22—24日 市委理论学习中心组学习会暨全市领导干部学习贯彻党的十九届五中全会精神集中培训班、全市党史学习教育专题培训班在市委党校举办。在开班式上，市委书记汪一光作动员报告，市委副书记孔涛主持开班式。汪一光指出，要站在政治和全局的高度，深刻领会党的十九届五中全会重大意义，切实增强“四个意识”、坚定“四个自信”、做到“两个维护”。要以“学党史、抓整改、正作风”为契机，团结带领全市党员干部学党史、悟思想、办实事、开新局，全面开启新阶段现代化美好亳州建设新征程。市委常委，市人大常委会、市政府、市政协负责人出席开班式。市人大常委会、市政府、市政协秘书长，市直单位、市属企业主要负责人，各县区党政主要负责人，市委党校春季主体班全体学员参加开班式。在结业式上，市长杜延安主持结业式、传达全国“两会”精神并作总结讲话。部分学员在结业式上进行交流发言。

23日 市委书记汪一光等

市领导在市人民医院南院完成新冠病毒疫苗接种。在疫苗接种和留观期间，汪一光详细了解了全市新冠病毒疫苗接种工作的开展情况。自开展新冠病毒疫苗接种始，全市按照党中央和国务院的决策部署，区分轻重缓急，坚持知情同意自愿和免费接种的原则，常态化防控与接种工作相统筹，落实属地责任和行业监管责任，依法审慎稳妥有序推进新冠病毒疫苗接种工作。截至3月22日，全市10万余人接种新冠病毒疫苗，累计接种17万多剂次，未发现和新冠病毒疫苗相关的严重异常反应报告。汪一光表示，新冠病毒疫苗接种，是阻断疫情传播、有效防范疫情的重要措施。各地各部门要深入贯彻习近平总书记关于疫情防控的重要指示批示精神，健全完善工作机制，切实把思想和行动统一到党中央和省委决策部署上来，以对人民高度负责的态度，全力以赴、安全有序推进接种工作，确保如期完成接种目标任务。

25日　市委书记汪一光、市长杜延安到亳芜大道南侧林拥城植树造林现场，同广大干部群众一起参加义务植树活动。近年来，亳州市不断加大植树造林、国土绿化工作力度，取得显著成效。“十三五”期间，亳州市完成人工造林43.45万亩，其中长江防护林工程造林11.47万亩，完成森林抚育30.73万亩，完成森林长廊示范段470.55千米，成功创建国家森林乡村1个、省级森林城市3个、省级森林城镇29个、省级森林村庄173个。

同日　亳州市首期旅行社营销人员培训班举行。培训班邀请全市各旅行社，周边省、市旅行社的百余名营销负责人参会，现场解读亳州市旅游相关奖励政策等。

26日　市长杜延安带队到上海、浙江洽谈加强园区合作、共建省际产业合作园区等事宜，并开展招商活动。

同日　创建全国文明城市实地考察项目摸底排查问题交办会举行。市委副书记孔涛主持会议并讲话。会议通报实地考察项目摸底排查情况。谯城区、亳州高新区、亳芜园区及市直有关单位分别进行发言。

27日　安徽省第二届“徽文化外宣翻译大赛”颁奖暨新形势下外宣工作论坛在亳州市举行。活动对安徽省第二届“徽文化外宣翻译大赛”获奖者进行颁奖，与会专家学者围绕“外交情怀和我的中国梦”、新形势下如何做好外宣工作等进行交流。

28日　加快实施创新驱动发展战略暨2021年全省第三批贯彻“六稳”重大项目集中开工动员会亳州分会场活动举行。本次集中开工项目共10个，包括亳州学院五期工程项目（亳州学院中医药学院）、通达九州汽车零部件及车厢加工生产线项目等，总投资33亿元，2021年计划投资10亿元。

29日　市委书记汪一光主持召开市委党的建设工作领导小组会议，市委副书记孔涛出席会议。会议传达学习省委党的建设工作领导小组会议精神，听取全市国有企业、政法战线、市属高校领域党的建设工作情况汇报，审议并原则通过《开展公办高校和国有企业党建工作“找差距、抓落实、提质量”专项行动实施方案》等文件，对做好下一步党建工作进行安排部署。

同日　安徽省中煤新集公司利辛板集煤矿正式联合试运转，标志着年生产能力300万吨的煤电一体化配套矿井正式建成试生产。

30日　市委党史学习教育领导小组办公室召开第一次全体成员会议，会议宣读市委党史学习教育领导小组办公室组成人员及内设机构组建意见、《关于成立市委党史学习教育巡回指导组的通知》。领导小组办公室内设5个工作组。为加强全市党史学习教育督促指导，确保各项任务落地落实，决定组建8个市委党史学习教育巡回指导组。会议要求办公室全体成员要切实提高政治站位，增强做好党史学习教育的责任感使命感，准确把握工作职能，加强自身建设，加强学习研究，积极创新创造，强化责任担当，迅捷高效完成各项工作任务，确保党史学习教育顺利进行。

同日　市委党史学习教育领导小组办公室下发《关于开展市委党史学习教育第一次督查指导的通知》，3月30日至4月上旬，市委党史学习教育巡回指导组将开展第一次督查指导。此次督查采取参加会议、召开座谈会、听取汇报、个别谈话、检查抽查等方式，对各地各部门开展党史学习教育情况进行督促指导。

同月　省民政厅公布第八批安徽省千年古镇、千年古村落地名文化遗产名单，亳州市8个镇村上榜。其中，涡阳县丹城镇入选千年古镇名单；谯城区牛集镇安溜村、谯城区古井镇减店村、涡阳县义门镇赵屯村、涡阳县曹市镇柴村、涡阳县马店集镇大罗村、蒙城县小涧镇红城村、蒙城县坛城镇坛城社区入选千年古村落名单。

同月　省妇联印发通报，分别公布“安徽省三八红旗手标兵”“安徽省三八红旗手”“安徽省三八红旗集体”名单。其中，亳州市利辛县人民医院感染管理办公室主任王红梅，谯城区汤陵街道灵津渡社区党委委员、副主任李保霞，市农业科学研究院研究员姚莉，蒙城县小辛集乡农业综合服务站中级农艺师、小辛集乡妇联主席李卫卫，市妇联组织发展部部长颜露露，亳州高新区投资促进局办公室主任叶嘉，亳州市公共交通集团有限公司五路花木兰线驾驶员徐艳7人入选“安徽省三八红旗手”；国家税务总局蒙城县税务局第一税务分局入选“安徽省三八红旗集体”。

同月　中国文明网发布2021年1月及2月“中国好人”名单。其中，亳州市疾控中心工作人员、蒙城县坛城镇张圩村第一书记、扶贫工作队队长单三毛和谯城区薛阁街道西马园社区居民赵忠东分别入选1月、2月助人为乐类“中国好人”。

4月

1日　亳州市文化旅游产业发展大会召开。市委书记汪一光出席会议并讲话，省文化和旅游厅副厅长王云波、中国旅游研究院规划与休闲研究所所长吴丰林到会指导并讲话，市长杜延安主持会议，市人大常委会主任王玉玺、市委副书记孔涛出席会议。会议以电视电话会议形式召开，各县区设分会场。会上解读《亳州市组织接待旅游企业奖励暂行办法》，各县区、市文旅集团分别作交流发言。

2日　市委常委会会议暨市委理论学习中心组学习会议召开，市委书记汪一光主持会议并讲话，市长杜延安、市人大常委会主任王玉玺、市委副书记孔涛、市委理论学习中心组成员出席会议。会议传达学习习近平总书记在中央财经委员会第九次会议和福建考察时的重要讲话精神，习近平《论中国共产党历史》《毛泽东、邓小平、江泽民、胡锦涛关于中国共产党历史论述摘编》有关章节，学习《中国共产党宣传工作条例》和省委书记李锦斌在亳州调研时的讲话精神，部分市领导联系思想和工作实际，作交流发言；传达学习全省市县乡领导班子换届工作电视电话会议等精神，安排部署贯彻落实工作；听取全省“两先一优”表彰对象推荐、安全生产形势情况汇报；讨论并原则通过有关文件。

6日　亳州市政府与上海中医药大学举行合作共建亳州学院中医药学院签约仪式。安徽省政府副省长章曦、亳州市政府市长杜延安、省商务厅厅长张箭、省卫生健康委主任陶仪声，上海中医药大学党委书记曹锡康、校长徐建光等见证签约仪式。亳州市政府副市长曹振萍、上海中医药大学副校长杨永清代表市校双方签约。

8日　省政法队伍教育整顿驻亳州指导组、市政法队伍教育整顿工作领导小组共同主持召开政法队伍教育整顿联席会议。省指导组组长张峰到会指导并讲话。副组长朱兆法、程金林出席会议。市委书记、市政法队伍教育整顿领导小组组长汪一光主持会议并讲话。

9日　党史学习教育省委宣讲团宣讲报告会在市行政会务中心举行。省委宣讲团成员、淮南师范学院马克思主义学院党总支书记、教授吴玉才作宣讲报告。市委书记汪一光、市长杜延安聆听报告会。报告会结束后，吴玉才到亳州职业技术学院，与高校师生开展互动交流。

10日　全市小麦赤霉病防控现场会在利辛县召开，市长杜延安出席会议并对小麦赤霉病防控工作做出安排部署。会前，杜延安带领参会人员到利辛县城关镇武杨楼村农业科技示范基地观摩防控作业。会上，各县区政府主要负责人分别汇报防控工作开展情况，市农业农村局传达全省小麦赤霉病防控会议精神，对小麦赤霉病防控和农业农村重点工作进行安排。

同日　市长杜延安到涡阳县实地督办中央生态环境保护督察组转办信访件办理情况，现场安排部署问题整改工作。

同日　古井贡酒·年份原浆杯“2020年安徽省辖市最具影

响力十件大事”揭晓，“亳州市‘一线一网’打造‘永不下班的政府’入选2020年度全国走好网上群众路线典型案例”，成功入选。

同日　亳州市破获首起黑客类案件，为群众挽损30余万元。

13日　市长杜延安会见天津冠芳投资集团有限公司董事长单玉明一行，就天津冠芳投资集团到亳州高新区投资事宜进行商谈，并见证项目投资签约仪式。天津冠芳可乐饮料有限公司成立于1989年，“冠芳”商标于1999年12月被天津市认定为“天津市著名商标”，具有悠久的企业历史与厚重的企业文化。公司将在亳州高新区投资3亿元，建设两条先进饮料生产线，生产畅销饮品“山楂树下”，建成投产后预计年产值达10亿元，利税超1亿元，该项目选址在茴香路以南、月季路以北、京九西路以西、建安路以东，占地约9.2公顷。

13—14日　副省长何树山到亳州就中央巡视反馈意见整改、突出生态环境问题整改和推深做实长三角一体化“五个区块链接”等工作开展督导调研，省政府副秘书长汪春明参加调研，市委书记汪一光、市长杜延安先后陪同调研。何树山一行先后到亳州新惠通环保科技有限公司、谯城区汤陵街道刘营村、谯城区古井镇、亳州高新区柯针园建筑垃圾堆场等中央第三生态环保督察组转办信访件问题点位进行检查，并对亳州联滔电子有限公司制造业升级和太阳升（亳州）医药公司项目建设情况进行调研。

15日　近日，《世界中医药之都（安徽亳州）建设发展规划2021年重点任务分解表》印发，以更好更快推动《世界中医药之都（安徽亳州）建设发展规划（2020—2030年）》各项工作推进落实。

17日　市委书记汪一光与正大集团农牧食品企业（中国区）资深副董事长、正大置地有限公司副董事长兼CEO邢继宪一行就利辛县肉猪新农业项目，举行工作会谈。

18日　“皖美”安徽大型全媒体集中采访活动走进亳州。20多家中央和省直媒体新闻记者深入亳州市乡村、企业、社区等地，深入挖掘和报道亳州市红色旅游、乡村振兴、特色产业发展等工作。

19日　亳州市与上海市黄浦区、江苏省苏州高新区、浙江省台州市举行“跨省通办”云签约仪式，探索建立政务服务新模式。亳州市与三地就梳理事项清单、明确业务标准、制定办理流程、设置通办窗口、建立授权信任机制、畅通邮政寄递渠道6个方面达成一致，确定合作内容，围绕市场监管、社保、医疗、档案查询等重点领域，形成首批共计21项通办事项清单。

20日　市委召开理论学习中心组学习会议暨党史学习教育领导小组会议，市委书记汪一光主持会议并讲话，市委理论学习中心组成员，市委党史学习教育领导小组成员、各巡回指导组组长和县区党委党史学习教育领导小组办公室负责人等参加会议。与会人员首先到市档案馆亳州党史展厅，集体重温入党誓词。仪式结束后，与会人员参观亳州党史图片展。在随后召开的会议上，集中学习习近平《论中国共产党历史》有关章节，部分市领导联系思想和工作实际，作交流发言；传达省委党史学习教育领导小组会议和全省党史学习教育工作座谈会精神，听取全市党史学习教育开展情况汇报，审议通过有关文件，安排部署下一步工作。

同日　市委副书记带队调研亳州市创建全国文明城市工作。一行先后到亳州高新区文化小区、紫苑路菜市场、亳州万达广场、谯城区龙凤小区、亳州火车站、光明路农贸市场等地，实地察看居民小区整治提升、农贸市场文明创建和火车站及周边环境治理情况。

20—21日　省人大常委会副主任刘明波带领省人大中医药法律法规执法检查组到亳州开展中医药法律法规执法检查，市人大常委会主任王玉玺陪同检查。检查组一行先后到亳州中药材专业市场、济人药业、协和成药业、谯城区薛阁社区卫生服务中心、市中医院等地，实地了解亳州市《中华人民共和国中医药法》《安徽省中医药条例》贯彻落实情况及亳州市中医药发展情况。座谈会上，市政府相关负责人汇报亳州市贯彻落实《中华人民共和国中医药法》《安徽省中医药条例》工作情况，市卫健委、市发改委、市药发局等相关部门分别作汇报，中医药企业代表、市中医院、亳州市职业技术学院分别作交流发言。

22日　全国政法队伍教育整顿中央第七督导组到亳州市开展督导，并召开督导汇报会。全国政法队伍教育整顿中央第七督导组督导专员林琳主持会议并讲话，市委书记、市政法队伍教育整顿领导小组组长汪一光作表态发言，省纪委监委驻省公安厅纪检监察组组长龙道金、省政法队伍教育整顿驻亳指导组组长张峰出席会议。会议传达党中央部署要求，听取全市政法队伍教育整顿情况汇报。

同日　省委党史学习教育第三巡回指导组进驻亳州市并召开见面会。省委巡回指导组组长徐飞传达省委党史学习教育有关会议精神，通报巡回指导任务和安排。市委书记、市委党史学习教育领导小组组长汪一光汇报亳州市党史学习教育工作开展情况。省委巡回指导组副组长魏建华，市委副书记、市委党史学习教育领导小组副组长出席见面会。

21—22日　省军区"皖美追寻"活动走进亳州。省军区副政委杨学伦率省军区"皖美追寻"红色资源挖掘活动团队，通过召开座谈会、参观烈士陵园、访问老兵、探寻战斗遗迹等形式，对亳州市的红色资源进行深入探访和挖掘。

23日　亳州市组织收看全省防汛抗旱工作电视电话会议。会议总结2020年全省防汛抗旱工作，分析面临的形势，安排部署2021年重点工作。市长杜延安在省主会场参加会议。

25日　市委全面深化改革委员会第八次会议召开。市委书记汪一光主持会议并讲话。会议传达学习中央深改委第十八次会议及省委深改委第十一次会议精神，审议并原则通过市委全面深化改革委员会2020年工作总结报告和2021年工作要点，听取"村村通"广播提质增效工作开展情况汇报。

同日　市长杜延安带队到谯城经开区永刚饮片厂、十八里镇大山木业有限公司、亳州高新区古井配套产业园等地，现场督办中央生态环保督察组下沉督察交办问题整改工作。

27日　全市卫生健康、公共卫生体系建设、疫情防控暨创建省级卫生城市工作大会召开，市委书记汪一光主持会议并讲话，市长杜延安出席会议并讲话。会议以电视电话会议形式召开，各县区设分会场。会上宣读《亳州市关于创建国家卫生城市和安徽省卫生城市工作实施方案》，并听取全市卫生健康工作报告。

28日　市委书记汪一光带队调研利辛县巩固拓展脱贫攻坚成果同乡村振兴有效衔接、基层减负等工作。汪一光先后到王人镇太原村党群服务中心、刘营村博泽服饰公司，永兴镇永兴村、解甲集社区蟹稻共养示范区和程家集镇四季花海产业园、北街社区等地，实地察看乡村产业发展、农业结构调整、人居环境整治等工作情况，现场了解填表报数、精文减会等基层减负措施落实情况，随机走访部分已脱贫群众，并主持召开座谈会，听取利辛县及相关乡镇、村关于巩固拓展脱贫攻坚成果同乡村振兴有效衔接、基层减负等工作情况汇报，安排部署有关工作。

同日　2021年市安委会第二次全体成员（扩大）会议暨安全生产专项整治三年行动集中攻坚调度会议召开，市长杜延安出席会议并讲话。会议播放全市建筑施工安全生产暗访片；市安委办通报2021年一季度亳州市安全生产形势和专项整治三年行动集中攻坚工作情况，部署二季度安全生产重点工作；利辛县政府和市消防救援支队、市公安局交警支队分别作表态发言。

同日　亳州市体育运动学校揭牌成立。该校于2019年6月开工建设，2020年10月建成。学校位于亳州市三十一中、亳州市第一小学校区内，总投资3000万元，总建筑面积为6287平方米。校内设有击剑、体操、手球、拳击、激光射击、武术套路、跆拳道、田径、游泳9个项目专业训练场地，学校以选拔、培训、输送优秀竞技体育后备人才为主，同时组织参加各级各类体育比赛，开展业余体育训练等。

28—29日　广西政协副主席刘正东一行到亳围绕"加强法治文化建设　助推乡村振兴战略实施"进行考察。广西政协社会和法制委员会主任邓金玉一同考察。考察期间，刘正东一行先后到谯城区牛集镇蒋楼新村、古井产业园、康美华佗国际中药城、中药材商品交易中心、城市展览馆、市区花戏楼法治文化广场等处，实地了解基层法治文化建设推动乡村振兴战略实施情况。

28—29日　全省青少年体育工作现场会在亳州市召开，会议传达全国青少年体育工作会议精神，并对当前全省青少年体育工作进行安排部署。会上，亳州市、蚌埠市、滁州市、芜湖市、铜陵市和省田径游泳运动管理中心分别围绕体教融合、体校建设、学校体育工作等方面作交流发言。会议还对全省青少年体育工作先进单位和个人进行表彰。

29日　2021年全省第四批贯彻“六稳”重大项目集中开工动员会亳州分会场活动在高新区天祥药业30000吨中药配方颗粒提取项目现场举行。集中开工项目有8个，总投资达24.2亿元，2021年计划投资6.5亿元。市长杜延安下达开工令。

同日　市人大常委会主任王玉玺带队调研亳芜现代产业园区发展建设情况。王玉玺一行先后到亳芜2.5产业园、亳芜人力资源产业园、中元东泰建设有限公司、安徽豆天下餐饮管理有限公司、哆米芝日公司、亳州市芊荷药业有限公司、亳州市五金产业园、亳州中联物流园、电子信息产业园等地，听介绍、看现场、问情况，实地调研亳芜现代产业园区近年来的发展建设情况。

同日　由安徽省网信办指导，亳州市委网信办、亳州市互联网行业党委主办的“E心向党@在亳州”庆祝建党100周年网络文化活动在亳州广电中心演播厅正式启动。市委常委、组织部部长、统战部部长秦凤玉出席活动并致辞，省委网信办网络新闻与传播处处长张家杰出席活动，并对活动启动表示祝贺。活动突出“E心向党@在亳州”党建品牌建设，策划了10项重点网络文化活动。活动将贯穿全年，根据活动特征分时段推出，4—7月掀起高潮。“亳州发布”编辑代表新媒体从业人员宣读致网友倡议书。市委网信委成员单位、市互联网行业党委委员单位、各县区委网信办、全市重点互联网企业、网络社会组织和网友代表等应邀参加本次活动。

30日　市委常委会会议暨市委理论学习中心组学习会议召开，市委书记汪一光主持会议并讲话，市长杜延安、市人大常委会主任王玉玺和市委理论学习中心组成员出席会议。会议传达学习习近平总书记在参加首都义务植树活动、广西考察调研、清华大学考察时等重要讲话精神，学习习近平总书记对深化东西部协作、定点帮扶、职业教育、打击治理电信网络诈骗犯罪工作的重要指示批示精神，学习习近平《论中国共产党历史》等党史学习教育必读书目有关章节，部分市领导围绕学习内容，结合思想和工作实际，进行研讨发言；集体学习省党政代表团赴沪苏浙学习考察总结交流会议、全省纪检监察系统视频会议精神，听取统一战线、宗教工作、县区党代表大会有关情况汇报，审议通过有关文件。

同日　亳州市在亳州一中举行“青年心向党　青春恰百年”五四主题团日暨党史学习教育“空中课堂”活动，引导广大青年坚定理想信念，勇于担当作为。活动在《百年青春》的视频中拉开序幕，从《初心起航》到《永恒信仰》再到《伟大时代》，通过音视频微党课、情景表演、歌舞等形式再现百年来无数共产党人为了民族独立、国家富强、人民幸福舍生忘死、不懈奋斗的光辉形象，回顾了党的百年奋斗征程。全市50万名中小学师生通过在线观看直播，一起接受党史学习教育。

同日　2021亳州芍花养生文化旅游系列活动开幕式在华佗百草园景区举行。2021亳州芍花养生文化旅游系列活动时间为4月25日—5月5日。主要活动有流动直播带货、花神巡游、专家带您识草药、花海趣味亲子跑等。

同日　亳州市举行首届青少年机器人竞赛，亳州市各县区的229支代表队380多名选手参加比赛。

同月　一季度，全国168个重点城市空气改善幅度排名前20位城市名单中，亳州市位居第9位。1—3月，亳州市$PM_{2.5}$平均浓度为53.5微克/立方米，比生态环境部下达的第一季度控制目标（82微克/立方米）低28.5微克，同比下降32.1%，降幅居长三角41个城市第一位。优良天数比率74.7%，同比增长19.1个百分点，增幅居全省第一。

同月　一季度，亳州市共通过“一卡通”打卡发放各类惠农补贴资金15项，补贴资金达5.5亿元，惠及农户30.1万户，户均受益1838元。

同月　一季度，亳州市工程建设项目审批管理系统共受理项目466个，办结304个，比上年同期增长52%，项目涉及办理审批事项达5253个。

同月　中央文明办公布2021

年3月份“中国好人榜”名单，亳州市刘华军、刘华丽、刘华斌三兄妹成功当选助人为乐类“中国好人”。“安徽好人”、亳州市道德模范刘汉章，在身患癌症的情况下，多年来收养资助200多名孤儿和贫困学子，帮扶80多户贫困家庭，捐款达200万元。2012年2月，刘汉章去世后，他的儿子刘华军、刘华斌和女儿刘华丽三兄妹接过了父亲“爱的接力棒”。兄妹三人组团或单独帮扶困难家庭，收养孤儿，慰问留守儿童和资助贫困学子，情暖孤寡老人，关爱环卫工人，参与爱心送考。8年来，刘氏三兄妹共捐款20多万元资助贫困学子48名，帮助贫困家庭近百户，惠及群众千余人，志愿服务时长约13500余小时。

同月　经亳州好人评委会评选，7人入选2021年3—4月“亳州好人”。他们分别是：10年来参与公益活动千余次、自媒体发布暖新闻5万多条的蒙城县陆建军；三人合力勇救落水少年、教科书式救援引全网点赞的涡阳县姚森、姚丹丹、门振东；不畏严寒、奋不顾身跳下冰河救起落水女子的蒙城县海事局工作人员马杰；扎根农村15年、带领村民高质量脱贫致富的涡阳县村支书邵米娜；12年如一日悉心照顾瘫痪丈夫、带着子女自强脱贫奔小康的谯城区朱小利。

5月

4日　亳州市第一届“芍花杯”全国舞龙大赛在谯城区十河镇润耕天下景区开幕。来自北京、山东、山西、江苏、湖北、河南、安徽等省市的21支代表队、260多名舞龙爱好者参加比赛。

同日　《经济日报》头版刊发图片《芍花盛开 迎游客》介绍亳州市20多万亩芍花盛开美景。

5日　截至即日下午两点，亳州市“五一”假期共接待游客227万人次，与2019年相比增长66%，实现旅游收入9.3亿元。

同日　亳州市公共资源交易网发布人民路菜市场施工项目招标公告。亳州市区将建一座大型菜市场。该市场位于人民路以南，涡阳路以东，项目用地面积约6554.92平方米，总建筑面积10504.59平方米，容积率1.26，绿地率15.02%，设有机动车停车位74个，非机动车停车位232个。项目计划工期150天。

6日　市长杜延安到上海浙江柏拉阿图医药科技公司、上海英济电子塑料科技公司、上海冠瑞医疗科技产业园考察招商，达成项目投资、药品转移意向。

同日　《安徽省首批革命文物名录》公布，亳州市50处（件）革命文物被载入名录。其中，不可移动革命文物17处，可移动革命文物33件。

7日　亳州市政府与上海市青浦区政府举行经济社会发展座谈会，共商推进长三角一体化发展有关事宜。市长杜延安、青浦区区长余旭峰出席座谈会并讲话。杜延安介绍了亳州市经济社会发展情况；希望两地建立合作发展机制，在产业转移、园区共建、商协会交流、文化旅游联动等方面开展深入合作。余旭峰表示，青浦区和亳州市战略方向契合、合作领域广阔、合作方式灵活，具有良好的发展前景。他要求青浦区经委总牵头，青浦新城公司、青浦文旅发展集团等参与，就项目梳理、产业转移、农副产品供应、文化旅游合作等具体事项展开深度对接。青浦区副区长倪向军及区直有关单位负责人，亳州市招商局、市台办、亳州高新区管委会负责人参加考察、座谈。

同日　市长杜延安到民航华东管理局汇报亳州机场建设工作。

同日　亳州荣列“全国样本城市”。住房和城乡建设部印发通知在直辖市、计划单列市、省会城市和部分设区城市开展2021城市体检工作，全国共59座城市列入。其中，安徽省仅合肥市、亳州市上榜。

8日　亳州市与无锡市签署长三角区域一体化人社工作合作协议。标志着两地正式建立人社工作合作伙伴关系。

同日　安徽省“数字乡村”试点地区名单公示，亳州市蒙城县、利辛县城北镇入选。

9日　国务院办公厅近日印发通报，对2020年落实稳就业保民生、打好三大攻坚战、深化“放管服”改革优化营商环境、推动创新驱动发展、实施乡村振兴战略等有关重大政策措施真抓实干、取得明显成效的216个地方予以督查激励，亳州市被列入

“棚户区改造、农村危房改造工作积极主动、成效明显的地方”。

10日　即日起，亳州市全面启动新冠病毒疫苗接种工作，凡是18～59岁的健康成年人，无论是本地还是外来的都可以就近到接种点免费接种疫苗。截至5月8日，全市新冠病毒疫苗接种已超过40万剂次。

同日　亳州中院少年法庭揭牌成立，将把涉及未成年人的刑事、民事、行政案件，以及侵害未成年人的罪犯刑罚执行变更类案件，统归少年法庭办理，实行“3+1”模式，同时根据案件情况开展社会调查、心理辅导、家庭教育、司法救助、回访帮教等工作。

同日　近日，安徽省促进旅游业改革发展领导小组发布《关于命名安徽省首批特色旅游名镇的通知》，亳州市谯城区十河镇、谯城区古井镇、蒙城县立仓镇、涡阳县义门镇上榜。

11日　亳州市历史文化名城保护委员会第一次全体（扩大）会议召开。市长、市历史文化名城保护委员会主任杜延安参加会议并讲话。杜延安指出，全市各级各相关部门要认真贯彻落实习近平总书记重要指示精神，高度重视历史文化名城保护工作，在组织机构、保护修缮、历史建筑普查、制度建设等方面抓实抓细，真正把老祖宗留下的宝贵历史文化遗存保护好、传承好、发展好。会议通报历史文化名城保护近期工作，审议并原则通过《亳州市2021年历史文化名城保护工作要点》《历史文化名城保护实施项目》。

同日　全市关心下一代工作会议在市行政会务中心召开。会议对45个“五好关工委”和23名“五老先进个人”进行表彰。

11—12日　全国政协民族和宗教委员会副主任、中央统战部原副部长、全国工商联原党组书记、常务副主席全哲洙带队到亳州，就宗教工作进行调研。调研期间，全哲洙一行先后到谯城区薛阁街道办事处、魏岗镇马场行政村、薛阁基督教堂等处，调研城市街道宗教工作“网格化”管理体系建设情况、村级宗教工作“三级网络两级责任制”建设与“邻长制”有效融合情况，以及宗教活动场所规范化管理建设等情况，并通过座谈会的形式，听取亳州市宗教工作情况的汇报。

12日　上海现代服务业联合会来亳考察座谈会暨“2021长三角美丽乡村博览会”推介会在亳州市召开。上海现代服务业联合会常务副会长、上海市静安区原区委书记陈振鸿，市长杜延安参加会议。与会人员观看亳州市招商宣传片，上海现代服务业联合会对“2021长三角美丽乡村博览会”进行推介，双方进行座谈交流。陈振鸿介绍上海现代服务业联合会相关情况，表示将继续加强与亳州市的交流合作，在推动亳州加快“一都一区一基地”建设、加快推进长三角一体化发展上发挥积极作用。杜延安表示，亳州市将积极参加“2021长三角美丽乡村博览会”各项活动，充分利用展会提供的平台，展示亳州形象，寻求合作商机，促进亳州美丽乡村建设。市委常委、常务副市长李军主持会议并致辞。

同日　即日晚，CCTV-1《记住乡愁》栏目，宣传推介亳州，播放节目《亳州——中华药都　厚道立世》，时长30分钟。

同日　亳州市“百年峥嵘·记忆传承”学习用品套装、“知亳文创　百年征程”长征系列产品、“知亳文创　百年逐梦”红色文创产品共3组文创产品入选全国红色旅游创意产品。

13日　市生态环境保护委员会暨中央生态环保督察整改领导小组会议召开，市委书记汪一光主持会议并讲话，市长杜延安出席会议。汪一光指出，近年来，全市上下认真学习贯彻习近平生态文明思想，牢固树立“两山”理念，大力实施“地净、路畅、水活、天蓝、林拥城”工程，深化市中心城区网格化包保，落细落实道路冲洗保洁、柴油车深度治理等举措，大气、水、土壤等污染防治取得良好成效。要进一步提高政治站位，充分认识加强生态环境保护的重大意义，对突出生态环境问题开展一次“大起底”“回头看”，以更大决心、更大力度建设生态宜居美丽新家园。杜延安对全市中央生态环保督察交办信访件办理工作作具体部署，市环委办、市直有关单位、各县区分别汇报工作开展情况。

同日　庆祝第31次全国助残日文艺会演暨国家通用手语推广景区解说启动仪式在亳州市特殊教育学校举行。

14日　市委常委会会议暨市委理论学习中心组学习会议召

开，市委书记汪一光主持会议并讲话，市长杜延安、市人大常委会主任王玉玺和市委理论学习中心组成员出席会议。会议传达学习习近平总书记最新重要讲话精神，学习《习近平新时代中国特色社会主义思想学习问答》《中国共产党简史》等党史学习教育必读书目有关章节，部分市领导围绕学习内容，结合思想和工作实际，进行研讨发言；听取2020年度县区委（工委）书记抓基层党建工作综合评价情况的汇报；审议通过有关文件。

同日　全市创优营商环境暨“四送一服”工作电视电话会议召开，市长杜延安出席会议并讲话。会议通报《2021年“四送一服”双千工程工作要点》《2021年3月份全市“四送一服”工作开展情况》；蒙城县、谯城区、市市场监督管理局分别作交流发言。

14—15日　省政府副省长章曦到亳州市调研督导突出环境问题整改和防汛抗旱工作。市长杜延安陪同调研督导。章曦一行先后对谯城区古井镇张集村大鸿雁沟水体水质情况、古井镇酒城北路生活污水提升泵站改造及小鸿雁沟水体水质情况、古井源清污水处理厂运行、古井镇西区生活污水截流闸改造及小洪河水质情况、涡阳县生活垃圾填埋场渗滤液处置情况进行调研督导，详细了解突出生态环境问题整改进度、整改质量等情况。随后，章曦到涡楚河防洪闸，查看涡楚河防洪闸度汛工作。

14—15日　由《人民日报》、新浪网、腾讯网的知名采编或运营事务负责人、知名时评人组成的探访团队一行10人到亳州，实地探访亳州市中医药、白酒产业发展和历史文化传承，并通过网络平台宣传推介亳州。

15日　市委书记汪一光冒雨调研新冠病毒疫苗接种工作。他强调，要认真学习贯彻习近平总书记重要指示精神，贯彻落实中央和省委领导批示精神，以高度的政治站位，高度的负责精神，有力有序做好疫苗接种和疫情防控各项工作，保障人民生命安全和身体健康。汪一光先后来到亳州高新区芍花园社区、亳州体育场、亳州骨科医院、谯城区薛阁街道八角台社区和西关社区等新冠病毒疫苗接种点，实地调研疫苗接种工作。市委常委、组织部部长、统战部部长秦凤玉，副市长曹振萍参加调研。

17日　由上海、江苏、浙江、安徽三省一市档案局、档案馆联合主办的庆祝中国共产党成立100周年“建党百年　初心如磐——长三角红色档案珍品展”在市档案馆开展。长三角近500件红色档案珍品亮相亳州。

18日　在河南省漯河市体育馆内，来自亳州市的选手赵舒琪成功获得第十四届全运会女子跆拳道57公斤级比赛的最终入场券。

20日　全市推进五大发展督查调度会议在利辛县召开。市委书记汪一光、市长杜延安出席会议并讲话，市人大常委会主任王玉玺出席会议。与会人员利用半天时间，对利辛县碧翠园家庭农场、明峰纺织科技有限公司、宝城建筑工业化有限公司等进行观摩考察，实地了解利辛县五大发展推进情况。下午召开会议，听取利辛县工作汇报，涡阳县、蒙城县、谯城区、亳州高新区、亳芜现代产业园区进行交流发言。

同日　即日起，亳州市全面推广使用不动产登记电子证照。

同日　即日起，市区10个室外公共游泳池陆续开放，开放时间将持续至8月31日。

21日　中国共产党亳州市第四届委员会第十三次全体会议召开。会议由市委常委会主持。市委书记汪一光讲话。市委副书记、市长杜延安，市人大常委会主任王玉玺，市政协主席汤涌出席会议。会议审议通过《中国共产党亳州市第四届委员会第十三次全体会议关于召开中国共产党亳州市第五次代表大会的决议》，决定中国共产党亳州市第五次代表大会于2021年9月召开。市委常委、组织部部长、统战部部长秦凤玉作关于召开中国共产党亳州市第五次代表大会有关事项的说明。

23日　亳州10万台（套）农机具备战“三夏”。2021年全市小麦种植面积686万亩，将于6月2号左右开始大面积收割。全市已签订农机作业托管协议面积699.58万亩，签订农机作业托管合同22万多份，参与农机专业合作社1345家，落实作业托管网格1.18万个，落实托管机械10万台（套），基本实现小麦抢收全覆盖。

同日　即日起，亳州市开展为期一个月的瓶装液化气安全专项整治。

25日　省委全面深化改革委员会印发《关于2020年全面深化改革工作的总结报告》。在报告中，亳州市邻长制改革被作为“坚持鼓励创新，着力激发创新创造活力”重要案例，公检法重要岗位交流轮岗被作为“稳步推进政法领域改革”机制创新，乡镇（街道）纪检监察工作协作区纳入“省级层面统筹推广成效显著”。

26日　2021年全省第五批重大项目集中开工动员会亳州分会场活动在亳芜现代产业园区韵达亳州现代产业园项目现场举行，市长杜延安下达开工令。本次集中开工的重大项目共有16个，总投资近100亿元，涉及现代服务业、战略性新兴产业、传统产业升级改造等不同领域，其中，亳芜现代产业园区有8个项目参加集中开工，总投资约80亿元。

27日　《亳州市国民经济和社会发展第十四个五年规划和2035年远景目标纲要》（以下简称《纲要》）正式发布。《纲要》共分为十四篇六十章，明确“十四五”时期亳州经济社会发展指导思想、发展目标、主要任务和重大举措，展望到2035年基本实现社会主义现代化远景目标。

同日　亳州市印发《2021年亳州市秸秆禁烧工作方案》，全市秸秆禁烧工作开始。

同日　即日起，亳州人省内异地就医买药可直接刷社保卡。

28日　中共中央宣传部就“抓党建促脱贫攻坚”举行中外记者见面会。利辛县汝集镇朱集村驻村第一书记、工作队队长刘双燕作为发布人之一出席见面会。

31日　市委常委会会议暨市委理论学习中心组学习会议召开，市委书记汪一光主持会议并讲话，市长杜延安、市人大常委会主任王玉玺和市委理论学习中心组成员出席会议。会议传达学习习近平总书记在推进南水北调后续工程高质量发展座谈会、中央深改委第十九次会议上的重要讲话精神，学习习近平总书记重要文章《用好红色资源，传承好红色基因，把红色江山世世代代传下去》，相关市领导结合实际交流发言；传达贯彻省脱贫攻坚总结表彰暨巩固拓展脱贫攻坚成果同乡村振兴有效衔接工作推进大会、省党建引领信用村建设工作联席会议第二次会议精神；听取中央巡视安徽整改亳州工作暨巡视巡察发现问题“大起底、改到位、建机制”专项行动和第八批选派工作情况汇报。

同月　团中央公布全国“两红两优”名单，其中，亳州幼儿师范学校团委被授予“全国五四红旗团委（团工委）”称号，利辛县人民检察院团支部被授予“全国五四红旗团支部（团总支）”称号，谯城区大杨镇韩老家村扶贫档案员何辉被授予“全国优秀共青团员”称号，蒙城县数据资源管理局团支部副书记、许疃镇土桥村驻村第一书记卢毅被授予“全国优秀共青团干部”称号。

同月　亳州市第七次全国人口普查公报出炉。2020年11月1日零时，全市常住人口为4996844人，与亳州市第六次全国人口普查相比，增加146187人；全市共有家庭户1762660户，平均每个家庭户的人口为2.72人，比2010年亳州市第六次全国人口普查少0.48人。谯城区常住人口为1537231人，全市最多，占全市人口比重为30.76%；蒙城县常住人口为1101640人，全市最少，占全市人口比重为22.05%。全市常住人口中，男性人口为2554536人，占51.12%；女性人口为2442308人，占48.88%。全市常住人口中，0～14岁人口为1279489人，占25.61%；15～59岁人口为2892457人，占57.89%；60岁及以上人口为824898人，占16.51%。全市常住人口中，拥有大学（指大专及以上）文化程度的人口为335287人；与亳州市第六次全国人口普查相比，每10万人中拥有大学文化程度的由2564人上升为6710人。全市常住人口中，居住在城镇的人口为2123492人，占42.50%；居住在乡村的人口为2873352人，占57.50%。与亳州市第六次全国人口普查相比，城镇人口增加764771人，乡村人口减少618584人。

同月　4月份“安徽好人”榜单揭晓，涡阳县辉山烈士陵园管理员侯传宇入选。4月份“感动药都”名单公布，江梦汉获个人典型，蒙城县黄海社区的“温暖童心”关爱未成年人志愿服务项目获项目典型，蒙城县河西社区的“居民管家”志愿服务队获组织典型，涡阳县城关街道滨河社区获社区典型。

同月　《人民日报》头版刊

发文章《帮扶有温度　致富有门路》，介绍利辛县朱集村第一书记刘双燕的扶贫事迹。《光明日报》刊发文章《安徽党史学习教育进行时落在实处办实事　创新方式传薪火》，综合报道亳州开展的“十百千万”行动。《法治日报》刊发文章《把实事好事办到群众心坎上——亳州政法干警把学习教育成果变成为民服务实招》，报道亳州市数千名政法干警进千村入万户为群众办实事。

6月

1日　市长杜延安带队到聚城药业公司、四川新绿色公司、太阳升医药集团、亳药堂公司等项目现场，实地调研亳州高新区招商签约项目落地工作，协调解决招商项目落地建设中存在难题。

同日　亳州市召开省文明办暗访测评反馈问题整改推进会，针对省文明办反馈问题安排部署整改措施。会议通报省文明办和国家统计局亳州调查队暗访测评反馈问题，并安排部署具体工作。

2日　亳州市组织收听收看全国、全省深化“放管服”改革着力培育和激发市场主体活力电视电话会议。市长杜延安在亳州市分会场参加会议并讲话。

3日　市长杜延安到安徽利丰粮食购销有限公司、利辛县城关镇东风村、中疃镇武楼村汉文农机专业合作社、望疃镇望疃村开亮新能源有限公司等地，实地调研夏收夏种、粮食收购、秸秆禁烧和综合利用工作。

同日　2021年亳州环保世纪行暨“六五”环境日主题活动在市行政会议中心多功能厅举行。活动通报2020年度亳州环保世纪行活动优秀组织单位和好新闻作品评选情况，举行亳州环保世纪行授旗仪式，志愿者代表进行环保倡议，重点企业代表作环保主体责任承诺，现场举行环保文艺表演。

4日　市生态环境局组织“六五”环境日环保设施集中向公众开放活动，邀请10余名市人大代表、政协委员到亳州市污水处理厂、亳州生态环境监测中心和亳州洁能电力有限公司，参观了解环境监测设施运行和污水、垃圾处理全过程。

5日　亳州选育的超强筋小麦品种“谷神麦19”刷新全省小麦亩均单产纪录。农业农村部组织国家小麦产业体系等相关专家组成专家组，对涡阳县三个乡镇的三块小麦高产攻关田进行实收测产。测产结果显示：三块田地单产均超过800千克，其中单产最高的是位于涡阳县新兴镇的“谷神麦19”小麦田块，单产达860.6千克，刷新安徽省小麦单产新纪录。

同日　非物质文化遗产“涡河憨腔”传承人、63岁的涡阳民间艺人丁延果在中央广播电视总台“星光大道”栏目，表演曲目《真乐和》，向全国观众展示“涡河憨腔”。

7日　市委书记汪一光先后到谯城区薛阁街道和魏岗镇，走访慰问部分老党员、老干部和烈士遗属。随后，汪一光在魏岗镇大陈村主持召开基层党员干部座谈会，并作党史学习教育专题党课报告。

7—8日　2021年高考。全市共设4个考区、19个考点、1218个考场，其中隔离备用考场133个，全部安装了空调。高考报名人数43331人，其中分类高考录取11112人，参加普通高考32219人，较上年增加2028人。

8日　市委副书记到谯城区调研创建全国文明城市工作。调研中，先后到市区原魏武农贸市场、汤陵街道办事处谯郡华府小区查看市场搬迁后的遗留问题和市容市貌情况及居民小区物业管理和文明创建情况。

同日　安徽首个“无人农场”（亳州谯城）示范基地正式投入运营。该示范基地首期建设面积300亩，进行小麦、玉米轮作，技术依托华南农业大学罗锡文院士团队，由安徽中科智能感知产业技术研究院有限责任公司承建。

同日　在北京举行的全国乡村振兴（扶贫）系统先进集体先进个人表彰大会上，亳州市谯城区扶贫开发局获评先进集体。

9日　市委常委会会议暨市委理论学习中心组学习会议召开，市委书记汪一光主持会议并讲话，省委党史学习教育第三巡回指导组副组长魏建华到会指导并讲话，市长杜延安、市人大常委会主任王玉玺和市委理论学习中心组成员参加会议。会上，市委党校副教授刘华景作“社会主义革命和建设时期历史”的专题辅导报告；会议听取全市党史学习教育开展情况汇报，部分市领导联系思想和工作实际，作了交流发言。传达学习了2021年全国巡视工作会议暨十九届中央第七轮巡视工作动员部署会议、省生态环境保护委员会省级总河长省级林长会议、生态环境保护专项监督长试点推行工作会议暨中央生态环保督察安徽省整改工作领导小组会议精神等，研究贯彻落实意见。

10日　市委农村工作会议暨全市巩固拓展脱贫攻坚成果同乡村振兴有效衔接推进大会召开。市委书记汪一光出席会议并讲话，市长杜延安主持会议，市人大常委会主任王玉玺出席会议。会上，第七批、第八批选派帮扶干部代表作交流发言；会议对机构挂牌、选派帮扶干部、巩固拓展脱贫攻坚成果同乡村振兴有效衔接等工作进行了安排部署。会议以电视电话会议形式召开，各县区设立分会场。

同日　亳州市“三个规定”大宣讲和党政领导干部严格执行“三个规定”公开承诺行动会议召开。省政法队伍教育整顿驻亳指导组组长张峰作宣讲报告，市委书记、市政法队伍教育整顿领导小组组长汪一光主持会议并讲话，市长杜延安、市人大常委会主任王玉玺出席会议。会上，张峰就“三个规定”进行宣讲解读。会议以电视电话会议形式召开，各县区设分会场。与会人员签订《严格执行防止干预司法“三个规定”承诺书》。

同日　亳州市乡村振兴局正式挂牌成立。根据省委编办批复，经市委、市政府批准，亳州市扶贫开发局重组为亳州市乡村振兴局。市乡村振兴局为市政府工作机构，规格正处级，主要负责巩固拓展脱贫攻坚成果、统筹推进实施全市乡村振兴战略有关工作。

15日　市委网络安全和信息化委员会召开第三次会议，市委书记汪一光主持会议并讲话。市长杜延安出席会议。会议传达学习省委网络安全和信息化委员会第三次会议精神，学习《党委（党组）网络意识形态工作责任制实施细则》，书面听取2020年全市网络安全和信息化工作情况、2021年以来全市网络意识形态工作和网络安全工作责任制落实情况汇报，审议通过有关文件。

16日　亳州市召开打击治理电信网络新型违法犯罪工作联席会议，市联席会议总召集人、市长杜延安出席会议并讲话。会议通报2021年1—5月全市打击治理电信网络新型违法犯罪工作情况，谯城区、利辛县就工作中存在的问题及下一步安排作表态发言。

同日　2021年安徽省社区运动会象棋比赛暨“我要上全运”第十四届全国运动会群众比赛国际象棋与中国象棋项目安徽选拔赛在亳州开赛，全省各地共计62名选手参赛，最终将有15名选手获得全运会的入场资格。

16—18日　亳州机场总体规划评审会、初步设计及概算评审会在亳州市召开。市长杜延安出席会议并致辞。评审会上，专家组对《安徽亳州民用机场总体规划（报审稿）》和《新建安徽亳州民用机场初步设计及概算》进行评审，一致认为总体规划的内容及深度基本符合相关规范要求，根据本次评审意见补充完善报批后，可作为指导机场近期建设和远期规划发展的依据；初步设计符合国家设计标准和规范，设计技术方案可行，调整完善后可作为施工图设计依据。评审会的召开，标志着亳州机场前期各项工作基本完成，下一步将进入工程施工招标阶段，预计9月亳州机场将正式开工建设。

17日　亳州市“光荣在党50年”老党员老干部座谈会召开。市委书记汪一光出席会议并讲话。会上，汪一光等市领导向“光荣在党50年”纪念章获颁者代表发放纪念章并合影留念。苏迅、纪建立两位老党员代表分别发言。

18日　2021第十四届安徽国际茶产业博览会在合肥滨湖国际会展中心举办，省人大常委会副主任沈强、副省长张曙光、省政协副主席肖超英到亳州展馆巡展。

同日　市委常委会会议暨市委理论学习中心组学习会议召开。市委书记汪一光主持会议并讲话，市长杜延安、市人大常委会主任王玉玺和市委理论学习中心组成员参加会议。会议传达学习习近平总书记在中共中央政治局第三十次集体学习、青海考察和中国科学院第二十次院士大会、中国工程院第十五次院士大会、中国科协第十次全国代表大会上的重要讲话及中央有关会议精神，学习习近平总书记关于湖北十堰市张湾区艳湖社区集贸市场燃气爆炸事故的重要指示、李克强总理等领导批示和全国全省安全生产电视电话会议精神，安排部署贯彻落实工作；听取“改革开放新时期历史”专题辅导报告，部分市领导联系思想和工作实际作交流发言；学习省高院、省检察院主要负责人在亳调研时的讲话精神，对贯彻落实工作提出要求。

同日 全市党史学习教育工作推进会暨庆祝中国共产党成立100周年宣传工作专题会议在市行政会务中心召开。会议传达全省党史学习教育工作座谈会和省委宣传部庆祝中国共产党成立100周年宣传工作专题电视电话会议精神，市委第一、二、三、四巡回指导组汇报巡回指导情况，各县、区委宣传部汇报党史学习教育开展情况，亳州晚报社、亳州广播电视台汇报党史学习教育及庆祝中国共产党成立100周年宣传工作安排。

同日 亳州市教育局组织全市教育系统师生，观看由省委教育工委举行的师生“同上一堂党史大课”活动。全市有106万学生和近6.9万教职工实时观看党史大课，聆听安徽大学马克思主义学院教授李明解读的中国共产党精神谱系内涵与时代传承，皖西学院马克思主义学院教授吴学东、合肥五十中教师叶玲、蚌埠医学院马克思主义学院副教授李乐、安徽科技学院马克思主义学院副教授赵仁青解读的大别山精神、新四军精神、渡江精神和小岗精神。

同日 谯城区进口冷链食品集中监管仓正式投入使用。凡从省外首次进入谯城区的进口冷链食品，在储存、加工、销售前必须进入集中监管仓进行集中检测、集中消杀、集中存储、集中赋码。未经集中监管仓查验、核酸检测和预防性全面消毒的进口冷链食品，一律不得在谯城区储存、加工、销售。

19日 全市加快打造新兴产业聚集地暨2021年第六批重大项目集中开工动员会在亳州高铁南站金融商务中心项目现场举行。市委书记汪一光下达开工令，市长杜延安讲话。2021年以来，亳市围绕现代中医药、白酒、农产品深加工、文化旅游等主导产业，启动“招商项目落地集中攻坚月”和“项目建设进度集中攻坚月”活动，先后6次集中开工总投资291.3亿元的70个重大项目，1—5月全市省重点项目竣工率、投资完成率分别居全省第二位、第五位。

21日 省长王清宪赴亳州市调研产业发展和乡村振兴工作。王清宪先后到亳州中药材专业市场、誉隆亚东药业、济人药业，全面了解质量管理、药品研发和市场运营情况。王清宪深入了解美丽乡村示范村谯城区十八里镇蒋李新村村庄规划、基础设施建设、乡村产业发展等情况，在五得利面粉有限公司，听取原料供应、生产经营情况介绍。随后，王清宪到古井集团，察看古井贡酒酿造工艺、产品展示等，王清宪还调研了亳州市展览馆、北关历史街区，了解城市规划建设、文物保护、文旅融合等工作。

22日 “永远跟党走”亳州市庆祝中国共产党成立100周年文艺演出在亳州广电中心一号演播厅举办。市委书记汪一光，市委副书记、市长杜延安，市人大常委会主任王玉玺观看演出。

23日 市金融纠纷调解中心在药都农商行揭牌。标志着亳州市金融纠纷多元化解机制建设迈出重要一步。

24日 市长杜延安到亳州高新区第四社区、十九里镇，走访慰问部分老党员、困难党员，并在十九里村召开基层党员干部座谈会，作党史学习教育专题党课报告。

同日 利辛县人民政府网发布潘楼火车站扩建项目进场道路工程公示，这意味着很快利辛人也可以在自己家门口坐上火车了。利辛县潘楼火车站于1972年建成通车，属客货兼营性质；2014年，青阜铁路电气化改造后，该火车站停止了客运业务，现在它将要重新开通客运并将更名为利辛站。

同日 近日，亳州市在全省率先设立“政务找茬”窗口，以“汇民意、听民声、满民求、顺民心”为准则，通过制作“政务找茬”二维码、设置“政务找茬”窗口等方式，专门收集解决群众在办事过程中遇到各种疑难问题，着力提高为民服务水平。

24—25日 18：30—18：50，中央电视台财经频道《回家吃饭》栏目分别推出上集和下集，结合万亩芍花外景和亳州市旅游景点以亳州药膳和牛肉馍等当地小吃为题宣传推介亳州。

25日 市委常委会会议暨市委理论学习中心组学习会议召

开，市委书记汪一光主持会议并讲话，市长杜延安、市人大常委会主任王玉玺和市委理论学习中心组成员参加会议。会议传达学习习近平总书记在参观“‘不忘初心、牢记使命’中国共产党历史展览”时的重要讲话精神，听取“党的十八大以来的历史”专题辅导报告，部分市领导结合思想和工作实际作交流发言；传达学习省长王清宪在亳州调研时的讲话精神，安排部署了贯彻落实工作；听取全市先进基层党组织、优秀共产党员、优秀党务工作者、优秀选派帮扶干部和政法工作先进个人评选表彰情况汇报。

同日　长三角区域人力资源服务机构协同发展论坛（亳州站）暨亳州市人力资源服务产业园入驻企业签约仪式、皖北人力资源服务行业联盟启动仪式在亳州市举行。活动中，20家来自长三角区域的人力资源企业与亳州市签约，这些企业将正式入驻亳州市人力资源服务产业园。亳州、淮北、阜阳、淮南、宿州、蚌埠6市共同启动开幕球，宣布皖北人力资源服务行业联盟正式成立。

同日　即日起，亳州南至北京西高铁双向提速。亳州南至北京西G1592车次将从现在的5小时35分钟缩短到4小时49分钟提速46分钟。北京西至亳州南高铁G1591车次将从现在的5小时2分钟缩短到4小时56分钟，提速6分钟。

27日　市长杜延安带队到市区魏武广场、魏武派出所、亳州火车站、市公安局110指挥中心、龙凤小区以及亳州市第九中学、金地育苗学校等地，检查安保维稳和安全生产工作，看望慰问值班民警、辅警及武装联勤人员。

28日　市直机关庆祝建党100周年表彰大会暨光荣在党50年纪念章发放仪式在市行政会务中心举行。会议对2020年度市直机关（企事业单位）先进党组织、优秀党务工作者、优秀共产党员进行表彰，向市直机关在党50年的党员代表颁发纪念章。

同日　在北京人民大会堂举行的全国“两优一先”表彰大会上，蒙城县岳坊镇戴尧村党总支获“全国先进基层党组织”称号，利辛县城关镇向阳社区党总支书记、居委会主任武雪松获“全国优秀党务工作者”称号。

29日　全市政法队伍教育整顿总结大会暨常态化机制化开展扫黑除恶斗争推进会召开。市委书记汪一光出席会议并讲话，省政法队伍教育整顿驻亳指导组组长张峰到会指导并讲话，市长杜延安主持会议，省政法队伍教育整顿驻亳指导组副组长程金林出席会议。会议通报全市政法队伍教育整顿工作情况，安排部署全市常态化机制化开展扫黑除恶斗争工作，对全市政法系统先进典型进行表彰。

同日　即日晚，为庆祝中国共产党成立100周年，在市区建安文化广场，中共亳州鼎诚商业运营管理有限公司支部委员会和亳州晚报社新媒体发展部联合主办大型快闪活动，表达对中国共产党百年华诞的祝福。

30日　全市庆祝中国共产党成立100周年表彰大会召开，市委书记汪一光出席会议并讲话，市长杜延安主持会议。省委党史学习教育第三巡回指导组副组长魏建华到会指导。市人大常委会主任王玉玺出席会议。会议宣读《中共亳州市委关于表彰亳州市先进基层党组织和优秀共产党员、优秀党务工作者、优秀选派帮扶干部的决定》，部分受表彰代表作交流发言。

同月　亳州西凉掌（亳州晰扬掌）项目入选第五批国家级非物质文化遗产代表性项目名录；淮北梆子戏、蒸馏酒传统酿造技艺（古井贡酒酿造技艺）两项目入选第五批国家级非物质文化遗产代表性项目名录扩展项目名录。

同月　亳州市高新区第一管理中心文化小区王成良家庭、谯城区魏岗镇大陈行政村武中海家庭入选第一届安徽省文明家庭候选名单。

同月　第七届安徽省道德模范候选人名单公布。其中，亳州市赵亮亮入选见义勇为类道德模范候选人，刘双燕入选敬业奉献类道德模范候选人。

同月　2021年4月“中国好人”名单公布，亳州市姚森、姚丹丹、门振东，获评见义勇为类“中国好人”。2月6日，姚森和姚丹丹兄妹二人在龙山游玩，突遇溺水事故，二人和大学生门振东通成功从30多米深的水里救出落水者。

同月　亳州市蒙城县许疃镇土桥村党总支第一书记，驻村扶贫工作队队长卢毅入选5月“安徽好人”。

同月　省水利厅、省经信厅、省节水办发布第七批“安徽省节水型企业”名单。亳州市企业亳州国祯生物质热电有限公司、蒙城环蒙再生能源有限公司、安徽万礼食品有限责任公司3家企业入选。

7月

1日　庆祝中国共产党成立100周年大会在北京天安门广场隆重举行。亳州市各级各部门和社会各界组织广大党员干部群众集中收看大会实况。

同日　市委常委会（扩大）会议暨庆祝中国共产党成立100周年座谈会召开，省委党史学习教育第三巡回指导组组长徐飞到会指导并讲话，市委书记汪一光主持会议并讲话，市长杜延安、市人大常委会主任王玉玺、省委巡回指导组副组长魏建华出席会议。会议传达学习习近平总书记在庆祝中国共产党成立100周年大会、中央政治局第三十一次集体学习、“七一勋章”颁授仪式上的讲话精神；部分市领导和先进个人代表作交流发言；听取“我为群众办实事”民生项目清单制定情况汇报。

4日　2021年安徽省社区运动会龙舟赛暨第十四届全运会群众比赛龙舟项目安徽选拔赛暨安徽省龙舟公开赛（亳州站）开赛。省体育局局长李军、市委书记汪一光、市长杜延安出席开幕式。比赛在谯城区涡河大地桥至灵津渡大桥段举行。比赛项目为12人龙舟男子组200米、500米直道赛和12人龙舟女子组200米、500米直道赛，全省有18支队伍参赛。开幕式结束后，汪一光陪同李军一行到市区天一阁社区文体中心、市行政中心健身步道、亳州体育公园等地，实地调研亳州市群众体育工作开展情况。

5日　全市巩固拓展脱贫攻坚成果同乡村振兴有效衔接专题培训班在市委党校召开。市委书记汪一光作开班动员并讲授第一课，市长杜延安主持开班式。

同日　“送理论宣讲、送艺术党课进基层”活动在亳州市行政会务中心二楼多功能厅举行，该活动由省直机关工委和市直机关工委联合主办。省直机关工委讲师团专家、省话剧院演员以多种形式为参会人员讲授艺术党课。

6日　《亳州市道德模范和“亳州好人”荣誉称号管理制度》出台，对存在“先进事迹造假”等行为的道德模范及提名奖和“亳州好人”，将撤销荣誉称号，收回奖金、证书并向社会发布。

7日　亳州市第三届运动会青少年组跆拳道比赛在市体育馆开赛，全市198名选手参赛。此次比赛，每组的冠亚军将代表亳州参加全省青少年跆拳道锦标赛。此次跆拳道比赛是全市第三届运动会青少年组的子项目，后续乒乓球、武术套路、武术散打、篮球、足球（五人制）、羽毛球、跳绳等10个项目将陆续开赛。

8日　S245涡河大桥顺利通车。该桥是S245新兴至涡阳城区段公路跨越涡河的关键节点，是沟通S238和S309的重要组成部分。大桥全长719.7米，桥宽40米，是大跨径下承式钢箱提篮式系杆拱桥，采用双向6车道设计，于2019年7月正式开工建设，投资2.5亿元，历经两年建设完成。

9日　市委常委会会议暨市委理论学习中心组学习会议召开，市委书记汪一光主持会议并讲话，市长杜延安、市委理论学习中心组成员出席会议。会议传达学习习近平总书记在庆祝中国共产党成立100周年大会上的重要讲话精神，学习中共中央办公厅通知和省委书记李锦斌有关批示精神，安排部署学习宣传贯彻落实措施，部分市领导联系工作实际作重点发言；传达学习《中国共产党组织工作条例》《中华人民共和国档案法》《中共中央、国务院关于新时代推动中部地区高质量发展的意见》等精神，并研究贯彻落实意见。

同日　亳州市组织收看安徽省2021年下半年征兵工作推进会，会后召开全市2021年下半年征兵工作推进会。市长、市征兵领导小组组长杜延安在亳州市分会场出席会议并讲话，亳州军分区司令员邹建华参加会议，副市长孟祥国主持会议。

同日　亳州市召开创建全国文明城市街道办事处测评工作点评会。会议通报相关部门6月份对街道办事处的测评情况。一类和二类街道办事处最后一名作表态发言。

同日　全省农村广播电视节目传送秩序规范化建设管理工作

推进会在亳州市召开。会上，亳州市广电局、淮北杜集区广电局、岳西县融媒体中心等单位作交流发言，与会人员实地了解亳州市“小片网”机房建设和管理工作情况。

10日　2021年安徽省“新时代好少年”先进事迹发布活动在芜湖举行。全省有10名青少年当选“新时代好少年”，其中，亳州市特殊教育学校六年级盲班学生徐帅豪当选。

13日　全省推行生态环境保护专项监督长制度动员会暨大气污染防治现场会在亳州市召开，副省长何树山出席会议并讲话，省生态环境厅厅长贺泽群主持会议，市委书记汪一光在会上致辞。会上，贺泽群通报全省生态环境保护专项监督长制度建设、大气污染防治等有关情况，市委常委、常务副市长李军在会上作亳州市生态环境保护专项监督长制度实施及大气污染防治工作情况经验交流发言。当日，与会人员先后到亳州学院中医药学院项目建设工地、中联商砼、鑫大宅门业、城建集团中药材产业园、马园社区、智慧环保指挥中心等地，实地考察亳州市工地扬尘治理、机械尾气污染防治、A类企业创建和运行、挥发性有机物深度治理、中药材初加工污染治理、环境专项监督长制度建设以及智慧环保指挥中心建设和运行等情况。

同日　创建全国文明城市省级模拟测评反馈会召开。省委宣传部部务委员、省文明办主任杨明世参加会议并对亳州市创建工作进行指导。会议通报省专家组对亳州市创建全国文明城市的模拟测评结果。

同日　亳州高新区与上海青浦工业园区签订园区合作共建战略协议。双方将在推动产业转移、发展“飞地经济”、促进人才交流等方面开展深层次的合作，实现双方优势互补、互利共赢。

14日　2021年长三角地区特殊食品安全监管会商交流会在亳州市举行，国家市场监管总局特殊食品司司长周石平、省市场监管局局长韩永生出席会议并讲话，市长杜延安在会上致辞。会上，长三角一市三省签订《长三角地区特殊食品安全监管交流合作框架协议》。根据协议，一市三省市场监管局将在特殊食品监管联动协作、科普宣教合作、专家资源共享、专业队伍建设、高质量创新发展、守信激励联合失信惩戒机制建设和食品安全信息数据互通共享等方面开展全方位合作。与会人员还考察了华佗国药公司、古井集团。

16日　按照国家、省新冠病毒疫苗接种工作部署，亳州市在继续做好18岁以上人群接种的同时，全面启动、分步实施12～17岁人群的接种工作。

19日　全省食用农产品批发市场食品安全规范管理现场会在亳州市召开。省市场监督管理局局长韩永生出席会议并讲话。会前，与会人员到亳州蔬菜批发市场就食用农产品可追溯信息平台建设和快检中心建设等进行观摩。会上，国家市场监督管理总局食品经营司食用农产品处处长孙建平作市场销售食用农产品质量安全管理报告；亳州市、蚌埠市作交流发言。

同日　亳州市召开省文明办模拟测评反馈问题整改工作推进会。会议通报省文明办模拟测评反馈问题。

同日　《人民日报》头版刊发文章《全国农业科技进步贡献率超60%，耕种收综合机械化率达71%农业现代化迈上新台阶》关注亳州市利辛县农业现代化工作。

20日　亳州市党史学习教育艺术党课下基层巡回宣讲活动正式启动。巡回宣讲团队分别到古井集团、涡阳县、蒙城县、利辛县，用艺术的形式、文艺的方式讲授党课。

同日　《亳州市中小微企业及社会源类危险废物综合收集、贮存、转运中心工作方案》获安徽省生态环境厅批复同意。同时，安徽省生态环境厅委托授权亳州市生态环境局核发亳州市试点单位危险废物经营许可证。

同日　经团中央书记处批准，安徽省21个区（县）入选全国县域共青团基层组织改革试点地区。其中，亳州市谯城区入选。

21日　亳州市下发《关于全力做好当前强降雨防范应对工作的通知》，对防汛工作进行再部署，要求各地各有关部门严格落实责任，细化防范措施，加强监测预警，密切跟踪雨情、水情、汛情变化，全力保障安全度汛。

同日　亳州市消防救援支队及多支救援队伍到达郑州灾区展开救援。随后，亳州供电抢险救援队、市城市管理局专业防汛应急救援队、亳州医疗队紧急集结赶赴灾区。

23日　2021年中国《庄学研究》集刊（第一期）新闻发布会在亳州学院举行。发布会上，蒙城县为10位庄子书院首批特聘研究员颁发聘书。《庄学研究》编辑部分别与安徽省政府参事室（省文史研究馆）、安徽省社会科学院、亳州学院3家单位签订庄学研究战略合作协议。

25日　亳州市组织收看全省防御第6号台风“烟花”会商调度视频会议，市长杜延安在亳州市分会场参加会议并讲话。

同日　《亳州市“税信通”联合激励暂行办法》印发，在全省率先打破部门之间的行政壁垒。“税信通”是指市税务局牵头，以纳税信用为支点，市发展改革委、市经济和信息化局、市数据资源局等部门和单位对纳税信用A级纳税人实施联合激励。

26日　市自然资源和规划局在市公共资源交易中心成功挂牌出让1宗地热资源探矿权，由亳州文旅集团竞得，矿区面积4.3787平方千米，成交价格365万元。

同日　《2021年国际（亳州）中医药博览会暨第37届中医药文化展演活动方案》印发。2021年药博会将于9月7—10日举办，在此期间全市将开展十大项活动，各项活动时间、地点均已确定。

同日　2021年安徽省青少年游泳锦标赛暨全国U系列比赛选拔赛在亳州市开赛。共有16个地市代表队800余名运动员参赛。

27日　“八一”建军节前夕，市委副书记到亳州军分区，看望慰问驻亳部队官兵，并代表市委、市政府向驻亳部队官兵致以节日的祝福。

同日　2021年亳州市主城区中小学招生方案、学区划分出炉。招生原则有6项：坚持属地管理原则、坚持“免试、划片、就近”招生入学原则、坚持与学校标准化建设、义务教育学校均衡发展相统一原则、坚持公开、公平、公正原则、坚持网上报名原则、坚持“两个一致”优先保障原则。

同日　《人民日报》头版刊发文章《乡村产业步入高质量发展快车道》综合报道蒙城县粮食产业加快提档升级。

28日　副省长王翠凤对亳州市教育工作进行调研，省政府副秘书长左俊、省教育厅厅长赵振华参加调研，市长杜延安陪同调研。王翠凤一行先后到黉学英才中学、翰林小学、亳州学院实验小学、第十一中学、知一教育、小凡英语、学前教育中心等地，对亳州市规范民办义务教育、智慧学校建设、公办学校建设、校外培训机构管理、学前教育等工作进行调研。

29日　亳州市召开全市领导干部大会，宣布省委关于亳州市委主要负责人职务调整的决定。省委常委、组织部部长丁向群出席会议并讲话。省委组织部副部长、省委非公工委书记王炜宣布省委决定。省委决定：杜延安任亳州市委书记；汪一光不再担任亳州市委书记、常委、委员职务。

同日　亳州市涡阳县河道保护管理服务中心主任杨兴明被水利部评为全面推行河长制湖长制工作先进工作者，亳州市蒙城县立仓镇党委副书记、草庙沟立仓镇段乡级河长陈勇获评全国优秀河长。

30日　市第四届人大常委会第四十四次会议召开，市人大常委会主任王玉玺主持会议。会议表决通过了有关人事任免事项。

31日　全市加快打造创新平台暨2021年全省第七批重大项目集中开工动员会在利辛县举行。市委书记杜延安下达开工令。本次集中开工14个重点项目，总投资65.5亿元，涉及战略性新兴产业、装备制造、教育医疗、中药产业、现代农业、生态环保等方面。

同月　亳州市首批“社保业务服务站”在药都银行7个试点支行挂牌，标志着亳州市“社银合作”正式落地，市民办理社保业务将再添新渠道。

同月　亳州市全面实施重型柴油车国家第六阶段排放标准，本市所有生产、进口、销售和注册登记的重型柴油车，须符合《重型柴油车污染物排放限值及测量方法（中国第六阶段）》的6a阶段要求，对不符合以上标准的将不予办理注册登记手续，该标准的实施标志着亳州市汽车排放标准全面进入“国六”时代。

同月　《亳州市村庄规划三年行动实施方案（2021—2023年）》印发。

同月　《亳州市居民服务“一卡通”工作方案》印发，逐步推进社会保障卡在政务服务、就业创业、社会保险、卫生健康、医疗保障、财政补贴、金融服务、交通出行、旅游观光、文化体验、智慧城市、信用服务等领域的广泛应用。

同月　2021年中考成绩发布会通报，2021年全市中考700分以上的考生411人，650分以上考生5529人，600分以上考生13864人，550分以上21774人，500分以上29023人。

同月　根据地区生产总值统一核算结果，亳州市上半年全市生产总值971亿元，同比增长14.1%，两年平均增长7.5%。其中，第一产业增加值112.5亿元，同比增长9.4%，两年平均增长5.7%；第二产业增加值341.6亿元，同比增长15.3%，两年平均增长8.1%；第三产业增加值516.9亿元，同比增长14.5%，两年平均增长7.4%。

同月　据市统计局统计，2020年亳州市城镇非私营单位就业人员年平均工资69463元，与2019年的63704元相比，增加5759元，同比名义增长9.0%。其中，在岗职工年平均工资70775元，同比名义增长7.8%，扣除物价因素，2020年全市城镇非私营单位就业人员年平均工资实际增长6.4%。

同月　同月起，全市低保标准由628元/人·月调整为657元/人·月。

同月　2021年亳州市夏粮生产再获丰收，总产量达318.29万吨，位居全省第二位，较上年增加2.29万吨，增幅为0.73%。

同月　亳州市获评“安徽省安全生产工作先进单位”，亳州市已连续七年获评该称号。

同月　水利部公布第四批节水型社会建设达标县（区）名单，安徽共35个县（市、区）上榜。亳州市谯城区、涡阳县入选。

同月　安徽省优秀共产党员、优秀党务工作者、先进基层党组织暨人民满意的公务员、人民满意的公务员集体表彰大会在合肥召开。会上，谯城区乡村振兴局（原扶贫开发局）获评第七届“安徽省人民满意的公务员集体”。

同月　中国文明网发布第八届全国道德模范候选人公示名单，利辛县朱集村党总支第一书记刘双燕入选。

同月　6月“安徽好人”公布，退而不休情系“三农”50余载、创办科普协会免费传授农业科技知识的谯城区淝河镇退休干部纪建立入选。

8月

1日　副省长张红文到亳州调研，省政府副秘书长、发展研究中心主任吴劲松，省民政厅厅长张冬云，省药监局局长吴丽华参加调研。张红文一行到亳州中药材专业市场、亳州中药材商品交易中心、大型国防综合教育基地、市展览馆、市社会福利中心、安徽济人医药集团、安徽协和成药业饮片有限公司、亚珠石油有限公司、古井集团等地对亳州市经济社会发展情况进行调研。

3日　市委副书记张志强到谯城区走访调研全国文明城市创建、基层社会治理、疫情防控等工作。实地察看新时代文明实践中心（站），老旧小区、背街小巷、农贸市场改造，以及疫情防控等情况。

4日　市委常委会会议暨市委理论学习中心组学习会议召开，市委书记杜延安主持会议并讲话，市人大常委会主任王玉玺，市委副书记张志强，市委理论学习中心组成员出席会议。会议传达学习习近平总书记在中央政治局常委会会议听取中国共产党成立100周年庆祝活动总结报告、西藏考察期间和7月30日中央政治局会议、中央政治局第三十二次集体学习、中央全面深化改革委员会第二十次会议、7月28日党外人士座谈会议上的重要讲话精神，学习习近平总书记对深入推进农村厕所革命、防汛救灾工作作出的重要指示精神，部分市领导联系工作实际作交流发言；听取中央和省委巡视反馈问题整改、中央环保督察反馈问题整改、全市党风廉政建设和反腐败工作、疫情防控工作等情况汇报。

5—6日　市委理论学习中心组学习（扩大）会议暨市委党史学习教育专题读书班举行。市委书记杜延安主持开班式并作结业式讲话，市人大常委会主任王玉玺，市委副书记张志强，市委理论学习中心组成员出席会议。省委党史学习教育第三巡回指导组副组长魏建华到会指导。省委宣讲团成员、合肥师范学院马克思主义学院院长、教授吕明作专题辅导报告。会议期间，读书班学员参观长三角红色档案珍品展，听取专题辅导报告，开展分组研讨，进行交流发言。

6日 市委财经委员会第四次会议暨全市经济运行分析会议在中共亳州市委党校图书馆二楼会议室召开。市委书记杜延安主持会议并讲话，市委副书记张志强出席会议。会议传达学习7月30日中共中央政治局会议和中央、省委财经委员会会议精神，并审议有关文件；听取全市经济运行情况汇报及各县区载体、市直有关部门发言，研判上半年经济运行形势，剖析存在问题，部署下半年重点工作。

7日 市委副书记、代市长到亳州北高速入口卡点、定点隔离酒店、人民路盖盛祥大卖场、古井君莱酒店、亳州火车站、老百姓大药房、亳州中药材专业市场等地，暗访疫情防控措施落实情况。

8日 亳州文旅集团出品的少儿魔幻电视剧《奇幻仙踪》在安徽卫视海豚动画剧场首播。该剧在亳州、黄山实地取景，亳药花海休闲观光大世界、林拥城药都林海景区、市政公园、建安文化广场等景区景点都有融入。

9日 市委副书记张志强到亳州高新区实地调研疫情防控、全国文明城市创建、基层社会治理等工作，并与基层干部座谈交流。

10日 亳州机场项目运营合作框架协议签约仪式在合肥举行。省国资委党委书记、主任李中出席签约仪式，安徽民航机场集团有限公司党委书记、董事长、总经理周晞桥出席签约仪式并致辞。亳州机场项目建设及运营将由亳州市人民政府和安徽民航机场集团有限公司共同推进，前期工作已准备就绪，计划于9月开工建设，2024年实现通航。

同日 安徽省亳州生态环境监测中心和亳州市生态环境监测站同日挂牌成立。安徽省亳州生态环境监测中心为安徽省生态环境厅所属公益一类事业单位，副处级配置，核定编制数40人；主要承担生态环境质量监测、分析评价，以及生态环境应急监测和预警预报等工作；承担所在市区域内生态环境质量监测网络和信息系统维护，指导县级生态环境监测业务工作；协助所在市生态环境局开展执法监测工作等。市生态环境监测站为亳州市生态环境局下属公益一类事业单位，核定事业编制12人，主要负责谯城区、亳州高新技术产业开发区、亳州芜湖现代产业园区范围内的执法监测、应急监测和监督性监测等工作，同时承担对各县执法监测工作的业务指导、组织协调和考核评价等职能。

12日 亳州市创建全国文明城市指挥部召开调度会，市委副书记张志强主持会议并讲话。会上，市创建办通报7月份对街道办事处测评情况和中心城区基础设施领域部分主次干道相关设施、公厕等地暗访存在问题；一类和二类街道办事处测评排名最后一名作表态发言；市城市管理局、市住房城乡建设局、谯城区、亳州高新区汇报主次干道、公厕等创建工作推进情况。

13日 全市推进五大发展2021年第二次督查调度会议召开。市委书记杜延安出席会议并讲话，市人大常委会主任王玉玺出席会议，市委副书记张志强主持会议。与会人员到济人医药集团等13个考察点，实地观摩谯城区经济社会发展情况。召开会议听取谯城区工作汇报，涡阳县、蒙城县、利辛县、亳州高新区、亳芜现代产业园区作交流发言。

14日 亳州市财政金融统计项目管理相关知识专题培训举行。市政府有关部门、市属国有企业主要负责人，各县（区）长、常务副县（区）长，亳州高新区、亳芜产业园区管委会主要负责人、分管负责人，以及各县区、亳州高新区、亳芜产业园区有关经济部门、国有企业主要负责人参加培训。

15日 亳州市召开疫情防控和疫苗接种视频调度会，市委书记杜延安主持会议并讲话，市委副书记张志强出席会议。会上，市卫生健康委通报全市疫情防控和疫苗接种总体情况，各县区、亳州高新区和市公安局、市交通运输局分别汇报工作。

17日 市委书记杜延安调研巩固拓展脱贫攻坚成果与乡村振兴有效衔接工作。杜延安到谯城区十河镇、赵桥乡、古城镇、立德镇、大杨镇等地，实地察看中药材标准化种植、特色农业发展、秸秆收储和高标准农田建设情况，并看望慰问驻村工作队。市委副书记张志强参加调研。

同日 市委农村工作领导小组会议暨巩固拓展脱贫攻坚成果推进会议召开。市委副书记张志强主持会议并讲话。会议以电视电话会议形式召开，各县区、乡镇（街道）设立分会场。会议传达学习习近平总书记关于巩固拓展脱贫攻坚成果同乡村振兴有效衔接工作的重要讲话指示批示精神，通报全市巩固拓展脱贫攻坚成果工作情况，并安排部署下一步工作。

同日　市委平安亳州建设领导小组暨市域社会治理现代化试点工作推进会议召开。会议传达学习省委平安安徽建设领导小组会议及全省市域社会治理现代化试点工作推进会议精神，通报2021年上半年平安亳州建设工作开展情况并安排部署下步工作，表彰2020年度平安亳州建设先进集体和先进个人，各县区作交流发言。

19日　亳州市第四届人民代表大会第六次会议在市行政会议中心召开。上午9点，举行第一次全体会议。会议应到代表427名，实到378名，符合法定人数。市委书记杜延安主持会议。会议表决通过市四届人大六次会议选举办法和总监票人、监票人名单。下午3点，举行第二次全体会议。会议应到代表427名，实到377名，符合法定人数。第二次全体会议分两个阶段进行。市委书记杜延安主持第一阶段会议，进行大会选举。市人大常委会主任王玉玺主持第二阶段会议，宣布当选人名单。熊国洪当选市第四届人民代表大会常务委员会副主任。新当选的国家工作人员向宪法进行宣誓。

20日　中国共产党亳州市第四届委员会第十五次全体会议在市行政会议中心召开，全会由市委常委会主持。市委书记杜延安讲话，市人大常委会主任王玉玺，市政协主席汤涌，市委副书记张志强，市委委员出席会议。全会听取和审议市委书记杜延安受市委常委会委托所作的工作报告，审议通过《关于批准马庆武、张立驰同志辞去市委委员职务的决定》。

同日　市委书记杜延安到谯城区国道311、省道250、亳州北高速出入口交通查验点和颜集镇丁桥村、华佗中医院、魏武广场、天润小区、华佗国医馆、万达广场等地，实地检查指导疫情防控和疫苗接种工作，看望慰问坚守一线的工作人员。

21日　市委副书记、市长带队到市邮政公司分拣处理中心、圆道电商孵化园、中国物流亳州综合物流园、大皖产业园、中通快递有限公司等地，调研全市快递行业发展工作，并主持召开座谈会。

23日　市委书记、市委全面依法治市委员会主任杜延安主持召开市委全面依法治市委员会第五次会议。会议传达学习习近平总书记在中央全面依法治国工作会议上的重要讲话精神，听取关于法治政府建设自查情况汇报、市交通运输局等5个部门主要负责人履行法治建设第一责任人职责情况汇报并进行评议，审议通过《学习宣传贯彻落实习近平法治思想和中央全面依法治国工作会议精神近期重点工作和〈法治政府建设实施纲要（2015—2020年）〉主要任务“回头看”两个措施清单（讨论稿）》等文件。

同日　市委书记杜延安到亳州职业技术学院、亳州市第五小学、亳州学院、亳州市第三十一中学、亳州市学前教育中心等地，实地察看体温监测点、教室、学生宿舍、食堂、图书馆等场所疫情防控措施落实情况，详细了解师生疫苗接种、健康监测、开学准备、后勤服务保障及应急处置等工作情况。

同日　在2021中国国际智能产业博览会上，亳州“城市大脑”3.0正式发布。亳州“城市大脑”3.0利用人工智能、大数据等关键技术，打造智慧中枢，为跨领域、跨行业的场景建设提供共享能力支撑，推动数据资源、算力、算法共享共用。截至年底，共推动34个政务系统共用“城市大脑”相关功能，节约财政资金4727.67万元。

24日　省交通运输厅党组书记、厅长章义带队到亳州调研交通运输工作并召开座谈会。截至调研前，亳州市市域内公路总里程为18450千米，其中国省道1662千米（含高速公路320千米）、农村公路16788千米，二级及以上公路比例为5.71%。在亳期间，章义一行实地调研亳蒙高速一期施工现场和亳州港多式联运综合物流园规划工作，详细了解交通重点项目进展情况。

同日　市委副书记、市长带队到亳芜园区调研项目建设情况。到韵达亳州现代产业园、晶宫绿建装配式建筑产业园、奇瑞新能源车项目、电子信息产业园等处，实地了解项目建设及发展规划等情况。随后，主持召开座谈会，听取亳芜园区招商引资项目建设工作汇报，就项目建设中面临的困难和问题，逐一研究破解的思路和举措，明确具体责任人和责任单位。

25日 2021年市安委会第三次全体成员会议暨安全生产专项整治三年行动集中攻坚调度会议召开。与会人员共同观看《生命重于泰山——学习习近平总书记关于安全生产重要论述》电视专题片和全市城镇燃气警示教育片；市安委办通报7月全市安全生产形势，安排部署下阶段安全生产重点工作；市消安委通报消防安全专项整治三年行动开展情况，安排部署农村地区自建房和沿街门店“三合一”场所“小火亡人”专项整治工作。各县区和市住建局分别作表态发言。

26日 市委副书记、市长带队到古井集团进行调研，了解企业发展现状，协调解决存在问题。实地察看古井酿酒生产智能化技术改造项目建设进展并听取企业发展情况汇报。

同日 市委副书记张志强带队调研“我为群众办实事”民生项目。张志强到谯城区大唐国际城游园公厕、幸福路农贸市场、幸福社区涡阳路25巷背街小巷、汤陵街道董家街内旱厕等地，实地察看游园公厕、农贸市场、背街小巷和老旧小区改造等工作。

27日 经省军区党委研究决定，市委书记杜延安任亳州军分区党委委员、常委、第一书记。上午，亳州军分区党委第一书记任职大会召开。省军区政委王贵胜宣读任职通知并讲话，市委书记、亳州军分区党委第一书记杜延安作表态发言。

同日 市委退役军人事务工作领导小组会议、市双拥工作领导小组会议、市委议军会议召开，并举行党政领导军事日活动，市委书记、亳州军分区党委第一书记、市委退役军人事务工作领导小组组长、市双拥工作领导小组组长杜延安主持会议并讲话。会议传达学习习近平总书记关于退役军人工作、双拥、国防和军队建设的重要论述；听取全市退役军人及双拥工作、党管武装工作汇报；审议通过《亳州市2021年创建全省双拥模范城实施方案》等文件；各县区委进行党管武装工作述职，有关部门作交流发言。

27—29日 市委书记杜延安到蒙城县、利辛县、涡阳县和谯城区，深入高速公路出入口、居民小区、学校、乡镇卫生院、疫苗接种点、超市、菜市场、建筑工地、快递公司、理发店等地，实地暗访疫情防控和疫苗接种工作。

28日 全市扎实推进长三角一体化发展暨2021年全省第八批重大项目集中开工动员会在蒙城县举行，市委书记杜延安下达开工令。本次集中开工项目10个，总投资26.3亿元，2021年计划投资8.4亿元，涉及战略性新兴产业、传统产业升级改造、现代服务业、生态环保等。

31日 涡河蒙城枢纽建设工程顺利通过合同工程完工验收。该工程是一座集防洪排涝、蓄水灌溉、交通航运于一体的三等中型水利枢纽工程，主要包括新建船闸、节制闸以及两岸河道治理工程。新建船闸为四级船闸，设计船型500吨级兼顾1000吨级。节制闸布置在远处导流堤外侧，为大型水闸，开敞式结构，上游侧布置交通桥，下游侧布置闸门控制段。该工程于2018年12月8日动工。截至验收前，新建节制闸、船闸、管理房全部施工完成，具备运行条件。计划9月底通航，12月底进行竣工验收。

同日 《中国共青团》杂志2021年第15期用长达三页的篇幅专题刊登团亳州市委新兴青年群体思想引领特色做法《四维聚焦迸发新兴青年群体党史学习教育的澎湃动力》。

同月 生态环境部近日通报2021年7月和1—7月全国环境空气质量状况。7月，亳州在全国168个重点城市空气质量排名中居第五位。1—7月，亳州市$PM_{2.5}$平均浓度为34.8微克/立方米，同比下降29.3%；7月$PM_{2.5}$平均浓度为10.2微克/立方米，下降46.3%。

同月 1—7月，亳州海关为出口至RCEP成员国货物签发原产地证书623份，货值8355万美元，同比分别增长6.0%和53.8%，累计帮助企业享受国外关税减让约417万美元。

同月 经合肥海关批准，安徽博帆物流公用型保税仓库正式投入运营，该保税仓库是亳州市唯一面向社会服务的公用型保税仓库。

同月　全省创建青年文明号活动组委会公布“2019—2020年度省青年文明号、省青年文明号标兵”名单，市人民政府办公室综合一科获“2019—2020年度安徽省青年文明号标兵”称号，利辛县特殊教育学校、亳州古井销售有限公司维权监管中心、亳州药都农村商业银行股份有限公司营业部、亳州鼎诚商业运营管理有限公司、安徽省界阜蚌高速公路管理有限公司涡阳北收费站、亳州市展览馆、涡阳县人民医院CT室、中国联合网络通信有限公司亳州市涡阳县分公司建设路营业厅，获“2019—2020年度安徽省青年文明号”称号。

同月　中央文明办发布2021年7月“中国好人榜”入选名单，亳州市侯传宇获评敬业奉献类“中国好人”。侯传宇，1953年6月生，籍贯涡阳县曹市镇辉山村，辉山烈士陵园管理员。从1984年接替其父亲守墓，至今共守墓37年，充当着守墓人和讲解员的双重角色。

同月　蒙城县第一人民医院感染内科主任、主任医师王子玉获评2021年“安徽省最美医生”。王子玉从事感染内科事业23年，2003年参加抗击“非典”。2020年带领32位医护人员坚守在蒙城县抗击新型冠状病毒感染的肺炎一线，诊治确诊患者12例。

同月　《跟着书本去旅行》之《探亳州　读三国》系列节目　于8月3—6日、9日17：05在CCTV10—科教频道和“央视频”App播出。连续5期介绍亳州历史名人华佗和曹操。

9月

1日　亳州市召开未成年人思想道德建设工作联席会议。与会人员先后到亳州学院、亳州市第一小学、亳州一中等地，实地察看未成年人思想道德建设工作开展情况，并召开全市未成年人思想道德建设工作联席会议。会上通报全市未成年人思想道德建设工作情况，宣读《亳州市2021—2023年未成年人思想道德建设工作方案》，市教育局、谯城区作交流发言。

1—2日　省人大常委会副主任宋国权带队到亳开展国有自然资源资产管理专题调研。市委书记杜延安，市人大常委会主任王玉玺陪同调研。宋国权一行先后到林𦍩城、济人药业、汤王温泉、陵西湖、中药材专业市场，实地调研亳州市国有自然资源资产管理有关工作情况，并召开座谈会。会上亳州市、谯城区进行工作汇报，与会人员进行座谈。

2日　市委副书记、市长与省信用担保集团党委书记、董事长吴学民举行工作会谈。会上，双方就进一步深化合作，实现优势互补、资源共享，帮助企业解决“融资难、融资贵”问题，助力企业发展进行会谈。

3日　市委常委会会议暨市委理论学习中心组学习会议召开。市委书记杜延安主持会议并讲话，市人大常委会主任王玉玺，市委理论学习中心组成员出席会议。会议专题学习习近平法治思想，听取习近平法治思想专题辅导报告；认真学习习近平总书记重要文章、中央及省委有关文件精神。传达学习习近平总书记在中央财经委员会第十次会议、在河北承德及塞罕坝机械林场考察时、在中央民族工作会议上的重要讲话精神等。传达学习全省深化新一轮林长制改革电视电话会议、全省农村厕所革命电视电话会议、全省“万企兴万村”行动启动会议精神，并研究贯彻落实意见。听取各类巡视巡察督导督查交办问题整改和2020年度市直机关效能建设考核结果情况汇报。审议通过有关文件。

同日　市政协第四届第三十次常委会暨“实施长三角一体化战略，加快承接产业转移集聚区建设”专题议政性协商会召开。市委书记杜延安出席会议并讲话，市政协主席汤涌主持会议并讲话。会议传达学习习近平总书记在庆祝中国共产党成立100周年大会、在中央政治局第三十一次集体学习时、在中央财经委员会第十次会议上的重要讲话精神，审议通过《政协亳州市委员会关于强化政协委员责任担当的实施意见》，举行委员讲堂·专家讲座，部分市政协委员作专题发言。

同日　市长带队到亳州高新区调研招商引资项目建设情况。一行先后到誉隆亚东药业有限公司、天祥药业有限公司、亳州医药公共研发平台、宝龙药业有限公司、太阳升集团国际医药产业园等处，实地察看项目建设情况。实地调研后，召开座谈会，听取亳州高新区重点工作汇报，现场调度项目推进面临的困难和问题。

同日 中国共产党亳州市直属机关代表会议召开。会议宣读《关于市直工委出席市第五次党代表大会候选人预备人选的批复》，听取亳州市直机关出席市第五次党代会代表侯选人预备人选的个人情况，举手表决通过《市直机关出席中国共产党亳州市第五次代表大会代表选举办法》，投票选举产生56名市直机关出席中共亳州市第五次代表大会代表。

6日 市委全面深化改革委员会第九次会议召开。市委书记、市委全面深化改革委员会主任杜延安主持会议并讲话。会议传达学习中央深改委第十九次、第二十次、第二十一次会议及省委深改委第十二次、第十三次会议精神，听取各改革专项小组及“一照通用”“一窗通办”“免申即享”、学习借鉴自由贸易试验区等重点领域改革情况汇报。

同日 市委书记杜延安到谯城中学、亳州一中和亳州一小、亳州市学前教育中心，走访慰问奋斗在教学一线的教师，并代表市委、市政府向广大教师、教育工作者、离退休老教师、老教育工作者致以教师节日的问候。

同日 亳州市召开2021年国际（亳州）中医药博览会暨第37届全国（亳州）中药材交易会新闻发布会，通报各项工作情况。本届药博会由中国中药协会、中国北京同仁堂（集团）有限责任公司、康美（亳州）华佗国际中药城有限公司、亳州中药材商品交易中心有限公司、安徽古井集团有限责任公司共同主办，中国国际商会为指导单位，以“中医药，让人类更健康”为主题，以“传承精华、守正创新”为关键词。本届药博会计划开展1项经贸活动、2项文化活动和1项学术活动。分别是2021年国际（亳州）中医药博览会开幕式暨文化展演活动，华佗诞辰1894周年祭祀活动，2021年国际（亳州）中医药展、花茶展、酒类产品展和全国中药材追溯体系建设高峰论坛。

7日 市委副书记、市长与部分民营企业负责人共进早餐，以早餐会形式参加招商引资“市长接待日”活动。

同日 全市“双招双引”工作推进会议召开。市委书记杜延安主持会议并讲话，市人大常委会主任王玉玺出席会议。会上，市委常委、常务副市长秦凤玉宣读《亳州市招商引资工作领导小组关于2020年度全市招商引资激励考评情况的通报》。

同日 亳州市庆祝第37个教师节大会召开。市委书记杜延安出席会议并讲话。会议宣读《关于表彰2021年“药都最美教师”的决定》《关于表彰2020—2021年度优秀教师、先进教育工作者和教育工作先进单位的决定》，教育工作先进单位代表、优秀教师代表作交流发言。

8日 2021年国际（亳州）中医药展、花茶展、酒类产品展开展。中医药展位于亳州中药材专业市场康美会展中心，现场展览内容包括中药、中成药、中药原料、中药材、中药饮片、药品保健品等。花茶展、酒类产品展位于亳州中药材商品交易中心，设立有古井贡酒特展及古井镇名优产品展、市文旅集团文创产品展、亳州市药膳协会药膳展、亳州市花草茶商会特展区以及康养食品花茶展等展区。

9日 2021年国际（亳州）中医药博览会暨第37届全国（亳州）中药材交易会开幕式在市行政会务中心举行。全国人大常委会原副委员长、中国关心下一代工作委员会主任顾秀莲通过视频致辞，并宣布大会开幕。世界中医药学会联合会主席马建中，中国工程院院士、国医大师石学敏，中国中药协会执行副会长刘张林，国际生态生命安全科学院院士、国际养生大会执行主席、中华康养文旅委员会主任刘焕兰，安徽省卫生健康委主任陶仪声，安徽省市场监督管理局局长韩永生，中国国际贸易促进会安徽省委员会主任郑东涛，市委书记杜延安，市人大常委会主任王玉玺，市政协主席汤涌等出席开幕式主持开幕式。

同日 纪念华佗诞辰1894周年祭祀典礼在亳州市区华祖庵景区举行。世界中医药学会联合会主席马建中，中国工程院院士、国医大师石学敏，中国中药协会执行副会长刘张林，国际生态生命安全科学院院士、国际养生大会执行主席、中华康养文旅委员会主任刘焕兰，安徽省卫生健康委主任陶仪声，安徽省市场监督管理局局长韩永生，中国国际贸易促进会安徽省委员会主任郑东涛，市人大常委会主任王玉玺，市政协主席汤涌等出席祭祀典礼。

同日　中药材产地趁鲜加工与中药饮片质量追溯论坛举行。中国中药协会执行副会长刘张林出席论坛并讲话。论坛中，部分国内中药追溯系统研发服务专家和饮片企业追溯实践先行代表作专题报告。

同日　省政协副主席郑永飞带队到亳督导调研。郑永飞一行先后到谯城区丰水源社区棚改项目拆迁工地、碧桂园·凤熹台建筑工地、亳州学院（五期）建筑工地、市数字城管中心、九方制药有限公司、华佗国药股份有限公司等地，对亳州市扬尘污染防治情况进行督导检查，并对市“四送一服”工作开展情况和民营经济发展情况进行调研。市政协主席汤涌陪同督导调研。

同日　市政府与安徽中医药大学战略合作框架协议签约仪式在市行政会议中心举行。安徽中医药大学校长彭代银出席仪式并讲话。根据协议，双方将在原有合作的基础上，进一步发挥安徽省地方特色高水平大学——安徽中医药大学学科专业、人才智力、创新能力等方面的优势，建立新一轮全面战略合作。

12日　市长对谯城区经济社会发展情况进行调研。先后到白云山制药、联滔电子、付庄及其周边征迁、29号地块征迁等地，实地调研谯城区园区发展、招商引资、项目建设等工作，并听取谯城区工作汇报，全面了解谯城区经济社会发展情况。

14日　市长与网库集团董事长王海波一行举行工作会谈。会上，双方就打造中药材单品产业链平台、推进中医药产业数字化和平台经济发展等方面进行会谈。

15日　中国共产党亳州市第四届委员会第十七次全体会议召开。市委书记杜延安受市委常委会委托主持会议，市政协主席汤涌，市委委员出席会议。全会听取关于四届市委工作报告起草情况的说明、关于四届市纪委工作报告起草情况的说明、关于亳州市出席省第十一次党代会代表候选人预备人选建议名单的说明。全会审议并通过《中国共产党亳州市第四届委员会第十七次全体会议决议》，决定中国共产党亳州市第五次代表大会于9月27日召开；全会审议并通过中国共产党亳州市第四届委员会工作报告、中国共产党亳州市第四届纪律检查委员会工作报告，决定将两个文件提请中国共产党亳州市第五次代表大会审查；表决确定亳州市出席安徽省第十一次党代会代表候选人预备人选。

16日　亳州市召开创建全国文明城市重点工作推进会，市委书记杜延安出席会议并讲话。会前，杜延安先后到亳州中药材专业市场、魏园路钢材市场、光明农贸市场等地督导调研。会上，市创建办通报省文明办模拟测评反馈问题整改情况，谯城区、亳州高新区、市公安局、市城市管理局等单位先后发言。

同日　中国安徽名优农产品暨农业产业化交易会（2021·合肥），在合肥滨湖国际会展中心开幕，亳州市展区面积840平方米，共有68家市内龙头企业、15家合作社、家庭农场参展，700多个产品系列参加展示展销。

同日　淮北矿业集团智能化示范矿井信湖煤矿投产仪式在涡阳县举行。该矿位于涡阳县境内，精煤资源丰富，赋存条件良好，可采储量2.76亿吨，设计生产能力300万吨/年，预计服务年限约66.5年，产品主要为焦煤，属于市场稀缺绿色优质煤种，是国家和华东地区能源保障的重要生产基地之一。

17日　市委书记杜延安主持召开市委常委会会议。会议传达学习习近平总书记在陕西榆林考察时的重要讲话精神和近期关于加强生态文明建设的重要论述、党史学习教育中央第三指导组及省委第三巡回指导组在亳调研时的工作要求、省委书记李锦斌在亳调研及皖北调研座谈会上的讲话精神，研究贯彻落实意见；听取党史学习教育、安全生产工作、否决高污染高排放项目情况汇报，审议通过有关文件。

同日　中国安徽名优农产品暨农业产业化交易会举行农业招商项目推介签约仪式，亳州市8个项目参加现场签约，签约总金额66.8亿元。

18日　市委书记杜延安会见修正药业集团董事长修涞贵一行。杜延安与修涞贵到修正药业集团亳州制药有限公司，实地考察公司整体建设情况和前处理车间、制剂车间，并就公司建设、发展和品种转移、配方颗粒、中成药、质量管理等进行深入交流。

19日　市委书记杜延安采取“四不两直”方式，先后到高铁亳州南站、市公安局“110”

指挥中心、市数字城管指挥中心、市消防救援支队“119”指挥中心、公安武警联勤值守点等地，检查假期安全维稳和常态化疫情防控工作，并看望慰问节日期间坚守工作岗位的干部职工和公安干警、武警官兵。

23日 市委召开党外人士座谈会，市委书记杜延安主持会议并讲话。会议传达学习习近平总书记在中央政治局分析研究当前经济形势和经济工作、党外人士座谈会上的重要讲话及省委党外人士座谈会、市委第四届第十五次全会精神，通报2021年上半年全市经济工作有关情况、下半年工作安排以及上半年党风廉政建设和反腐败工作情况，通报市第五次党代会报告起草情况。

同日 全市巩固拓展脱贫攻坚成果调度会议召开，市委书记杜延安出席会议并讲话。会议通报全市巩固拓展脱贫攻坚成果暗访调研有关情况。

24日 增强长三角欠发达区域高质量发展动能暨皖北承接产业转移集聚区建设推进大会在蚌埠市举行。市委书记杜延安参加会议。

同日 中国国际跨国公司促进会副理事长徐彦军到亳调研。徐彦军一行先后到市展览馆、亳州联滔电子有限公司、安徽济人医药集团、古井集团等地，实地考察亳州市经济社会发展情况。

25日 全市加快战略性新兴产业集群建设暨2021年全省第九批重大项目集中开工动员会举行。本次亳州市共有8个项目集中开工，总投资18.3亿元。

同日 2021年市安委会第四次全体成员（扩大）会议召开。会上，与会人员共同学习习近平总书记关于安全生产重要论述，传达安全生产有关批示、会议和文件精神，现场观看新《安全生产法》宣传视频。

26日 市委常委会（扩大）会议召开。省委换届指导组组长、省委巡视组组长钱岩松到会指导。市委书记杜延安主持会议并讲话。市人大常委会主任王玉玺，市政协主席汤涌，市委副书记张志强出席会议。会上，钱岩松通报亳州市前一阶段换届考察情况，并就做好换届选举工作提出明确要求。

同日 市委党校（市行政学院）举行2021年秋季学期开学典礼。市委副书记、市委党校校长（行政学院院长）张志强出席并讲话。

27日 中国共产党亳州市第五次代表大会开幕。省委换届指导组组长、省委巡视组组长钱岩松，省委换届指导组副组长、省纪委监委驻省委组织部纪检监察组组长戴卫义到会指导，杜延安、王玉玺、汤涌、张志强、秦凤玉、吉洪武、查文彪、刘中汉、邹建华、左龙参加大会。会上，杜延安代表中国共产党亳州市第四届委员会向大会作题为《弘扬伟大建党精神 全面实施“六一战略” 奋力谱写现代化美好亳州建设新篇章》的工作报告。

29日 中国共产党亳州市第五次代表大会闭幕。会议选举出中国共产党亳州市第五届委员会委员51名、候补委员10名，选举出中国共产党亳州市第五届纪律检查委员会委员37名，选举出出席中国共产党安徽省第十一次代表大会代表38名。会议表决通过《中国共产党亳州市第五次代表大会关于中国共产党亳州市第四届委员会工作报告的决议》和《中国共产党亳州市第五次代表大会关于中国共产党亳州市第四届纪律检查委员会工作报告的决议》。

同日 亳芜园区2.5产业园开园暨第三批项目集中签约活动举行。市委书记杜延安出席活动并宣布亳芜园区2.5产业园开园。亳芜2.5产业园是亳芜园区发展生产性服务业与科技型新兴产业及总部经济的重要载体，目前已签约企业45家，入驻办公企业已达20多家，预计可实现年产值20亿元，年税收可超亿元。本次集中签约的15个项目计划总投资80.1亿元，行业涉及高端生物医药、新能源、生活服务机器人、食品加工、现代物流、基金金融、服务外包等，计划用地面积约1400亩。15个项目全部建成投产后，预计可实现年产值120亿元。

30日 亳州市暨谯城区在烈士纪念日向烈士敬献花篮仪式在谯城区皖北烈士陵园举行。市人大常委会主任王玉玺、市政协主席汤涌、市委副书记张志强出席活动。

同日 亳州市举行创建全国文明城市第七次专题调度会暨实地考察重点项目现场观摩会，市委副书记张志强带队先后到亳州高新区紫苑路菜市场、魏武大道与光明路交叉口、薛阁街道光明农贸市场、汤陵街道风华苑小区、丰水源农贸市场等地，实地察看农贸市场改造、老旧小区改造、交通秩序整顿等情况并主持召开座谈会。

同月　亳州市第八批市级非物质文化遗产名录对外公布，共计36个项目入选，其中新入选项目30项，扩展项目6项。第八批市级非物质文化遗产包括传统舞蹈、传统戏剧、曲艺、传统体育、游艺与杂技、传统美术、传统技艺、传统医药、民俗、传统音乐等门类，义门大将羊肉汤、亳州合碗传统制作技艺、亳州药市、涡阳老子庙会、九女扑伞、亳州曲子戏、蒙城琴书、庄子养生功、亳州新皖派篆刻、中医正骨疗法（箅膏接骨正骨术）、中药炮制技艺（承庆堂九蒸九晒炮制技艺）等项目入选。

同月　截至8月底，亳州市$PM_{2.5}$年平均浓度为32.8微克/立方米，同比下降27.6%，居皖北第一名、周边8市第一名，改善率继续领跑全省，在长三角41个城市中处于最好。

同月　《中国特色小镇2021年发展指数报告》正式发布，安徽省共有7个特色小镇入选2021年中国特色小镇50强，“亳州市谯城区古井白酒小镇”入选。

同月　商务部网站公示首批13家国家加工贸易产业园审核认定名单，亳州市加工贸易产业园入选。

同月　亳州体育荣获双“先进”。国家体育总局公示2017—2020年度全国群众体育先进单位和先进个人表彰对象。亳州市文化旅游体育局、亳州市象棋协会、安徽省体育彩票中心亳州分中心、亳州市利辛县王人镇、亳州市涡阳县文化旅游体育局、亳州市谯城区文化旅游体育局、亳州市蒙城县文化旅游体育局7家单位荣获2017—2020年度全国群众体育先进单位称号，张树梅、闫红九、张玉锋、王玉全、刘申、闭杰生6人荣获2017—2020年度全国群众体育先进个人称号。亳州市全民健身指导中心（亳州市华佗五禽戏推广中心、亳州市体育运动学校）荣获全国体育系统先进集体称号。亳州市为全省唯一获得2017—2020年度全国群众体育先进单位和全国体育系统先进集体“双先进”的地市。

10月

1日　市委书记杜延安先后到市电力调度控制中心、魏武广场、市第三水厂、养生大道垃圾中转站、市公安局110指挥中心等地，检查节日保障供应和安全工作，参加省政府主要负责人召开的值班视频调度会议，并在市疫情防控指挥部召开全市疫情防控和疫苗接种工作视频调度会议。副市长曹振萍、孟祥国，市政府秘书长戴力，各县区主要负责同志分别参加有关调度，市、县区疫情防控指挥部成员单位负责人参加视频调度会议。

1—2日　亳州市各景区景点迎来旅游高峰，市文旅集团景区共接待游客14.66万人次、同比增长297.66%，实现景区收入143.59万元、同比增长178.99%。

3日　市委书记杜延安先后到林拥城、华佗百草园、国防教育综合基地等景区暗访亳州市景区安全管理和疫情防控工作，察看重点项目建设进度，并深入农业生产现场了解秋收和中药材种植情况。

4日　市长带队先后到亳州高新区世纪花园小区、曹操地下运兵道景区、柴家沟还原小区A区建设项目现场、谯城区万达广场、城区移动警务室等地调研检查国庆节期间安全生产、疫情防控、市场供应等工作。

8—12日　市委书记杜延安带队赴上海、北京、深圳开展招商活动。杜延安一行先后考察欧芳生物科技股份有限公司、上海精准医学产业园、上海翰斯泰医疗科技公司、上海高仙自动化科技发展有限公司、中国产学研合作促进会、绿创资本公司、北京国际信托有限公司、华润三九医药股份有限公司，洽谈投资合作事宜。市委常委、组织部部长左龙，谯城区、亳州高新区、市招商局负责人参加招商。

9日　“迎老乡　回故乡　建家乡”亳州老乡恳谈会暨“双招双引”座谈会在上海召开，市委书记杜延安与在沪苏浙发展的亳州老乡和异地商会代表参加座谈会。恳谈会上，与会人员一同观看《归亳》《迎老乡　回故乡　建家乡——再致亳州老乡的一封家书》《投资亳州　创赢未来》专题宣传片。市委常委、组织部部长左龙主持会议，市政府秘书长戴力在会上致辞。各县（区）委书记，市直相关部门、亳州高新区管委会主要负责人参加会议。

9—10 日　首届国家工业遗产峰会暨古井贡酒 2021 秋季开酿大典举行。安徽省政府原副省长、中国企业联合会、中国企业家协会驻会副会长黄海嵩，安徽省人大常委会原副主任、安徽（皖）籍专家学者实业家联谊会会长李明，省经济和信息化厅厅长牛弩韬，中国酒业协会理事长宋书玉。参加仪式的嘉宾共同为古井贡酒粮食研究院、年份原浆品质研究院、安徽古井集团研修基地揭牌。在首届国家工业遗产峰会上，发布了《国家工业遗产亳州倡议》。市委常委、副市长郑超出席峰会并致辞。

10 日　市长会见雷允上药业集团有限公司董事长张邦国一行。双方就亳州市现代中医药产业发展、雷允上药业集团在亳州投资项目进展情况进行会谈。

同日　“喜迎党代会　皖美这五年”网络主题采访活动在亳举行。该次主题采访活动是安徽省委网信办 2021 年网上重大主题宣传和重大议题设置项目，主题采访组建四个小分队，深入全省 16 个地市，开展巡礼式采访报道，全方位、多角度、立体式展示省第十次党代会以来，全省上下认真贯彻落实习近平总书记考察安徽重要讲话指示精神，坚持改革开放，坚持高质量发展，经济社会发展取得的历史性成就。媒体团成员先后到亳州中药材专业市场药通网、沪谯药业、花戏楼、十河镇花海世界、林拥城等地进行采访。

11 日　2021 年亳州市网络安全宣传周启动仪式举行。10 月 11—17 日，亳州市围绕“网络安全为人民，网络安全靠人民”主题，在全市开展网络安全宣传周活动，策划开展 6 个主题日活动和 10 项特色重点活动。市委常委、宣传部部长吉洪武，市人大常委会副主任马昭华，副市长、市公安局局长孟祥国，市政协副主席陈显锋出席启动仪式。

同日　全市“扫黄打非”暨安全生产、行政审批、版权执法培训班开班。该次培训活动由市“扫黄打非”办公室、市文化旅游体育局联合举办，活动为期两天，培训内容包括当前“扫黄打非”工作形势与任务、如何做好新阶段“扫黄打非”工作、版权执法实务、安全生产及应急演练、行业行政审批等。

12—13 日　省政协副主席姚玉舟到亳州市开展民主协商专题调研，市委书记杜延安参加调研座谈会，市政协主席汤涌陪同调研并主持座谈会。12 日，姚玉舟先后到谯城区薛阁街道马元社区、魏岗镇综治中心、魏岗村等地，实地调研政协委员进社区、基层矛盾纠纷化解等工作。13 日，姚玉舟先后到蒙城县部分镇、村，认真调研基层社会治理、民主协商议事等工作。座谈会上，亳州市相关部门负责人汇报有关工作。

13 日　印度尼西亚共和国驻华大使周浩黎一行到亳州考察，中华中医药学会副会长王国辰陪同。市委书记杜延安会见周浩黎一行，陪同周浩黎一行考察并参加中印尼传统医药防控新冠肺炎疫情座谈会。

14 日　市委常委会会议暨市委理论学习中心组学习会议召开。市委书记杜延安主持会议并讲话，市人大常委会主任王玉玺，市政协主席汤涌，市委理论学习中心组成员出席会议。会议传达学习习近平总书记在纪念辛亥革命 110 周年大会、2021 年秋季学期中央党校（国家行政学院）中青年干部培训班开班式和中央人才工作会议上的重要讲话精神，部分市领导联系思想和工作实际，作交流发言；听取《中国共产党章程》专题辅导报告；传达学习全省村（社区）“两委”换届工作电视电话会议、省信访工作联席会议 2021 年第三次全体（扩大）会议、省辖市纪委书记座谈会（北片会议）精神，研究贯彻落实意见；听取突出生态环境问题、各类巡视督导督查交办亳州市问题整改进展情况汇报；审议通过有关文件。

15 日　全省加强基层“一镇一委一站”消防安全治理体系暨推进“五大提升工程”建设观摩会议在蒙城县召开。市委书记杜延安、应急管理部消防救援局防火监督处副处长薄建伟、省消防救援总队总队长李斌、省应急管理厅副厅长李军出席会议。与会人员现场观摩许疃镇消防工作站建设和消防应急演练，实地了解亳州市全面实施基层“一镇一委一站”消防安全治理体系建设情况。

15—16 日　召开“四化同步”工作务虚会，就贯彻全省推动皖北地区高质量发展大会等精神，进行研究部署。会议传达省委主要负责人在芜湖、蚌埠等地调研讲话精神，学习省政府第五次全体会议暨加强十大新兴产业“双招双引”高质量推进“三地一区”建设会议、全省推动皖北地区高质量发展大会等精神，解读省加快皖北承接产业转移集聚区建设推动皖北地区高质量发展重点工作安排、支持集聚区建设和皖北地区高质量发展系列配套政策举措等文件精神。

16日　省工商联企业家到亳考察暨“双招双引”座谈会召开。座谈会上，与会人员共同观看亳州市招商引资和文化旅游宣传片，并就亳州市“双招双引”工作、各自企业发展情况进行交流。

17日　2021年“亳州杯”全国象棋快棋锦标赛在亳州市开赛。这是历史上首届全国象棋快棋锦标赛，也是中国象棋协会发布《象棋棋手快棋等级分计算与实施办法（试行）》后首次在比赛中启用。该次全国象棋快棋锦标赛包括快棋、超快棋两个组别，竞赛项目为男、女个人赛，共有104名棋手报名参加，包括14位男子特级大师和7位女子特级大师。

19日　市生态环境保护委员会会议在谯城区古井镇污水处理厂二期工程施工现场召开。会前，杜延安率队先后到谯城区古井镇西区生活污水截流闸、酒城北路污水提升泵站、污水处理厂二期工程施工现场，察看国家长江经济带生态环境警示片披露问题的整改措施落实情况。会上，与会人员集中学习习近平总书记2021年9次关于生态文明建设重要讲话精神；市生态环境局通报近期生态环境保护工作情况；市农业农村局等单位汇报突出生态环境问题整改进展。

同日　省政府驻广州办事处、省发展改革委（省合作办）组织广东、香港等地企业家到亳考察。省政府驻广州办事处党组书记、主任郑训练，省发展改革委党组成员、省合作办主任侯锋平带队考察。市委书记杜延安会见前来考察的客商。此次到亳考察企业包括深圳中运国际集团、华文产业集团、香港铜锣湾集团、深圳达实智能股份有限公司、深圳众鑫创展科技有限公司、珠海天大中医药（中国）有限公司、深圳市中通华医健康管理有限公司、基石资本等知名企业，旨在通过考察了解亳州市经济社会发展情况，寻求合作商机。

同日　涡河航道整治工程项目建设推进会召开。涡河航道整治工程是安徽省重点水运项目，分三期进行建设，正在进行一期建设，主要包括航道疏浚117千米、疏浚土方473万立方米、护岸18.9千米、9座公路桥梁防碰撞工程等。工程分两个标段进行，01标（蒙城闸—入淮口）已完成疏浚任务；02标（大寺闸—蒙城闸）累计完成疏浚量约90%。会议要求，要抓住当前较好施工期，组织开展“大干60天”等大会战，加快推进项目建设，确保按时完成工程年度建设任务。

19—20日　省政协副主席韩军到亳调研。省政协副秘书长、提案委员会主任曹国强，省政协提案委员会副主任、分党组副书记徐飞，省政协委员、市政协主席汤涌陪同调研。调研期间，韩军先后到蒙城县茨淮新河纪念馆选址点、茨淮新河开挖文献实物资料收集室进行实地调研，并召开提案办理专题协商会，现场协商相关事宜。会上，蒙城县介绍茨淮新河纪念馆规划建设前期工作开展情况，汤涌作为提案人介绍《关于建议规划建设省级茨淮新河纪念馆的提案》相关背景，亳州市政府作为承办单位进行详细答复，提出了相关意见建议，相关省直单位作为协办单位分别进行回应。

20日　市委书记杜延安调研重点项目建设。杜延安带队先后到望州路九年一贯制学校、华佗百草园和爱国主义教育基地二期工程、亳州学院中医药学院、蔷薇路菜市场、翁庄还原小区等项目现场，实地了解重点项目建设情况，现场解决项目建设过程中遇到的问题。

同日　住阜阳市省人大代表一行到亳调研。阜阳市人大常委会主任胡明莹带队调研，市人大常委会主任王玉玺陪同调研。胡明莹一行先后到亳州中药材专业市场、安徽天祥药业有限公司、亳州城市展览馆、亳州联滔电子有限公司、安徽济人药业集团等地，详细了解亳州市“十四五”规划实施、园区建设、双招双引以及承接产业转移方面的工作开展情况。

22日　全市村（社区）“两委”换届工作调度会召开，市委书记杜延安出席会议并讲话。会上，市委组织部通报全市村（社区）“两委”换届工作有关情况，三县一区、亳州高新区汇报村

（社区）“两委”换届工作进展情况。

同日　亳州市组织收看全国、全省新冠肺炎疫情防控工作电视电话会，并在会后召开全市新冠肺炎疫情防控工作视频会。市委书记杜延安在亳州分会场参加会议，出席全市视频会并讲话。

23日　市委书记杜延安带队调研亳州机场和亳蒙高速公路建设情况，现场协调解决项目推进中存在的困难和问题。亳州至蒙城高速公路全长105.64千米，其中谯城（立德）至涡阳（标里）段为一期工程，全长13.02千米，采用双向六车道高速公路标准建设，设计速度120千米/小时，设枢纽互通接济广（亳阜）高速，工程已全面展开施工。亳州机场是省、市“十四五”规划的重点项目，位于涡阳县标里镇刘竹村附近，距离市中心城区约30千米，工程建设规模飞行区等级指标4C，航站区按满足2030年旅客吞吐量100万人次设计，新建航站楼11600平方米、站坪机位8个，施工单位已进场开展场地平整、放线、土方开挖等工作。

25日　市委常委会会议暨市委理论学习中心组学习会议召开。市委书记杜延安主持会议并讲话，市人大常委会主任王玉玺，市委理论学习中心组成员出席会议。会议学习《中华人民共和国简史》《社会主义发展简史》《改革开放简史》《习近平关于网络强国论述摘编》，传达习近平总书记在中共中央政治局第三十三次集体学习时的重要讲话精神、在深入推动黄河流域生态保护和高质量发展座谈会上的重要讲话精神，部分市领导联系思想和工作实际，作交流发言；学习省辖市市委书记座谈会、全省城乡社区治理工作电视电话会议及省有关文件精神，研究亳州市贯彻落实意见；听取全市宗教工作情况汇报，研究全市经济运行情况，审议通过有关文件。

26日　参加中国共产党安徽省第十一次代表大会的亳州市代表团到达驻地，向大会报到。省委副书记程丽华，省委常委、省委统战部部长、省政协党组副书记张西明，省委常委、合肥市委书记虞爱华，省委常委、省委政法委书记张韵声等省领导，代表省委专程看望亳州市代表团代表。市委书记杜延安参加活动。

27日　亳州市代表团在驻地召开代表团会议。作为亳州市代表团的代表，省人大常委会副主任魏晓明、省政协副主席郑宏参加会议。市委书记杜延安主持会议。会议传达代表团召集人会议精神，推选市委书记杜延安为亳州市代表团团长；会议酝酿讨论代表资格审查委员会成员、大会主席团成员、秘书长建议名单和大会议程（草案），传达《省第十一次党代会会风会纪督查工作方案》和“十严禁”纪律要求，代表们签订《严守换届纪律承诺书》。

28日　全市文化产业发展工作推进会召开，会议通报2020年度省政府对市政府、市政府对各县区政府文化产业考核情况及2021年以来全市文化产业工作有关情况。会上，涡阳县、蒙城县、利辛县、谯城区及市文旅体局分别汇报相关工作开展情况。

29日　省委书记郑栅洁到亳州市代表团与亳州市党代表一起审议省委报告。程丽华、刘惠、郭强、魏晓明、张曙光、郑宏分别参加审议。亳州市代表团杜延安、周霄、孔祥永、卢毅、梁金辉等代表先后发言。

31日　中国共产党安徽省第十一次代表大会在选举产生中共安徽省第十一届委员会和第十一届纪律检查委员会，通过关于十届省委报告的决议、关于省第十届纪律检查委员会工作报告的决议后，在合肥闭幕，亳州市代表团参加大会。

同月　亳州市全面启动2021年人口变动情况抽样调查工作。为准确、及时地监测和反映我国人口发展变化情况，为党和政府制订国民经济和社会发展计划以及人口有关政策提供基础依据，国家统计局决定在全国范围内组织开展2021年人口变动情况抽样调查。调查登记对象为本社区（村）被抽中住房内具有中华人民共和国国籍的人，调查以户为单位进行，既调查家庭户，也调查集体户。调查内容包括姓名、居民身份证号码、性别、年龄等。调查标准时点是2021年11月1日零时，现场工作时间是10月10日—11月15日。调查方式为调查员到住户家中进行登记或由住户自主填报。亳州市共抽取180个村级单位1.3万户住户进行核查。

同月　根据《中共安徽省委　安徽省人民政府关于建立田

长制的意见》，亳州市印发《亳州市田长制工作实施方案》。截至月底，全市市、县、乡、村四级田长责任制已初步建立，其中市级田长8名，县级田长87名，乡级田长1088名，村级田长8121名。

同月　2021年安徽省最美家庭、最美婆媳名单揭晓，亳州市多个家庭、多名婆媳上榜。“寻找‘最美家庭’”活动是省委宣传部、省妇联、省文明办联合开展的群众性家庭文明创建活动，已连续开展8年。2021年全省共推选出100户省最美家庭、100名省最美婆媳，其中亳州市邓刚家庭、吴用家庭、杨芳家庭、王文玲家庭、张明家庭、李强家庭被评为“2021年安徽省最美家庭”，刘桂芳被评为“2021年安徽省最美婆婆”，葛桂敏、马莉、陈美、邓磊、马艳被评为“2021年安徽省最美媳妇”。

同月　9月份“安徽好人”榜单揭晓，含泪义捐亡女器官、大爱奉献助5人重获“新生”的亳州市谯城区牛集镇吴老家村村民贾广合、韩纪娟入选。

11月

1日　市“四送一服”（送新发展理念、送支持政策、送创新项目、送生产要素，服务实体经济）各工作组正式加入省“四送一服”第三工作组，通过省、市、县三级联动方式，赴亳州市各县区、开发区开展为期1个月的“四送一服”专项行动。

2日　全市推进五大发展2021年第三次督查调度会议召开。市委书记杜延安出席会议并讲话，市人大常委会主任王玉玺、市政协主席汤涌出席会议。上午，与会人员先后到安徽天祥药业有限公司二期项目等13个考察点，实地观摩亳州高新区、亳芜现代产业园区经济社会发展情况；下午，会议传达学习省第十一次党代会精神，听取亳州高新区、亳芜现代产业园区工作汇报，涡阳县、蒙城县、利辛县、谯城区作交流发言。

3日　全国人大常委会委员、省人大常委会副主任谢广祥带队到亳州市开展传染病防治及疫情防控工作专题调研。市委书记杜延安、市人大常委会主任王玉玺陪同调研。谢广祥一行先后到市人民医院、亳州高新区万达广场、进口冷链食品集中监管仓等地，实地调研亳州市发热门诊分流、核酸检测基地建设、冷链食品监管、商场疫情防控等工作开展情况。座谈会上，市政府及市发改委、市教育局等部门进行工作汇报，与会人员进行座谈交流。

同日　亳州市人民政府与中国农业银行安徽省分行举行“十四五”金融服务乡村振兴战略合作协议签署仪式。市委书记杜延安会见农行安徽省分行党委书记、行长张春林一行，并共同见证协议签署。

同日　市政协党组理论学习中心组学习扩大会议暨市政协四届77次主席会议召开，市政协主席汤涌主持会议。会议传达学习习近平在中央全面依法治国工作会议上的重要讲话精神、在纪念辛亥革命110周年大会上的重要讲话精神、在深入推动黄河流域生态保护和高质量发展座谈会上的重要讲话精神；传达学习中国共产党安徽省第十一次代表大会精神等。会议听取市政协2021年10月工作完成情况和11月份工作计划安排的汇报，市政协委员读书活动情况汇报，市政协经济委外出考察学习情况的汇报。

4日　市委书记杜延安带队调度市重点项目建设。杜延安一行先后到魏武大道至京九铁路桥段涡河综合治理项目、汤王大道涡河隧道工程、古井集团酿酒生产智能化技改项目施工现场，详细察看项目规划和建设进度，对项目推进中遇到的困难逐一会商，明确办理单位、责任人和完成时限。

8日　市委常委会会议暨市委理论学习中心组学习会议召开。市委书记杜延安主持会议并讲话，市人大常委会主任王玉玺，市委副书记张志强，市委理论学习中心组成员出席会议。会议传达学习习近平总书记在中央政治局第三十四次集体学习时的重要讲话，习近平、栗战书在中央人大工作会议上的重要讲话精神；学习省第十一次党代会、省委十一届一次全会和省委书记郑栅洁、省委副书记程丽华在亳州市代表团会议上的讲话精神；学习《中华人民共和国简史》《社会主义发展简史》《改革开放简史》有关章节；解读《中国共产党统一战线工作条例》，部分市领导联系思想和工作实际作交流发言；传达全国文明城市创建工作培训班及省有关会议、文件精神，研究亳州市贯彻落实意见；听取2020年度市管领导班子和领导干部综合考核情况汇报，审议通过有关文件。

9日 市委农村工作领导小组会议召开，各县区设分会场。市委书记杜延安出席会议并讲话，市委副书记张志强主持会议。会议通报全市乡村振兴工作开展情况。副市长应国君安排部署下一步工作。

10日 省人大常委会委员、城建环资委主任委员赵馨群带队到亳州市开展国土空间规划编制工作调研。市人大常委会主任王玉玺陪同调研。座谈会上，赵馨群听取亳州市国土空间规划编制情况汇报，听取国土空间规划编制意见建议。座谈会后，赵馨群一行到亳州市林拥城、市调蓄水库、市展览馆等地进行实地调研。

11日 学习贯彻省第十一次党代会精神省委宣讲团宣讲报告会在亳州市行政会议中心二楼多功能厅举行，省委宣讲团成员、省发展改革委党组书记、主任张天培作宣讲报告。市委书记杜延安主持报告会并讲话。报告会上，张天培从“省第十一次党代会的主题、主要成果”“过去五年全省发展取得的成就和经验”“现代化美好安徽建设的总体要求”“今后五年的主要任务”“纵深推进全面从严治党的要求”“学习好宣传好贯彻好省第十一次党代会精神”六个方面，对省第十一次党代会精神进行了解读。

同日 亳州市召开“双招双引”工作调度会。会上，市招商局、市发改委、市人社局分别通报亳州市招商引资、重点项目、政府专项债券项目、全民创业等工作开展情况及存在问题，各载体单位针对通报问题逐一回应并明确下一步举措。

同日 亳州市政府与农发行安徽省分行举行座谈会，并签署战略合作协议。农发行安徽省分行党委书记、行长张宝江出席并致辞。根据合作协议，农发行安徽省分行将围绕乡村振兴战略要求和亳州市区域发展规划，在协议有效期内提供不低于600亿元的意向授信额度，涵盖长三角一体化、乡村振兴、水利工程建设、绿色生态环境建设、保障粮食安全等领域，为亳州市建设提供有力金融支撑。

同日 市知识产权纠纷人民调解委员会揭牌。市知识产权纠纷人民调解委员会主要负责市亳州市范围内知识产权纠纷的人民调解工作，其主要职责是：依法调解知识产权纠纷，防止矛盾激化；通过开展调解工作，宣传法律法规，提高社会知识产权意识，引导当事人双方依法解决纠纷；总结知识产权纠纷规律性问题，向知识产权行政部门提出严格知识产权保护的意见和建议，向政府有关部门反映知识产权调解工作情况。

11—13日 省政协副主席李和平率视察团到亳州市视察民生工程实施情况。市政协主席汤涌陪同视察并参加座谈会。在亳期间，视察团围绕幼儿托育服务、社会养老服务、农村饮水安全、农村厕所改造等内容，实地察看市学前教育中心、市第十幼儿园、谯城区花戏楼街道城郊社区居家养老服务中心、市社会福利中心、城南水库、谯城区大杨镇郭万水厂等地。

12日 市委书记杜延安会见广东固生堂中医养生健康科技股份有限公司董事长涂志亮一行。广东固生堂公司是目前国内最大的基层中医连锁集团，在全国开设近50家分院，是2020年未来医疗100强前十名中唯一上榜的中医企业。双方就加大对亳投资，拓展合作领域进行会谈。

13日 市委书记杜延安，率亳州市党政代表团赴合肥市清华大学合肥公共安全研究院、哈工大机器人（合肥）国际创新研究院、江淮汽车轻卡基地、泰禾智能科技集团股份有限公司和芜湖市产业创新馆、芜湖市规划展示馆、三只松鼠股份有限公司、奇瑞新能源汽车股份有限公司、安徽海螺集团有限责任公司等地，实地考察合肥市、芜湖市经济社会发展情况。省委常委、合肥市委书记虞爱华会见亳州市代表团；合肥市委副书记、市长罗云峰，合肥市人大常委会主任汪卫东，芜湖市委书记、市人大常委会主任单向前，芜湖市委副书记、市长宁波分别陪同考察，参加座谈会。

16日 市委书记杜延安主持召开市委常委会扩大会议。市政协主席汤涌，市委副书记张志强出席会议。会议传达学习中共十九届六中全会、省级党员领导干部会议精神；学习中央巡视办副主任罗礼平作的关于巡视巡察上下联动、压实主体责任的视频辅导报告。

同日　市长领衔督办市政协重点提案办理协商会召开。市政协主席汤涌主持会议。2021年市长领衔督办市政协重点提案主题为“支持药业龙头企业并购重组，推动现代中药产业转型升级”，共包含3件提案。

17日　全市信访工作专题会议召开，市委书记杜延安出席会议并讲话，市政协主席汤涌出席会议。会议传达省委、省政府主要负责人关于信访工作的重要批示讲话精神及全省信访工作专题会议精神，通报全市信访工作情况，安排部署了信访事项“大起底、大化解、大督办”专项行动有关工作，部分县区、市直单位进行表态发言。

同日　根据省委巡视工作领导小组统一部署，市委成立4个巡察组，于11月17日—12月20日，对市本级涉粮业务主管部门、企事业单位及其所属的基层粮库开展专项巡察，对涡阳县、蒙城县、利辛县涉粮业务主管部门、企事业单位及其所属的基层粮库开展提级巡察。

19日　省文化和旅游厅、省发展改革委公布首批“安徽省旅游休闲街区”名单，亳州北关历史街区入选。街区现有商户140余家，其中以老字号商铺、手工制造业、特色民宿、特色餐饮等业态为主。

20—21日　市委书记杜延安先后到谯城区十八里镇、十河镇，察看沿线农村人居环境整治和芍花特色小镇建设运营情况，并在十河镇大周村驻村调研，了解脱贫攻坚与乡村振兴有效衔接工作推进情况。随后，在大周村部主持召开市、区、镇、村四级书记信访工作专题座谈会，逐件研究谯城区、十河镇重点信访件办理工作。

24日　安徽省能源集团有限公司党委书记、董事长陈翔一行到亳州市商谈相关合作事宜。会上，双方就开展能源合作相关事项进行深入交流。

25日　市委党的建设工作领导小组会议召开，市委书记、市委党的建设工作领导小组组长杜延安主持会议并讲话，市委副书记、市委党的建设工作领导小组副组长张志强出席会议。会议传达学习习近平总书记在全国国有企业党的建设工作会议上的讲话精神、王沪宁在第二十七次全国高校党的建设工作会议上的讲话精神、省委关于新时代加强高校党的建设和思想政治工作的意见，听取全市党的建设、“我为群众办实事”实践活动、蒙城县党建引领信用村建设、全市招才引智等工作汇报。

同日　市委财经委员会召开第五次会议，市委书记、市委财经委员会主任杜延安主持会议并讲话，市委副书记张志强出席会议。会议传达学习中央财经委员会第十次会议及省委财经委员会第八次会议精神，听取全市网络安全、数字经济、防范化解政府债务风险等工作汇报。

同日　亳州市与省农村信用社联合社签署战略合作协议，市委书记杜延安出席签约仪式并致辞，省农村信用社联合社党委书记、理事长钟园出席签约仪式并致辞。根据战略合作协议，省农村信用社联合社未来5年内每年在亳州信贷投放增速不低于亳州市同期GDP增速，到2025年末支持乡村振兴战略实施的信贷资金达718亿元，重点支持巩固拓展脱贫攻坚成果、全面助推农业现代化发展、着力支持农村经营主体、全力服务乡村建设行动。

26日　亳州市召开创建全国文明城市包保工作部署和培训会议，市委书记杜延安出席会议并作动员讲话，市委副书记张志强出席会议。会议传达全国文明城市创建工作培训班和皖北片全国提名城市创建工作推进会精神，印发《关于加强亳州市创建全国文明城市包保工作方案》，省文明城市创建专家组成员进行专题辅导。

同日　市委副书记、市长到包保片区，实地调研全国文明城市创建工作。调研中，先后实地走访谯城区汤陵街道办事处丰水源社区农贸市场、和谐佳苑社区，了解农贸市场改造和社区文明创建工作开展情况。座谈会上，就文明创建工作提出具体要求。

同日　中国石化销售股份有限公司安徽石油分公司党委书记、分公司代表韩雪岭一行到亳考察，洽谈合作事宜。会上，双方就亳州市新能源产业发展方面进行深入交流。

27日　市委副书记张志强督导推进市人民医院和包保片区文明创建工作。张志强一行先后到市人民医院、谯城区二中教工小区、谯城中学、黉学巷、青云小学、希夷社区等地实地督导推进医院、学校周边、老旧小区、背街小巷等地文明创建工作。

30日 市委书记杜延安主持召开市委常委会会议。市政协主席汤涌，市委副书记张志强出席会议。会议传达党的十九届六中全会及省委十一届二次全会精神，学习《中共安徽省委关于加强新一届省委班子政治建设的决定》，研究亳州市贯彻落实意见；听取市委五届三次全会、市五届人大一次会议、市政协五届一次会议筹备情况汇报，审议通过《中共亳州市委关于深入学习宣传贯彻党的十九届六中全会精神的意见（讨论稿）》《中共亳州市委关于加强新一届市委班子政治建设的意见（讨论稿）》《中共亳州市委关于开展“三严三实”“马上就办、真抓实干”作风建设专项行动的意见（讨论稿）》。

同月 亳州交控集团与省港口运营集团在芜湖签订投资框架协议，以“省市共建”模式共同投资建设亳州港多式联运综合物流园，着力优化区域港口功能布局。根据《亳州港总体规划》，亳州港多式联运综合物流园项目占地约1500亩，投资约25亿元，拟新建19个500吨级码头泊位，项目分三期实施，主要建设堆存作业区、仓储配送区、流通加工区、商品贸易区等功能区。

同月 亳州市在全市范围内开展第三方中药材检测市场专项整治行动，打击第三方中药材检测市场乱象，整治第三方中药材检测机构出具不实报告、虚假报告违法行为。截至月底，已对未取得资质的3家“收样点”擅自出具报告行为进行立案调查；对3家“收样点”现场发现报告的真实性进行函调；将8家不在实际地址经营的企业纳入经营异常名录。

同月 亳州市提前完成棚户区改造年度任务。2021年，亳州市棚户区改造计划新开工24个项目9830套，基本建成12个项目12449套，截至10月底，已开工10426套，开工率为106.06%，已基本建成14560套，完成率为116.96%，累计完成投资约92亿元，顺利完成年度棚户区改造任务。

同月 亳州市地方标准《粉皮小作坊生产规范》发布，该标准是亳州市制定的首个关于食品小作坊生产规范的市级地方标准。标准就粉皮小作坊生产过程中基本要求、生产场所、设备与设施、卫生管理、原辅材料管理、生产过程控制等方面作出规定。

同月 亳州市2021年秋种基本结束，秋种面积742.1万亩，其中，小麦657.7万亩、蔬菜28.3万亩、油菜2.3万亩、其他作物（包括中药材等）53.8万亩。

同月 中央文明办公布2021年9月份“中国好人榜”名单，亳州市涡阳公益救援队发起人张永军当选助人为乐类“中国好人”。

同月 经亳州好人评委会评选，5组6人入选2021年9—10月份“亳州好人”。分别是：全力守护业主安全，勇追窃贼被砍伤的谯城区“90后”物业保安姜标、刘宁；善行义举的“领路人”，留守儿童的“康妈妈”谯城区康红；三尺讲台默默奉献25载，身患癌症仍坚守岗位的涡阳县刘倩；扎根基层25年，参与办理各类案件5000余起的蒙城县民警陶万年；举债70万元救治危重症岳父，数年如一日不离不弃的利辛县韦登辉。

同月 亳州市文明委追授陈建军为“亳州好人”。陈建军，男，汉族，安徽淮南人，1997年7月出生，中共预备党员，2014年9月入伍，生前系亳州市消防救援支队蒙城县大队齐山路消防救援站战斗员，三级消防士消防救援衔。2021年11月12日，陈建军为营救跳楼轻生女子坠落，经抢救无效不幸牺牲，年仅24岁。其生前荣获先进个人称号1次、优秀士兵称号2次、嘉奖2次，先后参加各类灭火救援战斗1300余次，疏散营救被困人员近百名。经研究，亳州市文明委追授陈建军为“亳州好人”。

12月

1日 省人大常委会原副主任、党组副书记、省人大工作研究会副会长任海深率省人大工作研究会调研组到亳州市，对皖北振兴战略实施情况开展专题调研。市委书记杜延安、市人大常委会主任王玉玺陪同调研。在亳期间，任海深一行先后到亳州市展览馆、安徽济人药业集团、北关历史街区等地，详细了解亳州市中医药、文化旅游等产业发展情况。

同日　学习贯彻党的十九届六中全会精神省委宣讲团报告会在亳州举行。省委宣讲团成员、省委党史研究院（省地方志研究院）院长程中才作宣讲报告。市委书记杜延安主持会议并讲话，市政协主席汤涌，市委副书记张志强出席会议。报告会前，程中才到亳州职业技术学院与学校师生进行面对面、互动式座谈宣讲。

同日　市委书记杜延安到谯城区薛阁街道魏武社区，向社区“两委”成员及部分党员、群众代表宣讲党的十九届六中全会精神。宣讲会前，杜延安先后到谯城区薛阁街道薛阁社区师庄街巷、丹华山庄小区、魏武广场和魏武社区新时代文明实践站等地，实地调研文明创建工作开展情况。会上，杜延安与社区“两委”及党员、村民代表进行深入交流。

同日　亳州举行新冠肺炎聚集性疫情处置实战演练。市委书记杜延安观看演练。演练通过现场实战、实时解说、角色扮演、视频连线和现场指挥调度相结合方式，全景实时展示突发疫情应急处置全过程。演练结束后，疾控专家进行点评。

同日　驻淮北市省人大代表到亳州市视察检察工作。代表实地视察谯城区法治小广场、市检察院检务公开大厅、亳州城市展览馆、皖北烈士陵园、古井集团、亳州中药材专业市场等地，详细了解市检察院办案工作区信息化建设、发挥公益诉讼职能、检察服务重点企业、检察服务“六一战略”发展等情况。

1—2日　省委常委、政法委书记张韵声到亳州市宣讲党的十九届六中全会精神和省第十一次党代会精神，并对政法工作进行调研。市委书记杜延安陪同调研。调研期间，张韵声先后到利辛县前进路学校，实地了解“我为群众办实事”实践活动情况，随后到江集镇郑大楼村、旧城镇陆暗楼村，走访困难群众，看望慰问驻村干部。2日，张韵声到亳州高新区十九里镇十九里村、谯城区人民法院驻中药材专业市场调解员工作室、市综治中心，调研驻村警务室建设和“一村一警”工作、诉源治理和委派调解、基层治理与“邻长制”融合、矛盾纠纷化解等情况。

2日　中共亳州市委五届三次全会在市行政会议中心召开。全会由市委常委会主持。市委书记杜延安，市人大常委会主任王玉玺，市政协主席汤涌，市委副书记张志强，市委委员，市委候补委员出席会议。会上，杜延安传达党的十九届六中全会精神及省委十一届二次全会精神；会议审议通过《中共亳州市委关于深入学习宣传贯彻党的十九届六中全会精神的意见》《中共亳州市委关于加强新一届市委班子政治建设的意见》《中共亳州市委关于开展“三严三实”“马上就办、真抓实干”作风建设专项行动的意见》。杜延安在全会结束时发表讲话。

3日　“2021安徽秸秆暨畜禽养殖废弃物综合利用产业博览会”在合肥滨湖国际会展中心举办。上午，省长王清宪、副省长张曙光一行到亳州展馆巡展。在涡阳县道远工艺品有限公司展位，王清宪与企业负责人交谈，了解企业产品设计、市场拓展、秸秆利用等情况，对亳州市秸秆综合利用工作给予肯定。

3—5日　第二十一届安徽省白酒行业“古井贡酒·年份原浆杯”职工技术比武大赛在亳州宾馆举行。本次大赛共14支代表队，53位参赛选手参赛，分理论和实践操作两个部分，设有测水分、评酸度、测温度、判酒度四个单项和团体奖项。安徽省总工会党组成员、副主席胡东辉，市委副书记张志强为获奖选手及团体颁奖。

5日　省双拥模范城考评组组长、省双拥办副主任、省退役军人事务厅副厅长高峰率队来亳，对亳州市创建省级双拥模范城工作进行考评。市委书记杜延安，市委副书记张志强参加活动。杜延安主持汇报会。会议听取亳州市及谯城区省级双拥模范城创建工作情况汇报，观看谯城区双拥工作宣传片。会后，考评组一行到谯城区税务局、薛阁街道马元社区、区检察院、双拥街、双拥广场等地，实地调研考评创建工作情况，随后赴涡阳县、蒙城县、利辛县进行实地考评。

同日　市委副书记、市长到包保社区，实地调研文明创建工作开展情况。先后到谯城区汤陵街道办事处丰水源社区三报司街、风华苑小区、新华北路、丰水源小区等地，进行实地走访并与社区干部座谈交流，了解社区文明创建工作开展情况。

6日 市委书记杜延安调研中药品种批号转移及仿制药一致性评价政策落实情况。杜延安先后到沃泰生物医药有限公司、修正药业集团亳州制药有限公司、九洲方圆制药有限公司，实地调研企业发展情况；座谈会上，亳州高新区、谯城区、市药业发展促进局汇报中药品种批号转移及仿制药一致性评价政策落实情况，11家药企代表先后发言。

6—7日 市委副书记张志强调研城区交通秩序并主持召开中央、省驻亳单位文明创建工作座谈会。张志强先后到市公安局交警支队五大队、市公安局指挥中心、亳州城市运营管理中心，查看亳州市城区交通秩序情况。座谈会上，张志强就开展文明创建工作提出具体要求。

7日 市四届人大常委会第四十八次会议召开，市人大常委会主任王玉玺主持会议。会议审议通过《亳州市人民代表大会常务委员会关于召开亳州市第五届人民代表大会第一次会议的决定》，亳州市第五届人民代表大会第一次会议定于2022年1月10日在亳州召开；表决通过《亳州市人民代表大会常务委员会关于批准亳州市2021年市级第二次预算调整方案的决议》等；表决通过了有关人事任免议案。

8日 市委书记杜延安到市委党校宣讲党的十九届六中全会精神。全市基层统战干部培训班学员、县区直部门主要负责人培训班学员参加宣讲报告会。

同日 市政府与省信用融资担保集团有限公司全面战略合作协议签约仪式举行。省担保集团党委书记、董事长吴学民，省担保集团党委副书记、总经理王召远，共同参加签约仪式。按照战略合作协议，市政府与省担保集团将在助力园区产业转型升级、深化科技融资担保合作、拓展债项担保业务规模、开展国有资产管理对接、推进投资领域深度合作、加强再担保体系建设、推进政务数据共享赋能、人才交流培养八个方面开展合作。

同日 全省国家历史文化名城工作交流会在亳州市召开。会上，亳州市、安庆市、桐城市、歙县、黟县、寿县、绩溪县全省7个国家历史文化名城保护管理机构主要负责人交流名城保护经验，就2022年工作提出建议；会议对住房和城乡建设部关于国家历史文化名城评估落实工作、下一阶段国家历史文化名城保护重点工作进行部署。

8—9日 省文化和旅游厅党组书记、厅长袁华到谯城区调研乡村旅游发展和定点帮扶工作。调研中，袁华先后到古井酒文化博物馆、古井产业园和古井镇药王村，实地了解古井白酒特色小镇建设及田园综合体和民宿建设运营情况。

9日 亳州市历史文化名城保护专家顾问授聘仪式在亳州宾馆举行，10名专家被聘请为亳州市历史文化名城保护专家顾问，市委书记杜延安为专家顾问颁发聘书。授聘仪式结束后，10位专家顾问对北关历史街区及曹操地下运兵道进行考察。在《亳州市历史文化名城保护规划》及《北关历史街区保护规划》专家评审会上，专家顾问对两个保护规划进行评审并提出修改意见建议。

同日 全市招商引资和项目建设月度调度会召开。会上，市招商局、市发展改革委、市人力资源和社会保障局分别通报1—11月全市招商引资、重点项目建设、返乡创业等工作开展情况及存在问题，各载体针对通报问题逐一回应，并明确下一步工作举措。

10日 市委书记杜延安主持召开市委常委会会议。市政协主席汤涌，市委副书记张志强出席会议。会议传达学习《中共中央、国务院关于深入打好污染防治攻坚战的意见》等有关文件精神；学习《中共安徽省委、安徽省人民政府关于坚持高质量发展奋力在中部崛起中闯出新路的实施意见》《中共安徽省委审计委员会关于加强新时代安徽审计工作的意见》；传达第26次全省高校党的建设工作会议暨高校党委书记读书班、全省信访工作专题会议、全省工商联换届工作会议精神，研究亳州市贯彻落实意见；听取关于各类巡视督导督查交办亳州市问题整改进展，落实党委（党组）意识形态工作责任制，党校、老干部工作和总工会、共青团、妇联换届等情况汇报，审议通过有关文件。

同日 市委理论学习中心组学习（扩大）会议召开。市委书记杜延安主持会议并讲话，市人大常委会主任王玉玺、市委副书记张志强、市委理论学习中心组成员出席会议，省委党史学习教育第三巡回指导组副组长魏建华到会指导。会议传达学习党的十九届六中全会精神、习近平总书记关于思想政治工作的重要论述及省第十一次党代会精神，部分市领导结合工作实际作交流发言。

14日　市委副书记张志强调研“一校一策”公交线路优化工作。张志强先后到谯城区青云小学、亳州市第十九中学、亳州市第八中学，详细询问学校师生出行情况，征求对公交线路优化的意见建议。

15日　省委书记郑栅洁到亳州市调研。郑栅洁先后到亳州药都农村商业银行营业部、亳州中药材专业市场、亳州高新区酒城大道东段和安徽济人药业有限公司等地调研。郑栅洁在调研中强调：要深入学习贯彻党的十九届六中全会、中央经济工作会议和习近平总书记考察安徽重要讲话指示精神，按照省第十一次党代会的部署要求，稳字当头、稳中求进，鼓足跨越赶超的干劲，创造争先进位的业绩，做强做优做大实体经济，夯实皖北全面振兴的产业基础。

同日　市委常委会（扩大）会议召开。市委书记杜延安主持会议并讲话，市人大常委会主任王玉玺，市政协主席汤涌，市委副书记张志强出席会议。会议传达学习中央经济工作会议精神，传达学习省委书记郑栅洁到亳调研时的讲话精神，安排部署亳州市贯彻落实工作。

16日　全省“县县通高速”暨交通重大项目集中开工仪式、亳州机场和高速公路项目集中开工仪式举行。市委书记杜延安下达开工令。本次共有亳州机场、亳蒙高速公路二期（涡阳至蒙城段）、徐淮阜高速公路亳州段三大项目集中开工，总投资179亿元，预计全部于2024年完工。开工仪式在亳州机场项目现场举行。

17日　市政协四届三十一次常委会召开。会议决定，市政协五届一次会议于2022年1月9日召开。市政协主席汤涌出席会议并讲话。会议传达学习党的十九届六中全会精神、省委十一届二次全会及市委五届三次全会主要精神；审议通过关于召开市政协五届一次会议的决定，市政协五届一次会议预备会议议程（草案）、日程，市政协五届一次会议议程（草案）、日程，市政协机关人事任免事项。

同日　市政协“加强农村人居环境整治，夯实乡村振兴基础”专题议政性协商会召开，市政协主席汤涌主持会议，市委副书记张志强出席会议。会上，市政协调研组宣读调研报告，部分市政协委员代表围绕主题进行发言。

20日　市委副书记张志强调研全国文明城市创建工作，并主持召开第17次专题调度会。上午，张志强到谯城区薛阁街道药都社区、谯陵社区，实地了解社区文明创建工作开展情况；下午，在专题调度会上听取相关情况汇报，并对下一步工作进行安排部署。

21日　市委书记杜延安先后到市区1号顶管工作井、城南水库取水泵站、芍花西路至药都大道段管道安装、二次加压泵站等施工现场，实地调研皖北地区群众喝上引调水工程亳州市项目建设进展情况。

22日　市委书记杜延安主持召开市委常委会会议。市政协主席汤涌，市委副书记张志强出席会议。会议传达学习中共中央、国务院《关于新时代加强和改进思想政治工作的意见》、省委党史学习教育领导小组《关于学习贯彻党的十九届六中全会精神深化拓展党史学习教育的实施意见》和全国宗教工作会议、省委人才工作会议等精神，研究亳州市贯彻落实意见；听取全市纪检监察、政法、巡察、公安等工作情况汇报，审议通过有关文件。

23日　市安全生产委员会暨市消防安全委员会联席电视电话会议召开，安排部署全市今冬明春安全生产、火灾防控工作。

24日　市委书记杜延安，在涡阳县、利辛县公开接待信访群众，市委副书记张志强参加接访。

同日　市委书记杜延安主持召开市委常委会会议。市人大常委会主任王玉玺，市委副书记张志强出席会议。会议传达学习省委经济工作会议精神，研究亳州市贯彻落实意见；听取市委、市政府主要负责人公开接访情况汇报，安排部署市、县公开接访工作。

25日　市委经济工作会议暨全市推进五大发展2021年第四次督查调度会议在蒙城县召开，市委书记杜延安，市人大常委会主任王玉玺，市政协主席汤涌出席会议。上午，与会人员先后到蒙城县全民健身中心、蒙城县兴农绿港现代农业科技产业园等8个考察点，实地观摩蒙城县经济社会发展情况。下午，会议传达学习省委经济工作会议精神和省委书记郑栅洁到亳调研时的讲话精神，听取蒙城县工作汇报。杜延安在会议上指出：要全力以赴加快“世界中医药之都”、皖北承接产业转移集聚区、长三角绿色农产品生产加工供应基地、“华夏酒城”、文化旅游强市建设、省际毗邻区域中心城市建设，以创建全国文明城市为抓手，坚持城乡区域协调发展，建设百万人口的现代化区域中心城市。

26—28日　亳州市妇女第五次代表大会召开。省妇联主席刘苹、市委书记杜延安、市委副书记张志强出席会议。216名妇女代表出席大会，会议选举产生市妇联新一届领导班子。

28日　市委副书记、市长先后到市人大常委会机关和市政协机关召开座谈会，征求2022年《政府工作报告（征求意见稿）》意见和建议。市人大常委会主任王玉玺、市政协主席汤涌分别出席会议。会议就《政府工作报告（征求意见稿）》的起草情况及主要内容进行介绍和说明，与会人员对报告相关内容的修改完善和下一步政府工作提出意见建议。

同日　五届市委全面深化改革委员会第一次会议召开，市委书记杜延安主持会议并讲话，市委副书记张志强出席会议。会议传达学习中央深改委第二十二次会议、第二十三次会议及十一届省委深改委第一次会议精神；听取“一镇一委一站”“证照分离”改革全覆盖试点工作开展情况汇报。

28—30日　共青团亳州市第五次代表大会召开，团省委书记杨正、市委书记杜延安、市委副书记张志强出席会议。全市各条战线210名青年代表出席大会，会议选举产生团市委新一届领导班子。

29日　市委书记杜延安主持召开市委常委会（扩大）会议。市人大常委会主任王玉玺，市政协主席汤涌，市委副书记张志强出席会议。会议传达学习习近平总书记关于平安中国建设的重要论述，传达关于拓展新时代文明实践中心建设工作电视电话会议精神，并研究亳州市贯彻落实意见；讨论并原则同意拟提交市“两会”审议的市人大常委会、市政府、市政协、市中院、市检察院等工作报告；听取第二轮中央生态环境保护督察报告涉亳问题、各类巡视督导督查发现问题整改情况的汇报，审议通过有关文件。

30日　市委书记杜延安带队检查亳州市元旦春节“两节”期间疫情防控工作。杜延安先后到市区龙华迎宾馆、新兴路农贸市场、亳州火车站、市人民医院，实地了解备用隔离点准备、发热门诊改造等常态化疫情防控措施落实情况。

同月　中央文明办公布2021年11月份“中国好人榜”名单，谯城区淝河镇退休干部纪建立当选助人为乐类“中国好人”。纪建立，男，1940年9月生，中共党员，安徽亳州谯城区淝河镇退休干部。2004年，纪建立创办“老纪科普协会”，免费为当地贫困户提供科技交流和学习平台。截至年底，该协会举办科技扶贫培训会150余场次，老纪自费带领贫困户外出考察学习8次，帮助220多个家庭实现脱贫。

（杨　柳）

市情概览

亳州高新区龙凤公园美丽冬景　　（刘勤利　摄）

概　述

【概况】亳州市位于安徽省西北部，地处华北平原南端，西北与河南省接壤，西南与阜阳市毗连，东与淮北市、蚌埠市相倚，东南与淮南市为邻。辖涡阳县、蒙城县、利辛县和谯城区，辖区面积8374平方千米。亳州市是“国家历史文化名城”“全国首批优秀旅游城市”“中国长寿之乡”“中国五禽戏之乡”，享有“中华药都”“华夏酒城”的美誉。

亳州市区位优势明显，交通便利，距省城合肥330千米。京九铁路、青阜铁路纵贯全境，311、105、237、329、344国道和102、238、239、306、411、416等18条省道在市内交叉穿过，济广高速、宁洛高速、泗许高速和济祁高速构成亳州市“井”字形高速公路网，涡河、茨淮新河航运畅通，南距阜阳机场120千米，邮电通信网遍及城镇乡村。引江济淮亳州段正式通水，阜蒙淮城际铁路、亳蒙高速公路、亳州机场开工建设，涡河高等级航道整治工程有序推进。

2021年，全市常住人口498.6万人，地区生产总值1973亿元，比上年增长8.6%；一般公共预算收入140.3亿元，增长11%。城镇常住居民人均可支配收入37319元，比上年增长9.3%；农村常住居民人均可支配收入16769元，比上年增长9.7%。

【历史沿革】亳州历史悠久，大量新石器时期遗存表明，远在七八千年以前，就有人类在此生息繁衍，是中华民族古老文化的发祥地之一。炎黄时代，帝喾代颛顼为帝，都于亳。夏朝，境西北为有虞氏，东南为涂山氏。商成汤灭夏，建立商朝，都亳，在亳境内建嵇方国。周初，亳地置焦国，后属陈国，又属楚国，至楚改名曰谯。秦为谯县，隶泗水郡。西汉，隶沛郡；今蒙城县称山桑县。东汉，隶豫州沛国；建安年间置谯郡。三国魏黄初二年（221），改谯为都。南北朝时期，改谯县为小黄县，于谯郡置南兖州。北周大象元年（579），改南兖州为亳州。隋大业三年（607），复改小黄县为谯县。唐开元年间（713—741），亳州为“望”州府之一。唐天宝元年（742），山桑县改称蒙城县。五代时期，亳州先后置宣武军、防御州、团练州。北宋大中祥符年间（1008—1012），升为集庆军，置节度使。元代，改属河南江北行中书省归德府。明初，亳州改隶凤阳府。清雍正二年（1724），亳州升为直隶州。雍正十三年（1735），降为散州，隶颍州府。同治三年（1864），清政府在亳、阜、蒙、宿接壤处，以雉河集为县治，循北魏古郡名，设立涡阳县。民国元年（1912），亳州改为亳县，隶安徽省凤颍六泗道（后改名淮泗道）。民国37年（1948）8月成立亳州市，辖城关及郊区。民国38年（1949）2月，市、县合并，恢复亳县建制，隶阜阳专员公署。1964年10月，国务院决定从阜阳、涡阳、蒙城、凤台各划出部分行政区域，为利辛县行政区域；治所设于利辛集。1986年3月撤亳县建亳州市（县级），其辖区不变；同年，被批准为国家历史文化名城和对外开放城市。1998年2月，收归省直辖（副地级）。2000年5月，国务院批准亳州市为省辖市（地级），辖涡阳县、蒙城县、利辛县和谯城区。

【人文简况】亳州英才辈出，人文荟萃。千百年来，孕育出许多文治武功、彪炳史册的先哲名流。名扬四海的道家学派创始人老子，其经典著作《道德经》，文约辞要，博大精深，被誉为“万经之王”。一代圣哲庄子，曾为漆园吏，其彪炳千秋的《南华经》，教育和启发人们探索宇宙的真理、养生的道理。著名政治家、军事家、文学家曹操，曾任东汉丞相，“挟天子以令诸侯”，统一中国北方；他与子曹丕、曹植诚招天下文人墨客，倡导推动文学艺术兴盛繁荣，形成独具风骨的建安文学；神医华佗发明的“麻沸散”，在世界医学史上最早应用于全身麻醉手术，比西方国家早1600余年；他首创的“五禽戏”已成为人们的养生之术。代父从军的巾帼英雄花木兰，精于诗、文、书、画和易学的北宋名士陈抟，杂剧创作家孟汉卿、悯农诗人李绅、捻军首领张乐行等都是亳州人。欧阳修、曾巩、晏殊等文坛巨子相继在亳州为官。历代名人为辉煌的中华古代文明做出不可磨灭的贡献。

悠久的历史和灿烂的文化，给亳州大地留下众多名胜古迹和文化遗产。有全国重点文物保护单位8处，省级文物保护单位44处，省级以上文保单位数量位居皖北第一位。著名的人文景观有：被誉为“中国原始第一村”的新石器时代尉迟寺遗址；以砖木镂雕双绝闻名于世的国家级重点文物保护单位花戏楼；全国道教第一大殿太清宫（天静宫），俗称老子庙；被誉为“地下长城”的曹操运兵道；当代文史大家郭沫若亲题馆名的华祖庵；建筑考究、工程浩大的曹氏宗族墓群；浓缩亳州悠久文明史、馆藏丰富文物的亳州博物馆；讲述酒文化源起、传承和发扬的古井酒文化博览园；明清风格犹存、古色古貌依旧的明清老街等。在安徽三大旅游板块中，以亳州为重点的文化旅游区是其中之一。

【自然地理气候】亳州市位于北纬32°51′～35°05′，东经115°53′～116°49′，地貌呈东南、西北向斜长形，南北长约150千米，东西宽约90千米。辖境与黄河决口扇形地相连，属平原地带，地势平坦，仅东部有龙山、石弓山、齐山、狼山、双锁山等10余处石灰岩残丘分布。整个亳州地势西北高而东南低，以1/9000地面自然坡降向东南微倾。西北部谯城区詹楼地势最高，海拔42.5米；东南部利辛县展沟地势最低，海拔22米，相对落差20.5米。由于受河流蜿蜒切割变迁和黄河历次南泛的影响，形成平原中岗、坡、碟形洼地相间分布，具有“大平小不平”的地貌特征。

亳州市气候处在暖温带南缘，属暖温带半湿润气候区，有明显的过渡性特征，主要表现为季风明显，气候温和，光照充足，雨量适中，无霜期长，四季分明，春温多变，夏雨集中，秋高气爽，冬长且干。因气候的过渡性，造成冷暖气团交锋频繁，天气多变，年际降水变化大。亳州市常见的灾害性天气有旱、涝、大风、冰雹、干热风、低温、霜冻等，旱、涝是最主要的自然灾害。

2021年全市年平均气温16.5℃，较常年平均气温显著偏高1.0℃，与2019年并列为有完整气象记录（1966年）以来最高。全市平均年降水量956.9毫米，较常年偏多一成左右。年日照时数2063.4小时，较常年偏多半成。年内寒潮频发，盛夏多雨，秋季遭遇罕见高温，冬季出现中度气象干旱，综合全年气候要素、极端气候事件及其灾害影响，2021年属于正常气候年景。

辖区内河流属淮河水系。主要干流河道有涡河、西淝河、茨淮新河、北淝河、芡河等。涡河自谯城区安溜镇入境，东南流经涡阳县至蒙城县移村集出境入怀远县，境内长173千米，流域面积4039平方千米；西淝河自谯城区淝河镇入境，东南流经涡阳县，至利辛县展沟镇出境入凤台、颍上县界，境内长123.4千米，流域面积1871平方千米；茨淮新河自利辛县大李集镇入境，向东流经利辛县境南部，至蒙城县邹楼出境入怀远县，境内长66千米，流域面积1401平方千米。

【城市发展】农业经济。粮食作物种植面积87.53万公顷。粮食产量515万吨，居全省第2位，实现“十八连丰”。中药材种植面积58.5千公顷，产值约38亿元。其中，中药材标准化种植面积28077公顷，占全市中药材种植面积的34.38%。涡阳县“谷神麦19”刷新全国强筋小麦单产纪录。农作物耕种收综合机械化水平93.6%，主要农作物生产基本实现全程机械化。亳州市率先建设全省首个“无人农场”，实现农民种田不下地。培育“亳字号”农产品品牌，提升优质亳菊、亳芍、亳丹皮、亳天花粉、义门苔干、涡阳大豆等区域公共品牌知名度，全市“三品一标”认证总数691个。年末市级以上农业龙头企业635个，其中国家级7个，省级65个。新建农民专业合作社省级示范点(社)54个，农民合作社2.8万家，获批省级农产品加工强园2个。规模以上农产品加工企业总数328个，省级农业产业化示范联合体43个。累计建成省级长三角绿色农产品生产加工供应基地17个。五得利集团、金沙河面业、温氏集团等企业落户亳州，形成中药加工、精品粮油、绿色蔬果、生态畜牧、优质白酒五大农产品加工集群。

工业经济。新增规模工业企业91个，全市规模以上工业企业达到665个，营业收入增长11.9%，营业利税总额下降5.8%，利润总额下降17.9%；规模以上工业增加值比上年增长7.5%。国有企业和大中型工业企业生产增长较快，增幅分别比规模工业高23.4个和10.9个百分点。农副食品加工业，酒、饮料和精茶制造业，医药制造业，金属制品业，非金属矿物制品业，计算机、通信和其他电子设备制造业，电力、热力生产和供应业，燃气生产和供应业8个行业利润均超1亿元。全市30个工业行业中，12个保持增长。其中，煤炭开采和洗选业增长42.1%，农副食品加工业增长9.1%，酒、饮料和精制茶制造业增长22.9%，汽车制造业增长6.9%，电力、热力生产和供应业增长15.1%，计算机、通信和其他电子设备制造业增长6.2%，五大主导行业对全市规模以上工业增长贡献率达87.0%。高新技术产业增加值增长0.6%。战略性新兴产业产值增长8.6%。全市有药品生产许可企业206个，全市中医药制造业产值316.8亿元。其中，产值1亿～5亿元企业105个、5亿～10亿元企业10个。古井集团营业收入连续4年超100亿元。利辛县轻纺服饰特色产业集群（基地）获批，亳州市实现省级县域特色产业集群全覆盖。

商贸服务业。全年社会消费品零售总额1190.1亿元，比上年增长20%。按经营地统计，城镇消费品零售额912.7亿元，增长19.9%；乡村消费品零售额277.4亿元，增长20.3%。按消费类型统计，商品零售额1080.6亿元，增长18.9%；餐饮收入109.5亿元，增长32.2%。全市电商网点774个，培育电商示范镇8个、电商示范村31个、网销额超1000万元的电商龙头企业10个。新增农村电商经营主体632个，农产品网络销售额95.8亿元。进出口总额6.4亿美元，下降39.0%。其中，出口4.8亿美元，下降47.6%；进口1.6亿美元，增长17.6%。组织92个企业参加第四届进博会等国际会展，实现进出口额2.98亿美元；210个企业与RCEP（区域全面经济伙伴关系）缔约方开展外贸进出口贸易，实现进出口总额3.5亿美元；22个企业通过跨境电商平台实现出口2734万元。线上线下中药材交易额1091亿元，其中线下市场约831亿元，中国（亳州）中药材专业市场年销售额超500亿元。亳州市国家加工贸易产业园获商务部批准，中国（安徽）自贸试验区亳州联动创新区成功设立。亳州市与芜湖市合作开发建设的工业园区开园，签约企业45个。全年国内旅游收入189.6亿元，增长36.1%；接待国内旅游2385.4万人次，增长26.8%。北关历史街区获评安徽省旅游休闲街区，汤王温泉度假区获评省级旅游度假区。神农谷中医药研学旅游基地、康美华佗国际中药城研学旅游基地、火星时代研学旅游基地、古井酒文化研学旅游基地获评安徽省研学旅游示范基地。

招商引资。全市新签约1亿元以上工业项目258个，投资1247.5亿元；新落地1亿元以上工业项目120个，投资481.3亿元；实际到位省外资金1000亿元，比上年增长8%。其中新签约沪苏浙地区项目45个，投资283.9亿元；新落地项目39个，投资155.8亿元。实施“亳州市产业核心技术550登峰行动计划”，引进高层次人才30人、急需紧缺人才150余人。

项目建设。组织集中开工活动10次，开工项目105个，投资580.3亿元。全年992个市重点项目投资完成率101%。其中，497个续建项目投资完成率107%；495个年度计划新开工项目开工488个，开工率98.6%。623个省重点项目投资完成率120.3%；242个计划新开工项目开工223个，开工率92.1%；竣工项目118个，竣工率126.9%。亳州魏武广场停车楼项目、蒙城万达广场项目、墨泰新型材料项目等1亿元以上项目建成投产或主体完工。

城乡建设。市本级政府投资城建项目119个，投资191.49亿元，其中63个建成项目投资50.16亿元。亳芜还原小区二期等安置还原小区及学校医院建成移交。建成棚户区安置房12449套，改造61个老旧小区，约90.36万平方米，惠及群众8743户。整治市中心城区12处黑臭水体、三县24处黑臭水体。市中心城区建成海绵城市项目137个，面积1907.2公顷。亳州市道东片区建成地路网118千米，开工建设14千米三清大道。城镇生活垃圾焚烧发电等项目建成投用，生活垃圾日处理能力达到3200吨。新建5G基站844个，总数2144个。建成公园、景观带等项目52个，新增绿化面积390万平方米、绿道55.3千米。

社会事业。85%的财政支出用于民生事业，32项民生工程年度任务完成。总投资66亿元的医疗卫生健康事业“三年提升、两年巩固”行动稳步实施，88个项目中建成60个。建设标准化社区卫生服务机构和村卫生室598个。与沪苏浙地区医疗机构企业、联盟签订合作协议23项，实现长三角地区41个城市6631家医疗机构异地就医门诊、住院医保费用即时结算。加大公办教育投入力度，新建、续建、改扩建公办中小学幼儿园50所（中小学20所、幼儿园30所）。其中，市中心城区新建、续建、改扩建公办中小学10所、幼儿园9所。22所学校与沪苏浙地区学校签订战略合作协议，与上海中医药大学合作共建的亳州学院中医药学院开工建设。成立历史文化名城保护委员会，三县一区成立历史文化名城保护机构，每年市财政列支3000万元用于历史文化名城保护工作。涡阳县新华街、蒙城县北大街于9月份被省人民政府列为安徽历史文化街区。

（杨　柳）

年度要事

【疫情防控常态化】2021年，亳州市统筹抓好疫情防控和经济社会发展，制定突发疫情防控应急预案，优化指挥部设置，增设全员核酸检测工作组、全员核酸检测信息专班、物防监管组、后勤保障组，成立“安康码”管理工作专班、全员核酸检测指挥调度系统运行维护保障专班，实行24小时应急值班制度。坚持“人物同防”，严格落实“外防输入、内防反弹”的防控策略，组织拍摄《以练备战》视频教学片，纳入全市“一月一片一课一实践”活动内容并开展演练。成立疫苗接种工作领导小组，建立“领导包保+邻长制”机制，运用大数据精准锁定接种人群，有序做好疫苗接种。坚持做到“守土有责、守土尽责、守好大门、守护平安”，抓紧抓实抓细常态化疫情防控各项措施，快速高效处置突发情况，疫情形势持续保持平稳态势，守好了安徽“北大门”。

【全面实施“六一战略”】2021年，亳州市根据面临形势和国家、省对亳州市战略定位及全市发展实际，市第五次党代会确定全面实施“六一战略”，全力建设“一都一区一基地、一城一市一中心”，即建设“世界中医药之都、皖北承接产业转移集聚区、长三角绿色农产品生产加工供应基地、华夏酒城、文化旅游强市、省际毗邻区域中心城市”，作为未来五年乃至更长一段时期的重大战略任务。

【开展信访事项“大起底、大化解、大督办”专项行动】2021年，为全面贯彻习近平总书记关于加强和改进人民信访工作的重要思想，深入落实省委书记郑栅洁提出的工作要求，亳州市坚持把信访工作当作送上门来的群众工作，认真组织开展信访事项“大起底、大化解、大督办”专项行动，取得较好工作成效。

【开展“三严三实”“马上就办、真抓实干”作风建设专项行动】2021年，为更好肩负起加快实施“六一战略”、推进现代化美好亳州建设的历史重任，切实推动中央及省委重大决策部署落实落地，亳州市深入开展“三严三实”“马上就办、真抓实干”作风建设专项行动，教育引导全市各级党组织和广大党员干部认真贯彻习近平总书记关于作风建设的重要论述，按照“目光所至看到问题、耳听范围想到问题、所思所想直面问题、所作所为解决问题”的要求，坚持刀刃向内，勇于自我革命，对照“八个着力、八个切实”作风建设正负面清单，进一步查摆问题、改进作风、提升效能，着力培养打造一支信念过硬、政治过硬、责任过硬、能力过硬、作风过硬的高素质专业化干部队伍，为全面实施“六一战略”、加快推进现代化美好亳州建设提供坚强有力的组织保证。

【全面推行“免申即享”】2021年，为深化“放管服”改革，打造一流营商环境，亳州市坚持以人民为中心，以便民利企为主线，以数据化、智能化为方向，在全市全面推行惠企政策“免申即享”工作，再造业务流程，优化审批机制，实现资金直达企业，消除权力寻租空间，确保财政资金安全合规，将政策红利转换为高质量发展的强大动力，为加快建设“一都一区一基地、一城一市一中心”营造良好的营商环境。

【实施“税信通”联合激励】2021年，为深入践行“我为群众办实事”，进一步优化营商环境，切实让纳税信用成果助力市场主体持续健康发展，亳州市根据《关于进一步深化税收征管改革的意见》《国务院关于建立完善守信联合激励和失信联合惩戒制度加快推进社会诚信建设的指导意见》（国发〔2016〕33号）、《关于对纳税信用A级纳税人实施联合激励措施的合作备忘录》（发改财金〔2016〕

1467号）等要求，结合实际，制定印发了《亳州市“税信通”联合激励暂行办法》，由市税务局牵头，市发展改革委、市经济和信息化局、市市场监督管理局、市地方金融监管局、亳州银保监分局、市人力资源和社会保障局、市住房城乡建设局、市商务局、市交通运输局、亳州海关、市农业农村局、市数据资源局、市财政局、市生态环境局、市文化旅游体育局、市文明办、市民政局、市总工会、团市委、市工商联等部门和单位对纳税信用A级纳税人（以下简称“A级纳税人”）实施联合激励。

【构建“一镇一委一站”城乡基层火灾防控体系】2021年，针对基层消防工作中存在的短板隐患，亳州市坚持改革驱动，以“火灾防得住、小火不亡人、大火形不成、灭火高效能”为目标，创新打造了“一镇一委一站”城乡基层火灾防控组织架构，形成了“政策支撑、上下贯通，资源融合、综治联动”的工作机制，构建了“村—乡镇(街道)—县(区)—市”四级响应的基层消防共建共治共享工作格局，得到应急管理部消防救援局充分肯定、专刊推广，全省现场会在亳州市召开。

【迎老乡、回故乡、建家乡——再致亳州老乡的一封家书】近年来，亳州市持续开展“亳州老乡，请您回家”和助力青年学子创业活动，2021年9月再发一封家书，号召亳州老乡返乡创业、共建家乡，市委书记杜延安带头赴上海、合肥等地开展招商推介活动，其他市、县党政主要负责人分别召开老乡恳谈会，掀起新一轮招商引资工作热潮。省委政研室到亳州市调研，《安徽日报》以《春暖雁归来》进行报道，返乡创业经验在全省推广。

（石国庆）

亳州市行政区划统计表

表1

单位：个

单位	市辖区	县	街道	镇	乡
亳州市	1	3	9	72	7
谯城区			3	20	2
涡阳县			3	20	
蒙城县			3	12	2
利辛县				20	3

说明：数据截至2021年12月31日

亳州市乡镇名录

表2

亳州市 1区、3县、9街道、72镇、7乡	
谯城区	街道：薛阁　汤陵　花戏楼 镇：古井　双沟　古城　淝河　大杨　城父　五马　魏岗　牛集　芦庙　沙土　十河　观堂　龙扬　谯东　颜集　华佗　立德　十八里　十九里 乡：张店　赵桥
涡阳县	街道：城关　星园　天静宫 镇：高炉　义门　青疃　石弓　龙山　西阳　花沟　店集　涡南　楚店　高公　曹市　新兴　临湖　丹城　陈大　牌坊　标里　公吉寺　马店集
蒙城县	街道：城关　漆园　庄周 镇：双涧　小涧　三义　乐土　许疃　坛城　岳坊　楚村　立仓　马集　篱笆　板桥集 乡：王集　小辛集
利辛县	镇：城关　阚疃　张村　江集　旧城　孙集　永兴　王市　中疃　胡集　展沟　望疃　汝集　王人　巩店　西潘楼　马店孜　程家集　大李集　城北 乡：孙庙　纪王场　新张集

（市民政局）

中国共产党亳州市委员会

2021年9月27日，中国共产党亳州市第五次代表大会召开　　　　（张延林　摄）

概　述

【概况】2021年，中国共产党亳州市委员会在以习近平同志为核心的党中央坚强领导下，坚持以习近平新时代中国特色社会主义思想为指导，全面贯彻落实党的十九大和十九届历次全会精神，深入贯彻习近平总书记对安徽作出的系列重要讲话指示批示精神，认真落实省第十一次党代会和市第五次党代会精神，全面强化“两个坚持”、全力实现“两个更大”，加快实施“六一战略”、奋力推进现代化美好亳州建设，经济发展稳中向好，社会大局和谐稳定，党的建设全面加强。先后6次获国务院通报表扬，连续5年获省对市综合考核“优秀”等次，连续5年获省目标管理绩效考核先进单位称号，连续5年获脱贫攻坚年度成效考核“好”的等次，连续3年获省稳增长贡献奖。2021年全市地区生产总值1973亿元，增长8.6%、高于全省0.3个百分点；一般公共预算收入140.3亿元，增长11%，增速居全省第三位。

【学习宣传贯彻党的十九届六中全会精神】2021年，中国共产党亳州市委员会坚持从践行“两个维护”的政治高度，将学习贯彻党的十九届六中全会精神作为一项重大政治任务，精心谋划、周密部署，迅速掀起学习宣传贯彻热潮。召开市委常委会（扩大）会议、市委理论学习中心组学习会议进行深入学习贯彻，组织开展专题学习研讨。扎实开展以“增强党性观念、强化宗旨意识、改进工作作风”为主题的政治谈话。组织领导干部赴基层开展宣讲，构建市、县、乡、村四级宣讲体系，推进学习宣传贯彻全会精神走深走实。召开市委五届三次全会，审议通过《中共亳州市委关于深入学习宣传贯彻党的十九届六中全会精神的意见》《中共亳州市委关于加强新一届市委班子政治建设的意见》《中共亳州市委关于开展“三严三实”“马上就办、真抓实干”作风建设专项行动的意见》，对学习宣传贯彻全会精神进行全面安排部署，切实推动“总书记有号令、党中央有部署，安徽见行动”的要求在亳州落地落实。制定出台《亳州市学习宣传贯彻党的十九届六中全会精神具体举措》，谋划三个方面21项举措，教育引导广大党员干部衷心拥护“两个确立”、忠诚践行“两个维护”。

【学习宣传贯彻习近平总书记对安徽作出的系列重要讲话指示批示精神】2021年，中国共产党亳州市委员会始终坚持把学习贯彻习近平总书记对安徽作出的系列重要讲话指示批示特别是考察安徽重要讲话指示精神作为重要政治任务，将其列入市委常委会工作要点和市委理论学习中心组学习计划，作为年度督查考核、监督检查、干部培训等重要内容。召开市委常委会扩大会议、理论学习中心组学习会议、领导干部专题研讨班等，重温习近平总书记考察安徽重要讲话指示精神，听取一年来全市学习贯彻情况汇报，研究部署下步重点工作。结合党史学习教育，省、市党代会等，运用“两微一端”“村村通”广播等媒体推出宣传报道3800余（篇）条，开展“举旗帜·送理论”专题宣讲1.4万余场、直接受众117万余人次，不断推动学习宣传工作走深走实。列出38个调研课题，市级领导结合工作和思想实际，深入基层一线开展系统调研。坚持一季度一督查，持续抓好各项任务贯彻落实。

【学习宣传贯彻省第十一次党代会精神】2021年，中国共产党亳州市委员会坚持把学习宣传贯彻省第十一次党代会精神，作为今后一个时期的重大政治任务，加强组织领导，精心谋划部署，迅速掀起学习宣传贯彻大会精神的热潮。10月28日，中国共产党安徽省第十一次代表大会在合肥召开，会后第二天，组织召开全市领导干部大会，传达学习贯彻省第十一次党代会精神和省委书记郑栅洁、省委副书记程丽华在参加亳州市代表团审议时的重要讲话精神，市委主要负责人对省党代会精神进行系统阐释，对贯彻落实工作进行安排部署，各县区主要负责人按照省委书记郑栅洁“强化争先进位走在前列的意识，使发展的每一步都出色出彩出众”和“着力打造皖北地区发展高地”的要求，结合各自实际作发言。各级党委（党组）坚持把学习贯彻省第十一次党代会精神纳入理论学习中心组学习会、“一月一课一片一实践”、“三会一课”的重要内容，纳入各级党校、行政学院教学重要内容，采取集中轮训、组织研讨班、举办报告会等多种形式，认真组织学习，持续推动省第十一次党代会精神入脑入心。召开市委五届三次全会，对学习宣传贯彻省第十一次党代会精神进行全面安排部署。坚持立足亳州实际创造性抓好落实，制定出台《亳州市贯彻落实省第十一次党代会〈报告〉重要举措具体任务清单》，明确195项具体任务，引导广大党员干部群众把思想和行动统一到省党代会精神上来，推动省党代会精神在亳州见行动、见成效。各级党委（党组）认真对照任务清单，细化落实举措，建立完善贯彻落实情况台账管理、督导督办、定期“回头看”等工作闭环机制，确保各项工作有督促、有检查，并按要求高质量完成。

【经济高质量发展】2021年，中国共产党亳州市委员会坚持稳中求进工作总基调，完整、准确、全面贯彻新发展理念，深化供给侧结构性改革，服务和融入新发展格局，全面深化改革开放，坚持创新驱动发展，推动高质量发展，全力建设“一都一区一基地、一城一市一中心”，高质量完成全年发展主要目标任务，实现了“十四五”良好开局。

现代产业体系构建。深入推进“世界中医药之都”建设，亳药集团挂牌成立，全市医药工业产值增长29.7%。现代中药产业集聚发展基地产值增长12.5%，累计有1350个中药配方颗粒品种进入省医保目录，34个药品品种成功转入亳州市生产。聚力建设“华夏酒城”，白酒业营业收入超过200亿元，规模白酒企业增加值增长20.2%，投资90亿元的古井贡酒酿酒生产智能化技改项目加快建设。大力推进文化旅游强市建设，持续开展“文化旅游年”活动，旅游总收入增长44.9%，华佗百草园二期、大型国防教育基地二期等一批文化旅游项目加快推进。新增限上商贸企业194家，限额以上消费品零售额增长18%，农村电商经营主体突破4000家，邮政业务总量增速连续三年居全省第一位，“亳州花草茶”再次获评“全国快递服务现代农业金牌项目”。三次产业结构比优化为13.8∶34.5∶51.7。规模工业增加值276亿元，增长7.5%；战略性新兴产业产值308亿元。增长8.6%。

融入长三角一体化发展。与沪苏浙3个市（区）、21个园区签订合作共建协议。选派70名干部到沪苏浙园区、企业跟班锻炼。深化南北结对共建，亳芜现代产业园区发展势头强劲。全市连续4年均有2个开发区入围全省开发区30强。成功举办药博会，中国（安徽）自由贸易试验区亳州联动创新区启动建设，全国首批、全省唯一国家加工贸易产业园成功获批。外经外贸拓展到20多个国家和地区。

开展“双招双引”。持续开展“亳州老乡，请您回家”和助力青年学子创业活动，2021年9月再发一封家书，召开恳谈会114场，返乡创业项目9076家，拉动投资114.42亿元，带动就业9.88万人，返乡创业经验在全省推广。高水平建设皖北承接产业转移集聚区，2021年新签约亿元以上工业项目260个、总投资976.5亿元，来自沪苏浙的亿元以上工业项目82个、总投资438.1亿元。组建现代中医药及大健康等六大新兴产业“双招双引”工作专班，抓实招商项目落地和项目建设进度集中攻坚行动，集中开工亿元以上重大项目105个，总投资580.3亿元，省重点项目投资完成率104.9%、竣工率118.3%。落实招才引智实施办法，发放2020年度补贴1530.3万元。

推进改革开放。“放管服”改革纵深推进，市县两级10063个可网办事项实现全程网办，政务服务事项全程网办率99.3%。制定出台《亳州市创建一流营商环境十条举措》，市委主要负责人带头到亳州高新区开展“新春访万企、助力解难题”走访接待企业活动，随机接待企业35家。在全国首创“税信通”联合激励机制、率先实行“企业联办服务”，在全省首创“免申即享”平台、率先设立“政务找茬”窗口、率先实施工业项目“四证齐发”、率先开展工程项目审批“全程代办”，其中，“税信通”联合激励机制获全国“2021年度地方全面深化改革典型案例”，是全省唯一连续4年获得此项荣誉的市。营商环境指标考核居全省第四位，“免申即享”平台开通以来，共上线政策1178项，发放奖补资金1.6亿元，国务院大督查下沉督查时给予充分肯定，《人民日报》等专题报道，入选2021年全省十大改革案例和安徽省长三角一体化发展实践创新案例。制定实施支持民营经济高质量发展“25条”措施，累计为企业减税降费44.4亿元。

深入推进开发区“标准地”改革，以“标准地”形式出让工业用地1847.4亩。

创新驱动发展。新增高新技术企业76家，科技重大专项“揭榜挂帅”项目立项13项，兑现科技创新政策奖补资金1398.78万元。每万人口发明专利拥有量增长36.4%，高于全省7.2个百分点。高新技术企业培育库入库企业390家，产值超亿元企业201家。获批国家级专精特新“小巨人”、省级专精特新冠军企业6家，古井集团“5G+智慧工厂”、中煤新集利辛电厂“5G+智慧电厂”入选2021全省“5G+工业互联网”十大创新应用。

【城乡协调发展】2021年，中国共产党亳州市委员会坚决落实习近平总书记“城镇化要发展，农业现代化和新农村建设也要发展”的重要指示，优先发展农业农村，同步推进乡村振兴和新型城镇化战略。

城市建设管理。坚持“人民城市人民建，人民城市为人民”重要理念，城市功能和品质持续提升。2021年完成重点城建项目61个，完成投资47.2亿元。获批为国家城市体检样本城市。全国文明城市创建工作全面推进，扎实开展市中心城区电动三轮车治理。城区水系基本贯通。数字城管城区覆盖面积达163平方公里。启动城市生命线安全工程。共投入12亿元（其中市中心城区投入8.45亿元）完成72条道路雨污分流和248个易涝点整治，市中心城区和三县县城“城市看海”问题实现根本性解决。建成各类公园游园34个。市建成区绿地率达35.5%，绿化覆盖率达40%。新建5G基站844个，总数达2144个。完成国、省干线建设投资18.1亿元、农村公路养护改造投资6.9亿元。亳州机场、亳蒙高速公路二期、徐淮阜高速公路亳州段开工建设。市生活垃圾焚烧发电二期、市餐厨废弃物处理项目建成投用，生活垃圾日处理能力达4577吨。城市生活垃圾无害化处理率达100%，《亳州市城市生活垃圾分类管理办法》将于2022年5月1日起施行。

乡村振兴战略。巩固拓展脱贫攻坚成果同乡村振兴有效衔接，健全防止返贫动态监测和帮扶机制，2021年新识别监测对象250户845人，落实帮扶措施1551条。积极推进耕地保护，建立四级田长制体系，坚决遏制耕地“非农化”，防止“非粮化”。粮食生产实现“十八连丰”，总产连续11年居全省第二位、优质粮食生产面积稳居全省第一位。一产增加值增速、规上农产品加工产值均居全省第二位。农业科技进步贡献率达68%、主要农作物耕种收综合机械化水平达93.5%以上，为全国首批整建制实现主要农作物生产全程机械化示范市。分别与农行安徽省分行、省农村信用社联合社等金融机构签署“十四五”金融服务乡村振兴合作协议。实施长三角绿色农产品生产加工供应基地“158”行动计划，累计销往沪苏浙农产品416万吨、372.6亿元。接续推进农村环境“三大革命”“三大行动”，完成改厕4.8万户，农村生活垃圾无害化处理率达98%，在全省率先实现乡镇政府驻地污水处理设施全覆盖。累计建成美丽乡村省级中心村355个，2021年度42个省级中心村建设有序推进。

生态治理保护。深入打好污染防治攻坚战，突出环境问题年度整改任务全面完成。加强大气污染防治，2021年$PM_{2.5}$平均浓度为38.1微克/立方米，同比下降19.1%；优良天数比率78.5%，同比提高8.3个百分点，改善幅度均居长三角第一位。成功创建国家节水型城市。市县建成区基本消除黑臭水体，地表水考核断面达标率100%，水污染防治考核连续3年位居全省第一位，市中心城区地下水水位同比上升5.71米。土壤环境保持稳定，主要农作物化肥、农药使用量连续6年下降。有序落实“双碳”战略部署，积极倡导绿色低碳生活方式。坚决遏制“两高”项目盲目发展，否决项目32个。

【民生保障和社会建设】2021年，中国共产党亳州市委员会坚定践行以人民为中心的发展思想，坚持统筹发展和安全，完善共建共治共享的社会治理制度，切实解决群众“急难愁盼”问题，满足人民对美好生活的向往。

民生保障。32项民生工程全面完成任务。城镇、农村常住居民人均可支配收入分别增长9.3%、9.7%，城镇新增就业人口5.6万人。完成61个老旧小区改造，新开工棚户区改造项目10426套，建成14560套，棚户区改造获国务院督查激励通报表扬。坚持

“房子是用来住的、不是用来炒的”定位，房地产市场平稳运行。医保基金监管方式创新全国试点获评“优秀”，深入推进医护养结合改革，集中供养率位居全省第三位、皖北六市第一位。

社会事业。新建改扩建公办中小学、幼儿园45所，投资10.5亿元的亳州学院中医药学院即将投入使用。“双减”政策有序落实，义务教育课后延时服务实现全覆盖。总投资66亿元的医疗卫生健康事业“三年提升、两年巩固”行动88个项目已建成60个，市第二人民医院、市儿童医院等项目建设加快推进，“北华佗”中医药品牌影响力日益增强。“喝上引调水”工程顺利实施。亳州市是全省唯一荣获2017—2020年度全国群众体育先进单位和全国体育系统先进集体“双先进”称号的市。深入开展文明创建系列专项行动，获评全国文明城市提名城市，创建全国文明城市年度测评居全国提名城市前列，通过国家历史文化名城保护评估验收。

发展和安全。法治亳州建设迈出坚实步伐，“八五”普法开局良好，法治政府建设持续深化，行政机关负责人出庭应诉率100%，市教育局等3家单位获评全国普法工作先进单位。市域社会治理现代化试点扎实推进，社会治安防控体系深化拓展，“雪亮工程”实现城乡重点部位全覆盖。重大风险防范工作扎实有力，落实“四个最严”要求，食品药品安全形势稳中向好。开展信访事项“大起底、大化解、大督办”专项行动，健全领导干部接访下访、阅批群众来信、三个“面对面”办理信访事项制度，谋划建设“投诉即办中心”，整合“12345”热线、信访事项、“四送一服”平台、人民网留言等线上、线下群众和企业诉求反映渠道，建立“六个统一”的及时响应、快速办理工作机制，依法依规、穷尽办法、倾尽全力解决群众合理诉求，做到接访不走过场、写信真管用。构建“一镇一委一站”城乡基层火灾防控体系，得到应急管理部消防救援局充分肯定、专刊推广，全省现场会在亳州市召开。生产安全事故起数、死亡人数“双下降”。

【民主政治建设】2021年，中国共产党亳州市委员会按照习近平总书记“更好发挥中国特色社会主义政治制度的优越性”重要指示，坚持党的领导、人民当家作主、依法治国有机统一，丰富民主形式，拓宽民主渠道。支持人大及其常委会发挥职能作用。坚持和完善人民代表大会制度这一根本政治制度，发挥人大及其常委会在立法工作中主导作用，审议通过《亳州市旅游促进条例》。紧扣全面实施“六一战略”、巩固拓展脱贫攻坚成果同乡村振兴有效衔接、深度融入长三角一体化发展等中心工作，听取审议“一府两院”专项工作报告19项，作出决议决定17个，发出审议意见书15份，任免国家机关工作人员47人次。

政协协商。出台《关于新时代加强和改进人民政协工作的实施意见》。开展新时代加强和改进人民政协工作情况督查，推动中央及省委政协工作会议精神走深走实。推进政协党的建设，实现党的组织对党员委员、党的工作对政协委员全覆盖。将政协党建工作列入县（区）委书记党建工作述职考核做法被全省政协工作经验交流会议肯定。开展协商议政和民主监督活动，形成一批高质量履职成果。推进委员进社区活动，开展基层民主恳谈试点，被《安徽日报》宣传报道。

统一战线。积极助力“六一战略”实施，推选签约台企侨企项目4个，投资16.4亿元。谋划乡村振兴项目191个，组织421家民企对接帮扶421个村。持续开展“月度巡诊”22批、547人次，民族宗教领域和谐稳定。成功创建2处中国华侨国际文化交流基地，3处省国际交流合作基地，1处省级新的阶层人士统战工作实践创新基地。

群团组织。健全党委统一领导群团工作制度，市总工会打造思政教育“云课堂”，利用线上线下双通道开展13次思想教育“云课堂”，线上直播近30万人参与收听收看。市妇联联合市公安局实施“失巢的孤雁”成长关爱计划，帮助市女子看守所在押人员解决未成年子女面临亲情缺失、心理失衡、学业缺乏辅导等普遍问题；市工商联“四措并举”推动民企调查点落实，在全省工商联系统作典型发言；团市委采取“8+N”方式有效防范“校园欺凌”；基层文联组织建设继续深化，完成《亳州市文艺获奖作品等级评定办法》修订工作。

军民团结。出台激励大学生入伍若干措施，完成征集新兵任务。开发退役军人专项岗位

13503个。蝉联“全国双拥模范城”，实现市县“省级双拥模范城”全覆盖。市国家大型国防教育综合基地成功挂牌“安徽省军工文化教育基地”。

法治服务。印发《深入学习宣传贯彻习近平法治思想工作方案》，出台《贯彻落实习近平总书记在中央全面依法治国工作会议上的重要讲话精神具体举措及责任分解》，将党政主要负责人履行推进法治建设第一责任人职责情况列入年终述职内容。将学习宣传习近平法治思想纳入“八五”普法规划，制定市直单位“谁执法谁普法”责任清单。深入推进公检法重要岗位干部交流轮岗，中央督导组下沉督导时给予充分肯定。市、县、乡、村法律顾问实现全覆盖，“律师超市”全面建成。圆满完成政法队伍教育整顿、扫黑除恶专项斗争、建党100周年大庆安保维稳等重大政治任务，获评全省扫黑除恶专项斗争先进地市。共有12个集体荣获国家级表彰奖励，69名政法干警荣获省级以上表彰奖励，市中院被评为全国法院司法宣传和通联工作先进单位，检察机关4个基层院全部获评全国检察宣传先进单位，公安机关创新“一窗通办”“一照通用”做法，被省委办公厅简报刊载，市司法局被评为全国普法工作先进单位。

【全面从严治党】2021年，中国共产党亳州市委员会坚持以党的政治建设为统领，严格落实全面从严治党主体责任，坚持把抓好党建作为最大的政绩，认真落实新时代党的建设总要求，以自我革命精神纵深推进全面从严治党。

政治建设。坚持把学懂弄通做实习近平新时代中国特色社会主义思想作为首要政治任务，不断提高政治判断力、政治领悟力、政治执行力。突出抓好十九届六中全会精神学习宣传贯彻，举办全市领导干部培训班，制定学习宣传贯彻意见和具体举措，坚决做到衷心拥护“两个确立”，忠诚践行“两个维护”。坚持把习近平总书记重要指示批示作为党内政治要件，建立完善贯彻落实情况台账管理、督导督办、定期“回头看”等工作闭环，推动“总书记有号令、党中央有部署，安徽见行动”的要求在亳州切实落地落实。制定《关于加强新一届市委班子政治建设的意见》，严明党的政治纪律和政治规矩，深入贯彻党内政治生活的若干准则，着力建设忠诚尽职、奋勇争先、能力过硬的领导班子。

思想建设。持续巩固深化“不忘初心、牢记使命”主题教育成果，深入开展党史学习教育，2021年市委理论学习中心组带头开展集体学习23次、交流研讨20次、现场教学2次，开展专题宣讲8700余场，直接受众近100万人次。市委主要负责人带头赴基层讲专题党课，带动各级领导干部、基层党组织书记讲党课1.2万余次。开展流动党员促学行动，寄出“红色快递”1.4万余份，《光明日报》专版推介。举办市委理论学习中心组学习（扩大）会议暨市委党史学习教育专题读书班。“村村通”广播通响率达95%以上，常态化播出习近平总书记同期声等内容。全面推进县乡村三级新时代文明实践中心建设，累计建立新时代文明实践中心、所、站1446个。做好中央巡视意识形态工作责任制专项检查整改，牢牢把握意识形态工作领导权。“中国好人”五年累计上榜人数居全省第一位。

组织建设。牢固树立大抓基层的鲜明导向，持续抓好基层党组织“登高计划”，推深做实农村基层党建“一抓双促”工程，2021年选派300个工作队、873名干部驻村帮扶，完成10个软弱涣散村党组织集中整顿。稳步推进党建引领信用村建设增点扩面，累计授信23万户、用信金额21.75亿元，该做法被新华社智库第62期整期推介。扎实推进城市基层党建、公办学校和国有企业党建。圆满完成市县乡村换届工作。推行基层党建重点考核信访工作制度，把信访工作纳入党建工作整体布局、市对县年度岗位责任目标考核、对市直单位年度效能考核和年度基层党建述职评议重要内容。树立面向基层、突出实干的用人导向，2021年共提拔、重用及晋升职级县处级干部114人次。深化“一月一课一片一实践”活动，党员讲微型党课35.6万人次、受众350万人次。开展“暖心回访”789人次，为59名党员干部澄清。

作风建设。开展“三严三实”“马上就办、真抓实干”作风建设专项行动，认真对照检视，查摆各类作风问题553条。常态化开展“我为群众办实事”，制定《“我为群众办实事”实践活动具体举措》等专项方案，91项重点民生项目（其中市领导认领53项）全面完成，全市各级领导干部走访调研48976人次，解决问题25576个。严格执行中央八项规定及其实施细则精神，查处问题283起、356人。其中，形式主义官僚主义问题47起，享乐主义、奢靡之风问题236起。持续深化拓展为基层减负工作，2021年市级层面文件、会议分别减少9.6%、20.6%。持续推进公检法重要岗位交流轮岗，该做法在政法队伍教育整顿中作为规定动作向全国推广。

纪律建设和反腐败斗争。认真贯彻落实中央纪委、省纪委全会精神，召开市纪委五届二次全会。持续推进“三不”体制机制建设，始终保持惩治腐败高压态势，2021年共立案1546件、1557人，给予党纪政务处分1433人。开展粮食购销领域腐败问题专项整治，在全省率先立案审查调查21人，依法留置11人。深入开展巡视巡察发现问题“大起底、改到位、建机制”专项行动，一体推进各类巡视巡察督导督查交办问题整改，144项整改任务已完成或基本完成143项，移交1324件信访件全部办结，推动解决各类问题90个，挽回经济损失2.76亿元。持续推动乡镇纪检监察协作区制度化规范化建设，赵乐际先后两次批示肯定并亲临亳州视察指导。精准运用监督执纪“四种形态”批评教育帮助和处理7290人次。其中，第一、二种形态占比92.9%。查处民生领域腐败和作风问题619起，给予党纪政务处分296人。立案涉黑涉恶腐败和“保护伞”问题29件、29人，给予党纪政务处分27人。深入推进基层腐败问题专项整治，查处群众身边腐败和作风问题603起、816人。

（石国庆）

重要会议

【中央第五巡视组巡视安徽省反馈意见整改暨新一轮深化“三个以案”警示教育动员部署会】2021年2月19日，省委召开中央第五巡视组巡视安徽省反馈意见整改暨新一轮深化“三个以案”警示教育动员部署大会后，亳州市在亳州分会场召开动员部署会议。

会议指出，要提高政治站位，深刻认识抓好巡视整改、开展好新一轮深化“三个以案”警示教育的重要意义，切实把思想和行动统一到中央和省委决策部署上来。全市各级党组织要从政治和全局的高度，对表对标习近平总书记重要讲话精神，主动对照反馈问题，认真落实整改工作，扎实开展好新一轮深化“三个以案”警示教育，用整改行动和效果增强“两个维护”自觉性和政治判断力、政治领悟力、政治执行力。

会议要求，要主动对号入座，结合亳州市实际，逐条对照、深入剖析，高效精准制定整改方案。坚持只搞真的、不搞假的，实事求是查找存在的具体问题，做到真正发现问题、真诚接受问题、真实整改问题。按照“四个融入”要求，把握时间节点，动真碰硬、常态推进，抓好县乡领导班子集中换届，把严的主基调长期坚持下去，把实事求是的精神体现出来，推动“十四五”时期发展开好局、起好步，以优异成绩庆祝建党100周年。

会议强调，要扎实开展新一轮深化“三个以案”警示教育，通过“一月一课一片一实践”等活动形式，持续抓好习近平总书记关于加强作风建设、力戒形式主义官僚主义等方面重要论述的学习贯彻，深入开展党史教育、党的优良传统和作风教育。要坚持从政治上审视、从思想根源上剖析形式主义官僚主义背后深层次“病根”，认真查摆整改突出问题，确保把好传统带进新征程，将好作风弘扬在新时代。要强化政治担当，加强组织领导，建立包保机制，拉紧责任链条，以巡视整改推进全面从严治党向纵深发展。

【中国共产党亳州市第五次代表大会】2021年9月27日，中国共产党亳州市第五次代表大会在市行政会议中心二楼多功能厅召开。省委换届指导组组长、省委巡视组组长钱岩松，省委换届指导组副组长、省纪委监委驻省委组织部纪检监察组组长戴卫义到会指导并在主席台前排就座。

杜延安代表中国共产党亳州市第四届委员会向大会作题为《弘扬伟大建党精神　全面实施“六一战略”　奋力谱写现代化美好亳州建设新篇章》工作报告。报告共分为三个部分：一是回顾五年奋进历程，发展基础更加坚实；二是准确把握形势任务，全面实施“六一战略”；三是弘扬伟大建党精神，全面推进党的建设。

杜延安在报告中回顾市第四次党代会以来的工作。他指出，市第四次党代会以来，市委团结带领全市各级党组织和广大党员干部群众，坚决贯彻中央及省委各项决策部署，统筹推进“五位一体”总体布局、协调推进“四个全面”战略布局，解放思想、锐意进取，求真务实、真抓实干，圆满完成市第四次党代会确定的各项目标任务。五年来，亳州市委解决了许多长期想解决而没有解决的难题，办成了许多过去想办而没有办成的大事，取得了打一仗胜一仗的优异成绩。这些成绩的取得，靠的是习近平新时代中国特色社会主义思想的科学指引，靠的是党中央及省委的坚强领导，靠的是历届市委和老领导、老同志打下的坚实基础，靠的是全市人民的伟大创造。五年的积极探索和生动实践，给亳州以深刻的启示：必须始终从严从实抓党建，必须始终聚焦聚力谋发展，必须始终担当担责抓落实，必须始终用心用情解民忧，必须始终清正清廉守底线。

杜延安指出，今后五年奋斗目标是：全面实施“六一战略”，完成“十四五”规划目标任务，主要经济指标增速保持全省前列，力争总量位次继续前移，加快推动现代中医药产业迈向中高端，皖北承接产业转移集聚区建设走在全省前列，长三角绿色农产品生产加工供应基地建设取得重大进展，华夏酒城影响力和美誉度不断提升，文化旅游对经济发展贡献度持续提高，省际毗邻区域中心城市地位更加牢固，新时代党的建设新的伟大工程深入推进，确保亳州工作在皖北走前列、全省站前排、全国有影响。

杜延安强调，要聚力建设“世界中医药之都”，坚持以药立市，充分发挥中医药历史、资源、市场、文化优势，传承精华、守正创新，加快推动现代中医药产业迈向中高端。聚力建设“皖北承接产业转移集聚区”，坚持“四化”同步，发挥多重国家战略叠加优势，加快打造新阶段皖北地区全面振兴的“一极四区”。聚力建设“长三角绿色农产品生产加工供应基地”，坚持提质增效，发挥农业大市资源禀赋优势，推动更多优质农产品销往长三角地区。聚力建设“华夏酒城”，坚持做大做优做强，发挥行业龙头优势，以创新创造引领白酒产业转型升级。聚力建设“文化旅游强市”，坚持提升内涵、拓展空间，发挥国家历史文化名城、中国优秀旅游城市品牌优势，持续提高文化旅游对经济发展贡献度。聚力建设“省际毗邻区域中心城市”，坚持生态宜居、产城融合，发挥省际交汇区位优势和人力资源丰富优势，加快打造城乡区域协调发展试验区。

杜延安指出，“六一战略”是一项系统性、综合性工程，需要完善体制机制，强化支撑保障。要坚定不移深化改革开放，加快打造增强高质量发展新动能的强劲增长极，着力构建“六一战略”实施的支撑体系。坚定不移保障改善民生，推动共同富裕取得更为明显的实质性成效，着力夯实“六一战略”群众基础。要坚定不移发展社会事业，切实解决老百姓“急难愁盼”问题，着力补齐“六一战略”短板弱项。坚定不移实施乡村振兴，加快打造乡村全面振兴先行区，着力拓展“六一战略”发展空间。坚定不移推进绿色发展，加快打造生态优先绿色发展转型区，着力筑牢“六一战略”生态屏障。坚定不移提升治理能力，把各方面制度优势转化为治理效能，着力强化“六一战略”体制保障。

杜延安指出，要把抓好党建作为最大政绩，为全面实施“六一战略”、加快建设现代化美好亳州提供坚强的政治保证。突出抓好党的政治建设，增强“四个意识”、坚定“四个自信”、做到“两个维护”。突出抓好党的思想建设，用新时代党的创新理论武装头脑、指导实践、推动工作。突出抓好党的组织建设，构建严密高效富有战斗力的组织体系。突出抓好党的作风建设，持续整治形式主义官僚主义。突出抓好党的纪律建设，切实强化对权力运行的制约和监督。突出抓好反腐败斗争，标本兼治推进正风肃纪反腐。

中国共产党亳州市第四届纪律检查委员会向大会作书面报告。

【市委全委会议】2021年5月21日，中国共产党亳州市第四届委员会第十三次全体会议召开。会议审议通过《中国共产党亳州市第四届委员会第十三次全体会议关于召开中国共产党亳州市第五次代表大会的决议》，决定中国共产党亳州市第五次代表大会于2021年9月召开。市委常委、组织部部长、统战部部长秦凤玉作关于召开中国共产党亳州市第五次代表大会有关事项的说明。

会议指出，要充分认识重要意义。召开市第五次党代会是全市人民政治生活中的一件大事，社会各界高度关注，人民群众寄予厚望。要按照绘出好蓝图、选出好干部、配出好班子、树立好导向、形成好气象“五个好”目标要求，确保把市第五次党代会开成一个团结民主、务实鼓劲的大会。

会议要求，要认真做好筹备工作。要起草好报告，精心组织好报告起草和征求意见等工作，进一步统一思想认识、理清发展思路、凝聚各方共识、激发奋斗精神。要选举好代表，突出政治标准，严格人选资格条件，着力优化代表结构，认真把好考察关，切实提高代表质量。要营造好氛围，大力宣传过去五年亳州市经济社会发展取得重大成就、先进人物典型事迹，努力营造良好氛围。

会议号召，全市各级党组织和全体共产党员，深入学习贯彻习近平新时代中国特色社会主义思想，不忘初心、牢记使命，乘势而上、接续奋斗，以优异成绩迎接建党100周年和市第五次党代会胜利召开。

2021年8月20日，*中国共产党亳州市第四届委员会第十五次全体会议在市行政会议中心召开*。会议听取和审议市委书记杜延安受市委常委会委托所作的工作报告，审议通过《关于批准马庆武、张立驰同志辞去市委委员职务的决定》。与会人员进行分组审议。

会议指出，2021年以来，市委常委会坚持以习近平新时代中国特色社会主义思想为指导，深入学习贯彻党的十九大和十九届二中、三中、四中、五中全会精神，深入学习贯彻习近平总书记“七一”重要讲话和考察安徽重要讲话指示精神，立足新发展阶段，完整、准确、全面贯彻新发展理念，服务和融入新发展格局，统筹疫情防控和经济社会发展，纵深推进全面从严治党，各项工作取得显著成绩。

会议强调，根据国家、省对亳州市的战略定位和亳州市发展实际，市委常委会将“世界中医药之都、皖北承接产业转移集聚区、长三角绿色农产品生产加工供应基地、华夏酒城、文化旅游强市、省际毗邻区域中心城市”六大方面，作为今后全市发展目标定位，全力建设“一都一区一基地、一城一市一中心”。工作中要坚持“三严三实”“马上就办、真抓实干”，做到“七个聚焦、七个着力”，即聚焦产业发展、实体经济，着力推动长三角一体化；聚焦双招双引、项目建设，着力厚植经济增长根基；聚焦深化改革、扩大开放，着力释放市场主体活力；聚焦区域一体、乡村振兴，着力加快城乡协调发展；聚焦生态环保、和谐共生，着力促进全面绿色转型；聚焦民生福祉、社会治理，着力提升小康社会成色；聚焦政治建设、管党治党，着力推进新的伟大工程。

会议强调，要践行“三严三实”，坚持学思践悟，笃信笃行党的创新理论；提高“政治三力”，不折不扣贯彻中央部署；始终坚定坚决，从严从实抓好整改落实，以坚如磐石的信心推动工作。要突出“马上就办”，该办的事要坚决办，绝不能拖；能办的事要马上办，绝不能等；难办的事要想法办，决不能放；合办的事要协同办，决不能推，以雷厉风行的作风推动工作。要聚力“真抓实干”，咬定目标、直面问题、改进作风，以夙夜在公的态度推动工作。

会议号召，全市各级党组织和全体共产党员要更加紧密地团结在以习近平同志为核心的党中央周围，弘扬伟大建党精神，不忘初心、牢记使命，只争朝夕、接续奋斗，干在实处、走在前列，确保完成全年目标任务，为加快建设新阶段现代化美好亳州而不懈奋斗！

2021年9月15日，*中国共产党亳州市第四届委员会第十七次全体会议在市行政会议中心召开*。会议听取关于四届市委工作报告起草情况的说明、关于四届市纪委工作报告起草情况的说明、关于亳州市出席省第十一次党代会代表候选人预备人选建议名单的说明。会议审议并通过《中国共产党亳州市第四届委员会第十七次全体会议决议》，决定中国共产党亳州市第五次代表大会于9月27日召开；全会审议并通过中国共产党亳州市第四届委员会工作报告、中国共产党亳州市第四届纪律检查委员会工作报告，决定将两个文件提请中国共产党亳州市第五次代表大会审查；表决确定亳州市出席安徽省第十一次党代会代表候选人预备人选。

会议指出，市委团结带领全市各级党组织和广大党员干部群众，圆满完成市第四次党代会和“十三五”规划确定各项目标任务。即将召开的市第五次党代会，是在“两个一百年”奋斗目标历史交汇期，在建党一百周年之际召开的一次重要会议，是全市人民政治生活中的一件大事。开好这次大会，对于推动亳州市“十四五”高质量发展，具有十分重大而深远的意义。要站在践行“两个维护”政治高度，以对亳州未来发展和全市人民高度负责精神，扎实做好各项工作，努力把市第五次党代会开成一个团结、民主、务实、鼓劲的大会。

会议强调，要精心做好各项筹备工作，进一步完善工作方案、提升工作标准、强化督促检查，为党代会成功召开打下良好基础。要统筹兼顾推进经济社会发展，坚持“三严三实”“马上就办、真抓实干”和“好、快、高”要求，加快实施“六一战略”，高标准建设“一都一区一基地、一城一市一中心”；坚持以人民为中心发展思想，着力在高质量发展中推进共同富裕；统筹发展和安全，毫不放松抓好疫情防控和疫苗接种，为党代会召开营造良好环境。要严肃换届纪律，坚持把加强党的领导贯穿换届工作全过程，发挥党委总揽全局、协调各方领导作用，不断提高政治判断力、政治领悟力、政治执行力，为党代会召开提供坚强保障。

会议号召，要更加紧密地团结在以习近平同志为核心的党中央周围，不忘初心、牢记使命，干在实处、走在前列，为加快建设新阶段现代化美好亳州而不懈奋斗，以优异成绩迎接市第五次党代会的胜利召开。

2021年9月29日下午，中国共产党亳州市第五届委员会第一次全体会议在市行政会议中心举行。会议选举产生中共亳州市第五届委员会常务委员会。第五届市委常委依次为杜延安、张志强、郑超、秦凤玉、吉洪武、钟治峰、查文彪、刘中汉、邹建华、左龙。全会选举杜延安为市委书记，张志强为市委副书记。全会通过中共亳州市第五届纪律检查委员会第一次全体会议选举结果：查文彪为市纪委书记，符连峰、李涛、何勇为市纪委副书记。

会议指出，新一届市委领导班子要切实践行“两个维护”，坚定信仰、对党忠诚，学深悟透习近平新时代中国特色社会主义思想，弘扬伟大建党精神，进一步增强“四个意识”、坚定“四个自信”、做到“两个维护”，不断提高政治判断力、政治领悟力、政治执行力，始终在政治立场、政治方向、政治原则、政治道路上同以习近平同志为核心的党中央保持高度一致，推动中央及省委决策部署在亳州落地生根、开花结果。要聚力“六一战略”，带头勇挑重担、砥砺奋进，完善机制，突出重点，提升能力，攻坚克难，努力闯出一条符合中央及省委要求、具有亳州特色的跨越赶超、全面振兴、高质量发展新路。要坚持“三严三实”“马上就办、真抓实干”，认真贯彻“好、快、高”要求，坚决克服“小富即安、小进则满”意识，坚决克服“喘口气、歇歇脚”思想，坚决克服“等、靠、要”甚至不思进取、“混日子”状态，勤勉敬业、求真务实、提速提效、创先争优，确保亳州工作在皖北走前列、全省站前排、全国有影响。

会议强调，要严守纪律规矩，严格执行政治纪律和政治规矩，模范遵守党章和党内法规，遵守中央八项规定精神及实施细则，坚决反对形式主义官僚主义，始终保持廉洁自律的政治本色，筑牢防腐拒变思想防线。要落实全面从严治党政治责任，履行“一岗双责”，从严管理监督干部，公平公正选人用人，坚定不移惩治腐败，驰而不息纠治“四风”，守护好政治上的“绿水青山”。从现在起，新一届市委就正式接过“接力棒”，步入“新赛场”。百舸争流，奋楫者先；全面振兴，实干者成。要坚持以习近平新时代中国特色社会主义思想为指导，深入贯彻习近平总书记“七一”重要讲话和考察安徽重要讲话指示精神，不忘初心、牢记使命，恪尽职守、励精图治，努力交上一份让中央及省委满意、让全市人民满意的优异答卷。

2021年12月2日，中共亳州市委五届三次全会在市行政会议中心召开。会议传达党的十九届六中全会精神及省委十一届二次全会精神，审议通过《中共亳州市委关于深入学习宣传贯彻党的十九届六中全会精神的意见》《中共亳州市委关于加强新一届市委班子政治建设的意见》《中共亳州市委关于开展“三严三实”“马上就办、真抓实干”作风建设专项行动的意见》。

会议指出，党的十九届六中全会是一次具有里程碑意义的重要会议。党确立习近平同志党中央的核心、全党的核心地位，确立习近平新时代中国特色社会主义思想的指导地位，是时代呼唤、历史选择、民心所向，是党和国家之幸、人民之幸、中华民族之幸，是夺取新征程新胜利的根本保证。要切实提高政治站位，深刻理解“两个确立”的决定性意义，深入学习领会党百年奋斗伟大历史功绩、深远历史意义、宝贵历史经验和新时代党的崇高历史使命，全面推进学习培训、宣传宣讲、贯彻落实，确保全会精神在亳州落地生根、开花结果。

会议强调，要强化政治担当，从百年党史中汲取不懈奋斗的力量。要强化理论武装，树牢宗旨意识，以不忘初心使命的自觉坚守理想信念。要坚持党的全面领导，始终心系“国之大者”，坚决贯彻落实中央决策部署，以对党绝对忠诚的品格加强政治建设。要切实增强争先进位、走在前列的意识，以敢于干事担事的作风履行职责使命，推动亳州工作在皖北走前列、全省站前排、全国有影响。要坚持好干部标准，树立面向基层、突出实干的用人导向，扎实开展作风建设专项行动，大力纠治“四风”，坚决反腐肃贪，以勇于自我革命精神从严管党治党。

会议强调，要坚定扛起“兴一方经济、富一方百姓、保一方稳定”政治责任，把全会精神转化为发展建设的生动实践。要坚定不移推进高质量发展，强力推进“双招双引”，持续优化营商环境，保持经济平稳健康发展。要坚定不移保障改善民生，抓好就业、教育、医疗、养老、抚育等工作，开展信访事项“大起底、大化解、大督办”专项行动，做到接访不走过场、写信真管用。要坚定不移维护社会稳定，抓紧抓实防范化解重大风险、常态化疫情防控、安全生产、平安建设等工作。要坚定不移抓好年度任务收官，确保2021年“全年红、满堂彩”，力保明年“基础稳、开门红”。要大力弘扬伟大建党精神，以史为鉴、开创未来，埋头苦干、勇毅前行，坚持“三严三实”“马上就办、真抓实干”，加快实施“六一战略”、推进现代化美好亳州建设，以优异成绩迎接党的二十大胜利召开。

【全市组织宣传统战政法武装党办工作会议】2021年3月1日，全市组织宣传统战政法武装党办工作会议召开。

会议指出，要提高政治站位，认真学习贯彻习近平总书记关于党的建设工作的重要论述指示批示精神，坚定讲看齐、提振精气神、强化执行力，结合新特点、新任务、新要求，采取有效措施，以高度的政治自觉抓好党的建设工作。

会议强调，要聚焦目标任务，主动担责、密切协作，以强烈政治担当抓好党的建设工作。要深入贯彻新时代党的建设总要求和新时代党的组织路线，扎实开展党史学习教育，精心组织实施领导班子集中换届，完善基层组织体系，加强干部和人才队伍建设，着力提高组织工作质量。要聚焦举旗帜、聚民心、育新人、兴文化、展形象使命任务，深入开展习近平新时代中国特色社会主义思想学习教育，扎实开展庆祝建党100周年宣传教育，坚决防范化解意识形态领域风险。要强化思想政治引领，服务全市工作大局，统筹做好统战各领域重点工作。要认真开展政法队伍教育整顿，深化平安亳州建设，全面推进依法治市，维护全市安全稳定。要坚持党管武装制度，促进军民融合发展，不断开创全市国防动员新局面。要牢记政治机关定位，强化党办职能，充分发挥参谋助手作用，坚决推动中央和省委、市委决策部署落实，建设让党放心、让人民满意的模范机关。

【全市党史学习教育动员部署会议】2021年3月2日，全省党史学习教育动员部署大会后，亳州市在亳州分会场召开全市党史学习教育动员部署会议。

会议指出，要提高政治站位，深入学习贯彻习近平总书记重要讲话精神，紧紧围绕学懂弄通做实党的创新理论，坚持学习党史和学习新中国史、改革开放史、社会主义发展史相贯通，引导广大党员干部增强“四个意识”、坚定“四个自信”、做到“两个维护”，切实把思想和行动统一到以习近平同志为核心的党中央精神上来。

会议强调，要突出抓主抓重，切实把学习成效转化为工作动力和发展成就。要紧扣“学党史”，坚持抓住“关键少数”与引领“绝大多数”相结合，采取理论学习中心组学习、举办读书班等形式，分专题开展学习研讨，做到学史明理、学史增信、学史崇德、学史力行，不断提高政治判断力、政治领悟力、政治执行力。要紧扣“悟思想”，认真感悟蕴含其中的思想力量、真理力量、实践力量，坚持不懈用党的创新理论最新成果武装头脑、指导实践、推动工作。要紧扣“办实事”，开展好“我为群众办实事”实践活动，照顾好困难群众生活，实施好民生工程，不断满足人民群众对美好生活的向往。要紧扣“开新局”，育新机、谱新篇、树新风，把好传统带进新征程，将好作风弘扬在新时代，确保“十四五”时期亳州发展开好局、起好步。

会议要求，要强化组织领导，确保学出党性学出信仰担当。各相关部门要牢固树立“一盘棋”思想，拉紧责任链条，各负其责、紧密配合，确保形成强大合力。各级党组织要把握工作安排，按照中央的统一安排和省委、市委部署要求，逐条梳理贯彻、逐项抓好落实，规定动作要扎扎实实开展，自选动作要紧密结合自身实际，做到接地气、有特色、见实效。要加强督促指导，持续营造浓厚氛围，推动党史学习教育深入基层、深入群众、深入人心。

【全市创建全国文明城市工作推进会议】2021年3月19日，全市创建全国文明城市工作推进会议召开。

会议指出，创建全国文明城市是贯彻落实新发展理念的具体实践，是建设新阶段现代化美好亳州的重要载体和重要推动力。要统一思想认识、强化责任担当，锚定目标要求、明确工作举措，以坚定的信心决心、昂扬向上的精神状态，狠抓各项任务落实，确保实现“首创首成”的目标。

会议要求，要把握标准，聚焦重点，突出补齐短板，持续完善基础设施，抓好城市规划建设、老城区改造提升、公共服务配套。要突出精细管理，持续提升治理水平，做好清扫保洁、环境优化、垃圾处置、交通秩序、重点区域及突出问题集中治理等工作。要突出城乡一体，持续抓好乡村文明创建。要突出精神文明，持续提升群众文明素养。要坚持实事求是，只搞真的、不搞假的，力戒形式主义、官僚主义，注重经常、平常、日常，做到有力有序。要坚持“人民城市人民建、人民城市为人民”工作理念，强化组织领导，压实工作责任，强化网格管理，加强督导考评，广泛动员发动，争取广大群众的理解、支持和配合，高标准高质量抓好全国文明城市创建。

【全市文化旅游产业发展大会】2021年4月1日，全市文化旅游产业发展大会召开。

会议指出，近几年，市委、市政府始终高度重视文化旅游产业发展，持续开展“文化旅游年”活动，取得明显成效。要统一思想认识，坚定加快文化旅游产业发展信心决心。

会议强调，要聚焦目标任务，加快文化旅游产业发展步伐。着力拓展旅游市场，吸引更多游客到亳旅游。着力打造旅游品牌，改造提升一批精品景区，聚力打造一批精品线路，谋划举办一批特色活动，设计推进一批旅游商品，进一步擦亮国家历史文化名城、中国优秀旅游城市等品牌。着力推进融合发展，促进中医药、文化、乡村、研学等业态融合。着力提升服务质量，完善基础设施，营造良好发展环境。着力抓好项目建设，夯实文化旅游产业基础。

会议要求，要加强组织领导，强化队伍建设，砥砺严实作风，坚决扛起建设文化旅游强市的使命责任，共同努力把文化旅游产业发展得更好。

【全市卫生健康、公共卫生体系建设、疫情防控暨创建省级卫生城市工作大会】2021年4月27日，全市卫生健康、公共卫生体系建设、疫情防控暨创建省级卫生城市工作大会召开。

会议强调，要坚决扛起责任，把卫生健康事业发展摆上重要日程，主要负责人亲自过问，及时研究解决重大问题，切实把卫生健康基本需求保住、把底线兜住，确保领导到位、工作到位、投入到位。

会议强调，要完善保障机制，强化力量统筹，优化医疗卫生资源投入结构，加强农村、社区等基层防控能力建设，促进公共卫生资源在城乡区域均衡布局。要加强队伍建设，统筹推进学党史、抓整改、正作风，扎实有效开展卫生健康事业各项工作，激发医务人员活力，打造一支对党忠诚、具备专业素养、恪守为民之责的高素质卫生系统干部队伍。

【市生态环境保护委员会暨中央生态环保督察整改领导小组会议】2021年5月13日，市生态环境保护委员会暨中央生态环保督察整改领导小组会议召开。

会议指出，近年来，全市上下认真学习贯彻习近平生态文明思想，牢固树立“两山”理念，大力实施“地净、路畅、水活、天蓝、林拥城”工程，深化市中心城区网格化包保，落细落实道路冲洗保洁、柴油车深度治理等举措，大气、水、土壤等污染防治取得良好成效。要进一步提高政治站位，充分认识加强生态环境保护重大意义，对突出生态环境问题开展一次“大起底”“回头看”，以更大决心、更大力度建设生态宜居美丽新家园。

会议强调，要坚持只搞真的，不搞假的，举一反三、对号入座，抓好清单编制。要慎重销号，坚持时间服从质量，实事求是地解决问题，既不犯“急躁症”，也不犯“拖延症”。要深入基层一线，从实践中找到解决突出生态环境问题的办法，做到科学、可操作，确保整改成效经得起时间检验。

会议强调，要约法三章，坚决扛起生态文明建设政治责任，坚持“谁分管谁负责，谁主管谁负责，分级负责”原则，认真落实主体责任和第一责任人责任，强化跟踪问效，力戒形式主义官僚主义，用脚步丈量土地、用眼睛发现问题，切实抓好突出生态环境问题整改。

【全市推进五大发展2021年第一次督查调度会议】2021年5月20日，全市推进五大发展督查调度会议在利辛县召开。与会人员利用半天时间，对利辛县碧翠园家庭农场、明峰纺织科技有限公司、宝城建筑工业化有限公司等进行观摩考察，实地了解利辛县五大发展推进情况。下午召开会议，听取利辛县工作汇报，涡阳县、蒙城县、谯城区、亳州高新区、亳芜现代产业园区进行交流发言。

会议要求，要抓好常态化疫情防控，坚持“两手抓”“两到位”，认真落实“九个做实、一个确保”工作要求，严格执行“测温、消毒、戴口罩”等防控措施，统筹好疫情防控和经济社会发展。要强力推进招商引资，加快推进项目建设，抓实抓细“四送一服”，穷尽办法、竭尽所能、依法依规解决好企业发展中遇到的困难和问题。要严格落实“四个不摘”要求，巩固拓展脱贫攻坚成果同乡村振兴有效衔接。要毫不放松抓好民生保障和社会稳定，认真落实防范化解重大风险“1+9+12”方案体系，确保社会大局稳定。

会议强调，要始终保持良好的精神状态，强化责任担当，推动各项工作落实落细。要保持昂扬斗志，扑下身子、奋发有为，努力创造更好的业绩。要持续改进作风，坚持“只搞真的、不搞假的”，力戒形式主义、官僚主义，确保把好传统带进新征程，将好作风弘扬在新时代。

【全市“三个规定”大宣讲和党政领导干部严格执行“三个规定”公开承诺行动会议】2021年6月10日，全市“三个规定”（《领导干部干预司法活动、插手具体案件处理的记录、通报和责任追究规定》《司法机关内部人员过问案件的记录和责任追究规定》《关于进一步规范司法人员与当事人、律师、特殊关系人、中介组织接触交往行为的若干规定》）大宣讲和党政领导干部严格执行“三个规定”公开承诺行动会议召开。省政法队伍教育整顿驻亳指导组组长张峰作宣讲报告。张峰要求，要坚持领导带头，发挥引领作用，把落实“三个规定”作为不能触及的底线红线，以“关键少数”率先垂范，进一步营造落实“三个规定”鲜明导向、浓厚氛围和强大声势，带动“绝大多数”不断增强落实“三个规定”政治自觉、思想自觉和行动自觉，逐步形成党政机关带头、政法机关认真落实、全社会共同监督参与执行“三个规定”的良好局面。

会议指出，要提高政治站位，把握精神实质。要充分认识“三个规定”重要意义，把执行“三个规定”作为必须遵守的政治规矩政治纪律，不断在学思践悟中增强“四个意识”、坚定“四个自信”、做到“两个维护”，确保党中央、省委关于防止干预司法决策部署得到全面贯彻落实。

会议要求，要发挥表率作用，严格贯彻执行。全市各级领导干部要自觉严格执行“三个规定”，带头维护司法权威，全力支持司法机关依法公正行使职权，做到不该插手的不插手、不该干预的不干预、不该过问的不过问，以“关键少数”带动“绝大多数”，形成不打听案情、不打招呼说情、不干扰案件的良好氛围。

【市委农村工作会议暨全市巩固拓展脱贫攻坚成果同乡村振兴有效衔接推进大会】2021年6月10日，市委农村工作会议暨全市巩固拓展脱贫攻坚成果同乡村振兴有效衔接推进大会召开。会上，第七批、第八批选派帮扶干部代表作交流发言。会议对机构挂牌、选派帮扶干部、巩固拓展脱贫攻坚成果同乡村振兴有效衔接等工作进行安排部署。

会议指出，近年来，市委、市政府坚持把解决好“三农”问题作为重中之重，以脱贫攻坚统揽经济社会发展全局，脱贫攻坚取得全面胜利，连年在全省脱贫攻坚成效考核中获得“好”的等次。各级各部门要认真学习领会习近平总书记的重要讲话精神，贯彻落实党中央、省委各项决策部署要求，增强政治自觉，发扬脱贫攻坚精神，推动乡村全面振兴，加快建设产业强、生态美、乡风好、治理优、百姓富的新阶段幸福新农村。

会议强调，要扎实推进巩固拓展脱贫攻坚成果同乡村振兴有效衔接，做好政策衔接、工作衔接和机构队伍衔接等各项工作，确保思想不乱、工作不断、队伍不散、干劲不减。要坚持加强党的领导，层层压实责任，确保各项任务落实落地。要加强队伍建设，配齐配强工作力量，组织开展分级分批专题培训，打造一支政治过硬、本领过硬、作风过硬的乡村振兴干部队伍，努力开创“三农”工作新局面，以优异成绩庆祝建党100周年。

【全市政法队伍教育整顿总结大会暨常态化机制化开展扫黑除恶斗争推进会】2021年6月29日，全市政法队伍教育整顿总结大会暨常态化机制化开展扫黑除恶斗争推进会召开。省政法队伍教育整顿驻亳指导组组长张峰到会指导并讲话。张峰指出，亳州市围绕“五个过硬”要求，突出“四项任务”，坚持“三大一促”，有序推进“三个环节”，完成各项规定动作，取得明显成效。张峰强调，要在提高思想认识、深化线索核查、做实顽瘴痼疾整治、强化建章立制、深化为民办事上持续发力，督促政法单位履职尽责，按时保质完成线索“清零”，确保存量问题清仓见底，细化完善相关制度，促进教育整改成效转化为推动工作、服务群众实际行动。

会议指出，要提高政治站位，深刻认识重大意义，认真抓好政法队伍教育整顿“后半篇”文章和常态化机制化扫黑除恶斗争。要坚持慎终如始，持续抓好学习教育，持续深化问题整改，健全完善制度机制，巩固拓展教育整顿成果。要保持高压态势，持之以恒推进打击破案，持之以恒推进打伞破网，持之以恒推进依法办案，持之以恒推进乡村治理，常态化机制化开展扫黑除恶斗争。要扛牢政治责任，坚持把扫黑除恶和政法队伍建设纳入工作全局谋划推进，用制度把教育整顿中形成的好经验好做法固化下来，打造一支忠诚干净担当的政法铁军，推动建设更高水平的平安亳州、法治亳州。

会议通报全市政法队伍教育整顿工作情况，安排部署全市常态化机制化开展扫黑除恶斗争工作，对全市政法系统先进典型进行表彰。

【亳州市“光荣在党50年”老党员老干部座谈会】2021年6月17日，亳州市“光荣在党50年”老党员老干部座谈会召开。会上，汪一光等市领导向“光荣在党50年”纪念章获颁者代表发放纪念章并合影留念。苏迅、纪建立两名老党员代表分别发言，结合自身经历，重温奋斗历史，抒发对党和人民的无限忠诚、对事业的无限热爱。

汪一光在讲话中首先代表中共亳州市委，向获颁“光荣在党50年”纪念章的老同志致以崇高的敬意，并向辛勤奋斗的全市老党员老干部和广大党员干部表示诚挚的问候。他指出，颁发“光荣在党50年”纪念章，在党的历史上是第一次，充分彰显以习近平同志为核心的党中央尊重老党员、关心老党员、爱护老党员的鲜明立场，必将进一步增强共产党员的荣誉感、归属感、使命感，激励全体党员拼搏奉献、砥砺前行。

汪一光强调，广大老党员老干部一辈子对党忠诚、拼搏奋斗、无私奉献，为我们树立了好的榜样、让我们过上了好的生活、给我们传承了好的作风。希望并坚信广大老党员老干部能够始终不忘入党时的誓言，在党言党、在党爱党、在党忧党、在党为党，坚持离岗不离党、退休不褪色，为加快新阶段现代化美好亳州建设发挥“光和热”。

汪一光强调，要学习老党员老干部信仰坚定、对党忠诚的政治品格，增强对马克思主义共产主义的信仰、对中国特色社会主义的信念、对实现中华民族伟大复兴的信心。要学习老党员老干部心系群众、初心如磐的为民情怀，着力增强群众获得感幸福感安全感。要学习老党员老干部敢于担当、攻坚克难的奋斗精神，推动经济社会实现更高质量发展。要学习老党员老干部从严从实、狠抓落实的优良作风，纵深推进全面从严治党，不断净化优化政治生态。

汪一光强调，要落实好政治上尊重、思想上关心、生活上照顾、精神上关怀的各项举措，确保广大老同志老有所养、老有所安、老有所为、老有所乐。

【全市庆祝中国共产党成立100周年表彰大会】2021年6月30日，全市庆祝中国共产党成立100周年表彰大会召开。会议宣读《中共亳州市委关于表彰亳州市先进基层党组织和优秀共产党员、优秀党务工作者、优秀选派帮扶干部的决定》，部分受表彰代表作交流发言。

会议要求，全市广大党员要传承红色基因，汲取奋进力量，时刻牢记第一身份是共产党员，为党的理想信念顽强奋斗、不懈奋斗。要勇于担当作为，忠诚履职尽责，践行“两山”理念，抢抓长三角一体化发展机遇，全面推进乡村振兴，奋力书写践行“两个坚持”新篇章、展现实现“两个更大”新成果。

会议强调，要砥砺初心使命，服务人民群众，深入开展“我为群众办实事”实践活动，自觉用脚步丈量土地，用眼睛发现问题，发挥邻长制“上传下达、服务群众、化解矛盾、凝聚人心”职能作用，切实解决好群众操心事、烦心事、揪心事。要围绕庆祝建党100周年，扎实推进平安亳州建设，全力以赴保安全、保大庆、保稳定。要从严管党治党，严守纪律规矩，深化拓展“一月一课一片一实践”，将基层党组织建成坚强战斗堡垒。要持之以恒正风肃纪，深入整治群众身边腐败和不正之风，持续纠治形式主义官僚主义，一体推进学党史、抓整改、正作风，纵深推进全面从严治党，以优异成绩庆祝建党100周年。

【市委常委会(扩大)会议暨庆祝中国共产党成立100周年座谈会】2021年7月1日，市委常委会(扩大)会议暨庆祝中国共产党成立100周年座谈会召开，省委党史学习教育第三巡回指导组组长徐飞到会指导并讲话。徐飞指出，亳州市党史学习教育开展以来，规定动作做得实，创新动作成典型，取得良好开局。要把学习贯彻习近平总书记重要讲话精神作为首要政治任务，把深化学习教育与建党百年庆祝活动贯穿起来，深入开展“我为群众办实事”实践活动，切实增强群众的获得感幸福感安全感。

会议传达学习习近平总书记在庆祝中国共产党成立100周年大会、中央政治局第三十一次集体学习、“七一勋章”颁授仪式上重要讲话精神，部分市领导和先进个人代表作交流发言；听取“我为群众办实事”重点民生项目清单制定情况汇报。

会议强调，要认真学习习近平总书记在庆祝中国共产党成立100周年大会上重要讲话精神，深刻领会精髓要义，与党史学习教育相结合，与贯彻落实中央和省委决策部署相结合，以高度政治责任感抓好学习宣传贯彻落实，不断增强“四个意识”、坚定“四个自信”、做到“两个维护”。

会议强调，要以史为鉴，开创未来，全面建设新阶段现代化美好亳州。要坚定信心决心，继续保持经济发展良好势头，深入推进生态文明建设，全面推进乡村振兴，防范化解重大风险。要强化宗旨意识，突出为民服务，坚持不懈为群众办实事办好事，切实解决群众关注的热点难点焦点重点问题。

会议强调，要坚定信念，从严治党，深化拓展“一月一课一片一实践”，持续整顿软弱涣散基层党组织，着力建设高素质干部队伍。要一体推进学党史、抓整改、正作风，持续纠治形式主义官僚主义，切实减轻基层负担，为全市改革发展稳定大局提供坚强政治保证。

【市委理论学习中心组学习(扩大)会议暨市委党史学习教育专题读书班】2021年8月5—6日，市委理论学习中心组学习(扩大)会议暨市委党史学习教育专题读书班举行。省委党史学习教育第三巡回指导组副组长魏建华到会指导。省委宣讲团成员、合肥师范学院马克思主义学院院长、教授吕明作专题辅导报告。会议期间，读书班学员参观长三角红色档案珍品展，听取专题辅导报告，开展分组研讨，进行交流发言。

吕明在专题辅导报告中，对习近平总书记重要讲话的重大意义、丰富内涵、核心要义、实践要求作全面阐述和系统讲解。大家一致认为，通过这次学习，对“学党史、悟思想、办实事、开新局”认识和理解更加深刻、更加透彻，政治忠诚进一步筑牢，理论武装进一步强化，初心使命进一步砥砺，担当精神进一步激发。

在开班式上，杜延安强调，学习贯彻习近平总书记“七一”重要讲话精神，是今后一个时期的重大政治任务。要注重学研结合，深入学习领会，广泛宣传宣讲，扎实抓好培训，教育引导广大党员干部学深悟透、入脑入心。要注重问题导向，持续抓好“我为群众办实事”实践活动，着力破解发展难题、办好民生实事、提升服务水平。要注重成果转化，抢抓长三角一体化发展等重大战略机遇，加快建设“一都一区一基地”，强力推进“双招双引”和项目建设，持续优化营商环境，推进经济社会高质量发展。

在结业式上，杜延安强调，要深入学习贯彻习近平总书记“七一”重要讲话精神，深入领会蕴含其中的核心要义和思想内涵，全面建成小康社会的历史成就和宝贵经验，伟大建党精神的深刻内涵和时代价值，以史为鉴、开创未来的根本要求和实践启示，进一步增强抓好贯彻落实的政治自觉。要旗帜鲜明讲政治，一心一意谋发展，坚定不移惠民生，聚精会神抓党建，同心同德、真抓实干，推动亳州的各项工作再上新台阶、再展新宏图。

【全市推进五大发展2021年第二次督查调度会议】2021年8月13日，全市推进五大发展2021年第二次督查调度会议召开。与会人员利用半天时间，先后到济人医药集团等13个考察点，实地观摩谯城区经济社会发展情况。下午会议听取谯城区工作汇报，涡阳县、蒙城县、利辛县、亳州高新区、亳芜现代产业园区作交流发言。

会议指出，要肯定成绩，直面问题，切实增强加快高质量发展的紧迫感和责任感。2021年以来，全市坚持“开局就是决战、起步就要冲刺”，统筹推进疫情防控和经济社会发展，稳的局面更加巩固，进的成效更加明显，好的态势更加持续，顺利实现“十四五”开局之年“开门红、半年快”，交出一份优异的“年中答卷”。

会议要求，要咬定目标，强力攻坚，确保“十四五”开局之年拼出“全年红、满堂彩”。要坚持常态长效，毫不放松严防控、抓接种；坚持优先发展，持之以恒固“三农”、强根基；坚持“两山”理念，坚定不移筑屏障、促转型；坚持以民为本，一以贯之惠民生、保稳定；坚持从严主基调，一贯到底强党建、聚合力。

会议强调，要夙夜在公，励精图治，努力推动亳州工作在皖北走前列、全省站前排、全国有影响。要坚持“三严三实”“马上就办、真抓实干”，坚持“好”的要求，保持“快”的节奏，把握“高”的标准，凝心聚力、顽强拼搏，夙夜在公、殚精竭虑，确保实现“十四五”良好开局，为加快建设新阶段现代化美好亳州做出积极贡献。

【市委全面依法治市委员会第五次会议】2021年8月23日，市委全面依法治市委员会第五次会议召开。会议传达学习习近平总书记在中央全面依法治国工作会议上重要讲话精神，听取关于法治政府建设自查情况汇报、市交通运输局等5个部门主要负责人履行法治建设第一责任人职责情况汇报并进行评议，审议通过《学习宣传贯彻落实习近平法治思想和中央全面依法治国工作会议精神近期重点工作和〈法治政府建设实施纲要(2015—2020年)〉主要任务“回头看”两个措施清单(讨论稿)》等相关文件。与会人员进行深入讨论。

会议指出，2021年以来，市委认真学习贯彻习近平法治思想，法治建设责任持续夯实、法治政府成效持续提升、立法工作持续推进、司法工作持续深化、法治宣传持续加强，依法治市工作取得积极成效。

会议强调，要深入学习习近平法治思想，做到学习领悟到位、宣传教育到位、贯彻落实到位，切实把习近平法治思想贯彻落实到全面依法治市全过程。要着力提高地方立法质效，做到科学立法、民主立法、依法立法。要全面加强法治政府建设，规范行政权力运行、提升政务服务水平、深化执法体制改革，以法治更好服务和引领经济社会高质量发展。要着力推进司法公平正义，用法治的力量筑牢公共安全屏障。要加快推动法治社会建设，加大全民普法力度，深化平安亳州建设，提升法治服务水平，努力把各种矛盾纠纷化解在萌芽、解决在基层。

会议要求，要压紧压实法治建设责任，各级党委政府要落实法治建设政治责任，加强对重大法治问题的法治督察，党政“一把手”要履行好第一责任人责任，市委依法治市办要发挥好统筹协调、督促检查、推动落实作用，相关部门要立足职责、依法办事，为新阶段现代化美好亳州建设提供坚实法治保障。

【**市委全面深化改革委员会第九次会议**】2021年9月6日，市委全面深化改革委员会第九次会议召开。会议传达学习中央深改委第十九次、第二十次、第二十一次会议及省委深改委第十二次、第十三次会议精神，听取各改革专项小组及“一照通用”“一窗通办”“免申即享”，学习借鉴自由贸易试验区等重点领域改革情况汇报。

会议指出，2021年以来，全市各级各部门认真贯彻落实中央及省委部署要求，有力有序推进各项改革任务，“放管服”改革实现新突破，长三角一体化发展取得新进展，民生福祉得到新改善，全面从严治党呈现新气象。要始终保持改革定力，坚持“高站位”，贯彻“新理念”，着眼“开新局”，发挥改革在构建新发展格局、推进高质量发展中的关键作用，深度融入长三角一体化发展。

会议强调，要切实增强改革动力，围绕“一都一区一基地、一城一市一中心”建设，持续深化对外开放体制机制改革，做好“双招双引”、项目建设和开发区改革创新；持续深化“放管服”改革，提升“互联网+政务服务”，复制推广发达地区经验做法，推深做实“一照通用”“一窗通办”“免申即享”等重点改革，不断优化营商环境；持续深化农村重点领域改革，抓产业促振兴，实施乡村建设行动，推动城乡融合发展；持续深化生态文明体制改革，抓好体制机制建设、生态治理保护和绿色低碳发展；持续深化民生领域改革，统筹推进文化教育、医疗卫生、安全生产、国有企业、民主法治、社会治理、党的建设等各领域改革。

会议强调，要不断凝聚改革合力，压实主体责任，扎实做好改革精准谋划、精准推进、精准落地各环节工作。要砥砺严实作风，坚持“三严三实”“马上就办、真抓实干”，以钉钉子精神抓好各项改革任务落实。要加强改革宣传，展现改革成果，营造改革创新干事创业良好氛围。

【**全市“双招双引”工作推进会议**】2021年9月7日，全市“双招双引”工作推进会议召开。

会议指出，要切实提高政治站位，加强党对经济工作领导，善于从讲政治高度思考和推进经济社会发展工作，切实增强做好“双招双引”工作思想自觉。要进一步完善体制机制，从严从实督查考核，充分发挥考核“指挥棒”作用，树立以实绩论英雄、用干部鲜明导向。要大力践行“三严三实”，锤炼优良作风，用情用力搞服务，甘当有呼必应、无事不扰“店小二”，高质高效解决企业难题，积极构建亲清政商关系。

会议强调，全市上下要牢固树立“民营企业和民营企业家是我们自己人”“为自己人办事就是办自己的事”理念，拿出“开局就是决战、起跑就要冲刺”拼搏劲头，立即行动起来，横下一条心，拧成一股绳，全力以赴抓好招商引资、招才引智，为全面实施“六一战略”、加快建设新阶段现代化美好亳州提供坚实支撑。

【**全市创建全国文明城市重点工作推进会议**】2021年9月16日，全市创建全国文明城市重点工作推进会议召开。

会前，市委书记杜延安先后

到亳州中药材专业市场、魏园路钢材市场、光明农贸市场，并结合网友反映的问题，随机抽查南苑小区、建安路与元参路交口东侧等地文明创建情况，对发现的问题现场逐一交办。

会上，市创建办通报省文明办模拟测评反馈问题整改情况，谯城区、亳州高新区、市公安局、市城市管理局等单位先后发言。

会议指出，全国文明城市是反映一个城市整体文明程度的综合性荣誉称号，这是全市人民的期盼，希望大家共担重责、持续发力、埋头苦干，对标测评标准，狠抓任务落实，确保实现“首创首成”。

会议强调，要完善基础设施，抓好城区改造提升、重大项目建设，不断增强公共服务能力。要强化城市管理，紧盯背街小巷、老旧小区、集贸市场、城乡接合部等重点区域，深入开展建筑围挡、公益广告、门头店招、建筑外立面、城区交通秩序和电动三轮车专项整治，着力提升城市精细化管理水平。要注重精神文明建设，加强理想信念教育、公民思想道德建设、志愿服务体系建设，切实提高群众文明素养。要加强乡村治理，强化农村基础设施建设、农村人居环境改善、乡风文明建设，不断提升乡村文明程度，让创建成果更好地惠及基层群众。

会议强调，要切实加强组织领导，压实各级责任，充分发动群众，营造浓厚创建氛围。要完善考核评价办法，强化督查问效，全力推进创建全国文明城市工作。

【全市推进五大发展2021年第三次督查调度会议】2021年11月2日，全市推进五大发展2021年第三次督查调度会议召开。与会人员利用半天时间，先后到安徽天祥药业有限公司二期项目等13个考察点，实地观摩亳州高新区、亳芜现代产业园区经济社会发展情况。下午会议传达学习省第十一次党代会精神，听取亳州高新区、亳芜现代产业园区工作汇报，涡阳县、蒙城县、利辛县、谯城区作交流发言。

会议指出，要把学习贯彻省第十一次党代会精神作为当前重大政治任务，迅速掀起学习宣传贯彻热潮，真正用大会精神武装头脑、指导实践、推动工作。要拉高工作标杆，在推进经济总量争先进位上下功夫，切实增强慢进是退、不进更是退的危机感和紧迫感，充分用好人文、区位、交通等优势，努力创造更加优异的成绩。要激发内生动力，在促进发展质量效益提升上下功夫，不断优化各类资源配置，持续优化营商环境，深入推进药都“双创”英才计划。要聚焦增进民生福祉，在提高群众获得感、安全感、满意度上下功夫，坚决把群众在意的小事办好、受益的好事办实、堵心的难事办成、期盼的实事办到位。要狠抓工作落实，在全面推进“六一战略”实施上下功夫，成立高规格工作专班，强化工作调度，压实各方责任，务求取得实效。

会议强调，要坚持“三严三实”“马上就办、真抓实干”，深入查找“思想不解放”“小进即满、不思进取”“庸懒散拖”“不严不实”及廉洁自律方面存在的问题，扎扎实实抓好整改，切实增强奋斗有我的敬业精神、保持奋勇争先的事业追求、砥砺奋发图强的干事热情、强化奋不顾身的责任担当，推动作风建设取得实实在在的成效。

会议指出，要加强党的政治建设，强化党对经济工作全面领导，推行基层党建重点考核信访工作制度，有序推进换届工作，凝聚争先进位、走在前列的强大合力，努力实现“十四五”开局之年“全年红、满堂彩”，奋力推动现代化美好亳州建设再上新台阶。

【全市信访工作专题会议】2021年11月17日，全市信访工作专题会议召开。会议传达省委、省政府主要负责人关于信访工作的重要批示讲话精神及全省信访工作专题会议精神，通报全市信访工作情况，安排部署信访事项“大起底、大化解、大督办”专项行动有关工作，部分县、市直单位进行表态发言。

会议指出，信访工作一头连着党委政府，一头连着人民群众，是社情民意的“晴雨表”、为政得失的“信号灯”、干部作风的“试金石”，是党和政府的一项极其重要的工作。要知责思为，着力强化政治自觉，真正把信访群众当家人，切实增强做好信访工作的责任感、使命感和紧迫感，坚持“三到位一处理”，依法依规、穷尽办法、倾尽全力，最大限度化解矛盾纠纷，最大努力促进和谐稳定。

会议强调，要担责敢为，全力开展信访事项“大起底、大化解、大督办”专项行动。要聚焦“大起底”，畅通信访渠道，建立工作台账，排清摸透各类信访问题。要聚焦“大化解”，将心比心、换位思考，突出重点、因案施策，切实解决群众合理诉求。要聚焦“大督办”，强化督导督办，定期开展复查，挂图作战逐一对账销号。要聚焦“抓长效”，拉高标杆完善工作机制，坚持依托党建抓信访，建立健全领导干部阅批来信、开门接访、带案下访、领衔化解信访积案等制度。

会议指出，要尽责有为，层层压实责任链条。要按照“属地管理、分级负责，谁主管、谁负责”的原则，坚持“一把手”抓、抓“一把手”，建立层级清晰、职责具体、严格规范的责任落实机制，同向发力、同频共振，进一步压实领导、属地、部门等责任，确保事事有人抓、时时有人管。要加强各级信访队伍建设，带着对群众的深厚感情去解决群众合理合法诉求，真正做到接访不走过场、写信真管用。

【市委党的建设工作领导小组会议】2021年11月25日，市委党的建设工作领导小组会议召开。会议传达习近平总书记在全国国有企业党的建设工作会议上的重要讲话精神、王沪宁在第二十七次全国高校党的建设工作会议上的讲话精神、省委关于新时代加强高校党的建设和思想政治工作的意见，听取全市党的建设、“我为群众办实事”实践活动、蒙城县党建引领信用村建设、全市招才引智等工作汇报。

会议指出，要切实提高政治站位，增强做好巡视整改的政治自觉，扎实做好“后半篇文章”，将好的做法及时形成制度，建立长效机制。要强化国企党建，把国有企业党的建设纳入整体工作部署和党的建设总体规划，加强国有企业党风廉政建设和反腐败工作。要加强高校党建，把党的领导、党的建设贯穿高校办学治校全过程，全面加强高校党的建设和思想政治工作，坚持正确办学方向，落实立德树人根本任务，坚守为党育人、为国育才，推动高校党的建设与高等教育事业发展深度融合。

【市委财经委员会第五次会议】2021年11月25日，市委财经委员会第五次会议召开。会议传达学习中央财经委员会第十次会议及省委财经委员会第八次会议精神，听取全市网络安全、数字经济、防范化解政府债务风险等工作汇报。

会议指出，要深入学习贯彻习近平总书记在中央财经委员会第十次会议上的重要讲话精神，牢固树立以人民为中心发展思想，加大社会兜底保障力度，大力推进巩固拓展脱贫攻坚成果与乡村振兴有效衔接，推动共同富裕取得更为明显的实质性进展。要深入学习贯彻习近平总书记关于网络强国重要思想，切实增强责任意识、提升保障能力、强化工作合力，不断开创全市网络安全工作新局面。要加快推进数字经济工作，打造特色数字经济平台，持续扶持壮大龙头企业，促进数字经济和实体经济深度融合发展。要增强系统观念，强化监测预警，加强债权项目储备，牢牢守住不发生系统性金融风险底线。

会议强调，各级各部门要按照中央及省委、市委决策部署要求，把准方向、抓住重点、强化调度，扎实抓好全年经济工作收官，积极谋划明年经济工作，打好提前量，做到紧盯目标抓调度、紧盯项目抓投资、紧盯产业抓招商、紧盯需求抓服务、紧盯风险抓防控，确保实现2021年工作“满堂彩”、2022年工作“开门红”。

会议强调，时值年末岁尾，各级各部门要坚定讲看齐、提振精气神、强化执行力，进一步拉升工作标杆，对标先进、自我加压、注重实干，以只争朝夕的精神状态、功成有我的责任担当，忠诚尽职、奋勇争先、攻坚冲刺，全力完成年度目标任务，努力让亳州工作在皖北走前列、全省站前排、全国有影响。

【全市创建全国文明城市包保工作部署和培训会议】2021年11月26日，亳州市召开创建全国文明城市包保工作部署和培训会议。会议传达全国文明城市创建工作培训班和皖北片全国提名城市创建工作推进会精神，印发《关于加强亳州市创建全国文明城市包保工作方案》，省文明城市创建专家组成员进行专题辅导。

会议指出，各级各部门要深入学习贯彻习近平总书记关于精神文明建设的重要论述，全面贯彻落实党的十九届六中全会及全国文明城市创建工作培训班、皖北片全国提名城市创建工作推进会精神，深刻认识创建全国文明城市的重要性和深远意义，坚持问题导向、目标导向、结果导向，敢于同先进比高下、敢于同自己过不去，下定决心、咬定目标，持续发力、久久为功，坚决打赢创建全国文明城市首场攻坚战，确保首创首成。

会议指出，要科学精准发力，对标全国文明城市测评体系，统筹谋划、精准施策，做到有的放矢。要把握关键环节，聚焦素质提升、完善功能、精细管理、城乡一体，深入推进精神文明建设，补齐基础设施短板，提升城市治理水平，抓好乡村文明创建，打好电动三轮车治理攻坚战，以更高标准、更严要求、更实举措全面提升创建水平。要健全完善长效管理、常态创建等工作机制，持续巩固创建成果。

会议强调，要切实加强领导，压实包保领导、包保单位、属事属地责任，高质量完成本领域本行业本部门负责的创建任务。要锤炼过硬作风，坚持“三严三实”“马上就办、真抓实干”，强化党员干部先锋示范作用。要广泛宣传发动，始终依靠群众，问政于民、问需于民、问计于民，不断提高群众的知晓率、参与率和满意度，迅速掀起创建工作高潮，推动文明创建从“靠政府”到“靠大家”，真正让群众享受到文明创建带来的实惠。

【市委经济工作会议暨全市推进五大发展2021年第四次督查调度会议】2021年12月25日，市委经济工作会议暨全市推进五大发展2021年第四次督查调度会议在蒙城县召开。与会人员利用半天时间，先后到蒙城县全民健身中心、蒙城县兴农绿港现代农业科技产业园等8个考察点，实地观摩蒙城县经济社会发展情况。下午会议传达学习省委经济工作会议精神和省委书记郑栅洁到亳调研时的讲话精神，听取蒙城县工作汇报，涡阳县、利辛县、谯城区、亳州高新区、亳芜现代产业园区作交流发言。

会议指出，要坚持稳字当头、稳中求进，全面把握形势，以忠诚尽职、奋勇争先精神推动“六一战略”取得更为明显进展和成效。要全力以赴加快“世界中医药之都”建设，认真落实安徽省中医药振兴行动计划，不断延伸产业链条、打好养生品牌，推动现代中医药产业迈向中高端。要全力以赴加快皖北承接产业转移集聚区建设，推动三次产业系统高质量协同发展，做到产业发展高质量、项目建设高标准、园区配套高水平、为企服务高效率。要全力以赴加快长三角绿色农产品生产加工供应基地建设，做强产业、做优产品、做精加工、做好供应。要全力以赴加快“华夏酒城”建设，抓规划、抓龙头、抓聚集，尽快形成一批可操作的具体举措、可量化的工程项目。要全力以赴加快文化旅游强市建设，打造一批精品景区、塑造一批精品业态、开展一批精品活动。要全力以赴加快省际毗邻区域中心城市建设，以创建全国文明城市为抓手，坚持城乡区域协调发展，努力建设百万人口的现代化区域中心城市。

会议指出，要深入践行“三严三实”，以永远在路上的执着推进作风建设。要拉高标杆，敢于横向比较，主动对标先进，努力干出提质增效、争先进位的好业绩。要严实作风，牢固树立正确的权力观、事业观、政绩观，重实干、求实效、凭实绩，切实让“躺平式干部”躺不住、让混日子的没有市场。要鼓足干劲，始终保持“见荣誉就争、见红旗就扛”的斗志，做到抢抓机遇有冲劲、应对挑战有闯劲、同台竞争有拼劲。要一心为民，坚持以人民为中心的发展思想，想群众之所想、急群众之所急、解群众之所困，切实在高质量发展中促进共同富裕。

会议强调，要提高政治站位，增强“四个意识”、坚定“四个自信”、做到“两个维护”，自觉同党中央对标对表。要扛牢政治责任，坚持以经济建设为中心，把抓落实体现到推动高质量发展的实际行动上。要强化政治担当，坚持“三严三实”“马上就办、真抓实干”，以抓铁留痕的决心推动“总书记有号令、党中央有部署，安徽见行动”要求在亳州落地落实。

【五届市委全面深化改革委员会第一次会议】2021年12月28日，五届市委全面深化改革委员会第一次会议召开。会议传达学习中央深改委第二十二次会议、第二十三次会议及第十一届省委深改委第一次会议精神；听取“一镇一委一站”“证照分离”改革全覆盖试点工作开展情况汇报。

会议指出，要认真贯彻落实

中央深改委第二十二次会议、第二十三次会议及第十一届省委深改委第一次会议精神，推动各项改革部署在亳州落地落实。要全面实施基层“一镇一委一站”消防安全治理体系建设，进一步完善机构设置、配套设施、应急保障，提高基层消防安全工作能力，切实保障人民群众生命财产安全。要扎实做好“证照分离”改革全覆盖试点工作，加大政策宣传力度，做好审批和监管有效衔接，实现数据多跑腿，群众少跑腿。

会议强调，要把牢改革方向，增强改革定力，把稳字当头、稳中求进体现到2022年工作的各领域和全过程。要增强改革动力，加强与沪苏浙等发达地区思想观念对接，以思想破冰引领改革突围，推动重要领域改革取得新突破。要凝聚改革合力，坚定信心、凝聚力量、攻坚克难，力争在解决影响高质量发展体制机制问题上有新的重大突破。要落实改革举措，不折不扣落实中央及省委改革决策部署，围绕高质量发展、优化营商环境、增进民生福祉、农业农村、防范化解重大风险等重点领域，谋划一批体现亳州特色的改革事项，持续巩固提升改革成果。

会议强调，要坚决扛起改革责任，坚持党对改革工作全面领导，强化改革担当，破解改革难题。要加强督查问效，围绕年度重点改革任务开展督查，用目标倒逼责任、用时限倒逼进度、用督查倒逼落地，打通改革落实“最后一公里”。要砥砺严实作风，深入开展“三严三实”“马上就办、真抓实干”作风建设专项行动，力戒形式主义官僚主义，以良好作风推进各项改革举措落地落实，为加快实施“六一战略”、推进现代化美好亳州建设提供坚强保障。

（石国庆）

市委办公室工作

【概况】2021年，在市委的坚强领导下，市委办公室以习近平新时代中国特色社会主义思想为指引，全面贯彻落实党的十九大和十九届历次全会精神，深入贯彻习近平总书记“七一”重要讲话精神和对安徽作出的系列重要讲话指示批示精神，衷心拥护“两个确立”、忠诚践行“两个维护”，按照“五个坚持”的工作要求，围绕中心、服务大局，创新思路、主动作为，努力提升“三服务”工作水平，坚决当好市委的“坚强前哨”和“巩固后院”，圆满完成年度岗位责任目标任务，各项工作取得新的成效。在全市年度综合考核、效能考核、招商引资考评中均荣获优秀等次，被新华通讯社安徽分社评为“突出贡献单位”，并先后荣获“平安亳州建设先进集体”“亳州市希望工程爱心单位”等荣誉称号。

【参谋服务】2021年，市委办公室围绕贯彻省第十一次党代会精神，牵头制定省党代会报告重要举措具体任务清单及学习宣传贯彻省第十一次党代会精神的实施方案。精心服务保障第五次党代会，牵头组建专班，谋划思路举措，认真起草党代会报告，为市委确立全面实施“六一战略”，坚定走跨越赶超、全面振兴、高质量发展新路提供决策参考。《提高新时代党办工作质效探析》《探索创新主题党日实践活动，提升支部党建工作水平》2篇调研报告分别在全市重点调研课题、党建调研课题成果评选中被评为“优秀”等次。

文稿服务。起草党史学习教育专题党课、宣传贯彻落实党的十九届六中全会精神、形势与政策报告等重要文稿300余篇、100余万字，多篇文章在《中国组织人事报》《安徽日报》《安徽省情》等报刊上发表。

信息工作。全年被省委办公厅采用信息186条、省领导批示8次。其中，省委书记批示4次、省长批示1次。《亳州市建立健全政法干部交流轮岗常态长效机制》《亳州市创新医保基金监管方式切实维护医保基金安全》分别被省委书记批示肯定。

标兵竞赛。坚持用好“错题集”“成绩薄”，完善制度机制，规范工作流程。修订完善《中共亳州市委办公室工作制度》，对牵头承办的有关会议活动，提前筹划、周密安排，精心组织、全力保障；对涉及市委重大决策部署的文件、重大事项的领导批示等，做到高效率、高质量办理，确保市委决策部署第一时间落实到位，持续提升办公室“三服务”工作水平，圆满完成省委综合考核组现场考察、市第五次党代会等重要活动的组织协调和服务保障工作。3个科室被评为“标兵科室”，6人被评为“标兵个人”。

【综合协调】2021年，市委办公室全年运转中央、省委文件186件，其他办件1269件。严格按照《习近平新时代中国特色社会主义思想学习贯彻工作平台使用管理细则》和“四大平台”信息上报工作考评办法，及时上报相关信息。

文件管理。签收中央、省委下发“三密”文件173件、11526份。明确领导批示件电子政务平台转办规范，分转市委领导批示件1071件。向省委办公厅法规处报备党内规范性文件32件，报备率达100%。

会务服务。认真做好上级领导到亳调研指导及市委考察调研等组织工作，组织服务市委常委会会议53次、市委全会8次，做好市推进五大发展督查调度会、药博会、创建全国文明城市推进大会等160余次会务服务工作。

值班工作。严格执行上级关于加强值班工作的部署要求，根据部门不同职责特点和工作任务，制定下发《关于各地各部门节假日值班带班分类工作提示》，研究制定值班应急信息办理流程，进一步规范应急信息上报程序。落实领导干部外出报备工作机制，办理领导干部离亳请假报备上报2000余人次。

机要工作。编制印发《亳州市党政机要密码工作“十四五”规划》，积极开展密码法学习宣传活动，加强对密码使用单位检查指导。编制印发《亳州市“十四五”时期保密事业发展规划》，广泛开展保密宣传教育，22人考取保密执法资格证。成立市委党政专用通信工作领导小组，认真编制《亳州市党政专用通信“十四五”发展规划》。

档案管理。编制印发《亳州市档案事业发展“十四五”规划》，扎实开展档案执法检查和安全风险隐患排查，5人考取档案执法资格证。脱贫攻坚、新冠肺炎疫情防控档案归档工作受到省通报表扬。

【其他工作】2021年，市委办公室认真做好庆祝中国共产党成立100周年系列活动。牵头拟草全市活动安排方案，组织收听庆祝大会，成功举办“永远跟党走”庆祝中国共产党成立100周年文艺演出，配合开展“建党百年 初心如磐”——长三角红色档案珍品展活动等。

疫情防控工作。坚决扛起疫情防控主体责任，及时召开办公室防疫工作部署会议，对落实疫情防控网格化责任作出安排部署。购买防疫物资配置到各科室，认真做好环境清洁消毒和个人卫生防护工作。有序高效推进疫苗接种，实现办公室全体人员接种全覆盖。

防范化解重大风险工作。全面贯彻落实总体国家安全观，依托“全民国家安全教育日”，多途径、多举措开展国家安全教育。积极推进办公室平安建设，排查出风险隐患点15个，制定整改措施52条。认真组织开展防暴恐、消防安全应急演练，有效提升应急突发事件处理能力。

乡村振兴工作。扎实开展“单位包村、干部包户”工作，多次赴联系帮扶的利辛县永兴镇永兴村、新张集乡和谐村进行走访慰问脱贫户，调研乡村振兴，对排查发现的34个问题，分别采取个性化帮扶措施。市委办公室所联系帮扶的2个村在省、市评估工作中均取得较好成绩。

文明创建工作。牵头做好创建全国文明城市网上申报工作；扎实开展“文明创建进社区”实践活动，组织党员干部深入文明创建一线，常态化开展问题排查，发放宣传材料400余份，采集上传问题3565个，现场排查发现问题460个，及时抓好督促整改，推动创建包保工作落实见效。积极创建市卫生先进单位和无烟党政机关。

服务群众工作。坚持以人民为中心的发展思想，立足办公室职能，加强督导督查，协助做好人民网网友留言办理、信访接待、群众来信批转等工作。

机关法治建设。办公室主要负责人认真履行法治建设第一责任人职责，定期研究办公室法治建设工作。研究制定市委常委会会议审议议题材料、审议公文文稿前置审核制度等，积极组织开展民法典等法律法规宣教活动，组织参加党内法规知识网上竞答活动和宪法法律知识测试。

招商引资工作。积极外出招商，全面做好项目落地服务，2个投资亿元以上的项目均已开工建设。

（石国庆）

组织工作

【概况】2021年，亳州市有基层党组织10062个，包括城市街道基层党组织547个，乡镇基层党组织5251个。全市共有党组212个、中央和各级地方党委派出工委27个。城市街道9个，全部建立党工委；城市社区(居委会)127个，其中单独建立党委的65个、单独建立总支部的52个、单独建立支部的10个；乡镇79个，全部建立党委；乡镇社区(居委会)223个，其中单独建立党委的72个、单独建立总支部的298个、单独建立支部的10个；建制村998个，其中单独建立党委的281个、单独建立总支部的658个、单独建立支部的42个。公有经济控制的企业法人单位共有356个，其中单独建立党委的29个，单独建立总支部的15个，单独建立支部的305个；在岗职工37566名，其中党员6881名。非公有经济控制的企业法人单位共3728个，其中单独建立党委的8个，单独建立总支部的1个，单独建立党支部的1122个；建立联合党支部的单位281个，建立联合党支部66个；在岗职工122115名，其中党员5762名。事业法人单位共有931个，其中单独建立党委的85个，单独建立总支部的73个，单独建立支部的766个；在岗职工79238名，其中党员25292名。机关法人单位共有411个，其中单独建立党委的84个，单独建立总支部的51个，单独建立支部的276个；在岗职工29063名，其中党员14327名。社会团体、基金会、民办非企业单位651个，其中单独建立总支部的1个，单位建立支部的186个；建立联合党支部的单位105个，建立联合党支部35个；从业人员16256名，其中党员1289名。

2021年，提请市委常委会研究调配干部417人次，其中提拔及进一步使用108人次，晋升职级27人。

【党员干部思想政治建设】2021年，亳州市强化政治建设，思想理论武装走深走实。深入实施“习近平新时代中国特色社会主义思想教育培训计划”，扎实开展十九届五中、六中全会精神和习近平总书记考察安徽重要讲话指示精神等学习培训，举办主体班次20期、培训干部2600余名。聚焦百年大庆，组织“党旗在基层一线高高飘扬”“红色影视播放月”“诵读红色经典”“百部作品献礼建党百年”等活动。做好全国、全省、全市“两优一先”和优秀选派帮扶干部推荐及表彰工作，15134名老党员获颁“光荣在党50年”纪念章。配合抓好党史学习教育，深入推进“我为群众办实事”实践活动，开展“百堂党史课程进基层”活动59场次、专题舆论引导77次。

【领导班子和干部队伍建设】2021年，亳州市全面完成县乡集中换届，领导班子整体功能不断增强，结构进一步优化。坚持正确导向，加强干部队伍建设，从乡村振兴、信访维稳、疫情防控、项目建设等一线提拔、进一步使用53人次，占47.3%。举办乡村振兴、污染防治等干部能力提升培训班35期，培训3218人次。建立健全同长三角一体化相适应的干部交流机制，选派71人到沪苏浙等地学习挂职，从市直单位选派4名优秀年轻干部挂职乡镇领导班子成员，从县区选派4名优秀年轻干部到市直综合部门挂职锻炼。常态化推进公检法重要岗位交流轮岗，2021年符合条件105名干部全部交流到位。加强公务员队伍管理，新招录县乡公务员281人、选调生33名，从国有企业、事业单位和科研院所中调任20人，进一步完善公务员福利待遇保障体系。从严从实加强监督管理，扎实推进“三严三实”“马上就办、真抓实干”作风建设专项行动，查摆问题553条。落实领导干部即时谈话提醒制度，全年谈话提醒59人次。做好领导干部个人有关事项报告工作，如实报告率提高到96.14%。从严核查信访举报135件，取消人选提名资格2人。牵头组织“领导干部和公职人员一人多证、违规获取外国身份问题”专项整治，坚持县区干部选拔任用工作方案预审制度。对5家单位开展选人用人专项检查，发现问题36个，提出整改建议26条。

【基层党组织建设】2021年，亳州市推进基层党组织标准化规范化评估验收，9629个基层党组织均实现达标。持续实施“登高计划”，158个基层党组织、169个远教终端站点分别被评为“五星基层党组织”“五星远教站点”。落实“四个一”整改措施，完成10个软弱涣散村党组织整顿提升。圆满完成1348个村(社区)“两委”班子换届，选优配强11241名新一届村(社区)“两委”班子成员，及时开展全覆盖集中轮训。推进巩固拓展脱贫攻坚成果同乡村振兴有效衔接，选优配强第八批选派干部873名驻村帮扶300个村，1331家单位包保1221个村、60543名干部帮扶183667户脱贫户、监测户。稳步推进“联合体·组合投资·优先股”村级集体经济发展模式，整合资金1.99亿元，实现收益2441.4万元。深化党建引领信用村建设，为23万个信用主体授信129.13亿元、授信率100%，经验做法被新华社智库整期推介。深入推进“三抓一增强”工程，出台城市基层党建引领基层治理和“四做四提”十二条举措，开展“领航”计划申报，新入选省级示范库2个。深入实施邻长制，调整“三长”10853名，受理群众问题20.8万件，办结率99%。全面推进居民小区党支部建设和“红色物业”建设，组建小区党支部111个、物业服务企业党组织77个。巩固提升非公党建“两个覆盖”质量，着力开展“强基础、强班子、强覆盖”专项行动，党组织、群团组织新组建数量均列全省第一，先后被《中国组织人事报》《非公有制企业党建》《安徽日报》宣传报道，并在2021年度全省园区非公企业党建、全省社会组织党建工作现场会上作经验交流发言。实行党建工作指导员片区指导制，开展党建工作指导站争挂“三色星”活动，激励创先争优。开展党务“红领”资格认证，已认证205人。创新开展非公党建“红双贷”工作，已授信1.2亿元。加强党员队伍建设，全年发展党员7368名，创新加强党员教育管理和服务，持续开展好“一月一课一片一实践”活动。

【人才队伍建设】2021年，亳州市完善人才工作体制机制建设，调整升格市人才工作领导小组。深入推进“招才引智”，出台《关于进一步加强海外引才工作的意见》，引进急需紧缺人才389人，高层次人才53人，发放补贴1530.32万元。经验做法被《中国组织人事报》宣传报道。实施“550”登峰行动计划帮助企业技术攻关，首批已发布技术难题18个。深入推进药都“双创”英才计划，为17名英才发放扶持资金85万元，推动技术合作近20项。开展全市第二届乡村创新创业领军能人评选活动，为100名乡村优秀人才发放奖金100万。深化乡村产业创新团队“1831”支持计划，优选56个团队、400余名技术人才到基层服务。加强人才政治引领政治吸纳，50人参加高层次人才国情研修班。提升人才服务意识，为50名高层次人才提供健康医疗服务，帮助51人解决入编、随迁配偶工作调动、子女入学等。

（何　静）

宣传工作

【概况】2021年，亳州市坚持以习近平新时代中国特色社会主义思想为指导，全面贯彻党的十九大和十九届历次全会精神，突出庆祝中国共产党成立100周年，自觉承担起举旗帜、聚民心、育新人、兴文化、展形象使命任务，宣传工作取得新进展、焕发新气象。学懂弄通做实习近平新时代中国特色社会主义思想，2021年，市委理论学习中心组开展集体学习26次，广泛开展“举旗帜·送理论”宣讲活动1.5万余场次、直接受众129万人次，成功举办“‘学习强国’长三角学习联盟走进亳州”活动，《“一课一片”让党的创新理论武装走深走实》首次入选中央宣传部创新案例。扎实开展党史学习教育，推动外出流动党员“流动不流学、务工不误学”经验做法，受到中央、省委《党史学习教育简报》推介。巩固壮大主流舆论，精心组织党的十九届六中全会等20余个主题宣传，制作警示教育片13部。切实维护意识形态安全，深入开展“扫黄打非”工作。深入培养和践行社会主义核心价值观，“中国好人”上榜数连续5年全省第一。

【理论武装工作】2021年，亳州市持续推动习近平新时代中国特色社会主义思想学习走深走实走心。建立健全党委(党组)理论学习中心组学习情况上报、通报等工作机制，市委理论学习中心组全年开展学习26次。做好《习近平新时代中国特色社会主义思想学习纲要》等重要著作和理论读物学习使用工作。构建“专家讲理论、干部讲政策、百姓讲故事、英模讲奉献、巾帼讲担当、青年讲传承”六大宣讲矩阵，打造进机关、进企业、进学校、进社区、进农村、进网络、进“两新组织”七进全景课堂，围绕党的十九届六中全会、习近平总书记“七一”重要讲话和省第十一次党代会等主题，开展“举旗帜·送理论”宣讲1.5万余场次，直接受众129万人次。“村村通”广播常态化播出习近平总书记同期声，覆盖人口300余万人次。成功举办“‘学习强国’长三角学习联盟走进亳州”活动。编印《亳州社会科学》4期。在全省基层理论宣讲工作表彰中，亳州市获奖再次实现“满堂红”。《“一课一片”让党的创新理论武装走深走实》首次入选全国宣传思想文化工作案例，《新时代农村思想政治工作调查研究》入选中国政研会一类优秀研究成果，亳州市委宣传部被评为全省“学习强国”工作先进集体，亳州社会科学界联合会被评为全省社科普及先进单位。

【宣传报道工作】2021年，亳州市坚持团结稳定鼓劲、正面宣传为主，统筹网上网下、内宣外宣，推动党的创新理论成果走进群众。开设“深入学习贯彻党的十九届六中全会精神”“走好赶考路、奋进新征程”等专题专栏，统筹推进党史学习教育等主题宣传20余个，组织开展“全面实施‘六一战略’聚力建设美好亳州”主题采访活动，统筹推进创建全国城市、长三角一体化发展、疫情防控、药博会等重点工作宣传报道，全年中央、省主要媒体分别正面报道亳州460篇(条)、1760篇(条)。全市举办新闻发布会66场，制作警示教育片13部。印发亳州市加快推进媒体深度融合发展的工作任务清单。建强用好县级融媒体中心，蒙城县“广电+乡村治理”综合应用平台入选全国广播电视媒体融合优秀案例。制定亳州市“村村通”广播建设提质增效的八项举措，“村村通”广播常态化播出习近平总书记同期声，通响率达95%以上。

【社会主义核心价值观建设】2021年，深入培育和践行社会主义核心价值观，制定亳州市贯彻落实《新时代爱国主义教育实施纲要》工作举措，深入开展道德模范与身边好人选树宣传工作，14人上榜“中国好人”，五年来“中国好人”累计上榜人数居全省第一位。大力开展典型人物选树，省《榜样》栏目推出亳州市先进典型5个，其中1人被确定为全省重大典型。开展全市“思政公开课”评选、“读红色经典·做红色传人”思政课教学等活动。7家单位通过省第六届爱国主义教育示范基地验收。开展“百年光辉历程　全面建成小康”第28届青少年爱国主义读书教育活动，亳州市委宣传部被评为“学党史、跟党走、少年志”2021年安徽省青少年红色经典朗诵大赛优秀组织单位。全面推进县乡村三级新时代文明实践中心建设，累计建立新时代文明实践中心(所、站)1446个，开展各类实践活动3万余场，受益群众80万余人次。谯城区“以文化人聚民心　成风化俗扬新风”、高新区“传承五禽戏　助力大健康”入选安徽省新时代文明实践典型案例。高标准高质量开展全国文明城市创建，制定《亳州市文明行为促进条例》，全面提升文明单位、文明村镇、文明家庭、文明校园创建水平。

【文化文艺惠民】2021年，亳州市把建设文化旅游强市作为全市“六一战略”重要内容，举全市之力推进。大力推进文化改革发展，将文化产业发展工作纳入市直机关效能考核和县(区)政府目标管理绩效考核，全市亿元以上文化产业重大项目34个，计划投资37.05亿元，全市规模以上文化及相关产业企业实现营业收入16.84亿元，比上年同期增长20.4%；新增文化类高新技术企业2家。大力提升公共文化服务水平，制定并完善公共文化场馆服务绩效评价体系，推动市“三馆一院”、县(区)“两馆一场”建设和达标升级，建成村级综合文化服务中心1320个，覆盖率为98%；完成市中心城区5家基层图书阅读点布局建设。开展文化科技卫生“三下乡”活动和“我们的中国梦”——文化进万家活动，开展“送戏进万村”1429场次。开展“奋进百年路、启航新征程”主题文艺采风创作及展览展示活动，“千年古井酒酿造技艺”“晰扬掌”“淮北梆子戏”3个项目入选国家级非遗项目代表性名录，《孝的陷阱》《童心可贵》入选2021年度省级戏曲孵化项目，梆子戏《雨燕衔春》《印记》入选“安徽省庆祝中国共产党成立100周年新创优秀剧目展演”。

【党史学习教育】2021年，亳州市委始终把党史学习教育紧抓在手，垂范带动、上下联动、一体推动，第一时间成立由市委主要负责人任组长的市委党史学习教育领导小组，“一把手”带头抓，市委常委及其他市级负责人高标准、严要求抓好分管领域、部门和地方的党史学习教育工作，各级党委（党组）主要负责人自觉扛起第一责任人责任，形成一级带一级、一级抓一级良好局面。坚持“不落一人”，开展分众教育，市委理论学习中心组成员坚持读原著、学原文、悟原理，领学党史学习教育学习书目，市委主要负责人带头赴基层讲专题党课，推动理论学习深化、成果转化。创新开通百万学子“空中课堂”，为离退休党员组织开展上门送学、回原单位讲学、到革命纪念场馆悟学，为流动党员组织开展邮寄资料送学、微信支部助学、交流心得共学等活动，寄出“红色快递”1.4万余份。其中，推动外出流动党员“流动不流学、务工不误学”经验做法受到中央、省委《党史学习教育简报》推介。编写《中国共产党亳州历史百年大事记（1921—2021）》《亳州市党史学习教育红色资源名录》，推出亳州党史图片展，创作排练梆剧《彭雪枫》、情景剧《满门忠烈》等，开展艺术党课基层巡演、红歌快闪等活动。大力开展“我为群众办实事”实践活动，提出市级层面办实事清单91项，市有关负责人带头认领53项。“免审即享”“税信通”“一照通用”“一窗通办”等惠企利民举措得到中央第三巡回指导组充分肯定，被中央、省直主流媒体多次报道。

（李　林）

统战工作

【概况】2000年，中共亳州市委统一战线工作部（以下简称“市委统战部”）成立，是市委主管统一战线工作的职能部门。2019年2月机构改革后，市委统战部统一管理民族宗教、侨务工作。将市民族事务委员会（市宗教事务局）并入市委统战部，将市政府外事办公室（市政府侨务办公室）的侨务管理职责划入市委统战部，加挂市委台湾工作办公室牌子，对外保留市政府侨务办公室（以下简称“市侨办”）、市政府台湾事务办公室牌子（简称“市台办”），对外加挂市民族宗教事务局牌子。

2021年，全市统一战线工作以习近平新时代中国特色社会主义思想为指导，深入贯彻落实习近平总书记关于加强和改进统一战线工作的重要思想，以贯彻实施《中国共产党统一战线工作条例》（以下简称《条例》）为重点，围绕服务高质量发展大局，凝聚共识、服务大局、防范风险、提升能力，全面推进统战各领域工作科学发展。

制定实施亳州市《学习宣传贯彻〈中国共产党统一战线工作条例〉实施方案》。市委常委会7次听取统战工作情况汇报，市委书记杜延安9次对统战工作作出批示。市委常委专任市委统战部部长，利辛县委统战部部长实现县委常委专任。将《条例》纳入理论学习中心组学习内容和市委党校、社会主义学院教学内容，将统一战线工作纳入宣传工作计划，将统一战线工作情况纳入领导班子、领导干部目标管理和考核体系，纳入政治巡察、监督执纪问责范围。举办全市学习宣传贯彻《条例》专题培训班，形成全市学《条例》、讲《条例》、用《条例》良好氛围。

在市各民主党派、无党派人士中开展“学党史、看发展、践初心、献力量”学习教育；在宗教界开展“学党史、感党恩、听党话、跟党走”宣传教育活动；在新的社会阶层人士中开展“凝聚新力量·筑梦新时代”庆祝建党100周年主题教育活动；在归国留学人员中开展“学史增信力行开新局　赓续百年留学家国情”主题活动。举办学习教育活动100余场次，不断夯实共同奋斗思想政治基础。

强化“双招双引”，积极参与“美好安徽智汇行”活动，签约校企合作项目8个；推选2021世界制造业大会签约台侨企项目4个，投资额16.4亿元。市各民主党派、无党派人士围绕全市经济社会发展重大问题开展专题调研，提交议案提案240余件，调研报告20余篇；围绕脱贫攻坚与乡村振兴有效衔接，对278个村开展实地调研，推动存在问题解决。会同市工商联，动员全市广大非公经济人士参与“万企兴万村”活动，实施乡村振兴项目191个，412家民企与412个村开展对接帮扶。

搭建“皖企通”亳州“免申即享”平台，构建主动服务民营企业新模式。在党外知识分子中开展“双树双建”主题教育，实现县级新联会组织全覆盖，打造省级新的社会阶层人士统战工作实践创新基地1个、市级8个。做好港澳台侨交流交往和服务工作，圆满实施“亳台非遗文化线上展演交流”全省对台重点交流项目，建立亳州市海外统战和侨务工作协作机制。有序推进党外代表人士教育培养工作，全市配备党外厅级干部6名，正处级干部6名，市政府工作部门配备党外正职4名。

2021年，全市宗教专项工作受到省委领导充分肯定并全省推广，党外知识分子“双树双建”工作得到省委统战部表扬，对台工作受到省委台办通报表彰，市民革、市民进、市九三学社、市农工党脱贫攻坚民主监督工作受到民主党派中央表彰，市工商联被表彰为“安徽省千企帮千村精准扶贫行动先进集体”，谯城区委统战部被评为“全省统战系统先进集体”，2名统战干部被评为“全省统战系统先进个人”。

【政党协商活动】协助市委制定《中共亳州市委2021年政党协商计划》，开展政党协商活动。3月4日召开党外人士人民检察工作专题座谈会，就全市检察工作情况向党外代表人士进行通报并征求意见建议；9月23日市委杜延安书记主持召开党外人士座谈会，通报全市经济工作及党风廉政建设和反腐败工作情况，就市第五次党代会《报告》征求党外人士意见建议；12月29日就2022年《政府工作报告(征求意见稿)》书面征求各民主党派、工商联、无党派人士的意见和建议。

【侨务工作】组织市留学人员联谊会会员开展“学史增信力行开新局，赓续百年留学家国情”党史学习教育主题活动，参观《建党百年初心如磐——长三角红色档案珍品展》并座谈交流。组织参与“侨心永向党”书画展，亳州市11幅作品参加展出。开展“我为群众办实事”侨界走访慰问活动，走访慰问三县一区50名侨界老党员和困难归侨侨眷。重阳节期间开展“重阳看夕阳”走访慰问老年归侨侨眷活动。亳州学院侨联举办“学党史·庆端午·聚侨情”主题读书会活动。涡阳、蒙城、利辛县侨联组织归侨侨眷和归国留学人员代表参加党史学习教育培训，学习党的百年历程，分享学习感悟心得。

以中国·淮安首届淮河华商大会暨淮河生态经济带侨务工作联盟成立为契机，积极搭建平台，推选亳州市重点投资项目、有融资需求的重点企业、科技创新创业项目、食品类企业等11家企业、项目参加大会项目推介活动。在全市范围内开展新侨创新创业摸底调查工作。亳州中科科博检测有限公司获首批挂牌“安徽省侨联新侨创新创业基地”。推选4人当选安徽省侨联新侨创新创业联盟第一届理事会理事、1人当选副理事长。积极开展2021年世界制造业大会“六百”项目涉侨项目摸排推报工作，推报中科科博中药材检测项目作为大会侨企签约项目，投资总额6亿元。争取侨务捐赠，服务民生事业。完成2021年度涉侨捐赠项目——“珍珠班”项目招生申报工作，亳州市获捐赠方——浙江新华爱心教育基金会援助名额增至50名，捐赠助学金额37.5万元。积极组织参与“大学梦·邦泰情”2021年侨爱公益助学活动，亳州市57名准大学生通过审核，获得资助金额28.5万元。

推进亳州市涉侨纠纷诉前调解机制建设工作，协同市中级人民法院印发《亳州市涉侨纠纷诉前对接机制建设实施方案》，出台建立《亳州市海外统战和侨务工作协作机制》，为做好为侨服务工作提供制度保障。认真办理涉侨来信来访事件3件次。积极争取省侨联支持，先后为亳州市29人次困难归侨侨眷和企业退休老归侨发放生活补助金6.34万元。针对疫情形势发展，亳州市侨界广泛开展海外华侨“双稳”工作，实施“暖侨行动”，走访慰问侨眷39人次，发放慰问金3.5万元，通过慰问国内眷属向亳州籍海外华人华侨转达党委政府的关心关爱、宣传有关疫情防控政策。向省侨联申报新设涡阳四中“侨胞之家”1处，推荐获批曹操运兵道等“安徽省华侨国际文化交流基地”3处。组织参加“第二十二届世界华人学生作文大赛”，全市共近20所高中、中专学校精心组织参与，累计组织34731人次参赛，推荐上报1467篇优秀作品。亳州市华文外派教师刘子斐被省委统战部授予优秀华文外派教师称号。

组织市留联会考察团一行14人赴芜湖，与芜湖市侨青委开展学习交流活动，参观芜湖产业创新馆、芜湖留学人员产业园，考察芜湖市侨青委会员企业谷田医疗科技、同泰智能物流园、大橘科技公司等，双方就加强两市侨界青年互动交流、打造长三角侨青联盟、发挥留学人员组织活力服务两市经济社会发展等进行深入探讨并达成共识。为吸引更多侨界朋友和留学归国人员到亳参观考察，亳州市留联会发起成立长三角部分城市侨界青年创新创业联盟，10月22日，分别与南京市侨青会、芜湖市侨青委、马鞍山市侨青委、宣城市留联会在芜湖举行签约仪式。

【对台交流】2021年市台办开展对台经贸、文化交流，成效显著。先后在上海、深圳、东莞、成都等长三角、珠三角和成渝地区开展涉台招商活动7场次，与上海市杨浦区台办、青浦区台办、青浦区台协会及漳州市台协会等对台工作部门和台商团体建立战略合作关系。接待到亳考察台商30余人次。创新形式，线上线下相结合，实施对台交流活动3场次。

市委书记杜延安带队赴上海开展对台招商考察活动；市委常委、市委统战部部长郑超等多次出席对台招商推介和来访接待。会同市招商局、市经信局、市高新区，在上海市青浦区举办“长三角一体化经济发展亳州市投资环境说明会”。上海市台协会副会长陈定宗、福建中延菌菇股份有限公司董事长林次郎等先后到亳考察，达成合作意向。

首次圆满策划实施亳台线上文化展演交流活动“亳台华佗五禽戏线上展演交流论坛”，并列入全省对台交流重点项目。安徽省对台交流基地涡阳县天静宫与台湾中华道教联合总会开展线上道家文化主题交流。重阳节前夕，组织在涡和涡阳籍台胞台属开展传统文化参访交流活动，增进争做两岸一家亲“连心桥”的自觉性与积极性。

在省委台办的用心指导和市直相关部门的大力支持下，首次圆满策划实施亳台线上文化展演交流活动“亳台华佗五禽戏线上展演交流论坛”，并列入全省对台交流重点项目。6月1日，分别在亳州职业技术学院和台湾师范大学两地设立分会场，亳州职业技术学院、台湾师范大学院系领导、师生代表，亳州健身气功协会、华佗文武学校专业团队等共150余人通过视讯连线方式参加论坛，现场进行华佗五禽戏展演教学、传统武术表演和运动科学与养生文化研讨，活动的成功举办巩固以往4次华佗五禽戏入岛展演交流的成果，延续对台交流项目品牌的影响力，达成实地互访和相关领域合作意向，也丰富了疫情常态化形势下对台交流的方式方法。

【民主党派市级组织换届工作】2021年10月14—21日，先后协助九三学社亳州市委会、民建亳州市委会、农工党亳州市委会、民进亳州市委会、民革亳州市委会召开代表大会，选举产生各民主党派市委会新一届领导班子成员。通过换届，一批政治坚定、履职有力、作风良好的中青年民主党派干部走上领导岗位，为新时代民主党派地方组织更好履职尽责、担当作为奠定组织基础。

【“双树双建”主题教育活动】组织全市各级党政机关，市属高校、国有企业等领域的党外知识分子，围绕“双树双建”（树牢理想信念、树好社会形象，建功立业争创一流业绩、建言献策服务发展大局）总目标，重点开展“五个一”主题教育活动，即：参加一回集中学习、精读一本党史著作、开展一次调查研究、撰写一份意见建议、亲历一场实践活动，引领思想，凝心聚力，发挥优势，主动作为，在建设新阶段现代化美好亳州征程中展示全市党外知识分子的风采。市委统战部荣获安徽省党外知识分子“双树双建”活动优秀组织奖，陈昭敏、金国珍、孙伟亮、张大艳、曹凤华5人荣获安徽省党外知识分子“双树双建”活动年度标兵称号。

【民族团结宣传】开展民族团结进步宣传教育“七进”“民族团结进步宣传月”系列活动，组织开展“江淮传情歌伟业　各族达意颂党恩”庆祝建党100周年群众性歌咏比赛。依托社区流动少数民族人口服务站，帮助外来少数民族群众解决子女就学等问题80多件，促进各民族交往交流交融；表彰命名市第一批少数民族团结进步创建示范单位，命名表彰单位2个。

【宗教中国化方向建设】组织开展培育和践行社会主义核心价值观演讲活动，参与宗教人士和信教群众7600余人次。加强爱国宗教团体建设，按期完成市、县区基督教“三自”爱国运动委员会换届工作。2021年11月28日，成立谯城区伊斯兰教协会，选强配齐宗教团体领导班子，加强团体管理制度建设。开展政策法规宣传进宗教团体和场所系列主题活动255场次，宣传服务对象2.5万余人次。11月28日，举办宗教法律法规培训班。

【民营企业创新能力提升培训班】2021年10月20日，市委统战部、市经信局、市工商联与浙江大学在市委党校共同举办“民营企业创新能力提升培训班”。来自全市三县一区、高新区、亳芜产业园区的38名民营企业家参加培训。培训班邀请浙江大学及中国人民大学的专家讲授宏观经济形势分析、中医药品牌战略营销等课程，并组织学员赴浙江大学药学院现代中药研究所、浙江大学技术转移中心、森宇控股集团实地考察交流。市委常委、市委统战部部长郑超在培训期间召开座谈会，宣传贯彻《中国共产党统一战线工作条例》，并听取企业家意见建议。

【“美好安徽智汇行”走进亳州】12月11日，安徽大学校长匡光力、省委统战部副部长王琦率领“美好安徽智汇行”专家服务团来到亳州，市委书记杜延安、市委副书记张志强会见专家服务团一行。专家服务团先后调研古井集团、康美中药材交易中心，并召开项目对接会，现场签约合作项目8个。省委统战部副部长王琦主持召开项目对接会并讲话，安徽大学校长匡光力出席会议并讲话，亳州市委常委、市委统战部部长郑超出席会议并致辞。

【亳州市“双招双引”合肥推介会】12月19日，市委统战部主办亳州市“双招双引”合肥推介会成功举办，省政协原副主席王鹤龄应邀到会并讲话，市委常委、统战部部长郑超出席会议并致辞。会议邀请省直相关部门负责人、安徽省亳文化研究会负责同志、省内优秀企业家代表以及合肥市、芜湖市、马鞍山市、淮北市亳州商会会长50余人参会。

【部务会成员工作联系制度】市委统战部建立《部务会成员工作联系制度》，6名部务会成员分别联系三县一区、市高新区、亳芜产业园区统战工作，加强对基层统战工作的指导，推进《中国共产党统一战线工作条例》的高质量贯彻实施，推动全市统战工作整体水平创新提升。

（贾军涛）

市委政策研究

【概况】2021年，市委政研室充分发挥调查研究职能，坚持以文辅政。围绕全市经济社会发展工作重心和重大问题，确立市领导领衔调研课题38个，市直单位重点调研课题99个。围绕“六一战略”，聚焦“我为群众办实事”，形成具有针对性和可操作性的调研成果13篇，印发《决策参考》10期，多次获得市委、市政府主要领导批示。《二产带一产　探索“合力模式”新路径——以古井集团为例》等调研报告相关建议写入市第五次党代会报告。《承上启下　接续奋斗　统筹推进脱贫攻坚与乡村振兴有效衔接》等多篇调研报告被《安徽工作》《改革内参》采用。

起草并印发《市委党的建设工作领导小组2021年工作要点》，明确8条26项186个具体任务。起草《中共亳州市委关于加强新一届市委班子政治建设的意见》，深入推进党的建设主体责任落实。统筹全市党的建设考核工作，建立定期报告党建工作制度。针对中央巡视安徽省反馈意见亳州市整改问题，组织国企、政法、高校等领域进行党建专题汇报，印发《开展公办高校和国有企业党建工作“找差距、抓落实、提质量”专项行动实施方案》。围绕影响制约党建科学发展问题，收集调研课题73个，为省委组织部建党100周年理论研讨会选送高质量党建研究成果3篇。

【信息服务】2021年，市委政研室秉承“权威性、公信力、影响力”理念，不断强化意识形态、舆论宣传“主阵地”作用，编印《新亳州》6期，结合建党一百周年和党史学习教育活动，增加《党史研究》《学史心得》版块，为党员干部开展学史学习研讨提供平台。《新亳州》交流到全国80多个地市。编印《2021年市情手册》，围绕“六一战略”和亳州“十四五”规划，介绍亳州2021年经济社会发展、风土民情、产业规划、人文资源等情况,成为亳州市外出招商、推介宣传亮眼名片。

(张 健)

市直机关党建

【概况】亳州市直属机关工作委员会(以下简称"市直工委")于2000年成立。其职能主要是领导市直机关党的工作、纪律检查工作和工青妇等群团组织的工作;指导市直机关各级党组织实施对党员特别是党员领导干部监督、精神文明建设和维护社会稳定的工作等。截至2021年底,市直机关党组织有党委45个、党总支23个、党支部501个,党员人数8036人。

2021年,市直工委为市直机关党员干部订阅学习辅导资料4000余册。组织40余名市直机关党务干部参加"举旗帜送理论"党的十九届五中全会精神宣讲报告会。

开展模范机关创建活动,推动机关党员、干部发挥忠诚干净担当的示范引领作用。推动市直机关执行《关于新形势下党内政治生活的若干准则》等,落实"三会一课"、"一月一课一片一实践"、主题党日、组织生活会、民主评议党员、党员领导干部过双重组织生活等制度。

坚持完善党建带群建机制实施党员干部身心健康工程和关爱帮扶行动。向市妇联推荐1名全省"三八红旗手",5名全市"三八红旗手",2个全市"三八红旗手"(集体)。举办市直机关法治(综治)宣传培训班,开展习近平法治思想进机关示范宣讲活动,推动法治精神深植于脑,内化于心。广泛宣传发动,动员机关干部职工报名参加市第三次运动会,市直共组成20支代表队参加各类比赛,取得了较好的成绩。联合市文旅局等单位成功举办800人参加的市直机关第二届职工运动会健步走,支持消费扶贫。购买新疆和田地区皮山县特色农产品14箱,助力打赢脱贫攻坚战。

【党组织建设】严格基层党组织换届改选、党员发展、组织关系转接等程序时限,规范机关党建按照习近平总书记关于把党务干部培养成"政治上的明白人、党建工作的内行人、干部职工的贴心人"的工作要求,分层分类举办2期党务干部培训班,培训学员312人次。加强对市直机关党组织落实"一月一课一片一实践"活动的指导和检查,运用好"亳州智慧党建"云平台、加强对机关党组织落实主题党日、"一月一课一片一实践"等活动的指导和检查,运用亳州智慧党建云平台开展督查检查15次,发现问题45个,已全部督促解决。2021年新批准成立2个基层党组织,督促指导15个基层党组织按期换届。2021年,12个机关单位基层党组织获得五星基层党组织称号。严格述职评议考核。组织召开2020年度市直机关党组织书记述职评议考核会议,10家单位党组织书记口头述职,74家单位党组织书记书面述职,会议实行现场点评,当场打分。

【党员管理】做细党员发展工作。举办二期党员发展对象培训班,对274名发展对象进行集中培训。严格落实党员发展政审、记实、公示、票决等制度、高质量完成全年党员发展任务。坚持开展重要节日走访慰问工作,于春节和"七一"前夕,集中下拨30.3万元走访慰问市直困难党员、老党员142人,让党员真切感受到党组织温暖。

【党员教育】市直机关党员干部共讲党史廉政党课274场次,受众4689人,86个机关基层纪检组织共组织7268名党员干部参与廉政知识测试,营造了风清气正的良好氛围。举办市直机关第八届微型党课精品课程比赛,完善市直机关微型党课人才库、持续推进"微型党课巡讲"活动,全年共开展巡讲24次,受众2200多人次。举办党史学习教育艺术党课。与省直工委联合举办"送理论宣讲、送艺术党课进基层"活动,省直机关《百年记忆》艺术党课,通过开天辟地、改天换地、翻天覆地和惊天动地4个章节,以情景朗诵的方式生动地再现了党带领人民进行革命、建设、改革开放以及奋进新时代所走过的辉煌历程,别开生面的党课引导在场400多名党员干部在艺术熏陶中接受精神洗礼。

【庆祝中国共产党成立100周年活动】精心组织开展系列庆祝活动。一是集中收看庆祝中国共产党成立100周年大会盛况。二是召开市直机关庆祝建党100周年表彰会议,表彰了10个市直机关单位先进党组织、20名优秀党务工作者、50名优秀共产党员，5个先进机关纪检组织，10名优秀机关纪检干部。“七一”前，在《亳州晚报》开设专栏报道“两优一先”事迹，并与市广播电视台合作集中两周分时段报道部分优秀个人先进事迹。三是开展“我把颂歌献给党”歌词征集评比活动，征集到96篇参赛作品，初步评选出优秀作品20篇，获评省直工委表彰一等奖1篇、二等奖1篇、三等奖2篇的好成绩。四是开展全市机关党组织“注重家风家教　培育家国情怀”演讲比赛。五是颁发“光荣在党50年”纪念章”。通过广泛细致的排查和审核，共为173名老党员颁发“光荣在党50年”纪念章。

【党史学习教育工作】3月4日，市直工委书记戴飚作动员讲话，成立市直工委党史学习教育领导小组，对党史学习教育进行统筹部署，并制订学习计划。全年开展各类学习60余次，研讨12次。创新方式方法，丰富学习载体，通过举办党史学习教育专题报告会、到皖北烈士陵园缅怀革命先烈、参观市档案馆党史教育图片展、组织党务干部观看革命教育影片《长津湖》等，引导党员干部不忘初心、牢记使命，推动党史教育入脑入心。强化服务基层，推进活动实效。坚持把“我为群众办实事”实践活动作为党史学习教育的出发点和落脚点，围绕文明创建、脱贫攻坚、疫情防控、企业党建等领域开展走访调研，解困帮扶。全年共开展“我为群众办实事”实践活动33次，帮助基层和群众解决实际困难23个。深入贯彻习近平总书记“七一”重要讲话精神，组织集中收看庆祝中国共产党成立100周年大会实况后，集中研讨并作交流发言，中心组学习会议多次传达学习《习近平总书记在庆祝中国共产党成立100周年大会上的讲话》，结合思想和工作实际，分别作研讨发言；在系统自学的基础上，通过理论学习中心组与全体人员会议相结合的方式，定期开展集中学习，围绕习近平总书记“七一”重要讲话精神、《社会主义发展简史》等指定教材进行交流研讨。同时在“学习强国”App、安徽干部教育在线等基础上进一步借势借力、向上对接、横向联合，构建机关党的宣传的“全媒体矩阵”，为广大党员提供长效学习平台。进一步提高党员干部学习理解党史的思想自觉、政治自觉和行动自觉。举办党史学习教育专题读书班。内容涵盖了“新民主革命时期历史”“社会主义革命和建设时期历史”“改革开放新时期历史”“党的十八大以来的历史”四个专题，结合个人工作学习情况进行交流发言，引导广大党员干部学深悟透笃行，推动党史学习教育取得新进展新成效。

【机关纪委履职】印发2021年市直机关纪检工作要点，指导机关纪委知责明责履职尽责。加强机关纪委组织建设，调整充实5名机关纪检干部。贯彻落实《关于加强中央和国家机关纪委建设的意见》，按照“六个统一、五个规范”要求，召开座谈会2次，开展调研督导4次，不断深化机关纪委规范化建设试点工作。市直工委抓机关纪委建设的做法被省纪委监委内部刊物登载，省纪委监委主要负责人予以肯定并作出批示。积极与市纪委监委对接，扎实做好省纪委监委来亳调研机关纪检建设的相关工作。该做法也在长三角地区机关党建工作研讨会上作了专题发言。坚持把学习贯彻习近平新时代中国特色社会主义思想、习近平总书记重要讲话指示批示精神，列为书记办公“第一议题”，坚决把讲政治的要求落实到机关工作各领域和党建工作全过程。加强政治能力培养和锻炼，通过开展党史学习教育、深化“三个以案”警示教育、“三严三实、马上就办、真抓实干”作风建设专项行动等，着力提高党员干部政治判断力、政治领悟力、政治执行力。强化政治监督，准确把握《全市各级领导班子和领导干部政治建设监督考核指标》，持续推进中央、省委和市委巡视巡察发现问题整改落实，以整改的实际成效推动工委各项工作迈上新台阶。

【模范机关创建】认真贯彻习近平总书记关于“讲政治、守纪律、负责任、有效率”的要求，统筹推进模范机关创建工作，强化政治机关意识，更好畅通党中央决策部署和习近平总书记重要指示批示精神贯彻落实的“最后一公里”。指导机关基层党组织把“三表率一模范”机关创建要求融入单位部门中心工作，发挥引领带动作用，使创建过程成为破解工作难题、转变工作作风、服务人民群众、推动事业发展的过程。

【服务中心大局】贯彻落实市委

决策部署，聚焦重大战略重要任务重点举措。一是高质量做好疫苗接种工作。严格落实市委对机关单位人员疫苗接种工作提出的目标要求，与市公安局联合成立工作专班，统筹推进市直机关单位疫苗接种工作。实行“日调度、周报告”工作机制，建立接种疫苗情况台账，点对点实时统计各单位接种情况，每周进行排名通报。8月底完成市直机关8万余人的疫苗接种工作，做到应接尽接，得到市委主要领导的肯定和表扬。积极参与疫情防控工作，分四组集中两周对市商务局等13家单位履行疫情防控主体责任和所属二级机构、监管行业开展“两码一证”核查工作进行监督检查，及时反馈并全部督促解决，进一步筑牢疫情防控防线。二是助推文明创建工作。按照“党建带创建，创建促党建”工作思路，工委向市直机关单位党组织和党员干部发放《创建全国文明城市工作倡议书》7000余份，号召市直机关单位党员带头，全员参与，多措并举支持文明城市创建工作。市直工委全体党员干部职工积极响应，迅速行动，与所包汤陵街道五里社区共同做好文明创建工作。通过组织协调，督导调度，找准问题建立台账，严督实导整改销号，确保摸排的43个问题全部整改到位，高质量达标。

【考核督查】坚持“严”的主基调，深化党章党规党纪和法律法规宣传教育，通过举办家风家教宣讲座谈、廉政党课教育、廉政知识测试等，不断增强了市直机关党员干部廉洁自律意识。4—5月组织开展了市直机关第二个党风廉政宣传教育月活动并取得良好效果。秉持质量第一理念，认真落实案件审理“二十四字”方针要求，着力提升审理工作质效。2021年以来，共受理派驻纪检监察组移送违纪违法案件4件，审结4件，备案4件，无受处分党员申诉、申请复核复审等情况。印发2021年市直机关纪检工作要点，调整充实5名机关纪检干部。按照“六个统一、五个规范”要求，召开座谈会2次，开展调研督导4次，不断深化机关纪委规范化建设试点工作。

（杨　锐）

机构编制管理

【概况】2021年，中共亳州市委机构编制委员会办公室（以下简称“市委编办”）坚持以习近平新时代中国特色社会主义思想为指导，全面贯彻落实党的十九大和十九届历次全会精神，深入贯彻习近平总书记“七一”重要讲话精神和对安徽作出的系列重要讲话指示批示精神，认真落实省委市委决策部署，全面强化“两个坚持”、全力实现“两个更大”，深化编制周转池制度建设，优化乡镇权责清单，厘清县乡职责边界试点，完成第二次全国机构编制核查、重点领域改革等重点工作，为加快实施“六一战略”，推进现代化美好亳州建设提供有力的体制机制保障。截至2021年底，亳州市有市直行政机关83家、事业单位190家。

【清单制度建设】持续深化“全省一单”权责清单制度体系建设。对标对表，完成市级权责清单中依职权类权责事项统一规范，实现全省各市及市辖区行政处罚和行政强制事项要素（名称、类型、依据等）统一、标准统一、数量相当；统筹市县，开展权责清单年度集中调整，市县乡共调整保留5959项权责事项，切实维护权责清单时效性、准确性、权威性；先行先试，优化乡镇权责清单，厘清县乡职责边界，探索形成“两单一图四机制”，即乡（镇）政府权责清单、乡镇配合事项清单、事项工作运行流程图、清单外事项准入机制、县乡联动机制、双向考评机制、监管问责机制，取得较好成效。全面梳理蒙城县乡权责事项，细化完善乡（镇）政府权责清单、乡镇配合事项清单、绘制工作流程图，让群众少跑冤枉路、少花冤枉钱，不断提高行政审批效能。

【重点领域改革】有力推进乡村振兴机构建设，推进扶贫工作机构重组为乡村振兴机构，将市县（区）扶贫开发局分别重组为乡村振兴局，指导县（区）将乡镇（街道）扶贫工作站统一更名为乡村振兴工作站。为进一步优化亳州市营商环境，保障加快重点工程建设，创造良好发展环境，瞄准提升投资促进服务质量和重点项目建设质量，分别设立亳州市投资促进中心、亳州市重点工程建设管理服务中心。有序推进开发区管理机构改革，全面摸清全市开发区机构编制底数，整合规范开发区管理机构设置，加强开发区机构编制管理基础。创新设立亳州市群众信访督办服务中心，重点督办省、市党政主要负责人批示群众信访事项落实，切实做到接访不走过场、写信真管用，促进人民群众“急难愁盼”问题解决，提升人民群众获得感和幸福感。围绕创建全国文明城市工作大局，设立亳州市文明创建中心，优化加强市文明办编制和内设机构配备，增强文明创建工作力量。深化编制周转池制度建设，建立亳州学院编制周转池制度，规范亳州市中医院、华佗中医院编制周转池制度建设，有效盘活闲置存量资源，提高编制使用效益。设立市第二人民医院，提供优质医疗服务资源，加强突发公共卫生事件应急处置能力。设立市医保基金安全管理中心，织密织牢医保基金安全防护网。

【第二次全国机构编制核查】紧扣《中国共产党机构编制工作条例》规定，按照中央、省委统一部署，开展第二次全国机构编制核查，竭力为加强和改进机构编制管理、持续深化党和国家机构改革、推进党和国家机构职能体系建设提供可靠依据。通过开展全国机构编制核查，进一步厘清机构设置、领导职数、编制和实有人员等信息，并与组织、财政、人社部门有关数据进行比对，及时反馈差异信息，查缺补漏、勘误校正，共修正完善实名制平台数据5000余条。按照不低于核查单位总数30%的要求，市、县(区)均完成实地核实任务，其中谯城区区直单位实地核实比例达到60%，并实现25个乡镇(街道)全覆盖。

【机构编制日常管理】2021年，市委编办坚持严格贯彻执行《中国共产党机构编制工作条例》，召开2次市委编委会议，研究机构编制事项51项，印发编委文件58个。严控机构编制总量，规范出入编程序，全年办理人员出入编手续1236人次；认真把好部门编制使用审核关，办理用编用职审核118项；规范机构编制实名制管理系统数据。开展机构编制督查，市本级实地核实26家市直单位(含23家下设行政机构、110家下属事业机构)，抽查2个县(区)，提高实地核实比例到35%以上，坚决维护机构编制权威性和严肃性。2021年为27家机关群团部门办理统一社会信用代码证书，为90家事业单位办理事业单位法人证书，方便机关事业单位为民办事，认真做好信用平台数据推送工作，配合推进信用体系建设。完成中文域名管理和续费工作，截至2021年底，亳州市有党政机关中文域名79家，事业单位中文域名126家。

【自身建设】2021年，市委编办不断优化干部队伍的知识结构、能力结构、专业结构和梯次结构，注重培养选拔使用年轻干部，干部队伍素质稳步提高。扎实开展党史学习教育，开展集体学习15次、交流研讨13次，常态化开展“亳州为群众办实事”，形成26项民生项目清单并全部完成。开展文明单位创建、无烟党政机关创建、节约型机关创建等活动，被国家机关事务管理局中央直属机关事务管理局等联合授予“节约型机关”荣誉称号，荣获第九届亳州市文明单位称号。编办机关党支部被市委组织部评选为“第五批五星基层党组织”，被市直工委授予先进党组织荣誉称号。

(杨玉凤)

老干部工作

【概况】中共亳州市委老干部局(以下简称“市委老干部局”)于2000年10月成立，是市委工作部门，归口市委组织部管理，承担全市老干部工作检查、指导、协调和服务工作。下属事业单位市关心下一代工作委员会服务中心(市老年大学管理服务中心)。市委老干部局全面落实离退休干部政策待遇，加强离退休干部政治建设、思想建设和党组织建设，引导离退休干部发挥优势和作用。2021年，全市离休干部共359人，机关事业退休干部约3.4万人。

【离退休干部党建】2021年，市委老干部局印发《关于组织引导离退休干部积极参加党史学习教育的通知》。组织两次“感受新发展　聚力新征程”主题参观考察活动。举办离退休干部形势通报会。开展“我看建党百年新成就”专题调研活动，收集300余名老干部发言，撰写专题调研报告。为离退休干部订阅《安徽老年报》《离退休党支部学习参考》。组织老干部参观“长三角”红色档案珍品展、亳州党史图片展。邀请老党员讲党课，开展老党员访谈、征文笔谈活动。组织老干部开展党史学习教育的做法在《安徽老干部工作交流》第5期、第8期刊登。组织老干部学习讨论庆祝中国共产党成立100周年大会、党的十九届六中全会和习近平总书记对全国老干部工作重要指示精神，组织观看3场党史学习教育网上专题报告会。举办全市离退休干部党支部书记培训班，推进离退休干部党支部建设标准化、规范化，3个离退休干部党支部被省委组织部、老干部局命名为"全省离退休干部职工示范党支部"，撰写题为《加强新时代离退休干部党建工作的思考》调研报告。

【离退休干部服务】2021年，市委老干部局调整市委老干部工作领导小组，明确成员单位职责和主要任务，召开市委老干部工作领导小组会议。落实走访慰问制度，春节期间，配合市直单位做好离退休干部走访慰问工作，发放春节慰问金12.2万元。"七一"、重阳节、国庆节等期间，对市直离休干部、生病住院离休干部进行全覆盖走访慰问。对异地安置和长期异地居住离休干部进行电话慰问，发放慰问金1万元。建设好、维护好、使用好"一网两微两系统"。管理维护"亳州老干部"微信公众号、"亳州市老年大学"微信服务号。更新维护全国离退休干部信息管理系统、安徽省离退休干部服务管理系统。撰写题为《运用信息化手段提升老干部工作水平的思考》调研报告。帮扶4名特殊困难离休干部。完善离休干部就医绿色通道，持续优化医疗服务保障。在市人民医院组织离退休干部身体健康检查。市委老干部局荣获全省老干部调研工作先进单位、全省老干部信访工作先进单位称号。

【离退休干部活动】2021年，市委老干部局以庆祝建党100周年为契机，组织老干部举办文艺演出10场。展出老干部书画作品532幅、摄影作品65幅、剪纸作品43幅、手工艺作品30件。编印《永远跟党走》征集作品集。组建"党史学习教育宣讲团"，组织老干部党员到单位、入社区、进校园开展宣讲40余场。组织引导"五老"在城市建设、文明创建、乡村振兴、党建指导、关心下一代、基层治理等方面发挥积极作用。助力全国文明城市创建，开展"乡村振兴·关工助力"工作。联合亳州学院关工委开展"学党史，感党恩，听党话，跟党走"主题教育演讲比赛活动。选送200幅作品参加省第十一届"党是阳光我是苗"少幼儿书画大赛，被授予优秀组织奖。2个老干部集体被评为全省离退休干部正能量活动团队，5名老干部被评为全省离退休干部正能量活动之星。

【老年大学】2021年，亳州市老年大学全年开设7个系、30个专业、137个班，招收学员4538人，参与班次学习10217人次。推进老年大学临时党委建设，开展"学党史、感党恩、听党话、跟党走"主题党日活动。市老年大学节目《我们走在大路上》参加全省老干部系统、市庆祝中国共产党成立100周年文艺演出，荣获全省老干部系统文艺演出最佳节目奖。以"百年历程·伟大成就""奋斗百年路·启航新征程"等主题举办文艺演出。组织学员参加"梨园风采展、戏曲进社区"文化惠民戏曲演唱活动，到乡镇、社区开展太极拳、健身气功、剪纸义务教学，到老年公寓、敬老院慰问演出等。组织学员开展9批次社会实践活动。

（锁楠楠）

文明创建

【概况】亳州市精神文明建设指导委员会办公室(以下简称"市文明办")成立于2001年6月，是市委工作机关，负责全市精神文明建设工作。内设综合科、创建协调科、未成年人工作科、志愿服务科4个科室。二级机构市文明创建中心是正科级事业单位，财政全额拨款，下设综合室等6个工作室。

【全国文明城市创建】2021年，市文明办组织召开高规格创建全国文明城市工作推进会2次。成立以市委书记任政委、市长任指挥、市委副书记任常务副指挥的创建指挥部，落实以市委副书记、宣传部长、分管副市长组成的指挥部常务班子职责，组建市创建办，设立交通秩序、窗口行业等10个专项工作组，实行市领导牵头负责制，建立片区包保、督查调度、测评考核等制度机制。牵头开展亳州市高速铁路和高速公路周边环境集中排查整治工作。组织召开亳州市创建全国文明城市专题调研调度会21次。完成72条道路雨污分流和248个易涝点整治，“城市看海”问题得到根本性改变。开展城市体检工作，启动实施城市更新行动，完成背街小巷改造31条、新建公厕16座、改造公厕183座，整改建筑工地围挡164处，实施老旧小区改造、道路补损绿化、空中管线整治等提升行动，让城市功能更完备。

【市民文明行为促进行动】2021年，市文明办实施《亳州市文明行为促进条例》，修订《亳州市民公约》，编印《亳州市民文明手册》，制定《亳州市城市养犬管理办法》，发布《共建全国文明城市共享幸福美好生活——致全体市民的一封信》、“亳州文明20条”、文明旅游、拒绝餐饮浪费等倡议，设计并发布“亳州市创建全国文明城市公益广告库”，高频度全覆盖刊播展示公益广告，设置不文明行为曝光台，组建“市民巡访团”，常态化开展巡查、走访、宣传、劝导活动，降低市民不文明行为发生率，让市民举止更文明。

【中心城区社区包保】2021年，市文明办以市委、市政府名义印发《亳州市创建全国文明城市包保工作方案》的通知，由市厅级领导干部、市直单位组成包保组，分类分片包保创建范围内城市社区、乡镇和社区管理中心，推进所有实地考察项目创建任务落实达标，切实提高群众支持率、参与度和满意度。持续优化升级“亳州创城管理平台”，丰富完善平台功能。将社区居委会、居民小区、主次干道、背街小巷（建筑公司周边、城乡接合部）列为社区包保重点事项，召开中心城区社区包保工作培训会，明确各单位（包含中央、省驻亳单位）工作任务和考核制度。每月定期对社区包保单位工作情况进行通报，并对考核情况进行通报排名。

【公民思想道德建设】2021年，市文明办持续开展“身边好人”“道德模范”“文明家庭”评选推荐活动。2021年，14人上榜“中国好人”、2人入选第七届安徽省道德模范、1人获评第八届全国道德模范提名奖，“中国好人”获评人数连续6年居全省前列。评选出第一届亳州市“文明家庭”49户，2个家庭获评“第一届安徽省文明家庭”，1个家庭获评“第二届全国文明家庭”。开展道德模范与身边好人座谈会暨宣讲活动4次，组织道德模范、身边好人、文明家庭开展“我们的节日”主题活动31次。打造“好人馆”“好人广场”“好人长廊”等宣传阵地，先后印发礼遇、帮扶道德模范和身边好人制度性文件，继续实施公共交通、子女就学等礼遇帮扶八大举措，节日期间组织慰问各类道德典型105组，累计发放道德信贷1.2亿元。出台亳州市道德模范、“亳州好人”“文明家庭”等荣誉称号管理制度，建立“能上能下、优推劣汰”动态管理机制。聘请50名各级好人、道德模范为“文明监督员”，积极参与全国文明城市创建活动。

【未成年人思想道德建设】2021年，市文明办深入开展“我们的节日”“扣好人生第一粒扣子”“童心向党”等教育实践活动9000余场次。开展“新时代好少年”推荐评选活动，1人获评2021年全省“新时代好少年”，2人获评安徽省“向上向善好青年”，评选表彰亳州市第四届“新时代好少年”10名、第六届“千名新时代好少年”940名。广泛开展文明校园创建活动，5所学校获评创建全国文明校园先进学校。把心理健康教育纳入思政教育课程，建成市、县（区）两级校外未成年人心理健康辅导中心并投入使用，开展中小学生心理健康教育专项行动，主城区受益学生17.7万人次。召开全市未成年人思想道德建设工作联席会议，制定印发全市未成年人思想道德建设工作方案。开展乡村学校少年宫专题调研活动2次并印发通报，发放2020年乡村学校少年宫以奖代补资金15万元、2021年奖补资金13万元、中央支持资金11万元。

【新时代文明实践工作】2021年，市文明办制定印发《关于做好新时代文明实践中心“建管用育融”工作的通知》《亳州市2022年元旦春节期间新时代文明实践和志愿服务活动方案》，建成新时代文明实践中心5个，建成新时代实践所97个、新时代实践站1347个，实现城乡全覆盖，融合文化传承、技能培训、科普教育等建设新时代文明实践点1535个，培育特色品牌10余个，谯城区“以文化人聚民心　成风化俗扬新风”、亳州高新区“传承五禽戏　助力大健康”入选安徽省新时代文明实践典型案例。各县区实践中心(所、站)专职人员2230人，兼职人员4150人，组织300余名理论宣讲志愿者，深入新时代文明实践所(站)宣讲1500余场次，受众9万余人。分别于3月、5月、7月、9月4次抽调人员对村镇新时代文明实践中心建设工作进行调研。全市注册志愿者91.3万人，占亳州市常住人口比例18.3%，其中有时间记录的志愿者43.44万人，占比45.41%。2021年，全市开展各类实践活动3万余场，受益群众154万余人次。

【志愿服务】2021年，市文明办制定印发《关于印发〈亳州市志愿服务工作协调小组及其办事机构工作规则〉的通知》《亳州市创建全国文明城市“文明交通　志愿同行”志愿服务工作方案》等文件，开展“3·5”学雷锋、“12·5”国际志愿者日等志愿服务系列活动，举办亳州市志愿服务展示交流活动。开展“志愿同行，共践文明”志愿服务系列活动5期，参与志愿者850余人次，服务时长6300余小时。持续开展“我为群众办实事”活动，全市1540多支文明实践队伍、1.8万名志愿者参与文明实践活动，办理实事7100余件，服务群众12万余人次。组织志愿者600余人开展“爱心助考”“爱心送考”等活动。组建“市民巡访团”，采取“集中＋日常”巡访模式，在城区主次干道、背街小巷、居民小区常态化开展巡查、走访、宣传、劝导活动，志愿服务时长超过1.5万小时；8月以来，每天组织各级文明单位、各志愿服务组织等160余名志愿者在早晚高峰时段开展“文明交通”志愿服务活动。常态化开展“制止餐饮浪费”“文明祭扫”“绿色出行”“文明餐桌”等志愿服务活动。

（桂金棉）

党校教育

【概况】2021年，市委党校以学习习近平新时代中国特色社会主义思想为中心内容和首要任务，突出党的理论教育和党性教育，充实完善课程体系。

【教学工作】聚焦主业，突出主课，高质量完成干部教育培训各项工作任务。全年开设主体班20个，培训学员1222人次，2021年度培训班次数量、类型为党校历史最高。加强研究生教育，在校省委党校在职研究生244人。注重在培训过程中加强学员管理，对主体班学员实行封闭式管理，严格落实学员请销假制度、外出报备制度。出台《组织员(班主任)管理办法》《主体班工作督查办法》《学员党性修养量化考核办法》等。实行校委班子成员联系主体班制度、双班主任制度，成立督查组，不定时督查学员学习生活情况。2021年有2名主体班学员因违反规定，被市委组织部和市委党校通报。所有学员在党校培训期间表现情况已全部记入组织部门档案。

出台《教学专题开发和管理》等制度，全年开发17个新教学专题，教学专题学员评测优秀率满意率达到95%以上。动态完善教学专题库、师资库，专题库入库93个，加大外请全国精品课力度，初步建立由26名专兼职教师专家领导干部组成的师资库。在全省党校系统教学比赛中，2名教师分获二等奖。推进党性教育馆和市保密警示教育中心建设。组织处干班、科干班学员到上海开展异地教学工作，充分利用现场教学、学员论坛、课前精彩十分钟、读书交流会等形式发挥学员主动性和积极性。

【对外宣讲】承担市委党史学习教育领导小组深入基层宣讲分众化讲稿开发工作，12人次参加市委宣讲团，18人次参加示范宣讲团，4人参加“百堂党史课程”进基层，3人次为市委理论学习中心组学习作专题辅导。全年开展各类宣讲293场次，受众3万余人。

【科研和决策咨询】坚持建设党委“想得起、用得上、信得过”党校智库，形成一批咨政成果。出台《决策咨询研究工作实施细则》《决策咨询成果认定与奖励办法》等制度。充分发挥主体班学员优势，借鉴省委党校做法，聚焦市委、市政府中心工作，鼓励学员撰写咨政报告，全年主体班学员撰写咨政报告51篇，22篇编入咨政专报，获市委主要领导肯定批示9篇。2021年公开发表论文47篇，省市级课题立项29项，结项25项。2篇论文入选全省党校(行政学院)系统庆祝中国共产党成立100周年理论研讨会。

【人才队伍建设】认真实施《中青年教师“传帮带”管理制度》，培养政治强、业务精、作风好高素质教学科研人才，按照专职为主、专兼结合原则，从省委党校及市直单位优秀人才中，选聘政治素质过硬、实践经验丰富、理论水平较高、善于课堂讲授知名专家学者及党政领导干部，担任客座教授，提升全校师资水平。2021年有专职教师26名，占教职工比例为45.6%，中、高级职称教师23名，占专职教师比例为88.5%。2021年，选派49人次到安徽省委党校（行政学院）、省社会主义学院等进修培训，13名教学管理骨干到市直单位和基层一线挂职锻炼。规范选人用人，严格按照相关制度要求，聘用8名专业技术人员，晋升9名事业人员岗位等级，全市党校（行政学院）9名中初级教师通过党校（行政学院）系统教师系列职称评审；完成8名参公人员职级晋升工作，选拔任用3名正科级干部、1名副科级干部，调整1名正科级干部职务。积极探索建立既区别于公务员又不同于普通事业单位，符合党校（行政学院）发展特点的教师管理体系，制定《教职工综合考核暂行办法》《外出授课管理暂行规定》等制度，探索分类管理、培养、评价模式，并按照人社部门工作要求，及时核算、发放2021年度事业人员绩效工资，充分激发教师干事创业积极性。

【后勤服务】坚持强化保障、提升质量，不断优化服务功能。全力做好疫情防控工作，规范化推进后勤服务对外托管。提高信息化建设水平，“智慧校园”系统投入使用，完成学员楼云桌面建设、报告厅LED屏、云视讯会议系统、多媒体教室系统改造升级、课堂教学录播系统全覆盖等。实施节能减排，完成照明声控、学员室内运动室、室外停车位、学员电动车充电桩等基础设施改造。

【机关党建】坚持党建引领，把党史学习教育作为贯穿全年重大政治任务，倾力打造风清气正红色学府。注重发挥职能、师资、学科优势，主动融入全市党史学习教育工作大局，开展“我为群众办实事”活动，积极选派骨干教师到县（区）委党校、基层一线送教上门。出台机关干部和教师考核评估制度。全年召开中心组理论学习30次，开展主题党日活动57次，讲授党课和微党课44次，集中开展党史学习教育交流研讨12次，落实全面从严治党主体责任制。全年开展主体责任谈心谈话71人次，把意识形态工作纳入培训内容。加强思想政治引领，加强网络意识形态阵地管控。深入学习贯彻习近平关于意识形态工作重要论述，全年专题学习意识形态7次，研究意识形态工作2次，加强微信、网站信息发布审核，在主体班开设意识形态工作教学专题，落实学员“两群”管理机制，实行谁建群、谁管理，毕业即时撤群机制。加强宣讲、科研、外请教师、网络意识形态方面存在风险点排查和防控。严明党校课堂政治纪律规定，课堂教学实行一票否决机制。

【业务指导】制定《中共亳州市委党校2021年业务指导办法》，建立业务指导长效机制，在课题项目、课题实施、成果转化等方面加强与县区委党校的紧密合作、优势互补。组织开展2021年度县区委党校办学质量评估工作。校委班子成员先后12次深入县区委党校进行调研，了解在县级党校（行政学校）分类建设中存在的问题，积极协调各方力量解决问题。举办全市党校系统教学比赛，召开全市党校常务副校长工作会议，有力推动全市党校工作。

（李晓光）

党史和地方志研究

【概况】2001年6月，中共亳州市委史志办公室成立，2003年2月更名为中共亳州市委党史研究室，与亳州市地方志编纂办公室一个机构、两块牌子。2019年3月，更名为中共亳州市委党史和地方志研究室（以下简称“市委史志研究室”），为市委直属事业单位。2019年7月，被列为公益一类事业单位。主要职能是：研究中国共产党在亳州市不同时期的历史，收集整理党活动的有关资料，总结历史经验，宣传党的路线、方针、政策，为党的中心工作服务；编纂亳州年鉴，续修亳州市志，发挥其“资政育人”作用；同时指导三县一区史志研究室的工作。

2021年，市委史志研究室编纂出版《亳州年鉴（2020）》获第七届全国地市级年鉴序列一等奖，获全省史志科研成果评比年鉴类一等奖；《亳州年鉴（2021）》获全省史志科研成果评比年鉴类一等奖；《中国共产党亳州一百年大事记》获全省史志科研成果评比资料专题著作类二等奖；《不忘来时路》获全省史志科研成果评比影视音像作品类二等奖。

【党史工作】编纂《中国共产党亳州一百年大事记》。市史志研究室深挖党史资源，编纂出版了《中国共产党亳州一百年大事记（1921—2021）》。全书约20万字，按照“大事突出、要事不漏”的原则，收集整理了100年来中共亳州地方组织领导人民贯彻执行党的路线方针政策，进行新民主主义革命、社会主义革命和建设、社会主义现代化建设、中国特色社会主义新时代时期发生的大事、要事、新事，为全市开展党史学习教育提供地方权威教材。

【全面启动党史三卷编写工作】按照省院安排部署，市史志研究室聚焦主责主业，全面启动亳州市党史三卷（1978—2012年）编写工作，及时下发《关于加快推进全市党史三卷编写工作的意见》，并带领县区编研人员赴兄弟市县学习三卷编写先进经验，采取双月调度和现场观摩学习机制，督促指导县区科学设置篇目大纲，细化章节，列出相关党史专题目录，分解编写任务。截至年底全市三卷编写工作协调推进，整体工作呈现良好的发展态势。

【亳州百年党史图片展】为庆祝建党100周年，把党的历史学习好、总结好，把党的宝贵经验传承好、发扬好，市史志研究室广泛收集几百幅图片，精心策划，认真筹办了《中国共产党亳州历史图片展（1921—2021）》，图片展分“革命”“建设”“改革”“新时代”四个篇章，通过图文并茂的形式全面展示了亳州党组织带领广大人民群众所走过的光辉历程，呈现各个历史时期共产党人不忘初心、砥砺前行的身影，展现亳州在政治、经济、文化、社会事业等方面的巨大变化和突出成就，激励广大干群铭记奋斗历程，担当初心使命，从党的奋斗历史中汲取前进力量。5月份图片展开展后，全市上下掀起参观图片展热潮，截止到目前，已接待亳州市级及谯城区机关、企业、学校、乡镇、社区400家单位近万人次，受到参展人员一致好评。亳州市委理论学习中心组成员两次参观亳州党史图片展后，对市史志研究室开展的党史研究和宣讲工作给予充分肯定和高度赞扬。党史图片展开展情况先后被市电视台、亳州晚报社、党史学习教育领导小组刊发报道。

【党史宣讲】党史学习教育开展以来，为充分发挥市史志研究室研究红色历史、传承红色基因、弘扬革命传统的优势，市史志研究室组织专人迅速组成市委史志室党史宣讲团，并积极参与市委党史宣讲团、全市“五个一百”党史专题示范宣讲团、十九届六中全会专题宣讲团、巾帼宣讲团，先后为区政法机关、市第十九中学、团市委、市政府办公室、市人大、市住建委、谯城区、市信息产业发展公司、利辛县等40多家单位开展“党史、新中国史、改革开放史、社会主义发展史”专题宣讲报告。报告高屋建瓴，深入浅出，带领大家重回历史现场、重温激情岁月、感受时代变迁，领悟时代伟业，使与会人员受到一堂深刻的“四史”教育，让广大党员干部在宣讲中重温初心、凝聚力量。宣讲活动开展以来，深受好评，截至年底，受众已达到3.1万人次。

推出党史宣教系列作品。为庆祝建党100周年，推动党史军史学习教育，市史志研究室联合媒体先后三次赴涡阳县采访摄制《弟兄仨》党史专题纪录片。通过查寻资料、实地采访，采访英雄后人等，真实地记录了亳州新四军英烈谢氏三兄弟相继牺牲的感人事迹，再现了彭雪枫领导的新四军在亳州英勇奋战的光辉业绩，启迪人们传承红色基因，弘扬英烈精神，在英雄事迹感召下砥砺前行。该片于7月1日同时在市广播电视台和“药都时空”微信公众号播出；10月19日，在“学习强国”安徽学习平台播出，引起强烈反响。

联合在《亳州晚报》开设《亳州党史大事记》《奋斗百年路　启航新征程》《图说亳州》等专栏，连续用图文并茂的形式，挖掘亳州地方党史资源，系统梳理介绍亳州党史大事、要事，引导全市广大干群从党史中汲取智慧和力量。截至年底，《奋斗百年路　启航新征程》已出版58期、《亳州党史大事记》已出版42期、《图说亳州》已出版13期。与市广播电视台联合制作《亳州百年》10张微海报、《不忘来时路》10集微广播剧、审核《纪念馆里的党史》等系列节目，在药都时空、掌上亳州客户端等已全部刊出或播出。系列作品的推出为开展党史宣传教育、庆祝建党100周年营造了浓厚氛围，彰显了党史部门的影响力。

【“全市党员干部党史教育日”活动】为营造爱党爱国爱社会主义的浓厚氛围，推动全市掀起党史学习教育的高潮，市史志研究室联合市委组织部下文，在7月1日前后开展第12个“全市党员干部党史教育日”活动。通知下发后，全市上下高度重视，认真谋划，扎实组织，广泛开展。各单位、各县区制定专门的实施方案，结合实际开展了多种形式的活动，极大地丰富了活动内容。各级各部门紧紧围绕学党史、悟思想、办实事、开新局的要求，以“忆百年党史、奋进新征程、永远跟党走”为主题，以党的百年历史学习教育为主要内容，深入学习贯彻习近平总书记重要讲话精神，扎实开展“四史”宣传教育，实地开展现场体验教育，形成了浓厚的党史学习教育氛围。

【党史书籍“七进”活动】为配合党史学习教育，市委史志研究室积极开展、党史书籍“七进”活动，把近年来编研的党史成果《亳州党史一卷》《亳州党史二卷》《亳州抗战风云》《新四军在亳州》《红色印记》等地方书籍，赠送给市公安局谯城分局、亳州一中、市文旅集团、市博物馆、薛阁社区、涡阳天静宫街道等机关、学校、基层单位。赠送书籍达几百册，成为引导党员干部学党史、悟思想、办实事、开新局的精神食粮，履行了党史部门“以史为鉴、资政育人”职责。

【亳州红色资源普查调研】市史志研究室深入县区开展红色资源普查调研活动，对现有红色遗址、遗存和纪念设施认真梳理，摸清家底，建立台账，同时对亳州红色精神、红色文化、红色故事等红色资源进行深入挖掘和整理，查寻了解和亲历红色历史的当事人，让陈列在亳州大地的宝贵资产活起来、用起来，打造具有亳州特色的“红色基因库”，助力党史学习教育开展。4月，省军区与省电视台专程到亳州拍摄红色资源专题纪录片，并取得成功。

【新四军历史研究会工作】召开市新四军历史研究会四届三次理事(扩大)会。会上学习传达习近平总书记给上海市新四军历史研究会百岁老战士们的回信精神和省委书记李锦斌批示精神；传达贯彻习近平总书记在党史学习教育动员会和“七一”重要讲话精神，传达省新研会七届四次常务理事(扩大)会议精神；总结了2021年以来的各项工作，对下一步工作任务进行了安排。会议对新四军历史研究会会员进行调整充实，新增1名副会长，5名理事，7名会员。会议要求全体人员以习近平新时代中国特色社会主义思想为指导，进一步要提高政治站位，健全领导班子，发挥好专业优势，深入研究新四军的历史，形成一批服务党史教育的研究力作，开展好党史军史的宣传，讲好亳州红色故事，扩大新四军历史研究会的影响力。

编辑会刊《涡河风云》一期。《涡河风云》杂志是市新四军历史研究会的主要宣传阵地，本年度，会员积极踊跃投稿，扩大了学术交流，成为开展学术交流、扩大党史军史宣传的有效载体和平台，受到广大会员好评。

【年鉴编纂】2021年初，启动《亳州年鉴(2021)》编纂工作，制发《关于做好〈亳州年鉴(2021)〉资料征集工作的通知》，向各有关单位征集文字和图片资料。完成初稿收集、文稿编审、总纂合成等系列程序，年底正式出版面世。在做好市级年鉴工作的同时，积极联系县区，跟踪进度，推进年鉴编纂工作，全市5部地方综合年鉴均按时出版。按省院和市政办要求完成《安徽年鉴(2021年卷)》(亳州市)的文稿编纂、图片收集整理及表格合成审核、报送工作。

【村镇志、企业志、部门志编纂】制发《关于开展乡镇志、名村志编纂工作的通知》，全面启动全市乡镇志、名村志编修工作；制发《关于规范乡镇(名村)志稿评议和出版印刷工作的通知》，对乡镇志、名村志编纂评议程序及出版要求进行规范；组织全市县区方志业务骨干5人参加志稿评议会，促进业务交流学习。2021年，全市共推进8部乡镇志编纂。指导《中国名酒志·古井贡酒志》《蒙城县人大志》编纂工作，整理有关资料，协助亳州学院编纂《亳州通史》。

【地情书编纂】2021年完成收集整理编印《亳州大事记》月刊12期。将2020年月刊合成总纂，并查找补充全市各方面发展典型图片，完成《亳州大事记（2020）》合订本编纂印刷。

【地情资料服务】2021年，市委史志研究室一是协助《美好安徽 辉煌十三五》大型图书组稿工作，提供“十三五”期间亳州各方面发展成就典型图片20余张，提供亳州地情文稿。二是参加市农业农村局承办的专题座谈会，并为亳州市中药业申请第六批中国重要农业文化遗产发掘认定工作提供地情资料参考。三是向市政协提供建市以来政协工作文字图片资料，协助编纂《亳州政协二十年》。四是为市交通局、人民银行亳州市中心支行、市税务总局等部门编写部门资料史提供地情资料服务。五是响应中国出版协会年鉴工作委员会的号召，向广东南海和上海年鉴展示与研究中心分别赠送2002—2020年《亳州年鉴》各1套。

（李之平 杨 柳）

档案馆

【概况】2021年，市档案馆接收市直单位脱贫攻坚档案目录和疫情防控档案目录共14930条，涉及疫情防控档案实体3611件，并建立两类档案数据库。全年共接收专业档案80702卷、文书档案2344件、照片档案2189张、声像档案光盘4张、实物档案5件，征集图书243册。

【档案服务】通过安徽政务服务网（亳州网上办事大厅）、安徽省数字档案资源共享平台和长三角地区民生档案“异地查档、便民服务”等方式，提供档案查阅利用服务423人次，利用档案5647卷（件），复印档案10061张，办理长三角民生档案异地查询4件，为扫黑除恶、信访及公检法纪检办案提供档案查阅服务，实现群众少跑腿、信息多跑路、服务零距离服务效果。

【档案信息化建设】2021年建成亳州市档案馆网络门户网站，通过门户网站广泛宣传档案法律法规、方针政策，以及实时行业动态信息，开设数字档案馆查询窗口，举办网上档案展览大厅等。对“数字档案馆系统测试存在的问题”进行整改。馆藏档案数字化37万多页，文书档案数字化率为100%，专业档案数字化率为90.55%。全年接收档案数字化副本86657卷（件）。

【平安档案馆建设】认真学习习近平法治思想，开展“6·9”档案法、“美好生活 民法典相伴”民法典和“12·4”宪法等主题法治宣传活动，开展全民国防教育日活动，利用档案馆展馆开辟法制宣传专栏。加强档案安全设施建设，制定档案安全制度，完善消防设施，年内举行2次消防应急演练。加强网络信息安全管理，建立数字档案馆防漏洞系统。对照《档案馆安全风险评估指标体系》，全年组织4次安全风险隐患排查，全面排查整治安全隐患20多处。从严从细抓好疫情防控期间档案接收和查阅服务，加强档案接收、查阅和档案数字化外包服务中的保密工作。

【“建党百年 初心如磐——长三角红色档案珍品展”】围绕党史学习教育，充分发挥档案工作存史资政育人和爱国主义教育基地重要作用，承办“建党百年 初心如磐——长三角红色档案珍品展”，精选长三角20余家档案及文博部门珍藏的近500件革命历史档案文献和影像资料，通过“开天辟地宏图起”“革命洪流风云咤”“中流砥柱御外侮”“天翻地覆慨而慷”四大部分，展示中国共产党团结带领长三角区域人民坚守初心使命，历经千难万险，付出巨大牺牲，谋求民族独立和人民解放的壮阔图景。本次展览是全市开展党史学习教育的一项重要举措，也是全市庆祝中国共产党成立100周年活动中的重要内容，对引导广大党员干部深刻铭记中国共产党百年奋斗的光辉历程，深刻感悟中国共产党始终不渝为人民的初心宗旨，深刻领会中国共产党成功推进革命、建设、改革的宝贵经验，从党的百年伟大奋斗历程中汲取继续前进的智慧和力量，做到学史明理、学史增信、学史崇德、学史力行，都具有十分重要的意义。自5月17日开展至12月底，共接待党员、群众206批次、5532人次，圆满完成2021年度目标任务。

（潘小华）

亳州市人民代表大会

2021年2月25日，亳州市第四届人民代表大会第五次会议圆满完成各项议程，胜利闭幕　　（张延林　摄）

概　述

【概况】截至2021年末，亳州市有各级人民代表大会84个，包括亳州市人民代表大会和4个县区人民代表大会、79个乡镇人民代表大会。各级人大代表7364人（不含在亳全国人大代表3人，省人大代表52人），其中市人大代表432人，县区人大代表1448人，乡镇人大代表5484人。市四届人大常委会有组成人员35人，其中主任1人，副主任5人，秘书长1人，委员28人。市四届人大设有法制、财政经济、社会建设3个专门委员会。市人大常委会设有办公室、研究室2个办事机构以及法制、预算、财政经济、监察和司法、人事代表选举、城乡建设环境与资源保护、教育科技文化卫生（民族宗教侨务外事）、农业与农村经济、社会建设9个工作委员会。

2021年，市人大常委会全年召开常委会会议12次、主任会议29次，制定地方性法规1部，听取审议专项工作报告18项，作出决议决定17项，开展执法检查、视察和专题调研39次，依法选举和任免地方国家机关工作人员47人次。

【执法检查】2021年，市人大常委会开展《中华人民共和国中医药法》《安徽省中医药条例》执法检查。制订《中华人民共和国中医药法》《安徽省中医药条例》执法检查方案，召开执法检查动员会，举办中医药法律法规知识讲座。9月中旬，由常委会负责人带队分别赴三县一区以及市直和高新区、亳芜产业园区进行实地检查。10月25日，市四届人大常委会第四十七次会议听取审议市人大常委会执法检查组关于检查《中华人民共和国中医药法》《安徽省中医药条例》实施情况的报告，形成审议意见书，转交市政府办公室及有关部门办理。

【专题询问】2021年，市人大常委会开展城市建设和管理工作专题询问。制定城市建设和管理工作专题询问方案，多次召开协调会，开展城市建设和管理工作调研，广泛征求社会各界意见建议，形成专题询问问题。10月25日，在市四届人大常委会第四十七次会议上，听取市政府关于城市建设和管理工作情况的报告，进行审议。10月26日召开联组会议进行专题询问，市政府分管负责同志及市住建局、市城市管理局等11家单位到会应询，取得良好效果。整理形成审议意见书，转交市政府办公室及有关部门办理。

【人事任免】2021年，市人大常委会坚持党管干部和人大依法任免干部有机结合，严格执行任前法律知识考试、任前公示、任职说明和供职报告、审议与表决等程序，保证党委人事安排意图通过法定程序顺利实现。全年任免国家机关工作人员47人次。依法组织宪法宣誓，彰显宪法尊严和权威，增强被任命人员的法治意识、责任意识和公仆意识。

【专题调研】2021年，市人大常委会围绕常委会监督议题，根据工作需要，组织常委会组成人员对环境状况和环境保护目标完成情况、海绵城市规划建设、限额以上商贸流通企业发展、未成年人检察工作、公共卫生服务体系建设等开展调研39次，提出意见建议，助推有关工作开展。

【议案建议办理】2021年，在市四届人大五次会议上，代表共提出议案20件（并案后2件），建议233件。3月30日市四届人大常委会第四十一次会议，听取审议市政府关于市四届人大五次会议代表议案办理方案的报告。7月2日召开第129次主任会议，听取2021年代表议案决议落实情况和建议办理工作督办方案的汇报。7—9月各机构集中进行督办。12月30日，召开市四届人大常委会第四十九次会议，听取审议市政府关于市四届人大五次会议代表议案决议落实和建议办理情况的报告，并进行满意度测评，测评结果为满意；对议案决议主要承办单位办理情况测评结果为满意。

（谢文星）

重要会议

【亳州市第四届人民代表大会常务委员会第三十八次会议】于2021年1月22日在亳州举行。会议审议并表决通过《亳州市人民代表大会常务委员会关于接受姚玉舟辞去安徽省第十三届人民代表大会代表职务请求的决定》《亳州市人民代表大会常务委员会关于接受吕剑辞去安徽省第十三届人民代表大会代表职务请求的决定》。

【亳州市第四届人民代表大会常务委员会第三十九次会议】于2021年1月22日在亳州举行。会议审议并表决通过《亳州市人民代表大会常务委员会关于召开亳州市第四届人民代表大会第五次会议的决定》;选举陈武、查文彪为亳州市出席安徽省第十三届人民代表大会代表;审议并表决通过《亳州市人民代表大会常务委员会关于接受吕剑辞去亳州市监察委员会主任职务请求的决定》《亳州市人民代表大会常务委员会关于接受刘伟辞去亳州市第四届人民代表大会常务委员会秘书长职务请求的决定》《亳州市人民代表大会常务委员会关于接受邹建华辞去亳州市第四届人民代表大会常务委员会委员职务请求的决定》《亳州市人民代表大会常务委员会关于接受万洪超辞去亳州市第四届人民代表大会常务委员会委员职务请求的决定》。会议审议并表决通过有关人事任免议案。任命:刘传华为亳州市人民代表大会常务委员会财政经济工作委员会主任;王险峰为亳州市人民代表大会常务委员会社会建设工作委员会主任;刘兴群为亳州市人民代表大会常务委员会教育科学文化卫生(民族宗教侨务外事)工作委员会主任。决定任命:张吉明为亳州市生态环境局局长。

【亳州市第四届人民代表大会常务委员会第四十次会议】于2021年2月5日在亳州举行。会议传达省十三届人大四次会议精神;审议并表决通过《亳州市人民代表大会常务委员会工作报告》;审议并表决通过亳州市第四届人民代表大会第五次会议议程(草案)、日程(草案)、主席团和秘书长名单(草案)、议案审查委员会名单(草案)、列席人员名单;审议并表决通过代表资格审查委员会关于少数代表的代表资格审查报告;审议并表决通过《亳州市人民代表大会常务委员会关于接受胡明文辞去亳州市第四届人民代表大会常务委员会副主任职务请求的决定》。

【亳州市第四届人民代表大会第五次会议】于2021年2月23—25日在亳州举行。会议审议通过市人大常委会工作报告、市人民政府工作报告、市中级人民法院工作报告、市人民检察院工作报告;审查和批准亳州市国民经济和社会发展第十四个五年规划和2035年远景目标纲要;审查和批准亳州市2020年国民经济和社会发展计划执行情况与2021年国民经济和社会发展计划草案的报告,批准2021年国民经济和社会发展计划;审查和批准亳州市2020年预算执行情况与2021年预算草案的报告,批准2021年市级财政预算。会议选举:查文彪为亳州市监察委员会主任;程修略为亳州市第四届人民代表大会常务委员会秘书长;王险峰、刘传华、刘兴群、杜飞、董现林为亳州市第四届人民代表大会常务委员会委员。

【亳州市第四届人民代表大会常务委员会第四十一次会议】于2021年3月30日在亳州举行。会议传达十三届全国人大四次会议精神;听取审议市政府关于2020年环境状况和环境保护目标完成情况的报告、关于社会保障工作情况的报告、关于市四届人大五次会议代表议案办理方案的报告。会议审议并表决通过《亳州市人大常委会关于市人民政府议案办理方案的决议》。会议审议并表决通过人事任免案。任命:刘传华为亳州市第四届人民代表大会财政经济委员会副主任委员;王险峰为亳州市第四届人民代表大会社会建设委员会副主任委员;刘兴群为亳州市第四届人民代表大会法制委员会委员;杜飞为亳州市第四届人民代表大会社会建设委员会委员。免去:怀峰的亳州市中级人民法院民事审判第三庭庭长、审判委员会委员、审判员职务;罗炜的亳州市中级人民法院审判员职务。任命:雷婉莹为亳州市人民检察院检察员。

【亳州市第四届人民代表大会常务委员会第四十二次会议】于2021年5月13日在亳州举行。会议听取审议市政府关于水资源管理情况的报告;听取审议市检察院关于全市检察机关未成年人检察工作情况的报告,会议审议并表决通过人事任免案。决定任命:孙光华为亳州市司法局局长;黄恺为亳州市城市管理局局长;荀凤飞为亳州市水利局局长;韦翔为亳州市地方金融监督管理局局长。决定免去:黄卫国的亳州市城市管理局局长职务;刘传华的亳州市水利局局长职务；荀凤飞的亳州市地方金融监督管理局局长职务；王险峰的亳州市药业发展促进局局长职务。免去：石宝华的亳州市中级人民法院副院长职务。

【亳州市第四届人民代表大会常务委员会第四十三次会议】于2021年7月5日在亳州举行。会议听取审议市政府关于全市交通运输工作情况的报告、关于全市学前教育工作情况的报告。会议审议《亳州市旅游促进条例（草案）》。会议审议并表决通过《亳州市人民代表大会常务委员会关于批准亳州市2021年市级预算调整方案的决议》。会议审议并表决通过人事任免案。免去：于群的亳州市监察委员会副主任职务。决定任命：秦博为亳州市民政局局长；王占峰为亳州市教育局局长。决定免去：孙文亭的亳州市民政局局长职务；陈亮的亳州市教育局局长职务。

【亳州市第四届人民代表大会常务委员会第四十四次会议】于2021年7月30日在亳州举行。会议审议并表决通过人事任免案。决定任命：秦凤玉为亳州市人民政府副市长。会议审议并表决通过《亳州市人民代表大会常务委员会关于接受杜延安辞去亳州市人民政府市长职务请求的决定》《亳州市人民代表大会常务委员会关于接受李军辞去亳州市人民政府副市长职务请求的决定》

【亳州市第四届人民代表大会常务委员会第四十五次会议】于2021年8月10日在亳州举行。会议审议并表决通过《亳州市人民代表大会常务委员会关于召开亳州市第四届人民代表大会第六次会议的决定》、市四届人大六次会议议程（草案）、日程（草案）、主席团和秘书长名单（草案）以及代表资格审查委员会关于少数代表的代表资格审查报告。会议审议并表决通过《亳州市人民代表大会常务委员会关于接受马庆武辞去亳州市第四届人民代表大会常务委员会委员职务请求的决定》。会议审议并表决通过人事任免议案。免去：马庆武的亳州市人民代表大会常务委员会人事选举工作委员会（人大代表联络办公室）主任职务；王险峰的亳州市人民代表大会常务委员会社会建设工作委员会主任职务。

【亳州市第四届人民代表大会第六次会议】于2021年8月18日在亳州举行。会议选举：熊国洪为亳州市第四届人民代表大会常务委员会副主任。

【亳州市第四届人民代表大会常务委员会第四十六次会议】于2021年8月30—31日在亳州举行。会议听取审议市政府关于美丽乡村建设情况的报告，关于医疗保障工作情况的报告，关于2020年市级决算的报告、关于亳州市2021年上半年预算执行情况及下半年工作意见的报告，关于亳州市本级2020年度预算执行和其他财政收支情况的审计工作报告，关于亳州市2021年上半年国民经济和社会发展计划执行及下半年工作意见的报告；会议听取审议市人大财经委关于亳州市2020年市级决算（草案）审查结果的报告，听取市人大法制委关于《亳州市旅游促进条例（草案）》修改情况的说明。会议审议并表决通过《亳州市人民代表大会常务委员会关于批准亳州市2020年市级决算的决议》。会议听取并审议市人大法制委关于《亳州市旅游促进条例（草案）》审议结果的报告；表决通过《亳州市旅游促进条例》，报请省人大常委会审查批准。会议审议并表决通过人事任免案。任命：刘晓慧为亳州市中级人民法院民事审判第三庭庭长、审判委员会委员；任静为亳州市中级人民法院民事审判第一庭副庭长；梁绍成为亳州市中级人民法院民事审判第二庭副庭长；彭亮为亳州市中级人民法院行政审判庭副庭长。免去：刘晓慧的亳州市中级人民法院行政审判庭副庭长职务；彭亮的亳州市中级人民法院民事审判第一庭副庭长职务；佘朝霞的亳州市中级人民法院审判员职务。

【亳州市第四届人民代表大会常务委员会第四十七次会议】于2021年10月25—26日在亳州举行。会议听取审议市人大常委会执法检查组关于检查《中华人民共和国中医药法》《安徽省中医药条例》实施情况的报告，市政府关于城市建设和管理工作情况的报告、关于2020年度国有自然资源资产管理情况的报告、关于"七五"普法实施及"八五"普法规划制定情况的报告，市中院关于全市法院一站式多元解纷和诉讼服务体系建设工作情况的报告。会议对城市建设和管理工作开展专题询问。市委常委、市人民政府副市长钟治峰、副秘书长盛亚民，市住房城乡建设局、市城市管理局、市自然资源和规划局、市公安局、市交通局、市水利局、市生态环境局、市商务局、市文化旅游体育局、市市场监管局、市住房发展中心主要负责人，亳州高新区管委会、谯城区政府负责人到会应询。会议审议并表决通过《亳州市人民代表大会常务委员会关于开展第八个五年法治宣传教育的决议》。会议审议并表决通过人事任免案。任命：孙锦伦为亳州市人民代表大会常务委员会社会建设工作委员会主任。任命：何勇为亳州市监察委员会副主任。任命：曹凤立为亳州市人民检察院检察委员会委员；何昆为亳州市人民检察院检察委员会委员。

【亳州市第四届人民代表大会常务委员会第四十八次会议】于2021年12月7日在亳州举行。会议审议并表决通过《亳州市人民代表大会常务委员会关于召开亳州市第五届人民代表大会第一次会议的决定》《亳州市人民代表大会常务委员会关于批准亳州市2021年市级第二次预算调整方案的决议》。会议审议并表决通过人事任免案。决定任命：王林为亳州市药业发展局局长。

【亳州市第四届人民代表大会常务委员会第四十九次会议】于2021年12月30日在亳州举行。会议听取审议市政府关于亳州市本级2020年度预算执行和其他财政收支审计查出问题整改情况的报告、关于市四届人大五次会议代表议案和建议办理情况的报告。会议听取审议市人大法制委员会关于市四届人大五次会议代表立法议案办理情况的报告、市人大常委会规范性文件备案审查工作情况的报告。会议审议并表决通过《亳州市人民代表大会常务委员会关于批准亳州市2021年市级第三次预算调整方案的决议》。会议审议并表决通过《亳州市人民代表大会常务委员会工作报告》。会议补选杜延安为亳州市出席安徽省第十三届人民代表大会代表。

（谢文星）

人大代表工作

【“双联”工作】2021年，市人大常委会落实主任会议成员联系代表小组、委员联系基层代表制度，定期走访基层代表。落实与列席常委会会议代表座谈机制，召开6次列席代表座谈会，听取代表意见建议。扩大代表对常委会工作的参与，全年邀请代表列席人大常委会会议，参加常委会视察、调研、执法检查等活动138人次。组织代表参与“一府一委两院”活动129人次。加强人大代表网络履职平台建设，密切代表与人民群众联系。

【人大代表议案建议办理】组织常委会组成人员和提出议案的领衔代表对办理情况，进行集中视察，加强跟踪督办。对于交付办理的代表建议，通过及时交办、通报办理进度、进行满意度测评、纳入效能考核等举措，有力提高代表建议办理质量和效率。市四届人大五次会议交付办理的议案建议，均按时办结回复代表。

【服务保障】完善代表活动经费管理使用办法，保障代表履职。及时向代表通报全市经济社会发展情况，开展会前集中视察，拓宽代表知情知政渠道，为代表更好审议各项报告、提出高质量议案建议提供有力支撑。规范代表资格审查，完善代表履职档案，强化对代表的管理与监督。大力宣传代表先进事迹，扩大代表依法履职的社会影响力。根据代表出缺情况，依法做好补选工作。认真做好驻亳全国和省人大代表履职服务保障工作。

（谢文星）

亳州市人民代表大会代表人数一览表

表3

届次	代表总数（人）	女代表（人）	占代表总数（%）	少数民族代表（人）	占代表总数（%）
一届一次	370	81	21.9	19	5.1
一届二次	369	81	22.0	19	5.1
一届三次	388	84	21.6	20	5.2
一届四次	388	83	21.4	20	5.2
一届五次	393	83	21.1	19	4.8
一届六次	393	83	21.1	19	4.8
一届七次	385	82	21.3	19	4.9
二届一次	420	117	27.9	18	4.3
二届二次	415	117	28.2	18	4.3
二届三次	433	118	27.3	17	3.9
二届四次	428	117	27.3	17	4.0
二届五次	424	116	27.4	17	4.0
二届六次	436	115	26.4	17	3.9
三届一次	438	109	24.9	10	2.3
三届二次	438	109	24.9	11	2.5
三届三次	433	110	25.4	10	2.3
三届四次	427	111	26.0	10	2.3
三届五次	434	111	25.6	10	2.3
三届六次	428	118	27.6	16	3.7
三届七次	434	118	27.2	16	3.7
三届八次	427	117	27.4	16	3.7
四届一次	443	125	28.2	22	5.0
四届二次	437	122	27.9	21	4.8
四届三次	437	124	28.4	22	5.0
四届四次	435	120	27.6	21	4.8
四届五次	432	120	27.7	21	4.8

亳州市人民政府

2021 年 12 月 16 日，亳州机场和高速公路项目集中开工仪式　　（张延林　摄）

概 述

【概况】2021年，亳州市坚持以习近平新时代中国特色社会主义思想为指导，深入贯彻党的十九大和十九届历次全会精神，全面落实习近平总书记对安徽作出的系列重要讲话指示批示，按照省第十一次党代会部署，围绕强化“两个坚持”、实现“两个更大”和建设“五个安徽”目标要求，加快实施“六一战略”，扎实做好“六稳”“六保”工作，全市经济社会发展呈现平稳健康发展态势，实现“十四五”良好开局。2021年，亳州全年地区生产总值达1973亿元，增长8.6%，高于全省0.3个百分点；一般公共预算收入140.3亿元，增长11%，居全省第三位；社会消费品零售总额增长20%；固定资产投资增长1%；规模工业增加值增长7.5%；城镇、农村常住居民人均可支配收入分别增长9.3%和9.7%。亳州市6次获国务院通报表扬，连续5年获省对市综合考核“优秀”等次，连续5年获省目标管理绩效考核先进单位称号，连续5年获脱贫攻坚年度成效考核“好”等次，连续3年获省稳增长贡献奖。

【双招双引】2021年，亳州市持续开展“亳州老乡，请您回家”和助力青年学子创业活动，发出第二封家书，召开恳谈会47场次，吸引7900名老乡返乡创业、带动投资113.9亿元。高水平建设皖北承接产业转移集聚区，新签约亿元以上工业项目248个、总投资1214.9亿元、增长54.8%。组建现代中医药及大健康等六大新兴产业“双招双引”工作专班，抓实招商项目落地和项目建设进度集中攻坚月活动，集中开工重大项目105个，总投资580.3亿元，623个省重点项目竣工率、投资完成率、开工率超额完成年度任务。落实招才引智实施办法，发放招才引智补贴1530.3万元。

【产业发展】2021年，亳州市持续推进“世界中医药之都”建设，现代中医药产业规模达1500亿元。亳药集团挂牌成立，全市医药工业产值增长29.7%，现代中药产业集聚发展基地产值增长12.5%。聚力建设“华夏酒城”，白酒业营收超200亿元，规模白酒企业增加值增长20.2%，投资90亿元的古井贡酒酿酒生产智能化技改项目加快建设。大力推进文化旅游强市建设，持续开展“文化旅游年”活动，旅游总收入增长44.9%，华佗百草园二期、大型国防教育基地二期等一批文旅项目加快推进。限上消费品零售额增长23.4%，居皖北六市第二位。新增限上商贸企业194家，农村电商经营主体突破4000家，服务业增加值突破1000亿元。邮政业务总量增速连续3年位居全省第一，中药保健饮品亳州花草茶多年被评为全国快递服务现代农业金牌项目。

【改革创新】2021年，亳州市战略性新兴产业产值增长15.2%，每万人口发明专利拥有量增长47.5%。新增高新技术企业76家，科技重大专项“揭榜挂帅”项目立项13项，产值超亿元高新技术企业达201家。扎实推进国资国企、财税金融、农业农村、公共资源交易管理等领域改革，农村敬老院集中供养率居全省第三位，医保基金监管方式创新试点获评全国“优秀”，“一镇一委一站”基层火灾防控体系建设在全国推广。“税信通”联合激励机制入选中国改革2021年度典型案例，亳州市是全省唯一连续四年获评典型案例的市。动态调整省级开发区赋权清单，顺利承接省政府用地审批权下放，全面推开“标准地”改革，启动实施“亩均论英雄”改革，惠企政策“免申即享”入选全省十大改革案例。制定实施支持民营经济高质量发展“25条”措施，累计为企业减税降费44.4亿元，通过“四送一服”平台解决企业实际困难5161个。

【对外开放】2021年，亳州市深度融入长三角一体化发展，与沪苏浙3个省市、21个园区签订合作协议，与上海市奉贤区建立结对共建关系。等高对接沪苏浙体制机制和营商环境，119个政务服务事项长三角地区“一网通办”，37类高频电子证照实现长三角区域互认应用。亳芜五金机电产业园主体工程基本完工。着力打造高能级开放平台，获批建设中国（安徽）自由贸易试验区亳州联动创新区，亳州市国家加工贸易产业园成为全国首批、全省唯一国家加工贸易产业园。成功举办2021年药博会。6个省级开发区经营（销售）收入超2000亿元，亳州高新区、谯城经开区入围全省开发区综合考核评价30强。实际利用外商直接投资5.1亿美元，外经外贸拓展到20多个国家和地区。

【城市建设】2021年，亳州市高标准编制国土空间规划，修编完成医疗、教育、排水、供热等专项规划。加快建设省际毗邻区域中心城市，谋划重点城建项目119个，完成重点城建项目61个、投资47.2亿元。获批为国家城市体检样本城市，扎实推进城市更新，启动城市生命线安全工程。投入12亿元(市中心城区投入8.45亿元)完成72条道路雨污分流和248个易涝点整治，市中心城区和三县县城“城市看海”问题实现根本性解决。市建成区绿地率达35.5%，绿化覆盖率达40%。按照“打通主动脉、畅通微循环、消除断头路”总体思路，全力推进交通项目建设，亳州机场、亳蒙高速公路二期、徐淮阜高速公路亳州段开工建设。谋划推进11个普通国省干线公路建设项目，累计投资15.9亿元，投资完成率108.8%。市生活垃圾焚烧发电二期、市餐厨废弃物处理项目建成投用，城市生活垃圾无害化处理率达100%。

【乡村振兴】2021年，亳州市巩固拓展脱贫攻坚成果同乡村振兴有效衔接，健全防止返贫动态监测和帮扶机制。深入实施“田长制”，积极推进耕地保护，粮食生产实现“十八连丰”，总产连续11年居全省第二位、优质粮食生产面积稳居全省第一位。规上农产品加工产值在全省占比、增速分居第一位、第三位。与农行安徽省分行、省农村信用社联合社等金融机构签署“十四五”金融服务乡村振兴合作协议。实施长三角绿色农产品生产加工供应基地“158”行动计划，累计销往沪苏浙农产品416万吨、收入372.6亿元。接续推进农村环境“三大革命”“三大行动”，完成改厕4.8万户，农村生活垃圾无害化处理率达98%，在全省率先实现乡镇政府驻地污水处理设施全覆盖。2020年度84个省级中心村基本建成，2021年度42个省级中心村有序推进。

【生态环境】2021年，亳州市深入打好污染防治攻坚战，突出环境问题年度整改任务全面完成。加强大气污染防治，$PM_{2.5}$平均浓度为38.1微克/立方米、同比下降19.1%，优良天数比率78.5%、同比提高8.3个百分点，改善幅度均居长三角第一位。成功创建国家节水型城市。市县建成区基本消除黑臭水体，地表水考核断面达标率100%，水污染防治考核连续3年位居全省第一位，市中心城区地下水水位同比上升5.71米。土壤环境保持稳定，主要农作物化肥、农药使用量连续6年下降。有序落实“双碳”战略部署，坚决遏制“两高”项目盲目发展。

【民生事业】2021年，亳州市民生支出完成277.7亿元，32项民生工程完成年度任务。城镇新增就业人口5.6万人。棚户区改造获表扬。坚持“房住不炒”，房地产市场平稳运行。推进医疗保险基金监管制度改革，在全国试点验收中获评优秀。深入推进医护养结合改革，集中供养率位居全省第三位。新建改扩建公办中小学、幼儿园45所，投资10.5亿元的亳州学院中医药学院即将投入使用。“双减”政策有序落实，义务教育课后延时服务实现全覆盖。总投资66亿元的医疗卫生健康事业“三年提升、两年巩固”行动88个项目已建成60个，市第二人民医院、市儿童医院等项目建设加快推进，“北华佗”中医药品牌影响力日益增强。“喝上引调水”工程顺利实施。亳州市是全省唯一荣获2017—2020年度全国群众体育先进单位和全国体育系统先进集体“双先进”称号的市。蝉联“全国双拥模范城”。

【平安建设】2021年，亳州市统筹发展和安全，重大风险防范工作扎实有力。抓好常态化疫情防控，新冠病毒疫苗全程接种率达95.7%。深入开展安全生产专项整治三年行动集中攻坚，事故起数、死亡人数实现“双下降”。落实“四个最严”要求，食品药品安全形势稳中向好。市域社会治理现代化试点扎实推进，社会治安防控体系深化拓展，“雪亮工程”实现城乡重点部位全覆盖。构建“一镇一委一站”城乡基层火灾防控体系，全省现场会在亳州市召开。法治亳州建设迈出坚实步伐，“八五”普法开局良好，法治政府建设持续深化，行政机关负责人出庭应诉率100%。

（马豆豆）

市政府重要会议

【市政府全体会议】2021年召开市政府全体会议3次。

2月3日第九次全体会议，讨论《政府工作报告（讨论稿）》《亳州市国民经济和社会发展第十四个五年规划和二〇三五年远景目标纲要（讨论稿）》，部署近期工作。

2月25日第十次全体会议，分解落实2021年《政府工作报告》主要目标任务，部署当前工作。

12月31日第十一次全体会议，讨论《政府工作报告（讨论稿）》，安排部署近期工作。

【市政府常务会议】2021年共召开市政府常务会议43次。

1月4日第179次常务会议，传达习近平总书记2021年新年贺词、中央农村工作会议精神，听取关于扫黑除恶专项整治进展情况等汇报，还研究了其他事项。

1月11日第180次常务会议，传达贯彻全省公共卫生体系建设和中医药工作电视电话会议精神、全省开发区“标准地”改革现场推进会议精神、全省推进贯彻落实交通强国建设纲要电视电话会议精神、全省自然保护地管理工作电视电话会议精神等汇报，还研究了其他事项。

1月18日第181次常务会议，传达贯彻岁末年初全国全省安全防范工作紧急视频会议精神、2020年度地下水位变化视频会商会议精神，听取关于省委第七巡视组对亳州市巡视反馈问题涉及政府系统整改情况的汇报等汇报，还研究了其他事项。

1月25日第182次常务会议，传达贯彻全国全省安全生产电视电话会议精神、2021年全省征兵工作电视电话会议精神，听取关于省委、省政府领导对统计工作批示要求、全省统计工作（视频）会议精神暨2020年全市主要经济指标完成情况和2021年发展目标设定初步构想的汇报、市政府办公室关于2021年《政府工作报告（讨论稿）》起草情况的汇报等，还研究了其他事项。

2月2日第183次常务会议，传达习近平总书记在十九届中央纪委五次全会上的重要讲话精神、省委书记李锦斌在省纪委十届六次全会上的讲话精神，贯彻全省“两会”精神、全省民政工作座谈视频会及2021年全省民政工作视频会议精神等，还研究了其他事项。

2月8日第184次常务会议，传达贯彻全国司法厅（局）长会议和全省司法行政工作会议精神、省委农村工作会议精神，听取关于省委第七巡视组对亳州市巡视反馈问题涉及政府系统整改情况的汇报等，还研究了其他事项。

3月2日第185次常务会议，传达学习习近平总书记在全国脱贫攻坚总结表彰大会上的重要讲话精神，贯彻全省定点医疗机构医保违法违规行为专项治理工作电视电话会议精神等，还研究了其他事项。

3月9日第186次常务会议，传达学习习近平总书记关于应对气候变化重要讲话及国家、省应对气候变化有关会议精神，听取关于省委第七巡视组对亳州市巡视反馈问题涉及政府系统整改情况的汇报等，还研究了其他事项。

3月15日第187次常务会议，传达贯彻全国“两会”精神，学习《中共中央、国务院关于全面推进乡村振兴加快农业农村现代化的意见》《中共安徽省委　安徽省人民政府关于全面推进乡村振兴加快农业农村现代化的实施意见》等，还研究了其他事项。

3月22日第188次常务会议，传达学习习近平总书记关于安全生产、应急管理、森林防火等重要讲话指示批示精神，听取关于省委第七巡视组对亳州市巡视反馈问题涉及政府系统整改情况、全市“不忘初心、牢记使命”主题教育检视问题整改情况和四届市委第一至八轮巡察反馈意见未整改到位问题有关情况的汇报等，还研究了其他事项。

3月29日第189次常务会议，传达贯彻全国、全省新冠病毒疫苗接种工作电视电话会议精神，全省春季巩固长江禁捕退捕工作视频会议精神；听取关于中央巡视组巡视安徽省反馈意见（亳州市政府）整改开展情况的汇报等，还研究了其他事项。

4月6日第190次常务会议，传达《关于贯彻落实省委省政府领导同志批示精神抓好粮食安全考核发现问题整改工作的通知》，听取关于省委第七巡视组对亳州市巡视反馈问题涉及政府系统整改情况、全市“不忘初心、牢记使命”主题教育检视问题整改情况和四届市委第一至八轮巡察反馈意见未整改到位问题有关情况的汇报等，还研究了其他事项。

4月12日第191次常务会议，传达贯彻中央第三生态环境保护督察组督察安徽省动员会议精神、《中央生态环境保护督察安徽省整改工作领导小组办公室关于切实做好配合中央生态环境保护督察工作的通知》精神，全国、全省打击治理电信网络新型违法犯罪工作联席会议精神等，还研究了其他事项。

4月21日第192次常务会议，听取关于中央巡视组巡视安徽省反馈意见（亳州市政府）整改开展情况的汇报、关于省委第七巡视组对亳州市巡视反馈问题涉及政府系统整改情况、全市“不忘初心、牢记使命”主题教育检视问题整改情况和四届市委第一至八轮巡察反馈意见未整改到位问题有关情况的汇报。学习贯彻全国防汛抗旱工作电视电话会议精神，国家禁毒办、省禁毒委领导指示批示精神等；还研究了其他事项。

4月26日第193次常务会议，通报安徽省党政代表团赴沪苏浙学习考察对接情况及总结交流会议精神，传达学习《中共安徽省委　安徽省人民政府关于促进经济平稳健康发展确保“十四五”开好局起好步的意见》、贯彻全省防汛抗旱工作电视电话会议精神等，还研究了其他事项。

5月10日第194次常务会议，传达贯彻2021年全国全省普通高校招生考试安全工作电视电话会议精神；传达贯彻省委、省政府、市委主要负责人批示精神，研究2020年土地例行督察反馈问题整改情况等；还研究了其他事项。

5月17日第195次常务会议，传达李锦斌批示件抄清、王清宪省长第1776号批示（在接到习近平总书记关于疫情防控工作重要指示和李克强总理、孙春兰副总理批示后批示），学习《关于深入开展“大起底、改到位、建机制”专项行动的通知》等，还研究了其他事项。

5月24日第196次常务会议，听取关于中央巡视组巡视我省反馈意见（亳州市政府）整改情况、关于十届省委第七巡视组对亳州市巡视反馈意见涉及政府系统整改问题“大起底、改到位、建机制”专项行动排查情况的汇报，贯彻全省汛期地质灾害防治工作视频会议精神、全省全面清理地方性法规政府规章和行政规范性文件工作动员部署会议精神等，还研究了其他事项。

5月31日第197次常务会议，传达贯彻《中共安徽省委农村工作领导小组办公室关于贯彻省领导批示精神扎实推进当前农村人居环境整治工作的通知》，听取市扶贫开发局关于全省脱贫攻坚总结表彰暨巩固拓展脱贫攻坚成果同乡村振兴有效衔接工作推进大会主要精神及亳州市贯彻意见的汇报等，还研究了其他事项。

6月7日第198次常务会议，听取关于中央巡视组巡视安徽省反馈意见（亳州市政府）整改情况、十届省委第七巡视组对亳州市巡视反馈意见涉及政府系统整改问题“大起底、改到位、建机制”专项行动排查整改情况，传达贯彻全国全省深化“放管服”改革着力培育和激发市场主体活力电视电话会议暨省政府《关于进一步推进〈优化营商环境条例〉落实落细的若干举措》精神等，还研究了其他事项。

6月21日第199次常务会议，听取中央、省信访工作会议主要精神及亳州市贯彻落实意见的汇报，全国就业创业工作暨普通高等学校毕业生就业创业工作电视电话会议主要精神及亳州市贯彻落实意见的汇报，全省行政机关负责人出庭应诉工作约谈会议精神及亳州市贯彻落实意见的汇报，2017—007地块控规（调整）的汇报等，还研究了其他事项。

6月28日第200次常务会议，听取关于第一次全国自然灾害综合风险普查工作电视电话会议主要精神及亳州市贯彻落实意见的汇报、关于全省防范和处置非法集资工作领导小组会议暨防范处置非法金融活动风险专题会议主要精神及亳州市贯彻落实意见的汇报、2021年度中央和省级动物防疫等补助经费分配方案有关情况的汇报等，还研究了其他事项。

7月5日第201次常务会议，传达关于省长王清宪到亳调研安排任务分解清单的汇报、《2021年国际（亳州）中医药博览会暨第37届全国（亳州）中药材交易会总体活动方案（送审稿）》起草情况的汇报、2020年度新增规上和省重点服务业企业奖励资金安排情况的汇报等，还研究了其他事项。

7月12日第202次常务会议，传达《中共中央办公厅 国务院办公厅关于全国违建别墅问题清查整治专项行动工作情况的通报》精神；听取关于第二轮中央生态环境保护督察转办群众信访举报和督察反馈意见涉亳问题整改情况的汇报，关于2020年度省“三重一创”、现代医疗和医药等政策项目市级分担兑付资金建议的汇报等；还研究了其他事项。

7月19日第203次常务会议，传达学习省安委会办公室《关于持续开展安全风险隐患大起底大排查大整改的提示函》精神，听取关于2021年矿产资源督察工作动员部署暨2020年土地例行督察问题整改工作视频会议主要精神及亳州市贯彻落实意见的汇报、关于全省推进生态环境保护专项监督长制度动员会暨大气污染防治现场会主要精神及亳州市贯彻落实意见的汇报等，还研究了其他事项。

7月26日第204次常务会议，传达学习习近平总书记对防汛救灾工作的重要指示精神、王勇国务委员关于防汛工作讲话精神、李锦斌书记、王清宪省长批示精神、全省防御第6号台风“烟花”会商调度视频会议精神并听取亳州市贯彻落实工作汇报，听取关于中央第三生态环境保护督察组督察安徽省情况反馈会议主要精神及亳州市贯彻落实意见的汇报等，还研究了其他事项。

8月2日第205次常务会议，传达学习副省长张红文到亳调研讲话精神；听取关于全国优化生育政策电视电话会议主要精神及亳州市贯彻落实意见的汇报，关于全省农村厕所革命现场会暨农业农村工作调度会、巩固拓展脱贫攻坚成果与乡村振兴有效衔接推进会议主要精神及亳州市贯彻落实意见的汇报等，还研究了其他事项。

8月7日第206次常务会议，听取关于全国、全省疫情防控工作电视电话会议主要精神及亳州市贯彻落实意见的汇报，关于全省推进国企改革三年行动电视电话会议主要精神及亳州市贯彻落实意见的汇报、关于2021年现代职业教育质量提升计划中央资金分配方案的汇报等，还研究了其他事项。

8月16日第207次常务会议，传达安徽省推进依法行政工作领导小组办公室《关于进一步加强合法性审查工作的意见》并听取亳州市贯彻落实意见的汇报等，还研究了其他事项。

8月23日第208次常务会议，听取关于《亳州市产权交易管理办法（修订稿）》修订情况的汇报、关于全省新冠病毒疫苗接种工作视频会议主要精神及亳州市贯彻落实意见的汇报等，还研究了其他事项。

8月30日第209次常务会议，传达关于中央巡视组巡视我省反馈意见（亳州市政府）整改情况、十届省委第七巡视组对亳州市巡视反馈问题涉及政府系统整改问题“大起底、改到位、建机制”专项行动排查整改情况、全市“不忘初心、牢记使命”主题教育检视问题整改情况和四届市委第一至八轮巡察反馈意见未整改到位问题有关情况的汇报，全省深化新一轮林长制改革电视电话会议主要精神及亳州市贯彻落实意见的汇报等，还研究了其他事项。

9月6日第210次常务会议，听取关于全省乡村振兴（扶贫）系统先进集体先进个人表彰大会主要精神及亳州市贯彻落实意见的汇报、关于全省城市生命线安全工程战略合作框架协议签约仪式视频会议主要精神及亳州市贯彻落实意见的汇报等，还研究了其他事项。

9月13日第211次常务会议，传达关于《自然资源部办公厅关于严格规范涉嫌自然资源犯罪案件移送工作的通知》有关精神及亳州市贯彻落实意见的汇报、关于全省维护医保基金安全暨医保脱贫攻坚衔接乡村振兴工作会议主要精神及亳州市贯彻落实意见的汇报、关于2021年小微企业融资担保业务降费奖补资金分配方案的汇报等，还研究了其他事项。

9月30日第212次常务会议，听取关于《划定柴油车禁限行管控区域的通告》起草情况的汇报、关于申请购置警用装备的汇报、关于2021年亳州市创建全国文明城市相关项目资金情况的汇报等，还研究了其他事项。

10月8日第213次常务会议，传达全国、全省新冠肺炎和流感等秋冬季重点传染病疫情防控工作视频会议主要精神及亳州市贯彻落实意见的汇报，关于全省城乡社区治理工作电视电话会议主要精神及亳州市贯彻落实意见的汇报等，还研究了其他事项。

10月18日第214次常务会议，听取全省进一步减轻义务教育阶段学生作业负担和校外培训负担工作电视电话会议主要精神及亳州市贯彻落实意见的汇报等，还研究了其他事项。

10月25日第215次常务会议，传达贯彻安徽省亳州市加强基层“一镇一委一站”消防安全治理体系暨推进“五大提升工程”建设观摩会议主要精神的汇报，传达全省安全生产紧急视频会议精神及亳州市贯彻落实意见的汇报、2021年省级农业产业发展资金分配意见的汇报等，还研究了其他事项。

11月8日第216次常务会议，听取关于全国冬春农田水利暨高标准农田建设电视电话会议主要精神及亳州市贯彻落实意见的汇报、全省能耗双控调度推进会议主要精神及亳州市贯彻落实意见的汇报等，还研究了其他事项。

11月15日第217次常务会议，传达学习统筹“四化同步”推进皖北振兴工作调研座谈会议精神，听取关于学习习近平总书记关于粮食安全系列重要论述及亳州市贯彻落实意见的汇报等，还研究了其他事项。

11月22日第218次常务会议，传达全国全省校园安全专项整顿工作视频会议主要精神及亳州市贯彻落实意见的汇报、全省规范民办义务教育发展工作推进电视电话会议主要精神及亳州市贯彻落实意见的汇报等，还研究了其他事项。

12月6日第219次常务会议，听取关于《国务院第八次大督查发现部分地方和单位贯彻落实党中央、国务院决策部署不到位典型问题的通报》和《国务院第八次大督查对安徽省的反馈意见》主要情况及亳州市举一反三排查整改意见的汇报，关于全省根治拖欠农民工工资工作领导小组会议暨根治欠薪冬季专项行动推进会议主要精神及亳州市贯彻落实意见的汇报等，还研究了其他事项。

12月20日第220次常务会议，听取关于《政府工作报告（讨论稿）》《亳州市2021年国民经济和社会发展计划执行情况与2022年计划草案的报告（讨论稿）》《亳州市2021年预算执行情况和2022年预算草案的报告（讨论稿）》起草情况的汇报等，还研究了其他事项。

12月27日第221次常务会议，听取关于全省乡村产业高质量发展暨农村人居环境整治提升现场会议主要精神及亳州市贯彻落实意见的汇报、关于全省上市工作推进会议主要精神及亳州市贯彻落实意见的汇报等，还研究了其他事项。

（马豆豆）

市政府办公室工作

【概况】2021年，市政府办公室坚持以习近平新时代中国特色社会主义思想为指导，全面落实习近平总书记对安徽作出的系列重要讲话指示批示精神，严格落实“五个坚持”要求，深入开展“三严三实”“马上就办、真抓实干”作风建设专项行动，纵深推进全面从严治党，各项工作取得积极成效。全年处理各类来文及阅件1.5万余件，转办领导批示件6500余件，运转领导批示件1.8万件次。高标准印发规范性文件106件，高质量完成《政府工作报告》、综合性汇报材料、市领导讲话等各类文稿近700篇。积极承办市政府全体会议、常务会议、党组会议、党组理论学习中心组学习会议等，整理会议纪要112篇、会议记录81篇，有力推动市政府决策部署落地落实。依法加强政务公开，发布政府信息27.3万条、解读信息73条，国务院办公厅《政务公开工作交流》2021年第11期刊登《安徽省亳州市优化政务公开程序助力政策落地见效》,《安徽省政务公开发展研究报告（2021）》刊登亳州市做法。

【营商环境】2021年，制定《亳州市创优营商环境提升行动方案（2021版）》，简化政务服务、招标投标、不动产登记、工程项目建设、获得水电气等19个指标办理流程，积极开展优化营商环境十大优秀案例评选。动态调整《支持实体经济发展政策清单》《“四送一服”“双招双引”支持实体经济发展政策清单》，开展政策宣讲会1454场，发放政策清单4306本。积极助企纾难解困，开展“四送一服”集中行动和“服务企业年·重点企业五级包保”行动，建立市长顶格协调、“月通报、季考核”等机制，创新开展“招商引资市长接待日”，办结省“四送一服”平台反映问题5309个，帮助协调1665家企业融资51.7亿元、136家企业用地6943.9亩、2263家企业解决用工3.4万人，促成产学研合作29个。联合搭建“免申即享”平台，衔接串联16家部门217个政策文件，累计发放资金1.6亿元，相关做法获评2021年度全省十大改革案例。全力做好“双招双引”工作，对接省转办投资意向项目41个，已达成合作8个。

【服务群众】2021年，扎实开展“我为群众办实事”实践活动，走访调研537次，发现问题422个并及时帮助协调解决。开展市领导接听热线、“在线访谈”活动8次，“12345”热线系统受理各类诉求57.2万件、增长16%，按时办结率99.98%，群众满意率97%，承办省长热线、人民网省长（市长）留言等省交办事项1177件，在全省率先全面完成32条政务服务热线归并工作，并在全省热线归并推进会议上作经验介绍。服务推动信访问题解决，核查督办市政府主要负责人批阅群众信访件179件，定期实地暗访市政府主要负责人赴利辛县公开接访事项24项，将心比心为民排忧解难。助力乡村振兴，选派4名党员干部任派驻村第一书记、驻村工作队长，帮助协调设立农产品消费专区2处，积极组织购买新疆皮山县扶贫产品。

【信息调研】2021年，扎实做好信息报送工作，被省政府办公厅采用196条，参与组稿信息获国务院领导批示17条、省长批示3条，政务信息工作进入全省先进行列。抓实课题研究工作，开展运用工业互联网思维加快现代中医药产业发展等重大调研课题11项，其中《新阶段　新赛道　亳州药业发展如何跑出新速度——亳州市中医药产业高质量发展的研究与思考》获省委省政府、市委市政府领导批示肯定。精心组织市政府系统重点课题调研工作，指导部门完成重点课题报告72篇，印发《送阅材料》57期，编印《“十三五”·亳州发展研究文集》《亳州发展研究2020》，促进调研成果转化应用。加强信息决策咨询服务，编辑《决策参考》41期。

【外事工作】2021年，严格执行计划管理、因事定人、规范报批、信息公开等规定和相关程序，组织开展“海外领事保护进开发区”、“4·15”全民国家安全教育日等系列宣传活动，积极开展涉外突发事件应急演练，认真摸排反恐、“三非”外国人涉外工作风险，组织134名外籍人士接种疫苗，接种率居全省前列。

【机关事务管理】2021年，建立机关大院日常维护小修机制，整治机关大院办公区建筑外墙“飞线”，持续规范快递、外卖、废品收购及搬家、施工等四类车辆管理，新建改建集中办公区非机动车停车棚并加装太阳能光伏发电及扫码充电系统，完成市行政中心电力增容、扩容改造和市行政中心、市行政综合服务中心雨污管网修建，制定公务乘车“六不准”、驾驶员“八不准”规定。做好集中办公区日常维修维护工作，有序推进办公电脑国产化替代工作。稳步推进节约型机关建设，市级完成年度创建工作任务10家。常态化开展公共机构节电工作督查，公共机构干部职工节能节电意识稳步提升。推进市行政中心生活垃圾分类示范点“撤桶并点”工作，垃圾投放点减少到57个、减少59%。反对餐饮浪费，倡导“光盘行动”，引导机关干部树立文明、健康、节约的饮食消费习惯。

【红十字工作】2021年，成立“亳州市红十字人道救助志愿服务队”“亳州市红十字手舞心声志愿服务队”和红十字救援队，执行救援任务24次，开展应急救护培训班36期，培训救护员1830人次。亳州市荣获2018—2019年度全国无偿献血先进市，市红十字志愿者协会荣获省2021年无偿献血先进集体奖。

【住房公积金管理】2021年，全年归集住房公积金29亿元，增长4.9%，提取住房公积金20.3亿元，发放个人贷款19.5亿元。对接“长三角一网通办”“跨省通办”，设立跨省通办专窗，办理跨省业务833笔。设立公积金综合业务服务大厅，实现全部业务大厅受理、集成服务。推行“互联网+住房公积金”，在全国率先实现住房公积金“缴、提、贷、查”业务全部网上办理，网上业务办结率超过95%。

【值守联络】2021年，严格落实24小时值班和节假日领导在岗带班制度，抽查县区和市直单位值班情况2114次，印发《值班情况通报》5期，接收并协助处置公共突发事件及敏感信息284件，编发《值班工作情况》8期，编辑报送《亳州值班信息》47期，落实反馈省政府领导批示6件，值班工作居全省先进位次。做好驻京联络工作，完成领导到京后勤服务120人次，联系和拜访企业、协会商会88家，对接招商线索20余条。

（马豆豆）

市政府发展研究

【概况】2021年，市政府发展研究中心聚焦习近平总书记考察安徽重要讲话指示精神，围绕重点课题调研任务，深入县区调查研究，考察学习外地经验，掌握第一手资料，撰写《完成新发展理念引领亳州市经济高质量发展的思考》《发展注意力经济的思考》《对标沪苏浙谋深做实重点工作的思考》《全市农村人居环境整治工作》《亳州高新区工业项目竣工未投产原因剖析》《运用工业互联网思维加快现代中医药产业发展的建议》《亳州快递业寄件费用情况分析》《亳州市养生花茶产业高质量发展路径探析》《金融服务乡村振兴》《亳州市中医药产业高质量发展的研究与思考》《多举措构建城市内涝防治体系》等调研报告11篇，其中2篇获市领导批示。

【重点课题调研】2021年，市政府发展研究中心按照市委、市政府关于加强对亳州市经济社会发展重大问题调查研究要求，结合《政府工作报告》中提出年度重点工作，认真谋划2021年度市级重点课题，会同市委政研室联合印发《2021年度全市重点调研课题通知》，明确课题责任单位、完成时限，促进全市调研工作制度化和规范化。加强部门课题跟踪督导力度，按照年度调研计划进度每月初对部门承担的调研课题进行检查、催报，及时掌握重点课题进展情况。实施市政府负责人领衔调研制度，由市政府领导领衔调研，研究改革发展中的新情况、新问题，形成专题调研报告。同时，建立部门课题审核修改制度，部门报送的课题报告由综合科进行审核修改，审核未通过的及时反馈部门，部门根据反馈意见修改后重新报送，协调、指导部门完成重点课题报告72篇，修改印发57篇，其中10篇课题报告获市领导批示14次，为市委、市政府领导决策提供有效服务。编印《“十三五”·亳州发展研究文集》《亳州发展研究2020》，促进调研成果转化应用。

亳州高新区市政公园冬日美景 （刘勤利 摄）

【信息服务】2021年，市政府发展研究中心认真学习国家、省及其他省市出台的政策措施，加强信息筛选整合，及时选编宏观经济形势分析、国家和省政策解读、外地经验做法等信息，在选题上更加突出先进地区特别是长三角地区促进经济社会发展优秀经验做法，为领导决策提供参考，为部门工作提供借鉴。2021年，编辑《决策参考》41期，其中有21期获市领导批示27次。

（张　文）

数据资源管理和政务服务

【概况】亳州市数据资源管理局（亳州市政务服务管理局）（市数据资源局，市政务服务局）于2019年2月成立，是市政府工作部门，为正处级，加挂市政务服务管理局牌子。市数据资源管理局贯彻执行党中央关于信息化、数据资源和政务服务管理工作的方针政策和决策部署，落实省委、市委的工作要求，在履行职责过程中坚持和加强党对信息化、数据资源和政务服务管理工作的集中统一领导。

2021年，亳州市数据资源管理局认真学习党的十九大和十九届历次全会精神，深入贯彻习近平总书记关于网络强国、数字中国、智慧社会的重要论述精神，全面落实省委、省政府关于加快建设"数字江淮"决策部署，坚持数据统起来、用起来、活起来"三位一体"，不断完善信息基础设施，着力推动数据资源整合共享，持续深化"互联网+政务服务"改革，创优营商环境，激发数字经济活力，全面提升"数字亳州"建设水平，助力实施"六一战略"、建设现代化美好亳州。2021年7月，全省"释放数据价值，构建城市大脑"培训班在亳州召开；惠企政策"免申即享"入选2021年安徽扎实推进长三角一体化发展实践创新案例和全省十大改革案例；中煤新集利辛电厂"5G+智慧电厂"项目荣获工信部举办的第四届"绽放杯"5G应用征集大赛工业互联网专题赛优胜奖，同时，入选2021安徽省"5G+工业互联网"十大创新应用；亳州市人民医院5G+应急救治项目入选工信部和国家卫生健康委5G+医疗健康应用试点项目；"城市大脑"荣获首届中国新型智慧城市创新应用大赛智胜奖（一等奖）、2021年长三角城市数字化转型创新项目二等奖、2020—2021年度赛迪顾问中国IT市场年会数字转型杰出案例、2021中国国际高新技术成果交易会领军中国智慧城市奖等荣誉；亳州市邻长信息平台获得2021年度ICT中国创新奖，并在"2021年长三角城市数字化转型——数字政府、数字社会创新案例征集"活动中获优秀奖。

【互联网+政务服务】2021年，亳州市数据资源管理局坚持网上办事主渠道，搭好"一网"。完善"皖事通办"平台亳州分平台，统一对外提供服务，市县两级10063个政务服务事项实现全程网办，行政审批事项平均承诺审批时限压缩至1.63个工作日。2021年，安徽政务服务网亳州分厅受理群众申请593.73万件，办结586.36万件，节约群众办事成本约5.9亿元。"皖事通"App上线全部政务服务事项和299个便民服务事项，新增注册量82.51万个、用户活跃度7318.57万次。

发挥实体大厅兜底作用。加强政务服务大厅精细化管理，在全省率先设置"政务找茬"窗口，建立群众评价回访处理整改机制，及时处理和回复反馈问题，差评整改率100%。开展部门"一窗通办"综合窗口改革，推行"前台综合受理、后台分类审批、统一窗口出件"服务模式。截至2021年底，亳州市政务服务中心入驻市区两级35家部门，设置窗口70个，日均办件量1000余件。市县两级自助服务区进驻自助终端68台，可自助办理事项82种410个。上线7×24小时政务服务地图，着力提升7×24小时不打烊"随时办"服务水平，服务地图累计有效访问量359.7万次，场所有效访问量173万次。

提升办事便利度。利用数据核查、实名认证、电子证照等技术，通过开发定制化表单、设置一键核查等措施，以数据调取群众信息代替群众手工填报，切实提升群众办事便利度。2021年，新增上线智慧审批事项59个，实现23.5%的政务服务事项"一键申报"，98.5%的政务服务事项"一次上网、事就办成"。

推进政务服务创新。建设惠企政策"免申即享"平台。通过大数据比对、流程再造、信用监督等方式，实现惠企政策奖补资金兑现企业“免申”、平台“智审”、资金“直达”。截至2021年底，通过平台上线市县两级“免申即享”政策1178项，发放资金1.56亿元、惠及企业7853家。完善企业联办服务平台，建设企业登记7×24小时智能审批系统，实现企业注册登记、公章刻制、税务登记、公积金开户、社保开户5项企业开办基本要素事项秒批秒办。2021年，通过平台新开办市场主体4.02万户，平均用时4.25个工作时，节约企业成本约2602.46万元。通过开发定制化表单、设置一键核查等措施，强化数据调用，推动实现23.5%的政务服务事项“一键申报”，切实提升群众办事便利度。出台《亳州市人民政府办公室关于印发亳州市加快推进政务服务“跨省通办”工作方案的通知》(亳政办〔2021〕6号)，在安徽政务服务网亳州分厅上线“跨省通办”服务专区，设置“跨省通办”专窗5个，设置长三角“一网通办”线上专栏，新增73项“跨省通办”事项、10项“市内通办”事项。完善“证明证照查询出具”系统，实现群众全程网上秒办各类“证明”。截至2021年底，累计通过系统开具申请公租房承诺书(外来务工)、不动产查询结果证明等1.8万个证明。

【“一体化”大数据创新体系建设】 2021年，亳州市出台《亳州市人民政府办公室关于加快构建“一体化”大数据中心协同创新体系的实施意见》(亳政办秘〔2021〕54号)，优化数据中心建设布局，夯实算力、算法与数据支撑。截至2021年底，亳州市数据中心云服务器总数达1600台，CPU物理核数达5200核，总内存达62.5T，总存储达800T。

数据资源。按照“一数一源、多源校核、动态更新”原则，强力推进数据汇集共享，建成政务、社会、经济、视频、高分5大基础数据库和10个专题数据库，汇集全市78家单位2439类政务数据，汇集总量达421.4亿条；汇集水、电、气、中药材价格指数等874类社会数据、796类经济数据，汇集总量达10.5亿条；新建摄像机57013台，接入社会摄像机17168台，实现城市公共区域、农村重点部位视频监控“全覆盖”，视频数据存储总量达120P；汇集2013年以来全市域高分专项在轨卫星数据近3000景，实现多源遥感数据全市域覆盖。

数据应用。建设“金农企e贷”“金农易贷”、党建引领信用村建设服务平台等，面向各金融服务需求主体，实施全线上流转、零接触放贷，累计为37543家中小微企业、个体工商户、新型经营主体和47.61万市民、农户提供贷款2539.7亿元，贷款不良率低于0.1%。建设智慧资助平台，实现对特殊学生群体精准分析、精准识别、精准资助。截至2021年底，平台覆盖近百万名学生。建设住房保障信息系统，利用大数据比对技术，替代原有公共租赁住房分配人工核查资料模式，有效避免人为因素，行政效率提高60多倍。

视频应用。以“视频数据平台运维提升年”活动为抓手，开展视频监控大排查，全面排查全市范围内视频数据平台所有前端监控点位、软件平台、机房运行管理情况，发现问题18330个，整改完成17831个，全市视频监控在线率稳定在95%以上，有效提升视频数据质量。视频数据基于一张网，分场景、分权限推送给公安、城管、环保、交通等67个部门1100家单位，平均月查询、调阅约380万次。

【城市大脑建设】 2021年，亳州市数据资源管理局通过搭建共性能力支撑平台，推进现有政务系统集成融入、改造提升，深化新场景建设，推动数据资源、算力、算法和应用场景集约建设、共享共用。2021年，共建成1个数据湖、4大中台和40个应用场景(其中处置类场景16个、展示类场景24个)。

共性能力平台。建成1个数据湖，数据、技术、业务、物联感知4大中台，建立健全各领域算法模型，夯实数据资源基础，搭建基础能力平台，打造智慧中枢，为跨领域、跨行业的场景建设提供共享能力支撑，推动数据资源、算力、算法共享共用。

“大中小”屏联动。依托市数字城市指挥中心，按照“大稳定、小调整”原则，建设多部门集中、跨部门协同、跨层级调度城市运营管理中心。建立“大中小”屏联动机制，推进城市运营管理中心“大屏”实现综合分析展示、统一指挥调度，各部门业务“中屏”处置流转具体业务事件，手机端App“小屏”采集上报信息、接办各类事件、查阅调度事件，最终实现跨部门、跨领域数据共享应用、业务联动处置、事件闭环流转、扁平化指挥调度。截至2021年底，公安、交通、应急等11家单位，均可依托城市运行管理中心实现统一入驻、统一管理。

个性化应用场景。按照“急用先建、实用优先”原则，聚焦全景亳州、数字政府、产业发展、城市治理、公共安全、生态保护、民生福祉7个重点领域，开发路面秩序监测、多车监管、河湖治理、重大项目建设监管等40个应用场景。其中，事件处置类场景16个、展示类场景24个。建设路面秩序监测场景，实现暴露垃圾、沿街晾晒、店外经营等6类问题的全时段、智能化采集，每日智能采集案件达300余件，约占采集总量的21%。建设电梯安全运行监管场景，试点对接2个小区、1所学校、5个机关单位共42部电梯运行数据，实现电动车入梯、困人事件、电梯故障等运行状况实时监控、自动预警。2021年，累计发现电梯运行异常4986起，电动车入梯告警3655次，自动预警并派发处置困人事件3起。建设汛情信息App，整合亳州市主城区22个易涝点、44位“点长”和全市河道、隧道、涵洞、路段等116个重点监控数据，实现汛情防控“云调度”。建设“河湖四乱”场景，通过重点部位安装视频监控、卫星影像每季度比对、无人机巡河等方式，解决水利部门人工巡河不全面、不及时等问题。2021年，系统自动告警822个问题，约为人工巡河发现问题的6倍。

【5G建设】2021年，亳州市出台《亳州市人民政府办公室关于进一步加快推进5G等通信基础设施建设的通知》（亳政办秘〔2021〕58号），制定5G基站公共资源目录清单，扎实解决疑难站址问题，全年新建5G基站1608个，年度目标任务完成率134%，年度目标完成率位居全省第一，实现重点集镇、工业园区、高速、高铁沿线5G网络覆盖。

场景示范应用。古井集团5G应用示范企业建设。在古井集团党建馆部署360°、8K超高清摄像头，通过5G+VR+慢直播技术，打造沉浸式直播旅游体验，降低参观接待成本。通过5G网络打造5G+无人清扫车辆园区洒水、清扫等业务，建设5G+AGV搬运糟块的功能，实现从传统人工向智慧工厂跨越。板集电厂“5G+智慧电厂”建设。结合5G+MEC技术，实现生产过程各类仪表、执行机构的数据交换，创新采用5G智能前端和云平台控制系统，建设节能高效的工业控制系统。建筑工地5G视频监控应用。在城市之光一期项目建设工地进行试点，动态监控工地开工、完工、停工情况，对施工过程进行远程可视化监管，实现建设工程监管模式创新。信湖煤矿“5G-智能煤矿”建设。利用5G大带宽、低延时、高连接特性，建设综合自动化平台，实现地面及井下所有车间的无人值守、远程操作。在副井安装AI视频智能识别系统、智能装车系统，实现人货分离和智能化装车过程控制，有效避免运输安全事故。中药材标准化种植园建设。在沪谯饮片厂中药材种植基地建设中药材种植全过程5G物联网追溯项目，自动监测和采集中药材作物生长相关信息，为科学制定生产措施、分析增减产原因、预测农作物生长趋势提供决策支持，为建立“来源可追溯、去向可查证、责任可追究”的中药材全流程追溯体系提供中药农业试点支撑。

【数字产业】2021年，亳州市数据资源管理局加强“双招双引”工作。根据《中共亳州市委办公室 亳州市人民政府办公室关于印发〈亳州市加强招商引资招才引智推动六大新兴产业高质量发展工作方案〉的通知》（亳办〔2021〕64号）精神，新一代信息技术和数字创意产业推进小组办公室设在亳州市数据资源管理局。亳州市数据资源管理局组织召开专题会议，印发《研究新一代信息技术和数字创意产业“双招双引”工作》（亳州市人民政府专题会议纪要第68号）、《亳州市新一代信息技术和数字创意产业推进组办公室关于成立新一代信息技术和数字创意产业推进工作专班的通知》，成立工作专班，抽调骨干人员，大力推进“双招双引”工作。

大数据产业园建设。完成亳州大数据产业园云中心1号楼和数据加工楼建设，建筑面积2.1万平方米，完成投资2.1亿元，签约企业11家，着力打造数字经济发展载体。

政务云平台建设。2021年，亳州市数据资源管理局统筹推进全市政务云平台建设，协调推进市级各类政务系统迁移上云，提升云基础设施保障能力。截至2021年底，市政务云平台承载58个单位共计758个政务系统。

【信息化项目管理】2021年，亳州市数据资源管理局认真贯彻《亳州市本级政府投资项目代建制管理办法》《亳州市信息化重点项目建设调度会议制度》《亳州市信息化项目建设业务会议制度》，强化信息化项目代建管理，研究代建项目3个。严格落实《亳州市政务信息化建设项目管理办法》，对项目申报、审批、建设和验收进行全流程管理，避免重复建设。全市共审查信息化项目103个，预算金额7.0966亿元，核减金额1.4951亿元，资金节约率21.07%。

【疫情防控】2021年，亳州市数据资源管理局实施“安康码”民生工程。深入推进“安康码”应用便民工程，拓展“安康码”应用场景，有序开展转码赋码，新增支持“一码就医”医院4家、上线“春节消费券”“新冠病毒疫苗接种预约”等应用场景5个，全市“安康码”申请量达628万人、核验数1.81亿次、亮码数2.73亿次。

大厅常态化防疫。严格落实政务服务大厅各项防疫措施，持续开展“两码”核验工作，坚持出入人员戴口罩、测体温、消毒“三件套”防疫措施，每日对公共区域进行两次消杀，全年核验“安康码”37.4万次。完善邻长信息平台，依托邻长信息平台，建设疫苗接种管理模块，助力新冠病毒疫苗接种工作。

（王峰志　曹单单）

信访工作

【概况】2021年，全市信访形势持续向好，社会大局和谐稳定。全年亳州市群众赴省信访局登记204批283人次，与2019年同比分别下降29.4%、46.9%；到市上访628批6013人次，与2019年同比分别下降32.6%、38.2%。亳州市信访局在全省信访工作考核中获得优秀等次。

【接访下访】认真做好领导接访下访、阅批群众来信工作。2021年，市委常委会、市政府常务会8次听取信访工作汇报，研究信访工作问题；市领导审阅信访书面汇报172次，批示信访工作262次。市党政领导班子19人全部下沉一线，接待群众739批1016人次；县区、乡镇负责人接访下访1216次，接访下访群众2823批3379人次，化解信访问题3113件。

【专项行动】2021年，亳州市信访局开展信访事项“大起底、大化解、大督办”专项行动。市委办公室、市政府办公室发文，起底信访事项1372件。其中，群访集体访47件、涉法涉诉104件、信访积案313件、普通信访908件。逐件建立台账，明确包案领导、属地属事责任和化解销案标准。截至12月31日，息诉息访594件，占比43.3%。

依法分类化解信访问题。对合理诉求已经解决群众仍坚持信访的，及时召开听证会、座谈会、评议会，引导群众依法、理性表达诉求。2021年，依法分类处理信访事项3692件，占比35.91%，在全省排名第3位；办理复查复核案件225件，在全省排名第3位。

挂职信访干部工作机制。在2017年选派228人挂职的基础上，重新选定84人到乡镇（街道）挂职副书记或副乡镇长（副主任）、到村（社区）挂职第一书记或主任，与选派单位工作完全脱钩，专司信访工作。

【体系建设】2021年，亳州市信访局印发《亳州市党政领导干部接访下访和阅批群众来信工作制度》，市领导干部每季度至少接访1天，县（区）领导干部每月至少接访1天，乡镇(街道)党(工)委书记、乡镇长(办事处主任)每周至少1天到群众来访接待场所接访，人员不选择、事项不过滤、时间不限制。对群众来信反映问题集中的必批、工作推进有难度的必批、重大决策出台可能引发矛盾纠纷的必批、发生突发事件的必批。在市委督查考核办增设群众信访办理督查中心，担负主要负责人接待群众及阅批信访件交办督办工作。

制定《亳州市市级领导公开接访事项办理办法》、对领导公开接访事项，制定清单，面对面交办、面对面化解、面对面督办，实现清单化、闭环式管理，确保群众合理合法的信访诉求得到有效解决，真正做到接访不走过场、写信真管用。制定《亳州市信访工作责任制暂行规定》，明确约谈条件、约谈人和约谈方式，失责必问、问责必严，以责任落实推动工作落实。

出台《群众来信办理工作规则》《群众来访接待工作规则》《网上信访事项办理工作规则》《人民建议征集工作规则》《复查复核工作规则》《督查督办工作规则》等规则，以标准化保证规范化，以规范化促进科学化。

（姚　宁）

应急管理

【概况】亳州市应急管理局于2019年3月25日正式设立，为市政府工作部门，级别为正处级。内设机构有办公室、监督管理科、综合协调科、救灾减灾和应急指挥中心。主要职能是坚持和加强党对应急工作的集中统一领导。整合原亳州市应急办、市安全生产监督管理局、市水利局防汛抗旱、市民政局防灾减灾等职能。全年共发生生产安全事故38起、死亡41人，同比下降41.54%、25.45%，全年无重大生产安全事故、重大森林火灾事故、重大火灾事故、重大自然灾害事故，实现“两降四无”工作目标。

【安全生产】2021年，亳州市应急管理局出台《亳州市人民政府办公室关于进一步明确全市新行业新业态等领域监管职责的通知》，强化新行业新业态领域安全监管，明确17个部门、22项、54条具体职责。制定《亳州市委常委会、市政府常务会、市委市政府领导班子成员安全生产职责清单》，细化市委常委会安全生产职责6项、市政府常务会职责4项和市委、市政府领导班子成员安全生产职责46项。

安全生产专项整治三年行动。明确“攻坚”方向，梳理制约安全生产深层次、根源性问题，明确36项重点工作任务和52项突出问题，印发《突出问题集中攻坚任务清单》《重点工作任务集中攻坚清单》。创新“攻坚”方式，采取主要负责人牵头攻坚，“专家+服务”专家攻坚，专班专攻集中重点攻坚等方式，建立制度措施75项。

重点行业领域和重点时段专项治理。聚焦建筑施工、燃气、消防、水上运输和渔业船舶、道路交通等重点行业领域，扎实开展安全生产隐患大起底大排查大整改“三大行动”、“防风险、保平安、迎‘七一’”安全风险防范专项行动、电动车违规充电专项治理、农村地区自建房和沿街门店“三合一”场所“小火亡人”专项整治、城市安全风险隐患排查整治、房屋（酒店、宾馆）安全隐患专项整治、“百日攻坚”等专项行动。

小化工和非法经营成品油专项行动。行政处罚33家次，罚款316.04万元，没收成品油2.59吨。开展燃气领域攻坚，探索建立液化气配送站建设，已建成并投入使用82座，关停液化气门点3家，查处非法运输和非法倒装液化气行为21起，拘留10人，立案处罚13起，罚款17.8万元。

工贸行业企业“互联网+监管”。深入推进危险化学品风险监测评估，强化涉氨制冷、粉尘涉爆和有限空间“三项治理”。按照提高执法检查专业性、覆盖率、权威性“三个提高”，采取购买专家服务+执法检查“两结合”开展入企检查和专家指导服务工作。2021年度在全省危险化学品安全生产风险监测综合评估中，位居全省前4位，全市工贸企业库执法检查覆盖率55.6%，位全省第1位，涉氨制冷、粉尘涉爆企业覆盖率100%，有限空间企业覆盖率47.2%

安全生产宣传教育。依托“安全生产月”、“5·12”防灾减灾日、“11·9”消防宣传日、“森林防火宣传月”等活动，开展“安全骑行”“安全快闪”等活动，创新“点餐式”安全宣传教育培训模式，摸清企业“胃口”，制作“大众菜谱”和“特色菜谱”，共到企业开展应急管理培训55场次，培训员工4500余人次。开展送法入企服务，发放新《中华人民共和国安全生产法》等宣传资料15000余份，培训新《中华人民共和国安全生产法》129场次，11849人次。收集整理国内近年来发生的典型事故案例，编印《一月一警示》12期、制作警示教育片2部，提醒各级各部门深刻汲取事故教训，严防类似事故。

隐患排查治理和风险防范。建立安全隐患排查治理系统，实现“一个平台”整合数据集中调度、“一张网”治理隐患问题，通过系统查找、上报、整改、验收，实现隐患报送可查询、隐患整改可追溯、隐患销号可问责的监管机制。加大省、市安全生产举报奖励办法宣传，探索建立“自身查+专家挖+群众帮”隐患排查模式，形成隐患排查治理人人都是安全监督员、人人都是风险隐患查找报送员的全员治理新模式，一定程度上弥补安监人员力量薄弱、隐患排查难、统计分析难、闭环管理难等“四大难题”。2021年，全市共排查一般安全隐患112707处，已全部完成整改；分级分类挂牌重大隐患1092处，整改1029处，按期整改率98.56%。共开展12轮专项暗查暗访，发现安全隐患1600余处，均进行交办整改。

“三位一体”执法模式。探索推行“启动会+现场执法检查+总结会”“企业主要负责人+安全管理人员+岗位操作人员全过程在场”和“执法+专家”的“三位一体”执法模式，在监管中提升服务、在服务中提升监管水平，《中国应急管理报》予以报道推荐。投入购买专家检查资金20万元，积极做好入企检查送法服务。全市应急系统共监督检查企业1557家次，执法检查1031家，执法检查覆盖率63.7%；行政处罚182起，罚款764.89万元，其中监督检查罚款489.01万元，行政处罚起数、罚款数、监督罚款数分别同比增加15.9%、77.1%、84.1%。

【防汛救灾】2021年，亳州市应急管理局制定全市安全生产风险普查工作方案，成立市级普查领导小组，组建普查工作专班。落实“一天一汇总、一天一通报”制度，在全省率先完成第一阶段清查、第二阶段调查工作任务。

综合减灾示范社区创建。6月中旬对全市综合减灾示范社区创建工作进行督查。7月初，市减灾办组织应急、气象、地震和消防4家单位，联合对全市各创建社区创建资料进行审核。会同地震、气象、消防确定推荐名单，上报省应急厅。10月初，省应急厅又组织第三方验收评估组到亳州市对社区创建情况进行验收评估。12月初，省应急厅组织调研组，对亳州市创建情况进行调研。2021年，亳州市成功创建省级综合减灾示范社区7家、国家级综合减灾示范社区4家。

台风“烟花”影响防范。7月下旬，第6号台风“烟花”影响亳州市，市政府、市防汛抗旱指挥部积极安排防范应对工作，于7月25日21时启动防汛防台风Ⅳ级应急响应。各级防汛责任人下沉一线、靠前指挥，落实落细包保责任和防范措施，平稳有序应对台风影响过程。7月30日12时终止防汛防台风Ⅳ级应急响应。

【应急管理】2021年，亳州市应急管理局全面开展应急资源普查。截至2021年底，县级以上政府、县级以上部门、乡镇政府、村(居)委会、开发区(园区)应急预案填报率100%，应急救援队伍应急物资填报100%。重点企业应急救援预案填报率99.17%、应急物资填报率94.14%。位居全省前列。

预案管理体系建设。加快应急预案编制修订进度。2021年3月，亳州市政府印发《亳州市突发事件总体应急预案》，细化突发事件专项应急预案牵头部门、应急保障牵头协调和支持部门。市安委办印发《关于报备2021年应急演练计划的提示》，明确各级、各部门以及重点企业应急演练的目标和要求，力求通过演练及时发现和解决问题。7月，亳州市政府办公室印发《亳州市生产安全应急预案》。加强应急演练和评估。2021年，共印发市级生产安全事故、危险化学品、地质灾害、森林草原火灾、气象灾害等专项预案20余个，全市共开展大型应急演练活动500余场次，达到“检验预案成效、磨合工作机制、锻炼应急队伍、提高协同能力”的目的。

(付友善)

消防救援

【概况】2019年12月31日，亳州市消防救援支队正式挂牌，由亳州市公安消防支队(中国人民武装警察部队亳州市消防支队)转制组建。国家综合性消防救援队伍作为应急救援主力军和国家队，承担防范化解重大安全风险、应对处置各类灾害事故的重大职责。其中，消防救援队伍主要承担城乡综合性消防救援和火灾预防、监督执法以及火灾事故调查相关工作，负责调度指挥相关灾害事故救援行动。支队下辖三县二区5个消防大队，10个在编消防站。

【消防体系建设】2021年，亳州市消防救援支队在巩固2020年乡镇(街道)“一镇一委一站”建设成果的基础上，围绕加强基层应急管理和消防体系建设，全面推进消防执法、灭火救援、精准监管、抗灾救灾、监测预警等“五大能力”提升工程，形成“亳州模式”，并在全国推广，国家发展改革委《改革内参》刊发经验做法。10月15日，安徽省亳州市加强基层“一镇一委一站”消防安全治理体系暨推进“五大提升工程”建设观摩会议在蒙城县召开。

【构建联动机制】2021年，亳州市消防救援支队提请市政办出台《亳州市综合性消防救援社会联动工作管理规定(试行)》，根据文件精神，亳州市消防救援支队、各大队通过政府进一步明确综合性消防救援社会联动工作组织机构与职责分工、指挥体系和预警机制、消防救援处置、法律责任和奖惩、保障措施等内容，全面整合综合性消防救援工作力量。同时，立足“全灾种、大应急”工作实际，积极对接市数字资源管理局等相关部门，于11月9日成功接入“亳州城市大脑3.0”数据平台，入驻市78家单位相关数据。

【援豫抗洪抢险】7月21日凌晨4时许，亳州市消防救援支队接到总队增援河南抗洪抢险命令后，立即启动防汛救灾跨区域增援预案，迅速集结51名指战员，调集10辆救援车、5艘救援艇及大批抗洪抢险救援装备，奔赴指定集结地。7月21日—8月4日，亳州市消防救援支队转战河南两市三地，圆满完成河南抗洪救援任务。

（市消防救援支队）

招商引资

【招商成果】2021年，全市新签约亿元以上工业项目236个、总投资796.8亿元，完成全年目标任务(220个)的118%；全市新落地亿元以上工业项目112个、总投资450.7亿元，完成年度目标任务(110个)的101.8%。全年全市新建亿元以上省外投资项目243个，实际利用省外资金923.2亿元，完成年度目标任务(915亿元)的100.9%，总量居全省第8位，同比增长11.1%、增速居全省第十位。

【重大签约】全市全年共签约投资5亿元以上的工业项目50个、总投资521.6亿元；10亿元以上工业21个，总投资361.3亿元。

【重点工作】深度融入长三角一体化发展。与上海市奉贤区、浙江省衢州市、江苏省连云港市达成战略合作，深入对接长三角重点招商区域异地亳州商会、产业行业协会等社会机构，开展“以商招商”，新签约长三角地区(江浙沪)亿元以上工业项目48个、占全市新签约亿元以上工业项目的20.3%，总投资195.2亿元、占新签约亿元以上工业项目投资总额24.5%；新落地亿元以上工业项目20个、占全市新落地亿元以上工业的17.9%，总投资97.9亿元、占全市新落地亿元以上工业项目总投资额的21.7%。在实际利用省外资金方面，长三角区域项目起到决定性作用。实际利用省外资金项目库中，来自长三角区域的在库项目有112个、总投资485.5亿元，实际到位资金381.7亿元，占全市实际利用省外资金总额的41.3%。

（王　猛）

中国人民政治协商会议
亳州市委员会

2021年2月22日，政协第四届亳州市委员会第五次会议召开（张延林　摄）

概　述

【概况】在中共亳州市委的坚强领导和市政府的大力支持下，市政协及其常委会坚持以习近平新时代中国特色社会主义思想为指导，深入学习贯彻中共十九大及十九届历次全会和中央、省委、市委政协工作会议精神，坚持团结和民主两大主题，紧扣“三心两进一流”工作要求，认真履行政治协商、民主监督、参政议政职能，充分发挥专门协商机构作用，为推进现代化美好亳州建设做出重要贡献。

全年共召开1次全体会议、6次重点协商会议、其中包括2次专题议政性常委会会议，19次界别协商会、11次重点提案办理协商会。全年共形成各类调研报告305篇。报送《重要提案摘报》《社情民意》《市政协信息（专报）》等40期，得到领导批示28期，300多项意见建议被吸纳办理。向省政协报送的社情民意信息被采用2期。四届五次会议提案453件，立案336件。立案提案中，委员提案259件，集体提案77件。截至2021年底，全市共建68个社区委员联络室、10个委员个人工作室、1个工作站。

2021年10—11月，开通政协委员网上读书群，与省政协委员联动开展网上读书活动，两个月内，市政协委员在网上发帖交流超百万次。人均发言条数、总条数分别位居全省第一名、第二名。编辑出版《亳州政协20年》。全年新闻稿件被《人民政协报》《安徽日报》《江淮时报》等全国和省级纸媒采用171篇、《亳州晚报》采用105篇、“安徽政协网”采用187篇，在全省16个地市连续三年保持第一位。接待省级政协到亳考察6起、外地市政协考察28起，共计238人次。保障专委会进行对外交流7次。赴合肥、上海等地开展招商引资工作，共招引2个投资项目落地亳州。召开亳州之友联谊会合肥“双招双引”座谈会，现场签订合作协议3个。为庆祝建党100周年，亳州市政协书画院在北京民族文化宫与北京中山书画社共同承办庆祝中国共产党成立100周年书画展。另在亳州举办庆祝中国共产党成立100周年迎国庆全市政协系统书画展，观展人数达800人次，编印画册500本。

【理论学习和党的建设】2021年，市政协及其常委会建立完善以党组理论学习中心组学习为引领，主席会议集体学习、常委会议专题学习、主席读书班研讨学习、举办培训集中学习、网上书院常态学习等制度机制，跟进学习习近平总书记最新重要讲话和中共十九大和十九届历次全会精神，系统研学习近平总书记关于加强和改进人民政协工作的重要思想、对安徽作出的系列重要讲话指示批示精神，中央及省委、市委政协工作会议精神，扎实开展党史学习教育和“三个以案”警示教育，坚定理想信念，增强政治判断力、政治领悟力、政治执行力。2021年，共举办党组理论学习中心组学习会11次、主席读书班1次、常委专题学习会2次、委员培训班1期。召开庆祝中国共产党成立100周年书画展，教育引导广大政协委员和各族各界人士听党话、感党恩、跟党走。党史学习教育做法在省政协作典型发言。

【参政议政和民主监督】2021年，坚持把助推发展作为工作的重中之重，紧紧围绕贯彻新发展理念、构建新发展格局、推进高质量发展深入建言资政。围绕主导产业发展谋良策。聚焦“华夏酒城”建设，召开“打造白酒产业集群，推进白酒产业高质量发展”专题协商会，开展“做大做强古井集团白酒产业”“推进民营白酒企业发展”深度调研，为活机制、破难题、提质效建言献策。围绕农村生态文明建设建净言。如《关于加强农村人居环境整治，夯实乡村振兴基础的建议》，市委副书记、市长作出批示，肯定建议“非常有针对性”，要求相关部门“提出加强农村环境整治的一揽子意见，就工作重点、运行机制、保障措施等进行推动，构建常态化的调度考核制度，以考核为杠杆推动农村环境全面提升”，有力推动建议转化落实。助力长三角一体化重大战略实施。召开实施长三角一体化战略，加快承接产业转移集聚区建设专题协商会议，提出许多好的建议和对策。

围绕“解决企业用地遗留问题，促进企业快速发展”“亳药花海大世界项目建设及运行情况”“加大快递行业监管和支持力度，降低花茶电商行业快递物流成本”“加大科技企业孵化器众创空间建设，促进创新创业”“小麦良种培育”“促进中药企业高质量发展”“关于组建‘亳药集团’”“促进紧密型医共体建设，提升基层医疗服务能力”“退役军人服务保障体系建设”“进一步加强青少年普法教育”“解决制约亳州市药企发展瓶颈”“启动实施德智体美劳全面培育五大行动，开展课程设置、师资配备等情况”“数字亳州建设情况”等进行界别视察。

【凝聚共识】始终坚持凝心聚力，大团结大联合氛围更加浓厚。坚持把凝聚共识作为中心环节，通过政协制度运行、民主程序和有效工作，把党的主张转化为社会各界的共识，最大限度调动一切积极因素，为推进现代化美好亳州建设画出最大同心圆、汇聚强大正能量。

在学习教育中凝聚共识。推动委员多读书、读好书、好读书，深入学习时事政策，学习中共党史、新中国史、改革开放史、社会主义发展史和统一战线史、人民政协史，加深对“三个为什么”历史逻辑、理论逻辑、实践逻辑的理解把握，树立正确的历史观和大局观，不断增进“四个认同”。编辑出版《影像亳州》《亳文化概要》等文化文史书籍，发挥其“存史、资政、团结、育人”重要作用。积极运用门户网站、亳州政协App等平台，面向社会各界阐释党和国家大政方针、传播政协协商形成的共识，宣传作品被省政协网站转载量连续三年居全省第一位。

在履行职能中凝聚共识。坚持把凝聚共识贯穿视察考察、调查研究、协商议政、民主监督等工作中，做到建言成果、思想收获一体设计、一体落实。围绕重点议题举办“情况通报会”2场，委员200余人次参加。在举办的2次专题议政性常委会会议、4次专题协商会2次市领导领衔督办重点提案协商会等协商工作中，坚持把发言、提问、回应、讨论作为重要环节，鼓励认真讨论而不各说各话、各抒己见而不偏激偏执，在交流中完善建议，在共商中集思广益，推动形成反映意见建议和解疑释惑良性互动、民主氛围和协商效果有机统一的协商工作格局。

在团结合作中凝聚共识。通过走访座谈、协商履职、界别联谊、政协书院等平台，强化团结合作理念，认真做好各党派团体和各族各界人士凝聚共识工作。积极为市各民主党派、工商联和无党派人士在政协履职创造条件，做到提案优先督办、社情民意信息优先报送、大会发言优先安排。发挥党员委员先锋模范作用，通过开展协商讨论、谈心交流、走访座谈等途径，加强同党外知识分子、非公有制经济人士、新的社会阶层人士的经常性沟通联络，邀请10名相关界别人士列席市政协全体会议。发挥亳州之友联谊会、工商联及异地商会平台作用，举办“亳州老乡请您回家”暨招商引资恳谈活动，广交“想着亳州的人和亳州想着的人”，为亳州改革发展广聚智慧力量。

【特色工作】坚持改革创新，聚焦更好地发挥专门协商机构作用，积极创新协商形式、内容和机制，提升协商质量和成效，努力“专”出特色、“专”出质量、“专”出水平。

推进“两个全覆盖”走深走实。继续以“一入四建”为抓手，扎实推进全市政协系统党的建设。建立市、县（区）政协专委会功能型党支部33个、委员小组和党小组72个。全体会议召开、举办委员培训班、开展集体调研视察等重要活动期间，均成立临时党组织。建立党组成员联系党员常委、党员常委联系党外常委、党员委员联系党外委员，以及党组成员联系少数民族和宗教界人士等制度，形成哪里有委员哪里就有党的工作、哪里有党员哪里就有党的组织的党建工作格局，实现党的组织对党员委员全覆盖、党的工作对政协委员全覆盖。落实党委统战部长兼任政协党组副书记、乡镇政协工作召集人制度。亳州市将政协党建列入县（区）委书记党建工作述职考核的做法，得到省政协主要负责人表扬，“一入四建”做法被多地政协学习借鉴。

连续推进委员进社区工作，按照“五有标准”“四项内容”“五种形式”，让委员走进社区，通过议大事、访民事、解难事、做好事，发挥密切联系群众、反映民情民意、助推社区发展、提升履职能力、凝聚各界共识作用。截至2021年底，共建立社区委员联络室73个、委员个人工作室11个，委员参与活动1000多人次。该项工作被省政协列入特色工作联系点，创建“委员个人工作室”的做法，被点赞为“最有特色的创新工作”。在全省率先开展基层民主恳谈试点工作，组织委员和其他协商主体就本地群众的“心头事”，在“家门口”开展协商，共在24个试点乡镇（街道）52个社区（村）举办恳谈会72场（次），促进群众身边一些实际问题解决，提升基层社会治理能力和水平，赢得广大基层干部群众和政协委员的普遍赞誉，《安徽日报》对此作宣传报道。运用现代信息技术，引入网络议政和远程协商新形式，形成线上线下沟通交流、各界人士广泛参与的协商局面，引发社会热烈反响。

围绕推进政协工作从注重“做了什么”“做了多少”向“做出什么成效”转变，开展“质量提升年”活动，实施“五大质量”提升行动。制定落实《加强和改进调查研究工作实施办法》，推动调研工作深入深化。在年度重点协商课题调研中，引入第三方专业机构，以问卷调查的方式提供履职参考和数据支撑。继续贯彻“提案不在多而在精”的要求，引导各专委会和各参加单位，加强组团调研，打造高质量集体提案。严格提案立案标准，改进审查工作，将全会期间提案审查立案工作改在会后进行。

推行政协常委年度述职制度，通过“晒”成绩、讲体会、谈经验、找差距，激发履职的责任感、使命感，发挥履职模范带头作用。持续推进《委员履职量化考核办法》落实见效，采取一人一档案、一月一填报、一季一汇总、一年一总评的形式，对委员履职情况进行登记、统计、反馈和通报，建立履职档案。强化考核结果运用，对履职业绩突出委员进行通报表彰，优先选派到全国政协培训基地学习，换届时向组织、统战部门建议保留。对履职不合格委员，及时进行约谈提醒，向组织、统战部门通报其履职情况，对极少数不能履职的委员，会同组织、统战部门进行劝退，对违法违纪委员依章程撤销委员资格。组织开展年度优秀提案、优秀社情民意信息、优秀调研（视察）报告、优秀协商发言评比表彰。

【自身建设】坚持强基固本，推动政协自身建设更加扎实。坚持把加强政协自身建设作为基础性工作来抓，采取有效措施，提升履职能力，提升工作效能，提升“三化”水平，更好担负起新时代人民政协使命任务。

打造“两为两上”委员队伍。紧紧围绕“为国履职、为民尽责”“把事业放在心上、把责任扛在肩上”部署要求，通过常态化学习培训、履职实践锻炼、党建引领、谈心谈话、考核激励等多种形式，教育引导广大委员强化政治责任、涵养家国情怀、提升“四个能力”、勇于担当作为，切实做到“懂政协、会协商、善议政、守纪律、讲规矩、重品行”。实施年度委员履职“五个一工程”，压实“年度作业”任务，委员履职的深度广度明显提升。

打造担当作为模范机关。制定实施模范机关建设方案，以强化学习筑牢思想根基、以担当作为扛起任务职责、以提质增效锤炼务实作风、以严守法纪树立良好形象，倾力打造政治型、服务型、效能型、清正型模范机关。坚持党建引领，深入开展“一月一课一片一实践”活动，弘扬伟大建党精神，以党建高质量引领工作高质量。扎实开展主题教育、警示教育，推进理论学习、调查研究、检视问题、整改落实有机融合、贯穿始终，驰而不息反对“四风”。按照“四化三可”，逐条逐项分解细化年度工作任务，制定任务分解清单，实行“挂图作战、对账销号”。坚持月总结、周调度工作制度，全面推行“一线工作法”，强化目标管理，保障各项工作按序时进度顺利推进。充实专委会领导力量，加强机关信息化建设，提升机关效能，着力破解“两个薄弱”问题。持续贯彻县（区）政协主席、秘书长（办公室主任）和专委会主任座谈会制度，加强对县（区）政协工作指导。市政协机关被评为全市机关效能建设优秀单位。

打造充满活力的制度机制。坚持把健全完善政协工作制度作为新时代政协工作的主攻方向之一，持续开展“制度建设年”活动，不断完善覆盖政协党建引领、履职工作、组织管理、内部运行等各方面的制度机制。构建以全体会议协商为龙头，以专题议政性常委会议和专题协商会为重点，以提案办理协商、界别协商为常态的协商议政格局。建立发送协商课题相关资讯、党和国家相关政策、工作情况通报等知情明政机制，保障委员的知情权。《市政协履职成果形成报送办理和反馈工作办法（试行）》得到较好落实，形成从“耕耘”到“收获”完整闭环和工作规程。市政府常务会议听取、汇总、反馈市政协意见建议办理情况的做法，受到省政协高度赞扬。《全体会议工作规则》《常务委员会工作规则》《提案工作条例》《提案审查工作细则》等50余项工作制度落实到位并取得明显效果，进一步提高政协工作“三化”水平。

【提案工作】市政协四届五次会议提案453件，平时提案6件。经审查，立案336件。立案提案中，委员提案259件，集体提案77件。从提案内容看，经济建设方面提案92件，占27.4%；政治建设方面提案29件，占8.6%；文化建设方面提案45件，占13.4%；社会建设方面提案146件，占43.5%；生态文明建设方面提案24件，占7.1%。5月8日，市委、市政府、市政协联合召开提案交办会议，把市政协四届五次会议提案集中分交市直有关部门和县区政府办理。截至2021年底，所有提案均已办复，所提问题已解决109件，占32.4%；正在解决或拟解决218件，占64.9%；留作参考9件，占2.7%。提案者对办理总体结果均反馈满意。

着力提升提案质量。加强提案选题协商，主动与党委政府及部门沟通，聚焦党政中心工作、群众关切问题发布选题。加大集体提案征集力度，引导支持党派团体、专门委员会建立课题组，策划打造高质量集体提案，积极推动党派团体在政协全体会议及专题协商会上的大会发言、调研报告等优秀履职成果转化为集体提案。坚持全体会议会后立案审查做法，严格审查标准，加大并案力度，并案处理的提案占会议收到提案总数的16.8%，同比提高3个百分点。建立市委书记、市长领衔督办重点提案质量再完善再提升机制，探索开展通过“社区委员联络室”“委员工作室”挖掘民意提案。

着力提升办理质量。坚持以重点提案督办为抓手，统筹推进提案办理工作。市委书记、市长领衔督办重点提案首次被列入2021年度市委常委会工作要点，首次列入市委、市政府、市政协年度重点协商计划，办理协商的机制进一步规范、内容进一步丰富。市政协主席、副主席领衔督办重点提案9件，采取实地调研、听取汇报、座谈交流相结合方式，提高办理效果，扩大社会影响。组织开展“提案办理回头看”，跟踪视察往届提案办理成效，促进提案成果转化落实。结合党史学习教育，瞄准“三个聚焦”（即聚焦民生类提案，聚焦反映的问题长期得不到解决的疑难提案，聚焦跟踪B类、C类提案），推动承办单位开展“在提案办理中切实为群众办实事”活动。

着力提升服务质量。加强培训，促进委员提案履职能力提升。全年编报《重要提案摘报》9期，分别报送市委、市政府有关领导，市领导8人次批示5期。评选年度优秀提案20件，激励委员撰写高质量提案。升级改造市政协“提案管理系统”，提升提案工作信息化水平。拓展工作外延，打造省政协精品提案实现新突破。市政协主席汤涌提出的《关于建议规划建设省级茨淮新河纪念馆的提案》被省政协作为2021年“我为群众办实事”专题调研督办提案，省政协副主席韩军率队在蒙城县现场调研督办，召开由部分省政协委员、提案办理单位、相关单位、皖北六市及六安市政协负责人参加的提案办理协商会议，为进一步推动茨淮新河纪念馆建设、传承弘扬好茨淮新河精神，注入更大助力。加强新闻宣传，在各级媒体发表提案工作宣传稿件115篇，其中省级以上媒体29篇，《人民政协报》3次报道亳州市提案工作。

【社情民意信息工作】健全上报机制。根据人事变动，及时调整建立新的社情民意信息员队伍。利用现代信息手段，设立微信工作群，及时发布信息选题方向，通报信息采用情况，健全社情民意信息上报机制。加强信息人员培训。市政协注重社情民意信息员能力建设，在市政协委员培训班中，安排社情民意信息编写技能培训内容，提升委员社情民意信息搜集、推荐和编写能力。加大表扬奖励力度。持续开展优秀社情民意信息年度评选活动，对评选为优秀社情民意信息的编写者颁发获奖证书。将社情民意信息上报列为市政协委员履职的重要内容，列入年度履职考评指标之中，扩大加权分值，对被采用、领导批示的信息，给予加分奖励，极大地激发政协委员收集、编报社情民意信息的积极性，推动社情民意信息工作迈上新台阶。2021年，市政协共编印社情民意信息10期，被市领导批示7期。向省报送的社情民意信息被采用2期。

【文化文史工作】参与省政协《关于筹建安徽省茨淮新河纪念馆的建议》提案承办工作，参与“颜光旿纪念馆”布展工作，编纂出版《亳州酒史研究》《亳州政协20年（2000—2020）》。

（李先峰）

重要会议

【中国人民政治协商会议第四届亳州市委员会第五次会议】中国人民政治协商会议第四届亳州市委员会第五次会议于2021年2月22—24日召开。会议审议批准市政协主席汤涌所作的常务委员会工作报告、副主席宋峰所作的提案工作情况的报告。委员列席市四届人大五次会议，听取并讨论市长杜延安所作的政府工作报告，讨论《亳州市国民经济和社会发展第十四个五年规划和二〇三五年远景目标纲要（草案）》、市中级人民法院工作报告、市人民检察院工作报告及其他报告，对上述报告表示赞同并提出意见建议。审议通过政协第四届亳州市委员会第五次会议决议和政协第四届亳州市委员会第五次会议提案审查情况的报告。增补刘岩、孙文亭、孙光华、孙绍光、李龙杰、李成杰、陈亮、高川、彭殿伟、董扬德10人为中国人民政治协商会议第四届亳州市委员会常务委员。

【常委会议】市政协四届二十六次常委会议于2021年2月22日召开。传达学习省政协十二届四次会议精神；审议通过关于召开政协第四届亳州市委员会第五次会议的决定；审议通过政协第四届亳州市委员会第五次会议议程（草案）；审议通过政协第四届亳州市委员会第五次会议日程；协商通过有关人事事项；审议通过市政协四届五次会议常委会工作报告和关于四届四次会议以来提案工作情况的报告；审议通过关于授权主席会议审议市政协四届二十六次常委会议未尽事宜的决定；表彰2020年度市政协优秀提案、优秀调研成果、优秀社情民意信息和第三届“政协好新闻”；市政协常委进行工作述职；市政协主席汤涌讲话。

市政协四届二十七次常委会议于2021年2月22日召开。听取分组讨论情况的汇报；审议政协第四届亳州市委员会第五次会议选举办法（草案）。

市政协四届二十八次常委会议于2021年2月24日召开。听取分组讨论情况的汇报；审议通过政协第四届亳州市委员会第五次会议决议（草案）；审议通过政协第四届亳州市委员会提案委员会关于四届五次会议提案审查情况的报告（草案）；协商通过政协第四届亳州市委员会补选常务委员候选人名单；审议通过政协第四届亳州市委员会第五次会议选举办法；审议通过政协第四届亳州市委员会第五次会议总监票人、监票人名单。

市政协四届二十九次常委会议于2021年5月13日召开。市政府领导通报亳州市实施长三角一体化战略，加快承接产业转移集聚区建设情况；咨询交流；市政协领导讲话；传达学习习近平总书记在4月30日中共中央政治局会议上的讲话精神；审议通过《中国人民政治协商会议亳州市委员会专门委员会通则（修订）》；党史学习辅导报告。

市政协四届三十次常委会议于2021年9月3日召开。传达学习习近平总书记在庆祝中国共产党成立100周年大会上的重要讲话精神；传达学习习近平总书记在中央政治局第三十一次集体学习时的重要讲话精神；传达学习习近平总书记在精神；审议通过《政协亳州市委员会关于强化政协委员责任担当的实施意见》；举办委员讲堂·专家讲座——专题学习习近平总书记在庆祝中国共产党成立100周年大会上的重要讲话精神；市政协主席汤涌讲话；市政协调研组宣读调研报告；委员发言；市委书记杜延安讲话。

市政协四届三十一次常委会议于2021年12月17日召开。市政协调研组宣读调研报告；委员发言；市政府主要负责人讲话；传达学习贯彻党的十九届六中全会精神；传达学习省委十一届二次全会及市委五届三次全会主要精神；审议通过关于召开市政协五届一次会议的决定；审议通过市政协五届一次会议预备会议议程（草案）；审议通过市政协五届一次会议预备会议日程；审议通过市政协五届一次会议议程（草案）；审议通过市政协五届一次会议日程（草案）；审议通过有关人事事项；市政协主要负责人讲话。

市政协四届三十二次常委会议于2021年12月30日召开。市政协常委述职；表扬2021年度市政协优秀提案、优秀调研成果、优秀社情民意信息；审议通过政协第四届亳州市委员会常务委员会工作报告和提案工作情况的报告；审议通过关于授权主席会议审议市政协四届三十二次常委会议未尽事宜的决定；协商通过政协第五届亳州市委员会委员名单；协商通过有关人事事项；市政协主席汤涌讲话。

（李先峰）

市政协办公室工作

【概况】2021年，市政协办公室政协机关扎实推进“制度建设年”“管理规范提升年”“学习提升年”活动，出台《市政协扎实推进“三个提升年”活动方案》，新建制度11个，修订制度3个，重点围绕协商质量、调研质量、提案质量、界别活动质量、委员履职与管理、先进机关建设6个方面提升质量。

打造市政协年度重点工作任务模式，制定“作战图”，实施挂图作战，全年开展各类协商活动35次。组织保障市政协换届工作会议、全委会议、常委会议、主席会议、党组中心组理论学习扩大会议、市政协主席读书班等会议活动召开。和市委办、市政府办共同召开提案交办会。做好市委、市政府主要领导和市政协主席、副主席领衔协商督办重点提案的协调服务工作。完成市政协组织开展的实施长三角一体化战略，加快承接产业转移集聚区建设、加强农村人居环境整治，夯实乡村振兴基础等重点课题协商活动。加强委员培训和管理工作，聘请全国政协叶小文、省政府参事刘奇等知名专家学者到亳授课。选派30名优秀市政协委员和市县（区）政协机关干部参加全国政协北戴河培训基地举办的全国政协干部培训班。严格执行《政协亳州市委员会委员履职量化考核办法》，落实委员履职“活动签到、月度统计、年终汇总、年度反馈”制度，持续推进市政协常委工作述职制度。2021年10—11月，开通政协委员网上读书群，与省政协委员联动开展网上读书活动，2个月内，市政协委员在网上发帖交流超百万次。编辑出版《亳州政协20年》。推进市政协宣传工作，全年新闻稿件被《人民政协报》《安徽日报》《江淮时报》等全国和省级纸媒采用171篇、《亳州晚报》采用105篇、《安徽政协网》采用187篇，在全省16个地市连续三年保持第一位。做好对外交往工作，接待省级政协到亳考察6起、外地市政协考察28起，共计238人次。保障专委会进行对外交流7次。赴合肥、上海等地开展招商引资工作，共招引2个投资项目落地亳州。利用亳州之友联谊会平台，成功召开亳州之友联谊会合肥“双招双引”座谈会，现场签订合作协议3个。为庆祝建党100周年，亳州市政协书画院在北京民族文化宫与北京中山书画社共同承办庆祝中国共产党成立100周年书画展。另在亳州举办庆祝中国共产党成立100周年迎国庆全市政协系统书画展，观展人数达800人次，编印画册500本。

【承办重点协商议题】2021年，市政协办公室围绕6个重点民主协商议题，及时协调有关部门筹备协商事项，组织有关单位和人员参加协商会议，整理意见建议上报协商成果。市政协各参加单位、广大委员、县区政协和有关专家学者，全年共形成各类调研报告305篇。报送《重要提案摘报》《社情民意》《市政协信息（专报）》等40期，得到领导批示28期，300多项意见建议被吸纳办理。

（李先锋）

政协亳州委员会委员人数一览表

表 4

届次	委员总数（人）	中国共产党委员（人）	占委员总数（%）	少数民族委员(人)	占委员总数（%）
一届一次	228	92	40.4	20	8.8
一届二次	228	92	40.4	20	8.8
一届三次	267	105	39.3	25	9.4
一届四次	267	105	39.3	25	9.4
一届五次	267	109	40.8	23	8.6
一届六次	255	100	39.2	20	7.8
一届七次	251	101	40.2	20	8.0
二届一次	280	107	38.2	21	7.5
二届二次	280	107	38.2	21	7.5
二届三次	324	120	37.0	23	7.1
二届四次	324	120	37.0	23	7.1
二届五次	343	125	36.4	24	7.0
二届六次	343	125	36.4	24	7.0
三届一次	321	125	38.9	20	6.2
三届二次	321	125	38.9	21	6.5
三届三次	342	136	39.8	24	7.0
三届四次	344	138	40.1	24	7.0
三届五次	342	136	39.8	23	6.7
三届六次	336	133	39.6	25	7.4
四届一次	379	151	39.8	22	5.8
四届二次	382	152	39.8	23	6.0
四届三次	385	153	39.7	22	5.7
四届四次	382	153	40.1	19	5.0
四届五次	380	153	40.2	19	5.0

纪检 监察

2021 年 9 月 29 日，中国共产党亳州市第五届纪律检查委员会常务委员会委员 （白宜勉 供图）

概　述

【概况】2000年9月，中共亳州市纪律检查委员会、亳州市监察局成立。2013年1月，在市监察局加挂“市预防腐败局”牌子。2018年1月，成立市监察委员会。市纪律检查委员会、市监察委员会合署办公，履行纪检、监察两项职责，实行一套工作机构、两个机关名称。2019年3月，中共亳州市纪律检查委员会、亳州市监察委员会机关职能配置、内设机构调整，内设机构17个和机关党委。2007年12月成立市纪委监察局电化教育中心，2018年1月更名为市纪委监委党风廉政教育中心。2004年1月，市纪委(市监察局)在市直行政单位中分口派出5个纪检监察组。2017年6月，设综合派驻纪检组7个，单独派驻纪检组3个，实现市纪委派驻机构全覆盖。2019年3月，落实国家监察体制改革要求，设立市纪委监委派驻纪检监察组11个，派出机构3个。2017年5月，市委成立巡察工作领导小组，下设市委巡察工作领导小组办公室，设在市纪律检查委员会机关；根据巡察任务市委设立2个巡察组。2019年10月，设立市委第三巡察组、第四巡察组。

【政治思想建设】2021年，亳州市纪委监委召开市纪委常委会会议44次、中心组学习会议25次，交流研讨67人次，认真学习党的创新理论，举办重温习近平总书记考察安徽重要讲话指示精神集中培训班，开展党的十九届六中全会精神学习研讨、宣传宣讲。党史学习教育上紧跟紧随。市纪委中心组学习固定设置“党史学习教育”专题，精心举办集中培训班、专题读书班和微型党课比赛，组织党史知识测试，到红色教育基地开展现场教学6次，录制“学党史、抓整改、正作风”视频访谈10期。成立5个调研组开展群众“急难愁盼”问题调研，发现问题228个，督促立行立改。建立“我为群众办实事”项目清单，监督推动解决房地产领域“三难”问题，《安徽纪检监察信息》专篇刊载亳州市做法。市纪委常委会会议认真学习贯彻中央纪委和省纪委全会精神等，研究制定75项年度重点任务清单，建立清单化、闭环式工作机制。坚持边学习、边调研、边工作、边总结，市纪委领导班子成员牵头开展5项重点课题调研，掌握实情、破解难题、促进工作。

【政治监督】2021年，亳州市纪委监委成立27个疫情防控督查组，发现问题464个，追责问责20人，印发通报73期，推动各项防控措施落实到位。加快办理农村乱占耕地建房问题线索，省纪委监委转来66件问题线索全部办结。聚焦医疗机构欺诈骗保，对全市1656家医保定点医疗机构开展全面督查，发现并督促纠正问题730个。积极配合开展政法队伍教育整顿，出台《驻亳指导组移交问题线索办理流程指引》，印发《教育整顿期间政法干警问题线索办理联审机制》，精准规范高效处置问题线索。对2018年以来立案查处政法干警违纪违法案件全面复核，对“有黑无伞”“黑大伞小”重点案件进行评查。处置政法干警问题线索1005件，立案141人，依法留置7人，给予党纪政务处分80人，移送检察机关8人。推动党中央重大决策部署落实到位。坚决扛起中央巡视反馈问题整改监督责任，带头完成自身问题整改，开展监督检查448次，发现问题332个、约谈单位3家，推动市委面上问题整改。中央第五巡视组移交信访件303件、322人次，已全部办结，采取单位自查+随机抽查+全部评查方式，提高办理质效，查实率、立案率、实名举报群众满意率分别为64%、31.4%、47.5%。加强换届风气监督，下发警示教育片，印制“十严禁”提醒卡，签订严守换届纪律承诺书1.3万余份，开展谈心谈话2万余人次，开展督查223次，发现并督促整改问题117个，市县乡党委(纪委)换届期间，全市纪检监察机关未收到一封关于违反换届纪律人民来信。回复党风廉政意见7174人次，对125人提出暂缓或不宜使用意见。推动政治监督具体化常态化。协助市委第二次修订《全市各级领导班子和领导干部政治建设监督检查参考指标》，有效解决基层党组织不愿、不会抓政治建设和政治监督虚化、泛化、简单化等问题。该做法被省委巡视办《巡察指导督导暨专项巡察情况交流》刊载。立案查处违反政治纪律案件32件，给予党纪政务处分31人。

【反腐败斗争】2021年全市共立

案1393件、1403人，其中县处级干部20件、21人，主动投案25人，依法留置47人，给予党纪政务处分1342人，移送检察机关42人。开展粮食购销领域腐败问题专项整治，立案审查调查14人，依法留置6人，省专项整治工作专报整版推广亳州市纪审联动做法。扎实开展2020年8月以前未结线索和案件“大起底、大清理”。组建由100名事业编制人员组成的正科级看护支队，实行军事化管理，守牢审查调查安全底线，中央纪委国家监委内网专题报道亳州市做法。精准把握政策策略。运用“四种形态”批评教育帮助和处理6905人次，其中第一、二种形态占92.9%。对受处理处分人员开展暖心回访772人次，为58名受到不实举报的干部予以澄清。精准稳慎有效问责68起、83人，给予党纪政务处分22人。督促开展全面从严治党主体责任谈话9万人次。深化以案促改、以案促建、以案促治。印发典型案例通报26份，提出纪检监察建议130份，督促案发单位建章立制19个。制发警示教育片12部。加强廉洁文化建设，开展“以案促廉百村行”巡回宣讲，举办第五届庄子清廉思想研讨会。依托“村村通”广播，创立《清风播报》栏目，播出49期，以快板书、“三句半”等群众喜闻乐见方式，打通党风廉政教育宣传“最后一公里”。

【作风建设】整治群众身边“微腐败”。查处民生领域腐败和作风问题603起，处理816人，其中给予党纪政务处分280人。立案涉黑涉恶腐败和“保护伞”问题29件、29人，给予党纪政务处分27人，市纪委监委机关被评为“全省扫黑除恶专项斗争先进集体”。树牢“一盘棋”思想，统筹业务内、业务外信访举报，建立重点信访举报、重复检举控告、业务外重复信访“三本账”，开展为期3个月的信访举报“大起底、大化解、大督办”专项行动。深化百名纪检监察干部“进基层、抓监督、解难题、暖民心”工作，排查重点信访件70件已全部办结。开展“四聚焦四整治”专项行动，督促有关单位查摆问题2422个，已整改到位2393个，追缴追回资金4239万元。开展小微权力运行监督检查，发现问题476个，已督促整改466个、正在整改10个。加大对村级负责人违纪违法问题查处力度，立案查处村支书、村主任190人，给予党纪政务处分178人，依法留置村支书、村主任4人。坚定不移纠治“四风”。查处违反中央八项规定精神问题277起，处理346人，给予党纪政务处分181人，不断培土加固中央八项规定精神堤坝。开展“两违规”“吃公函”专项整治。监督做好乡村振兴选派帮扶干部交接工作。开展违规使用公务加油卡专项整治，发现问题线索15个、处理17人。协助市委制定为基层减负十条具体措施，对村（社区）党群服务中心挂牌、微信工作群等清理规范。开展公职人员经商办企业整改情况“回头看”，处置违规经商办企业问题线索25件，给予党纪政务处分9人。协助市委扎实开展“三严三实”“马上就办、真抓实干”作风建设专项行动。协助开展新一轮深化“三个以案”警示教育。突出“四看四促”，检视形式主义、官僚主义问题1652个，已完成整改1648个、正在整改4个，督促新建和完善制度379个。对四届市委历次警示教育、巡察督查等发现的形式主义、官僚主义问题进行大排查、大起底，排查问题3950个，已完成整改3947个，正在整改3个。

2021年5月8日，亳州市纪委监委组织党员干部参观“建党百年　初心如磐——长三角红色档案珍品展”和“百年奋进正青春——亳州市党史图片展”
（白宜勉　供图）

【纪检监察体制改革】完善派驻监督体制机制。制定派驻（出）机构考核办法、派驻机构与驻在部门党组（党委）会商机制，组织开展年度考核。全市派驻机构共立案263件，给予党纪政务处分220人。探索改变由驻市生态环境局纪检监察组直接监督县区生态环境分局做法，由县区纪委监委明确一个现有综合派驻纪检监察组负责监督，有效破解监督力量薄弱、监督不到位等问题。强化派驻机构、市县直纪检监察工委、机关纪委协作配合，《安徽纪检监察信息》专篇介绍，省纪委主要领导作出批示肯定。提升基层纪检监察机关监督能力。持续深化协作区建设，督促支持乡镇纪委立案636件，给予党纪政务处分645人，移送检察机关6人。加强村（社区）党组织纪检队伍建设，充分发挥监督员、信息员、宣传员作用，推进按照法定程序兼任村务监督委员会主任工作。积极探索以协作区为载体强化对基层站所的监督机制，将派出所、司法所、法庭、学校、卫生院、粮站等基层站所纳入协作区监督范围，着力破解“看得见的管不着、管得着的看不见”难题。开展村（社区）集体“三资”提级监督试点，指导制定实施办法，探索建立试点村专项巡察等6项制度，“三资”监管平台已建成并投入运行。扎实推进小微权力“监督一点通”服务平台试点建设，已受理业务范围内投诉190件，已办结183件。推进“四项监督”统筹衔接。探索建立“室组”联动监督机制，实现“1+1>2”联动效应。建立“1+N”日常监督联动机制，明确党风政风监督室、监督检查室、审查调查室、派驻机构做好对联系地方和单位的政治监督、日常监督。召开反腐败协调小组会议，移送问题线索706件，反腐败整体合力持续增强。

【自身建设】2021年，亳州市纪委选举产生新一届市纪委领导班子。市纪委常委会旗帜鲜明讲政治，不断提高政治判断力、政治领悟力、政治执行力，把党的政治建设摆在首位，自觉接受省纪委和市委的领导、指导和监督，严格落实请示报告制度。坚持以党建为引领，认真落实民主集中制、意识形态工作责任制、“三会一课”等制度，扎实推进党组织标准化、规范化建设。坚持教育培养从严。坚持好干部标准，市纪委统一选派4名县区纪委分管审查调查的副书记，提拔及进一步使用科级及以上干部75人次，选派22名干部到乡村振兴一线，交流轮岗46人次。擦亮“谈纪说法”大讲堂品牌，举办46期，70人授课，6148人次参加学习。认真组织学习监察官法、监察法实施条例，开展换届后全市纪检监察干部和领导班子成员专题培训，促进作风、能力“双提升”。坚持监督管理从严。深入贯彻中央纪委《关于加强新时代纪检监察干部监督工作的意见》，严格执行监督执纪工作规则、监督执法工作规定，加大严管严治力度，处置纪检监察干部问题线索107件，立案2件、2人，给予党纪处分2人。积极推进纪检监察干部监督协作管理，提级办理2件、交叉办理2件。

（白宜勉）

重要会议

【中国共产党亳州市第四届纪律检查委员会第六次全体会议】2021年2月9日，亳州市纪委四届六次全会召开。会议审议通过查文彪代表市纪委常委会所作的《推动纪检监察工作高质量发展　为新阶段现代化美好亳州建设提供坚强保障》全会工作报告和决议。

市委书记汪一光出席会议并讲话。汪一光指出，2020年以来，全市各级党组织和纪检监察机关认真落实新时代党的建设总要求，党的全面领导持续加强，政治监督力度持续加大，作风建设成果持续巩固，党风廉政建设持续深化，党组织政治功能和组织功能持续发挥，全面从严治党取得新的明显成效。同时要求，要发挥全面从严治党引领保障作用，抓实抓好党风廉政建设和反腐败斗争。要立足新发展阶段，贯彻新发展理念，构建新发展格局，以推动高质量发展为主题，坚定不移全面从严治党，发挥监督保障执行、促进完善发展作用，为加快新阶段现代化美好亳州建设提供坚强保障，以优异成绩庆祝建党100周年。

【亳州市纪委监委党史学习教育、中央巡视安徽反馈意见整改暨新一轮深化“三个以案”警示教育动员会】2021年3月15日，亳州市纪委监委机关党史学习教育、中央巡视安徽反馈意见整改暨新一轮深化“三个以案”警示教育动员会召开，市委常委、市纪委书记、市监委主任查文彪主持会议并讲话。

会上，集体学习习近平总书记在党史学习教育动员大会上的重要讲话精神，李锦斌在全省党史学习教育动员部署大会和汪一光在全市党史学习教育动员会议上的讲话精神，传达学习李锦斌在中央第五巡视组巡视安徽反馈意见整改暨新一轮深化“三个以案”警示教育动员部署会议上的讲话精神等。

会议指出，党的历史是最生动、最有说服力的教科书。全市纪检监察干部要提高政治站位，提高政治判断力、政治领悟力、政治执行力，坚定坚决做到“两个维护”。

会议要求，巡视整改是必须完成的政治任务。要提高政治站位、强化担当、狠抓落实，高标准推进扎实推进中央巡视安徽反馈意见市纪委监委整改工作。

会议强调，新一轮深化“三个以案”警示教育作为弘扬党的优良作风的重要抓手，要真正把警示教育抓在经常、融入日常，带头加强作风建设，营造真抓实干、清正廉洁的新风正气，以优异成绩庆祝建党100周年。

【中国共产党亳州市第四届纪律检查委员会第七次全体会议】2021年9月10日，亳州市纪委四届七次全会召开。会上，市纪委有关负责人对题为《践行初心使命 忠实履职尽责 为新阶段现代化美好亳州建设提供坚强保障》的工作报告起草情况作说明，分组讨论工作报告，表决通过工作报告和全会决议。

市委常委、市纪委书记、市监委主任查文彪主持会议并讲话。查文彪指出，自市第四次党代会召开以来，市纪委坚持以习近平新时代中国特色社会主义思想为指导，深入学习贯彻习近平总书记“七一”重要讲话和考察安徽重要讲话指示精神，坚定不移正风肃纪反腐，推动纪检工作在高质量发展道路上取得新成就、谱写新篇章，为新阶段现代化美好亳州建设提供坚强保障。市第五次党代会即将召开，大家要围绕市第五次党代会确定的目标任务，做坚定不移的学习者、宣传者、实践者、推动者。全市各级纪检机关要认真履行职责，加强对换届风气的监督检查，以新风正气确保市第五次党代会顺利召开。

【中国共产党亳州市第五届纪律检查委员会第一次全体会议】2021年9月29日，中国共产党亳州市第五届纪律检查委员会第一次全体会议召开。会议一致通过《中国共产党亳州市第五届纪律检查委员会第一次全体会议选举办法》。听取左龙所作的关于五届市纪委常委、书记、副书记候选人预备人选名单的说明；酝酿确定市纪委常委、书记、副书记候选人名单；推选监票人。会议选举产生中国共产党亳州市第五届纪律检查委员会常务委员会委员和书记、副书记，并将选举结果提请中国共产党亳州市第五届委员会第一次全体会议通过。查文彪当选为市纪委书记，符连峰、李涛、何勇当选为市纪委副书记。

新当选的市委常委、市纪委书记查文彪在会上发表讲话。会议指出，新一届市纪委委员尤其是纪委常委要突出政治引领，始终做政治上的明白人。要坚定不移正风肃纪反腐，一体推进不敢腐、不能腐、不想腐体制机制建设，着力营造风清气正的政治生态。要以更高的标准、更严的

2021年6月2日，市纪委监委干部正在梳理涉黑涉恶案件线索

（白宜勉 供图）

纪律要求自己，始终把纪律和规矩作为不可逾越的底线，永葆清正廉洁的政治本色，为全面实施“六一战略”，确保亳州工作在皖北走前列、全省站前排、全国有影响，加快建设现代化美好亳州提供坚强保障。

（白宜勉）

巡察工作

【概况】2021年，亳州市委巡察工作坚持以习近平新时代中国特色社会主义思想为指导，深入学习贯彻习近平总书记关于巡视工作重要论述和对安徽作出的系列重要讲话指示批示，推动亳州巡察工作高质量发展方面取得新进展新成效。

市委高度重视巡视巡察工作，2021年组织召开12次市委常委会会议，专题学习贯彻习近平总书记关于巡视工作重要论述，研究推进巡视整改和巡察工作。出台《关于加强巡视巡察上下联动的具体举措》《亳州市巡察工作主体责任清单》，细化分解加强巡视巡察上下联动的具体任务，强化市县党委、巡察工作领导小组、巡察办、巡察组等职能责任，推动巡察工作迭代升级、整体提升。

围绕习近平总书记关于“全面从严治党首先要从政治上看”的重要论述，依据113个有关文件，修订完善《全市各级领导班子和领导干部政治建设监督检查参考指标（2021版）》。参考指标既作为巡察工作的基本依据，有效解决政治监督把握不精准、了解不全面的问题；又作为各级党组织加强党的政治建设的重要标准，实现巡前“未巡先改”、巡中“深入检视”、巡后“整改提升”。

【巡察高质量覆盖】四届市委组织开展10轮常规巡察，共巡察195家党组织，部署开展脱贫攻坚、医疗、低保等领域专项巡察，指导县区巡察1667家党组织，市县党委均实现一届任期内巡察全覆盖。根据涉粮问题省市县三级联动专项巡视巡察部署要求，采取“专项＋提级”方式，对73家涉粮业务主管部门、企事业单位及其所属的213个基层粮库开展巡察，督促了解县区党委、政府落实粮食安全属地管理主体责任情况。其间，成立后台支撑组，全程为巡察组精准发现问题提供支持保障，共发现问题379个，移交问题线索52件。

【巡察问题整改】开展中央巡视及指导督导反馈问题整改工作，23项指导督导整改任务均已完成或基本完成。统筹推进各类巡视巡察整改事项，组织开展巡视巡察发现问题“大起底、改到位、建机制”专项行动，共起底问题6578个，推动解决历史遗留问题90个，督促办结问题线索75件、信访件29件，挽回经济损失2.762亿元。制定《亳州市纪委监委加强巡视巡察整改日常监督办法（试行）》《市委巡察问题线索规范处置工作机制》，细化《巡察整改日常监督流程图》，形成“移交、办理、反馈、评估”的工作闭环。

【巡察队伍建设】结合市县（区）党委换届，市县（区）5名巡察办主任均由同级纪委常委担任。常态化开展15期“巡察小课堂”活动，累计培训2336人次。持续加强“组办融合一体化”建设，发挥协同优势，实现资源整合。坚持以党建促巡察，开展“一月一课一片一实践”活动，发挥党支部战斗堡垒作用。开展群众“急难愁盼”问题调研，完成省委巡视办交办“深化对村（社区）政治巡察，促进基层党组织建设和基层治理”课题研究。

（潘　成）

民主党派

2021 年 10 月 21 日，民革亳州市委员会第三次代表大会召开　　　　（田　露　摄）

中国国民党革命委员会亳州市委员会

【概况】中国国民党革命委员会（以下简称“民革”），是由原中国国民党民主派和其他爱国民主人士创建的政党，于1948年1月1日成立。2006年9月4日，民革亳州市委会（筹）宣布成立；2010年11月10日，民革亳州市委会成立大会在亳州召开，到2021年10月共召开3次全市代表大会，现任主委王时银。截至2021年底，全市民革有1个总支、7个支部，民革党员141人，2021年新发展党员10人。

【参政议政】民革亳州市委会围绕“四个点”问题，结合“三农”、社会法治等民革参政议政重点领域，形成多篇调研成果，多篇提案被列为重点提案，由市委、市政府主要负责人领衔督办。在市政协四届五次会议开幕式上，汤涌作题为“推进畜禽粪肥还田　促进农业绿色发展”的大会发言；“加强中医人才队伍建设　补齐中医药发展短板”由市委书记领衔督办；“加强职教队伍管理，加大名师培养力度”由市政协主席领衔督办。

【社会服务】民革亳州市委会就巩固拓展脱贫攻坚成果同乡村振兴有效衔接开展民主监督活动，对市乡村振兴局转交涉及亳州高新区市长热线件进行核查。市委会获民革中央颁发“民革助力脱贫攻坚工作先进集体”称号，谯城支部获省民革颁发“民革助力脱贫攻坚工作先进集体”称号，1人获“安徽省脱贫攻坚先进个人”称号，2人获省民革颁发“民革助力脱贫攻坚工作先进个人”称号。2021年，多次开展帮扶慰问贫困户、关爱农村未成年人活动，在“八一”建军节期间走访慰问退伍军人，开展“12·4”宪法宣传日等公益活动。与结对帮扶的谯城区古井镇北曹行政村合力做好脱贫攻坚工作。主动与北曹村委会沟通联系，多次开展走访活动，组织市区小学、幼儿园优秀志愿者教师，赴北曹小学开展送教下乡活动。以《中华人民共和国民法典》学习宣讲活动为抓手，举办两次讲座，受益人员达150余人次。通过“亳州民革”微信公众号，推送法律知识数篇，内容涉及个人信息保护、离婚损害赔偿、故意伤害等内容，受到党员及社会大众广泛欢迎。

（田　露）

中国民主建国会亳州市委员会

【概况】2021年，中国民主建国会（以下简称“民建”）亳州市委员会发展5名会员，共有会员120名，经济界人士占75.8%。全市民建会员中，省人大代表1名，市人大代表6名；省政协委员1名，市政协委员22名。组织会员参加民建安徽省委举办的“百年辉煌　赞歌献给党”诗歌诵读活动，获三等奖；被民建安徽省委评为2021年度新闻宣传先进单位三等奖。

【参政议政】2021年，民建市委会把参政议政工作放在首位，就经济社会发展的热点课题组织或参与调研58人次。全年提交社情民意信息58件。董艳慧、杨铁博被民建安徽省委评为2021年度全省反映社情民意信息工作先进个人。在2021年市“两会”上，会员中的人大代表、政协委员共提交人大议案2件，建议6件，政协提案43件（其中民建集体提案16件）。于王娟代表市委会在政协四届五次大会上作《做好巩固脱贫攻坚成果与乡村振兴的四个衔接》大会发言。民建市委会提交的“加强中医人才队伍建设，补齐中医药发展短板”和“支持药业龙头企业并购重组，推动现代中药产业转型升级”两件提案分别被列为市委书记和市长领衔督办的重点提案，并被市政协评为优秀提案；民建界别提交的《关于助力解决企业用地遗留问题的建议》被市政协评为优秀调研成果；曹芳文提交的《关于我市农村人居环境整治的几点建议》被市政协评为优秀调研成果、郭德峰提交的《关于推进古井白酒特色小镇建设的提案》被市政协评为优秀提案。全年参加市政协各类专题协商会、对口协商会、界别协商会，根据协商议题深入调研，提交口头及书面发言材料12篇，周学华、曹芳文、罗海燕等分别代表民建市委会在专题协商会上作大会发言。董艳慧、何颖川、于王娟、张明等撰写的《关于促进我省粮食安全生产的建议》等9篇材料，分别被民建安徽省委、省政协、省委统战部采用。

【民主监督】2021年，民建市委会重点围绕“市长热线”反映问题开展对口利辛县的脱贫攻坚民主监督工作。民建市委会采取“四不两直”工作法，随机进村入户走访，全年累计走访利辛县行政村（社区）133个次，走访脱贫户206户，核验“市长热线”涉及扶贫领域问题线索146件，发现问题及提出建议20条，均得到及时解决和采纳。全年坚持走访对口帮扶的利辛县马店孜镇双沟社区，了解巩固拓展脱贫攻坚成果同乡村振兴有效衔接工作开展情况，资助该社区困难大学生5名，慰问12户困难户，3名生活困难的退伍军人。杨轶博被省委、省政府评为全省脱贫攻坚先进个人。

【基层组织换届】民建市委会多次召开主委会议专题研究基层组织换届工作，组织召开二届十四次全委（扩大）会议，通过《民建亳州市委会2021年基层组织换届工作指导意见》及有关配套办法。市委会对谯城总支及6个基层支部的人员结构进行具体分析，征求会员意见，对各基层支部的人员进行适当调整。谯城总支及各支部分别召开支委会议推选人才，市委会领导班子成员分别深入基层支部，开展个别谈话、反复征求意见，充分协商酝酿，在此基础上产生各支委候选人建议名单。截至7月25日，民建市委会所属谯城总支及6各支部分别召开会员大会，圆满完成换届工作，顺利实现了政治交接和新老交替。换届后，一批德才兼备、年富力强、热心会务骨干人才充实到各基层组织的领导班子中，为各支部建设成自我教育的学校、团结互助的集体、参政议政的桥梁、培养干部的基地奠定了坚实的组织基础。

【民建亳州市第三次代表大会】民建市委会认真学习贯彻《民建安徽省关于市级组织换届工作的意见》等文件精神，成立了换届工作领导小组，制定了《民建亳州市委会换届工作方案》，多次召开换届工作领导小组会议研究部署换届工作，做好市委委员和领导班子人选的民主推荐及代表的推荐工作，并及时向民建安徽省委和市委统战部汇报工作进展。10月15日，中国民主建国会亳州市第三次代表大会在亳州召开，省政协副秘书长、民建省委专职副主任李霞，应邀到会并致辞。民建省委副主委、民建省委监督委员会主任张怀科，市领导郑超、左龙、马昭华、马露、龚艳玲、张国芳等出席会议。会议听取并审议了民建亳州市第二届委员会工作报告。会议选举李长春、董艳慧、周学华、曹芳文、余萌青、罗海燕、王清锋为民建亳州市第三届委员会委员，选举李长春、董艳慧为出席省民建第十次代表大会亳州代表。民建亳州市三届一次会议选举李长春为民建亳州市第三届委员会主任委员，董艳慧、周学华为副主任委员。此次换届选举，做到了代表到会率、市委委员得票率、领导班子得票率、出席省民建十大代表得票率四个100%，得到了民建安徽省委领导的充分肯定和赞扬。

（杨轶博）

中国民主促进会亳州市委员会

【概况】2021年，中国民主促进会亳州市委员会（以下简称“民进亳州市委会”）共有会员101人，其中教育出版界人士占59.4%。全市民进会员中，全国政协委员1名，市（区）政协委员17名，其中市政协常委5名，区政协常委1名。市（区）人大代表共5名，其中市人大常委2名，区人大常委1名。

【主题年建设】2021年是民进中央确定“反映社情民意信息主题年”，市委会带领亳州民进全体会员，超额完成省委会下达工作任务。全年培训会员150余人次，上报社情民意信息50条，其中被民进中央采用2条，省政协采用1条，省委会采用37条。因工作成效显著，民进亳州市委会、民进亳州市市区直机关支部荣获“民进全国反映社情民意信息工作先进集体”称号，民进亳州市委会专职副主委陈杰、民进亳州市委会办公室副主任李磊荣获“民进全国反映社情民意信息工作先进个人”称号。

【市委会换届】2021年，中国民主促进会亳州市第三次代表大会召开，参会代表65人。全国政协常委、民进中央常委、安徽省政协副主席、民进安徽省委会主委李和平，亳州市委常委、统战部部长郑超出席开幕式并致辞。会议选举产生民进亳州市委会新一届领导班子，李丰当选为主任委员，陈杰、蒋召亮当选为副主任委员，张守光、陈显锋、周静、周晓静当选为委员。

【参政议政】2021年，民进亳州市委会提交的《关于整合初中历史道德与法治两学科教材中“民族区域自治制度”知识点的建议》《高度重视自然灾害的影响 抓稳抓牢粮食生产》被评为民进中央优秀社情民意。《关于加强高标准农田建设后续管护的建议》获选为市政协副主席领衔督办重点提案，此提案亦经由民进省委报送省政协，并获得副省长张曙光批示。《加强我市中医人才建设促进中医事业在我市健康发展》在市委书记领衔督办系列重点提案之一。《积极融入长三角一体化 推进中医药产业高质量发展》在市政协四届五次大会工作口头发言。《建设品牌化高质量农业 助推融入长三角一体化》等3篇提案获评为市政协2021年度优秀提案。《关于增加城乡公交支付方式的建议》获评为市政协2021年度优秀社情民意。在2021年亳州“两会”上亳州民进共提交集体提案11篇，社情9条，大会发言4篇。

【社会服务】2021年春节期间，民进亳州市委会组织会内部分书法爱好者赴谯城区双沟镇贾集村开展“辛丑（2021）年春联万家·奋进新征程”活动。各支部先后开展扶贫助困、科普宣教等社会服务活动7次，医卫综合支部驻十九里镇卫生院医疗专家帮扶点开展义诊近40次，服务周边群众2000余人次。在河南省出现罕见洪涝期间，民进亳州市委会连续2次赴灾区看望人民子弟兵和受灾群众，捐赠救灾物资2万元。

【民主监督】自2017年3月至2021年3月，市委会对口谯城区开展脱贫攻坚民主监督工作155次，范围覆盖谯城区全部21个乡镇327个行政村和社区，深入310个自然村入户走访建档立卡贫困户1213户，反馈问题643条，提出建议221条，核查涉贫领域信访件223件，有力助推谯城区脱贫攻坚工作开展。因成绩突出，2021年5月市委会获安徽省委、省政府表彰，荣获“安徽省脱贫攻坚先进集体”荣誉称号。2021是巩固拓展脱贫攻坚成果同乡村振兴有效衔接的起步之年，民进亳州市委会按照市委工作部署，继续开展乡村振兴民主监督，截至2021年12月，市委会开展乡村振兴民主监督4次，提交相关提案5篇，调研报告1篇。

【党史学习教育】2021年，在中共亳州市委坚强领导下，在市委统战部大力支持下，民进亳州市委以习近平新时代中国特色社会主义思想为指导，认真学习贯彻中共十九大和十九届五中、六中全会精神，扎实开展中共党史学习教育活动，成立中共党史学习教育领导小组，创新理念思路、方式方法，结合实际开展主题突出、特色鲜明、形式多样学习教育活动。5月8日，市委会开展“加强党史教育 与党同心奋斗”党史学习交流活动，市委会委员陈显锋为大家宣讲解读中共党史。6月，市委会先后组织两批次40余名会员到涡阳县辉山烈士陵园开展“追随红色记忆，缅怀革命先烈”线下学习教育活动，充分发挥典型引领和榜样激励作用。6月，市委会组织会员开展“感党恩 跟党走”——庆共产党百年华诞诗歌朗诵比赛活动，征集到会员作品13篇，表彰优秀作品6篇。

（孙 浩）

中国农工民主党亳州市委员会

【概况】中国农工民主党（以下简称“农工党”）的前身是1930年8月国民党左派领导人邓演达等在上海创建的中国国民党临时行动委员会；1947年2月，改名为中国农工民主党。2012年7月24日，中国农工民主党亳州市委员会（以下简称“农工党亳州市委会”）成立，曾于2012年、2016年召开两届党员大会，龚艳玲任两届主委。2021年10月19日，农工党亳州市第三次代表大会召开，选举产生了第三届委员会，龚艳玲任主任委员。2021年，农工党亳州市委会有医卫总支部委员会、市直总支部委员会、联合总支部委员会，以及3个总支下设的6个支部。截至2021年底，全市共有党员99人，当年新发展党员5人。

2021年，农工党亳州市委会认真组织学习习近平新时代中国特色社会主义思想，学习中共十九大、十九届二中、三中、四中、五中、六中全会精神和习近平总书记“七一”重要讲话精神。围绕中国共产党成立100周年，认真开展中共党史学习教育、多党合作史学习。市委会在亳州市会务中心第三会议室举行了中共党史学习教育专题报告会，邀请市委党校教授和统战部领导作辅导报告。选送作品参加农工党安徽省委“峥嵘岁月 携手奋进——庆祝中国共产党成立100周年”主题征文活动比赛，其中1篇作品荣获二等奖。

10月19日，农工党亳州市第三次代表大会胜利召开。会议审议通过了农工党亳州市第二届委员会工作报告，选举产生了农工党亳州市第三届委员会和出席农工党安徽省第十二次代表大会代表，审议通过了有关决议，圆满完成市委会换届工作，并同步成立了监督委员会。

2021年5月召开的安徽省脱贫攻坚总结表彰暨巩固拓展脱贫攻坚成果同乡村振兴有效衔接工作推进大会上，农工党亳州市委会1人被安徽省委省政府评为“脱贫攻坚先进个人”；2021年6月召开的农工党中央脱贫攻坚工作总结表彰大会上，农工党亳州市委会被农工党中央评为“农工党脱贫攻坚工作先进集体”，1人被农工党中央评为“农工党脱贫攻坚工作先进个人”。

【参政议政】省政协十二届四次会议上，龚艳玲主委报送3件提案和1件大会发言；市政协四届五次会议上，农工党亳州市委会共报送集体提案11件、社情民意6件，其中，《关于提升公交出行率的建议》被作为市政协2021年重点提案、《支持药业龙头企业并购重组，推动现代中药产业转型升级》提案被列为市长领衔督办重点提案、《关于加强中医人才队伍建设的建议》提案被列为市委书记领衔督办重点提案；在市政协全会和专题协商会上，市委会提供书面发言材料15篇，以市委会名义作了2次会议口头发言，分别是：市政协四届五次全会的《补短板强弱项，织密我市农村公共卫生防控网》；“实施长三角一体化战略 加快承接产业转移集聚区建设”专题协商会上的《推动加快融入长三角一体化药品品种转移》。社情民意方面，《关于加强我市清水廊道水质管理的建议》得到市政府领导的批示；《加快推进农村黑臭水体整治的建议》被农工党中央采用。

【社会服务】为践行“学史力行”，市委会结合“我为群众办实事”扎实开展社会服务。5月13日，农工党亳州市医卫总支在双沟镇卫生院举行“送医下基层”义诊活动，共为群众提供义诊和咨询服务近200人次，发放健康知识宣传资料300余份；6月5日，联合总支部组织党员中的内科、普通外科、骨伤科、胸外科等专家，赴观堂镇开展了义诊活动，服务群众200余人；7月24日，农工党亳州市联合总支组织党员中的医卫专家及法律工作者赴谯城区立德镇申楼村开展送医、送法等服务活动，现场为群众发放了风油精、花露水、创可贴、止痛膏药、家用医药箱等物品。活动期间，得知该村种植的蟠桃质量好，但因销售迟效益不高以致桃林面临砍伐时，农工党员现场认购了50箱，同时，积极帮助种植户联系销路，并联系市里的种植大户帮助建立种植和管理上的合作关系，竭尽所能帮助解决问题。

（朱 琳）

九三学社亳州市委员会

【概况】2021年，九三学社亳州市委员会全年组织9名社员参加市委统战部组织的党外代表人士培训班学习。4月，组织15名市委会委员、支社委员到南昌起义纪念馆、井冈山革命博物馆等地开展党史学习教育及调研。社市委机关成员积极参市委统战部组织的参观市档案馆长三角红色档案珍品展、中国共产党亳州历史图片展活动。组织社员赴金寨县烈士纪念馆、刘邓大军千里跃进大别山前方指挥部开展红色教育活动。5月，张国芳主委带领机关工作人员到九三学社银川市委机关开展社务工作交流。

2021年，九三学社亳州市委员会被九三学社中央表彰为“九三学社脱贫攻坚民主监督先进集体”。社员刘云飞、方林飞被九三学社安徽省委表彰为“2020—2021年度社务工作先进个人”。社员方林飞被中共安徽省委、省政府表彰为“安徽省脱贫攻坚先进个人”，被市政协评为“省市政协委员读书活动先进个人”。机关戴璐被九三学社中央表彰为“脱贫攻坚民主监督先进个人”。社市委4篇调研报告获市政协“优秀调研成果”奖，3篇提案获市政协“优秀提案”表彰。

【组织建设】2021年，九三学社亳州市委员会圆满完成换届工作。8月20日，九三学社亳州市委召开第二届委员会述职、民主评议和民主推荐会议，并对新一届市委委员和领导班子人选进行民主推荐。10月14日，九三学社亳州市第三次代表大会召开，70名代表出席会议，会议听取并审议了九三学社亳州市第二届委员会工作报告，选举产生了九三学社亳州市第三届委员会和九三学社亳州市出席九三学社安徽省第十二次代表大会代表，审议通过了九三学社亳州市第三次代表大会决议。11月，九三学社亳州市委员会顺利通过了九三学社中央机关规范化建设交叉检查组检查，并取得较高分数，以此为契机完善了社市委、社市委机关、基层组织在内的各项制度，并汇编成册。全年共召开5次社市委全体扩大会议。重视发展政治素质高、业务能力强、具有奉献精神的社员，吸收潘家友、路通2人为九三学社社员。

【参政议政】2021年，九三学社亳州市委员会围绕推进现代化五大发展美好安徽、美好亳州建设献计出力。在省十三届人大四次会议上，人大代表韩青、沈晓燕、刘国英提出4件建议。在省政协十二届四次会议上，张国芳委员提出2件提案。在市人大四届五次会议上，刘云飞等4名人大代表提出1件议案、3件建议。在市政协四届五次会议上，以党派名义和社员中的市政协委员共提出38件提案，其中“提升高铁城区段沿线绿化水平”提案被市政协列为重点提案。社市委提出的“支持药业龙头企业并购重组，推动现代中药产业转型升级”提案被列为市长领衔督办重点提案。社市委提出的“关于整合资源培养中医药适用人才的建议”提案被列为市委书记领衔督办重点提案。组织骨干社员到谯城区、蒙城县开展“大气污染防治”“城市三轮车治理”“白酒产业资源开发利用”“高标准农田建设”“加强主城区交通秩序综合整治”“文明城市创建”“融入长三角区域发展”等调研12次。向社省委、市政协、市委统战部报送社情民意信息稿件36篇、调研报告22篇。在市政协全会和已召开的4次专题协商会上，提供书面发言材料23篇，以社市委名义作了4次会议口头发言，分别是：市政协四届五次全会的《关于提质增效、夯实大气污染防治基础的建议》；4月份打造白酒产业集群、推进白酒产业高质量发展专题协商会的《关于缓解民营白酒企业融资难题的建议》；9月份市政协四届三十次常委会暨“实施长三角一体化战略　加快承接产业转移集聚区建设”专题议政性协商会的《强化以商招商　提升招商实效》；12月份市政协第三十一次常委会暨“加强农村人居环境整治　夯实乡村振兴基础”专题议政性协商会的《贯通农村水道　建设生态水系》。

【民主监督】2021年，九三学社亳州市委员会工作组按照“四不两直”要求开展走村入户调研，全年用24天13次到蒙城县53个自然村，走访88户贫困户，核查市长热线信访件45件，发现问题5个，提出工作建议5条，向市委统战部提交“提高农村产业项目实效，夯实乡村振兴产业基础”调研报告1篇。蒙城县委、县政府高度重视乡村振兴工作，对民主监督反映的问题，在第一时间安排部署、整改落实。

坚持每两个月到单位所包的翟湖村走访一次，工作组多次同村委会干部座谈，帮助村里解决实际困难。年底为帮扶村36户贫困户送去慰问金。

【社会服务】2021年，九三学社亳州市委员会联合市科协、市教育局开展了“百名专家乡村学堂讲科普”活动，组织5名专家社员分别走进全市三县一区8所中学，开展了8场讲座，为近1600名学生讲授了科普知识，授课内容生动丰富，活动现场互动气氛活跃，激发了青少年学科学、爱科学、用科学的热情，受到了老师和学生们的一致好评。

律师领域专家姜慧影等4名社员开展“微光计划”公益普法活动，针对大中专院校学生以“新生入学法治第一课”和“毕业生就业法律风险防控”为主题，开展法治宣传和公益普法专题讲座8场，受益学生2500人次。

（戴　璐）

群众团体

2021 年 12 月 28 日，中国共产主义青年团亳州市委员会第五次代表大会召开　　（张延林　摄）

亳州市总工会

【概况】2000年11月，成立亳州市总工会筹备组，宋广华任组长；2001年12月，召开亳州市总工会第一次代表大会，正式成立亳州市总工会，宋广华当选工会主席；2006年12月，召开亳州市工会第二次代表大会，宋广华当选工会主席；2011年12月，召开亳州市工会第三次代表大会，骆方平当选工会主席；2017年1月，召开亳州市工会第四次代表大会，方晓利当选工会主席。工会主要职能是维护职工合法权益和民主权利；动员组织职工参加建设和改革，完成经济和社会发展任务；代表和组织职工参与国家和社会事务管理，参与企业、事业和机关民主管理；教育引导职工听党话跟党走，提高职工思想道德素质和科学文化素质。

2021年，亳州市总工会下辖涡阳县总工会、蒙城县总工会、利辛县总工会、谯城区总工会4个县级总工会和市高新技术开发区总工会、亳州（芜湖）产业园区总工会两个开发区总工会。

【基层组织建设】2021年，亳州市总工会在全省率先举办货车司机等新就业形态劳动者集中入会仪式、率先成立货运平台企业工会。新建工会804家、新增会员6.63万人、新增农民工会员4.51万人，分别完成省下达任务数的229.71%、189.45%、150.4%。新建百人以上企业工会57家，25人以上非公企业工会372家，25人以上社会组织工会82家。百人以上企业和“三个百强”企业建会率均达100%。新建“小三级”工会238家，新增会员1.03万人。全市国有及其控股企业、事业单位建制率达100%；100人以上非公企业建制率达97%。新建三星级以上工会60家。坚持“三同时、两同步、一办证”，提升女职工组织组建率，2021年全省女职工组织建设现场会在亳州召开。

【困难职工精准帮扶】2021年，亳州市总工会压实帮扶责任，落实三级工会干部“二对一”结对帮扶措施。实现精准建档，开展“十看十问”大走访，线上数据比对，建档做到“四清一精准”。完善制度建设，及时修订完善实施细则等办法规定，全市各级工会共慰问困难职工5195户，发放慰问金近310万元；开展工会网上就业创业援助月活动，发布852家企业招聘信息，发布网上专场招聘会27场，达成就业意向13563人。实施困难职工帮扶495户，超额完成民生工程目标任务。医疗救助219户，发放救助金279.98万元。生活救助39户，发放救助金28.87万元。助学救助237户，发放救助金137.53万元。

【智慧工会建设应用】2021年，亳州市总工会推进智慧工会创新应用，四项举措压实数据库，先后完善数据信息6.8万条，全市职工会员数据库录入信息65.7万条。深化“智慧工会”创新应用，擦亮工会网上服务品牌，形成“两网两微四平台”服务职工网上阵地。微信公众号影响力全省最好排名上升2位次，与2020年相比，“亳工招聘”常态化运行达成就业人数增长31.69%、“亳工学堂”浏览量增长58.82%、“网上练兵”参与职工人次增长406.03%、“电子职工书屋”阅读人次增长23%。开通网上办事14项，全年共办结2177件，满意率100%。收集报送“网聚职工正能量　咱们e心跟党走”好网民活动各类作品176篇，5类主题均有获奖。在完成数据库三级等保测评工作的同时，建立和完善网络安全、意识形态、网络舆情安全防范制度机制，举办网络舆情培训班，建立21人组成的市总工会网络评审员队伍。开展网络安全知识学习，1.33万人次参与。

【法治化建设】2021年，亳州市总工会带头落实好学法、普法、用法责任，开展习近平法治思想示范宣讲活动5场。组织动员职工参加全民学习《中华人民共和国民法典》、“尊法守法·携手筑梦”职工法律知识网上答题活动，两次答题人数位居全省第一。认真落实法律顾问制度，开展线上线下普法宣传102场次，惠及职工及农民工6.87万人；开展线上法律知识竞赛，4500余人参与；落实《安徽省工会劳动法律监督条例》，为38家企业提供免费法治体检服务，发放劳动法律监督意见书20份。建立“法院+工会”劳动争议诉调对接机制，入驻调解员15名，调解案件70件，已调解成功59件。

【产业工人素质提升】2021年，

亳州市总工会采用线下宣讲线上传播方式，组织举办“中国梦·劳动美·亳州篇章——永远跟党走 奋进新征程”党史学习教育宣讲、示范开展劳模工匠宣讲报告会，线上线下近30万人参与收看。组织全市职工大合唱、演讲比赛、线上党史知识测试有奖竞赛活动，参加人数达到2万人次。新命名10个市级职工书屋、20个职工书吧。深入广泛开展“建功‘十四五’ 奋进新征程”主题劳动和技能竞赛。示范举办市级一、二类技能竞赛126场，全市组织开展170余场技能大赛，参与选手1.17余万人。全市有3777家企业，23.42万名职工参与劳动竞赛，分别较上年净增85.97%、77.22%。发动3169家单位参与岗位练兵19.94万人。全市有1042家企业10.46万名职工参与“安康杯”竞赛活动。组织开展工会劳动保护监督检查1161次，排查隐患694个，督促整改694个。联合市委组织部、市人社局评选10名“亳州工匠”，开展职工技术创新成果评选活动，共收集整理23项创新成果申报。在天马国药科技股份有限公司完成省总非公企业产业工人队伍建设改革试点工作。

【工会干部本领锤炼】2021年，亳州市总工会开展“大学习、大调研、大培训、大练兵”，锤炼干部本领。持续打造“亳工讲堂”品牌。做到四个拓展，一是从单位人讲到请人进单位讲；二是从市总机关学，到县区总工会同步学；三是由工会业务向综合素养拓展，安排每周学习16个地市2020年工作汇报PPT，开展研讨，汲取经验；四是由知识学习向技能提升拓展，机关每个人都要学会PPT课件制作技能。组织“亳工讲堂”33期，参训近千人次。全员参与蹲点调研、“十看十问”大走访调研和党建一月一课一片一实践活动，增强干部职工解决实际问题能力。加强与沪苏浙交流沟通，与上海市奉贤区总工会建立双联系交流渠道，赴长三角地区学习形成工作启示7篇。按照“3+1”模式分级分类开展工会干部培训，开设“三堂课”、组织一测试，即一堂政治理论课、一堂业务知识课、一堂现场教学课，组织一次课程知识测试，提升学习质量和效果。全市举办培训班35期，培训工会干部2228人次。开展线上线下知识竞赛活动5场，参与干部职工0.7万人次。征集创新案例39个，评选出6个优秀案例上报省总工会。

【为“职工办实事”】全省首家以财政资金兜底的方式开展市直机关事业单位职工医疗互助。享受“劳模贷”，全市有22名省市级劳模贷款2.20亿元，位居全省前列；为430名困难职工、农民工等提供免费家政服务培训；帮助1200名职工提升就业技能和素质；对5家小微企业实施贷款贴息，补助资金5.54万元，对5个援助对象实施生产资料支持，补助资金2.41万元。带动就业人数258人，吸纳失业、农民工人员数104人；结合新就业形态劳动者需求，新建“工会服务驿站”202个。其他以环卫工人为服务对象的驿站59个；新建并通过验收“阳光家园”10家；举办“皖工鹊桥”婚恋交友活动10场次，参与人数1500余人，现场结对51对；全市免费早餐工程已惠及环卫工人3720名；选推13名优秀环卫工人和1家优秀环卫企业；组织10703名农民工、800名环卫工人免费体检，关心关爱慰问环卫工人3924名，帮扶救助23名；全市工会共组织6542名职工开展疗休养活动，向6378名新入会的货车司机、快递员等八大群体会员赠送在职职工意外伤害互助保险。

【跟着劳模去创新】2021年，亳州市总工会组织67名劳模开展107场劳模创新大讲堂，受众5000余人。在全省率先举办劳模结对帮助非公企业技术创新签约仪式，有43名劳模结对帮助58家非公企业技术创新，分别完成省总任务数的7倍、9倍。全年与非公企业对接118次，实地前往企业77次，帮助非公企业2586名职工技术等级提升。共同开展劳动竞赛40场，3457名职工参与，与97名职工签订名师带徒协议。开展98场技术创新宣讲活动，3955名职工受益。在全省率先成立劳模创新工作室联盟，28个劳模创新工作室参与，共形成28个创新案例汇编。

【工会经费管理】2021年，亳州市总工会联合市税务局下发《亳州市工会经费（建会筹备金）税务代收工作实施办法》、印发宣传手册、建立季度会商督查调度机制、工会数据库与税务金三系统数据交互等工作，工会经费税务代收同比增长近30%。利用线上传播优势，把全总决算培训班固定点位的局限拓宽到全网通看，在线收看达2.6万人次，直播结束后即可回放，得到全总好评。推动落实机关事业单位工会行政补助。针对市直机关事业单位工会经费明显不足情况，将此作为与政府联席会议议题，与财政局联合下发《亳州市市直机关事业单位补助工会经费实施方案(试行)的通知》。2021年，申请机关事业单位行政补助单位25家，涉及金额151.69万元，惠及会员1581人。

2021年，亳州市总工会对市、县区本级工会开展审计监督。召开两次经审会议，完成对本级经费预算决算方案和期中执行情况进行审查。坚持开展对下级工会经费审计监督。对审计中发现问题，及时督促基层单位进行整改。切实加强经审干部自身建设。加强经审干部业务培训，不断提高业务技能。2021年，市总工会经费审查委员会委托第三方，对市总工会本级、县区总工会和10家基层工会进行2020年度工会经费收支审计，发现问题75个，市总党组查看问题清单，听取整改情况汇报，所有问题都已整改到位。

（高　雅）

中国共产主义青年团亳州市委员会

【概况】中国共产主义青年团亳州市委员会(以下简称“团市委”)成立于2000年，是市委和市政府联系青年的桥梁和纽带，是中国共产党的助手和后备军。截至2021年底，亳州市有团支部7785个、团员166350人。

2021年，团市委持续加强青少年思想引领，打造“空中课堂”、青年宣讲“十百千万”工程、“网红变网‘红’”行动等品牌，引导全市青少年共学党史。关爱困境青少年，开展希望工程“圆梦大学行动”和“成长助力计划”；助力青少年就业创业，实施“青年创业扬帆行动”；落实青年发展规划，常态化开展“三防”宣传教育；不断深化共青团改革，发挥“一专一站两联”作用；建立“专委会—联络站—专项小组—团代表”四维工作体系。

2021年，团市委在方园社区针对范围内小区楼栋、路段、背街小巷等，常态化开展文明创建工作志愿服务工作，帮助方园社区查找和解决实地考察存在问题，全年累计采集问题367个，帮助社区解决问题271个，发放市民文明手册、垃圾分类知识手册500余份。按照市委、市政府要求部署，团市委动员组织青年志愿者、筹措相关保障物资、制作防疫宣传资料、建立工作联动机制，克服天气恶劣、人员紧张、时间紧急等困难，完成10万只口罩免费发放任务。招募1500余名青年志愿者投身疫情防控一线，开展测温消毒、登记宣传、助力疫苗注射等志愿服务工作。开展“为奉献者奉献”特别行动，为507个抗疫医务人员家庭提供免费理发、心理疏导、子女教学等保障服务。组织相关专业青年志愿者开展防疫科普宣传和舆论引导，制作文化产品53件，发布信息近千条。

【青少年思想引领】2021年，团市委打造“空中课堂”、青年宣讲“十百千万”工程、“网红变网‘红’”行动等品牌，引导全市青少年共学党史，开展宣讲活动851场，制作视频、课件等195个，覆盖青少年达182.5万人次。办好“青年大学习”网上主题团课，累计学习人数达435.2万人次，参学率稳居全省前列。以“五四”“六一”“七一”等关键时间节点，积极开展“学习习近平总书记‘七一’重要讲话精神”“学习贯彻党的十九届六中全会精神”理论宣讲和“党的故事我来讲——争做红领巾讲解员”“花儿向阳·童心向党”等实践教育活动，引导广大青少年在沉浸式、体验式、互动式教育中厚植爱党、爱国情感。构建宣传矩阵，推动各级团属新媒体与报社、电视台等传统媒体有效融合，构建“团内＋团外”宣传矩阵，及时有效传递团的工作声音。2021年，央视、《人民日报》、《光明日报》、《安徽日报》等省级以上主流媒体先后45次报道推介亳州共青团党史学习教育、防范校园欺凌、凝聚网络正能量等方面经验做法。

【服务青年创业就业】2021年，团市委组织开展“青年创业之星、农村青年致富带头人”评选，实施“青年创业扬帆行动”，组织青年企业家走进创客空间、创业先锋进校园、返乡创业人才恳谈会、空间企业负责人座谈会、亳州市企业青年精英骨干研修班等活动10余场。在建安夜市、高铁站等人流密集场所搭建线下宣传平台，在各类新媒体开展线上宣传，同时联合《亳州晚报》开设“亳州新青年”专栏宣传创业典型，拍摄《抖音探企——刀锋互娱》《我家·亳州》《一只行李箱》等微电影，不断扩大青年创业宣传覆盖面。依托创客空间，为青年创业提供“全方位‘一站式’保姆服务”，园区累计开展创业培训50期，举办创业相关活动35场。2021年青年创客空间入住率提升到90%以上，初步形成软件开发、电子商务、文化创意、服务外包四个主导产业，建园以来累计孵化企业496家、带动就业4095人。

【志愿服务】2021年，团市委不断推进青年志愿服务常态化、规范化、系统化、品牌化，全市累计新增青年志愿服务队80个，新增团员青年志愿者7800余人，各级团组织、青年志愿服务组织开展志愿服务活动417场次，参与志愿服务达2.23万人次。组织实施“吹响冲锋号·共创文明城”专项行动，各级团组织、青年文明号集体等组建文明创建青年志愿服务队52支，开展“文明交通”劝导、“电动三轮车治理”宣传、“文明号护航文明行”校园周边交通疏导等志愿服务活动71场次。动员快递、外卖青年志愿者参与文明创建，制作文明创建贴700余张，将外卖送餐车打造成文明创建流动宣传线。发挥“小手拉大手”作用，在全市中小学集中开展“文明交通　你我同行”共上开学第一课活动，累计教育引导70余万名青少年自觉参与文明城市创建、拒绝乘坐电动三轮车。组织青年志愿者对各县区上报困难家庭青少年入户走访，累计走访慰问困难学子1871名，对考上本科577名脱贫户子女全覆盖帮扶。开展“情暖童心·微爱圆梦”活动，招募青年志愿者100名，收集整理困难青少年微心愿，累计帮助困难青少年877名。开展“青暖春运·温暖老乡回家路”志愿服务活动，累计服务返乡人员50余万人次。开展“爱心助考”志愿服务活动，通过规范设置“服务站”“服务项目”，规范配备“助考物资”，实现高考志愿服务质量提升，受到社会各界一致好评。组织青年志愿者参与药博会等重大活动志愿服务，用“志愿红”尽展亳州青年新风采。

【从严治团】2021年，团市委坚持市区一体，扎实推进县域共青团基层组织改革试点工作（谯城区为全国试点县区），提前完成全部20项改革目标任务。进一步发挥“一专一站两联”作用，建立“专委会—联络站—专项小组—团代表”四维工作体系，积极围绕所属领域开展服务青年工作，受到团中央组织部领导充分肯定。持续推进规范化建设，在基层团组织中广泛开展“一月一课一践一悟”活动，全年共有5.1万名团员登台讲授党史微型团课，6386个基层团支部前往企业、社区、爱国教育基地等开展社会实践活动，16.5万名团员进行感悟分享。实行“月调度、季观摩、半年分析、年终总结”工作推进模式，不断提升工作规范化水平。实施非公企业和社会组织团建攀登行动，制订非公团建月度计划，持续扩大团组织有效覆盖。2021年全市共建立社会领域团组织5230个，新建非公企业团组织253个，增幅位居全省前三。

【青少年权益维护】2021年，团市委开展防范“校园欺凌”工作，采取“8+N”方式，通过发放《防范“校园欺凌”告知书》、制作巡回展板等方式，宣传教育覆盖中小学生108万人次。依托亳州市“12355”青少年服务热线，开设防范“校园欺凌”专线，建立热线转接办理机制，累计接听相关热线361个，转办案件线索32个。开展暑期“防溺水”宣传工作。采取校内宣传、团干入户走访、短视频引导相结合方式，“三管齐下”提升宣传实效。开展2021年“青春自护·平安春节”自护教育活动，采取印发《致学生家长的一封信》、召开假期安全主题班会、组织观看家庭教育短视频等方式，全市累计开展各类线上线下活动1595场次，覆盖青少年34.2万人次。开展2021年度“亳州市大中专院校毕业生就业法律风险防控”公益普法进校园系列活动，累计开展活动8场，覆盖毕业生5000余人次。开展普法“六进”活动，通过线上解答青少年法律咨询、线下举办普法进校园活动等加强青少年法治宣传，累计覆盖青少年2000余名。建设包含才艺学习、科学实践、体育训练等内容的“希望小屋”4所。在青年之家、青少年活动中心、留守儿童之家等场所，通过招募少先队辅导员志愿者，组织开展留守儿童教育、托管等服务，2021年暑假期间，累计开展活动19项，参与辅导员452人次，服务青少年7238人次，累计服务时长达1880小时。开展希望工程“圆梦大学行动”和“成长助力计划”，全市累计筹集爱心资金476.4万元，发放希望工程助学金328.5万元，资助困难学生1556人，联合乡村振兴局对全市577名已脱贫建档立卡家庭考上本科的学子进行兜底帮扶。建立“阳光心灵”爱心基金，募集10万余元专项用于开展青少年心理健康公益教育和服务，推动市未成年人心理健康辅导中心成为“阳光心灵爱心基金”合作共建单位，依托辅导中心专业师资力量，为困境青少年提供公益心理辅导服务。广泛开展禁毒防艾宣传教育，加强与市公安局、市禁毒办等多部门联动，深入学校、乡镇、社区组织开展青少年禁毒教育科普实践活动、禁毒防艾公益讲座等。2021年9月，亳州市谯城区魏岗镇爱心志愿者协会“栀子花开公益行”情系农村娃项目成功入选全国青少年法治宣传、禁毒防艾教育专项资助项目。

（曹　嵩）

亳州市妇女联合会

【概况】2001年12月，亳州市妇女联合会（以下简称“市妇联”）成立，基本职能是代表和维护妇女权益，促进男女平等。截至2021年底，全市设有市级妇联1个，县级妇联4个，乡镇（街道）妇联87个，村（社区）妇联1313个。

【基层组织建设】2021年，市妇联举办全市第7期女干部培训班，不断提升基层妇联干部思想素质和业务能力。全市各级妇联已开展培训38场，3302人参与。召开2021年全市村（社区）妇联组织换届工作动员部署会议，指导村（社区）妇联组织顺利换届。同时，指导市委办公室等10家市直单位成立妇女组织或换届。市妇联主管8个社会组织，其中7个社会组织已成立功能型党支部。同时，对全市4000余家非公企业和社会组织成立妇女组织情况开展摸底统计和指导。2021年，全市共有2783家非公企业和社会组织成立妇女组织。

【换届工作】2021年12月26日，亳州市妇女第五次代表大会召开，妇女代表216人参会。会议审议通过徐丽代表亳州市妇联四届执行委员会所作《巾帼心向党·奋斗新时代　团结带领全市广大妇女为加快新阶段现代化美好亳州建设贡献巾帼力量》工作报告。选举产生亳州市妇联第五届执行委员会委员45人，常委17人，徐丽当选为市妇联主席，杨文玲、夏萍当选为市妇联副主席，张清雅当选为市妇联挂职副主席，孟丽君、曹洁当选为市妇联兼职副主席。

【“巾帼心向党”行动】2021年，市妇联组建亳州市巾帼宣讲团，开展“巾帼大宣讲”活动。围绕党的十九届六中全会精神、党史学习教育、习近平总书记“七一”重要讲话精神、红色家风、省市党代会精神，常态化开展宣讲活动。全市各级妇联共宣讲1600余场次，受益群众达5万余人。利用“木兰之声”微信公众号扩大宣传。在微信公众号刊出“巾帼传习”63期，“百年党史·木兰姐姐带你了解历史上的今天”88期，“巾帼学党史、宣讲别样红”15期，“我为群众办实事”60期，通过扩大宣传覆盖面，引导全市广大妇女听党话跟党走。

【“巾帼建新功”行动】2021年，市妇联组织开展技能培训，组织

2021年1月22日，亳州市红十字会、市妇联联合爱心企业举行“博爱送万家”活动

（轶　群　摄）

女性专场招聘会。全市共举办技能培训班5期，培训妇女2000余人。联合市人力资源和社会保障局组织女性专场招聘会58场次，为1.3万人提供免费服务，介绍1775名女性就业，组织跨地区妇女劳务输出295人。做好省、市妇女专项经费项目，实施省级创业就业项目9个，市级美丽家园项目19个，均已通过市级评估验收。开展妇女岗位建功创评工作，评选市级巾帼建功标兵32名、巾帼文明岗50个、巾帼建功先进集体11个。获评省级巾帼建功标兵3名、巾帼文明岗9个、巾帼建功先进集体1个;获评全国巾帼建功标兵1名、巾帼文明岗2个。

【"巾帼树新风"行动】 2021年，市妇联联合市纪委开展"传承清正家风、争做廉洁表率"五个一活动。举办好家风宣讲436场，组织清正家风座谈会216场，开展清正家风演讲比赛5场，征集优秀家风家训80余条，征集弘扬清正家风摄影、绘画等文艺作品106件。开展最美家庭选树活动和"乡村振兴巾帼行动"典型推荐工作，表彰市级最美家庭117户、最美家庭成员95人、平安家庭100户，荣获全国最美家庭2户、省级最美家庭6户、省级最美婆媳6名。按照"院美、室美、人美"原则，评选表彰400户农家美丽庭院;评选市级农村产业女性带头人100名，荣获省级农村产业女性带头人6名。各级妇联围绕《安徽省家庭教育促进条例》等内容，开展"木兰讲堂"巡讲268场次，受益6000余人。联合亳州晚报社建立"药都红娘"未婚青年信息数据库，开展线上线下交友活动20余场，促成200多对青年牵手。

【"巾帼促和谐"行动】 2021年3月，市妇联组织开展"建设法治中国·巾帼在行动"暨"三八"妇女维权月活动。各级妇联组织2273名法律志愿者，广泛开展普法宣传教育工作，举办普法讲座370场，面对面开展法律咨询108场，举行法治文化活动8场，组织徒步普法32次，受益群众达1万余人次。推动婚姻家庭矛盾纠纷排查化解工作。联合市委政法委等六部门开展婚姻家庭矛盾纠纷集中排查化解专项行动，全市各级妇联干部共参与走访排查5821人次，排查出婚姻家庭纠纷1493件，已调处化解1356件，正在化解或进行综合稳控137件。建立人身安全保护令简易申请工作机制。市妇联联合市中院、市公安局发文建立人身安全保护令简易申请工作机制，2021年，全市共发放家庭暴力告诫书223件，人身安全保护令8件。信访维稳工作有序开展。2021年，市、县(区)妇联共接待信访群众237人次。对其中3起严重侵害妇女儿童的信访案件，联系协调政法部门，推动案件依法处理，受到省妇联肯定。圆满完成本轮终期监测评估工作。与统计部门联合完成本轮"两纲"的监测统计工作，并顺利通过省"两纲"评估验收。新一轮"两纲"制定前期调研和准备工作已经启动。

【"巾帼暖人心"行动】 2021年，市妇联开展"六一"关爱慰问系列活动。5月26日，为特教学校学生赠送体育用品、食品和5000元慰问金;组织志愿者赴赵桥乡双楼小学等开展关爱留守儿童慰问活动5次。实施"失巢的孤雁"成长关爱计划。对5户在押人员家庭进行7次走访慰问，对8名在押人员子女开展心理疏导、课程辅导服务40多次。完成"两癌"免费筛查，开展关爱救助工作。超额完成全市654名城镇低保适龄妇女"两癌"筛查任务，对193名符合条件的妇女开展"两癌"救助，发放救助金193万。利用市级项目资金，向县区划拨57.5万困难妇女儿童救助金，资助困难妇女儿童600人。开展"春蕾计划十元捐"活动，募集资金26.9万元，资助436名家庭困难女生。

（张小燕）

亳州市科学技术协会

【概况】 亳州市科学技术协会(以下简称"市科协")于2000年10月成立。主要职能是组织开展学术交流、科普宣传、科学考察和群众性的科学实验活动。行政编制8名，设主席1名，副主席2名，科级领导职数3名。

【科普活动】 2021年，亳州市科协开展新时代文明实践中心科技志愿服务，推动成立各级各类科技志愿服务队64支，全年组织"农村少儿爱科学""百名专家乡村学堂讲科普""智爱妈妈行动""科普惠民乡村行""科普大篷车进校园”等系列科普活动267场次,参与公众30余万人次。结合“我为群众办实事”活动深入开展,与县区科协联合深入农村、社区开展“送健康暖民心”志愿服务活动。组织所属市中医药研究会、市民间中医协会等相关学会经验丰富专家、中医师、调理师,赴蒙城县乐土镇敬老院、谯城区十河镇大周村、谯城区薛阁街道幸福社区开展义诊活动。2021年,市科协开展健康义诊、科普宣讲等志愿服务活动,为2300多名群众义务量血压、诊脉、针灸、推拿调理,赠送近两万元药品,发放疫情防控知识宣传单1500多份。

2021年,亳州市科协组织全市各县区和成员单位举办全国科普日活动538项,线上线下辐射公众超过100万人次。9月11日至10月18日,亳州市科协联合谯城区科协开展系列校园科普联合行动,在10多所学校开展40余场次科普活动,多家市级学会、企业科协、科技志愿服务队参与活动。该项活动被中国科协表彰为2021年全国科普日优秀活动,市科协被省科协表彰为优秀组织单位,涡阳县科协、利辛县科协被中国科协表彰为优秀组织单位。市心理学会、市药膳养生学会、市民间中医学会、市计算机学会、市人工智能学会等17家市级学会,防灾减灾科普教育中心、火星时代研学基地、植物科普园等20余个省市级科普教育基地,利用线下线上相结合,全年开展各类科普活动200余场次,参与公众5万余人次。市科协被省科协表彰为全国科普日优秀组织单位。市成员单位结合自身工作实际,围绕绿色环保、中医药知识、大健康、食品安全、消防、疫情防控和疫苗接种等主题,广泛开展各类主题科普宣传活动100余场次,3万多公众参与活动。涡阳县、蒙城县被省科协命名为省级科普示范县,涡阳县被中国科协命名为全国科普示范县。

【青少年科技教育】2021年,亳州市科协联合有关单位打造亳州市青少年科技创新大赛、青少年机器人竞赛、青少年航空航天科技模型大赛等系列品牌赛事。以“实践·创新·成长”为主题,联合团市委、市教育局、市科技局等单位举办亳州市第十一届青少年科技创新大赛,大赛征集参赛作品1861项(幅),经初评、展示、终评、公示等环节,评出一等奖201项、二等奖413项、三等奖479项和基层赛事优秀组织单位30个。遴选优秀项目参加省赛,获得省赛一等奖5项、二等奖12项、三等奖27项。市科协被省科协表彰为优秀组织单位;联合市教育局、市人工智能学会举办全市举办第一届亳州市青少年机器人竞赛,全市200多个代表队分别参加9个项目角逐;联合市教育局,举办亳州市第三届青少年科技模型大赛,全市52支代表队402名中小学生参加比赛。

【服务科技工作者】2021年,亳州市科协组织开展全国科技工作者日亳州市活动,集中走访看望一线科技工作者代表,召开“众心向党、自立自强”2021年亳州市“科技工作者日”座谈会。市科协四届常委,部分市级学会、企业科协负责人及科技工作者代表参加座谈会。落实省科协常委和机关干部联系科技工作者制度,全年累计联系服务市级学会、企业科协30余人次。同市委宣传部、市科技局联合开展“2021年亳州市最美科技工作者”学习宣传活动,对评选出的15名最美科技工作者予以通报表扬。

(蒋子月)

亳州市工商业联合会(市总商会)

【概况】亳州市工商业联合会(市总商会)(以下简称“市工商联”)于2001年5月28日成立。主要职能是加强和改进非公有制经济人士思想政治工作;参与政治协商,发挥民主监督作用,参政议政;协助政府管理和服务非公有制经济。2021年,市工商联(总商会)有主席(会长)1人,副主席13人。其中,企业家副主席11名;市总商会副会长19人。其中,企业家副会长17名;执委137名,常委51名。机关现有编制6名,科室2个,科室负责人2名。市工商联联系和指导行业商会和协会有22个,团体会员13个。

【行业商(协)会建设】经市委组织部批准,成立市工商联所属商会党委,召开党委会议研究年度工作和工作职责,建立党委委员联系所属商会党支部工作制度;在12个成立党支部商会中建立统战联络员制度;对12家直属商会党支部书记、22家直属商会秘书处人员进行教育培训;加强“四好”商会建设,市汽车后市场商会、市中药材协会先后被认定为全国“四好”、全省“四好”;加强直属商会换届工作指导,召开直属商会换届工作交流座谈会,完成市汽车后市场商会、市花草茶行业商会换届工作。

【参政议政与调查研究】先后向市政协四届五次会议提交提案6件,并作大会发言,1篇被市政协评为“优秀”等次;围绕促进中药企业高质量发展,组织政协工商联界别委员进企业活动1次,提交提案1件;围绕减税降费政策落实,向市政府报送信息1篇;围绕发挥行业商协会作用助力“世界中药之都”建设,在市民政局、市药发局联合组织召开全市中医药行业商协会座谈会上,从三个方面提出意见建议7条。开展专题调研,积极参加市政协营商环境专题调研,围绕市政协“打造白酒产业集群,推进白酒产业高质量发展”“实施长三角一体化战略　加快承接产业转移集聚区建设”专题协商,实施招商引资提质工程加快构建现代产业体系开展调研,先后撰写调研报告4篇,1篇被评为全市重点调研课题成果“良好”等次;围绕行业商协会自身运营发展及推动经济社会发展方面存在的瓶颈问题开展调研,并对标沪苏浙,形成调研报告1篇,被省政办信息专报157期采用。配合上级部门开展调研,开展2020年度民营企业社会责任调研,组织110家企业进行网上填报调查问卷,并向省工商联推荐2020年度中国民营企业社会责任优秀案例4个(企业案例2个、个人案例2个)。巩固深化民企调查点“省市县企”四级联动组织推进机制,“四措并举”推动工作落实,全市106个调查点完成年度调查问卷填报工作,并在全省工商联系统2021年民营企业调查点片区培训会上作典型发言。

【宣传推介】动员市域内2020年度营业收入总额在5亿元人民币(含)以上民营企业参加“2020年度安徽省上规模民营企业调研及百强排序活动”,上报10家企业参加评选,安徽邦泰置业有限公司进入“2021安徽民营企业营收百强”(第76位)、“2021安徽民营企业服务业百强”(第24位),安徽正宇面粉有限公司进入“2021安徽民营企业制造业综合百强”(第86位),亳州市中丞置业有限公司、亳州药都农村商业银行股份有限公司进入“2021安徽民营企业服务业百强”(第57位、第67位)。大力宣传推介优秀商会民企,提升知名度和影响力,邀请《工商导报》驻阜阳工作站记者到亳采访商会民企,通过《工商导报》融媒版宣传推介安徽养生天下生物科技有限公司、安徽德昌药业股份有限公司致富思源、回报社会先进事迹,宣传涡阳县同诚商会履行社会责任,发挥商会桥梁和纽带作用情况。

【文明城市创建】与包保联系点薛阁办事处药都社区对接,制定工作方案,成立领导小组,根据网格划分4个小分队,并在工商联机关开展“助力文明城市创建,你我共同参与”活动,先后深入社区开展文明创建工作30人次,发现问题28个,建立问题清单,并积极协调市公用事业处、谯城区政府帮助解决,已整改8个、整改中17个、未整改3个。

【工商联和所属商会改革】加强执委队伍建设,推荐1名年轻民营企业家作为长三角企业家联盟理事,制定《亳州市工商联企业家副主席副会长履职情况评价办法(试行)》;结合市政协换届,推荐20名市工商常执委、所属商会会长担任市政协委员;加强人才储备,初步建立民营企业及民营企业家人才库,录入人才备选库194人、人才初选库732人、人才库813人。加强“五好”县级工商联建设,赴铜陵市开展互学互促活动,并推荐上报涡阳县工商联、利辛县工商联、蒙城县工商联参加全国“五好”县级工商联确认,谯城区工商联参加全省“五好”县级工商联确认。加强对直属商会工作指导、引导和服务,召开全市工商联系统座谈交流会暨“四好”商会建设、换届工作培训会,制定印发《2021—2025年亳州市工商联所属商会发展规划》《亳州市工商联直属商会章程示范文本(试行)》《亳州市工商联直属商会管理办法(试行)》;推进商会制度化、规范化建设,1家商会被认定为全国、全省“四好”商会;对4名商会会长人选进行任前综合评价,完成市商贸企业商会、市花草茶行业商会换届工作;推进乡镇(街道)分会注册工作,全市87个乡镇(街道)分会已完成注册13个;加强行业商会治理,先后开展行业商协会乱收费专项清理整治行动和“僵尸型”社会组织专项清理行动，2021年度市级行业协会商会收费自查抽查、信息公示和遵法守法“承诺全覆盖”工作等。加强异地商会建设，新成立大连、济南2个异地亳州商会，加大对贡献突出异地亳州商会支持力度，探索建立“345+N”异地商会综合评价工作机制，完成对21家异地亳州商会综合评价工作。

【所属商会党建】规范所属商会党委建设，制定《工作职责》《工作规则（试行）》《议事规则（试行）》等，指导县区工商联所属商会党委制定相应职责、规则。拓展商会党组织和工作覆盖面，全市工商联所属商会新成立商会党支部11个、联合党支部1个，坚持每月下发《所属商会党支部工作“备忘签”》。以“一月一课一片一实践”活动为载体，着力打造“同心同向·健康成长”所属商会党建工作品牌，铸造商会健康发展“红色引擎”。突出重点抓培育，树立标杆抓示范，建立示范党支部2个，1家商会党支部、2名党员、1名党务工作者被表彰为全省工商联系统所属商会先进基层党组织、优秀共产党员、优秀党务工作者。围绕工商联领导和管理所属商会党建工作体制机制、所属商会党组织职责定位及运行机制开展调研，结合调研情况，制定《市工商联直属商会党支部工作活动基本规范》，对省工商联所属商会党委《关于进一步加强全省工商联所属商会党的建设工作的指导意见》从17个方面提出修改意见建议31条。

【“万企兴万村”活动】启动“万企兴万村”行动，成立领导小组，制定工作方案，建立工作机制，谋划191个乡村振兴项目；与市农行签署《金融服务“万企兴万村”行动战略合作框架协议》，将“一村一品”示范村镇建设纳入重点工作任务，累计发放抵押贷款2913万元。“高位推动、市县联动、村企互动、龙头带动、金融撬动、招商拉动等‘六动’推进‘万企兴万村’行动”被省委信息（每日快报第215期）采用。

【教育培训】2021年，先后与商会民企共同开展“一月一课一片一实践”活动5次，党员领导干部到商会讲党史党课2次、指导商会党员讲“微党课”1次、“举旗帜·送理论”宣讲2次；结合召开四届五次执委会，邀请市委党校副教授刘华景讲授社会主义革命和建设史；组织2名企业负责人、2名商会（企业）党支部书记参加第二期省工商联大讲堂暨习近平总书记“七一”重要讲话精神专题辅导学习。落实民营经济统战工作会议精神，持续推进“四信”教育，以“守法诚信经营、坚定发展信心”“弘扬企业家精神、争做新时代表率”为主题，与4家所属商会班子成员进行集体座谈交流，凝聚共识，提振发展信心。

【“四送一服”活动】深化“四送一服”活动，2021年，先后走访商会民企83次、201家，宣讲习近平总书记最新重要讲话精神，宣传省市惠企政策，了解企业经营状况，听取诉求，收集问题24个，已协调解决；通过市工商联“四送一服”联系服务企业平台帮助企业反映问题110个，均已转交相关部门，已办理106个；开展“红双贷”宣传，发放资料200余份。支持服务民营企业绿色发展，建立与生态环境部门沟通联系机制，组织召开支持服务民营企业绿色发展座谈会，市、县（区）两级均与生态环境部门签订合作协议；结合开展服务民营企业绿色发展省市县三级大调研，召开市直相关部门座谈会1次，民营企业座谈会2次，对推进民营企业绿色发展提出4条意见建议。深化金融服务，加强与建行亳州市分行战略合作，向60家企业发放贷款4.95亿元；强化银企对接，与市汽车后市场商会、微商银行共同举办安徽省中小企业公共服务示范平台中小企业服务座谈会暨银企对接会1次。与市税务局联合实施2021年助力小微企业发展“春雨润苗”专项行动，并签订备忘录，开展“惠苗政策进万家”减税降费政策“百日”宣传活动1次，举办“纳税服务体验师”暨“助苗服务优体验”互动体验座谈会1次，并结合开展“四送一服”走访企业进行宣传宣讲税收政策，先后发放宣传册650余份；开展“问题帮办、助企发展”主题活动，帮助企业反映问题1个，已解决。落实“三方四家”共同构建和谐劳动关系成员单位职责，动员会员企业积极参与全市“和谐同行”能力提升三年专项行动，21家会员企业认定为2021年亳州市和谐劳动关系示范企业。

【招商引资】全年邀请到亳州考察19批、167人次，对接项目，洽谈招商引资、返乡创业事项，有效招商引资线索16个，洽谈项目8个，确认项目6个，投资总额达2.8亿元；助力“青年学子创业”活动，号召2位青年返乡创业，并协助在青年创客空间和汇金广场落地返乡创业项目。“走出去”座谈推介，领导班子成员分头走访邀商，定向招商、以商招商，先后5次带队到7家异地亳州商会及珠三角地区开展招商推介，实地考察企业21家，摸排招商线索6个；依托异地亳州商会建立对外联络和招商引资窗口，搭建招商引资平台，开展“亳州老乡，请您回家”活动，先后赴上海、杭州、西安、义乌等10个异地亳州商会举办“亳州老乡，请您回家”活动12场，发放《再致亳州老乡的一封家书》102份，开展专场活动2次。同时，利用异地亳州商会平台优势，统计异地亳籍药商488家，为市政府决策提供信息参考。

【四届五次执委会议】2021年6月17日，亳州市工商联（总商会）召开四届五次执委会议，会议听取市委统战部副部长，市工商联党组书记、副主席曹建所作的《亳州市工商联（总商会）四届五次执委会工作报告》，传达学习《中共亳州市委　亳州市人民政府关于进一步激发民营企业创业热情成就企业家创意创新创造推进民营经济高质量发展的实施意见》精神。会议增选3名执委、3名常委，选举陈昭敏为市工商联（总商会）主席（会长）。

【履行社会责任】动员民营企业积极参与国家乡村振兴战略，围绕“民营企业助力乡村振兴”开展专题调研、召开民营企业家座谈会，412家民营企业与412个村开展结对帮扶。做好援疆工作，赴新疆伊犁巩留县与欣嘉药业有限公司洽谈中药材种植、贸易合作。面对河南省百年一遇的洪涝灾害，积极号召工商联直属商会、会员企业驰援河南防汛救灾，截至2021年7月30日，6家所属商会、会员企业捐款捐物168.01万元，春雨慧众上汽4S店组成救援小队到一线开展救援。

【商会民企培训】围绕服务小微企业绿色健康发展，组织10家企业、19人参加全省民营企业财税金融、绿色发展培训班学习和安徽省首届直播电商产业论坛座谈交流；围绕推动民营企业转型升级，组织市县区工商联及所属商会、会员企业通过网络收看“全国工商联民营企业标准化公益大讲堂”2期；围绕促进高质量发展，会同市委统战部举办亳州市民营企业创新能力提升培训班1期，38名民营经济人士参加培训。通过学习培训和实地考察，帮助企业及时把握当前宏观经济形势，进一步树立新发展理念，理清发展思路，提高管理水平，增强发展动力。

【法律维权服务】建立健全与公检司法部门沟通联系机制，组织10名民营企业家参加省政法队伍教育整顿驻亳指导组“药商座谈会”；落实“万所联万会”机制，推动律师事务所与商会建立联系合作，深化民营企业法律服务；开展“法治体检进民企”活动，联合市司法局在康美药业举办“《民法典》和相关法律法规专题讲座”1次；推进商会人民调解工作，在3家所属商会设立商会人民调解联络站，全市各级商会调解组织受理民商事和劳动纠纷案件806件，调解成功518件。同时，组织相关人员参加全省民营企业法律风险防范和商会人民调解员培训，进一步提升工作落实能力。

（冯　刚）

亳州市文学艺术界联合会

【概况】亳州市文学艺术界联合会（以下简称“市文联”）于2000年6月成立，是市委领导下的专业性人民群众团体，是全市各文艺家协会的联合组织。下设亳州书画院，为全额事业单位。截至2021年底，全市有蒙城文联、谯城文联、利辛文联、涡阳文联、古井文联、作家协会、书法家协会、摄影家协会、美术家协会、音乐舞蹈家协会、戏剧曲艺家协会、收藏家协会、民间文艺家协会、电影电视艺术家协会等21个团体会员。2021年，全市新增国家级会员11人、省级会员58人、新发展市级会员216人。

2021年，亳州市文联、亳州市书协被评为全省文联系统先进单位；李兴田、汝黎被评为全省文联系统先进个人；《像鸽子一样飞翔》（中篇小说）、《某日的下午茶》（短篇小说）、《白衣战士要出征》（大鼓书唱段）被评为全省文联系统优秀作品；任明、潘克军、张雷（包天）被评为全省文联系统最美文艺志愿者。

【重要会议】2021年1月20日，市文联四届五次全委会召开。会议深入学习贯彻习近平总书记关于宣传思想文化工作重要论述，学习中国文联十届六次全会精神和市委四届十二次全会精神，总结2020年工作，分析面临的形势任务，布置2021年重点工作，动员广大文艺工作者，立足新阶段，开启新征程，为庆祝党的百年华诞、建设新阶段现代化美好亳州做出新的贡献。2021年3月25日，市文联四届十六次主席团扩大会议在涡阳县文化艺术中心南区涡阳县图书馆召开。会议学习传达市纪委全会精神、省文联七届二次全会精神，布置协会党风廉政建设工作，安排市文联2021年重点任务，讨论《亳州市文艺获奖作品等级评定办法》修改意见。市文联党组书记、主席张弘主持会议。市文联党组成员、副主席张凤海，市属协会主席出席会议。市属各协会秘书长，涡阳县、利辛县文联主要负责人，蒙城县文联办公室负责人等列席会议。2021年7月15日，市文联主席团四届十七次（扩大）会议暨协会党建工作会议在市行政会议中心第四会议室召开。会议学习贯彻习近平总书记“七一”重要讲话精神，布置协会党建工作。

【修订《亳州市文艺获奖作品等级评定办法》】2021年，《亳州市人民政府办公室关于亳州市文艺获奖作品等级评定办法的通知》（亳政办秘〔2021〕48号）印发，原评定办法同时废止。新修订的评定办法有4个方面创新举措：一是不限制评定名额。二是实现不同艺术门类同一等次作品奖金有差别。三是补充齐全艺术门类。四是鼓励创作亳州地域题材、现实题材。

【文艺活动】2021年，亳州市文联举办一系列文艺活动（见表5）。

2021年亳州市举办文艺活动一览表

表5

时间	活动名称	举办单位	活动内容
1月	“金牛奋蹄来报春”《亳州文艺界迎新春文艺作品展》“云”展览	市文联	在“文艺亳州”微信公众号上分8期展示篆刻、美术、剪纸、摄影、书法作品110余件
1月24日—2月2日	“感恩共产党　奋进新时代”脱贫攻坚主题采风创作	市文联	组织10名作家、摄影家分别深入涡阳县曹市镇辉山村、蒙城县板集镇双鹿村、利辛县城北镇大管村、谯城区古城镇李寨村和十河镇李小村等村，开展驻村采风工作，围绕脱贫攻坚成果、乡村巨变开展文艺创作。创作作品20余件
5月25日	“我把颂歌献给党”歌词征集评比	市直机关工委 市文联	评出一等奖2篇（《报答》《我想对你说》），二等奖3篇（《百年红船》《誓言》《江山锦绣》），三等奖5篇（《中国路》等）、优秀奖10篇（《红星耀中华》等）
6月4日	文艺家进高校	市作协 亳州学院	举办“第五期亳州文学大讲堂”，杨老黑、杨小凡、李亚3名作家走进亳州学院授课，近100名文学爱好者参加活动
6月16日	纪念茨淮新河建设50周年文学征文及采风活动	市文联 蒙城县政协	主题是纪念茨淮新河建设50周年，弘扬茨淮新河精神
6月18日	庆祝中国共产党成立100周年“悠悠我心”梁景堂书法作品展	市文联	展览在鼎诚美术馆举办，展出市书法家创作的书法作品100余件，著名书法家张旭光、市政协副主席宋峰出席开幕式
6月28日	“千秋创伟业　百年正风华”亳州市庆祝中国共产党成立100周年书画摄影展	市文联 文化体育旅游局	在文化馆展出书法、美术、摄影、剪纸、刻字、篆刻作品100余件

续表 5

时间	活动名称	举办单位	活动内容
7 月 1 日	捐赠书法作品	市文联	市书协副主席兼秘书长梁景堂向市文化馆捐赠党史题材书法作品《中国共产党简史（结束语）》（十八竖屏）
7 月 1 日	庆祝中国共产党成立 100 周年红色收藏展	市收藏家协会	展览在颜语艺术馆举办，展出红色藏品 200 余幅（册），包括年画、海报、连环画及各类期刊等
7 月 12 日	“翰墨抒情”常州书法作品亳州展	市文联	展览在亳州市文化馆举行，市政协副主席兼市政协书画院院长宋峰出席开幕式。市文联党组书记、主席张弘致辞。常州市文联党组书记、主席舒文讲话。市文联副主席、市书协主席潘克军主持。两市文联、书协有关负责人及书法家代表 100 多人参加开幕式活动
7 月 24 日	《清明》读书会	市文联 《清明》杂志社	邀请著名文学评论家唐先田在之意书社做题为《安徽红色文学的诞生与发展》的讲座，有 50 多名文学爱好者参加
8 月 18 日	“奋斗百年路　启航新征程”庆祝中国共产党成立 100 周年文学征文评选	市文联 市作协	评出 38 篇（首）作品入选，其中，20 篇（首）为优秀作品、18 篇（首）为入围作品
9 月 18 日	“喝古井贡酒　庆团圆中秋　迎国庆佳节”全市书法网络展	市书协	在“文艺亳州”微信公众号展出 2 期，展出作品 30 件
10 月 23 日	亳州市首届青年文艺人才成果展	市文联	展览在建安文化广场鼎诚美术馆进行，展出 100 多件作品，涵盖剪纸、拓片、陶艺、雕塑、书法、摄影、美术、面塑、装饰艺术等
12 月 4 日	“悠悠我心”梁景堂书法作品展	市文联 市书协 亳州学院	“悠悠我心”梁景堂书法作品展在涡阳县文化服务中心开幕
12 月 9 日	“初心如磐”第六届（中国·亳州）篆刻作品展	市文联 市篆刻学会	展览在市文化馆一楼大厅开展，展出省内外篆刻作品 164 件

【文艺成果】2021 年，全市在市级以上刊物发表文艺作品 500 多件。主要成果见下表 6。

2021 年亳州市文艺成果一览表

表 6

时间	成果	备注
1 月 6 日	郭兴义创作农民画《家乡巨变》在全省“决胜小康　奋斗有我”主题创作民间文艺作品评审中荣获优秀作品奖，另有王炳华《养好扶贫羊，生活奔小康》、闵霞《扶贫路上我争先》等 8 件剪纸作品入围	
2 月 8 日	孙志保小说《轮椅》在《小说月报·原创版》2021 年第 3 期刊发	
2 月 14 日	任明《逆行者》入选“中国画　画中国”全国美术名家网络展	
5 月 6 日	杨小凡小说集《某日的下午茶》由中国作家出版社出版	
5 月 27 日	亳州市演艺公司 2 部淮北梆子戏《雨燕衔春》《印记》入选中共安徽省委宣传部、安徽省文化和旅游厅、安徽省文学艺术界联合会联合举办安徽省庆祝中国共产党成立 100 周年新创优秀剧目展演	

续表 6

时间	成果	备注
5 月 28 日	孙志保短篇小说《银丹草》被《小说月报》第六期转载	
5 月 30 日	王炳华、闵霞作品入展 2021 年长三角地区传统美术精品展	
6 月 7 日	刘云峰《黎明曙光之五》、张云凤的《勇往直前》、马芳《接力》等 3 件作品入选“百年辉煌·武汉记忆”——庆祝中国共产党成立 100 周年全国美术作品展	
6 月 9 日	刘宫英作词、王邵通作曲、锁敬宇和杨淑影演唱歌曲视频《红杜鹃》在“学习强国”安徽学习平台发布	
6 月 20 日	徐丽创作河南坠子《一块田》在安徽省曲艺家协会组织庆祝中国共产党成立一百周年曲艺作品征集活动中，被评为优秀作品	
6 月 27 日	在“百年辉煌，纸艺华章”庆祝中国共产党成立 100 周年全国剪纸精品邀请展中，闵霞作品《巧手浇开幸福花》、赵冬梅作品《守护者》荣获银奖，李秋作品《庆祝中国共产党成立 100 周年华诞》荣获铜奖	
6 月 28 日	有 8 件摄影作品入选省文联、省妇联共同举办的“党的女儿、红耀江淮”主题摄影展	
6 月 30 日	杨攀峰面塑、孙玥剪纸共 6 件作品入展“巧手浇开幸福花”安徽省首届新文艺群体民间工艺精品展	
7 月 6 日	蒙城佳艺舞蹈学校创作演出舞蹈《盲盒里的秘密》入选中国文联、中国舞协举办“童心向党——第十一届‘小荷风采’全国少儿舞蹈展演	
7 月 12 日	马骥中国画《彭雪枫在皖北》、李培华版画《清平乐　药王村的春晚之三》，袁亚、康汉林、汝英贺书法作品，刘帅康、赵健惟篆刻作品入选庆祝中国共产党成立 100 周年“文艺心向党”安徽省书法美术摄影展	
7 月 17 日	涡河憨腔传承人丁延果登上央视星光大道月冠军赛舞台	
8 月 24 日	杨小凡小说《喝酒的人》在《中篇小说选刊》第五期刊发	
10 月 9 日	杨小凡短篇小说《重圆》在《作家》杂志发表	
10 月 11 日	闵霞剪纸作品《百年奋斗路》在献礼建党 100 周年“红高粱杯”全国优秀剪纸作品大赛中荣获银奖	
10 月 16 日	刘帅康篆刻作品入选西泠印社第十届篆刻艺术评展	
10 月 18 日	李客、赵耀书法作品入选第九届中国书坛新人新作展	
11 月	市青年作家李丹崖作品集《语文试卷的名家美文——李丹崖卷》在安徽少儿出版社出版	

【文艺采风创作】2021年9月18日，市文联“奋斗百年路　启航新征程”主题采风创作活动正式启动。市文联组织直属各文艺家协会负责人代表组成的采风团，先后到涡阳县义门镇、涡阳县洪路钢构有限责任公司和涡阳县文化艺术中心，实地考察历史文化名镇建设、钢构件制造、公共文化基础设施及运营情况。10月22日，由亳州市文联和蒙城县政协联合主办的“纪念茨淮新河建设50周年”文学采风活动正式启动，历时三天，于10月24日圆满结束。亳州及阜阳、淮南、蚌埠四市38位作家参加活动。

【基层组织建设】2021年4月18日，亳州市硬笔书法家协会第二届代表大会召开。会议选举康建勋为主席，颜铭为监事会长。亳州市收藏家协会第五次会员大会召开。市文联党组书记、主席张弘到会讲话。任斌当选为第五届亳州市收藏家协会主席，吴永玉、赵传鹏、杨井民、姬长鹏、焦似阳、陈志超、陈伟、阮军、王宏理当选为副主席，王宏理兼秘书长。亳州市民间文艺家协会第三次代表大会召开。会议选举产生第三届理事会、主席团。闵霞当选为主席，仇高山、李文军、马仁杰、刘学增、盛成魁当选为副主席，马仁杰当选为监事，任命路通为秘书长。2021年，市文联延伸服务手臂，继续拓展乡镇、社区文联组织设立工作，谯城区乡镇文联实现全覆盖。汤陵街道和谐佳苑社区成立亳州市第二家社区文联组织。蒙城县成立首家社区文联——庄周街道九里桥社区文联。利辛县成立首家社区文联——城关镇和谐社区文联。

【文艺阵地建设暨“互联网+文艺”】2021年，市文联组织出版《亳州文艺》6期，刊发文艺信息、作品计120万字。5月，受邀参加中国作协主办的全国文学内刊工作会议，是安徽省受到邀请的唯一一家文艺内刊。加强“互联网+文艺”工作，扩大新媒体影响力，“文艺亳州”微信公众号发稿123篇，“亳州文联”微博发稿135条，亳州市政府网站更新代表性信息60余条。

（李兴田）

亳州市残疾人联合会

【概况】亳州市残疾人联合会（以下简称“亳州市残联”）于2001年成立，系市政府直属正县级事业单位（参照公务员法管理），履行“代表、服务、管理”的职能，贯彻执行国家和省、市关于残疾人事业的方针、政策，维护残疾人合法权益，为残疾人服务。内设办公室、综合科（维权科），辖事业单位亳州市残疾人综合服务中心（全额事业单位）。2021年，全市共有县区残疾人联合会4个，乡镇（街道）残疾人联合会88个。全市共有持证残疾人20.1411万名，占总人口的比例约为4%。2021年，全市共有阳光助残扶贫基地4个，扶持残疾人个人创业就业743名，补贴资金339.75万元；实施阳光大棚补贴57个，补贴资金42.8万元；资助困难残疾大学生63名，资助金额9.75万元；对351名残疾人实施社保补贴，补贴资金59.67万元。

2021年，亳州市残疾人联合会被中共亳州市委、亳州市人民政府评为2019—2020年度亳州市“三大攻坚战”先进集体；被安徽省人力资源和社会保障厅、安徽省残疾人联合会评为“十三五”期间全省残联系统先进集体。

2021年5月7日，亳州市残疾人联合会在亳州广播电视台举办庆祝建党100周年暨亳州市残疾人艺术汇演

（王国栋　供）

【涉残民生工程】2021年，亳州市残疾人联合会牵头实施残疾人康复工程。在困难精神残疾人药费补贴工作中，安徽省残疾人联合会下达亳州市任务数7040名，亳州市实际完成1.472万名，超任务数7680名，发放补贴资金1472万元，基本实现持证精神残疾人药费补助全覆盖。在残疾儿童抢救性康复工作中，亳州市四类残疾儿童康复省指标任务数924名，实际完成2198名，超额完成1274名。在儿童辅助器具适配和假肢矫形器适配工作中，省指标任务132名，实际完成469名，超额完成337名。

【生活就业服务】2021年，安徽省残疾人联合会下达亳州市残疾人就业培训任务2651人，亳州市实际完成就业培训2753人，超额完成102人。全年为120名就业年龄段持证残疾人举办电商、园林绿化、盲人按摩培训班。开展残疾人专场招聘会，发布就业信息。网站开设“残疾人就业和培训政策”专栏，为基层残疾人就业政策宣讲、发送就业创业政策短信等开展残疾人就业政策宣传，促进残疾人就业创业。同时，亳州市残疾人联合会还联系各县（区）残疾人联合会开展残疾证办理上门服务活动。对瘫痪在床、重症精神病及智力重度残疾人采取上门鉴定办理残疾证，对行动不便、家中无人照料残疾人采取集中到镇鉴定办理。全市残疾证办理上门服务活动共鉴定2990余人，办理残疾证2931本。

【宣传文体活动】2021年，亳州市残疾人联合会联合市卫生健康等相关部门开展以“人人获得听力保障”为主题全国第22次“爱耳日”公益宣传教育活动、第五次全国“残疾预防日”宣传教育活动；联合市教育等相关部门举办以“巩固残疾人脱贫成果，提高残疾人生活质量”为主题第31次全国助残日活动、国家通用手语推广活动；结合党史学习教育“我为残疾人办实事”实践活动，开展“六一”国际儿童节慰问、中秋节国庆节精神病人慰问、残疾人文化进社区（企业）活动及庆祝建党100周年暨亳州市残疾人文艺会演。联合专门协会开展国际残疾人日等活动。亳州市残疾人围棋运动员吕少玲、举重运动员郭勤梅分别在第十一届全国残运会暨第八届特奥会赛场上荣获一银一铜的好成绩。

【普法维权工作】2021年，亳州市残疾人联合会共办理“12345”市长热线、政风行风热线中残疾人办证、救助、就业、教育等咨询件90余件，政风行风热线上线直播5次。对120余户贫困残疾人家庭实施残疾人家庭无障碍改造。借助“全国助残日”、国家宪法日等节日开展法制宣传活动，集中开展《中华人民共和国宪法》《中华人民共和国民法典》《中华人民共和国残疾人保障法》《安徽省残疾人保障条例》等法律法规学习和宣传活动。

（王国栋）

法　治

2021 年 11 月 18 日，亳州两级法院集中发放执行款　　（蒋加磊　摄）

政法委及综治

【概况】2021年，市委常委会6次听取政法工作汇报，市政府常务会议定期研究扫黑除恶行业领域整治工作，市委、市政府主要负责人多次召开平安建设、扫黑除恶领导小组会议及相关专题会议，研究部署政法综治重点工作。市委政法委接受省委政法委政治督察和市委巡察，规范健全工作机制。建立政治轮训制度，对政法机关中层以上干部、乡镇（街道）政法委员400余人开展政治轮训2次，队伍政治意识、作风意识、履职能力进一步增强。落实党委政法委派员列席政法单位党委（党组）民主生活会制度。加强对政法部门的统筹协调，健全完善在扫黑除恶专项斗争中形成的运作高效的公检法纪联动办案机制。建立约谈、通报、挂牌督办机制，对全市群众安全感满意度测评落后乡镇（街道）干部进行约谈，有效传导工作压力、推动工作落实。全市政法系统全力服务保障经济社会发展，参与市委、市政府中心工作，近万名政法干警投身脱贫攻坚、疫情防控、污染防治、文明创建一线。

同年，市公安局科信科获全国公安系统抗击新冠肺炎疫情先进集体称号。全市人民群众安全感和对政法机关满意度分别为98.19%和95.96%，再创历史新高。全市政治社会大局持续和谐稳定，实现“五个没有发生”：没有发生政治安全事件、没有发生重特大恶性案件、没有发生群体性事件、没有发生大规模赴省进京上访和涉亳负面舆情，没有发生重特大公共安全事件。

【平安亳州建设】2021年，亳州市成立市委书记任组长、市长任副组长的平安建设领导小组，出台《亳州市平安建设领导小组工作规则》《亳州市平安建设领导小组专项工作组组成方案》。全市专业化综治力量进一步加强，市县（区）两级综治中心分别明确5～7人的编制，建立实体化运行机制。聚焦群众安全感满意度“双提升”，树牢群众思想和服务意识，组织全市政法干警和基层干部深入基层、贴近群众，着力排查解决人民群众感觉不安全、对政法工作和政法干警作风不满意的突出问题。在全市部署开展突出违法犯罪大整治、社会治安大防控、“进千村入万户”大走访、矛盾纠纷大排查大化解、执法司法行为大规范、政法单位服务水平大提升、平安建设大宣传七大攻坚行动。各乡镇（街道）开展每天夜间巡逻防控。全市动员政法干警、基层干部2万余人次，累计走访群众50余万户，发放宣传资料230余万份。政法机关会同市妇联开展婚姻家庭矛盾纠纷排查化解工作，建立问题家庭及矛盾纠纷台账，落实登记和销号制度，及时调处化解纠纷；会同卫健委开展严重精神障碍患者摸排筛查和服务管理专项行动，消除肇事肇祸隐患。聚焦矛盾纠纷排查化解，开展拉网式排查，完善人民调解、警民联调、诉调对接等工作机制，最大限度把矛盾纠纷解决在基层、消除在萌芽状态。市中院“一站式”多元解纷和诉讼服务体系建设得分居全国中院第一位。

【扫黑除恶】2021年，亳州市坚持“五级书记一起抓”，各级党委常委会、政府常务会将专项斗争纳入重要议事日程。完善以政法委书记、公检法三长包保县区，“小三长”日常调度、突出问题特派督导专员三项制度为基础的监督指导机制，市委政法委、公安局、法院、检察院主要负责人牵头包保县区，开展专项督导调研，推动问题整改。狠抓“六清”质效，12月，开展“六清”工作回头看，进一步加强督导调度，打好扫黑除恶收官战。人民群众对扫黑除恶成效满意度达98%。在8月全省考评中，亳州市“六清”综合成效位居全省第一。

【社会治理】2021年，亳州市制定《亳州市推进市域社会治理现代化试点工作2021—2022年工作方案》。构建“综治中心+”基层治理体系，以综治中心为依托，健全矛盾调处机制，常态化、规范化开展疑难复杂案件公开听证、集体评议。加快公共法律服务体系建设，建成市县乡村四级法律服务中心（站、工作室），各县区均建成“律师超市”。落实“一村一辅警”，及时掌握处置社情、警情、舆情。落实“一村一法律顾问”，实现公共法律服务及时到位。落实“一村一大喇叭”持续滚动宣传，切实营造平安建设“人人知晓、人人支持、人人参与”浓厚社会氛围。各县区结合本地实际，进行一系列尝试与探索，涡阳县推进综治中心集约化实体化运营，得到省信访局充分肯定；利辛县推行“135信访工作法”，实现信访形势根本性好转；谯城区把调解站建在中药材交易中心，主动靠前服务药商药企，取得明显的社会效果。法治政府建设取得瞩目成绩，蒙城县、涡阳县分别被评为全国、全省法治政府建设示范县。市司法局被评为“全国公共法律服务工作先进集体”。

【政法队伍建设】2021年，亳州市落实《在全市政法系统开展“执法司法规范年”活动的指导意见》。坚持刀刃向内，组织专门督导暗访组，从程序规范、执行规范、服务规范、监督规范等方面，对各级政法机关开展暗访督导。在全省率先制定出台《建立健全乡镇(街道)政法委员工作机制的指导意见(试行)》，建立乡镇政法委员监督管理制度，把政法津贴30%部分与工作实绩、作风建设等内容挂钩，实现奖优罚劣，树立实干导向，调动乡镇政法委员积极性。配合组织部门，继续推进县区公检法干部交流轮岗，累计交流轮岗基层政法干部385人。围绕党的十九届五中全会精神、扫黑除恶专项斗争成效、市域社会治理现代化和政法机关服务群众等主题开展正面宣传，政法宣传和新媒体建设跻身全省第一方阵，四个县区检察院均被评为全国检察宣传先进单位。加强政法委自身建设，市委政法委机关创建成为“市级文明单位”，机关支部获评“五星基层党组织”。

（蒋　灿）

公　安

【概况】2021年，亳州市公安局坚持稳中求进工作总基调，紧紧围绕庆祝建党100周年安保维稳这个主题主线，扎实推进公安队伍教育整顿、党史学习教育，持续深化改革创新，纵深推进“强基固本补短板攻坚行动”，奋力开创新发展阶段亳州公安工作新局面。全市社会大局持续平稳有序呈现“四升两降”趋势。23起现发命案全破，八类案件立案数较2020年下降29.86%，破案率97.03%，黄赌警情较2020年下降76%。

【教育整顿】队伍教育整顿期间，制作警示教育片5部，全媒体平台发布教育整顿信息900余篇(部)，忠诚警魂更加牢固。清查104件涉法涉诉信访案件，全部化解，居全省第一。建立18个查询比对模型，比对120余万条数据。把顽瘴痼疾排查整治作为重中之重，细化责任分工，实行分类施策，统筹“当下治”与“长久立”相结合，推动边查边改边建，确保问题排查全面、整改彻底、漏洞堵塞，使整治成果转化为执法公信力、群众满意度。市公安局被市委督查考核办公室评为“优秀”等次。

【防控圈建设】做实“1、3、5分钟”快速防控圈建设。全市依托警务方舱、警车、岗亭等支点，设置网格化巡防勤务单元，实行一警多能、巡逻防控、接处警一体化主动勤务，优化设置快速反应防护圈。等级勤务期间，扎实开展特警武警联勤武装巡逻，组建最小作战单元，切实提升处突能力。市局成立五个机关战训队，支援市区重点部位巡防。做实强化校园安保。对全市2432所中小学、幼儿园开展全覆盖风险隐患排查，对发现“人防、物防、技防”及安全管理措施问题，书面通报教育部门，合力推动问题整改。持续强化最小作战单元协同能力，采取战时送教、定期培训、应急演练、比武竞赛等方式，加强技能提升训练。组织开展应对个人极端暴力犯罪案件实战演练60场，参与民警700余人次，开展警务实战技能比武竞赛活动。在全省警务实战技能比武竞赛中，亳州市代表队荣获总团体第二名。

【平台建设】加快建设扁平化可视化调度平台，在视频专网和公安网开发搭建安全合规、简单便捷、功能灵活可视化调度平台，实现警情、警车、警力、现场视频等警务资源“一张图展示、可视化指挥、扁平化调度”。推动大数据中心建设和数据汇聚，制定亳州公安警务云平台建设方案，将依托浪潮云中心开展公安大数据中心计算存储基座和警务云平台建设，力争尽快形成核心战斗力。坚持“共享是原则，不共享是例外”，汇聚公安内部数据，实现数据资源和信息系统动态更新。推进视频数据平台建设，推进移动警务应用。

【农村警务室建设】出台《农村警务室建设标准》，全市1256个行政村全部设立农村警务室，配备驻村（联系）民警376名、驻村辅警1256名，实现警务室和驻村辅警“两个全覆盖”，推动警务前移、保障下倾，提升基层社会治理能力。在治安复杂、管理任务较重的警务室配备驻村民警和驻村辅警，其他警务室由民警联系，配备驻村辅警；在公安派出所领导下，依托村“两委”开展矛盾纠纷排查化解、重点人员管控、便民服务、信息采集、预防宣传等工作。驻村辅警薪酬由财政统一保障，高于派出所其他辅警，并建立动态增长机制；参与成功调解矛盾纠纷的，按照《亳州市人民调解工作经费保障使用管理办法》实行“一案一奖”“一事一奖”。2021年，全市驻村民警、辅警协助调处矛盾纠纷3800余件，排查发现隐患并督促整改7800余处，组织巡逻防控5万余次。

【反诈体系建设】建立由市长任总召集人的打击治理电信网络新型违法犯罪工作联席会议机制，发挥市联席办综合协调作用，明确成员单位任务，出台《亳州市防范电信网络诈骗重点地区认定标准及管理办法》，对各乡镇（街道、管理区）电信网络诈骗警情数、国家反诈中心App安装率进行综合考核，完善通报、约谈、挂牌问责等机制，压实领导责任、主管责任、属地责任。强化预防宣传。联合市委组织部建立“5+1+N”反电诈宣传体系，推动全市13万余名邻长开展上门宣传。联合市委宣传部制作反电诈警示教育片，在全市范围内播放，实现内部人员全覆盖。联合教育部门通过主题班会、法治报告会、国旗下讲话、“小手拉大手”等形式在全市中小学开展反诈宣传教育活动。梳理农村地区四类高发电信诈骗警情，精选典型案例，以村书记喊话等形式制作音频，通过“村村通”广播在全市农村地区播放。联合市文明办在新时代文明实践中心、站、所开展反电诈宣传实践活动。联合金融机构、通信运营商等单位开展反电诈线上直播活动，累计观看人数超过50万人次。联合基层组织发放明白纸、致市民一封信80余万份，张挂横幅海报5000余条。在“亳州警方”“药都反诈”微信公众号设立举报栏，在重点场所、区域张贴通告，鼓励群众对涉诈人员、线索进行检举揭发，并兑现奖励。“96110”反诈专线7×24小时专人值守，累计受理群众咨询求助9000余次，预警劝阻8.7万人次，止付、冻结涉案资金3.3亿元。自2021年9月起，全市电信网络诈骗警情、财产损失迎来“双下降”拐点。

【优化为民为企服务】试点公安“统一照片库”建设应用。全面改造户政、出入境、车驾管业务系统，群众只需一次采集形成“母片”，即可在“皖事通”App“我的照片”模块内自动获取本人照片信息，在办理其他公安业务时不需要再次采集照片。2021年采集“母片”50余万张。试点推出公安综合窗口“一窗通办”。采取交叉授权等方式，打破警种界限、系统壁垒，群众可通过一个窗口办理治安、交管、出入境等165项业务。2021年全市综合窗口共办理业务8万余件。市政府在全市部署开展“部门学公安、园区学亳芜”活动。“一照通用”“一窗通办”入围2021年度亳州市优化营商环境十大优秀案例。创新推出“亳公十条”。印发《亳州市公安局服务实体经济若干措施》，在严厉打击各类涉企违法犯罪、加强企业周边治安治理、提升涉企案件办案质量、审慎适用涉企案件强制措施、营造“亲清”警商关系、建立风险隐患防范机制、深化“放管服”改革，优化企业服务等10个方面营造良好营商环境。2021年全市共立破坏市场竞争秩序等经济犯罪案件113起，涉案金额2.9亿余元；打掉3个涉企黑恶犯罪团伙，破获涉企业家故意伤害案件17起。排查整改涉企治安隐患149处、排查化解矛盾纠纷87起，通报各类风险预警信息56条，提供防范建议58条。

【案件办理】组建主城区警务协作新模式工作专班，进驻市局指挥中心，设立合成研判组和视频侦查组，共同开展主城区疑难、跨区域、团伙案件侦查、审讯工作，合成打击街面侵财犯罪，形成警情梳理、合成研判、精准推送、指挥抓捕、跟踪督办、定期通报工作机制。专班成立以来，抓获各类犯罪嫌疑人96人，破获案件290余起。11月8日，《人民公安报》以《亳州创新主城区警务协作机制　全市主城区传统侵财类警情环比下降40%》为题予以报道。

【扫黑除恶】强化主动进攻，紧盯重大案件线索和涉黑涉恶九类案件，组织开展“回头看”，全力挖掘案件资源，坚持深挖扩线，确保“案不漏人、人不漏罪、罪不漏证”。充实扫黑除恶专家人才库，充分发挥“两个团队、三个专家组”作用，加强专案指导，邀请检法办案力量提前介入，全力推动案件事实查清查透，经济基础查清查透，背后“关系网”查清查透，确保案件经得起法律、历史和人民检验。全市共侦办涉恶案件10起，抓获团伙成员96人，破获刑事案件87起。

（刘 洋 魏玉琦）

检 察

【概况】2021年，全市检察机关以习近平新时代中国特色社会主义思想为指导，认真落实新时代检察工作总要求，全年共受理各类案件13042件，同比上升20%，7个案件获评省级以上典型案例、精品案例，5项工作在省院会议经验交流，45个集体、82名个人获市级以上荣誉。四个县区院全部获评“全国检察宣传先进单位”。

【政法队伍教育整顿】开展谈心谈话507人次，整治顽瘴痼疾问题492个，核查举报线索189件。坚持刀刃向内，82名检察人员主动向组织说明情况，按照“自查从宽、被查从严”政策，运用第一种形态处理69人，第三种形态处理1人，12名检察人员被立案调查。开展教育整顿有关工作做法被《检察日报》《安徽日报》《安徽法制报》报道200余篇。

【涉黑审查】审查起诉涉黑案件3件、3人，起诉涉恶案件5件、28人。适用认罪认罚从宽制度审结3807件、4496人，分占90.51%和87.71%，同比分别上升3.61%和5.56%。提出确定量刑建议2362人，同比上升24.30%；提出幅度量刑建议607人，同比下降24.30%。法院采纳确定刑量刑建议2256人，占比96.99%，同比上升3.79%；采纳幅度量刑建议586人，占比96.54%，同比上升5.36%。武某飞等15人涉黑案，获评高检院认罪认罚典型案例。扎实开展羁押必要性审查专项活动，变更措施42人。

【涉检信访】100%做到7日内回复、3个月内办理过程或结果答复。全年共受理不服检察机关处理决定申诉案件11件，同比下降38.9%；立案复查12件，同比上升100%；受理不服法院生效刑事裁判申诉案件18件，同比上升100%，立案复查5件，同比上升300%。为58名生活困难被害人及家属发放司法救助金120余万元，被《安徽日报》头版报道。蒋某开司法救助案被最高检评为典型案例。从源头治理涉检信访案件发生，听证案件208件。

【刑事检察】监督立案判处有期徒刑以上刑罚49人，同比持平。监督撤案95件，同比上升17.28%，建议行政执法机关移送案件49件，同比上升22.5%，提出书面纠正违法意见案件同比上升81.4%，纠正漏捕案件同比上升162.9%。侦办司法工作人员职务犯罪案件6人，同比上升200%，办案经验被省院检察情况反映转发。积极贯彻“少捕慎诉慎押”刑事司法政策，扎实推进“降低羁押率的有效路径与社会危险性量化评估”试点工作，不捕861人，同比上升101.6%，不诉率16.65%，同比上升3.2%。

【民事检察】受理各类民事诉讼监督案件727件，同比下降23.15%；提出抗诉26件，同比降低10.34%，法院采纳64件，同比上升60%，抗诉案件改判率达83.12%，略高于全省平均值82.33%。提出审判人员违法行为监督检察建议223件，采纳223件，同比上升106.48%。武某飞等民事审判程序违法监督系列案获评高检院典型案例。民事案件和解息诉达77件，其中涉民企案件8件。

【行政争议化解】办理生效裁判监督案件51件，同比上升325%，不支持监督申请30件，提请抗诉13件，提出再审检察建议2件。提请省院抗诉10件，提出再审检察建议2件；办理审判人员违法行为监督案件18件，提出检察建议15件，采纳13件。实质性化解行政争议41件，李某申与蒙城县小辛集乡政府行政赔偿检察监督案被评为全省检察机关“促进行政争议实质性化解”优秀案件。

【公益诉讼】立案公益诉讼案件441件，发出诉前检察建议385件、诉前公告62件，提起诉讼29件，法院已判决支持33件（含积存）。督促当事人在芡河增殖放流鱼苗20余万尾的做法，获市委领导批示肯定。市院办案组保护英烈权益做法获得肯定，被评为“全省涉军维权先进集体”。

【未成年人保护】严格限制适用逮捕措施，不捕未成年人104人，同比上升197.14%，相对不诉44人，同比上升29.41%；附条件不起诉47人，同比上升683.33%。办理涉未成年人行政公益诉讼案件20件，制发诉前检察建议20件。连续三年接力救助的“事实孤儿”，于2020年考入安徽大学。开展“法治进校园”活动313场次。“未成年人法治教育基地”惠及群众4万余人。

（陈新永）

法 院

【概况】2021年，全市法院受理案件首次突破10万件，达到105644件，结案100423件，均较2016年翻一番，结案率位居全省法院第5位，连续三年位居全省法院第一方阵。市中级人民法院受理案件7900件，结案7536件。诉源治理、执行长效机制建设、机关党建等工作经验做法在全省、全国宣介推广。省高院、市委主要领导4次批示肯定法院工作。全市法院共有153名个人、37个集体获市级以上表彰，涌现出全国扫黑除恶专项斗争先进工作者赵长坤、全国法院先进个人张蕊等先进典型。7篇案例论文在全国、全省评选中获奖。

【案件审判】依法惩治各类犯罪，审结刑事案件4289件，判处罪犯4051人。常态化开展扫黑除恶斗争，审结涉黑恶案件20件、94人，审结率100%，“黑财”执行到位率97.21%。全省法院北片区扫黑除恶常态化现场会在市中院召开。加大涉众型经济犯罪打击力度，审结案件43件。强化未成年人刑事司法保护，成立5个少年审判庭，实行“三合一”审理模式，审结侵害未成年人犯罪案件83件。扎实开展未收押未收监集中清理专项活动，清理169人。

妥善调处民商纠纷，审结民商事案件60342件，涉案标的额135.3亿元。加强破产审判，强化府院联动，出台破产管理人履职评价办法等4个工作指引，依法审理公司清算、破产等案件。服务“六一战略”实施，制定15条服务保障举措。加强对“亳药”“亳酒”知识产权司法保护，审结知识产权案件1035件，促进世界中医药之都和华夏酒城建设。与市场监督管理局建立知识产权行政与司法保护衔接机制，成立专门调解委员会，经验做法在全省推广。服务长三角绿色农产品生产加工供应基地建设，审结涉土地承包、土地流转、土地经营权抵押权等案件309件。

实质化解行政争议，审结行政案件1048件。综合运用平等协商、司法建议、司法救助等方式，妥善化解涉环保拆迁、土地征收等案件，调撤案件164件。发布行政审判白皮书，发出司法建议8条。建立行政机关负责人出庭通报制度，推动出庭应诉工作纳入市直机关效能考核、县（区）政府绩效考核，行政机关负责人出庭应诉率自2021年6月起达100%。

【案件执行】受理执行案件35803件，结案33624件，结案标的额183.52亿元。严厉打击规避执行、逃避执行、抗拒执行行为，深化执行“110”与执行团队建设，每日开展“凌晨行动”，全年累计出警6000余人次，拘传拘留2428人次、罚款295.24万元。聚焦涉民营企业、涉金融、涉党政机关等重点案件，持续开展“江淮风暴”春夏秋冬四季行动，执行到位拖欠民营企业账款6.64亿元、涉金融案款、涉党政机关案件3.88亿元。加大财产处置力度，举办“6·18”“11·11”网络司法拍卖节，创新网络询价、“云看房”等方式，网拍金额10.965亿元，位居全省法院第一位。创新“一中心一平台”执行公开模式，建成“一站式”执行服务中心和执行节点短信公开平台，让执行当事人“在家看得到进展，上门找得到法官”，经验做法在全省推广。

【司法为民】审结教育医疗、养老育幼、劳动就业、婚姻家庭、社会保障等民生案件16550件。深化家事审判改革，简化人身安全保护令申请流程，组织“天价彩礼”司法调研，受到省委领导批示。召开劳动争议裁审衔接座谈会，推动仲裁审判标准统一，审结劳动争议案件1764件。精准实施司法救助、执行救助，依法为困难当事人发放救助款565万元。常态化开展“我为群众办实事”，扎实开展涉民生案件专项执行行动，执结案件2728件，到位金额1.37亿元。深入开展普法宣传，策划实施“12·4”宪法宣传周、“美好生活·《民法典》相伴”等主题宣传活动，开展“法律六进”260场次，普法受众2.8万人次。

【涉诉信访】健全院长接访下访、领办人民来信等制度，两级法院院长联合接访、带案下访125批、722人次。出台规范涉诉信访办理等工作指引，建立案访比纳入绩效考核等制度，完善签收、告知、办理、反馈工作闭环。开展重复访、信访积案专项治理等活动，化解信访骨头案78件。完善判后答疑工作流程，建立“立审执访”全链条信访风险预防化解机制，从源头减少信访增量。市中院“五抓五到位”信访工作做法受到市委主要领导批示肯定。

【“一站式”建设】坚持和发展新时代“枫桥经验”，委派调解成功案件24408件，调解成功率位居全省法院前列。整合解纷力量，会同金融保险等行业管理部门建立“一站式”调解平台26个，邀请50家调解组织、516名特邀调解员入驻人民法院调解平台。市中院与人民银行亳州市中心支行、亳州银保监分局联合成立亳州市金融纠纷调解委员会，调解金融纠纷5465件，调解金额8.74亿元。谯城区法院“中药材交易中心特色调解室”，受到省委常委、政法委书记肯定。深化诉源治理，推动调解工作进乡村、进社区、进网格。推动诉讼服务向“一站办、一网办”升级，网上立案8392件，电子送达37695次，网上开庭提审1800余次。

【教育整顿】着力筑牢政治忠诚，贯通开展政治教育、党史学习教育、警示教育、英模教育，运用“读书+研讨”“线上+线下”等方式，实现学习教育全覆盖。大力弘扬英模精神，5名干警获评全市政法英模，27名干警获评全市法院先进典型。全力整治顽瘴痼疾，深入开展“七查”，排查整改六大顽瘴痼疾具体问题422个，出台卷宗流转、审限管理等6项制度。市中院获评队伍教育整顿优秀单位。

【重大案件审理】恒盛公司刘某某等特大生猪注水注药案。恒盛公司成立于2004年4月26日，被告人刘某某实际负责恒盛公司生猪屠宰的经营管理。2016年11月16日，恒盛公司聘任被告人母某某直接负责定点生猪屠宰厂经营管理。2016年11月至2018年7月，被告人刘某某、母某某将恒盛公司生猪屠宰线承包给韩某某、郁某某等人，同时刘某某、母某某在生猪屠宰线屠宰生猪，并雇用刘增圣、刘继全、刘继超等人，给待屠宰生猪注射含有肾上腺素和阿托品药水后注水，以提升生猪出肉率和猪肉成色。其间，以恒盛公司名义屠宰销售猪肉2000多万千克，经认定价值3.54亿元。案发后，市中院一审以生产、销售有毒、有害食品罪判处被告单位恒盛公司罚金1000万元，被告人刘治用等人无期徒刑到有期徒刑五年六个月不等刑罚，并处没收个人全部财产或罚金，判决附带民事公益诉讼被告恒盛公司、母汉于、刘继全支付赔偿金1.1亿元。宣判后，恒盛公司提出上诉。二审人民法院裁定驳回上诉，维持原判。

全市首例高空抛物案。2021年6月13日10时许，被告人崔某某在市高新区世纪花园34栋楼顶施工过程中，在未观察清楚地面隐患情况下将其施工的绳子（重约19千克）从33楼抛下，该绳子掉在世纪花园小区34栋

2021年12月15日，省高院党组书记、院长董开军赴涡阳县调研

（陈　璐　摄）

小卖部门前四米处公共区域，险些砸中一名途经儿童。谯城区法院认为，崔正高从建筑物抛掷物品，情节严重，其行为已构成高空抛物罪，遂判处其有期徒刑六个月，缓刑一年，并处罚金人民币2000元。

财产赠予婚外第三者无效案。戴某某与平某系夫妻。平某自2017年8月18日至2021年3月18日先后通过微信、银行卡转账等方式向情人王某某转款217万余元。二人关系被戴某某发现后，戴某某向法院起诉要求确认平某赠与行为无效，并判令王某某向戴某某返还赠与款。涡阳县法院认为，平某与戴某某对婚内财产并未约定分别所有，故在婚姻关系存续期间所得财产，归夫妻共同所有。平某向王某某所转款项属于夫妻共同财产，数额巨大，超出一般日常生活需要范围；平某与王某某既非亲戚，也非朋友，更没有生意上往来，王某某在知晓平某有配偶情况下接受平某转款也非善意；且平某违反夫妻应当互相忠实义务，与王某某长期保持婚外情关系，二人行为违反社会公德与公序良俗。平某向王某某转款行为应属于无效民事法律行为，对于戴某某诉讼请求予以支持。

（李元星）

司法行政

【概况】2019年1月，撤销亳州市法制办公室，与原市司法局重组亳州市司法局(以下简称“市司法局”)，作为市政府工作部门。核定中央政法专项编制32个，设置10个职能科室，1个高新区分局。下设市法律援助中心、亳州公证处2个事业单位，代管事业单位亳州仲裁委秘书处，共16个事业编制。职能定位为“一个统筹、四大职能”：统筹全面依法治市，行政立法、行政执法、刑事执行、公共法律服务。为推动全市经济社会高质量发展提供法治保障。

【全面依法治市】2021年，市委全面依法治市委员会两次召开会议。明确工作重点，印发市委全面依法治市2021年工作要点及任务分工方案，涉及4个方面77项具体任务。向省委依法治省办按时上报法治旬报32期、备案重大法治决定和方案3件。以市委依法治市委员会名义出台《中共亳州市委全面依法治市委员会关于加强综合治理从源头切实解决执行难问题的实施意见》《中共亳州市委全面依法治市委员会关于加强法治乡村建设的实施意见》《关于依法防控新冠肺炎疫情切实保障人民群众生命健康安全工作方案》《关于深入学习贯彻习近平总书记重要讲话精神深化依法防控疫情和依法治理工作的实施意见》等一系列文件。在全市范围内开展全面依法治市理论文章和调研报告征集活动，推荐上报省委依法治省办文章中，《社会矛盾纠纷多元预防调处化解研究》一文获一等奖。举办全市领导干部法治建设能力培训班。

【法治政府建设】2021年，市司法局配合市人大常委会制定《亳州市文明行为促进条例》。牵头回复省司法厅关于地方性法规和政府规章征求意见14件，开展优化营商环境、《中华人民共和国民法典》涉及的行政规范性文件清理工作。公布机构改革涉及的市政府规范性文件清理结果，废止规范性文件6件，修改规范性文件7件。推动党政主要负责人履行推进法治建设第一责任人职责，印发落实责任清单，4个方面77项具体任务，明确每项任务的牵头责任单位和协同责任单位。市政府主要负责人主持召开市推进依法行政工作领导小组会议。印发《亳州市人民政府2021年依法行政重点工作安排》。市政府常务会议传达贯彻全省司法行政工作会议精神并3次听取法治政府建设重点工作完成情况。市委依法治市办出台全面依法治市重点工作“三项清单”和督办制度，组织开展法治政府建设全覆盖式实地督察，开展党政主要负责人履行推进法治建设第一责任人职责及法治政府建设自查。抓好“双随机”抽查，全市共抽查23家律师事务所、4家公证机构、5家司法鉴定机构。随机抽取218卷与优化营商环境相关的案卷，开展涉民生和重点执法领域案件的卷宗进行评查。全面推行行政执法“三项制度”(行政执法公示制度、执法全过程记录制度、重大执法决定法治审核制度)。全面推广证明事项告知承诺制，公布亳州市市直单位证明事项告知承诺制目录，确定市直16家单位、126项政务服务事项、164项证明材料可以采取承诺制。从党政机关、社会团体和企业中聘请80名特邀行政执法监督员。

【重大事项审查】2021年，《亳州市人民政府办公室关于贯彻落实〈安徽省人民政府办公厅关于全面推行行政规范性文件合法性审核机制的实施意见〉的通知》印发，公布制定主体目录清单，明确规范性文件合法性审核的范围、主体、程序、职责和责任，执行重大行政决策程序。共审查市委、市政府规范性文件75件、重大决策事项32件，共107件，提出400余条审查意见。对市级“三项清单”进行审查，其中权责清单8000余项，公共服务清单1200余项，中介服务清单170余项动态调整进行审查。审查关于开展“证照分离”改革全覆盖涉企经营许可事项全面梳理工作。

【行政复议应诉】2021年，市司法局出台《亳州市司法局办理行政复议案件工作制度》，规范复议案件的办理工作。完成2021年度全部案件的录入全国复议工作平台工作。市本级办理行政复议案件216件，办结198件(不含合并审理)，无超期结案情形，其中直接纠错23件，纠错率11.61%，申请人撤回复议申请，终止29件，化解率14.65%。各县(区)办理行政复议案件209件，办结199件，无超期结案情形，其中直接纠错40件，纠错率19.73%，申请人撤回复议申请，终止45件，化解率22.45%。市行政案件开庭461件，负责人出庭270件，出庭率58.57%。其中市中院开庭144件，出庭98件，出庭率68.06%；县(区)法院开庭317件，出庭172件，出庭率54.26%。

【行政执法监督】2021年，市司法局率先在全市司法行政系统开展“行政执法规范年”活动，从程序规范、执行规范、服务规范、监督规范四个方面入手，坚持问题导向，制定“四项清单”，加强监督指导，促进整改提高。全面推动行政执法“三项制度”落地，安排“三项制度”实地督察1次和自查2次。审核行政执法证件6117个，合格5913个，不合格14个，注销190个。从机关、社会团体和企业中聘请80名特邀行政执法监督员，履行监督职责。全市共组织8期、2236名行政执法人员开展通用法律知识教育培训和测试。组织1209人参加全省行政执法资格认证通用法律知识考试，通过722人。

【普法依法治理】2021年，亳州市印发《关于开展全市“七五”普法终期评估验收工作的通知》，细化为5个一类指标、18个二类指标、37个三级指标，开展全市“七五”普法规划实施情况评估验收。全面完成省“七五”普法终期实地检查验收工作。做好宣传结合，各县(区)、各单位结合主要普法节点，通过设立法律咨询台、“法律六进”、徒步普法等活动宣传习近平法治思想和党的十九届四中、五中全会精神50余场次，运用“法治大讲堂”开展专题宣讲20余场次。市司法局、市法宣办结合疫情防控和复工复产，组织人员编制《亳州市疫情防控法律知识50问》《亳州市企业复工法律、法规、政策问题汇编》，提供正确的法律法规宣传导向。开办律师说法专题栏目，解答防控疫情中出现的相关法律问题。通过各类普法微信、微博、网站发布疫情防控普法宣传信息累计800多篇，疫情防控以案释法案例80多篇，累计浏览量80余万人次。动员各单位参与全国普法办疫情防控知识竞答活动。以“深入学习宣传习近平法治思想，大力弘扬宪法精神”为主题，以宪法进企业、宪法进农村、宪法进机关、宪法进校园、宪法进社区、宪法进军营、宪法进网络，重点部署12项主题活动，举办2021年国家宪法日主题活动暨第三届全市中小学生“学宪法讲宪法”诵读比赛网络直播，5万多人次在线观看。组织全市1300多所中小学校，90多万多名中小学生开展多种形式的“晨读宪法”活动。市、县区40多家单位，组织近千名国家工作人员，举办宪法宣誓活动，印制3万份宪法宣传挂图、资料，在机关单位等公众场所进行宣传。组织全市司法行政工作人员，参加全省司法行政系统“学习贯彻习近平新时代中国特色社会主义思想及宪法法律知识”网上考试。组织开展全市领导干部宪法法律知识测试，各县区、市直各单位科级以上领导干部参加测试，参考率近100%。建立法律顾问与“法律明白人”“法律带头人”联系点制度和培训制度。成立《中华人民共和国民法典》宣讲团，开展以案释法宣讲活动。组织参加市委政法委、市法学会、市法宣办主办，亳州广播电视台承办的民法典知识竞赛。

【法律援助】2021年，市司法局与市财政局联合出台《亳州市城乡困难群体法律援助民生工程实施方案》（亳司通〔2021〕10号），明确市、县区法律援助工作目标任务和同级财政配套资金，细化市县区工作台账，出台《亳州市城乡困难群体法律援助民生工程绩效评价指标》。全市各法律援助机构共办理各类法律援助案件8450件，完成全年任务的135.2%，其中办理刑事案件5049件，占全市案件受理总数的59.75%；社会律师承办案件7512件，占案件受理总数的88.9%；诉讼案件占比98.82%；案件结案6929件，结案率82%。全市各法律援助机构共接待咨询8202人次。办理农民工维权案件1272件，为农民工讨薪1946.3万元。开展“法援惠民生　助力农民工”专项维权活动和“法援惠民生　关爱残疾人”活动。全市各法律援助机构共组织各类大型宣传活动13场次，发放各类宣传品14000余份，现场解答咨询360人次，现场受理农民工案件63件，为农民工讨薪143万元。委托第三方对县区2021年法律援助民生工程工作进行绩效考核。

【人民调解和司法所建设】2021年，亳州市坚持和发展新时代“枫桥经验”，继续开展“千村百镇人民调解大讲堂”等主题活动，开展宣讲5244场，受教育群众173万多人次。开展“疫情期间矛盾纠纷集中排查化解专项行动”。推进特色调解组织建设，在全省率先成立“学校安全事故纠纷人民调解委员会”和“老兵调解工作室”，新成立个人调解室1个，个人调解室总计19个。全市各县区均成立人民调解中心，有人民调解委员会1493家、行业性专业性调解委员会67家，调解员总人数14989名，专职调解员1189名。谯城区新增78名专职调解员，专职人民调解员聘用经费106万元，发放人民调解员补贴61万元。共办理人民调解案件55900件（书面卷7031件），调解成功率99%。

在全省率先启动司法所建设提档升级工作，分别建立司法所提档升级三年行动计划对口联系点制度和双月报制度。新任命副科级司法所长9个（利辛县1个，蒙城县4个，谯城区4个），因职务调整减少9名副科级所长，已配备67名副科级所长，配备率76.14%。全市88个乡镇（街道）司法所全部为副科级建制，作为县区司法局派出机构。全市基层司法所共有455人，所均5.17人。蒙城县新增设2个司法所。全市新建司法所2个，改（扩）建司法所3个，省级示范司法所10个，市级示范司法所17个，全国模范司法所3个，全国先进司法所1个，全国模范司法所长4名。

【社区矫正与安置帮教】2021年，亳州市、县（区）、乡（镇）全部设立社区矫正委员会。组织开展《中华人民共和国社区矫正法》学习、宣传。组织人员参加部、厅举办司法行政大讲堂“社区矫正法”专题培训789人，在线学习260人，参与学法竞答383人，市县（区）司法局举办矫正法6场、1073人专题培训。征订《社区矫正法释义》570册，《社区矫正法》3290册，制作《宣传手册》5万余册，在法治公园广场设立展板3组。通过“206”系统依法衔接调查评估1204件。其中，通过206系统评估接收147件，发送110件，已接收19件，已退回7件，法院反馈11件，非监禁接收313件，已发送233件，已接收7件，已反馈7件，已退回62件，法院已接收反馈4件。累计接收社区矫正对象2.33万余人，累计解除社区矫正2.1万余人，再犯罪率低于全国平均值。2021年度新接收1960人，期满解除2412人，在册2235人（管制2人、缓刑2093人、假释97人、暂予监外执行43人），调查评估1465件，居住变更63人，警告50人次，刷证报到率99.8%，手机定位率97.8%。全市从事社区矫正工作司法行政编制人员166人，县（区）司法局通过政府购买服务招聘社区矫正各类辅助人员164人。

开展防范化解重要风险和扫黑除恶专项斗争，排查出涉黑1人、涉恶1人，实施重点对象常态化监管全覆盖。开展集中教育8827人次，落实个别谈话教育2508人次，进行心理辅导882人次，组织社区服务8120人次。社区矫正对象自发向疫区捐款75.79万元、捐物价值56.34万元，涌现出抗疫志愿者128人，医务人员2人。开展生活贫困、就业困难、身体残疾或有严重疾病得不到及时求助等情况的社区矫正对象帮扶，帮助落实低保3人、社会保险25人次、临时性救助3人次、指导就业或就学161人次。开展社区矫正对象日常监管、收监等刑事执行集中检查和清理工作。全市新建改扩建远程视频探视（会见）终端设备30套，全年开展远程帮教申请1815人次，成功会见1069人次。

加强新冠疫情防控期间安置帮教管理，印发《关于落实新冠肺炎疫情防控期间刑满释放人员安置帮教报告制度的通知》《关于做好安置帮教对象衔接登记工作的通知》。全年远程帮教申请1815人次，成功会见1069次。到市看守所、拘留所开展黄丝带帮教“四送活动”（送政策、送法律、送亲情、送岗位）。举办5场“黄丝带帮教行动”服刑人员就业推介会，开展4场专家巡回演讲。全市刑满释放人员衔接2815人，其中重点帮教对象561人，建立协查通报机制，对流动人员落实“双列管”制度，双列管人员174人。重点帮教对象衔接率100%，一般对象衔接率100%。推进依托企业建立的安置基地建设，安置率100%，帮教率100%。

【司法鉴定】2021年，亳州市有5个司法鉴定机构、71名司法鉴定人员，涵盖法医类、物证类鉴定。主要开展司法鉴定行业警示教育整顿活动、司法鉴定行业警示教育活动和血液中乙醇含量司法鉴定飞行检查活动。全年办理司法鉴定案件4277件，采信率100%。

【电商式法律服务“指尖办”“随时办”】组织全市5家法律援助机构、4家公证处、5家司法鉴定机构、40家律师事务所、69家基层法律服务所、122家专业行业性调解委员会进驻“12348”安徽法网，截至2021年底，开通店铺245个，发布产品1131个，开通率100%，产品发布数量和案例库数量居全省前列，实现电商式法律服务“指尖办”“随时办”。印制“12348”安徽法网宣传册5000份，发放全市各级窗口单位和公共法律服务场所，制作“12348”安徽法网宣传短视频，在市委政法委、司法局、普法公众号推送法网宣传，提高群众知晓率和使用率。

（高 坤）

·公证事务·

【概况】2021年，亳州市有1个市级公证处，涡阳、蒙城、利辛3个县公证处。其中，亳州公证处为正科级自收自支事业单位，县级公证处为股级自收自支事业单位。公证处主要职能是办理各类公证事务和相关法律事务，包括民事、金融、房地产、公司（企业）公证法律事务和现场监督、经贸、知识产权公证法律事务以及涉外、港澳台公证法律事务。全市有4个公证处15名公证员，21名公证员助理。

2021年，全市公证机构开展公证卷宗质量评查和行业警示教育活动，推进公证机构体制改革，规范分配制度，内部管理等。全面落实公证领域“放管服”，实行一次告知制，落实公证“最多跑一次”、公证事项材料实行清单列举改革，共办理公证23596件。

【公证卷宗质量评查】2021年11月25日，亳州市司法局组织抽取全市各公证处2名公证员，在蒙城县公证处举行2021年度公证业务公证卷宗检查。抽取30卷集中进行卷宗检查，优秀率100%，就存在的其他公证业务问题现场进行交流反馈。

（高 坤）

·律师事务·

【概况】2021年，亳州市有40家律师事务所，434名专职律师、135名公职律师、7名法援律师、4名兼职律师。共办理案件19846件。全面推行政府法律顾问和村居法律顾问制度，有政府法律顾问200余家，村居法律顾问1300多家。创新“律师超市”在全市推行，共200余名律师参与律师超市服务，接受法律咨询近万次，办理法律援助案件4000余件。律师预约会见服务平台累计接受预约1704件，成功会见722件。组织律师参与信访和陪同市领导“一对一”接访。组织律师参与防疫抗疫，促进企业复工复产，开展法治体检活动，对涉黑案件律师代理实行备案制。

【政府法律顾问和村居法律顾问制度建设】2021年，亳州市全面推行政府法律顾问和村居法律顾问制度，有政府法律顾问210家，村居法律顾问1300余家。亳州市律师担任政府法律顾问78家，事业单位法律顾问33家。自2017年始，亳州市下发《律师担任党政机关法律顾问工作考核办法》，要求各律师事务所应当建立律师担任党政机关法律顾问工作考核制度，每年对担任党政机关法律顾问的律师履行职责的情况进行考核评议，出具考核意见，并把结果纳入对律师年度考核的重要内容。组织各地律师、基层法律服务工作者、公证员、人民调解员等法律服务资源与所辖村居签订法律顾问合同，约定法律顾问深入村居履行职责任务次数、质量和所承担的法律咨询、宣传、矛盾调解等义务，所需顾问费由同级政府财政解决。一村居一法律顾问制度的建立，全面打通法律惠民的“最后一公里”。

【“律师超市”服务】2021 年，亳州市司法局在全市推广涡阳县司法局“律师超市”经验做法，各地把律师照片、手机、擅长业务领域等信息在接访大厅部署展板，方便群众咨询。涡阳县司法局在原有的基础上将“律师超市”开成了连锁店，已设立“律师超市”连锁店 4 家，设立“法律顾问超市”24 家和“人民调解员超市”24 家。在律师参与信访的基础上，打造便捷高效的公共法律服务平台，全市共 200 余名律师参与律师超市服务，接受法律咨询近万次，办理法律援助案件 4000 余件，调解案件近百件。

【律师预约会见服务平台建设】2021 年，市司法局投资 29 万元建成律师预约会见服务平台系统。亳州律师登录手机 App 预约会见，节约了律师排队等候时间，减轻看守所工作人员工作量，提高工作效率。自 8 月份投入应用以来，累计接受预约 1692 件，成功会见 722 件。

（高　坤）

·仲　裁·

【概况】2001 年 5 月 22 日，成立亳州仲裁委员会。具体办理仲裁案件受理、仲裁文书送达、档案管理等经常性事务，收取和管理仲裁费用，办理仲裁委员会交办的其他事项，以保证公正、及时地仲裁经济纠纷，保护当事人的合法权益，促进社会主义市场经济健康发展。2001 年 8 月 29 日，成立亳州市仲裁委员会秘书处，是亳州仲裁委员会的办事机构，副处级建制，公益一类事业单位。

2021 年，亳州仲裁委员会共受理仲裁案件 404 件，争议标的 117973 万元，上缴市财政仲裁费 793.28 万元，共审结仲裁案件 375 件（含 2020 年案件）。受理案件数、争议标的额、上缴仲裁费三项指标均创亳州仲裁委员会历史新高。

【第二届亳州仲裁委员会换届工作会议】2021 年 6 月 2 日，经省政府同意，第二届亳州仲裁委员会换届工作会议召开，产生新一届领导班子：应国君任主任，孙光华、张培阳任副主任，委员 9 人。会议通过修订的《亳州仲裁委员会仲裁暂行规则》《亳州仲裁委员会仲裁员办案报酬给付暂行规定》，确认公开选聘 189 名仲裁员资格，为今后一段时期仲裁的发展奠定了制度基础和人才保障。

【典型仲裁案例】2021 年，亳州仲裁委员会办理某上市公司委托贷款仲裁案、涉某房地产公司集体仲裁案件等典型案件。其中，某上市公司委托贷款案件争议标的 9 亿余元，上缴市财政仲裁费 350 万元，案件从受理到审理结案不到三个月，案件的及时审结，为防止国有资产流失提供了坚强的仲裁法治保障。涉某房地产公司集体仲裁案件涉及购房户 260 余户，多次到市有关部门上访，该案件的顺利审结，有效化解了社会矛盾，维护了社会稳定。

（高　坤）

军　事

2021年6月27日，亳州武警支队举办“忠诚献给党，同心共筑梦”主题文艺演出　　（孙云鹏　供图）

驻 军

【概况】 2021年，亳州军分区（以下简称军分区）各级在习近平强军思想引领下，在省军区党委和市委、市政府坚强领导下，衷心拥护“两个确立”、忠诚践行“两个维护”，全面贯彻落实军委国防动员部、东部战区、省军区党委（扩大）会议精神和市委要求，践行“争上游、站排头、立潮头”目标理念，积极适应新形势新变化新要求，狠抓各项工作落实，部队全面建设迈上新台阶、实现新发展。

【军分区党委三届八次全体（扩大）会议】 1月22日，军分区召开党委三届八次全体（扩大）会议，传达军委、军委国防动员部、东部战区和省军区党委全体（扩大）会议精神，总结年度工作，部署新年度任务。会议指出，一年来，军分区党委坚定以习近平强军思想为指引，团结带领官兵和广大民兵预备役人员，坚持举旗铸魂、聚焦备战主业、从严正风肃纪，大力弘扬党管武装优良传统，各项工作取得新成绩、新进步。市委书记、军分区党委第一书记汪一光参加会议并讲话。

【市委议军会议】 8月27日，市委议军会议在市国防动员基地召开。会议深入学习军委主席习近平关于国防和军队建设重要论述，传达学习亳州军分区党委第一书记任职大会精神，总结一年来全市党管武装工作和国防动员准备情况，部署当前阶段重点工作，认真研究解决办法。各县区委进行了党管武装工作述职。会议进一步统一思想，切实增强忠实践行习主席强军思想的自觉性。会议要求坚持以强军目标为指引，以解决问题为导向，以压实责任为抓手，坚决落实党委统一领导、政府组织实施、军分区牵头推进、国动委和武委会各成员单位具体落实的责任体系。要健全工作协调机制，对涉军的工作优先研究、部队的困难优先解决，真正为部队建设解难题、办实事，为新阶段现代化美好亳州建设做出更大贡献。市委书记、军分区党委第一书记杜延安主持会议。会后，与会人员参加了党政领导军事日活动。

【双拥共建】 2021年，军分区坚持把做好双拥工作作为巩固军政军民关系的重要抓手，不断强化和培养官兵拥政爱民意识，确保拥政爱民工作落到实处。充分发挥桥梁纽带作用，积极开展好双拥、国防征兵宣传教育、乡村振兴和解难帮困等活动，协调地方做好退役官兵和随军家属安置、军人子女入学、优待优抚等工作，在“全省双拥模范城”评选中，军地密切协作，量化考评军队系统实现“只加分不减分”目标，交出满意答卷。积极参与文明创建和环境整治，累计建成“八一林”80余亩，建设绿色走廊、屏障10余（条）块。先后出动官兵200余人次，组织基干民兵2000余人次参与环境整治和秸秆禁烧活动，赢得了人民群众的一致好评。

【学生军训】 2021年，军分区战备建设处联合市教育局出台《关于做好2021年全市学生军事训练工作的通知》（教基函〔2021〕12号），各级教育行政部门、学校和帮训部队均成立了学生军训工作领导小组，明确责任分工，学校书记、校长为第一责任人，

2021年7月31日，亳州市新华书店与亳州市军分区共同开展庆“八一”图书进军营活动
（孙云鹏 供图）

军训管理、安全、医疗和后勤保障指定专人负责；按照《部队承担学生军训人员管理办法（试行）》要求，选齐配强承训人员，严格落实属地管理、分级负责和疫情防控要求，采取线上线下方式、室内室外组织、分时错峰活动等方法，圆满完成年度学生军训工作，全市共计7所大、中（专）学校，11790名学生参加军训。

【市国防教育公交专线】8月1日，亳州市国防教育宣传再添新绿，国防教育公交专线——81路“战友车队”正式开通。81路公交专线共有车辆14台，经过站点40多个，驾驶员21名，全部为退役军人，每个人都经过国防教育宣传培训，保证“驾驶员就是宣传员”的硬性要求。车辆利用车身，公交车扶手、车厢内部装饰等，以图片或者文字的形式，将国防教育内容赋之于上，方便乘客阅读；在公交车上分发国防教育宣传页，方便乘客利用碎片化时间，汲取国防教育知识；将81路公交车首末站以及高铁、火车站等人流量大的部分公交站台融入国防教育内容，改造成为“国防教育驿站”，与公交车首尾呼应，为弘扬亳州市爱国拥军优良传统，激发退役军人先进性和示范性，营造军民鱼水一家亲的浓厚氛围发挥了积极作用。

（市军分区）

2021年9月10日，亳州武警支队官兵公祭日向烈士纪念碑敬献花篮

（孙云鹏 供图）

武警部队

【概况】中国人民武装警察部队亳州支队（以下简称“武警亳州支队”）于2000年成立。主要职能是承担亳州市、涡阳县、蒙城县、利辛县4个看守所的外围武装警戒任务和驻地处突、抢险救援等临时任务。2021年，武警亳州支队下辖1个教导队、6个中队。

2021年，武警亳州支队深入贯彻习近平新时代中国特色社会主义思想和习近平强军思想，紧紧围绕建党百年大庆这条主线，全面落实上级党委决策部署，锚定争创“四铁”先进支队奋斗目标，团结奋进、狠抓落实，中心任务完成圆满，部队内部安全稳定，发展底蕴不断厚实，全面建设不断进步。

【政治建设】2021年，武警亳州支队严密组织“牢记训词、迎接大庆、忠诚担当”开年教育，落实理论“三学”要求，坚持每周党委中心组带机关理论学习，及时跟进学习习近平主席“七一”重要讲话和党的十九届六中全会精神，强化官兵政治自觉。运用“看读听讲做”五步法，抓好党史学习教育，举办强军故事会、党史故事分享会、党史知识竞赛、庆祝建党百年文艺演出，组建“红肩章”宣讲小分队到基层巡回宣讲，拍摄党史情景剧，组织“七一”主题党日等活动，坚定官兵感党恩、听党话、跟党走的信念。用好军职在线App、人民武警公众号等网络媒介，拓宽党史学习渠道。广泛开展向卫国戍边英雄和新疆总队反恐尖刀中队学习活动，激发官兵爱国热情和战斗精神。

【中心任务】2021年，武警亳州支队严密组织各类勤务，圆满完成节假日城市联勤武装巡逻勤务等任务，多次被武警部队、总队通报表扬。按照“抓首长带部属、抓机关促基层、抓干部带战士”要求，分层抓好各类人员军事训练。单兵专业训练阶段，针对新老兵接受能力，采取混编分训。执勤分队重点抓好专勤专训，突出一点一策、一哨一策和一情一策训练，广泛开展执勤技能大练兵，着力提高执勤本领。深入抓好执勤隐患排查治理，抓好AB门和执勤设施达标建设，推进亳州、涡阳、蒙城看守所监门哨改造升级、周界硬化等建设，完成亳州中队岗楼改建，实现执勤硬隐患清零。加大军事训练力度，全年组织各类集训、驻训、培训19批次，促进军事训练提质换档，在总队参谋业务比武、新任指挥员比武、教练员比武以及新兵训练考核中均取得优异成绩。

【基层建设】2021年，武警亳州支队固化“党委控面、常委包队、股室挂钩”机制，党委、机关先后9批次到一线搞调研、抓帮建。坚持抓两头带中间，支队所属基层中队整体进步明显，两个中队被总队表彰为“四铁”先进中队。抓好总队“两规范一清单”贯彻落实，强化各级按照法规抓建设自建素养。全支队范围内统一遴选、精准配送骨干力量，有效带动骨干队伍能力素质整体提升。坚持评功评奖向战斗力和基层倾斜，全年三等功指标全部用于表彰基层中队官兵。支队在总队二、三季度建设考评中，被评定为“好”层面。年底，被总队评为“装备管理‘三化’达标先进单位”。

【安全工作】2021年，武警亳州支队以“迎大庆、担使命、固阵地、保稳定”和“暑期百日安全竞赛”等为载体，抓好酒驾醉驾、网赌网贷、车辆枪弹等专项整治，及时治理安防设施隐患。安排数名有问题新兵提前退役，绷紧管理“高压线”。扎实开展资产大清查、伙食管理大整治、采购管理监督检查、经济责任自查和公用被装大清查等专项整治活动，总队经济责任自查自纠通报问题全部完成整改。支队分别被武警部队和总队表彰为安全工作“六无”先进单位。

（孙云鹏）

2021年3月19日，武警亳州支队特战队员在野外陌生地域训练

（张延林　摄）

人民防空

【概　况】2001年7月10日，亳州市人民防空办公室成立。系市国防动员委员会常设办事机构，是主管人民防空工作的市人民政府工作部门。2009年2月，市人民防空办公室、市地震局进行机构整合，在市人民防空办公室加挂市地震局牌子，负责全市防震减灾行政管理工作，地震监测站整建制划入市人民防空办公室管理。2019年机构改革，市人民防空办公室（市地震局）机构编制进行调整，设综合科（政策法规科）、工程管理和行政审批科（震害防御科）两个内设机构，震灾应急救援相关职责和市抗震救灾指挥部职责划入市应急管理局。

2021年，亳州市人民防空办公室（以下简称市人防办）“进千户、访千企”大走访大调研暨新建和老旧小区人防车位标识工作在全省排名前三位，在全省人防指挥通信考核中多次名列前茅，获全省首届人防（民防）志愿者应急通信对抗赛获第三名。

【规划计划】2021年，市人防办印发《亳州市“十四五”人民防空发展建设规划》《亳州市人防办2021年法规宣教工作要点》，修编人民防空方案；制订并组织实施亳州市人民防空训练计划和皖北片轮转训练计划、“皖盾亳州——2021B人民防空综合演练”

计划；指导县（区）开展规划编制，蒙城县、涡阳县、利辛县完成人防警报建设规划编制。

【作风建设】2021 年，市人防办结合“进企入户”调研暨人防工程安全生产检查等项活动，开展“阳光人防”建设检查 5 次；9 月 18 日、11 月 28 日分两次赴县区开展人防行政审批办件检查，对县区 85 个项目抽查 27 个项目，比例达 32%。党组于 4 月 8 日和 4 月 27 日两次研究廉政防控制度等执行情况，落实每半年对县级人防重点建设项目进行督导、调度，全年开展 5 次调研督导。3 月 3 日举办全市人防系统廉政风险防控培训班，会上对市本级及各县（区）开展廉政风险自查进行部署安排，各县（区）按时进行自查并报送“廉政风险与防控措施清单”，市本级研究制定岗位廉政风险点与防控措施清单。

【重点项目建设】2021 年，市人防办完成省级调度年度工作目标任务。蒙城县人武部新营区和国防动员训练基地项目（蒙城县人防基本指挥所）地库筏板钢筋绑扎完成 1/2，综合楼、宿舍楼独立柱承台已浇筑完成；蒙城县供电公司电力调度及应急指挥中心（人防专业队工程）完成人防门框安装，人防主体施工完成，主体结构 5 层封顶；利辛县五小游园人防单建项目，完成基槽验收，3 个省级调度项目已超前完成本年度进度计划。

【指挥通信建设】2021 年，亳州市所有县（区）建有地面指挥中心，完成人防机动指挥所市县（区）全覆盖，“三所”管理制度规范健全；制定并落实年度人防训演练计划，每周市县指挥中心进行互联互通；制定《亳州市人民防空办公室应急行动通信保障方案》，应急物资齐全，管理规范，设备台账记录完整；2021 年全市新增设防空警报器 60 余台，超额完成年度警报器建设任务，获评全省警报器建设先进单位。

【训练演练】2021 年，市人防办落实省人防办人防训练指示，制订并组织实施亳州市人民防空训练计划和皖北片轮转训练计划、“皖盾亳州－2021B 人民防空综合演练”计划；严格落实训练管理“四项制度”，开展党组季度议训，制定年度训练指示并按要求上报；参加省人防办每周通信训练和“双月”通信考核，建立健全训练登记和考核登记，落实训练保障，及时上报月训练表和半年、年度训练登记表；组织第二代人防机动指挥平台培训，通过集中培训，市县合练提高全市人防指挥通信整体水平；组织人民防空指挥部、人民防空机关、人民防空指挥信息保障中心、群众防空组织按纲施训，实战实训；组织皖北片人民防空轮转训练，完成分训、合训和“皖盾亳州－2021B”人民防空综合演练，做到训练计划、时间、人员、内容、效果落实；积极组织“5・12”防灾减灾应急演练，市县同步开展应急演练；开展“9・18”防空警报试鸣演练，指导县区开展防空疏散演练；组织亳州学院等市属、县区属部分学校开展防空防震疏散演练；举行人防疏散基地接收安置演练和消防应急暨野外综合训练。

【人防工程建设与管理】2021 年，市人防办深入贯彻国家、省、市关于深化“放管服”改革，创优营商环境工作部署，强力推进工程建设项目审批制度改革，统筹做好事项精简、流程重塑、服务优化、监管提效等各项工作，将

2021 年 9 月 17 日，请抗美援朝退役老兵参观亳州市国防教育基地

（张延林　摄）

人防审批事项纳入工程建设项目审批管理系统全程网办，做到7×24小时不打烊随时申请办，逐步实现申请材料“零纸质”、办理过程“零跑腿”、企业办事“零见面”，全程网上审批，网上核发电子证照，为企业和群众提供流程最优、时限最短、成本最低、服务最好审批服务，市场主体满意度调查好评多次在全市审批系统领先。严格落实人防工程建设任务，贯彻执行人防易地建设费征收政策；严格落实人防工程质量监督制度，市县两级均实现委托工程质量监督机构具体实施质量监督，强化事中事后监管，实现审批监管无缝衔接；积极推进引入长三角防护设备试点企业入驻，规范防护设备市场环境；完成全市人防车位标识工作，超前完成人防标识工作任务；持续加大人防工程维护管理，落实人防工程平时使用证制度和人防专用设备专业维护保养制度，最大化开展人防工程维护管理监督检查工作；积极开展“安全生产月”“安全生产江淮行”“安全生产专项整治三年行动”等多项活动，保障人防工程使用安全和人防系统稳定健康发展。

【科普宣教】2021年，市人防办开展人防宣传活动，全年向安徽人防网站、市政府信息公开网投稿近百篇，被省级公开媒体、省人防网站采用10多篇；开展“5·12”和“9·18”“12·4”等重点时段的宣传教育活动，不定期开展人防知识讲座10多次，市人防办负责人张韶光4次应邀前往市委党校主题班、县区开展人防科普知识讲座；指导亳州学院附属学校等学校开讲人防知识课程，结合主题党日活动等赴涡阳花沟小学、亳州学院、市八中进行人防知识宣传教育，指导开展人防应急疏散演练；结合“走千户、访千企”“我为群众办实事”活动，市人防办赴市直和三县一区人防从业企业开展调研，向企业宣传人防法规政策及防空防灾知识；联合亳州晚报社开展“9·18”人防知识有奖问答，联合亳州电视台、亳州木兰之声等网络平台开展人防知识科普、信息等宣传；在南湖家园社区建立社区防空防灾知识资料、图书柜。

【专业队伍建设】2021年，市人防办制定并印发《亳州市人民防空办公室关于做好2021年度群众防空组织整组工作的通知》；组织专业队伍按纲施训，进行合训，参加“皖盾亳州—2021B人民防空综合演练”；为防化专业队配备防核生化特殊装备器材；组建人民防空专业队伍，建成医疗救护等11类专业队124支计3423人，人防综合应急专业救援队伍231人，人防志愿者队伍1078人，超前完成“十四五”规划建设任务。

（陆　军）

经济管理

鸟瞰涡阳新区　　　　（刘勤利　摄）

发 展

【概况】2000年，亳州市发展计划委员会成立。2006年，更名为亳州市发展和改革委员会。2015年，亳州市物价局并入亳州市发展和改革委员会，更名为亳州市发展和改革委员会（亳州市物价局）。2019年，加挂亳州市粮食和物资储备局牌子。主要任务是坚持和加强党对发展改革、粮食和物资储备工作的集中统一领导。

2021年，亳州市地区生产总值1972.7亿元，增长8.6%；三次产业结构调整为13.8∶34.5∶51.7；固定资产投资增长1%；规模工业增加值增长7.5%；外贸进出口总额6.5亿美元；城镇常住居民人均可支配收入37319元，增长9.3%；农村常住居民人均可支配收入16769元，增长9.7%；居民消费价格上涨0.5%，低于全省平均水平0.4个百分点，市场物价保持基本稳定。

【项目建设】2021年，992个市重点项目投资完成率101%，超额完成年度目标任务。623个省重点项目投资完成率120.3%、居全省第四位；242个计划新开工项目开工223个，开工率92.1%、居全省第四位；竣工项目118个，竣工率126.9%、超额完成全年目标。涡阳县和风风电场、蒙城县江淮安驰瑞风中高端MPV产品引进技术改造、利辛县君翰纺织年产1200万件针织服装、谯城区万辉中药配方颗粒和中成药生产、亳州高新区宝龙药业化药制剂及中药制剂生产线一期、亳芜现代产业园区臻芯科技LED封装等亿元以上工业项目建成投产或主体完工，涡阳县金沙河面业粮食加工及包装饮用水生产、蒙城县住方智能化门窗生产、利辛县传旗重科装备制造产业园、亳州高新区古井集团酿酒生产智能化技改、亳芜现代产业园区韵达亳州现代产业园等10亿元以上工业项目加快建设。

政府投资项目管理持续加强。加快推进公共基础设施、社会事业、资源节约和生态环境保护、保障性住房等领域41个市本级政府投资重点项目，完成投资56.9亿元、投资完成率100%。围绕项目“报得出、评得上、发得成”，谋划申报一批“政府主导、早晚要干”的基础设施和公共服务领域政府专项债券项目，成功发行专项债券项目50个，金额111.3亿元。

【信用体系建设】2021年，全市信用体系建设体制机制不断完善，陆续出台《亳州市建筑市场信用管理办法》《亳州市医疗保障信用管理暂行办法》等制度文件，信用体系建设覆盖面日益扩展。加大信用信息归集力度，成功归集水、电、气、社保、纳税等特定领域信用信息，全年累计向省信用平台推送信用信息数据4971万条，其中信用目录数据4860万条、“双公示”数据111万条。借助“互联网+”和大数据技术，深入推广药都农商行“金农易贷”等“信易贷”产品应用，创新推出“金农企e贷”和“信用修复贷”，发挥征信赋能作用，引导信用变“现”。“金农易贷”累计完成授信27.58万户、累放金额1795.8亿元，“金农企”e贷完成授信12808户、授信总金额70.68亿元，“信用修复贷”累计发放1.796亿元。党建引领信用村建设持续推进，全市16家金融机构共发布“党建引领信E贷”产品29个，蒙城县累计向1.44万户农户发放信用贷款13.57亿元，累计向2508户新型农业经营主体发放信用贷款4.72亿元。开展企业行政处罚失信信息信用修复专项行动，全市在“信用中国”网站公示的10255条企业行政处罚失信信息和在“信用安徽”网站公示的1039条企业行政处罚失信信息已全部完成信用修复，修复率达100%。坚持全方位、多维度信用宣传理念，针对身边“好人”和道德模范，从旅游、公共交通、医疗住房、劳动就业、子女就学等方面给予礼遇政策。利用“6·14”信用记录关爱日，陆续开展“信用宣传进企业”“诚信教育进校园”“信用宣传进社区”等一系列宣传活动，活动期间，累计发放信用宣传单4万余份，签订信用承诺书企业达39.3万家（含个体工商户），举办信用修复培训12余场，群众守信意识进一步增强。

【服务业发展】服务业增加值稳步增长。连续4个季度召开服务业发展联席会议，对受疫情影响较大的批发零售、住宿餐饮和其他营利性服务业等指标加以重点调度。2021年，全市服务业增加值总体呈现低开高走、稳中向好发展态势，服务业增加值增速由负转正。加大服务业集聚区培育力度，推动服务业集中集聚发展。结合亳州市服务业企业小而散的特点，发挥集聚优势，积极组织符合条件企业申报省级服务业集聚区，全年获批省级服务业集聚区2家（涡阳县电子商务集聚区和蒙城县新发地农产品物流批发新型专业市场集聚区）。组织符合条件企业申报国家和省级服务业领域政策资金，中国物流亳州综合物流园、亳州市北关历史街区旅游休闲集聚示范区各获批省级服务业发展引导资金300万元，安徽占元面粉有限公司、蒙城县金冠面粉有限责任公司等4家企业累计获批国家粮食进口关税配额8072吨。发挥市级资金引领示范作用，兑现新增规上和省重点企业奖励资金。加大对新增规上和省重点服务业企业奖励力度，全年新增规上服务业企业27家、奖励资金270万元，新增省重点服务业企业44家、奖励资金220万元。

【新能源产业发展】落实能源消费总量和强度“双控”制度，推进工业、交通、建筑、商贸流通、农业农村和公共机构节能，加强重点用能单位能耗管理。统筹推进太阳能、风能、生物质能等新能源产业发展。全市累计并网新能源产业发电装机237.9万千瓦，其中，光伏发电133.6万千瓦，秸秆焚烧发电12万千瓦，生活垃圾焚烧发电6.7万千瓦，沼气发电0.4万千瓦，风力发电85.2万千瓦。在建新能源项目装机17.98万千瓦，年度新增获批风电竞争配置项目8个，总装机规模60.3万千瓦。协调推进能源重大项目建设，亳州洁能电力生活垃圾发电二期、涡阳生活垃圾发电项目建成并网，新增并网风电项目6个，皖能集团利辛农林生物质加快建设。编制《亳州市“十四五”能源发展规划》《亳州市“十四五”循环经济发展规划》。

【保供稳价】2021年，根据法律法规、收费政策、权力清单变化和国家、省出台涉企收费政策及减费降负文件规定，依据每年省清单领导小组动态调整《安徽省省级涉企收费清单》，结合亳州市实际情况，对《亳州市市级涉企收费清单》动态调整，并对外公布。亳州市2021年累计落实33项收费减免政策，减轻企业负担约1.45亿元。落实“清单外无收费”政策，会同市有关部门，动态调整亳州市涉企收费清单。完善目录清单动态调整机制、及时更新目录清单内容，做到收费公示透明、管理依法规范。

全市居民消费价格总水平保持低位平稳运行态势，2021年亳州市居民消费价格上涨0.5%，低于全省平均水平0.4个百分点。在全市3个主要农贸市场和8个大型商超，对米、面、油、肉、蛋、菜、奶等70余种主要生活必需品，布置开展节日应急监测，密切跟踪市场供应和价格变化。组织开展“两节”市场巡查和监督检查。从全市市场巡查情况看，主要生活必需品供应充足，价格总体平稳。对日常监测、节日市场、重要时段价格变动等市场情况进行动态分析，并对热点问题相继开展“菜篮子”商品价格及市场供应、化肥、小麦等价格市场情况调查。2021年，市发改委编写价格监测分析等材料90余篇，撰写专题调查报告5篇。发布“价比三家”49

2021年3月24日，亳州市谯城区第一季度重大项目集中开工

（张延林　摄）

期98篇，12期月度分析报告，4期季度分析报告。

【特色小镇建设】谯城区十河芍花养生小镇。2018年12月，编制完成《十河芍花养生小镇概念规划与城市设计》。小镇以文化旅游、中药养生保健等为主导产业，润耕天下、世外桃源、七彩花都等7个项目完成投资13.22亿元，已建成运营；小镇会客厅、小镇风情街改造、民俗村改造等5个项目完成投资0.42亿元，正在有序推进。十河芍花养生小镇已和亳州洁美物业管理有限公司签订运营合同，并开始运营。小镇风情街改造已完成，正在经营的有18栋，其他店铺招商中。润耕焦丸子、伊丽果园芍花醋、芍花苹果醋饮料3个特色产品已进入市场销售。2021年，小镇先后举办全国五禽戏（气功）争霸赛、中国亳州芍花文化旅游节等大型活动。

谯城区古井白酒小镇。2017年6月，编制完成《古井白酒小镇概念规划与城市设计》。小镇已形成以古井集团为龙头的白酒产业集群，辖区内共有白酒企业107家，拥有古井贡、古井、店小二、金坛子4个中国驰名商标，难得糊涂、皇驾、闯王、天蕴皖等18个安徽省著名商标。小洪河生态绿化整治、中国白酒博物馆扩建和厂区技改、酒神路道路延伸等基础设施项目及酒都酒业等8个产业项目累计完成投资16亿元，均已建成运营；小镇客厅等3个项目已经完成主体工程，正在有序推进；古井集团投资的智能产业园项目，已累计征地2600亩，项目工程正在建设。2021年新引进招商引资项目14家，预计2022年可以相继开工。2021年安徽省第二批特色小镇网络影响力年度排行榜居25个小镇第3位。2018年至今，小镇每年春季举办桃花春曲节，秋季举办古井秋酿大典等。

涡阳县义门中药养生小镇。2020年7月，编制完成《涡阳县义门中药养生小镇概念性总体规划》。小镇以中药加工、苔干加工为特色，相应发展物流、电商等新兴产业，着力打造现代中药种植、研发及康养文化旅游基地。滨河景观带整治、义门码头、市政道路管网、景区改造提升等工程基本完成；小镇客厅、核心景区景点、涡河大桥等工程建设有序推进；安置小区、冷链物流仓储中心等项目开展前期工作。义门镇先后获评省第二批千年古镇地名文化遗产、省优秀旅游乡镇、省级电子商务示范镇等称号。2020年3月，义门古镇景区正式列入AAAA景区创建名单。2021年3月，义门镇荣获安徽省首批特色旅游名镇称号。

蒙城县立仓农旅小镇。立仓农旅小镇自2019年初建设以来，已初步建设完成基础设施板块、农旅板块、美食与民宿板块，并成功申报AAA级景区。后经非农化、非粮化整改后，园区建设有果蔬产业园（主要种植有梨树、酸梅李、洋葱等）、百荷园、水产养殖基地、苗木繁育基地（紫薇、巨紫荆等）、现代设施农业大棚（主要用于育苗和花卉种植）、旅游休闲配套设施（梦蝶小院、梦蝶宾馆、小镇客厅等）。全年举办市级以上活动15次，其中影响力较大的有安徽省研学教育论坛、农民丰收节、那年乡下知青文化艺术展、龙虾节等活动。

亳州高新区中药电商小镇。亳州中药材商品交易中心于2021年相继完成第三方电商交易平台（神农采）、全国首创中药材仓储式大卖场（神农仓）、神农谷中药材交易园区、中药材标本馆、质检中心、大学生创业示范基地、网红直播基地、花茶云仓建设，并获评国家级工贸易产业园。2021年电商平台累计注册用户14227个，累计线上交易额突破15.22亿元。2021年小镇举办开展十余场活动，包括2021年药博会花茶展、建党百年主题活动、第二届神农仓万货节、第一届网红直播带货狂欢节等。

【“三重一创”】2021年，全市纳入省统计战略性新兴产业企业154家，实现产值同比增长8.6%，战略性新兴产业产值占规上工业比重为25.7%。积极组织、指导各县区、亳州高新区、亳芜园区企业申报省“三重一创”等政策支持事项，兑付2020年度省“三重一创”、现代医疗和医药以及2021年省制造业项目贷款贴息等政策支持资金1099.38万元。其中，市级配套资金549.69万元。完成亳州市东方帝维公司动物疫病新型疫苗创制重大新兴产业工程和九州方圆新冠肺炎疫情专项验收工作。东方帝维省重大工程2017—2019年度评估优秀。翰联色纺申报获批国家级企业技术中心。

【长三角一体化发展】2021年，亳州市围绕长三角一体化发展战略，注重措施落实，强化对接合作，全市长三角一体发展工作取得成效。

建设皖北承接产业转移集聚区和五个“区块链接”。一是推进“皖北承接产业转移集聚区”建设。亳州市统筹开展开发区与主城区基础设施一体化布局，推进主城区和开发区公共服务设施建设。亳州高新区坚持产业支撑与公共事业同步发展，已打造成为现代产城一体新区。全市6个省级开发区均已实现“标准地”方式出让产业用地，共出让17宗，约1358亩。全市开发区已实现产业基金全覆盖，亳州市已安排2021年省级承接产业转移建设资金1.2亿元。2021年，新签约来自沪苏浙投资亿元以上工业项目61个，协议总投资约322亿元，其中落地项目39个，协议总投资121亿元。二是推进省际产业合作园区建设。主动开展园区合作，全市开发区与沪苏浙相关园区签订合作协议21个。亳州芜湖现代产业园区作为全省首批省际产业合作园区之一，印发亳州芜湖现代产业园区《实施长江三角洲区域一体化发展专项行动推进方案》《推进省际产业合作园区建设工作方案》《关于开展产业链招商、推进产业集群建设的实施意见》《关于扶持五金机电产业园发展的实施意见》等文件，推动省际产业合作园区建设。亳州芜湖现代产业园区分别与浙江省国家级富阳经济技术开发区及浙江头门港经济开发区签订战略合作协议，并安排2人分赴2个开发区挂职，开展驻点招商。与浙江头门港经济开发区合力打造的亳芜五金机电产业园项目，主体工程基本完工，已有40家企业签订入驻协议。2021年，亳芜现代产业园区新签约来自沪苏浙项目7个，协议总投资约47亿元。三是与沪苏浙相关市（区）开展结对共建。亳州市政府分别与上海奉贤区、江苏连云港市、浙江衢州市政府签订战略合作协议。2021年，亳州市领导多次带队赴三地进行对接交流，协调推动合作事项取得实效。市人力资源和社会保障局、教育局、医保局、数据资源局、卫健委等单位与沪苏浙有关单位共签订合作协议110项。四是谯城区与沪苏浙相关市城区对口合作。谯城区政府已与浙江温州市龙湾区政府签订战略合作框架协议，双方围绕合作项目、城市管理、人才交流等事项积极推动合作进展。亳州市第十八中学与浙江省温州市龙湾中学已签订合作协议，推动第十八中学教学管理等上水平。

协同创新深度融合。2021年，亳州市已建成亳州市网上技术大市场，并组织参加2021中国（安徽）科技创新成果转化交易会。亳州高新科创医药产业技术研究院与中国药科大学签订产学研合作协议，亳州芜湖现代产业园区与上海大学签订战略合作协议。亳州国家农业科技园区通过验收，涡阳县省级农业科技园区获批组建；已推荐3家载体申报省级科技企业孵化器、3家载体申报省级众创空间；新认定（备案）2家市级众创空间、1家科技企业孵化器；新组建7家市级工程技术研究中心、2家市级重点实验室、4家市级临床医学研究中心。

推进新型城镇化。截至年底，全市农业转移人口落户城镇12万人。亳州市全年已完成老

2021年12月25日，市委经济工作会议暨全市推进五大发展2021年第四次督查调度会议在蒙城县召开 （张延林 摄）

旧小区改造47个，完成改造建设面积69.78万平方米，完成改造户数6627户；2021年，亳州市基本建成棚户区改造项目12个、12449套。亳州市17家省级绿色农产品生产加工供应基地已有7家通过省级认定，另外10家正在开展示范创建；全市17家基地完成投资约5.66亿元，其中来自沪苏浙投资7890万元。全市销往沪苏浙地区农产品实现销售额170.4亿元。2021年，全市建设农村公路约368千米；“快递进村”覆盖率达到96.9%；已完成4.8万户改厕任务；正在建设乡村智慧学校323所；已完成598个村卫生室标准化建设，村卫生室建设达标率超过40%目标；2021年14家县级特困人员供养服务设施已完成升级改造。

提升互联互通水平。亳州至蒙城至蚌埠城际铁路已列入《长三角一体化发展规划“十四五”实施方案》，正在开展线路方案研究。亳州机场已正式开工，正在加快建设进度。引江济淮亳州段一期工程总体形象进度已完成70%，引江济淮古井镇供水工程正在加快建设。2021年，已建成5G基站844个；5G技术创新应用水平进一步提升，已实现5G+VR+慢直播旅游体验技术，完成中药材种植全过程5G物联网追溯项目建设。

生态环境共保联治。2021年，梳理中央和国家层面交办、省级层面发现问题共983个，已按序时节点完成整改问题924个。2021年，亳州市$PM_{2.5}$平均浓度为32.5微克/立方米，同比下降27.0%，降幅居全省第一位。优良天数比率81.1%，同比增长10.5个百分点，增幅居全省第一。全市地表水环境质量保持总体稳定，1—9月亳州市国考断面优良率为61.5%，13个断面中达到Ⅲ类水质的有8个，分布在7条主要河流。土壤环境质量保持稳定。2021年累计出动巡查警力3246次，对相关河流进行15次集中清理。共侦办非法捕捞水产品刑事案件2起，采取刑事强制措施3人。

2021年10月27日，亳州市召开社会救助领域改革发展情况新闻发布会
（郭　磊　摄）

民生保障能力。亳州市12家市县（区）医疗机构与沪苏浙医疗机构、企业、联盟签订合作协议19项，另外，市卫生健康委、发展改革委与长三角智慧医疗发展联盟签订长三角智慧诊疗康复一体化项目（亳州中心）战略合作框架协议，助推亳州医疗水平快速提升。全面对接国家异地就医平台，已实现长三角地区41个城市、6631家定点医疗机构异地就医门诊、住院医保费用即时结算，解决异地就医跑腿垫资、等待报销的“痛病”。亳州市教育部门与连云港市教育部门签署合作协议。全市22所学校与沪苏浙地区学校签订战略合作协议，推动学校管理、教学教研上水平。亳州学院与上海中医药大学合作共建亳州学院中医药学院，正在加快建设。亳州市率先在全省实现文化旅游领域“一卡通”应用区域统建，正式发行加载交通运输部秘钥第三代社会保障卡46.08万张，在全国首创社保卡景区闸机直接购票功能。2021年11月，长三角社会保障卡居民服务“一卡通”专班到亳州市开展调研。

体制机制创新。亳州市已在安徽政务服务网和“皖事通”App亳州分厅上线“跨省通办”专区，设置长三角“一网通办”线上专栏和线下专窗，为群众提供咨询、异地事项代办等服务；与上海杨浦区、苏州高新区、浙江台州市等4市区和浙江嘉兴海宁市、台州黄岩区等8县市区签订政务服务跨省通办协议。实现125个政务服务事项“跨省通办”，119 个政务服务事项长三角地区“一网通办”。创新搭建惠企政策“免申即享”平台，实现惠企政策快速兑现，已为 7808 家企业发放奖补资金 1.54 亿元。实现长三角地区电子证照互认。在“皖事通”电子卡包中上线身份证、驾驶证、行驶证、营业执照等高频电子证照 37 类，推进实现高频证照在长三角区域互认应用。推进长三角区域“点对点”劳务协作机制建设。2021 年亳州市成功举办长三角区域人力资源服务机构协同发展论坛；与江苏南京等 6 个城市签订《劳务合作协议》，与浙江衢州等 6 个城市签订《长三角区域一体化人社工作合作框架协议》，持续围绕招聘就业、社保服务等开展协作。

保障措施。明确年度工作重点，印发《亳州市实施长江三角洲区域一体化发展规划纲要行动方案 2021 年工作要点》《安徽省实施长三角一体化发展规划纲要行动方案 2021 年工作要点涉及亳州事项（项目）任务清单》，明确各县区和市直有关单位 2021 年长三角一体化发展工作重点和要加快推进的部分重点项目。

2021 年长三角一体化发展重点项目计划及省党政代表团赴沪苏浙学习考察签约事项涉亳项目。一是太阳升（亳州）高科医药产业项目。该项目于 2020 年开工，正在进行主体工程建设。二是五金机电产业园项目。该项目设计 17 栋单体，已有 9 栋主体完工并验收，7 栋主体完工，1 栋在建，2021 年底一期工程完工并投入运营。三是上海九间堂健康管理有限公司亳州喜马中医药科技健康园项目。该项目投资方正在优化项目建设方案，待方案优化完成后，再与亳州市洽谈投资合作事宜。四是上海市市外蔬菜主供应（蒙城）基地项目、浦东新区蔬菜外延（蒙城）基地项目。蒙城县已落实蔬菜种植面积 5.3 万亩，已建成 3 个省级长三角绿色农产品生产加工供应基地，2 家农业经营主体被列入 2021 年长三角绿色农产品生产加工供应基地省级示范创建名单。

【粮食管理】建立政策性粮食监管联席会议制度、联合巡查制度、驻库监管员制度，按照“谁储粮、谁负责”“谁坏粮、谁担责”要求，严格落实行政管理部门监管责任和企业主体责任，切实保障粮食安全。科学保粮水平进一步提高，全市粮库机械通风达 100%，电子测温技术达 93%，环流熏蒸达 85%。强化粮食监管督查，常态化开展冬季春季大检查、联合月查、随机抽查、飞行检查、专项督查、隐患排查等活动，确保全年全市安全储粮无事故。

有序组织国有粮食收储企业腾仓并库，2020 年 10 月至 2021 年 4 月全市累计拍卖销售成交 100.7 万吨，为收购准备空仓容 140 余万吨。加大对国有粮食企业收购资金的支持力度，帮助全市国有粮食企业获金融机构授信 17 亿元。鼓励市内粮食企业以租仓收购、代购代储等方式与省内外知名企业开展合作。2021 年，亳州市粮食企业共与省内外企业签订代收代储合同 51.4 万吨。2021 年全市共收购小麦 155 万吨，轮换地方储备粮 2.85 万吨，基本做到在政策性粮食收购尚未启动的情况下，能及时消化农民存粮，实现“有人收粮、有钱收粮、有库收粮”，无“卖粮难”现象。

利辛县利丰粮食购销有限公司通过成立专业技术公司，鼓励企业员工积极参与土地承包、土地流转，让粮食收储员工变身为职业技术农民，参与优质小麦推广种植，实施田间种植科学管理，有效提高小麦品质和质量。同时引导职工大力发展订单农业，在播种时，为农户直接提供种子、化肥、磷肥等生产资料；在田间日常管理中，为农户提供机耕、机播、微喷等农业生产技术服务；到夏粮收购时，以提供的生产资料和技术服务为基础，进行物物兑换、物技兑换，不仅降低农户种植成本和种植风险，还稳定粮食收购渠道。复制“粮食银行”经验，更大限度为农民直接代储小麦，不断挖掘粮食收储企业粮食储存规模优势、技术优势、管理优势和人才优势，有效提高粮食储存质量和安全。其一、二、三产业融合发展路径获得省局肯定，并在全省范围内推广。

（童蕴强）

改　革

【概况】2021 年，市委全面深化改革工作将更加突出改革实效性，切实把改革重点瞄准经济和民生领域，推出金融领域简政放权、开发区“标准地”改革、国企改革三年攻坚行动等36项经济领域改革，实施城市和村卫生医疗机构标准化建设、中医药传承创新、农村敬老院改革等15项社会事业领域改革，切实发挥以改革提升经济发展、提高民生质量的作用。

【经济体制改革】2021年，亳州市“放管服”改革纵深推进，10196个可网办事项全部实现全程网办，716个市本级公共服务事项实现1日办结；在全国首创“税信通”联合激励机制，率先实行“企业联办服务”；在全省首创“免申即享”平台，率先设立“政务找茬”窗口，率先实施工业项目“四证齐发”，开展工程项目审批“全程代办”。深度融入长三角一体化发展，与沪苏浙3个市（区）、21个园区签订合作共建协议，实现与长三角所有城市公安类电子证照互认互通、医保“一卡通用”。不断完善“全创改”机制，科技重大专项“揭榜挂帅”项目立项13项，高新技术企业培育库入库企业390家，产值超亿元企业达201家；开展“招商引资市长接待日”活动，623个省重点项目有力推进。

【民主法治领域改革】2021年，亳州市法治政府建设履职有为。做好《亳州市旅游促进条例》立法相关工作，印发《亳州市人民政府2021年规章制定计划》，《亳州市养犬管理办法》《亳州市城市生活垃圾分类管理办法》已经市政府常务会议审议通过。公布《亳州市市直单位证明事项告知承诺制目录（2021）》，市直单位190个政务服务事项中232项证明材料实行证明事项告知承诺制。覆盖市、县、乡三级公共法律服务平台全面建成。推动“12348”安徽建设与应用，开通店铺243个，发布产品1167个，开通率100%。全市现有人民调解委员会1493家，行业性、专业性调解委员会67家，调解员总人数14989名，专职调解员1189名，全市受理人民调解案件5.8万余件，调解成功率达到99.98%。

2021年12月31日，亳州电商快递产业园开工仪式　　（城建集团　供图）

【城乡体制改革】2021年，亳州市扎实推进城市更新，获批国家城市体检样本城市，启动城市生命线安全工程，市中心城区和三县县城“城市看海”问题得到根本性解决。有序开展民生领域改革，扎实开展医疗保险基金监管制度改革，在全国试点城市验收中获评优秀；深入推进医护养结合改革，集中供养率位居全省第三位；城市生活垃圾无害化处理率达100%，农村生活垃圾无害化处理率达97.8%。扎实推进市域社会治理现代化试点，深化拓展社会治安防控体系，“雪亮工程”实现城乡重点部位全覆盖；创新构建“一镇一委一站”城乡基层火灾防控体系，建立98个乡镇消防工作站，全市农村火灾事故起数同比下降19%。

【生态文明体制改革】2021年，亳州市健全生态保护制度，建立健全四级林长制组织体系，完成人工造林3.56万亩、森林抚育4.19万亩、退化林修复0.64万亩。推动绿色金融改革，申创全国绿色金融改革创新试验区，全市16家银行业金融机构绿色贷款业务实现全覆盖，金融机构绿色贷款余额110.23亿元，同比增长106%。实施大气污染防治精细化管理，建成污染源地图系统，制定污染源一张图，探索建立生态环境保护专项监督长制。

【党的建设制度改革】2021年，亳州市健全党的制度建设，在全市开展“三严三实”“马上就办、真抓实干”作风建设专项行动，完成498名公检法重要岗位干部交流轮岗。创新理论宣传方式，打通理论宣传“最后一公里”，“村村通”广播通响率达95%以上，覆盖人口达350余万。激发党的组织活力，稳步推进党建引领信用村建设增点扩面，累计授信2.7万户、用信金额7.95亿元；深化“一月一课一片一实践”活动，党员讲微型党课37.5万人次、受众360万人次。

【纪检监察体制改革】2021年，修订《政治建设监督检查参考指标（2021版）》，有效解决基层党组织不会抓政治建设和政治监督虚化、泛化等问题。持续加大执纪执法力度，立案政法干警141人，留置7人，给予党纪政务处分80人，移送检察机关8人，29人主动投案，1041人主动说明情况或交代问题。扎实开展粮食购销领域腐败问题专项整治，立案审查调查14人，留置6人。狠抓常态化疫情防控监督，成立128个督查组，发现问题897个，追责问责49人。建立“室组”联动监督机制，全市派驻机构共立案263件，给予党纪政务处分220人。建立派驻机构与驻在部门党组（党委）会商机制，推动管党治党“两个责任”同向发力、同增质效。持续深化协作区建设，督促支持乡镇纪委立案636件，给予党纪政务处分645人。扎实推进小微权力“监督一点通”服务平台建设，用新机制管住微权力。

（市发改委）

审计

【概况】亳州市审计局于2000年11月成立，主管全市审计工作。负责对市级财政收支和法律法规规定属于审计监督范围的财政收支的真实、合法和效益进行审计监督，对公共资金、国有资产、国有资源和领导干部履行经济责任情况实行审计全覆盖，对领导干部实行自然资源资产离任审计，对国家有关重大政策措施贯彻落实情况进行跟踪审计等。

2021年，亳州市审计局认真落实机关党建主体责任，印发《亳州市审计局2021年党建工作要点》。深入推进党史学习教育，开展“一月一课一片一实践”活动，举办“传承红色基因，弘扬审计精神”微型党课比赛，与基层党组织开展结对共建活动，深入开展我为群众办实事活动。持续擦亮“支部建在审计点”党建品牌，在外审计组成立临时党支部。举办党史学习教育读书班13期，青年学习沙龙8场，在全省“庆百年华诞 谱审计新篇”主题征文中，市4人分获一、二、三等奖及优秀奖。局机关党总支被授予市先进基层党组织称号，1名党员被评为“全省脱贫攻坚先进个人”，2名党员被评为全市优秀共产党员。

2021年，全市审计机关共组织实施149个审计项目和专项审计调查，审计查出违规问题金额1.94亿元，管理不规范金额70.29亿元，挽回或避免损失2.12亿元，向纪检监察、司法机关和有关部门移送问题线索44件，其中市审计局移送33件，移送处理25人。

【财政审计】2021年，市本级完成2021年度市本级财政预算执行和其他财政财务收支审计，对市本级82个一级预算单位实现审计全覆盖，促进预算管理，盘活存量资金，提高财政资金使用

2021年2月5日，市审计局开展春节走访慰问活动　（王芳芳　供图）

效益。亳州市四届人大常委会第四十六次、四十九次会议听取和审议2020年度市本级预算执行和其他财政收支审计工作报告及整改情况报告，给予充分认可。

【经济责任审计】2021年，全市实施经济责任审计项目88个，其中市审计局查出违规资金0.68亿元，管理不规范资金54.74亿元，移送问题线索2件。组织召开市经济责任审计工作联席会议，强化审前共商、审中协作、审后运用机制。

【制度建设】2021年，亳州市审计局依法完善和规范投资审计工作，持续推进投资审计工作转型，促进修订完善相关制度，全面退出“以审代结”价款结算审计。开展引江济淮工程等重大工程项目跟踪审计，实施亳芜会展大厦设计施工总承包项目竣工决算等项目审计。审计涉及问题金额10.44亿元，已上缴财政资金15.9万元，移送问题线索2件。

2021年，市审计局建立审计整改“周汇总、月调度”制度严格销号制度，组织开展审计整改“回头看”。梳理2013年以来审计发现各类问题3320个，截至2021年底，已完成整改3050个，整改率达91.9%。其中2021年审计发现问题672个，已完成整改437个，正在整改235个；以前年度审计发现问题2648个，已完成整改2613个，正在整改35个，整改率98.7%。

（王芳芳）

统　计

【概况】2021年，市统计局编发《亳州市2020年国民经济和社会发展统计公报》《〈亳州市儿童发展规划（2011—2020年）〉终期监测报告》《〈亳州市妇女发展规划（2011—2020年）〉终期监测报告》，编辑《亳州统计年鉴（2021）》，发布反映全市国民经济和社会发展情况的统计数据。

全年共举办各类培训80余场次，培训人员5200余人次。其中，与市委组织部联合举办的2021年全市统计法治与实务培训班共365人参加，与发改、经信、商务部门联合举办的全市统计业务培训班893人参加。广泛向社会公众、“两会代表”赠阅《统计月报》《数字亳州2021》读本及折页，扩大统计工作知晓度和影响力；向市直有关部门赠送《防范和惩治统计造假弄虚作假重要文件选编》200余本，增强领导干部依法统计意识；向重点企业赠送《企业依法统计应知应会》《企业统计填报手册》500余份，提高企业统计人员依法报表素质能力。

全年撰写统计分析42篇、快报39篇、统计专报8篇，获亳州市委书记杜延安和其他市领导多次批示。完成统计综合数据库项目评审验收，开发主要经济指标大屏、数据亳州App等数据服务应用，提升数据资源价值和分析应用水平。

【2020年全市经济运行情况新闻发布】2021年3月10日，市统计局发布《2020年亳州市经济运行情况新闻发布稿》，向社会公众、新闻媒体通报2020年全市经济运行情况。2020年，全市生产总值1806.0亿元，可比价增长4.1%，其中，第一产业增加值256.3亿元，增长3.0%；第二产业增加值631.5亿元，增长4.8%；第三产业增加值918.2亿元，增长3.7%。一、二、三次产业比例为14.2∶35.0∶50.8。总体上看，2020年全市经济持续稳定运行，主要指标实现预期目标，“十三五”规划圆满收官。新闻稿发布后被人民网安徽频道《亳州新闻联播》、亳州新闻网、“药都时空”、《亳州晚报》、“掌上亳州”、“亳州发布”等媒体、媒介转载。

【社情民意调查】全年先后开展市政府目标管理绩效考核群众满意度调查、县（区）领导班子综合考核第三方评价、全市公众生态环境满意度调查、亳州市基本公共服务满意度等电话调查工作，共获得有效样本2.54万个，为党委政府科学决策提供参考。调查采用计算机辅助电话调查（CATI）方式，对抽中电话号码随机拨号，并保证调查对象为年满18周岁城乡常住居民，调查广泛听取民声、了解民意。社情民意电话调查各项任务圆满完成有力促进全市经济社会高质量发展。

【统计法治建设】从责任体系、

执法监督、普法宣传等方面持续发力，完善防范和惩治统计造假弄虚作假责任体系。与市委巡察办共同建立巡察统计造假联席工作制度，将是否存在统计造假、弄虚作假作为巡视巡察一项内容。与招商部门联合，对投资入库企业进行实地核查2次，确保企业真实存在，数出有据。与组织部门、市委督查考核办联合，对有关单位和人员在统计工作上统计造假、弄虚作假实行“一票否决制”。加大统计执法检查力度，实行常态化执法，努力营造良好统计法治环境。2021年，全市统计系统共检查报表单位101个，立案查处2起，对统计违法企业进行警告，产生强烈震慑警示作用。结合“中国统计开放日”“国家宪法日”“统计法颁布纪念日”和专业培训，分层次开展普法宣传教育，提升法律意识。2021年共组织开展“送法入社区”“统计法徒步行”等宣传活动15场次，发放宣传资料3200余份，接受群众现场咨询460余人次，营造良好统计环境。

【统计服务千企】成立市“统计服务千企”行动领导小组，印发《亳州市统计服务千企行动实施方案》，实行月度通报制度，及时督促县区、专业科室按序时进度要求推进工作。利用ERP系统进行智能化采集统计数据试点，建立标杆示范，有序推动全市统计数据生产专业化、规范化。详细了解企业经营情况及存在困难和相关需求，开展统计法规进企业、统计实务进企业、统计调研进企业等服务。讲授统计法律法规和统计知识，手把手指导、帮助企业建立健全统计台账，规范统计资料。同时，积极帮助解决企业反映的困难和问题，助力企业持续健康发展。全年共印发《企业依法统计应知应会》宣传单500余份，印发统计明白纸6000余份。

（段辰旭）

公共资源交易监督管理

【概况】亳州市公共资源交易监督管理局的前身是亳州市政务服务中心。2013年1月，在市政务服务中心基础上成立市公共资源招投标监督管理局，加挂市政务服务中心牌子，在局内设机构办公室加挂政务公开科牌子，同时成立市公共资源招投标交易中心。2015年4月，将政府服务科职责划入市政府办公室，撤销在市公管局办公室加挂的政务公开科牌子。2016年6月，市公共资源招投标监督管理局、市公共资源招投标交易中心分别更名为市公共资源交易监督管理局和市公共资源交易中心。2019年3月，将相关单位承担的招投标监督管理职责、公共资源交易监督管理职责等整合，组建市公共资源交易监督管理局（以下简称“市公管局”），作为市政府工作部门。

2021年，全市共完成公共资源交易项目2680个（不含网上商城），累计成交金额404.67亿元，节约（增值）金额65.01亿元，项目数和成交金额同比增长-2.55%、1.5%。其中，建设工程项目583个，中标金额143.96亿元，交易项目同比下降27.76%、交易金额同比增长18.84%；政府采购项目1108个，中标金额22.34亿元，交易项目和交易金额同比下降17.38%和6.66%；产权交易项目587个，成交金额0.64亿元，交易项目同比增长86.94%，交易金额同比下降94.82%；土地出让交易项目219宗，成交金额210.04亿元，交易项目和交易金额同比下降23.96%和12.93%；其他交易项目183个，成交金额27.69亿元。完成网上商城采购45327笔，成交金额7.76亿元，项目数和成交金额同比增长24.72%、14.14%。

【平台服务】2021年，市公管局制定平台服务规范年活动方案，确定活动目标，按照“四化三可”工作要求，制定任务清单，明确118项任务、329项措施，截至年底，118项任务已全部完成，达到“服务更规范、业务更高效、交易更透明、环境更优化”预期目标，第三方评价成绩由2020年的第9名增至2021年度第6名。按照“能减尽减，应减必减”原则，修订项目登记等8大类36项办事指南，梳理并公开“零跑路”交易事项40项。制定印发《关于进一步压缩公共资源交易服务流程时限的通知》《亳州市公共资源交易服务流程时限一览表（修订版）》，实现项目登记、场地预约、公告发布、中标候选人公示等7个环节1个工作日办结，工程建设项目异议答复时限由3日压减至2日，政府采购项目质疑答复由7个工作日压缩至2个工作日，合同签订时限由30日压缩至20日，投诉调查处理实行能快尽快，能办即办，交易效率提速40%以上。重构业务流程，印发《亳州市公共资源交易基本流程》。出台《关于公共资源交易平台交易项目招标采购方式的指导意见》，指导项目单位科学合理选择交易方式。全面取消政府采购项目响应保证金，累计免收628个项目响应保证金8789.78万元。推广应用电子保函，2021年累计为3058家市场主体开出电子保函2.488万余单，担保金额约36.32亿元。在安徽省信用应用场景、信用建设典型案例征集活动中，市公管局报送的《电子投标保函——电子保函替代现金缴纳投标保证金》从全省284个评选对象中脱颖而出，位列第10名，得到广大用户高度认可。在公共资源交易平台第三方评价中，亳州市交易平台服务评价位次逐年提升，从2020年第9名攀升至2021年第6名，体现平台服务规范年活动成效。

2021年，市公管局全面优化升级市县一体化公共资源交易门户网站，新增项目全生命周期流程展示、服务事项“好差评”“零跑路”服务目录等12个模块以及投标保证金缴退自助查询和简易见证系统等19项功能，实现网站响应及时迅速、界面展示简洁集中、系统操作便捷高效、交易信息可溯可查。印发《关于常态化开展“不见面”开标和远程异地评标工作的通知》，在市、县两级部署远程评标设备和智能评标系统，全面升级市交易中心远程异地评标室软硬件设备，探索建立长三角地区远程异地评标协作机制，与省内外等7个地市签订远程异地评标框架协议，确保异地评标衔接有序、管理规范。截至12月底，全年共完成远程异地评标项目258个、407场次，其中与浙江省湖州市完成跨省远程异地评标项目1个，进一步深化与长三角地区的合作交流。

2021年，市公管局升级监控系统，购置防火墙，将开评标音视频通过电子政务外网映射到省监管平台，省级行业主管部门可在线查看交易音视频资料。该做法被省发改委作为安徽省深化平台整合共享典型案例，申报国家级创新成果。建设大数据预警模型系统，实现对公共资源交易常态化在线监测，重点分析2018年以来项目，共计分析工程建设项目3844个，政府采购项目5894个。

2021年，市公管局开发建设网上商城供应商管理系统、招标代理机构管理系统、特邀监督员抽取管理系统、不良行为记录管理系统。其中，特邀监督员管理系统已实现正常抽取；不良行为记录管理系统已实现市、县统一的不良行为记录和管理，累计记录并发布信息16条；代理机构管理系统已完成4个项目招标代理机构选取；网上商城供应商管理系统已完成验收并上线运行。开发在线异议（质疑）、投诉系统，累计在线办理异议（质疑）32件、投诉3件。建设评标专家电子签名服务平台，解决硬件CA数字证书兼容性差、续期手续复杂、遗失补办难等问题。

【招标代理机制改革】2021年，市公管局正式放开招标代理市场，征集44家代理机构可代理亳州市市本级工程建设项目。印发《关于规范招标代理机构选取工作的通知》《亳州市本级招标代理机构执业流程指引》，明确招标代理机构选取方式、选取规则、报价方式等，对招标前期准备、招标文件编制、开标评标、交易善后4个阶段22项业务流程进行规范，并组织330名招标代理机构从业人员参加在线培训，12月2—3日，组织44家代理机构有关人员参加业务培训。开展工程招标代理机构专项检查，加强对代理机构执业情况考核通报，累计印发通报8次。

“评定分离”试点。印发《亳州市房屋建筑和市政基础设施工程招标“评定分离”试点工作实施方案》，明确“评定分离”工作目标、试点范围、基本程序、工作步骤和有关要求，制定《亳州市房屋建筑和市政基础设施工程招标评定分离工作操作指引（试行）》，进一步细化完善“评定分离”操作规范。亳州市首个采用“评定分离”项目已完成评标、定标工作，并为下一步推广应用积累经验。

【农村产权流转】2021年，市公管局、市农业农村局、市自然资源和规划局、市水利局联合印发《关于推进农村产权交易服务体系建设等有关工作的通知》，构建村、乡镇、县级行业主管部门、县公共资源交易中心“四位一体”的工作格局，进一步完善农村产权交易服务体系；与第三方机构签订委托服务协议，委托其一定期限内代理全市农村产权交易项目，解决当前农村产权交易项目标的小、无代理机构愿意承接问题。建设全省领先全流程电子化产权交易系统，可实现网上办理产权交易业务及“不见面交易”，为全市范围内国有资产、农村集体产权、特许经营权等进场交易提供服务保障，将为企业或自然人年均减少700万元以上投标成本。建成产权交易体验系统，为相关市场主体提供身临其境体验。2021年以来，已完成农村产权交易项目3笔，成交金额41.55万元。

【监督管理】加强评标评审专家管理。持续做好专家征集工作，严把专家初审关，共94名人员通过初审、复审及专家入库考试，新入库专家初审通过率100%。创新专家培训方式，针对公共资源交易法律法规内容多、更新快、业务性强，对专家业务素质能力要求较高特点，征集专家在线培训需求，明确培训内容，搭建培训平台，培训和测试亳州本地900余名专家，有效提升专家评审能力和水平。通过亳州市公共资源交易网发布《关于安徽省综合评标评审专家库手机短信不再发送专家评标评审的通知》，向专家推广宣传皖事通App“安徽省综合评标评审专家库”随时随地办功能，推进专家管理服务工作规范化和标准化。

特邀监督员制度。制定《亳州市公共资源交易特邀监督员管理办法》，征集首批特邀监督员33人并集中培训。截至11月底，特邀监督员已参与201个项目监督活动，有效地扩大社会监督。召开公共资源交易特邀监督员座谈会，邀请人大、纪检监察等部门13名特邀监督员参加，收集意见建议12条，提高监督费用标准，鼓励特邀监督员积极参与监督活动。

标后履约监管。印发《“两场联动”推进方案》《工程建设项目履约现场和招投标市场“两场联动”管理办法》等有关制度文件，打通履约现场与招投标市场通道。组织开展诚信履约提升行动，通过开展联合约谈、督查暗访、提前签订履约承诺、一次性告知单在线发放，实现建设工程招投标项目合同签订前交易监督环节与标后履约监管环节无缝对接。2021年，共开展联合约谈10次，约谈项目11个，约谈设计施工一体化中标单位1家、设计单位2家、施工企业20家、监理企业12家，发放责任清单33份，签订履约承诺书21份。开展标后联合暗访和督查10次，其中聘请第三方专家开展标后督查2次，开展季度检查4次，督查项目27个，下发整改通知单33份，发现整改问题115个。同时，对亳州中医药学院项目开展周督查28次，对古井1号酿酒车间项目开展月督查7次，对汤王隧道项目开展月度督查4次。制定《关于进一步推动工程建设项目建设单位履行标后监管第一责任主体职责的通知》，进一步压实招标人第一主体责任。

（李斐然）

市场监督管理

【概况】亳州市市场监督管理局是市政府工作部门，加挂市知识产权局牌子。主要职责是负责市场综合监督管理，保护知识产权。负责市场主体统一登记注册、扶持个体、民营经济发展。负责组织和指导市场监管综合执法、反垄断相关工作。负责监督管理市场秩序。负责宏观质量管理。负责产品质量安全监督、特种设备安全、食品安全监督管理。负责统一管理计量工作、标准化工作、检验检测工作、认证认可工作。组织实施国家统一的认证认可和合格评定监督管理制度。负责药品、医疗器械和化妆品安全监督管理、标准管理、质量管理、上市后风险管理、监督检查等。

2021年，市市场监督管理局有内设机构27个，有市市场监督管理局登记注册局（行政审批办公室）、市市场监督管理局“12315”投诉举报处置指挥中心、市市场监督管理局网络交易监督管理局3个直属行政机构，有市知识产权管理服务中心、市市场监督管理行政执法督查支队、市消费者权益保护委员会秘书处、市产品质量监督检验所、市计量检查测试所、市食品药品检验中心6个下属事业单位。

2021年，市市场监督管理局以深化“证照分离”改革为统领，围绕推动落实先照后证、压缩企业开办时间等一系列市场准入制度改革，依托“企业服务联办平台”“一日开办”等市场准入制度创新，推深做实“六个一”改革任务，打通市场监管、税务、社保、公积金、公安、银行等六部门信息共享渠道，将企业开办六个程序归整为一个，实现企业开办信息“一窗受理、一次采集、一套材料、一档管理”，实现“一网通办、一日办结”，将企业开办时间压缩到最快0.5个工作日办结，通过“智能审批系统”实现7×24小时不打烊的政务服务工作，真正实现了“随时办、即时办”“秒批”零成本企业开办服务。2021年新增企业3.54万户，同比增长25.53%，新增个体户5.3万户，同比增长8.16%。截至2021年底，全市共有市场主体59.79万户，居全省第三位。

【企业信用监管】2021年，市市场监督管理局按照“政府主导、市场监管牵头、部门协同”的工作推进机制，全面推行“双随机、一公开”监管。全市已建成随机抽查“一单两库”，已建立检查事项大类1089项，检查事项清单细类2110项，执法人员库5754人，全市145596家企业全部纳入监管对象库。行政执法透明度显著提高，抽查结果通过国家企业信用信息公示系统公示，全市已查并公示企业9727户。进一步强化部门联合抽查，提高信用分类利用率，2021年全市共制定抽查任务762个，其中接收联合抽查任务346个，联合抽查占比率45.41%，制定信用分类抽查任务435个，信用分类占比率57.09%。

探索行业分级分类监管。建立重点行业风险分级管理机制，推动信用分类监管与食品药品、特种设备、检验检测等重点领域监管深度融合、协同推进。根据《安徽省检验检测机构信用风险分类监管实施方案》，将全市58家检验检测机构分为A、B、C、D四个类别。其中，A类7家，B类12家，C类35家，D类4家，分别按照33%、50%、一年一次、一年两次的比例开展“双随机”抽查。

积极开展信用修复，助力企业重塑信用。为减轻失信企业负担，营造更加良好的营商环境，市市场监督管理局全面落实信用修复承诺制，积极开展信用修复，帮助企业信用重塑。2021年全市市场监管部门共受理移出经营异常企业4381家，报送省局撤销行政处罚公示信息企业75家，移出严重违法失信名单47家；恢复正常记载状态个体工商户3332户。

【规范市场秩序】打击传销和规范直销工作。2021年，全市共出动执法人员1762人次，查办传销案件1起，罚款50万元。新创建无传销社区2个，无传销网络平台1个。安徽亳科网络科技有限公司传销案，在全省市场监管系统“铁拳”行动典型案例宣讲中荣获一等奖。

反不正当竞争执法工作。2021年，全市共立案查处各类不正当竞争执法案件12件，结案11件，罚款18.7万元，没收涉案物品8532件。安徽迥驾酒业有限公司白酒混淆案被省局推荐参评全国典型案件。

公平竞争审查工作。2021年，全市共审查政策措施117件，清理存量政策措施218件。

网络监管工作。2021年，共开展网络商品交易检查29162次，开展网络监测189次，检查发现违法行为441个次，查办案件54件，罚款98.98万元。

广告监管工作。2021年，共办理违法广告案件104件，罚款

2021年7月14日，2021年度长三角地区特殊食品安全监管会商交流会在亳州市召开　（杨　京　摄）

78.122 万元，其中蒙城县局房地产违法广告案件入选省局典型案例。传统违法广告时长违法率和条数违法率均低于 1.5%，查看率、处理率、办结率为 100%。

价格监管工作。2021 年，开展转供电环节收费专项整治百日行动，共摸底登记转供电主体 251 家，全部完成自查和执法检查，清退多收电费 595.67 万元；转供电主体降低电价主动传导红利 1181.37 万元；立案 21 件，责令退款 125.50 万元，没收违法所得 9.50 万元，罚款 80.65 万元。

【知识产权保护】2021 年，全市商标注册 22547 件，居全省第 3 位，同比增长 41.8%、增幅居全省第七位；有效商标总量 80553 件，居全省第三位，同比增长 38%，增幅居全省第三位；万户市场主体拥有商标量达 1500 件。2021 年，全市共获授权发明专利 722 件，拥有有效发明专利 3011 件，每万人口发明专利拥有量 6.0 件，同比增长 36.4%，增幅居全省第八位。版权登记 673 件；新增地理标志证明商标 2 件；古井贡酒股份有限公司注册商标“年份原浆”成功获批全国驰名商标认定；济人药业“药信”品牌成功申报知识产权海关保护，实现亳州辖区知识产权海关保护“零的突破”。成立亳州市知识产权纠纷人民调解委员会、中国安徽知识产权维权援助中心亳州分中心，共调解案件 88 件，成功调解 49 件，成功率 55.7%，诉调对接工作获省市场监管局表扬，并作为典型经验做法向全省推广。联合皖北 6 市和豫南 4 市联合签订《皖豫两省十市知识产权执法维权保护合作协议》，加强跨区域知识产权保护协作。查处商标侵权案件 193 件，案值 49.75 万元，罚没款 124.11 万元。查处版权案件 14 件、假冒专利案件 8 件，立案处理专利侵权纠纷案件 7 件，出具电商侵权判定咨询意见 35 件。

【食品安全监管】2021 年，分别开展食品安全专项整治和夏季食品安全整治专项行动，共立案 854 起，罚没金额 598.69 万元，移交公安机关 7 起。指导督促县区市场监管部门对属地食品生产者食品安全实施风险分级监管，风险分级覆盖率达 100%，《粉皮小作坊生产规范》地方标准于 2021 年 11 月 1 日正式批准发布。加强校园食品安全监管，学校食堂监督检查覆盖率 100%，学校食堂名厨亮灶覆盖率 100%。依托“两库一平台”加强餐饮从业人员培训考核，做到培训考核覆盖率 100%。印发《“食安安徽”品牌建设任务分工方案及亳州市 2021 年“食安安徽”品牌建设培育计划》，组织推荐 18 家企业进行开展“食安安徽”品牌认证申报。组织蒙城县开展安徽省食品安全示范县复审评价。成功承办 2021 年长三角地区特殊食品安全监管会商交流会和全省食用农产品批发市场食品安全规范管理现场会。

【药品安全监管】2021 年 7 月 28 日—11 月 30 日在全市范围内开展为期四个月的药品安全专项整治行动整治期间，聚焦重点环节、重点品种、重点时段、重点区域，覆盖四类经营主体，综合采取暗访抽查、全覆盖检查、案件督查督办等形式，纵深推进专项整治行动，实现了“四个到位”的预期目标：监管底数摸清到位，全市药品零售连锁门店 956 家、药品零售单体门店 902 家、医疗器械经营企业 866 家、一类医疗器械生产企业 7 家、疫

2021 年 2 月 22 日，谯城区市场监督管理局执法人员对市区中小学食堂进行安全检查 （市市场监督管理局 供图）

苗接种点166家；分类建立了监管对象台账。安全隐患排查到位，全市排查出药械经营企业隐患11265条、医疗机构隐患2322条、化妆品经营企业隐患869条、疫苗接种单位隐患36条。监督检查覆盖到位，全市监督检查药械经营企业3264次、医疗机构987次、化妆品经营企业523次、一类医疗器械生产企业15次，疫苗接种点180次。违法行为立案到位，共发现违法线索280起，已立案280件，全部录入《安徽省药品综合监管平台》，其中已结案201件，罚没款320万余元，整治期间，案件同比增长率300%。

2021年7月26日，安徽亳药千草国药股份有限公司与亳州市谯城区亳药千草中药材种植专业合作社联合申报的亳白芍基地获得授牌，全市共有10家单位（包括联合申报）3个品种（亳菊花、亳白芍、亳丹皮）8家基地获得了“十大皖药”授牌。8月25日印发了《亳州市“十大皖药”基地建设检查方案》，对全市8家基地进行了全覆盖检查。疫苗流通使用环节采取医药、医疗、医保“三医联动”模式开展督查，联合卫健委对三县两区新冠病毒疫苗接种单位进行督查，共督查接种单位31家次（其中临时接种点4家）；开展疫苗（新冠病毒疫苗）飞行检查，共检查三县两区疾控中心和疫苗接种点共18家次；指导县区完成全市疾控中心和疫苗接种点全覆盖检查，共检查疫苗接种单位262家次，达到检查覆盖率200%。

【特种设备安全监管】开展为期半年的特种设备安全专项整治活动，共排查隐患1063处，全部完成整改销号，整改率100%，责令停产整顿企业4家。全面应用“特种设备信息系统”，推行特种设备大数据系统应用，实现施工告知、检验业务全程网办。已建成亳州市气瓶充装安全质量追溯管理系统，全市16家液化石油气充装单位全部对接，录入气瓶信息43.6万条。

【工业产品质量安全监管】开展为期3个月的成品油专项整治行动，公安机关立案11起，行政拘留16人，集中收储违法油品67.727吨。对全市加油站点经营的油品和车用尿素进行全覆盖抽检，共抽检成品油和车用尿素715批次，合格率98.88%。购买成品油快检设备并交付使用。

【质量强市战略】质量提升方面。指导古井贡酒积极申报中国质量奖。深入开展“四个一”质量提升行动，质量基础设施“一站式”服务试点工作，共设立站点5个，12家企业申报创建2021年安徽皖美品牌示范企业。2021年以来共召回缺陷消费品6起，开展《安徽省消费品召回管理暂行办法》专题宣传和培训599人次。

标准化方面。亳州市首个中药材国家标准《白芍栽培技术规程》制定进入征求意见阶段；亳州市参与制定两项白酒国家标准获批。参与长三角一市三省8座历史文化名城标准化合作探索研讨，组织落实市政府标准化激励政策，最终审定的46个项目共565万奖补资金已报市政府。

计量方面。全面应用e-CQS强检信息管理系统，全天候网上办理计量器具检定业务。实行“容缺办理”，经企业申请适当延长检定周期。开展非强检计量器具检定校准1116台，响应国家政策减免50%收费，上缴收入325189元。

认证检验方面。全面落实检验检测机构信用分类+“双随机一公开”相结合的监管模式，完成全市58家检验检测机构信息直报及信用分类监管工作。开展为期两个月的中药材第三方检测市场专项整治，对24家未获得资质的“检测机构”全面排查。

（杨　京）

中药产业

乌瞰中国亳州中药材专业市场　　　　（刘勤利　摄）

亳州市现代中医药产业发展

【概况】2021年，亳州市大力加快现代中药产业发展，着力增强产业核心竞争力，推动中药材种植、饮片加工、成药制造、物流贸易、保健医疗、科教研发等产业链环节发展壮大，亳州市中医药产业核心竞争力、品牌影响力显著提升，实现产业发展由数量扩张向质量提高转变，全市现代中医药产业规模达1445.8亿元。中药材种植面积80866.67公顷，产值约38亿元。其中，中药材标准化种植面积27800公顷，占全市中药材种植面积的34.72%。医药工业方面，全市共有药品生产许可企业206家，中医药制造业产值316.8亿元，同比下降6.2%。其中，产值10亿元以上企业0家、5亿～10亿元企业10家、1亿～5亿元企业105家。中药材贸易方面，2021年，亳州市线上线下中药材交易额达1091亿元，其中线下市场约831亿元，中国（亳州）中药材专业市场年销售额突破500亿元。

【组培繁育中心建设】2021年12月，亳州市兴禾农业发展有限公司中药材组培繁育中心扩建工程项目完成建设，组培繁育中心总面积2688平方米，年产种苗200万株。已成功构建亳菊、半夏、黄精、白术等中药材脱毒快繁体系，累计完成种苗生产逾50万株。依托组培中心建设，亳药标准化种植和种质资源保护示范园面积48公顷，与中国移动合作完成水肥一体化智能灌溉系统、物联网硬件配套设施、数字化云平台建设，有效支撑基地育苗与生产。已完成亳菊、亳白芍、亳桑、桔楼、丹参示范种植20.67公顷，有序完成药用及观赏芍药、藏红花、百合、牡丹、射干等20个引种与栽植。同时，顺利实施白术合作种植项目，建设标准化育苗与种植基地21.33公顷。

亳州市中医院医务人员配制中草药　　（刘勤利　摄）

【中药材产地加工】根据国家药监局综合司《关于对中药饮片生产企业采购产地加工（趁鲜切制）中药材有关问题的复函》（药监综药管函〔2021〕367号）和省药监局《关于规范产地趁鲜切制中药材管理工作的通知》（皖药监中化秘〔2021〕105号）文件精神，亳州市启动中药材产地加工工作。2021年11月《亳州市人民政府关于申请认定亳州市第一批鲜切药材品种的函》（亳政办秘〔2021〕114号）报省药监局。2021年11月30日，省药监局《关于亳州市申请认定第一批鲜切药材品种的复函》（皖药监中化函〔2021〕502号），明确遴选确定亳州市申报的白芍、白术、桔梗、知母等14个品种为“安徽省第一批产地趁鲜切制中药材品种”（全省第一批共26个品种）。2021年12月17日，市药业发展促进局、安徽省药品监督管理局第二分局联合印发《关于遴选亳州市第一批中药材产地加工企业的通知》（亳药发〔2021〕7号），文件明确申报企业的条件、程序及要求。

【药品品种引进和研发】2021年，亳州市继续推进药品引进和研发。全年新增注册品种14个，已委托加工生产品种6个，正在办理委托加工品种10个，化学仿制药申请注册已受理品种4个。2021年，8个单品种销售过亿元。其中，疏风解毒胶囊年销售额4亿元以上，复方苁蓉益智胶囊、葛酮通络胶囊销售额2亿元以上，华佗牌救心丸、脑安胶囊、脑安滴丸、复方丹参片、六味地黄丸销售额在1亿元以上。

【亳药集团建设】2021年，亳州市起草亳药集团组建初步方案，与中国中药、新时代健康产业（集团）等进行对接洽谈。2021年9月亳州药博会期间，安徽亳州中医药集团正式揭牌。积极对接新时代健康产业（集团）、北京同仁堂等知名企业，创新合作模式与合作机制，推动亳药集团进入实质运转，发挥带动作用，打造品牌体系，促进与提高品牌在集采谈判中优势。

【中药材质量可追溯体系建设】根据《亳州市中药饮片生产环节信息化追溯体系建设推进工作方案（试行）》，按照“统一规划、统一设计、统一开发、统一使用、统一管理”原则，以“一物一码、一码同追”为目标，编织全流程、全覆盖、全环节中药饮片追溯链条，实现中医药产品来源可知、去向可追、质量可控、责任可究，构建政府监管、行业自治、企业自律、社会监督共治格局，保障人民群众用药安全。探索形成中药饮片追溯体系信息化标准规范，力求为全国中药饮片生产企业探索一条可借鉴、可推广、可复制高质量智慧监管和发展之路。分步骤实施中药饮片信息化追溯体系建设，开发完成部署系统179套，正常应用和安装调试中药饮片生产企业91家；手机版系统开始试点。截至2021年底，溯源交易次数为19303次，中药材打码数据统计数为19820个，中药材流通追溯交易数为19399次，中药材流通追溯交易重量19209千克。

安徽济人医药集团研发中心 （张延林 摄）

【科技创新】支持亳州市药企申报省科技重大专项。安徽颐生堂中药饮片有限公司“白芍种质优化及关键栽培技术集成研究与示范”获批立项为2021年安徽省重大专项项目，安徽九方制药“中药保护品种——国家二类新药葛酮通络胶囊全产业链品质提升研究”、济人药业“基于儿童人群的疏风解毒颗粒重大新药创制研究”等省科技重大专项有序推进。支持亳州市药企争取国家科技重大项目，给予安徽济人药业有限公司承担国家科技重大项目“基于中医典籍的肺系病经典名方清金化痰汤的新药研发”和保和堂制药有限公司承担的国家科技重大项目“中药材净切关键技术与智能设备研究与应用”科技创新政策奖补。

【中医药产业招商】2021年，完成中医药产业招商签约项目79个、209.5亿元。引进签约落地中成药、医疗器械等高附加值项目7个，亳州高新区安徽天祥药业有限公司中药提取、配方颗粒生产线二期项目，和治同健药业有限公司汉方颗粒加工生产线项目，和治正慈医疗器械有限公司医疗器械加工生产线项目，安徽美洪药业有限公司中药提取加工生产线项目，安徽青山生物科技有限公司中成药加工生产线项目、亳芜园区天目药业中成药生产等一批知名药企项目落地。谯城区瑞康医药拟并购井泉药业、亳州高新区孔圣堂（唐山）药业公司拟并购广美药业项目、谯城区鹭燕中药集团总部项目正在洽谈推进。

（李胜雨）

2021年国际（亳州）中医药博览会暨第37届全国（亳州）中药材交易会

【概况】2021年9月8—10日，2021年国际（亳州）中医药博览会暨第37届全国（亳州）中药材交易会（以下简称“2021年药博会”）在安徽省亳州市举办。2021年药博会由中国中药协会、中国北京同仁堂（集团）有限责任公司、康美（亳州）华佗国际中药城有限公司、亳州中药材商品交易中心有限公司、安徽古井集团有限责任公司主办，亳州中药材商品交易中心有限公司承办，以“中医药，让人类更健康”为主题，安排三大板块4项活动，活动设计贴合亳州产业发展需求和行业发展趋势，助力亳州市中医药产业高质量发展和“世界中医药之都”建设。

【宣发工作】本届药博会按照“线上线下相结合、以线上为主”的思路，在活动筹备、宣传推广、参与互动方面进行针对性调整和创新性安排。参展企业与观众可以通过药博会官网观展参展，并与意向合作企业及时开展连线沟通交流。同时，在往年传统媒体宣传报道基础上，所有活动均开通线上视频或图文直播，药博会期间邀请新华社、中央广播电视总台、新华网、人民网等国家、省、市官方媒体以及今日头条、抖音等新媒体共计24家到亳，宣传推介药博会。药博会期间，中央、省级新闻媒体刊播药博会相关稿件60余篇（条）；市直媒体刊播稿件210余篇（条）；药博会宣传和线上直播总浏览量超过3000多万次；抖音话题播放量、新浪微博话题阅读量超过1.5亿次，同时积极拓宽海外宣传渠道，借助省海外宣传窗口阵地宣传推介亳州。经统计，海外100余家媒体报道亳州市药博会开展情况，法国《欧洲时报》、俄罗斯《龙报》、美国《侨报》均整版刊发亳州药业产业和药博会盛况，有效提高药博会办会水平和国际影响力。

【经贸活动】2021年药博会安排2021年国际（亳州）中医药展、酒类产品展1项经贸活动。本届药博会共设亳州中药材专业市场展区、亳州中药材商品交易中心展区和线上展区。根据疫情防控需要，线下会展原则上不邀请市外企业参展，展会布置突出对亳州药业企业集中展示、突出对中医药文化宣传、突出群众参与和互动。在线下展区布置中，主动适应亳州市产业发展需求和趋势，首次设置亳州现代中药骨干企业发展成果展，集中展示亳州市31家药业骨干企业最新发展成果，首次增加“三县一区馆”，增强三县一区参与药博会浓厚氛围；首次设置独立花茶展，服务花茶产业快速发展；首次在亳州高铁站地下出口通道设置8家企业成果展示，宣传展示企业良好形象。在会展现场，布设中医药文展，布置中药材传统炮制、中药丸剂、中药香囊等传统技艺展示区，中药材标本、中医药文物、配方颗粒自动调配车展示区，还有健身气功五禽戏、中医推拿体验区，中医药非遗文化展演等内容，积极服务全市群众参与药博会，共享中医药服务人民健康。本届药博会展区面积约3万平方米，共有线下线上参展企业561家。其中线上参展企业241家，线下参展企业320家。在亳州中药材专业市场展区布设展位面积1万平方米，参展企业200家。其中亳州现代中药骨干企业发展成果展参展企业31家，重点展示亳州知名药业企业，涡阳馆参展企业20家，蒙城馆参展企业14家，利辛馆参展企业9家，谯城馆参展企业25家，共计68家，重点展示三县一区特色产业，精品展95家，独立参展的市内中医药企业6家。亳州中药材商品交易中心展区酒类产品展、花茶展布展面积约2万平方米，参展企业120家。其中花茶展80家，养生药膳及酒类产品展40家。除线上会展外，本届药博会还开启“云逛展”模式，分别在两个展区设置多处直播区，商家通过京东、天猫、抖音、拼多多等平台直播带货，向全球展示中医药产品、花茶、养生保健酒等产品魅力，亳州广播电视台分派多组记者带着网友“云上”逛展会，并持续进行48小时展会直播活动。

【文化活动】本届药博会共安排文化活动2项，分别是华佗诞辰1894周年祭祀活动、2021年国际（亳州）中医药博览会暨第37届全国（亳州）中药材交易会开幕式。药博会开幕式环节是一次亳州中医药朋友圈集中亮相，是展示亳州一年来中医药发展成绩最佳舞台。本届药博会开幕式进行全市 9 大重点成果揭牌活动，分别是安徽省亳州中医药集团、安徽省华佗医学研究院、国际养生大会承办地、国家中医药应急储备基地（筹）、安徽省区域中医医疗中心、安徽省中医药科学院亳州分院、中国药科大学亳州高新区创新药物联合研究中心、安徽大健康研究院中药材种植联合研究中心、华佗中医药大学（筹）。开幕式重点邀请国家、省药业行业产业链相关主管部门，全国相关行业协会负责人，石学敏、刘焕兰院士，国医大师以及全国知名药业企业负责人现场参会，并邀请全国人大常委会原副委员长、中国关心下一代工作委员会主任顾秀莲视频致辞并宣布大会开幕。华佗诞辰 1894 周年祭祀活动是亳州人民和中医药领域从业者对华佗缅怀，是对华佗悬壶济世精神和中医药文化的传承和发扬。活动期间，安排中药传统炮制技艺、五禽戏等文化展演，展示具有亳州元素、华佗元素、中医药元素文创产品，彰显亳州中医药文化独特魅力。

【学术活动】中国中药协会首次直接参与组织活动，中国中药协会中药材追溯专委会组织开展中药材产地趁鲜加工与中药饮片质量追溯论坛活动。本次论坛中国中药协会邀请国内相关领域行业主管部门领导、行业协会专家和知名企业家，既有政策理论探讨，也有经验分享和实践剖析，为探索建立产销对接和信息化追溯管理提供服务和有益建议及实践参考。

（李胜雨）

中国（亳州）中药材专业市场

【概况】中国（亳州）中药材专业市场［康美（亳州）华佗国际中药城］是经国家四部委审批开办的 17 家中药材专业市场之一，于 2013 年 11 月 24 日开业。市场占地 1000 亩，营业面积 120 万平方米，交易大厅经营摊位 3000 余个，样品号 3000 余个，精品商铺 500 余间，外围固定门店 1600 余间，从业药商 2 万余人，日上市中药材品种 2800 多种，日客流量 6 万余人次。2020 年，市场总成交额达 430 亿元，占全国同类市场交易总额的近 45%。该市场是中医药行业全国唯一 CCTV 中国经济观测点，曾获评全国商品交易市场系统文明诚信经营示范市场、著名品牌示范市场、转型升级示范市场、中国商品市场百强，国家 AAA 级旅游景区、安徽省中医药健康旅游基地、安徽省研学旅行基地、安徽省旅游商品特色街区、安徽省级服务业集聚示范园区等荣誉。

【市场运营】康美（亳州）华佗国际中药城商业有限公司是康美药业股份有限公司（股票代码：600518）的全资子公司，是中国（亳州）中药材专业市场运营管理主体，该市场按由交易大厅、信息发布中心、一二三期单元式商铺、金融银行配套服务、酒店会展综合体、香料城、仓储物流、研发中心等市场业态组成。

该市场共分为展示、交易、电商、仓储、物流、酒店、会展、金融八大功能区，采用“两轴两心”的布局：第一核心为中药材交易中心，单元式商铺为支撑，从零售、批发到期货交易，从采购、加工、仓储到大型现代物流中心，形成完整的一体化中药材商业产业链，第二核心以国际会展、五星级酒店、研发中心为延续的配套服务区。

亳州市谯城区谯东镇闫窑村农民在田间采收菊花 （刘勤利 摄）

日上市中药材近2800种，几乎囊括所有的植物、动物、矿物类中药材品种，年销量占全国同类市场交易总额的近45%，业界俚语称“买不到的能买到，卖不掉的能卖掉”。建立亳州中药材价格指数，成为全国中药材市场价格的风向标。尝试搭建大型现代B2B、B2C、O2O大宗中药材商品交易平台，建立“互联网+”线上线下相结合的商业新模式，提高市场管理、询价、服务、信息流转效率，中药材交易更便捷。拥有中国中药材专业市场领域首个获得国家颁发的CMA检验检测机构资质认定证书的检验检测中心，该中心占地800平方米，下设精密仪器室、理化分析室、液相室、气相室、原子吸收室等多个科室。每科室均配置高科技检验检测设备，可开展真伪、显微、薄层、重金属、量测定、农药残留、pH值等多种检验检测服务，并可以出具权威检测结果及数据报告。

建有100余亩的仓储物流市场和航空物流快运综合服务中心，拥有200余条联托运线路，直达国内200余个大中小型城市，商合杭高铁行包专列，紧邻涡河航道，形成公路、铁路、航空立体化的交通运输网络，日货物吞吐量达3000余吨。建有亳州唯一的会展酒店综合体，可同时容纳超1200个国际标准展位，康莱酒店拥有客房237间，国际会议厅、商务中心、咖啡吧等，连续10年协助承办国际（亳州）中医药博览会暨全国（亳州）中药材交易会，每年承接不同规模的展会30余个，以展促会，发挥重点展会对产业和市场的引领作用。

【市场管理】 该市场以公司党委、工会、药商理事会（药商协会）为依托，以党员示范引导监督药商诚信守法经营。同时，药商理事会为药商与市场管理方和政府之间连接的纽带和沟通的桥梁，成为市场的“好助手”，药商的“好帮手”。

实行分区分类“五统一”的标准化、规范化管理模式，即统一包装、统一仓储、统一标牌、统一质检、统一核算。完善实名备案工作，在掌握经营者的身份证、主营品种等信息的基础上，在国内率先实现摊位仓储信息的备案和公示；强化商品标签管理，对市场内8000余个摊位3万余品规的中药材商品标签统一更换，在全国17个中药材专业市场率先标注产地到地市级并公示价格；重新调整经营业态布局，以三七、天麻、贝母、全虫、香料、茯苓、草药、白术等药材为试点，实施统一区域，集中管理。

围绕“康美无假货、件件请放心”的质量承诺，加强质检的巡查、抽检力度，严把药材质量关，建成中药材专业市场领域首个通过国家CMA认证的检验检测中心，严格落实经营“十不准”“十个一律”“十户联保”制度。清理取缔店外经营和占道经营行为；评选“诚信经营之星”，将诚信与银行授信挂钩，与商户签订《质量安全承诺书》；制定等级分类标准，进货查验购销记录；建立监督举报奖励制度。全面完成市场的质量管理体系再造，形成体系文件和全新工作制度，确保亳州中药材专业市场管理和质量把控工作的全国领先地位。

（李宁宁）

药农在田间收获中药材何首乌 （刘勤利 摄）

亳州中药材商品交易中心

【概况】 亳州中药材商品交易中心有限公司成立于2014年12

月，是安徽省人民政府批准设立，A股上市药企珍宝岛药业投建运营的全球大宗中药材现货交易平台。

亳州中药材商品交易中心位于亳州市高新区魏武大道与亳芍路交叉口。2019年，该中心开业，截至2020年底，营业额达15亿元，上缴税收达1.35亿元。

安徽盛海堂药业中药生产 （张延林 摄）

【市场运营】 该中心开创“平台+实体”智慧药市运营的先河，交易中心运用“中药材+互联网+仓储物流+质检溯源+金融服务+信息服务”商业模式，创新打造“一中心（实体交易中心）、两平台（电子商务平台、电子交易平台）、三大仓（神农仓、饮片仓、大健康养生商品花茶仓）、四配套（仓储物流平台、质检溯源平台、金融服务平台、信息服务平台）”平台业务体系，形成以“N+50”产地加工、电商平台、电子交易平台、现货市场、药材经营、饮片经营为主体的中药材产业生态圈集群企业。

其中，交易大厅隶属国家加工贸易产业园区，占地220亩，总建筑面积12万平方米，内设文博旅游区、电商示范互动区、产地大货直销区——神农仓、中药饮片展示区——饮片仓、特色品种专营区——日化仓，近8万平方米的中药材交易园区与交易大厅遥相呼应，内设单品专营街区、多品种现货交易区、草药地产药材交易区，近万商铺智慧互联，为数千家药企、数万药商提供标样展示、互动体验的全天候交易场所。

交易中心以合作共赢、平台共享为发展理念，立足中药材全产业链，深入全国中药材主产区，布局覆盖全国95%中药产区的“N+50”中药材产业资源体系，以“统一质检、统一仓储、统一包装、统一购销、统一结算、统一管理”的“六统一”运营模式，构建线上与线下相结合的全新交易体系、仓储物流体系、质量检测体系、金融服务体系、中药材大数据信息服务及全产业链溯源体系，意在通过从源头的规范种植、产地趁鲜加工、仓储物流到药材的质量检验、信息发布、线上交易，全过程提供各类服务，确保中药产品的品质，旨在构建互联网环境下中药材现代市场流通体系，从而推动中药产业转型升级。

神农仓：全国产地药材集中展销平台。神农仓内设展销区、洽谈区、配送区、服务区，其中一层为道地药材专区，涵盖东北、华北、西北、华中、华东、西南、华南七大专区，二层为大货单品种、冷背奇药材、进口药材、矿石类品种、花茶等专区及市场商户自营区。神农仓经营品种500个以上，品规1000余个，采用“六统一”的运营模式，全方位提供质检、供货、仓储、物流、金融等“一站式”的优质服务。神农采：第三方中药材电商平台作为专业中药材第三方线上交易平台，神农采通过信息、撮合、招采、溯源、物流、金融6大服务体系，开启产业互联网新时代。神农仓通过神农采开设专区，创新采用线上挂网、线下展示、远程视频实时看货的交易模式，实现线上线下一体化智慧交易。

“N+50”全国布局：七大分区，产地互联亳州中药材商品交易中心以“N+50”全国布局，聚焦产业上下游。截至2020年底，交易中心全国产地办已成立七大分区，即东北、华北、华东、华中、西南、西北、华南大区，规划建立50个产地办事处和500个全国信息站点，助力中药材交易模式转型升级。

（张雅君）

亳州市名中医选介

张　杰

张杰，男，1946年9月生，籍贯亳州市涡阳县，中共党员，安徽中医药大学教授，主任医师，硕士生导师，南京中医药大学师承博士生导师。全国第三批/第五批全国老中医药专家学术经验继承工作指导老师，国家中医药管理局名老中医药专家传承工作指导老师，安徽省国医名师。安徽中医药大学第一附属医院中医痹病学建设项目学术带头人，安徽省中医学会常务理事，中国中西医结合学会养生康复专业委员会理事，世界健康促进联合会副会长，世界中医联合会老年医学专业委员会理事，安徽省中医药学会仲景学说研究会副主委，安徽省中医药学会肝胆专业委员会副主任。安徽省创新中医学研究院院长。从医以来，发表论文30余篇，编写专著9部，完成省级科研3项。1986年，他主持研制“海马回春酒”，并参加中国首届食品博览会评选并获金奖，获安徽省第二届发明二等奖等。张杰对中医内科疑难杂症的诊疗经验丰富，他独创“虚”“毒”“淤”理论、“肝脾建中”理论、“脾阳为本”理论等指导临床。主张以“化瘀解毒，散结通络，攻补并用”为基本理念，辨治多类肿瘤病等。擅长使用经方治疗各种杂病。尤其以治疗消化系统疾病，妇科疾病及肿瘤病著称。他认为，中医不能停留在望、闻、问、切等传统技能上，要积极学习现代技术，使之服务于中医诊疗。

杨从鑫

杨从鑫，男，1939年生，中共党员，中医内科主任医师。省第三批名老中医工作室学术经验传承指导老师，全国第六批名老中医专家学术经验继承工作指导老师。积极投身中西医结合的伟大事业，系亳州市最先从事中西医结合的中医专家之一。在临床实践中每个阶段都形成了不同的专长和技术风格。退休后，更多从事脾胃疾病和心脑血管，老年疾病研究，擅长诊治脾胃、心血管疾病。秉承“非天资聪慧者，不可为医，德不近佛者，不可为医”的治学理念，积极传授学术经验，选择优秀的中青年中医专家作为学术继承人。曾获“亳州市首届名老中医”“专业技术拔尖人才”称号，享受亳州市政府特殊津贴。

尹安坤

尹安坤，男，1966年生，1990年毕业于安徽中医学院，现任亳州市中医院党委副书记、副院长、中医眼科主任医师。先后担任眼科主任、五官科主任、医务科科长、院长助理。2016年晋升主任医师三级。第二届亳州市政协委员，第三届亳州市党代表；担任亳州市医学会理事、亳州市中医药学会理事。从事中医眼科临中药产业床30余年，擅长中西医结合治疗干眼症、眼底病等眼科疑难病症及儿童斜视弱视康复等。发表学术论文10余篇。曾主持开展“彭年光明行动”，连续多年开展“百万贫困白内障患者复明工程”等项目。成立眼科病区并成功创建亳州市青年文明号、亳州市中医重点专科、安徽省中医重点专科。先后获得“亳州市首届十佳医生”“亳州市残疾人工作先进个人”“亳州市名中医”“谯城区首届优秀人才”“安徽省中医学术技术跨世纪人才培养对象”“安徽省首届江淮名医”“安徽省名中医”“安徽省中医学术技术传承指导老师”等荣誉称号，享受亳州市政府特殊津贴。

怀　南

怀南，男，1964年生，1988年毕业于安徽中医学院毕业，主任中医师。全国颈肩腰腿痛协会理事，安徽省骨伤科常务委员，亳州市骨科协会副主任委员，现任亳州市华佗中医院骨伤科主任医师，先后被评为亳州市名中医、安徽省名中医，享受亳州市政府特殊津贴。发表论文多篇，在亳州市率先开展了“股骨颈骨折经皮内固定”技术、“尺桡骨骨折夹板石膏双重外固定”技术，有效地解决了尺桡骨骨折在固定中的不稳定性。运用颈椎病、腰椎间盘突出症关节松动技术治疗颈椎病、腰椎间盘突出症，有效快速解决病人的痛苦，开展了腰椎间盘、腰椎管狭窄、腰椎滑脱、髋关节置换、膝关节置换手术，改良了推拿手法治疗该病的不足；运用关节松动手法能够有效快速治疗颈椎病、腰椎间盘突出症，有效快速解决患者的疼痛，在临床上取得了较好的疗效，受到广大患者的好评。研究的外用膏药获得安徽省科技成果，亳州市科技成果三等奖，是治疗膝关节骨性关节炎的有效方法，避免了手术带来的痛苦。

苗同贺

苗同贺，男，1966年9月生，55岁，大学本科学历，主任医师，现任蒙城县中医院推拿康复科主任、治未病科主任。先后担任安徽省针灸学会第五届理事会常务理事、安徽省康复医学会功能康复专业委员会第一届委员会常务委员、安徽省中医药学会治未病专业委员会常务委员等。从事针灸推拿工作30多年，先后在《中医药临床杂志》等多种期刊发表专业学术论文10余篇。主治脑梗塞、脑出血引起的肢体活动功能障碍、认识功能障碍、言语功能障碍、吞咽功能障碍等，针药结合治疗颈椎病、肩周炎、腰椎间盘突出症、坐骨神经痛、腰肌劳损、网球肘、膝关节炎、面神经炎、失眠、小儿肌性斜颈；擅用“醒脑开窍”方法治疗脑梗塞及脑出血后遗症；结合现代康复治疗各类关节功能障碍；针药结合及独创正骨推拿手法治疗各类颈肩腰腿痛；擅用小针刀配合穴位注射治疗各类顽固性疼痛；对小儿腹泻、便秘、斜颈、疼积、遗尿等颇有研究。先后获得安徽省名中医、亳州市名中医、安徽省“十二五”中医临床学术和技术带头人、亳州市首届学术和技术带头人、亳州市第一届“首席专家”等荣誉称号，享受市政府特殊津贴。

王化猛

王化猛，男，1963年生，现为涡阳县人民医院中医肝病科主任医师（正高三级）、二级心理咨询师、健康管理中心主任、医院副院长。曾在安徽中医药大学第一附院跟师学习，为国医名师徐经世弟子、徐氏医学第四代传人。国家中医药管理局授予2018年全国基层名老中医药专家传承工作室建设项目指导老师称号；获安徽省第八届自然科学优秀论文奖三等奖1项，并获安徽省科学技术研究成果证书；亳州市科学技术奖二等奖2项；亳州市书香亳州“阅读之星”1项；亳州市政协智库专家1项；亳州市政协优秀提案奖1项；亳州市文艺精品奖1项等荣誉称号。曾获全国基层优秀名中医、安徽省名中医、首届江淮名医、安徽省卫生系统有突出贡献的中青年专家、亳州市优秀人才称号。获安徽省人民政府科学技术奖三等奖2项，亳州市科学技术奖三等奖5项。

张守光

张守光，男，1966年生，1988年毕业于安徽中医学院中医系推拿专业，主任中医师，安徽省全科医学会康复医学分会副主任委员，安徽省医师学会针推结合专业委员会副主任委员，安徽省中医学会推拿专业委员会常务委员，安徽省中西医结合学会康复及养生学专业委员会常务委员，安徽省医学会物理及康复医学专业委员会委员，亳州市医学会康复医学委员会主任委员，亳州市康复医学质控专业委员会主任。安徽省名中医，亳州市名中医，亳州职业技术学院兼职教授，亳州市政协委员。曾在华西医院，湘雅附二院，安徽医科大学康复医学科进修，擅长中西医结合治疗颈肩腰腿痛，对偏瘫和截瘫的中西医结合治疗也有较深的研究，是亳州市推拿学及现代康复医学的奠基人。近年来在国内各类医学核心期刊发表论文10余篇，主编论著2部，主持省、市科研课题5个。

李献华

李献华，男，1969年生，籍贯亳州市谯城区，中共党员。毕业于北京中医药大学。亳州市华佗中医院副院长、副主任中医师。中国中医药研究促进会基层中医药提升工作委员会副会长，中华中医药学会治未病分会、中国中医药研究促进会中医生殖学分会暨男科医学研究院、中国民族中医药学会内分泌分会、中国中西医结合内分泌专业委员会常委，中国民间中医药研究开发协会常务理事兼副秘书长。安徽省中医药学会治未病专业委员会副主任委员，安徽省名中医学术经验继承指导老师，安徽省中医药传统知识产权保护项目（应孕丸）持有人。亳州市中医药学会秘书长、法人代表，亳州寇氏妇科流派代表性传承人、李氏妇科第五代传承人、国家非物质文化遗产“华佗五禽戏”第59代传承人。先后师从首都国医名师、全国名老中医药学术经验传承指导老师高益民教授、林兰教授，全国名老中医药学术经验传承指导老师杨从鑫主任医师。擅长妇科、男科、不孕不育症、肾病及内科杂症以及亚健康人群的养生调理。获批安徽省名中医工作室建设，参与建设国家名老中医药经验传承工作室。参与完成省级科研项目“补肾固金膏治疗慢性阻塞性肺心病的临床研究”、市级项目“中药口服加足浴治疗糖尿病下肢周围神经病变研究”。其中，省级科研项目“益智方在肾精不足兼血瘀型轻中度血管性痴呆患者中的临床应用”获安徽省中医药科学技术三等奖、亳州市科学技术二等奖。主持出版《杨从鑫名老中医学术及临床经验集》5部，出版《传统中医生殖医学与不孕不育》专著1部。发表专业论文20余篇。2020年获批主持“李献华名老中医经验方——瓜参汤的创新研究运用”、参与“华佗五禽戏在强直性脊柱炎患者康复锻炼中的应用研究”、参与“华佗养生思想及其历史渊源研究”。先后获“亳州市第一届优秀人才”“亳州市名中医”“安徽省名中医”等称号，享受市政府特殊津贴。

刘　亮

刘亮，男，1971年生，中共党员。1995年毕业于安徽中医学院，学士学位，主任中医师，现任院长助理。从事骨伤科工作二十多年，坚持参加骨伤科的诊疗工作，上门诊、业务查房等，能熟练运用中医“正骨八法”整复四肢闭合性骨折，能独立主刀完成骨科三、四类手术，发表学术论文10余篇。先后在《中医临床杂志》《淮海医药》《精准临床医学》《世界最新医学》等多种期刊发表论文10多篇。先后获“亳州市名中医”“亳州市第五批市级专业技术拔尖人才”“安徽省第三届江淮名医”称号。2020年9月，被聘任为中医药临床杂志社第四届社委会常务委员。

张超伟

张超伟，男，1963年生，亳州市政协常委、亳州学院中医药文化研究所所长，中国近代著名中医堂号“保和堂”第9代传人，家族世代行医，已历300余年。张超伟自幼就秉文习医，师承著名中医新安医学传人吴锦洪、中西医结合开拓者朱希亨、孟河学派传人袁祖华、施今墨亲传弟子罗舒庭、胶东名医柳少逸、当代神农传人王德群诸先生，至今行医43年，临床诊治近22万例。他主张医者不分中西，只论古今，临床中，坚持以“中医全面辩证为体，西医之针对治疗为用”，不分轩轾，互补短长，取《内经》为骨，《伤寒》为筋，《千金》为肉，《神农本草经》、华佗学术和金元明清诸家为体，中西互参为用，解决临床常见病，多发病和疑难病。出版有《亳药拾趣》《中药典籍》《华佗医学的守正和创新》《华佗治“癌”心法实证录》等书籍，整理有《热病临证四字诀》《华佗脊穴治疗癌症疼痛》《治温病疫毒，疏利三焦13法》《临床辨证点滴》《麻沸散治疗精神分裂症》等医学论述。

（侯学振）

农　业

2022年2月11日，亳州市谯城区赵桥乡双楼村村民驾驶自走式高杆喷雾机对小麦进行喷药作业　　（刘勤利　摄）

概　述

【概况】2001年6月，亳州市农业委员会成立。7月，成立亳州市农机局，是亳州市农业委员会管理的副处级事业单位。2003年2月，亳州市农业技术推广中心、亳州市畜牧水产技术推广中心成立（挂市动物防疫监督站牌子），均为亳州市农业委员会管理的正科级全额拨款事业单位；成立亳州市农机监理站，是亳州市农机局管理的正科级全额拨款事业单位。2004年2月，亳州市农业经济经营管理站成立，是亳州市农业委员会管理的正科级全额拨款事业单位。2005年3月，亳州市农业委员会设立科教信息科，将畜牧科和水产科合并成立畜牧水产科。5月，亳州市农副产品管理办公室改为亳州市农业委员会管理的副处级事业单位。2007年7月，兽医管理体制改革，成立亳州市畜牧兽医局（加挂市动物卫生监督所牌子），为亳州市农业委员会管理的副处级全额预算事业单位，在原畜牧水产技术推广中心基础上成立市动物疫病预防与控制中心（加挂市畜牧兽医技术推广中心、市水产技术推广中心牌子），为亳州市农业委员会管理的正科级全额预算事业单位；8月，撤销亳州市农业委员会畜牧水产科，在市畜牧兽医局挂市饲料工作办公室、市水产局、市渔政渔港监督管理局牌子。2008年2月，亳州市农机局、亳州市农业经济经营管理站列入参照公务员法管理，9月，亳州市畜牧兽医局列入参照公务员法管理。2009年5月，亳州市农副产品管理办公室（市菜篮子工程办公室）列入参照公务员法管理。2010年3月，设立亳州市农业委员会（亳州市粮食局），为亳州市政府工作部门。2015年1月，将亳州市粮食局由亳州市农业委员会管理的部门管理机构调整为亳州市政府工作部门。4月，设置亳州市农委机关党总支专职副书记，按内设机构正职配备。2019年2月，组建亳州市农业农村局，作为市政府工作部门，不再保留亳州市农业委员会，市委农村工作领导小组办公室设在市农业农村局。

亳州市谯城区十河镇大周村，农民在晾晒丰收的农作物　（刘勤利　摄）

市农业农村局的主要职责是统筹研究和组织实施全市“三农”工作的发展战略、中长期规划、重大政策，统筹推动发展全市农村社会事业、农村公共服务、农村文化、农村基础设施和乡村治理，拟订全市深化农村经济体制改革和巩固完善农村基本经营制度的政策，指导乡村特色产业、农产品加工业、休闲农业和乡镇企业发展工作，负责种植业、畜牧业、渔业、农业机械化等农业各产业的监督管理，指导粮食等农产品生产，负责农产品质量安全监督管理，组织农业资源区划工作，负责全市有关农业生产资料和农业投入品的监督管理，负责全市农业防灾减灾、农作物重大病虫害防治工作，负责全市农业投资管理。提出全市农业投融资体制机制改革建议，推动全市农业科技体制改革和农业科技创新体系建设，指导全市农业农村人才工作，牵头开展全市农业对外合作工作等。

2021年，市农业农村局有8个局属单位。其中，有市农业机械发展中心、市绿色优质农产品发展中心、市畜牧发展中心、市农业综合开发中心4个副处级单位，有市农业农村经济经营管理站、市农业综合行政执法督查支队、市农业技术推广中心、市动物疫病预防与控制中心4个正科级事业单位。

2021年，全市第一产业增

加值256亿元、增长3%，增速居全省第二位；全市农村常住居民人均可支配收入15293元、增长8.5%，增速高出全省0.7个百分点，居全省第五位；全市规上农产品加工产值全省占比11%、增长5.7%，均居全省第二位。亳州市成为全省唯一粮食种植面积和产量双达标的市，全市粮食种植面积1309.2万亩、居全省第三位，总产量50.52亿千克、居全省第二位，其中优质专用小麦面积和订单面积均居全省第一位。“国禾麦19”获2021年度全国强筋小麦制品面包评比冠军，填补了安徽省超强筋小麦品种空白。畜禽废弃物资源化利用工作得到省长李国英的关注和副省长张曙光的批示肯定。同时，获得农业农村部畜牧兽医局认可，邀请亳州市农业农村局作为全国唯一的市级代表在全国畜禽粪污资源化利用交流会上作典型发言，并在全国范围内对亳州市农业农村局予以通报表扬。

【畜禽废弃物资源化利用】2021年，亳州市探索实践“农牧结合、种养循环”肥水管网进田新模式。整合畜牧、农发、农技等多部门资源优势，发挥“1+1+1>3”的效应，在全市全区域实行畜禽肥水还田，摸索出“整合资源、就近还田、量化指标、加强监测”的种养结合有效方式，实现畜禽粪污资源化利用与化肥减量、农作物增产增效、土壤肥力提升有机结合，截至年底，全市有73家规模养殖场实施肥水管网还田，覆盖土地14.6万亩，涉及种植主体75家。

【农业供给侧结构调整】2021年，亳州市持续推进优质专用粮食生产。全市有49个粮食绿色高质高效示范点（示范片、示范村、示范家庭农场）和418.7万亩优质专用订单小麦生产基地，辐射推动粮食生产稳步可持续发展。粮食总产量50.52亿千克，比2020年增加0.55亿千克，增长1.1%。

发展优质蔬果产业。全市瓜菜播种总面积8.8万公顷，蔬菜总产量35.2亿千克；水果栽植面积0.64万公顷，水果总产量1.31亿千克。蔬果种植面积和总产量位居全省前列。在全省“菜篮子”市长负责制考核中，亳州市位居优秀等次。

全面提升中药材标准化种植水平。推进世界中医药之都建设，全市中药材种植面积121.3万亩，比2020年增加0.9万亩；全市标准化种植面积38.2万亩，新增2.2万亩。亳州市谯城区天齐富种植专业合作社建设的“十大皖药”（亳白芍）产业示范基地被省有关部门授牌。亳州市申报的“亳天花粉”农产品地理标志保护获得农业农村部批准。2021年9月，亳州市被天猫优品授予“花草茶正宗原产地”牌匾。

稳定畜牧业生产形势。开展“非洲猪瘟”防控，加大恢复生猪生产力度。开展畜禽养殖粪污资源化利用工作，生猪生产逐步恢复，全市生猪存栏、出栏绝对值均居全省第三位，牛羊、肉禽、蛋禽等市场行情企稳向好，畜禽及产品价格稳定，养殖场（户）养殖利润增加。全市4个省级标准化示范场（涡阳县农大牧业有限公司、亳州市谯城区坤涛农牧家庭农场、安徽春辉畜牧养殖有限公司、亳州市卫军养殖有限责任公司）、32个市级标准化示范场，各类畜禽规模养殖比重为85.2%。

推进农业标准化工作。全市新增农产品“三品一标”124个，全市“三品一标”认证总数达674个；地理标志登记保护农产品5个（亳菊、亳丹皮、亳天花粉、涡阳苔干、蒙城篱笆黄花梨），苏赵梨、亳桑皮等正在积极申报农产品地理标志登记保护；建成省级蔬菜标准园4个（利辛县天逸家庭农场、蒙城县九里农耕科技发展有限公司、亳州市谯城区梅山种植专业合作社、涡阳县楠睿农作物种植农民专业合作社），全市市级以上蔬菜标准园达81个。

（苏泓光）

种植业

【概况】2021年，亳州市贯彻落实“中央一号”文件精神，开展农业技术推广工作，推进农业现代化发展，提升农业综合生产能力、促进农业持续增效和农民持续增收。

【优质专用粮食生产】2021年，亳州市贯彻落实国家和省关于“调、转、促”和供给侧结构性改革战略部署，发展绿色生产、优质专用粮食生产。打造一批实行标准化生产、规模化经营、专业化服务的优质专用小麦种植基地。建立优质专用订单小麦生产基地418.7万亩。

2021年11月5日，亳州生姜喜获丰收　　（张延林　摄）

【粮食绿色增产攻关示范创建】2021年，亳州市建设49个粮食绿色高质高效示范点（示范片、示范村、示范家庭农场），在各绿色增产示范点全部落实“五有”（有明显的示范标志、有完整的技术方案、有行政和技术负责人、有配套扶持措施、有示范观摩活动计划）和“五统一”（统一技术规程、统一供种、统一机播、统一配方施肥、统一防治病虫草害）措施，推广“三推”（推广高产高效多抗新品种、推广规模化标准化机械化的栽培技术、推进耕地质量建设）和“三节”（节肥、节药、节水）技术，全面普及平衡施肥技术，使用低毒、高效、低残留农药以及各类新型植保机械，采取黏虫板、杀虫灯、性诱剂等绿色防控技术。利用财政或项目资金购置黏虫板、杀虫灯和性诱剂等绿色防控农资，实现小麦、玉米绿色增产创建示范片（村、家庭农场）统防统治和绿色防控全覆盖，辐射带动全市主要农作物病虫害统防统治面积1082.2万亩次、农作物病虫绿色防控738.4万亩，有效减少农药使用量，促进粮食绿色增产增效。

【耕地保护与质量提升暨化肥减量增效试点项目】2021年，亳州市持续实施中央财政耕地保护与质量提升项目暨化肥减量增效试点项目，涡阳县为化肥减量增效示范县，谯城、蒙城和利辛县为土肥工作基础县。落实耕地质量保护与提升技术面积累计87.4万公顷，其中，秸秆还田技术应用面积57.8万公顷；耕地深翻面积9.6万公顷；有机肥使用面积19.6万公顷；大豆轮作面积0.3公顷。耕地质量稳步提升。

2021年6月23日，亳州市谯城区双沟镇王各村“全实种植合作社”农民收获香妃蜜哈密瓜　　（刘勤利　摄）

全市共采集土壤样品860个，化验5390项；开展各类试验31项；发布小麦、玉米主要农作物配方40个；建立化肥减量增效示范片26个，示范区面积1.07万公顷；推广机械化施肥57.5万公顷；推广缓释肥、水溶肥料、生物肥等高效新型肥料11690万千克（实物量），应用面积18.4万公顷。统计部门数据显示，全市化肥使用量27942.9万千克（折纯，下同），比2020年减少433.8万千克，减幅为1.53%。肥料利用率试验结果显示小麦、玉米氮素化肥利用率 40.47%。建设耕地质量长期定位监测点 90 个，完成监测点土壤样品化验，形成亳州市 2021 年度耕地质量监测报告和 2020 年、2021 年耕地质量等级变化评价报告，全市 59.95 万公顷耕地质量平均等级为 3.74，比 2020 年提升 0.21 个等级，耕地环境质量总体良好，没有发现因耕地质量引起的农产品质量安全问题。全市建设墒情固定监测点 45 个，年例行监测 43 次，并发布墒情监测报告 43 期。

2021 年 5 月 31 日，亳州市谯城区十河镇西关村，农业技术人员进行小麦测产（刘勤利　摄）

【农业生态环保】2021 年，亳州市坚持保护优先、绿色发展之路，以“源头减量、无害处理、资源利用”三个环节为重点，推广清洁生产技术，控制农业面源污染源头；集成推广畜禽粪污、秸秆、地膜资源化利用先进实用技术，防治农业废弃物污染，完成年度目标任务。

稳步推进农业投入品减量。农业生产化肥、农药使用总量稳定保持负增长水平。农业生产化肥、农药使用量分别为 27942.9 万千克（折纯量）和 668.4 万千克（商品量），分别比 2020 年减少 1.53% 和 2.32%。初步建设农膜残留监测点 20 个，完善废弃农膜回收体系，全市废弃农膜回收率 85.7%。推进畜禽养殖污染综合治理，畜禽养殖废弃物资源化利用率达 95.9%。

2021 年 6 月 8 日，亳州市谯城区赵桥乡双楼村，一台无人驾驶收获机在安徽省首个无人农场示范基地进行小麦收获作业（刘勤利　摄）

持续开展耕地土壤—农产品协同监测工作。各县、区整合资金，完成 168 个土壤样品和 233 个农产品样品重金属监测工作，共检测 2370 项次，检测结果全部合格。

开展受污染耕地安全利用工作。针对 3653 亩安全利用类耕地进行了入户调查，该区域内农作物种植面积 3385.36 亩，苗木花卉 116.99 亩，建设用地 140.65 亩，养殖（蚂蚱）面积 10 亩。对农作物落实“优化施肥、叶面调控、深翻耕”等安全利用技术 13280 亩次，其中，优化施肥 5760 亩次，叶面调控 7200 亩次，深翻耕 410 亩。全市落实安全利用类措施、实现了安全利用的超筛选值耕地面积 B 类为 3385.36 亩，C 类为 267.64 亩，有效系数 E=95%，根据《安徽省 2021 年市级受污染耕地安全利用率核算办法》，2021 年，亳州市受污染耕地安全利用率达 95%，完成省级下达的年度目标

2021 年 12 月 28 日，亳州市谯城区双沟镇菜农在包装娃娃菜供应市场
（刘勤利　摄）

任务。

耕地土壤环境质量类别划分。全面开展耕地土壤环境质量类别划分工作。市和涡阳、利辛两县按照省级文件要求，按时完成了耕地土壤环境质量类别划分工作，划分成果上报省农业农村厅。划分结果为全市899.3085 万亩耕地全部为优先保护类耕地，土壤环境质量清洁。

（吴　雪）

畜牧业

【概况】2021 年，面对新冠肺炎疫情的叠加冲击，全市畜牧兽医水产部门落实生猪稳产保供相关措施、加快推进畜禽废弃物资源化利用。全市没有发生重大动物疫情和畜水产品质量安全事故，保障了市场供给，较好地完成各项阶段性工作任务。

【畜牧生产】2021 年，亳州市生猪存栏 172.0 万头，同比增长 19.8%；出栏 256.0 万头，同比下降 3.8%。家禽存栏 1426 万只，同比增长 26.0%，其中：蛋鸡存栏 456.5 万只；出栏 4941.0 万只，同比增长 9.0%。肉牛存栏 6.0 万头，同比增长 15.3%；出栏 5.6 万头，同比增长 7.5%。奶牛存栏 0.5 万头，同比下降 55.1%。肉羊存栏 84.0 万只，同比增长 7.0%；出栏 231.8 万只，同比增长 9.3%。肉蛋奶类总产 43.4 万吨，同比增长 3.8%，其中：肉类总产 33.4 万吨，蛋类总产 9.2 万吨，奶类总产 0.8 万吨。

【动物防疫】2021 年，亳州市贯彻落实省、市重大动物疫病防控工作会议精神，及时、周密地安排部署辖区内重大动物疫病防控工作。及时开展春秋两季动物防疫，应免畜禽免疫密度、家畜二维码耳标直挂率、免疫证明发放率、免疫建档率达 100%。开展督查和疫情监测，及时掌握疫情动态，指导养殖场（户）做好防疫和消毒灭源，落实“非洲猪瘟”监测排查、禁止泔水喂猪、“点对点”调运等各项防控措施，建立“非洲猪瘟”防控责任制，全年亳州市重大动物疫病“零”发生。

【畜禽养殖污染治理】2021 年，亳州市以规模养殖场标准化创建和畜禽养殖废弃物资源化利用整县推进项目为抓手，推广“猪—沼—粮”“猪—沼—菜”“猪—沼—果”的种养结合的循环模式，将粮食、蔬菜、水果等种植大户与畜牧养殖大户紧密结合，实现种养优势互补和良性生态循环；探索开展“肥水管网还田”模式，亳州市畜禽养殖废弃物资源化利用水平提升，全市共有畜禽规模养殖场 2895 家，畜禽废弃物资源化综合利用率 96.9%，规模养殖场粪污处理设施装备配套率达 100%。

（宿同宇）

水产业

【概况】2021 年，亳州市渔业工作以市场为导向，以增加渔民收入为核心，以提高水产品质量和综合效益为目标，逐步理顺渔业管理体制，依靠科技进步积极发展名、特、优水产品，调整优化渔业结构，逐步推进渔业科技创新和体制创新，建立渔业执法体系，实现了全市渔业经济持续、健康发展。全市水产品总产量 5300.4 万千克，同比增长 0.1%；淡水鱼苗 4.27 亿尾，同比增长 0.83%；水产养殖面积 1.27 万公顷，同比增长 0.98%。

【渔业生产】2021 年，亳州市围绕渔业绿色健康养殖模式攻关行动，共引进繁育推广以优质鲫鱼、泥鳅、秋浦花鳜等为主导品种的名优水产良种，重点推广池塘循环流水养殖技术、池塘健康养殖技术、河蟹生态养殖技术、水产养殖病害防治技术等水产先进适用技术。切实抓好新型渔民技能培训，培训以专业合作社、渔场、养殖大户为主，主要培训：池塘 80 ∶ 20 养殖、池塘生态无公害养殖、鱼用颗粒饵料的应用、鱼病防治等，真正把实用技术送到渔民手中。

【稻渔综合种养】2021 年，亳州市继续推进稻渔综合种养。自 2017 年始，亳州市利用五条河流（茨淮新河、芡河、阜蒙新河、涡河、北淝河）的水资源优势，加大产业结构调整的力度，整合项目资金 1.56 亿元，“打好生态牌、做活水文章”为发展思路，秉承“一地两用双轮驱动调结构、虾稻共作循环农业促发展”的理念，提升水利、用足水力、做强水产，大力发展虾稻共作产业，实现产业兴旺与脱贫攻坚同步发展的良性发展格局。截至 2021 年底，全市稻渔综合种养面积达 9.1 万亩，注册 4 个“虾稻米”品牌（庄子释稻、老周牌、芡河湿地、穗穗有道），虾稻产业年产值 5 亿余元，直接为农民增收 2.8 亿元，带动贫困户就业 1200 余人。

【渔政监督】2021 年，亳州市全面实施禁渔制度，加大对渔业违规违法案件的处理力度，市、县渔业主管部门于 3 月 1 日—8 月 31 日对涡河、武家河、芡河、北淝河、小洪河、西淝河、茨淮新河等河道水面实施禁渔。以“中国渔政亮剑 2021”系列专项执法行动为主，严厉打击违规违法行为，共查处违规违法案件 14 起、处罚 14 人、罚款 2.9 万元，侦办非法捕捞刑事案件 2 起，采取刑事强制措施 2 人（其中：移送检察机关审查起诉 1 人、判处缓刑 1 人），震慑了渔事违法行为，保护了全市渔业资源和渔业生态环境。

（秦文学）

水 利

【概况】2021 年，亳州市编制完成“十四五”水利发展规划，及时修订城市防洪规划、防洪能力提升、农村供水保障、灌溉水源保障规划。全面完成水利建设任务，西淝河等沿淮洼地治理工程及淮干一般堤防除险加固工程竣工验收，水利薄弱三年行动工程和病险水闸除险加固工程顺利完成，防汛抗旱三年提升工程顺利启动，谯城区武杨河、利辛县北凤沟、涡阳县芡河、蒙城县北凤沟 4 条中小河流治理工程完成投资计划 1.35 亿元。民生工程建设任务提前完成，共投入资金 2122 万元，完工 144 处，覆盖服务人口 190.66 万人。及时修订完善各类方案预案，全覆盖检查督查备汛情况，发现并整改 27 项问题隐患。汛期及时检查防汛排涝工作，严格落实 24 小时值班制度，密切关注雨情、水情、工情、墒情等变化，及时开展预警预报、会商研判，科学调度涵闸工程，实现安全度汛。

【水资源管理】2021 年，亳州市及时下达取水户年度取用水计划并监督实施，积极推进取用水在

俯瞰龙凤公园 （刘勤利 摄）

线监控系统建设，将年取水量5万立方米以上的古井贡酒股份有限公司等企业单位纳入重点监控名录实施重点监管。积极推进并完成茨淮新河及怀洪新河流域6条河流水量分配工作，顺利完成年度涡河生态流量管控工作任务。国家节水行动顺利实施，涡阳县、谯城区被水利部命名为节水型社会建设达标县区；蒙城县节水型社会达标建设通过省水利厅专家验收。亳州国祯生物质热电有限公司等3家企业被认定为第七批省级节水型企业。超采区综合治理取得成效，积极开展取用水管理专项整治行动，全面完成1185个需整改取水项目问题整改工作。加大自备井排查整治工作，指导三县完成年度中深层井封闭任务，深层地下水水位逐步回升，上升幅度在全国位于前列。

【引江济淮亳州段工程】2021年，亳州市引江济淮一期工程基本完成，引江济淮二期工程积极推进，涡河输水干线工程、干线分水口门工程、西淝河和茨淮新河水质保护工程、西淝河输水线管护工程等纳入引江济淮二期工程规上部分，估算中央资金投资约56亿元，中心城区地表水厂及各县区“喝上引调水工程”水厂输水管道工程纳入引江济淮二期工程规下部分，估算省级资金投资21亿元。

【群众喝上引调水工程】2021年，亳州市聚焦保障群众饮水安全、加强饮用水源地保护等工作，以县域为整体，依托引江济淮工程，统筹水资源管理，合理配置引调水源、地表水源，加快推进地下水源替换工程。各县区结合“皖北地区群众喝上引调水工程”，编制完成县区农村供水保障规划，扎实推进相关工程建设。其中，涡阳县完成投资1.5亿元，开工建设涡阳县地表水厂1座；蒙城县完成投资2.6亿元，开工建设吕望地表水厂；谯城区完成投资1.35亿元，开工建设古井地表水厂。

【亳州水网建设】2021年，亳州市围绕“精准调控，把水留住”要求，积极谋划构建有机连通、可引可排畅通水网，建设循环水网工程，初步形成《亳州市水网规划总体布局与规划方案》。城市水系贯通逐步实现，完成“一涵三闸”主体工程、宋汤河岸坡塌陷应急处理工程，启动实施“三闸”拆建工程。

【河长制工作】2021年，亳州市在全省首先落实河长制基层网格化管理，全市89个乡镇均设立河长制工作站，定编760人，明确村级网格河湖长4745人，打通河长制“最后一公里”。建立健全专管员队伍，涡阳县加强河湖管护体系建设做法被省河长办作为典型案例在全省推广。加强科技巡河，增设涡河、西淝河等视频监控186路。持续开展河长制攻坚行动，水质水环境不断提升。全面完成水利普查以内73条河道的管理范围划定工作，及水利普查以外66条河流管理范围划定工作。扎实开展河道管护，各级河长累计巡河11万余人次，创建谯城区陵西湖等4条（个）省级幸福河湖。加强河道采砂监管，增设涡河市界、县界等重点河段敏感水域打击非法采砂视频监控30路，联合公安等部门开展打击“沙霸”专项行动，依法查处非法采砂案件13起，罚款27.78万元、没收违法所得2.58万元，拆除采砂机具30多台（套）、拆解销毁采运砂船舶13条。

（张淮阳）

工　业

古井贡酒灌装生产线　（刘勤利　摄）

概　述

【概况】2021年，亳州市新增规模以上工业企业91家，总数达到665家。规模工业增加值累计增速7.5%，规下工业增加值增速达13.1%。酒、饮料和精制茶制造业扎实强劲，全年累计增加值增速达22.9%，煤炭开采和洗选业同比增长42.1%，电力、热力生产和供应业同比增长15.1%，农副食品加工业累计增速9.1%。医药制造业同比下降7.6%，非金属矿物制品业同比下降7.7%，化学原料和化学制品制造业同比下降14.5%。受上游煤炭、钢材、石油、粮食原材料价格上涨等因素影响，全市工业企业经济效益出现大幅下滑。全年规模以上工业企业实现营业收入1114亿元，同比增长11.9%；营业成本为902亿元，同比增长12.8%；实现利润总额64.4亿元，同比下降17.9%。

2021年，全市新签约亿元以上工业项目328个，签约金额1704.5亿元；新落地亿元以上工业项目312个，总投资1296.9亿元。全市工业投资同比增长9.1%，技改投资同比增长14.4%。

推广应用工业机器人399台（套），获批省级智能工厂2家、数字化车间7个和技术创新示范企业12家，国家级“两化融合”管理体系贯标评定企业138家，安徽省企业技术中心5家，省级制造业与互联网融合发展试点企业11家、安徽省技术创新示范企业3家、安徽工业精品3个，安徽省首版次软件1个。

【公共服务体系建设】新增省级中小企业公共服务示范平台2家，全年各类服务平台为中小企业提供服务7153次，服务企业3789家。全年累计直接降低企业成本、减轻企业负担51.07亿元，实现直接融资290.4亿元。累计发放税融通贷款38.76亿元，惠及企业2661家，“金农易贷”在亳州市累计发放贷款2272.27亿元。

制定出台《关于进一步激发民营企业创业热情成就企业家创意创新创造推进民营经济高质量发展的实施意见》（亳发〔2021〕10号）。新增国家级专精特新企业“小巨人”3家，新增省级专精特新冠军企业3家，高成长型小微企业2家，新增省级“专精特新”中小企业10家。认定市级“专精特新”企业27家。

新增获批国家绿色工厂1家，国家绿色设计产品5个，省级绿色工厂3家企业，市级绿色工厂9家。开展砖瓦窑厂监督检查54次，拆除砖瓦窑厂13家，转产7家，长期关闭2家。扎实推进中心城区危化品企业关闭退出工作，瑞福祥食品公司、三星化工公司已关闭并通过退出验收。古井白酒行业工业互联网平台被列为安徽省行业级工业互联网平台建设重点，省财政给予700万元奖补支持。安徽冯了性中药饮片有限公司企业级互联网平台建设初见成效，正在全市进行示范推广。

【隐患排查】2021年，全市经信系统排查一般隐患3756个，整改率99.9%。省、市挂牌的2家企业重大火灾隐患已整改完成。市消委会转交督办三批17家火灾隐患企业中15家已完成整改任务。

（陈玉强　申晶晶）

·安徽古井集团有限责任公司·

【概况】安徽古井集团有限责任公司（以下简称“古井集团”）前身为起源于明代正德十年（1515）的公兴槽坊，1959年转制为省营亳县古井酒厂，1992年2月成立安徽古井实业集团，1995年1月阜阳行署批准成立安徽古井集团，1996年古井贡股票上市。

古井集团是中国老八大名酒企业，中国制造业500强企业，是以中国第一家同时发行A、B两支股票的白酒类上市公司安徽古井贡酒股份有限公司为核心的国家大型一档企业。古井集团曾获“全国质量标杆”“国家级工业设计中心”“国家级绿色工厂”“全国企业文化示范基地”和中国酒业“社会责任突出贡献奖”等荣誉。

古井贡酒是集团的主导产品。古井贡酒四次蝉联全国白酒评比金奖，在巴黎第十三届国际食品博览会上获金夏尔奖，先后成为上海世博会安徽馆战略合作伙伴，2012年韩国丽水世博会、2015年意大利米兰世博会、2017年哈萨克斯坦阿斯塔纳世博会、2020年迪拜世博会中国馆指定用酒，并于2011—2013年连续三年总冠名“感动中国”人物评选活动，2016—2021年连续六年特约播出中央广播电视总台春节联欢晚会，同时开展的读“亳”

有奖活动受到广泛好评。

2008 年，古井酒文化博览园成为国家 AAAA 级景区；2013 年，古井贡酒酿造遗址被批准为全国重点文物保护单位；2016 年 4 月，安徽古井贡酒股份有限公司与黄鹤楼酒业有限公司签订战略合作协议，开启中国名酒合作；2017 年，全国首家古井党建企业文化馆开馆；2018 年，古井贡酒获“世界烈酒名牌”称号，古井贡酒酿酒方法“九酝酒法”被世界吉尼斯纪录认证为“世界上现存最古老的蒸馏酒酿造方法”；2019 年，“古井贡酒·年份原浆传统酿造区”成为国家级工业遗产；2020 年，古井贡酒酿造技艺获评“国家级非物质文化遗产”；2021 年 1 月，古井贡酒与明光酒业签订战略合作协议，古井成为拥有“三个品牌”“四种香型”“三地产区”的中国名酒企业。

2021 年，古井贡酒酿造技艺入选第五批国家级非物质文化遗产，“年份原浆”被认定为中国驰名商标。股份公司再次荣获“安徽省人民政府质量奖”，“安徽省国有控股企业税收贡献 10 强”“亳州市制造业企业 20 强”，集团公司荣获“亳州市特殊贡献奖”。古井贡品牌价值再创新高，以 2006.72 亿元名列中国白酒品牌价值第四位、安徽白酒第一位。古井集团荣登中国制造业 500 强，安徽省百强企业。

2021 年，古井贡酒智能园、古井贡酒年份原浆主题酒店、智能仓管一体化收储中心、古井污水提标改造、黄鹤楼随州搬迁改造等项目序时推进。战略携手明光酒业、珍藏酒业，产品涵盖浓香、古香、清香、陈香、明绿香、酱香六种香型、四大品牌，产地横跨三省六市，产品体系进一步丰富。

【古井牵手老明光】2021 年 1 月 10 日，古井贡酒·明光酒业战略合作签约仪式暨明光酒业“十四五”规划发布在明光市举行。古井贡酒与明光酒业正式达成战略合作，古井成为拥有“三个品牌”“四种香型”“三地产区”的中国名酒企业。活动现场发布由古井和明光共同编制的《明光酒业“十四五”规划》。

【连续六年获评质量奖项】在中国质量检验协会主办的“3·15”国际消费者权益日“产品和服务质量诚信承诺”主题活动中，古井贡酒再次荣获“全国产品和服务质量诚信示范企业”和“全国质量检验稳定合格产品”，古井贡酒已连续六年获此荣誉。中国质量检验协会作为质量检验领域的行业组织和专业社团机构，自 2000 年起携手各行业的质量领先品牌开展“3·15”国际消费者权益日“产品和服务质量诚信承诺”主题活动。该活动已成为国内具有重大影响力的“3·15”宣传活动。

【酿造技艺入选第五批国家级非物质文化遗产】国务院发布《关于公布第五批国家级非物质文化遗产代表性项目名录的通知》（国发〔2021〕8 号），古井贡酒酿造技艺（项目号：Ⅷ-144）入选第五批国家级非物质文化遗产。国家级非物质文化遗产名录是经中华人民共和国国务院批准，由文化和旅游部确定并公布的非物质文化遗产名录。该次入选是古井集团继国家级重点文物保护单位、吉尼斯世界纪录、国家工业遗产之后的又一个重量级文化荣誉。

【再获“安徽省人民政府质量奖”】古井贡酒股份有限公司周庆伍荣获第五届“安徽省人民政府质量奖”个人奖。省政府质量奖每两年评选一次，代表全省质量管理的最高荣誉。该次获得“安徽省人民政府质量奖”个人奖，是继 2013 年荣获第二届“安徽省人民政府质量奖”组织奖之后安徽古井贡酒股份有限公司的又一重磅质量荣誉。安徽古井贡酒股份有限公司成为“安徽省人民政府质量奖”组织奖和个人奖“双奖”企业。

【迪拜世博园开启古井贡酒企业日】迪拜世博园开启中国馆古井贡酒企业日。是该届世博会中国酒业第一个品牌日，也是古井贡酒作为连续四届世博会中国馆指定用酒，第四次拥有专属世博品牌日。该次迪拜世博会古井贡酒企业日，以“迪拜世博园现场+国内全球线上发布会+双 11 古井世博纪念酒线上抢购”三会场结合全新方式进行，吸引全球超 284 万人次围观。当日迪拜世博园，外国游客观看古井贡酒世博非遗展，体验全球读“亳”和“步步高升酒具”“全民开酿”等古井贡酒系列文化产品。企业日当天，古井向全球发布“年份原浆古 20 四届世博会中国馆纪念酒”，并开展“双 11”直播预售；年份原浆古20世博中国馆纪念酒系列产品也在全球网民见证下，正式入驻世博会博物馆作为永久藏品收藏。

（吴　伟　杨金川）

其他工业企业简介（2021年工业总产值超10亿元）

【中煤新集利辛发电有限公司】 中煤新集利辛发电有限公司（以下简称"板集电厂"）于2008年12月成立。一期项目2台100万千瓦发电机组于2016年10月建成投产，竣工决算52.4亿元，机组发电标煤耗262.5克/千瓦时。是国内首座科技领先、指标先进、绿色环保的百万千瓦级煤电一体化标杆项目。曾获省部级以上奖121项，一期工程被国家发改委、国家能源局确定为全国第一批煤电联营重点示范推进项目，并获国家优质工程金奖。板集电厂装机规模为2台100万千瓦超临界燃煤发电机组，由中煤新集能源股份有限公司控股，安徽省皖能股份有限公司参股，有员工222人。

（陈玉强）

【涡阳县盛鸿科技有限公司】 该公司是安徽鸿路钢结构（集团）股份有限公司的全资子公司，是鸿路集团打造的最大的钢结构装配式建筑研发制造基地。基地一期单体面积40万平方米厂房，2017年投产运营，刷新国内单体装配式钢结构生产基地面积的记录。公司承接有河北天山之门、浙江石化、广东石化、华锐光电、威马汽车、银环汽车、北京休闲中心等省市重点项目，有2022年冬奥会、雄安高铁、济南超级计算中心等国家重点项目。加快创新驱动和转型升级，在装配式建筑、智能立体停车库设备、钢结构制造等领域拥有近300项专利。"一体化装配式高层钢结构住宅成套技术""高端智能车库存取技术""装配式低层住宅集成技术"三大技术体系，处于国内领先地位。具备房屋建筑施工总承包一级资质、钢结构专项安装一级、钢结构制造特级资质，商务部对外承包工程经营资格证。曾获国家住宅产业化基地、国家认定企业技术中心、中国驰名商标、国家高新技术企业、钢结构制造企业检测综合特级、安徽省行业技术中心、安徽省建筑产业化基地、安徽省两化融合企业等荣誉。该基地一期、二期、三期项目全部达产，建筑面积达111万平方米，产能在100万吨以上。四期项目共27万平方米，部分车间投产，五期项目开工建设，六期项目供地24.33公顷。

（李莹莹）

【五得利集团亳州面粉有限公司】 该公司位于谯城经济开发区庄周路东侧紫苑路南侧，是五得利集团第13家全资子公司，占地8.4公顷，总投资7亿元，其中固定资产4.1亿元。一期、二期、三期工程分别于2014年3月、2015年4月、2017年12月投产，有国际先进水平的自动化控制系统生产线6条，日处理小麦4200吨。公司生产的面粉有超精粉、六星馒头王、六星切面王等系列产品，出粉率高，灰粉低，在国内处于领先地位。产品畅销安徽、江苏、河南、湖北、江西、福建、浙江、上海、广东等10余个省市。生产原料主要是亳州当地小麦，采取优质优价，引导农户种植优良品种。平均价格较市场高2～3分，平均每年可增加农民收入6300万元。公司先后获评安徽省农业产业重点龙头企业（甲级队）、安徽省A级粮食经营活动守法诚信企业，安徽省小麦粉加工20强企业，中国好粮油示范企业。

（王艳敏）

【安徽江淮安驰汽车有限公司】 该公司位于蒙城县经济开发区，成立于2010年9月，是江汽集团首批在皖北投建的企业。注册资本6亿元，占地面积32.13公顷，建筑面积13.35万平方米，固定资产总投资11.02亿元。具备冲、焊、涂、总四大工艺装备，拥有一条自动化冲压线，3条智能化焊装线，配备焊接机器人67台，涂装采用水性B1B2免中涂工艺，实现绿色、环保、节能，总装采用轿车化生产工艺布置，智能化物流配送，在线扭力监控系统，保障车辆装配品质，是江淮汽车瑞风MPV全系列专业化基地。主要生产瑞风M3、M4、M5和L6平台系列产品。具备单班日产160～180台，年产5万台生产能力。

该公司与蒙城经济开发区签订《中高端MPV投资协议》，将瑞风M4和瑞风L6生产线整体搬迁至蒙城生产，助推江淮安驰公司成为江淮汽车全系列专业化瑞风MPV基地。公司吸引了佳仕龙机械制造有限公司、安徽讴神机械制造有限公司、安徽鑫元实业股份有限公司、合肥联华机械零部件有限责任公司、金润物流有限公司等核心配套供应商、物流商等10余家零部件及物流厂商到蒙城投资，带动了汽车改装、销售、维修、零配件供应、二手车交易、物流、职业技术学校培训等产业链的发展，形成以整车生产制造为龙头、零部件制造为核心的汽车产业链集群，直接和间接带动当地就业约2000人。

（孙莉莉）

【利辛强英食品有限公司】 该公司位于利辛县经济开发区，是安徽强英鸭业集团有限公司全资子公司。公司专业从事樱桃谷鸭规模养殖、屠宰加工、饲料生产。占地15.67公顷，于2016年建成投产。拥有现代化肉鸭分割生产线4条，配套冷库库容1万吨，污水处理能力6000立方米/日，日屠宰24万只肉鸭。与之配套的利辛饲料有限公司于2017年初投产，年产能60万吨。年收购消化当地玉米近40万吨，保证了当地4万公顷玉米收益。公司采取“公司+家庭农场（农户）+银行+政府”产业联合体发展经营模式，实行统一提供鸭苗、统一配送饲料、统一提供兽药、统一技术服务、统一保护价收购的管理方式进行运作。实行产销分离管理模式，公司直接对基地发展与产品订单加工负责。产品订单、市场开发、客户维护由集团肉食销售中心统一负责，拥有销售团队80余人。有“强英”“精英”“领英”“雄英”四大品牌。产品种类从肉鸭白条、半片、精细分割延伸至30余个品种200余种规格，销售网络渠道遍及全国30余省份180多个城市。是“双汇”“金锣”“周黑鸭”“绝味”“久久鸭”“精武鸭”“煌上煌”等国内知名肉类熟制加工企业战略供应商。

（陈玉强）

【安徽协和成药业饮片有限公司】 该公司位于谯城区药都路，是一家集中药材种植、中药饮片加工、中成药制造、产品研发、进出口贸易于一体的现代化中药企业。公司占地15.33公顷，注册资金6660万元，总资产10亿余元。拥有安徽省本草国药饮片有限公司、亳州市中药材进出口检测中心、安徽协和成制药有限公司、安徽协和成典当有限公司、安徽协和成国医堂门诊有限公司5家全资子公司。2005年2月投产。公司主要产品有中药饮片，中成药制剂、中药提取物、保健食品等。产品畅销全国各地，并远销韩国、美国、英国、匈牙利等20余个国家。中药饮片年产2万吨；中成药年产颗粒剂1000万袋、硬胶囊剂3亿粒、片剂3亿片。公司是首批“安徽省中药配方颗粒试点研究单位”，建有“博士后科研工作站”“王广基院士工作站”“中药饮片制造新技术安徽省重点实验室”。曾获中国海关高级认证企业、国家创新型试点企业、农业产业化国家龙头企业、中华民族医药百强品牌企业、国家火炬计划重点高新技术企业、中医药国际化推进十强领军企业、全国中药材饮片出口十强企业、全国中药饮片诚信品牌等称号。公司建设820公顷规范化中药材GAP种植基地，2007年通过GAP认证，被安徽省商务厅、财政厅、农委、省出入境检验检疫局授予“安徽优秀农产品出口示范基地”称号。

（王艳敏）

【安徽省亳州煤业有限公司】 该公司于2010年1月15日设立，由淮北矿业和安徽省煤田地质局共同出资组建，以亳州境内煤炭及共伴生资源的开采、洗选、加工与销售为一体，所属分公司袁店二井煤矿和信湖煤矿。注册资本1000万元，股权结构为淮北矿业（集团）占60%，安徽省煤田地质局占40%，淮北矿业（集团）为控股股东。

（陈玉强）

【安徽正宇面粉有限公司】 该公司位于涡阳县。成立于2005年10月25日，注册资本5000万元，占地面积17.07公顷，主要经营范围：面粉、挂面、其他粮食加工品生产、销售；小麦收购、仓储，农副产品购销。公司拥有2条面粉生产线、3条挂面生产线和1条面叶生产线，年产专用粉50万吨，年加工挂面15万吨，年加工面叶3万吨，原粮仓容22万吨，总资产4.6亿元。曾获“农业产业化国家重点龙头企业”“全国小麦粉加工50强企业”“2021中国农业企业500强”“全国放心粮油示范加工企业”“全国主食加工业示范企业”“国家级守合同重信用企业”“国家知识产权优势企业”“全国最美绿色食品企业”“农业产业化省级重点龙头企业”“安徽省第一批长三角绿色农产品生产加工供应基地”“安徽省粮食产业化行业排头兵”等多项省市荣誉。主导产品“豫隆”“正宇”“津道圆”“天下一皖”牌面粉、挂面、面叶、刀削面等系列产品，先后获“放心面”“安徽名牌产品”“安徽省著名商标”“安徽省卓越绩效奖”“绿色食品”“安徽十佳粮油”“安徽好粮油”“中国好粮油”“中国（安徽）名优农产品暨农业产业化交易会参展产品金奖”“长三角名优食品”和第十七届、第十八届中国国际粮油产品及设备技术展示交易会“金奖”等，通过ISO9001质量管理体系、FSSC食品安全体系认证、ISO22000食品安全管理体系认证、ISO14001环境管理体系认证、ISO45001职业健康安全管理等体系认证和涡阳县首家通过GB/T 23001两化融合管理体系评定企业。产品畅销全国各地，深受广大消费者的喜爱。与合肥工业大学、安徽农业大学、河南工业大学、武汉轻工大学长期合作，形成产品研发体系。公司获12项发明专利、21项实用新型、33项外观设计国家专利、10项软件著作权、2个安徽名牌产品、3个省著名商标、6个省级新产品，制定有企业标准7个，牵头制定团体标准2项，参与制定地方标准1项，正在参与制定国家标准3项，研发出“7+1营养面”、面包、饺子、烩面等6种专用粉和8种风味营养挂面。

（张文占）

【安徽盛海堂中药饮片有限公司】 该公司成立于2005年，注册资金5000万元，是集中药材种植、加工、研发及销售为一体的中药科技企业。主要产品有中药材、中药饮片、花茶精制饮片、直接口服饮片、中药提取物。与安徽中医药大学、安徽工业大学、杭州师范学院、亳州学院等高校及科研院所建立产学研相结合的合作关系。建立企业技术中心，获国家发明专利6项，实用新型专利18项。先后主导参与制定5项地方标准，并获安徽省质量技术监督局的批准。曾获评“全国产品质量、服务质量消费者（用户）满意示范单位”；曾获安徽省高新技术企业、安徽省企业技术中心、安徽中医学院中药研究与开发基地、安徽省质量奖、工业上台阶奖、省级龙头企业、安徽省“专精特新”企业、守合同、重信用单位、安徽省商标示范企业等荣誉称号。

（李金鹏）

【亳州联滔电子有限公司】 该公司位于谯城经济开发区仙茅路8号，是立讯旗下一家子公司，于2010年1月投产，注册资本13000万元。公司主要产品为电脑内外部电子连接线、大屏幕高清电视数据线、RF无线天线、耳机、手机数据线、汽车线束等。终端客户有Dell/Lenovo/Sony/华为等国内外知名品牌客户群。在精密制造方面已有突破性技术优势，可以快速适应电子产品“小型化、微型化”等技术产业发展趋势。公司通过ISO9001/ISO14001/OHSAS18001、F-mark、UL等体系认证，满足不同客户所需。公司拥有研发团队，建有高频测试实验室、环境测试实验室、物理测试实验室、综合实验室等为一体的检测实验资源。

（李金鹏）

【亳州市永刚饮片有限公司】 该公司位于谯城经济开发区长江路，成立于1984年，是一家专业从事中药饮片研发、生产、销售于一体的企业。注册资本1亿元。公司生产经营1072种中药饮片，年生产能力达15000吨。公司与安徽中医药大学、浙江中医药大学、亳州市职业技术学院等国内多所高校和科研院所建立“产学研”合作关系。建立“省级企业技术中心”，参加省市级的科研项目建设，包括安徽省科技重大专项亳州地产大宗药材及饮片商品规格等级研究，省科技厅一般转移支付项目知母中药饮片产地加工与炮制生产一体化关键技术规范研究，组建亳州地产中药材趁鲜加工创新团队。曾获“安徽省高新技术企业”“安徽省创新型试点企业”“安徽省专精特新中小企业”“安徽省农业产业化龙头企业”“安徽省民族企业”“安徽省企业技术中心”及第十一届“安徽省诚信企业”“安徽省中医药大学教育发展基金会会员单位”“十二五民族食品定点生产企业”“第四批全国民族团结进步创建活动示范单位”“中华民族医药百强品牌企业”等称号。

（李金鹏）

商　贸

2021 年 9 月 8 日，主播在谯城区第五届花茶展上利用直播平台推介商品　　（刘勤利　摄）

商务工作

【概述】2021年，亳州市商务经济主要指标保持在合理区间，整体呈现总体平稳、稳中有进的良好发展态势。亳州市社会消费品零售总额实现1190亿元，同比增长20%，增幅居全省第六位；累计实现进出口总额6.5亿美元，其中进口1.7亿美元，同比增长18.2%；利用外商直接投资5.15亿美元，同比增长18.5%，增幅高于全省平均12.5个百分点，总量居全省第九位，增幅居全省第一位。载体建设提档升级，获批设立中国（安徽）自由贸易试验区亳州联动创新区、安徽省亳州市国家加工贸易产业园。

【商贸流通】积极推动商贸品牌创建，推荐申报“安徽老字号”企业26家、“安徽特色商业街”2家、国家钻级酒家以及绿色饭店6家。强化商贸发展专项政策兑付，支持便民服务体系建设和电商项目28个、内贸项目350个，共计补助资金2635.1万元。聚焦商贸领域基础保障，改造提升菜市场5个，新建菜市场5个，新设、改造社区菜店43个。近三年合计新建、改建、配建菜市场45个，新建、改建小区菜店103个。深入推进流通领域平台建设，中药材智能供销综合服务平台项目顺利通过专家组验收，中药材流通道调体系平台稳步运转，追溯交易次数18127次，追溯交易重量17.97吨。

【农村电商】实施农村电商提质增效工程，新培育农村电商经营主体632家。抓实网点优化调整，按照分类管理、动态调整、功能覆盖原则，不断优化农村电商网点，全年全市农村电商网点优化调整至774个，其中综合服务点从210个增加到317个。强化精准培训，采取集中培训、“一对一”培训等多种方式，重点对驻村工作队、村“两委”干部、农村新型经营主体负责人、农村电商网点经营者开展培训，累计培训5639人次。积极组织开展“皖美消费购物节”活动，帮助22家企业实现销售额258万余元。

【行业监管】加强安全生产监管，印发《亳州市商务局关于建立商务领域安全生产（消防安全）工作责任制的通知》等文件，指导做好商务领域安全生产和消防安全工作。2021年以来，共检查商超、加油站点、餐伙等商贸企业1669次，发现并整改隐患1258处，整改率100%。开展成品油专项整治行动，共检查加油站点436点次，协调中石化亳州分公司、中石油亳州分公司集中处理各部门查处没收的成品油67.7吨。强化环境保护治理，开展油气回收治理工作，对2017年和2018年国家层面交办问题进行“回头看”。完成3家油气回收自动检测设备安装，并对405家成品油经营企业进行年检工作。开展行业文明创建，对照《亳州市创建全国文明城市（实地考察）指导手册》（2021年版）标准，对20家测评企业进行实地暗访、及时反馈问题、督促整改。年底，省、市反馈问题基本完成整改。

【对外贸易】加大外贸主体培育孵化力度，新增进出口备案企业197家，孵化新增进出口实绩企业45家。加大政策扶持力度，1—11月份组织申报省级项目49个、市级项目57个，兑现两批市级外贸发展专项资金共计2222.1万元，为8家企业申报省级加工贸易项目9个，涉及资金208.9万元。广泛开拓国际市场，组织92家企业参加第四届进博会等国际会展，实现进出口额2.98亿美元；210家企业与RCEP缔约方开展外贸进出口贸易，累计实现进出口总额3.47亿美元。积极培育外贸新业态，22家企业通过阿里巴巴国际站、速卖通、亚马逊等跨境电商平台，拓展线上国际市场，实现出口2305万元。

【“引进来”和“走出去”】加强利用外资调度服务，加大对县区利用外资工作的指导、调度力度，积极落实外商投资企业联系服务制度，建立利用外资项目库。组织参加2021世界制造业大会，集中签约项目29个，总投资142亿元。积极深入县（区）调研。组织摸排全市“走出去”企业情况，对有意愿“走出去”企业实行重点帮扶。强化联系对接，不断壮大在外经营主体规模。2月亳州市在开曼群岛新设立办事处1个，9月在韩国首尔设立办事处1个，境外企业或办事处上升至12个。

【平台建设】一是联动创新区成功获批。2021年6月，安徽省自贸办下发《关于印发中国（安徽）自由贸易试验区联动创新区建设实施方案的通知》，亳州市委、市政府认真领会贯彻上级指示精神，将申建联动创新区作为加快推进构建开放经济新体制的重大举措，大力推进申建工作。8月份起草上报《亳州联动创新区申建方案》。9月18日，经省政府批准，同意设立中国（安徽）自由贸易试验区亳州联动创新区，系全省第一批自贸联动创新区。10月27日，成立由市委主要负责人担任第一组长，市政府主要负责人担任组长的联动创新区领导小组，迅速组建4人工作专班。并选派12名工作人员到蚌埠片区开展跟班学习。先后召开市级会议3次，部署安排建设事宜。编制完成《中国（安徽）自由贸易试验区亳州联动创新区建设实施方案》，高标准制订2021—2022年度工作计划、上报改革创新试点任务5项、赋权需求117条重点项目19个。复制推广自贸试验区试点经验188条，复制推广率达67.6%。二是国家加工贸易产业园成功获批。2021年4月，商务部下发《商务部办公厅关于开展国家加工贸易产业园申报认定工作的通知》（商办贸函〔2021〕125号），决定培育建设一批国家加工贸易产业园。为进一步推进亳州市加工贸易转型升级。市委、市政府高度重视，迅速组织申报工作。商务局牵头围绕区位条件产业基础、潜力优势等方面，编制《国家加工贸易产业园申报书》，规划布局“一园三区”（一园即亳州市加工贸易产业园，三区即亳州高新区、亳州谯城经开区、涡阳经开区）。9月，商务部发布首批国家加工贸易产业园认定名单，亳州市国家加工贸易产业园获批，系安徽省唯一入选产业园，为深入推进亳州市梯度承接加工贸易产业转移，壮大加工贸易企业规模，促进加工贸易转型升级奠定了良好基础。

【贸易促进】参与做好第四届安徽国际商会会员理事单位推选工作，亳州市贸促会成为理事成员。积极与中国国际商会商计中医药博览会主办问题，争得中国国际商会参与主办并获得视频祝贺。为建立海南亳州商会、合肥亳州商会牵线搭桥，海口谯城商会顺利建成。接待埃塞俄比亚联邦民主共和国驻沪总领事魏澜一行，组织协和成药业、同辉香料、华馨生物等十余家企业医药、纺织外贸公司进行了商务会谈，探讨促进投资、贸易、旅游领域的合作机遇，建立经常联系工作机制。

（李　战）

贸易投资促进

【招商成果】2021年，全市新签约亿元以上工业项目236个、总投资796.8亿元，完成全年目标任务（220个）的118%；全市新落地亿元以上工业项目112个、总投资450.7亿元，完成年度目标任务（110个）的101.8%。全年全市新建亿元以上省外投资项目243个，实际利用省外资金923.2亿元，完成年度目标任务（915亿元）的100.9%，总量居全省8位，同比增长11.1%、增速居全省第10位。

【项目建设】全市共签约投资5亿元以上的工业项目50个、总投资521.6亿元，10亿元以上工业21个、总投资361.3亿元。

【重点工作】深度融入长三角一体化发展。与上海市奉贤区、浙江省衢州市、江苏省连云港市达成战略合作，深入对接长三角重点招商区域异地亳州商会、产业行业协会等社会机构，开展“以商招商”，新签约长三角地区（江、浙、沪）亿元以上工业项目48个，占全市新签约亿元以上工业项目的20.3%；总投资195.2亿元，占新签约亿元以上工业项目投资总额24.5%，新落地亿元以上工业项目20个，占全市新落地亿元以上工业的17.9%；总投资97.9亿元，占全市新落地亿元以上工业项目总投资额的21.7%。在实际利用省外资金方面，长三角区域项目起到决定性作用。实际利用省外资金项目库中，来自长三角区域的在库项目有112个，总投资485.5亿元，实际到位资金381.7亿元，占全市实际利用省外资金总额的41.3%。

（王　猛）

供销合作

【概况】亳州市供销合作社联合社（以下简称“市供销联社”）于2001年6月4日成立，是市政府直属机构。2021年，全市有涡阳县、蒙城县、利辛县和谯城区4个县级供销社，全系统职工总人数14996人，其中在岗职工总数13100人，离退休人数2670人。2021年，全市供销社系统实现销售总额同比增长6.75%，利润总额同比增长57.4%，所有者权益同比增长3.68%。

【基层建设】2021年，全市有基层社126个，其中村级供销社73个。新建改造为农服务中心8个，全市供销社系统共有为农服务中心22个。2021年，新建基层社10个，升级改造薄弱基层社10个，新建改造农村综合服务社41个，全市供销社系统共有农村综合服务社837个。

【土地托管】2021年，新增全托管土地面积36.73万亩。全市供销社系统开展土地托管等农业社会化服务294.67万亩次。

【开放办社】实施开放办社，积极培育供销社新经济增长点、搭建为农服务平台。按照全国总社要求，只要自愿遵守《供销合作社章程》、自愿加入供销社的企业、个人都可以纳入供销社。2021年，市供销社社有资产经营管理有限公司参股成立4家直属公司，分别为安徽恒怀农业科技公司、大瀚供销公司、供销国油新能源公司、金大瑞环保科技有限公司。

（马守华）

烟草专卖

【概况】亳州市烟草专卖局（安徽省烟草公司亳州市公司）[以下简称“亳州市烟草专卖局（公司）”]是安徽省烟草专卖局、中国烟草总公司安徽省公司[以下简称“安徽省烟草专卖局（公司）”]在亳州市设置的烟草行政管理机构和国有独资商业企业，实行“统一领导、垂直管理、专卖专营”管理体制，行政上担负烟草专卖市场管理职能，业务上以卷烟经营为主。2021年，有谯城、涡阳、蒙城、利辛4个县级烟草专卖局、1个物流中心，12个部门，1个稽查支队。

2021年，市烟草专卖局（公司）被省总工会和劳动竞赛委员会授予“安徽省五一劳动奖状”“安徽省劳动竞赛先进集体”“安徽省职工职业道德优秀单位”等荣誉称号。

【专卖管理】2021年，市烟草专卖局（公司）完善打假协作机制，成立寄递环节和烟草公安两个涉烟情报研判中心。推动卷烟打假向“数据共享、主动研判、统一指挥、联合执法”方向转变。与河南商丘、周口市局分别建立涉烟违法治理战略协作机制，架起卷烟市场治理联合协作“新桥梁”。推进重大涉烟案件联办共享，形成全市卷烟打假一盘棋良好局面。推进新型所（站）标准运行，编写《新型所（站）标准化运行管理规定》，在“党建引领+业务支撑”大模式下，形成“1+6”运行管理体系，圆满完成省局试点工作任务，所（站）标准化支部建设和标准化所（站）建设取得成效，涡阳县

2021年8月25日，专卖人员向电子烟零售户宣传《中华人民共和国未成年人保护法》“守护成长”专项行动

（韩家东　供图）

马店所（站）被评为“全省标杆所（站）”，在全省现场会上进行亮点展示。通过“T+1”工作法落地省局政务服务“5+5”新模式，实现零售许可“快办快结、即办即营”。

【卷烟营销】2021年，市烟草专卖局（公司）制定经济运行管理办法，建立工作机制，完善市场评价体系，促进经济运行平稳有序。打造雪茄销售亮点工程，设计推广“红脸谱”服务品牌，建成雪茄专业终端66户。继续开展“寻找雪茄客、服务雪茄客”活动，成立“悦茄”办会，不定期开展雪茄文化交流活动。优化品牌布局，提高重点品牌集中度。制定零售终端分类管理办法，启动新一轮农网建设，继续夯实网建工作基础，全年建成星级终端838户。加强文明吸烟环境建设，累计建设各类吸烟场所602处。加强现场管理，推动标准化运行，物流配送继续降本增效。件烟入库效率从880件/小时提升至1100件/小时，同比提升25%。优化分拣流程，推行“T+0”模式，进一步缩短订单响应时间。持续优化送货线路，单车送货户数明显提升。

（宋佳音）

海　关

【概况】2021年，亳州海关共审核放行报关单1188份，其中进口617份，出口571份；受理检验检疫申请4924份，进境43份，出境4881份；签发各类原产地证书1239份；加贸手册备案66份，实际完成进出口额8346.2万美元；完成税收6300万元，同比增长89.2%；办理减免税证明5份，减免税款33.3万元；实施外勤作业379批次。2021年，辖区进出口总值41.8亿元人民币。其中，出口31.1亿元；进口10.7亿元，增长10.3%；出口中药材5.1亿元，下降20%，占全省中药材出口总值的69.2%。博帆公用型保税仓库、太阳升医药公用型保税仓通过验收。

【外贸发展】2021年，亳州市海关利用国外中药材品种和价格优势扩大进口，助力国内国际“双循环”。全年共办理加工贸易货物出口转内销业务51批，内销金额2916.65万美元；市企业进口中药材6196吨，货值0.96亿元，分别同比增长67.2%、62.2%。围绕亳州市外贸发展新动态、新情况，编发海关信息专报6期，供市委、市政府参考。积极建言献策，立足海关职责，认真谋划亳州市开放型经济发展，向市委、市政府报送国际路港建设可行性研究等报告建议3份，获得市委、市政府主要领导批示与肯定并召开专题会议研究。

【打私工作】亳州市打击走私综合治理领导小组办公室设在亳州海关，2021年，亳州市海关梳理近年亳州市打击走私综合治理情况，形成书面材料向市委、市政府专题汇报。印发《关于调整亳州市打击走私综合治理领导小组的通知》，将领导小组成员单位由8个增至18个。2021年10—12月，组织开展严厉打击野生动植物及其产品走私专项行动，净化市场经营环境。与省打私办保持紧密联系，3次主动书面报告反走私工作。

【“点菜式”服务】2021年，亳州市海关精准对接企业需求，提供定制式帮扶，将海关服务事项分

2021年11月16日，亳州海关关员深入辖区进出口企业调研（戴玉卿　摄）

为企业资质、签证服务、通关、预约查验等8大类别，细化出报关单位备案、原产地签证等20余项服务事项，以“企业点菜、海关上菜”模式向企业提供定制服务，开展“送标准、送培训、送政策、送服务”。在外勤执法、走访调研时向企业发放《亳州海关便民服务菜单》，请企业按需勾选，广泛收集、精准对接企业需求；组建海关政策宣讲队，向企业普及海关政策知识；搭建海关业务帮扶班，以线上+线下方式，为企业提供7×24小时全天候海关通关服务。2021年，累计向企业发放并回收《便民服务菜单》85份，整理服务需求23项，开展集中培训和送教上门21次，帮助解决问题困难18个，受到企业赞许与欢迎。该做法先后被“学习强国”学习平台、《安徽日报》等宣传推介，亳州市委书记和合肥海关负责人予以批示肯定，省“四送一服”双千工程领导小组办公室专文刊发。

【亳州中药材技术性贸易措施研究评议基地】该基地作为全省目前唯一一家评议基地，聚焦评议、预警、宣传、培训、科技五大功能，评议基地服务能力和社会影响力持续提升。与海关总署标法中心合作开展全国出口中药材企业2020年遭遇国外技术性贸易措施影响专项调查，选取亳州市9家中药材进出口重点企业作为监测点，加强对国外中药材技贸措施研究应对工作；编发6期《中药材技术性贸易措施信息提示单》，其中6条预警信息帮助企业规避贸易风险；参与海关总署科研项目“技术性贸易措施研究评议基地工作规范”行业标准制定，发出技贸评议工作“合关声音”。

（陈亚杰）

2021年12月17日，亳州海关开展“反走私普法宣传进社区”活动

（陈亚杰　摄）

旅　游

2021 年 4 月 30 日，演员在表演舞蹈《芍香蝶韵》　　（刘勤利　摄）

概　述

【概况】2021 年，市文化旅游体育局创新工作形式和内容开展宣传营销工作，各类活动新闻频现央媒，自有宣传阵地得到巩固和扩大，信息工作得到稳步提升，2020 年亳州市旅游市场宣传推广工作被省政府以“立足游客需求 强化云端营销 全力推进亳州文化市场加快复苏发展”为经验推荐为省政府落实重大政策措施真抓实干成效明显地方督查激励表彰项目，亳州市文化旅游体育局获评 2020 年度全省文旅政务信息工作先进单位和 2020 年度全市政务信息工作先进单位。亳州市文化旅游体育局抖音号获评“2020 安徽文旅优秀政务抖音号”。

2021 年，开展“百城千味”招牌菜评选宣传工作。评选出曹操鱼头、蒙城油酥烧饼等“亳州十大招牌菜”。开展“春游江淮请您来”百家媒体旅游推介活动。通过局自有新媒体平台、市级主要媒体及直播互动，共推出 6000 余条宣传信息，充分展示“大美亳州”丰富的文化旅游资源。市局获“春游江淮请您来”百家媒体旅游推介活动市级优秀组织奖，蒙城县和涡阳县局获县级优秀组织奖。组织参加 2021 年重点文旅展会。组织亳州具有代表性的文旅企业参加 2021 年广东国际旅游产业博览会、2021 年中国（大连）国际文化旅游产业交易博览会、2021 中国旅游商品大赛（健康主题）以及第 16 届中国义乌文化和旅游产品交易博览会，设置亳州展区，宣传推介亳州文旅资源。

【媒体宣传】充分利用局官方网站、微信公众号、微博、抖音、微信视频号、人民号、百家号、马蜂窝等自有平台和户外大屏、刷屏机宣传亳州文旅体资源、相关活动资讯。2021 年以来，微博粉丝数量成长至 13.8 万+，实时更新动态信息 2462 条。编发推送微信 700 余条，粉丝总数 4 万余人。

亳州市文旅动态被文化和旅游部采用 10 条，国家文物局采用 1 条，省政府网站采用 1 条，省文化和旅游厅采用 48 条，省体育局采用 30 条。《中国旅游报》刊登亳州市文旅宣传信息 9 条，《中国文物报》刊登信息 1 条；《中国体育报》报道 8 篇；央视《记住乡愁》《回家吃饭》《跟着书本去旅行》栏目纷纷推出亳州专题。《安徽日报》刊登信息 42 条，《经济日报》《新民晚报》《俄罗斯龙报》《欧洲时报》等刊登 10 条；在中国政府网、新华社、央视新闻、人民网、新华网、光明网、中国旅游新闻网、安徽卫视、新浪网、凤凰网、今日头条等网站共计刊发亳州文旅体信息 70 余条。

【亳州文化旅游年活动】连续 5 年开展亳州文化旅游年活动，2021 年以来，举办了“云游药都”——红红火火过大年系列活动、畅游桃园·体验乡情——2021 谯城区五马镇桃花文化旅游系列活动、游药都亳州·赏亳药花海——2021 亳州芍花养生文化旅游系列活动、庆祝建党 100 周年系列活动、亳州龙舟赛、“发展乡村旅游·助力乡村振兴”系列活动、2021 年“亳州杯”全国象棋快棋锦标赛、2021 利辛县第三届“和圣故里 好水利辛”西淝河湿地音乐帐篷节暨单身联谊会等 30 余项精彩纷呈的文旅体活动。其中，2021

2021 年 10 月 2 日，“晚风市集 嗨游国庆”乡村音乐生活节

（张星辰　供图）

亳州龙舟赛共有约6万人次现场观赛，共计1152万人次通过各网络平台收看活动直播，受到群众一致好评。“云游药都”——红红火火过大年系列活动全网共计观看量达500万人次，话题阅读量80万人次。人民网、《经济日报》、《工人日报》、新华网、凤凰网等媒体宣传报道，中国旅游报大年初一头版头条报道。活动期间，市区各大景区共接待游客36.8万人次，恢复至2019年春节游客量的101.8%，实现了“开门红”。

【高铁营销推广】在合肥南站和上海虹桥站开展亳州文旅广告宣传，举办2021年亳州市首期旅行社营销人员培训班、“长三角一体化·乘高铁游亳州——2021安徽文旅（亳州市）高铁场景宣传暨高铁团队首发仪式”及2021亳州高铁文化旅游推介会（上海站）、“长三角一体化·乘高铁游亳州”——2021亳州文化旅游营销推介会（合肥站）、“涡水流韵　乡情亳州”2021年亳州老乡文化旅游体育发展恳谈会等系列宣传营销活动，推介亳州旅游产品、旅游资源、旅游线路和优惠政策，提升亳州旅游知名度和美誉度，吸引更多游客到亳州旅游。

【智慧文旅建设】推进“游安徽”平台建设。开发建设了亳州市旅游大数据中心，按照全省数据目录采集、汇聚市域涉旅数据并与省数据中心开展数据交换共享，实现了省市旅游数据资源全面联动。建设视频监控系统。全市AAA级以上景区全部接入亳州市旅游大数据中心，在市级层面沉淀后接入安徽省旅游景区视频监控系统。完成AAAA级景区实时客流监测。按照“互联网+旅游”和智慧景区建设要求，启动旅游景区实时入园数据接入工作，实现实时监测、科学引导、智慧管理目标，截至年底，除了林拥城景区为开放式景区外，全市其余8个AAAA级景区全部完成景区实时客流监测。

【“一卡通”应用】落实安徽省人社厅、省文化和旅游厅印发的《关于进一步加快文化旅游领域居民服务“一卡通”应用推进工作的通知》精神，2021年4月，花戏楼、曹操运兵道、亳州市展览馆等10个景区在全国率先实现社保卡“一卡通”应用。截至2021年底，全市21个纳入社保卡一卡通应用的文旅场馆中，19个实现了三级应用，游客可凭实体社保卡或电子社保卡作为身份凭证进行实名预约购票，可凭实体社保卡或电子社保卡作为门票入园。

（张星辰）

管理经营

【概况】全面启动“六一战略”之文化旅游强市建设征程，明确亳州旅游发展方向和文化旅游强市建设路径。市委、市政府主要负责人共同召开高规格的旅游业发展大会，编制完成《亳州市“十四五”文化旅游发展规划》。市人大出台《亳州市旅游促进条例》，即将于2022年1月1日正式实施。2020年省对市文化旅游业发展目标考核亳州市位居全省第二，2020年亳州旅游业发展成绩获省政府激励表彰。

【旅游项目创建】提升旅游业“一体两翼”和“五个一批”发展质量，以“传奇皖北”为品牌塑造方向，加大A级旅游景区、旅游度假区和休闲旅游街区创建力度。完成AAAAA级旅游景区和国家级旅游度假区创建调研，积极争创国家级品牌，完成AAA级旅游景区、A级旅游村庄和休闲旅游示范点评选。启动AAAA景区、省级旅游度假区创建工作，指导汤王温泉旅游度假区、涡阳县义门古镇、涡阳县文化艺术中心、蒙城那年乡下景区、蒙城恋蝶谷、利辛西淝河湿地文化园等创建单位进行旅游化改造和提升。汤王温泉度假区今年12月14日获评省级旅游度假区，填补了皖北六市旅游度假区的空白。神农谷中医药研学旅游基地、康美华佗国际中药城研学旅游基地、火星时代研学旅游基地、古井酒文化研学旅游基地4家研学旅游基地获评安徽省研学旅游示范基地，入选数量占皖北六市的40%，在皖北独占鳌头。北关历史街区2021年11月成功获评安徽省旅游休闲街区，已经省文旅厅推荐至文旅部参评国家级休闲旅游街区。建设集自然生态、花海观光、休闲娱乐、文化体验、养生度假为一体的亳药花海休闲观光大世界、林拥城药都林海、华佗百草园、汤王温泉、药王村田园综合体等核心旅游项目，在亳药花海项目区建设完成6个亲子基地，成为市民游客网红打卡点。华佗百草园二期正在紧张施工形成环主城区休闲旅游集聚区。加快推动谯城药王村等县区精品游项目，药王村项目获省旅游厅袁华厅长高度肯定，亳州旅游项目多点开花，蓬勃发展。

【国家中医药健康旅游示范区】主打“华佗牌”，积极推动亳州市中医药健康旅游联盟成立，做好世界中医药之都“康养旅游”文章。推出五禽戏习练、特色诊疗、药膳美食、旅居疗养、房车营地等康养休闲产品，促进道家、三国、生态、红色、乡村等旅游业发展，带动研学、民宿、自驾、房车等业态发展。加快林拥城、华佗百草园、亳药花海、药王村田园综合体等中医药健康旅游示范项目完善业态，提档升级，新建萌宠乐园、亳州水上乐园等项目。将康美中药城、神农谷智慧药市、古井产业园、华佗国药厂等中医药市场、企业打造成健康旅游景区，受到游客好评。“四级联建”持续发力。督促有关单位做好十河芍花养生小镇、亳州植物科普园、辉山红色景区等乡村旅游重点项目建设和运营，打造乡村旅游示范样板。古井镇等4个乡镇获评安徽省首批特色旅游名镇，曹市镇辉山村等6个村获评安徽省首批特色旅游名村。打造“激情岁月”——亳州红色经典之旅、中医药健康旅游之旅、乡村旅游之旅3条等精品旅游线路。大力开展研学旅游。积极谋划出台研学游政策，推出一批研学游精品线路和精品课程，积极推动研学游发展。开展庆祝中国共产党成立100周年——“红色旅游”系列活动。包括红色讲解员讲述百年党史、红色旅游“五好”讲解员大赛、红色旅游视频演艺评选等活动，遴选出推荐精品红色旅游线路。和市教育局联合下发文件在全市文旅部门、教育部门、博物馆、重点旅游企业等单位征集优秀红色旅游进校园案例，开展研学旅游课程评选工作。持续增加大型国防教育基地武器装备，建设军史馆，联动推出红色旅游精品活动，国防教育基地研学基地建成开门迎客，为建党一百周年献礼。大力开展美食评选活动。认真贯彻落实郑栅洁书记批示精神，聚焦中医食疗文化，创新、推广亳州美食产品、特色药膳和名小吃，深入开展“皖美好味道·百县名小吃——食养在药都”美食评选活动，社会反响强烈。

【城市形象建设】以人民群众满意度为出发点，实行政府引导，社会资本投入，开展亳州文化旅游年活动，举办国际中医药博览会、芍花养生文化旅游节、“皖北人游皖北”、全国象棋快棋赛、全省龙舟邀请赛等品牌主题活动。同时抢抓商合杭高铁开通契机，启动“亳”字、亳州名人、亳州文化宣传工程，举办上海—亳州高铁营销系列活动和亳州合肥旅游推介会。“世界药都·养生亳州”宣传视频亮相央视黄金时段。亳州旅游亮相2021中国景区装备博览会，获得省文旅厅和参会嘉宾好评。经过前期汇报协商，文化和旅游部已经同意2022—2024年在亳州举办中国国际健康旅游博览会，正在紧张筹备中。

【旅游满意度提升工程】坚持以游客为中心，持续开展旅游满意度提升工程。逐步规范网吧和演艺市场经营管理，推行诚信“红黑榜”，严厉打击虚假广告、诱导购物、擅自抬价、欺诈宰客等侵犯游客权益的行为。全市AAAA级以上景区景点实现“应约尽约”，AAA级景区“游安徽App”上线率位居全省前列。在全省率先实现凭实体、电子社保卡预约、在线购票和入园，实现一次购票、景区通用。严格实行国家A级旅游景区动态管理，对不符合景区评定标准、管理混乱的，予以严肃处理。完成全市AAA级以上景区提质升级专项行动和景区复核工作，取消3家A级旅游景区称号。完成全市旅游厕所“一厕一码”建设和专项评估工作。新建熟皮坑停车场、义门古镇景区停车场以及各种乡村旅游停车场12个，新建标识标牌190多块。加大康养文创产品和旅游商品开发力度，将旅游与文创、中医药、酒、非遗等结合起来开发旅游商品，“古亳寻味香炉套装”荣获“2021中国特色旅游商品大赛”全国银奖。推出20个“曹操”“华佗”系列旅游商品，亳州4件红色旅游系列文创产品获评全省“十佳”红色文创产品。

（张星辰）

·亳州文化旅游控股集团有限公司·

【概况】亳州文化旅游控股集团有限公司（以下简称“文旅集团”）于2017年8月底正式挂牌成立，截至2021年12月31日，共有正式员工370人，下属子公司10家。2021年实现经营性收入26223.81万元。集团下属各景区2021年共计接待游客约708.42万人次。

【宣传营销】2021年，文旅集团聚焦旅游宣传营销，建立形成官网、微信公众号、视频号、微博、抖音号、今日头条等旅游宣传矩阵，坚持集中制作发布亳州文旅信息，全网累计浏览量达1400万次；招募网络红人、摄影达人等30名“亳州文旅推介官”，微博、抖音平台话题浏览量突破3200万次；组织拍摄《归亳》《芍药花开》《亳州答案》等多部亳州城市形象宣传片；组织开展“画说老亳州”“跟着书本游亳州”“寻味亳州”以及“最美亳州”摄影大赛等专题活动，进一步挖掘传播亳州传奇故事和传奇人物等。扎实推进智慧旅游，花戏楼、曹操地下运兵道、亳州市展览馆等11个景点景区在全国率先实现持社保卡进景区游览，文旅部、人社部纷纷点赞报道。

【企业管理】文旅集团企业精益管理实现新突破。完善法人治理结构管理，下发《文旅集团落实子企业董事会职权工作方案》，推进子公司法人治理结构建设，建立和完善子公司董事会议事规则。强化经营业绩考核管理，充分发挥考核指挥棒作用，作为2021年集团一号文件下发考核管理办法和目标，明确考核目标任务，奖优罚劣，增强绩效激励管理，落实奖金发放。优化人才管理，完善人事管理制度，打破干部交流壁垒，累计提拔基层人员占比79%。强化重大事项管理，完善国资监管制度，研究制定人事管理、项目管理、资金管理、投资管理四大类管理制度计67项。诸项管理举措的实施为集团合法高效规范运转保驾护航，释放企业转型升级发展活力。

【融资工作】2021年重点围绕直接融资工作，取得重大成效。一是直接融资实现首发。打通中国银行间市场交易商协会和上海证券交易所两大审批渠道，累计获得授信额度30亿元，落实资金发放20亿元。二是融资成本下降明显。2021年集团新增融资平均利率较2020年下降2.02%。三是融资创新成效初显。亳州知亳文化发展有限公司小额融资流贷项目首战告捷，资金利率低至3.85%/年。

【项目建设】2021年，集团建设实施重点项目4个，总投资约7.94亿元，已建成项目2个，累计完成投资1.08亿元。

华佗百草园项目，总占地面积约2020亩，规划建设景区大门、游客服务中心、商业街区、景观、水系、沙滩水上游乐、本草园、度假酒店及民宿群等。2021年，文旅集团投资7532万元，实施华佗百草园项目二期工程，先后完成1号、2号、3号停车场、国防园游客服务中心、枪炮营、奇幻城堡建设和广连沟绿化。

亳州市大型国防教育综合基地项目，规划面积1600亩，总投资2亿元，拟建设军事装备展示区、军事题材游客服务中心、军事主题展馆和主题体验游乐项目。2021年，文旅集团投资625万元，实施红色研学游及装备运

2021年2月24日，市民在亳州市曹操公园杏花林中赏花游玩（刘勤利　摄）

输项目，于12月建成并对外开放运营。

林拥城大熊猫（萌宠）生态科普馆项目位于林拥城药都林海景区内，占地约95亩，总投资2405.9万元，规划建设熊猫馆、萌宠笼舍、景观塑石等。2021年度完成投资1205.9万元，5月1日正式对外开放运营。

熟皮坑改造项目主要建设游客接待中心、仿古商业街、地上及地下停车场，配套建设生态游园、休闲步道、景观绿化、照明、环保及相关基础设施等。熟皮坑改造项目二期、三期工程于2021年3月开工，投资1459万元，9月30日完成项目建设。

（高　雷）

景点选介

【花戏楼】国家AAAA级旅游景区，全国重点文物保护单位。原名山陕会馆、大关帝庙，位于亳州北关历史文化街区花戏楼街北段。清初顺治十三年（1656）由山西、陕西两省的药材商人在亳州集资所兴建。乾隆年间增添许多彩绘和雕刻。是以大关帝庙为主体建筑，由张飞庙、岳飞庙、朱公书院、火神庙和粮坊会馆等组成的古建筑群。整个建筑面积3163平方米，分戏楼、钟楼、鼓楼、座楼和关帝庙大殿等几个部分。花戏楼是山西建筑和徽派建筑结合的典范，同时也是晋商文化和徽商文化结合的典范，以砖雕、木雕、铁旗杆“三绝”闻名于世，被誉为“中原宝藏”。

花戏楼“三绝”：大关帝庙山门前耸立铁旗杆一对，每根重6吨，高16余米，直插云霄，是为花戏楼一绝。旗杆分5节，每节分铸八卦蟠龙，顶端铸丹凤1只，造型生动，旗杆上有三层方斗风铃24只，迎风叮当作响，清脆悦耳。花戏楼的木雕是第二绝，共雕有三国戏文18出，人物数百个，神态各异，龙争虎斗，呼之欲出。花戏楼的第三绝在山门。花戏楼的山门是一座仿木结构的三层牌坊式建筑，上面镶嵌着闻名天下的立体水磨砖雕，玲珑剔透，琳琅满目。花戏楼的砖雕，属徽派微雕艺术，在不足5厘米厚的水磨青砖面上，共雕人物115人，禽鸟33只，走兽67只，楼台殿阁多处，花草树木无数，内容涉及中国的宗教、历史、政治、军事、风俗民情等诸多方面。1988年1月，被国务院公布为全国重点文物保护单位。2010年被评为国家AAAA级旅游景区。

【曹操运兵道】国家AAAA级旅游景区，全国重点文物保护单位。由谯望楼、建安文学馆和地下运兵道三部分组成。地下运兵道以大禹首为中心，向四面延伸，分别通达城外。整个地道经纬交织、纵横交错，布局奥妙、规模宏大，已发现长度近8000米，被誉为“地下长城”。

古地道距地表深度一般在2～3米，最深处超过7米。结构有土木结构、砖土结构、砖木结构、砖结构4种形式。有单行道、平行双道、上下两层道、立体交叉道等几种形式。道内高一般在1.6～2.1米，宽0.6～0.9米，道内转弯处均为“T”形道口连接，平行双道相距约2～3.5米，中间砌有方形传话孔。设有猫耳洞、掩体、障碍券、障碍墙、绊腿板、陷阱等军事设施，还有通气孔、灯龛等附属设施。

近年来在古地道的发掘维修过程中出土有汉、唐、宋各代文物，有铁刀、铁剑、弹丸、衔枚、铜镜、铁钉、瓷器、围棋子、钱币等，对研究我国古代军事建筑、军事战术以及曹操军事思想有重要价值。

2001年6月25日被国务院公布为全国重点文物保护单位。2016年被评为国家AAAA级旅游景区。

【南京巷钱庄】国家AAAA级旅游景区，全国重点文物保护单位。位于亳州北关老街南京巷19号。是以货币为经营对象的民间金融机构旧址，建于清道光年间（1821—1850）。是目前国内保存最完好的古钱庄建筑。为面阔3间的三进四合院，存有门厅、正厅、后厅、柜房、账房、掌柜房、灶房等建筑30余间，建筑风格中西合璧，布局严谨，保存完整。景区内采取实物、蜡像等手法，再现了当时钱庄经营的场景，同时陈列有中国历代钱币展览，从原始的贝币直至中华人民共和国法定货币人民币，还有世界流通硬币，共展出文物约3588件。1998年5月，被安徽省人民政府公布为全省文物保护单位。2013年3月，被国务院公布为全国重点文物保护单位。

【曹氏宗族墓群】全国重点文物保护单位。位于亳州魏武大道两侧，主要包括董园汉墓群、曹四孤堆、刘园孤堆、薛家孤堆、观音山孤堆、张园汉墓、马园汉墓、袁牌坊汉墓群、元宝坑汉墓群等。始建于东汉末年。占地约10平方千米。曹氏宗族墓群的形制基本相同，为砖石结构的多室墓，一般均具有前室、中室、后室以及数量不等的耳室或偏室组成，其中最具代表性的是石结构的曹腾墓和砖结构的曹嵩墓。由文献记载可知，亳州城南有曹腾、曹褒、曹嵩、曹炽、曹胤等人的墓群。近年考古发掘证实，亳州城南除有曹腾等人墓以外，还有曹鼎、曹鸾、曹勋、曹水、曹宪等人的墓。曹氏宗族墓群，墓门多为石结构，饰有画像刻石，墓室墙壁，券顶绘有彩色壁画。出土有玉刚卯、玉猪、银缕玉衣、玉枕、象牙石等珍贵文物。出土的800多块带文字墓砖，有隶、篆、草、真、行等书体。记载内容有曹氏宗族成员或地方官吏姓名等，对研究我国古代书体演变等具有重要价值。2001年6月5日，被国务院公布为全国重点文物保护单位。

【尉迟寺遗址】全国重点文物保护单位。位于亳州市蒙城县许疃镇毕集村。遗址现存面积10万平方米左右。东西长约370米，南北宽约250米，现存崮堆面积约5万平方米为遗址中心部位，其中埋藏着壕沟环绕的主要居住区。1988年安徽省文物考古所对该遗址进行调查，确认为新石器时代遗址。从地层情况和碳14测定的年代看，尉迟寺遗址的年代大约距今4600～4800年。尉迟寺遗址是皖北地区规模最大的一处原始聚落遗址，其发现对大汶口文化的全面研究是一项巨大的突破。1998年，被安徽省公布为省级文物保护单位。2001年6月25日，被国务院公布为全国重点文物保护单位。

【万佛塔】全国重点文物保护单位。又名插花塔。位于蒙城县宝塔中路49户北约50米的万佛塔公园内，因塔身内外嵌砌琉璃小佛近万尊而得名。占地面积约2500平方米，周长250米，呈长方形，是一处保存完整的宋代古塔。万佛塔为八角十三层楼阁式砖塔，高42.6米。塔的四正面辟门，其余四面砌作假窗，外檐第二、第三层用砖砌作塔檐平座。自四层以下只出小平台，无平座。此塔自第四层以上有变化，下面几层穿心式楼梯，上面则改成盘旋式楼梯，第七层以上门窗位置不规则。万佛塔体型不很大，但造型秀丽，结构富于变化，保存亦较完整。1961年被省政府公布为省级文物保护单位，被载入《中国名胜词典》。2006年5月，被国务院公布为第六批全国重点文物保护单位。

【古井酒文化博览园】国家AAAA级旅游景区。位于亳州古井镇，为仿明清宫廷建筑，园区景点达40余处，被文化和旅游部命名为“工业旅游示范点”“安徽省十大研学旅游示范基地”。

园区有古井酒文化博物馆、古井酒工业生产观摩区、魏井园和古井园等井园、酒神广场等，其中两口千年古井及明清窖池群、明清酿酒作坊遗址为国家重点文物保护单位。

古井酒文化博览园包括北区和南区两大部分，北区游览点有古井园、灌装自动化车间、酿酒生产车间，南区游览点有古井酒文化博物馆和古井山庄。以博大精深、独具特色的古井酒文化为

2021年4月4日，游人在亳州市华佗百草园景区游览　（刘勤利　摄）

主线，全面展示古井酒文化对中国酒文化的继承和发展，馆藏有丰富、珍贵的古代酒器、酒具。2008年被评为国家AAAA级旅游景区。

【无极酒窖】古井贡酒地下“无极酒窖”总建筑面积51900平方米，共分三层，内设酒窖99座，特制陶坛储存总量19999只。

“无极酒窖”将悠久的古井酒文化与亳州独一无二的历史人文相结合，将“曹操运兵道”“花戏楼”等文化元素完美融入其中，并吸收西方酒庄风格，融汇古今、横贯中西、错落有致、高低呼应、左右通透、阴阳和中、独具一格，堪称“天下第一窖”。窖内有唐代、明代、清代、近代等窖池所酿造的原酒窖藏区，并设有专门的原酒定制区。

【薛阁塔】又名文峰塔，位于亳州市薛阁路中段路南。清乾隆三十七年（1772）亳州知州郑交泰，为兴文风始建，初为五层。嘉庆十七年（1812）州绅何天衢投资续建两层，成为七级玲珑宝塔。因塔建在明代吏部考功司郎中薛惠的家庙薛家阁附近，故当地人称此塔为薛阁塔。塔为砖结构，楼阁式建筑造型，直椎八角形，共七层，高34.15米，底层周长23.36米，塔座为8块大清石奠基。每层外转角为砖砌仿木方柱，柱上是砖枋，枋上为塔檐，枋下饰砖刻斗拱、禽鸟、花卉图案。塔内为“壁内折上式”，从第二层至第六层内壁上各有一面南小龛，为供神之处。塔顶八角飞檐、翘角垂脊、风铃叮当，筒瓦屋顶，玲珑剔透。塔尖为铁铸莲花座，座上铸葫芦式塔刹，直插云霄。2019年10月，被国务院公布为全国重点文物保护单位。

【天静宫】国家AAAA级旅游景区、省级文物保护单位。又称太清宫，位于涡阳县城北郑店村。太清宫始建于东汉延熹八年（165），始称老子庙。因桓帝梦见老子降于殿廷，乃颁旨在老子故里建庙立祠，祀奉老子，并命陈相边韶撰《老子铭》碑。李唐王朝，以老子为始祖，尊此庙为祖庙。唐武德三年（620）、贞观六年（632）、乾封元年（666）、光宅元年（684），曾相继于此营建宫阙殿宇。天宝二年（743）钦封此宫为太清宫。唐末毁于兵火，几成废墟。北宋大中祥符七年（1014）至天禧二年（1018）间奉敕重建，规模比唐时还大。元世祖之后，道教再度兴盛，此宫得以新建，并根据道教教义易名为天静宫。明崇祯年间（1628—1644）和清康熙八年（1669）均进行过装修。历史上的太清宫占地200公顷，食业数千人。现太清宫是20世纪90年代由海外华人捐资在原址上重建的，其主要建筑按宋代规制建设，有老君殿、三清殿、灵官殿、天师殿、重阳殿、吕祖殿、老祖殿、元辰殿、财神殿、慈航殿、道士舍、迎仙桥、钟楼、鼓楼、两庑、长廊、山门及门前广场等。各殿神像及宗教设施齐备。1998年，被安徽省人民政府公布为省级文物保护单位。

【庄子祠】国家AAAA级旅游景区。位于蒙城县漆园办事处，道教庙宇。始建于北宋，宋元丰元年（1078），知县王竟创建于涡河北岸漆园城，后被黄河水淹没，明万历九年（1581），蒙城知县吴一鸾于今址重建。有逍遥堂、梦蝶楼、卷篷各3间，道舍3间，鱼池桥1座。左为梦蝶楼，右为观鱼台。逍遥堂居中，

2021年4月30日，亳州芍花养生文化旅游系列活动开幕式

（张星辰 供图）

堂中塑庄周像，每年春秋祭祀。明崇祯五年（1632），知县李时芳重修逍遥堂，增建五笑亭，辟池为庄子濠上观鱼园，并撰《新修庄子祠记》，刻碑立于祠内。门前立丈余高的石碑，镌刻“庄周故里”4个大字。现存庄子祠是蒙城县政府在宋代庄子祠旧址上新建的，总占地面积3.47公顷，总建筑面积1086平方米，全祠由祠堂建筑群与万树园两部分组成。主要建筑有大三门、影壁、山门、逍遥堂、古衡门，濮池、五笑亭、观台、观鱼桥、梦蝶楼、南华经阁、东西碑廊、道舍、客舍等。

【亳州市博物馆】国家AAAA级旅游景区，爱国主义教育基地。位于亳州市谯城区芍花路209号，馆名由1963年时任中国科学院院长的郭沫若先生题写。亳州市博物馆为仿汉城堡式建筑，在原三国揽胜宫基础上改建而成，建筑面积5200平方米，文物库房面积1200平方米，室内陈列面积2800平方米，馆藏文物2687余件。其中以新石器时代陶器、石器，汉代青瓷器、玉器，隋代白瓷器、陶俑，唐代三彩器，宋元瓷器等为突出。亳州博物馆陈列的主题为“穿越五千年——亳州文化寻源”，按照历史发展的脉络，展示亳州博大精深的文化魅力和多姿多彩的文物形态。展厅由序厅、涡河文明、商汤都亳、道源圣地、汉魏风骨、天下望州、亳商市井、近代和当代亳州8个部分组成，共展出文物810余件套。2013年被评为国家AAAA级旅游景区。

亳州博物馆集声、光、电等现代传媒技术为一体，采用文字、图片、实物、动画、沙盘等多种表现手法，再现亳州千年文明的历史画卷，成为展示亳州历史文化名城的标志性建筑。

【亳州城市展览馆】国家AAAA级旅游景区。位于亳州经济开发区市政公园南岸，占地面积3.33公顷，建筑面积3.1万平方米。展馆共分为城市规划、文化旅游、药业、酒业、农业、亳州中医药博物馆、亳州名人馆等多个展区，设置有序厅、总规模型厅、城市规划互动体验厅等多个体验区域。形象化解读城市变迁、科技化呈现城市形象，叙说城市历史、讲述城市成就、描绘城市蓝图，是城市文化展示、知识传播、公众参与、规划成果交流和城市生活体验平台。

整个展览馆坐落在开放、抬起的绿色公共平台之上，象征亳州是建于肥沃高地上的城市。灰色基座体现亳州作为三朝古都的厚重历史，白色竖向金属百叶蕴含道家文化“上善若水”的柔美、中华药都的草木茂盛和未来的轻盈与飞跃。

展览馆分南北两楼，有城市规划、文化旅游、酒业、药业、农业5个主题展区，系统地描绘亳州的过去、现在和未来。步入序厅LED屏幕展现亳州独具特色的四季变换美景，全景亳州尽收眼底，结合舞台灯光与音响，依托数字沙盘、时光飞船等科技，同步演绎“一圈一带”以市区带动三县的城市规划格局，创新转型及药业、酒业、农业、旅游业的钻石节点，彰显亳州“沟通南北、对接中外”的皖北区域性门户强势潜力。运用了先进的多媒体手段：总归模型沙盘秀、VR飞行体验、赛道英雄、飞行影院、芍药花海数字影院、全息投影、种子殿堂隔空互动等项目，带您领略亳州的风采神韵。

亳州市展览馆以亳州人的视角，用数字、图片、雕塑等方式展现了亳州的过去、现在和未来，而在这条历史长河中，一个个沙盘模型浓缩着亳州的记忆。

【华佗纪念馆】国家AAA级旅游景区，全省文物保护单位。又名华祖庵、华佗庙，位于亳州市永安街中段路北，东邻三神庙和神农衣冠冢，南邻曹操的斗武营，是祭祀神医华佗的庙堂。因庙的历代主持皆为女僧，故称华佗庵。1961年郭沫若到亳州，亲题“华佗纪念馆”馆名。华佗辞世后，家人流散，故居被水冲坏。1981年，被安徽省人民政府公布为全省文物保护单位。

唐初尚文，谯人便在他的故居前建华佗庙，而后又多次修建。现存华佗纪念馆与华佗故居连为一体，占地1.3万平方米，有山门、耳房、大殿、东西殿、禅房、元化草堂、存珍斋、益寿轩、课徒馆、自怡亭、五禽戏台、药圃、洗芝池、碑廊等建筑。大殿上方悬有清嘉庆二年（1797）安徽巡抚朱圭题写的“燮理通微”的匾额。殿内金柱上有朱圭题写的楹联：“五戏转灵枢道本皇轩仙位业，四轮消劫运功参地释佛菩提”。店内供奉着雕塑大师钱绍武为华佗雕塑的铜像。碑廊上镶着古今名人为华佗题写的诗文。整个纪念馆，古朴典雅，环境优美，凝聚了中医药文化的精髓。

【魏武祠】国家AAA级旅游景区。是一座三进式仿汉建筑群，总占地面积2200平方米，由曹操纪念馆、魏武祠和三曹诗碑长廊三部分组成。以曹操纵横捭阖、极富传奇的一生为主线，从政治家曹操、军事家曹操、文学家曹操等不同层面，展示三国历史文化的专题性展馆，为世人还原一段真实、完整的三国历史。2010年被评为国家AAA级旅游景区。

【蒙城板桥战斗纪念馆暨雪枫公园】 国家AAA级旅游景区，位于蒙城县板桥镇，是为纪念八路军第四纵队在淮北板桥集抗击日伪军进攻的战斗而建。纪念馆占地1.32万平方米，建筑面积980平方米，馆内设2个展厅和一个多媒体放映厅，展示100余幅珍贵图片和部分实物，并收藏有120名将军的题字。新四军在战斗中击落敌机的照片陈设在四师纪念馆，当年被击落的飞机就陈列在板桥雪枫公园内。2007年在遗址上建起板桥雪枫公园，公园紧邻河面，水陆面积约40公顷，公园内有板桥战斗纪念碑一座。

【陈抟庙】国家AAA级旅游景区。又名希夷故里，位于谯城区城南宋塘河西岸陈家营村。是道家著名人物陈抟的出生地，陈抟庙始建于宋，后历代维修，保留至今。2007年市政府斥资重建，在各殿内围绕着陈抟及道家文化进行布展，2009年1月对游客开放。陈抟庙占地5000平方米，有山门、碑亭、三教殿、老祖殿、图南堂、扶摇堂和希夷睡洞等建筑组成。碑亭内立清光绪年间所刻“希夷故里”古碑一方，碑亭两侧分别立有“重修希夷故里”碑、“陈抟源流考”碑、“澳门陈族归乡认宗”碑。大殿内塑有希夷先生坐像，仙风道骨，飘逸睿智。殿内陈列内容是以陈抟生平、学术成就及其对中国文化、哲学思想和道教贡献为主题，展示涡水道家文化。2010年被评为国家AAA级旅游景区。

【白鹭洲国家级水利风景区】国家AAA级旅游景区，国家级水利风景区。位于利辛县阚疃镇。由茨淮新河、利阚新河、白洋沟、月牙河和利阚新河公路桥、永幸河公路桥等水利工程设施以及几条水系围合而成的3个岛屿共同组成。岛屿上水杉参天挺立，四季松柏常青，环岛有护坡、沙滩，四周水面宽阔，水质优良，清澈见底。景区总占地面积120公顷，其中陆地面积80公顷，水面40公顷。2009年8月，被水利部正式批准为国家级水利风景区；12月被评为国家AAA级旅游景区。

【汤王陵公园】位于安徽亳州市魏武大道1462号，涡河北岸。汤王陵公园中的汤王墓，是商汤王的衣冠冢，又称“汤王墓”。汤王墓的记载，最早见于三国时期曹丕著的《皇览》：“涡北凤头村，有成汤故垒。”郦道元在《水经注》中记载“商成汤葬于涡河之阳”。据《亳州志》记载：“汤陵西有桑林，是成汤王祈雨处。”东北有桐宫，是伊尹囚禁太甲之处，今俱无存。民国25年（1936）辟为“汤陵公园”，园内广植花木，松柏常青，亭榭翼然，曲径通幽。现存汤陵为一高大圆形土丘，高6米余，周长近60米。墓冢前竖“商成汤王陵”石碑，墓南一棵500余年树龄的黄楝树生长顽强。历代重修汤陵碑刻，由于战争破坏，仅存清康熙十二年（1673）和乾隆三十六年（1771）“重修汤陵碑记”立于左右，记录历次维修汤陵的情况。园内古树、寝陵、墓碑，构成帝王园林特色。1981年9月，被安徽省人民政府公布为全省文物保护单位。

【道德中宫】省级文物保护单位。又名“老祖殿”或“老子行宫”，位于亳州市老祖殿街东首，坐北朝南，山门正对问礼巷（相传是当年孔子问礼之地），是祭祀春秋时期伟大的思想家、哲学家、道家学派的创始人老子的庙祠。为历代祭祀老子的宫观。道德中宫始建于汉代，据《亳州志》记载：汉桓帝、唐高宗、唐玄宗、宋真宗等，都曾前来拜谒过老子庙祠。后因战乱，洪水等颓废。现存道德中宫是明万历年间（1573—1620）重修的，整个建筑坐北朝南，存有山门、拜殿、大殿、东殿、西殿等古建筑20余间，占地面积约2000平方米。布局对称，金碧辉煌。山门镶嵌“道德中宫”4个砖雕大字，步入山门，悬挂在拜殿门上的是“道法自然”巨型匾额。明间屏风，绘道教“太极图”。穿过拜殿为道德中宫的大殿，大殿3间，高大宏伟，正门上悬“上德若谷”巨型匾额，是祭祀老子的地方。殿内塑有3米多高的老子塑像。东殿3间题“紫气东来”匾额，敬奉鲁班，西殿门悬“返璞归真”匾额，敬奉财神。1989年5月，被安徽省人民政府公布为全省文物保护单位。1991年重新镌刻的《道德经》石碑镶嵌在院内西墙上。

【新四军第四师司令部旧址】省级文物保护单位。位于涡阳县新兴镇，占地3000平方米，是安徽省爱国主义教育基地。1939年9月初，彭雪枫带领新四军游击支队到新兴集，开创以新兴集为中心的豫皖苏边抗日根据地。1940年2月，游击支队改番号为新四军六支队；6月又与黄克诚领导的八路军第二纵队合编为八路军第四纵队；1941年新四军组建后改番号为新四军第四师，同年彭雪枫率新四军四师转移到津浦路东。四师在新兴集期间，司令部直属机关有政治部、锄奸部、民运部、参谋部、军法处、副官处、供给处、拂晓剧团、拂晓报社等十多个部门。四师司令部旧址为砖木结构的四合院，分东西两个院子，有房34间，包括刘少奇、彭雪枫旧居，彭雪枫德政碑，陈列有各种图片和革命文物等。现已辟为新四军第四师纪念馆，中央军委原副主席张震为纪念馆题写馆名。1981年，被省政府公布为省级文物保护单位。

【张乐行故居】省级文物保护单位。位于涡阳县张老家村，是捻军首领张乐行的诞生地。故居属清式四合院，院内松柏掩映，有合瓦瓦房16间，其中前排堂屋5间，会客厅5间，东西厢房各3间。客厅重梁起架，雕梁画栋，明柱走廊，花格门窗，建筑雄伟。故居内存有张氏大宗谱、张氏小宗图、张慰祖墓碑及张敏行墓碑等。1981年，被安徽省人民政府公布为全省文物保护单位。

【捻军会盟旧址】省级文物保护单位。位于涡阳县城西关大桥北侧，西环路西侧。原名山西会馆，是山西旅游商人集资所建，整体建筑雄伟、庄肃。捻军起义时，曾会盟于此。中华人民共和国成立后，命名为捻军会盟旧址。1981年，被安徽省人民政府公布为全省文物保护单位。

【北平城遗址】省级文物保护单位。位于涡阳县曹市镇北3千米，是汉朝“山桑城”故址，东汉末封文钦为山桑侯。当地俗称“北平城”“红粟城”，《水经注》及刘志存《涡阳县志》均有记载。又因城址土呈红色，当地人遂以“红城子”呼之。2004年，被安徽省人民政府公布为省级文物保护单位。

【蒙城文庙】省级文物保护单位。又名孔庙，始建于元至元二十一年（1284）。是封建时代祭孔、演礼和办学的地方。文庙院长54.54米，宽37.45米，面积2042平方米。文庙自前而后有大成门和大成殿。大成门又名戟门，面阔五间，是通向大成殿的过道门。大成门东连名宦祠，西接乡贤祠。大成殿，原名先师殿，是文庙的主体建筑。殿阔5间，进深3间，为歇山顶抬梁式建筑。东西庑各7间，为灰色筒瓦覆顶。2008年，文物部门对文庙进行维修，增添文庙文化内涵，塑孔子及四配圣像，立碑悬匾，添置香炉，增设至圣堂、崇教堂、才俊堂、国学堂，成为“探寻古文化，接受传统教育”的基地。

【伍奢冢遗址】省级文物保护单位。位于利辛县孙庙乡庙李村东北，为新石器时代至汉代遗址。遗址呈谷堆形，占地3万平方米，因伍奢冢在此而得名。冢上文化堆积层为38米，冢下为18米（河堤剖面），冢南100米处有土城墙遗址，东西长140米，基宽3米，高出地面半米许，城墙北侧发现有古井，锅灶遗迹等。20世纪60年代，曾发现有石斧、骨针、陶网坠、红烧土等。1980年后，从地面采集大量文物标本，经专家鉴定，为大汶口文化晚期遗物。其上层夹杂着东周至汉代遗物，具有重要的保护价值和学术研究价值。2004年，被安徽省人民政府公布为省级文物保护单位。

【亳州北关历史街区】又称北关老街。位于谯城区北关，面积约90.67公顷，在明清时期是集商贸、居住、金融于一体的商业街区。北关老街依涡河而建，街道多顺河而行。历史上有“72条街，36条巷”之称。清光绪年间（1875—1908），亳州有大小街道146条，其中北关商业区街道57条，大多以行业命名，一街一市，如：花子街、白布大街、牛市、驴市等。汇聚全国10多个省市和地区的33家商业会馆，其中湖广会馆、河南会馆、山陕会馆（花戏楼）、江宁会馆等规模最大，功能也较齐全。到清末民初，有大小钱庄33家，各类商店、栈、号、行、庄近千家，被称为“小南京”。现在的亳州老街主要指北门口以北，涡河以南的老街区，保存古街近20条，街貌依旧，建筑典雅，是研究明清中原商贸文化不可多得的实物资料。

【明王台】全省文物保护单位。明王台在谯城区大有街路北通真观内，西、北两面靠哑巴坑，地面建筑早毁，现为一略高于周围地面的台地，是元末红巾军农民起义领袖刘福通拥韩林儿称帝时的宫殿遗址。《亳州志》载：“刘福通自砀山清河迎韩林儿为帝，据亳继位，遗台尚存。”韩山童与刘福通于元至正十一年（1351）聚众起义，韩山童被推奉为明王，后被元军擒杀。韩林儿号“小明王”，立国号宋，都亳州，建元龙凤。以亳州通真观设为宫殿，并拆城西太清宫建筑材料扩建宫殿。1981年9月，被安徽省人民政府公布为全省文物保护单位。

【傅庄遗址】全省文物保护单位。位于谯城区西郊傅庄，涡河南岸，1981年发现，面积约2.4万平方米，遗址北部被涡水冲刷成断壁。1982年安徽省考古研究所小面积发掘，发掘面积110平方米。遗址文化堆积从上至下分别为商、二里头文化、龙山文化、大汶口时期文化，堆积厚度约5米。遗址埋藏物丰富，仅在此次发掘中就出土各种遗物1000余件，有玉环、玉管、玉珠、玉牌、石斧、石锛、石镞、骨针、骨笄，陶器有大陶罐、背水壶、各式鼎、豆等。遗址发掘墓葬13座，有单人葬，有3人、5人合葬，葬式为仰身直肢和侧肢，合葬墓有两男一女、四男一女、两男两女一童等，从一些尸骨上发现拔牙习俗，这种葬俗对研究大汶口文化中晚期的社会结构和当时的习俗，提供了珍贵的实物资料。根据碳14年代测定，遗址中龙山文化层的年代，距今4045±95年，树轮校正年代，距今4460±145年。1989年，被安徽省人民政府公布为全省文物保护单位。

【江宁会馆】位于亳州市古泉路中北侧，是南京药材商人为经销方便，于清嘉庆十二年（1807）在圆觉寺的基础上集资改建的（圆觉寺自康熙年间就由南京商人管理使用）。会馆坐北朝南，青砖灰瓦。现存山门、戏楼、配楼、钟楼、鼓楼、看楼、正殿、偏殿等古建筑，计52间。山门3间，明间正门匾额镶嵌砖刻“江宁会馆”4个大字，东西次间匾额，分别镶嵌“钟山”“分秀”碑刻大字，意为将中山之秀分到亳州来。进入山门即是戏楼，戏楼与大殿南北相对而建，舞台前突、木结构，屏风彩绘“二龙戏珠”图案，上悬“秀接钟山”匾额，整座戏楼建筑，集南北风格于一体，秀丽多姿，看楼与钟鼓楼分列东西两侧，檐廊弯绕，构成一个古老的四合院，具有鲜明的亳州地方特色。江宁会馆对研究清代早期建筑艺术，宗教、商务具有重要价值。1989年5月，被安徽省人民政府公布为全省文物保护单位。

【金不换亳州酒文化生态博览园】金不换亳州酒文化生态博览园位于涡河三十里画廊景观带，陵西湖畔。景区内有明代永昌酒号遗址、清代天吉长酒坊遗址等古窖池群，古泉、地下酒窖等历史文物。园区内明、清古窖池遗址为安徽省文物保护单位。金不换酒传统酿造技艺被列入安徽省非物质文化遗产名录。园区内有原酒品鉴体验中心、私人酒道馆、万吨酒封坛储酒区等景点，停车场、游客服务中心、酒店等配套设施。

【林拥城·药都林海景区】国家AAAA级旅游景区，安徽省“省级林业示范基地”。位于亳州市南外环、西外环、北外环道路外侧，为“林在城中、城在林中、林城辉映”之意。景区呈环状，拥抱整个亳州市，全长约50千米，占地面积约1333.33公顷，总投资11.7亿元。林拥城景区构成主要为“一带两区”，即一条环抱全市的林拥城林带、西外环现代林业示范区和南外环生态旅游观光区。由亳州文旅集团旗下亳州市新农村建设开发有限公司投资运营。

林拥城南外环生态旅游观光区位于南外环（亳芜大道）南侧，占地面积约446.67公顷，总投资约5.8亿元，其中生态造林费用约2.8亿元，旅游观光设施建设约3亿元。景区内建有游客服务中心、音乐书吧、欧风园、枫林广场、杨树林生态休闲区等多个旅游景观项目，马术培训基地、烧烤基地（音乐广场）、森林迷堡、房车营地等配套游乐项目。主题游乐园——蜗牛庄园、特色文化主题园——国锦园、中华诗词园和雕塑公园等项目。

【汤王温泉旅游度假区】国家AAA级旅游景区。位于亳州市区西北角涡河与洪河交汇处的三角地带。是亳州市第一个利用锶温泉独特的理疗价值，并结合亳州中医药养生文化特色，打造的休闲养生旅游项目。度假区将优质锶泉水与丰富的地产药材相结合打造13处中药药浴泡池；根据神医华佗创编的五禽戏，巧用五行研发药浴经典名方，打造华佗五行池，对应表里调节阴阳五行，强健五脏肺腑功能。内部设有药膳主题餐厅、映月楼河畔餐厅、特色涡河船宴、明道宫老亳州美食综合体、花戏楼小吃街等餐饮服务项目。已通过省级旅游度假区基础价值评定，入选中国度假休闲旅游发展示范案例。

占地面积约6.4公顷，总投资约1.6亿元。温泉泉水取自地下2300米，出水温度达60℃，日出水量1600立方米。温泉为氟、偏硅酸理疗热矿水，其中锶含量16～24毫克/升，是国内罕见的高矿化度、富含益于人体保健化学组分的锶医疗热矿水。

温泉内设有66个特色温泉池在内的85个项目，另配有中医养生馆、木屋汤院，水上乐园等养生休闲娱乐项目。配套有1200个更衣柜、可容纳300多人的休息大厅和自助餐、SPA、鱼疗、健身等项目，日最大接待量2000人。

【蒙城那年乡下景区】国家AAA级旅游景区。位于蒙城县立仓镇南郊，茨河北岸，县道032以东。景区项目规划面积约513.33公顷，完成产业建设约292.2公顷，其中含果蔬产业园，荷花产业园，乡土树种景观区，立体生态种养殖基地，花海产业园，红橡树基地等。园区重点打造有梦幻月亮湾、盛世百荷园、树屋小街巷、快乐渔人圈、萌宠大牧场、花岛翡翠链六大景观片区。同时，建设有民宿、那年乡下主题商业街、垂钓竞技场、木屋小街巷、那年·乡下民俗美食、青少年研学基地等。

【南湖灯光水舞秀】南湖公园灯光水舞秀工程位于南湖公园的中心区域，项目总投资约6000万元，建设水域面积为178000平方米。

南湖公园灯光水舞工程主要以喷泉、灯光、水幕电影、音频系统、雾森系统为主要载体，以亳州地域文化特色为依托、通过“序篇”“古韵亳州”“养生亳州”“美丽亳州”“醉美亳州”“幸福亳州”六个篇章，把古典亳州悠久的历史文化、现代亳州跨越崛起的律动之美阐释得淋漓尽致。总时长约30分钟，其中水幕电影时长约10分钟，音乐喷泉灯光秀时长约20分钟，每天晚间8点播放一次。

水幕规模高度25～30米，幅宽不小于50米，垂直视角为30°，水平视角在45°范围内。喷泉建设规模长度不小于180米，宽度不小于30米，喷泉主喷高度不低于60米。其中表演

谯城区五马镇万亩桃园怒放　（刘勤利　摄）

区有12种水形组成包含圆环、弧形、椭圆、矩阵及多种组合型水形水势高低错落，水形刚柔并济，光色变幻万千，水幕与喷泉的完美联动，体现律动之美也是此项目的主要特点。

【润耕天下假日农场】该项目位于谯城区十河镇大周村，园区占地面积约66.67公顷，是集生态旅游、休闲度假、科普教育、生态农业示范、生态产品生产为一体的综合性园区。园区建成观光花海、生态餐厅、采摘乐园、游乐场、农耕体验、开心农场、摸鱼池、民俗木屋、跑马场、公共安全研学基地、少儿拓展中心等娱乐体验项目。其中生态餐厅可容纳400人同时体验民俗挖丸子，民俗木屋可接待50～60人住宿，少儿拓展中心可同时接待500人的亲子体验团队。

【康美华佗国际中药城】康美华佗国际中药城是康美药业斥资35亿元打造的国际现代化的中药材专业市场，占地1000亩，建筑面积120万平方米，日上市中药材品种2600余种，日人流量4万～5万人，年交易额超300亿元人民币，是目前全国规模最大、配套最全、管理最规范的中药材交易中心、物流配送中心、供求信息中心。2014年，康美华佗国际中药城凭借行业领先优势，成为中医药行业全国唯一一家CCTV中国经济观测点。

康美中药城以亳州市的市花“芍花”为设计理念，采用花瓣式组合，围绕电子商务中庭，八个花瓣分别代表不同类别的药材经营区域。康美中药城正在积极打造国家AAAA级旅游风景区，挖掘和弘扬药都亳州近千年的中医药养生文化旅游资源，已顺利通过省景观质量专家评审会评审。康美中药城中医药健康养生文化氛围浓郁、旅游基础设施完善、健康旅游项目多样、健康旅游商品丰富，是天然的中药材博物馆，先后被评为国家AAA级旅游景区、“安徽中医药健康旅游基地”、首批安徽省旅游商品特色街区、“亳州市中医药休闲观光旅游示范区”、“亳州市研学旅行基地”。

康美中药城目前已建成亳州唯一的国际会展中心，正在建设五星级酒店以及一流的中药研发、科技教育、商业服务等其他配套商业服务区，真正成为世界中药的窗口，中医药文化的舞台。

【八角台】亳州八角台位于亳州市光明路与建安路交会处西北侧。是魏武帝曹操为奖赏有功将士，大飨家乡父老而修筑的大飨台，因台上建有楼阁和八角亭，故称“八角台”，曹操当年曾在此台上与家乡兄弟歃血盟誓，又称拜交台。历经千年风霜，八角台上原有的大飨堂等建筑早废，现建为八角台遗址公园。

（张星辰）

财政 税务 金融

2021 年 6 月 19 日，财政局工作人员在合唱红歌《我和我的祖国》　（刘勤利　摄）

财　政

【概况】2021年，全市一般公共预算收入完成140.3亿元，为预算的104.6%，总量居全省第11位，较2020年同期增收13.9亿元，增长11%，增速居全省第三位。其中，全市地方级税收收入完成96.2亿元，同比增长11.4%，占财政收入比重68.6%，同比提高0.3个百分点。

2021年，全市财政支出完成377.4亿元，较2020年同期减支13.6亿元，为预算的102.6%，下降3.5%。分级次看，涡阳县完成63.3亿元，为预算的97.7%，同比下降10%；蒙城县完成67.4亿元，为预算的113.8%，同比下降5.6%；利辛县完成66.9亿元，为预算的114.7%，同比下降1%；谯城区完成72.4亿元，为预算的116.1%，同比下降5.6%；亳芜现代产业园区完成2.8亿元，为预算的112.2%，同比增长21.6%；高新区完成9.9亿元，为预算的98.2%，同比增长17.9%；市本级完成94.7亿元，为预算的85.7%，同比增长0.4%。

2021年1—12月主要行业地方级税收收入完成及占比情况表

表7

行业	总量			增量			
	完成额（亿元）	占比（%）	增幅（%）	增加额（亿元）	占比（%）	拉动地方级税收收入增长（%）	增量排名
地方级税收收入	96.2	100.0	11.4	9.9	100.0	11.4	—
第二产业	31.8	33.1	11.8	3.4	34.0	3.9	—
建筑业	8.8	9.1	7.4	0.6	6.2	0.7	4
制造业中的酒制造	4.9	5.1	10.4	0.5	4.7	0.5	5
采矿业中的煤炭开采和洗选业	2.3	2.4	−0.4	−0.01	−0.1	−0.01	6
制造业中的医药制造业	3.7	3.8	−2.7	−0.1	−1.0	−0.1	7
第三产业	64.2	66.7	11.4	6.6	66.4	7.6	—
房地产业	34.4	35.8	13.1	4.0	40.4	4.6	1
批发和零售业	15.3	15.9	28.2	3.4	34.1	3.9	2
金融业	7.5	7.8	10.6	0.7	7.3	0.8	3
交通运输、仓储和邮政业	1.1	1.1	−18.5	−0.2	−2.5	−0.3	8
主要行业小计	78.0	81.1	12.7	8.8	89.1	10.2	—

2021年，市财政局获得省级以上表彰奖励或表扬11项，其中表彰奖励5项：16届全国政府采购集采年会组委会政府采购信息报、政府采购信息网颁发的2020年度政府采购先进地市突出贡献单位，财政部中国财政杂志社颁发的2021年度“三刊两鉴”宣传工作“先进单位”，中国财政杂志社发行处、安徽省财政科学研究所颁发的2021年度财政宣传工作“先进单位”一等奖，获省财政厅2019年全省财政金融业务报表工作先进单位（评价等级为“优”）称号，2020年度财政扶贫资金绩效评价位居“优秀”等次；获省财政厅通报表扬5项：2020年财政性教育经费分析监测工作，2021年全省国有资本经营预算编报工作，2020年乡镇财政资金监管和惠农补贴资金管理发放工作，2020年度财政总决算工作，2020年度国有企业财务会计决算工作；获省财政厅会计考办通报表扬1项：2021年安徽省会计资格考试工作。

【财政收入管理】筹备召开全市2021年财政工作会议、4次财税工作调度会议，部署推动收入工作。坚持“应减尽减、应收尽收”，依法加强税收征管，落实税收优惠政策。推进综合治税、协税护税，堵塞税收漏洞。推进非税收入征管，强化执收部门征缴责任，促进依法征收。加大财力筹集力度，市级国有资本经营预算100%调入一般公共预算，增加可用财力1亿元；市级收回部门存量资金，增加可用财力1.3亿元。2021年，全市一般公共预算收入完成140.3亿元，同比增收13.9亿元，总量排名全省第11位。全市收入同比增长11%，高于全省平均水平2.2个百分点，位居全省第三位。

【财政支出管理】坚持先有预算、后有支出，严禁超预算、无预算安排支出或实施政府采购，严控部门预算追加，规范部门预算调剂。制定《亳州市厉行节约力保重点支出实施方案》，对财政压减重点支出实施清单式管理，严禁新建楼堂馆所等支出事项5项、压缩会议费等支出事项5项、严控人员经费等支出事项7项、统筹政府预算等支出事项5项，压减一般性支出，严控新增财政支出，大力削减或取消低效无效支出。兜牢“三保”底线，支出安排优先保工资、保运转、保基本民生，优化支出结构。各县区安排“三保”预算184.7亿元，“三保”支出保障到位。强化基本民生保障，加强国库资金调度，建立县级保工资监测机制，督促市级和县区兜牢“三保”特别是保工资底线。落实直达资金监控要求，跟踪预算分配下达、支出及惠企利民补助补贴发放。2021年，全市财政支出完成377.4亿元，其中民生支出321.1亿元，占财政总支出的85.1%，民生支出占比完成省考核目标要求。

【民生工程】出台《关于印发民生工程问题清单的通知》。市政府召开全市2021年民生工作会议和调度会议，部署推进民生工程工作。落实配套资金，落实继续实施项目建设资金预算和项目配套资金。加强过程管控，继续坚持“四个一”制度，全面实行“问题清单制”和“问题销号制”，强化精准调度，促进平衡推进。持续强化宣传，通过亳州晚报社、亳州广播电视台和市财政局网站，开展民生工程政策宣传。2021年，全市32项民生工程拨付资金183.3亿元，已全部完成年度任务。

【债务风险防范】完善市属国有平台公司债务化解监管机制，强化化债制度约束。完善政府性债务风险预警机制，加强政府性债务风险动态监控。深化隐性债务合规化解，规范政府举债行为，坚持“开前门、堵后门”，严禁新增任何形式的隐性债务。按照存量隐性债务化解方案，多渠道筹集资金，化解存量隐性债务。全市共组织申报2021年四批新增专项债券项目39个，债券资金总需求175.27亿元。截至12月底，省厅下达亳州市专项债资金111.27亿元，其中市本级32.31亿元。

【污染防治】参与环保制度建设，参与制定《县区污染防治攻坚战成效考核实施方案》《亳州市2021年市中心城区环境空气质量网格考核奖励办法》《亳州市中心城区网格车载走航监测考核办法》等。进一步建立健全生态补偿机制，会同市环保部门修订《亳州市地表水断面生态补偿暂行办法》，完善考核奖惩和生态补偿机制。强化环保资金保障，2021年落实生态环境保护项目资金3.3亿元，支持农村环境整治、大气污染防治、水污染防治等。清算全市2020年环境空气质量生态补偿资金。

【实施乡村振兴】支持巩固拓展脱贫攻坚成果同乡村振兴有效衔接，落实“四个不摘”要求，保留并调整优化原专项扶贫资金，全市安排衔接资金17.858亿元，支出16.99亿元、支出进度95.14%。开展政策性农业保险遴选、2019—2020年惠农财政补贴资金滞拨闲置等问题专项整治。推进利辛县、蒙城县“防贫保”试点，全市投保29户次、保障金额145万元，兑付政策性农业保险理赔款18532.28万元、理赔兑现率100%。

【财政管理改革】推进绩效管理改革，推进绩效管理，印发《亳州市2021年预算绩效管理工作要点的通知》，印明确14项工作要点、26项重点任务，细化到月、整体推进。印发《亳州市财政局关于做好2021年市级预算绩效管理工作的通知》，压实部门绩效管理主体责任。市本级累计出台15项管理办法，基本建成全方位全过程全覆盖的预算绩效管理体系。编制《2021年市级预算绩效管理工作任务清单》，将涉及财政的19项绩效管理重点任务纳入清单管理。推动绩效目标编制由覆盖重点项目到覆盖所有项目，由覆盖项目支出到覆盖部门、单位全部支出。强化部门预算绩效目标审核，重点对17个部门的整体绩效目标和项目支出绩效目标进行公开评审，涉及项目929个，预算54.9亿元。推进绩效自评全覆盖，自评涵盖一般公共预算、政府性基金预算、社保基金预算及PPP、政府债务、民生工程等重点领域和重点项目。推进预算管理一体化，落实省财政厅一体化系统推广建设工作要求，全面使用预算管理一体化系统编制2022年预算。推动预算单位全面使用云化单位会计核算软件。全面推进预算信息公开，按时完成2021年度预算和2020年度决算公开，部门预算公开范围扩大至部门所属二级预算单位。完成省厅布置的2019年度、2020年度预决算公开情况交叉互查任务。落实税收征管改革政策，完成国有土地使用权出让收入等10项非税收入征管职责划转。推进市以下相关领域财政事权与支出责任划分改革，印发自然资源、生态环境、公共文化、国防领域财政事权和支出责任划分改革实施方案。

【国资国企改革】推进国企改革三年行动，推动建立现代企业制度，健全市场化经营机制，实施国有企业低效无效资产清查。完善国企内部控制和内部审计建设，印发《关于做好市属企业内部控制体系建设与监督工作有关事项的通知》《关于加强亳州市市属企业内部审计监督工作的实施意见》。开展专项行动，开展逾期应收款项风险排查、重大风险监测等专项行动。推进市属企业考核评价与薪酬管理，科学确定企业经营业绩目标，持续深化市属企业工资总额改革。推进国资国企监管信息化建设，完成国资国企在线监管系统建设，实现对国资国企在线实时动态监管，强化市属企业“三重一大”决策事项和大额资金监督。

【保障社会事业发展】支持教育科技事业发展，安排中心城区公办中小学校及幼儿园项目建设资金3.73亿元。安排市级科技发展资金5200万元。支持城市基础设施建设，安排资金8.71亿元，支持城区雨污分流改造、城区道路建设及供水管网改造等项目建设。安排历史文化名城保护专项资金3000万元。亳州市社区文体中心建设PPP项目入选财政部文化行业典型案例。建立与项目产出绩效相挂钩的付费机制。支持企业高质量发展，安排工业发展专项资金5000万元。安排“三重一创”项目扶持资金550万元，支持重大产业工程、重大产业专项和创新平台建设。安排服务业企业培育一次性奖励资金650万元，市级服务业、新能源产业引导资金400万元。提前下达2亿元招商政策兑现资金。支持创业就业，全市安排创业扶持资金1000万元、就业补助资金13097.7万元，争取职业技能培训资金4651.25万元。全市发放2462家企业稳岗返还补贴资金133万元。全市落实创业担保基金1.85亿元，发放创业担保贷款7.69亿元。推进惠农补贴“存折换卡”工作，全市通过“一卡通”打卡发放各类惠农补贴资金26项，补贴资金344494万元，惠及农户123.9万户，户均受益2780元。

【疫情防控】履行新冠肺炎疫情防控工作职责，落实常态化新冠肺炎疫情防控工作决策部署和有关要求，配合有关部门做好新冠肺炎疫情防控工作，及时完成财政（国资）部门承担的新冠肺炎疫情防控工作任务。积极筹集资金，保障新冠肺炎疫情防控资金，全市新冠肺炎疫情防控支出32812.72万元。

【其他财政工作】推进财政监督，完成“小金库”常态化防治市直各部门、各县区“小金库”自查等工作。推进会计管理，完成2021年度全国会计专业技术初高资格考试、注册会计师全国统一考试、全国会计专业技术中级资格考试工作。

（宋德良）

税　务

【概况】2021年，亳州市税务部

门共组织各项税费收入373.39亿元，同比增收122.69亿元，增长48.9%。其中，税收收入184.30亿元，同比增收4.54亿元，增长2.5%；非税收入103.41亿元，同比增收97.12亿元，增长1542.8%；社会保险费收入78.80亿元，同比增收17.97亿元，增长29.5%；其他收入（工会经费和职业年金）6.88亿元，同比增收3.06亿元，增长87%。全市税收总量居全省地市第十位，居皖北六市第三位；增幅居全省地市第十五位，居皖北六市第五位。

2021年，全市共办理出口退（免）税3.44亿元，同比减少0.58亿元，下降14.3%。亳州市税务局机关被评为2020年市直单位效能考核先进单位，获2020年度全省税务系统绩效考评第一名。市税务局机关党委，谯城区、涡阳县、蒙城县税务局党委获评亳州市先进基层党组织。

【减税降费】2021年，亳州市税务局全面推行“线上包保责任制”，采取短信、微信、电话、网络直播等线上服务方式，确保纳税人缴费人应享尽享政策红利。全市税务部门共办理各项减免税费46.04亿元，同比增加7.8亿元，增长20.4%。

【征管改革】2021年，亳州市税务局贯彻落实中共中央办公厅、国务院办公厅印发《关于进一步深化税收征管改革的意见》，落实落细省税务局分解284项措施，选取19项可积极探索主动实施的改革任务，主动推进。稳步推进增值税专用发票电子化改革，累计试点纳税人4811户。加强“以房控税”“以地控税”，实现房产税和城镇土地使用税精细化、动态化、无缝化管理。多渠道宣传推进契税法、城建税法实施。完成金税三期社保费征管信息系统（标准版）推广上线全流程测试、数据迁移、双轨运行等工作，开展2021年度城乡居民基本医疗保险费征缴。

【依法治税】2021年，亳州市税务局加强重大案件审理，受理案件157起，审结147起。开展“稽查案件质效提升年”活动，立案278户，检查完结315户，结案287户，查补总额4008.99万元；成功破获全省首例电子专用发票虚开案，涉案金额1.79亿元。

【优化营商环境】2021年，亳州市税务局在全省税务系统首创“四最”营商环境工作专班，联合13个部门下发《亳州市落实纳税缴费便利化改革优化税收营商环境若干措施实施方案》，限时办结流程事项平均办理时长压缩40%，出口退税平均办理时长压缩30%，优化税收营商环境，各项指标均居全省第一方阵。力促税银企深度对接，2887户企业通过“税融通”获贷54.27亿元。持续深入开展“四送一服”，建立包保企业清单，累计收集企业反映涉税问题428个，问题办结率100%。深化税收服务“一带一路”建设，为“走出去”企业提供“一对一”政策宣传服务。

【税收征管】2021年，亳州市税务局按照“一户企业、一个方案、一名联络员、一支团队”模式，面向全市7家上市挂牌后备企业组建7支服务团队，满足企业上市、并购重组等不同涉税业务需求，助力培育民营企业上市挂牌。优化业务办理流程，简化涉税资料报送，实现延期申报、延期缴纳网上申请、统一受理、提速办理。落实财产和行为税“十税合一”，增值税、消费税及其附加税合并申报等便利化改革，实现多税种合并一表申报、一键缴纳。

【助力乡村振兴】全市税务系统帮扶24个贫困村，贫困户2334户，全部通过国家级、省级验收，驻利辛县汝集镇朱集村第一书记、工作队队长刘双燕获得第八届全国道德模范提名奖。积极做好第八批选派干部到村任职工作，全市税务系统选派乡村振兴驻村干部20人，协调推动乡村振兴各项工作落实，切实做到“一人选派、全局支持”。

【办税服务】宣传推广“安徽税务”小程序，引导纳税人缴费人在家即可享受在厅取号、预约办税、智能咨询等线上服务。拓展网上办税缴费事项范围，主要业务“非接触式”办税比例达97.17%，位居全省第四位。推广“税企直联互动平台”，5万户企业建立直连关系，平台注册率90.17%以上。

利用税收大数据，结合亳州特色，撰写完成税收经济分析报告19篇，内容涵盖县域经济发展、区域经济对比、税源结构变化、产业行业发展趋势等，积极服务党委政府科学决策，获3位市领导肯定性批示。利用综合治税平台外部数据进行关联分析，补缴税费640万元。

【创新项目】2021年，亳州市税务局在全国首创“税信通”联合激励机制，以A级纳税信用为支点，牵头发改委、人社、财政、银保监等21个部门对纳税信用A级纳税人实施37项激励措施。“税信通”有效降低市场主体融资成本、经营费用、资金压力和办事难度，得到社会各界的一致认可，先后荣获中国改革2021年度地方全面深化改革典型案例、中国社科院信息化研究中心“2021营商环境高质量发展优秀案例”、安徽省信用建设典型案例等荣誉，得到国家税务总局局长王军肯定性批示。

（聂宗涛）

金　融

·地方金融监管·

【概况】亳州市地方金融监督管理局成立于2019年2月，是市政府组成部门，为正处级，加挂亳州市人民政府金融工作办公室牌子。2021年，亳州市地方金融监督管理局紧紧围绕服务实体经济、深化金融改革、防控金融风险三大任务，改革创新，狠抓落实，着力解决企业融资难、融资贵问题，加大陈案化解工作力度，完善金融机构管理机制，积极做好稳金融工作。截至2021年12月末，全市银行业金融机构人民币存款余额2847.54亿元，同比增长13.82%，增速居全省第三位，高于全省3.18个百分点；各项贷款余额2742.92亿元，同比增长15.23%，增速居全省第三位，高于全省2.36个百分点。

【多层次资本市场建设】亳州市地方金融监督管理局印发了《亳州市人民政府办公室关于印发亳州市实施“万家企业资本市场业务培训专项行动”工作方案的通知》（亳政办明电〔2021〕3号），邀请安徽证监局、国元证券、亳州市经侦支队多名资深金融专家围绕当前宏观经济形势、企业上市政策及业务、新三板挂牌企业风险等开展专题培训，为上市后备企业分析宏观形势、解读上市政策、树立风险意识。2021年度，全市境内上市企业1家；首发上市在审企业1家；全市上市辅导备案企业1家，全市“新三板”挂牌企业10家，区域性股权市场挂牌企业573家，全市挂牌企业累计融资覆盖率53.58%。

【直融和基金工作】亳州市地方金融监督管理局抢抓列入国家申请企业债券“直通车”政策机遇，指导市属企业和县区认真谋划、积极申请，取得较好成效。2021年1—12月实现直接融资342.52亿元，居全省第二位，皖北第一位，同比增长77.13%。充分发挥产业投资基金对重点工程、重大项目带动作用，截至12月末，14支市级产业投资基金到位资金60.22亿元，投资在亳项目25个、投资金额5.74亿元。

【“税融通”】根据《亳州市人民政府关于印发“税信通”联合激励暂行办法的通知》（亳政秘〔2021〕89号），亳州市地方金融监管局将B级以上（含B级）民营企业纳税人列入支持对象，政策性担保机构对“税融通”贷款给予增信支持，对资质条件好的民营企业，放开“税融通”额度5倍上限限制。截至12月末，全市税融通当年累放金额54.27亿元，服务企业2887家。

【金融创新支农支小】亳州市地方金融监管局全面落实市委、市政府“六一战略”，持续聚焦小微企业、“三农”主体、科技型企业融资难问题，市地方金融监管局、市融资担保公司在全省率先开发纯信用批量化线上担保产品“小微担”“农信担”，见贷即保，一次授信、随借随还，精准对接基层所盼、着眼打通堵点，解决群众关心关注的融资难、融资贵问题。“见贷即保”力解小微企业“三农”融资难题成功入选2021年度亳州市优化营商环境优秀改革案例。截至2021年末，全年办理“农信担”“小微担”2933户28.5亿元，科技担保业务32户5.6亿元，“惠药担”115户12.6亿元，新型政银担办理量、年末在保量均居全省第一。

【金融风险防范】亳州市地方金融监督管理局开展非法集资陈案化解攻坚行动，排查出10起案件作为2021年非法集资陈案攻坚目标任务，建立市政府负责人“一月一调度、两月一约谈”机制，定期调度年度重点化解攻坚案件和新增案件处置情况。2021年全市已化解陈案5起，提前完成省年度目标任务。在常规风险监测及排查工作开展同时，开展非法集资风险主体排查，对小额贷款公司、融资担保机构、典当行、互联网金融、网络借贷平台、民间投融资等进行了重点排查，共计排查各类公司、企业176家，对排查出的64家问题公司分类进行了处置。

【地方金融组织监管】亳州市地方金融监督管理局全面推进“双随机一公开”监管改革工作，印发了《关于印发2021年全市融资担保机构和小额贷款公司现场检查工作方案的通知》，将“双随机”改革工作纳入规范化管理，地方金融市场主体检查覆盖率达100%。通过下达整改通知、通报等，要求企业及时整改，保证了地方金融组织的稳健运行。对常年没有实质性业务的小额贷款公司进行了劝退，2021年全市有5家小额贷款公司有序退出。

【建安投资控股集团有限公司】2021年，建安投资控股集团有限公司（以下简称“建安集团”），实际管理二级子公司6家，控股、参股公司34家。2021年，集团资产规模1418.80亿元，净资产487.12亿元。2021年，建安集团组织开展学习十九届六中全会精神、习近平总书记“七一”重要讲话精神、省第十一次党代会精神、市第五次党代会精神，扎实开展党史学习教育，推动中央巡视反馈安徽省意见、“大起底、改到位、建机制”专项行动等发现和反馈问题整改清零，夯实基层组织建设质量。建安集团3个党支部获评“五星基层党组织”，5个党支部全部获评“五星远教站点”。

2021年，建安集团新增直接融资到位资金91.5亿元，新增直接融资审批金额135亿元。在债券审批上，1月5日建安取得30亿元中期票据注册通知书，2月9日取得20亿元短期融资券注册通知书，4月29日取得20亿元定向工具注册通知书，7月21日取得30亿元私募公司债注册通知书，11月22日取得20亿元超短期融资券注册通知书，以上债券注册成功对于公司后续发展具有重要意义。

2021年，建安集团实施产业布局与组织架构调整，本着“矩阵式管理”调整原则，将集团部室调整为7个，形成职能更加清晰的组织架构体系；设立亳州产投公司、亳州资管公司，按照市场化原则推动集团二级子公司扁平化管理、投资决策体系建设，三级子公司根据新职能定位有增有减，使集团公司整体管控体系更加优化，有效缩短管理半径。

2021年，建安集团按照国企改革三年行动要求，理顺党委会、董事会、办公会等分级决策体制职能作用；开启数字化转型，确立业务发展信息化与内部管控信息化两条主线，启动信息化建设规划；开展绩效评价与薪酬管理咨询项目，聚焦经营业绩考核、组织考核与个人考核、薪酬激励等痛难点问题，实施体制机制创新与变革。坚持市场化导向，干部队伍建设有序，制定轮岗挂职等系列制度。完成人力资源信息化系统建设，开展市场化招聘，建设高学历、高层次、高素质、年轻化干部队伍，补充集团新鲜力量，实现人才内部流动，培养一批既懂宏观经济又懂资本运作，既善于产业投资又善于企业运营的复合型人才管理团队。

（王　铂）

·银　行·

【中国人民银行亳州市中心支行】2021年，全市金融运行平稳。全年社会融资规模增量再创新高，达607.21亿元，比2020年同期多47.46亿元，占全省增量的6.25%。2021年末，全市金融机构人民币各项存款余额2847.54亿元，较年初增加345.83亿元，同比增长13.82%，居全省第3位；全市金融机构人民币各项贷款余额2742.92亿元，较年初增加362.55亿元，同比增长15.23%，居全省第三位；全市金融机构人民币存贷款同比增长14.51%，合计增速居全省第二位。

2021年，中国人民银行亳州市中心支行巩固拓展金融支持稳企业保就业成果，压实银行机构主体责任，单列普惠信贷计划，强化监测调度，开展“贷动小微　普惠江淮”劳动竞赛和

“贷动小生意、服务大民生”金融支持个体工商户专项行动，架起货币信贷政策与市场主体的“连心桥”。2021年末，全市普惠小微贷款余额739.54亿元，同比增长16.64%，增速高于各项贷款1.4个百分点；普惠小微贷款加权平均利率6.36%，较2020年降低0.48个百分点，实现“两连降”，两年累计降幅达1.27个百分点，为小微市场主体节省利息支出4.7亿元；累计有4467户企业首次从银行获得贷款30.4亿元，无还本续贷余额34.5亿元，同比增长46.8%，制造业中长期贷款余额27亿元，同比增长63.5%。

2021年，中国人民银行亳州市中心支行坚持底线思维，统筹做好金融风险防控工作。组织开展金融风险排查调研，指导地方法人机构强化风控管理，完善风控机制，平衡把握安全性流动性盈利性，谨慎参与风险投资业务。强化应急处突能力建设，修订存款保险风险处置应急预案，开展全过程、沉浸式应急演练，防范化解重大突发风险能力进一步增强。落实房地产贷款集中度管理要求，强化房地产金融审慎监管。联合有关部门开展非法集资排查及打击非法金融活动，宣传《防范和处置非法集资条例》。联合开展洗钱犯罪专项打击行动，推动亳州市首例洗钱罪案件成功宣判，实现辖区洗钱罪定罪宣判“零的突破”。

2021年9月16日，人民银行合肥中心支行在亳州中药材交易中心举办“百年历程，存保守护”存款保险宣传中华药都行活动，人民银行合肥中支金融稳定处处长潘力工，人民银行亳州市中心支行、亳州市地方金融监督管理局、亳州银保监分局负责人，亳州市各银行业金融机构主要负责人参加活动。建设银行亳州市分行、中国银行亳州分行、谯城湖商村镇银行、邮储银行亳州市分行分别以五禽戏展演、诗朗诵、情景剧、三句半等形式展示了以存款保险为主题的文体节目，吸引了许多群众驻足观看。现场采取有奖问答等多种方式开展存款保险知识宣传，群众参与积极性高，当天发放宣传折页1380份、宣传品2000份、存款保险问卷360份，接受咨询500余次，取得了明显成效。活动还邀请了环卫工人代表参加，并赠送宣传礼品。

2021年，中国人民银行亳州市中心支行深入推进金融支持乡村振兴战略，围绕落实《安徽省金融支持新型农业经营主体发展行动方案》，牵头制定《亳州市金融支持“百乡千村”产业振兴十条措施》，联合相关部门开展金融支持乡村产业振兴提升行动，面向全市乡镇政府和新型农业经营主体代表，巡回开展政策解读和产品推介。2021年，组织开展5次大型政策宣讲推介活动，推动各主办银行累计开展涉农金融政策和产品宣传303次、惠及新农主体7100家，实地走访新农主体2170户，对接发放贷款2.1亿元。联合市农业农村局印发《亳州市金融支持乡村产业暨新型农业经营主体主办责任银行名单》，88家支行与乡镇政府签订金融帮扶协议，明确量化目标，实现主办责任可监测、可比较、可考核，引导金融资源深度下沉。2021年末，主办银行在主办乡镇网点贷款余额同比增长19.9%，高于其各项贷款增速3.2个百分点。

2021年，中国人民银行亳州市中心支行积极推动金融改革创新，研究制定《推动亳州市金融改革创新 提升金融服务实体经济能力的实施方案》，确定16项金融改革创新任务。深入推进科技金融创新，开展“贷动药都、科创未来”专题对接帮扶行动，累计对接企业264家，帮助181家获得贷款33亿元。申创全国绿色金融改革创新试验区，是第一个向省政府提出申请创建的地市，通过培训、辅导，引导金融机构加大绿色贷款投放，实现银行机构绿色信贷全覆盖。加强协调联动，借助智慧城市建设资源优势，创新打造绿色低碳项目线上融资模式，2家机构对接6个项目，授信1.4亿元。积极推进碳减排政策工作落地，建立“半月报、月调度”工作机制，加强信息沟通反馈，推动银行机构做好项目贷款投放、储备工作，夯实银行机构责任。截至2021年12月末，全市共筛选报送碳减排贷款项目12个、金额5.19亿元，加权平均利率3.96%；合计储备项目合计19个，金额44.67亿元，主要集中在风电、生物质发电等清洁能源领域。

2021年，中国人民银行亳州市中心支行持续推进金融纠纷多元化解机制建设，4次召开金融纠纷多元化解机制建设专题调度会，多次开展现场调研，实现金融纠纷调解组织县区全覆盖，持续走在全省前列。2021年6月23日，亳州市金融纠纷调解中心挂牌成立。7月21日，蒙城县金融纠纷调解中心挂牌成立。10月19日，涡阳县金融纠纷多元调解中心挂牌成立。2021年，全市4家金融纠纷调解组织共受理金融纠纷案件1182件，成功调解618件，调解成功率为52.28%。案件现场调解平均时间约30分钟，线上调解平均时间约1天。

2021年，中国人民银行亳州市中心支行联合公安等部门打击电信网络新型违法犯罪，全市涉案账户数量降至全省第14位，退出涉案账户重点地区名单，累计拦截被骗资金3.3亿元，直接挽回群众损失3012万元。深化移动支付便民工程，建成适老化支付服务特色银行网点10个、窗口372个。建立特殊残损币鉴定绿色通道，为20多个家庭挽回经济损失9万多元。落实降低小微企业和个体工商户支付手续费部署，为2.7万户市场主体减费108万元。推进国库信息化建设，实现跨省（市）电子异地缴税。2021年，亳州市全辖跨省异地电子缴税业务已签订三方协议5笔，共开展业务120笔。开展“金芍花”农村现金服务点标准化创建工作，依托党群服务中心和村警室建立网格化反假宣传服务平台，反假货币宣传常态化机制基本建立。创新开展动产融资常用户线上审核业务，截至2021年末，线上模式共审核通过常用户123户，其中，金融机构5户、企业118户。推动个人信用报告自助查询机顺利入驻市政务服务中心7×24小时自助服务大厅，全面提升征信查询服务水平。深入推进贸易投资便利化，实现货物贸易外汇收支企业名录登记全流程线上办理，行政许可网上办理率达95%，好评率100%。

（丁皖蒙）

【中国农业发展银行亳州市分行】中国农业发展银行亳州市分行于2007年12月20日成立，是由1997年成立的原中国农业发展银行亳州市支行升格成立，是国家农业政策性银行。其主要任务是以国家信用为基础，以市场为依托，支持“三农”事业发展，发挥国家战略支撑作用。农业发展银行亳州市分行实行扁平化管理，下辖涡阳、蒙城、利辛3个县支行。

2021年，累计投放各类贷款77.9亿元，同比多放14.6亿元；年末各项贷款余额346.3亿元，较年初净增11.3亿元。经营绩效考评在全省农发行系统位列第六，蒙城县支行和利辛县支行获评全省农发行系统“贡献行”称号。作为全省金融系统代表参加全省“万企兴万村”启动大会并作经验交流。

2021年，中国农业发展银行亳州市分行围绕坚持精准高效、创新驱动、突出产业、协同持续，聚焦县乡医疗、教育等公共服务薄弱环节，以及农村住房安全、供水等基础设施补短板，继续加大投入力度。2021年，累计向利辛县知行学校等9个项目投放巩固衔接贷款24.3亿元，向脱贫县（原国定贫困县）利辛投放贷款22亿元，脱贫县贷款增幅高于全行贷款增速。

2021年，农发行安徽省分行与亳州市政府签订600亿元战略合作协议。双方将共同聚焦“四化同步”、皖北振兴、共同富裕，围绕巩固拓展脱贫攻坚成果、推进乡村全面振兴、维护国家粮食安全、推动特色产业发展等方面进行全方位合作。农发行亳州市分行将进一步发挥“当先导、补短板、逆周期”作用，大力支持亳州“六一战略”实施，促进农业高质高效、乡村宜居宜业、农民富裕富足，为建设现代化美好亳州提供有力金融支撑。2021年，聚焦“世界中医药之都”建设，审批谯城区现代中药产业园（南区）等项目2个，贷款金额6.1亿元，已投放3.84亿元；聚焦“绿色农产品生产加工供应基地”建设，向蒙城县皖蔬现代农业产业园项目（一期）、皖农谷现代农业科技产业园项目审批贷款11.8亿元，已投放1.2亿元；聚焦长江大保护，向涡河蒙城枢纽建设工程等4个项目投放贷款15亿元；聚焦城乡一体化发展，围绕城镇老旧小区改造、安置房建设等投放贷款10.5亿元。

2021年，中国农业发展银行亳州市分行坚决扛稳服务保障国家粮食安全的政治责任，坚持把做好粮棉油信贷工作作为重中之重，主动顺应粮食市场化改革新形势，统筹支持好政策性收购和市场化收购，牢牢守住粮棉油信贷“主阵地”，巩固“粮食银行”品牌。全年累计投放粮棉油贷款10.5亿元，其中中央及地方储备粮油贷款6.9亿元，购销企业收购贷款及流动资金贷款2.8亿元。

2021年，中国农业发展银行亳州市分行推动创新模式落地，重点打造“一片两链”业务模式，蔬菜全产业链和供应链定购贷模式两项课题获农发行安徽省分行创新成果“银点子奖”。围绕土地规模化开展“耕地成片”创新试点。为帮助政府整合土地资源，优化农田布局，支持农田提质增效，实现高产稳产，在全市全域大力支持高标准农田建设，审批农地类项目6个，金额54.3亿元，累放农地类贷款25.2亿元，实行贷款优惠利率，为全市高标准农田建设提供资金保障，着力做强“农地银行”品牌。

2021年，中国农业发展银行亳州市分行围绕核心企业构建粮食供应链。充分发挥农业政策性银行在粮食领域的经验和优势，为头部企业和传统粮食购销企业搭建沟通桥梁，在全省农发行系统率先搭建平台、制定管理办法，促成蒙城牧原与4家收购企业签订代收代储小麦合同15.7万吨，实现物资供应链“定购贷”模式落地，累计授信1.56亿元，投放收购贷款1亿元，支持收购小麦近4000万千克。

2021年，中国农业发展银行亳州市分行围绕产业振兴创新打造蒙城蔬菜全产业链。按照“历史有传统、现实有优势、全省有地位、全国有影响”标准，选定蒙城蔬菜产业作为支持全产业链发展试点。依托蒙城县“上海市外蔬菜主供应基地”定位，会同蒙城县政府和县兴农公司积极谋划建立具有地方特色蔬菜育、产、储、供、销一体化农业全产业链。2021年，同步启动蒙城县皖农谷现代农业科技产业园项目（育苗基地、产业示范园区）、皖蔬现代农业产业园项目（从皖农谷产业园购买种苗等，发展3万亩设施蔬菜种植基地）和冷链物流项目（农蔬产品冷链物流集散中心）等3个项目，授信总额度18.8亿元。蔬菜全产业链达产后，预计产值达60亿元。

（张　弛）

【亳州药都农村商业银行股份有限公司】2021年，亳州药都农村商业银行股份有限公司（以下简称“药都农商行”）下设营业网点52个，离行式自助银行116个，助农取款128个，自动取款机及存取款一体机354台，服务客户达196.92万，在职人员861人。获得“全国脱贫攻坚先进集体”“安徽省‘爱心送进光荣门’公益慈善捐赠突出贡献奖”“全国农村金融十佳品牌创新机构”称号，并荣登“第十一届中国农村金融品牌价值榜”。

截至2021年末，药都农商银行资产规模581.81亿元，位居皖北农商银行第一位、全省第二位、全国2200余家农商行第67位，实现“皖北走前列，全省站前位，全国有影响”发展目标。负债规模532.65亿元，较年初增加50.61亿元、增幅10.50%。存、贷款余额分别为443.16亿元、437.18亿元，分别较年初增长36.55亿元、48.93亿元，增幅分别为8.99%、12.60%，均高于亳州市GDP增速。全年实现各项收入34.07亿元，净利润4.76亿元，为亳州市财政收入贡献税收3.42亿元。

2021年，药都农商行中标贷、农民工工资支付保函、振兴合作贷等9款“振兴e贷”系列产品成功上线运行，创新推出农产品订单质押、生物资产抵押、存货（仓单）质押、花茶电商贷等产品，巩固拓展脱贫攻坚成果向乡村振兴转换；“供应链金融”服务产业再添粮食行业新成员，继续做好“六稳”“六保”有新作为；“金农企e贷”首次面向“双强六好”企业发放“红企贷”；“普惠快付”新增税费代扣、ETC缴费等民生服务；“金农易贷”持续提升“全民双创”金融服务能力；“智能营销系统”顺利投产，为客户提供定制化金融服务；大数据平台项目二期顺利投产，完成无感知切换，数据加工效率提高166%。

截至2021年末，药都农商银行共研发上线业务经营类系统19个、科技管理应用类15个、综合服务类系统14个；大数据金融产品共计授信26.66万户、740.19亿元，累计发放贷款超2600亿元。2021年12月15日，省委书记郑栅洁到药都农商银行考察时，对该行运用大数据开展信贷、服务“三农”、支持中小微企业发展的做法给予充分肯定，金融创新得到高度褒奖。

2021年，药都农商行持续

优化支付环境，率先提出手机银行“户户通”、自助银行“村村通”发展目标。截至2021年末，累计签约手机银行79.84万个、个人网银9.38万个，合计占市辖区总人口的53.11%；企业网银2.92万户，占谯城区中小微企业数的56.15%；营业网点52个、离行式自助网点116个，实现社区、行政村全覆盖；电子银行交易替代率98.43%。深入推进减费让利，一方面，减免跨行转账手续费等46项收费项目；另一方面，在2020年降息基础上，药都农商行全量贷款利率再次下调20BP，全年预计让利1亿元左右，有效降低实体经济融资成本，激发市场主体活力。用足用好货币政策。2021年，药都农商银行积极申请再贷款25.49亿元，帮助237家中小微企业渡难关；累计发放脱贫小额信贷8253.4万元，助力1.43万户贫困户脱贫致富。坚定履行社会责任，探索与村委、社区、企业等党支部开展联盟共建，50个党支部签订共建协议60余份，开展活动70余次，帮助困难脱贫户、困难群体百余人；党员带头开展公益志愿服务，关心关爱困难群体、特殊群体，全年金融知识普及惠及十余万人次，服务“一老一小”1.2万人次，支部战斗堡垒、党员先锋模范作用充分发挥。

（张　利）

【中国银行股份有限公司亳州分行】2021年，中国银行股份有限公司亳州分行（以下简称“中国银行亳州分行”）下辖利辛、蒙城、涡阳3个县支行。全辖有员工365人，下辖营业网点18个，内设部门10个。人民币各项存款余额205.23亿元，较年初新增25.07亿元。其中公司存款余额91.83亿元，较年初新增17.96亿元；个人存款余额113.38亿元，较年初新增7.09亿元。人民币各项贷款余额224.38亿元，较年初新增24.83亿元。其中公司贷款余额58.39亿元，较年初新增7.58亿元；个人贷款余额166.01亿元，较年初新增17.25亿元。实现营业收入7.18亿元，系统内排名第7。实现净利息收入6.38亿元，排名第五位。实现拨备前利润5.78亿元，系统内排名第七位。

2021年，中国银行亳州分行坚决贯彻落实党中央在金融领域的决策部署，全面执行监管部门的制度要求，聚焦总行“八大金融”战略安排，服务实体经济质效，社会责任类考核指标位于全省前列。绿色信贷增速170.91%，制造业贷款增速59.62%，科技型企业贷款增速133.91%，战略新兴产业贷款增速34.12%；民营企业贷款38.16亿元，新增余额占比和户数占比均有所增加；严格遵循“房住不炒”市场定位，房地产贷款集中度压降3.2个百分点。

2021年，中国银行亳州分行持续聚焦中小微企业融资难、融资贵的问题，“增量、扩面、提质、降本”，积极落实“两项工具”，支持地方经济持续恢复和高质量发展。累计发放小微企业贷款40.45亿元，普惠小微企业贷款利率较年初下降3.2个BP，达成“两增两控”底线监管要求。

作为脱贫攻坚工作的参与者、实践者，我们大力弘扬脱贫攻坚精神，做好巩固拓展脱贫攻坚成果同乡村振兴有效衔接各项工作，朝着共同富裕的目标稳步前行。派驻驻村扶贫干部，多次开展扶贫慰问、关注农村困难空巢老人、帮扶留守儿童、向贫困村捐赠图书等活动，涉农贷款余额57.98亿元，着力构建“党建+金融”工作机制，开展“银村共建”，发放党建引领信用村贷款378.5万元，创新研发“秸秆贷”产品，投放金额530万元。

2021年，中国银行亳州分行三代社保卡发卡26557张，发卡总量居全省第六位，任务完成率排名全省第三位。

2021年，中国银行亳州分行进出口业务量合计1.73亿美元，国际贸易结算市场份额为24.27%，四行排名第一位；跨境人民币业务量合计2.58亿元，市场份额为24.07%，四行排名第一位。结售汇总量为1.17亿美元，结售汇市场份额为22.90%，四行排名第二位。牵头召开安徽省展业自律机制亳州市工作组2021年外汇业务培训共5次，加大对全市各外汇指定银行对外汇便利化政策的普及力度，促进全市外汇市场的持续健康发展。

2021年，中国银行亳州分行共召开12次风控会议，持续开展“月度沟通”“季度点评”工作。结合监管部门“内控合规建设年”活动及总行合规教育相关要求，从合规文化引领、重要制度执行、重点领域风险管控、反洗钱与制裁合规基础管理四个方面，全面落实省分行“内控合规强化年”主题活动各项工作部署。开展2021年度反洗钱工作劳动竞赛活动，实行“按月通报，绩效挂钩，总结评优”考评方式。开展各类合规主题活动，合规管理建设体验日活动、案件警示教育专题讲座、参观警示教育基地、合规征文比赛、合规知识测试等，并邀请市纪委监委人员赴中国银行亳州分行开展预防职务犯罪警示教育培训活动，引导全体员工提升内控意识和拒腐防变的能力。建立常态化的员工异常行为排查机制，持续展员工异常行为排查。对重要岗位、重点人员进行重点关注，做到苗头早发现、问题早处置、风险早化解。各级人员签订承诺书，强化风险意识。

（杨博文）

【徽商银行亳州分行】2021年，徽商银行亳州分行资产总额223.65亿元，较年初增加31.60亿元，增幅16.45%。分行各项存款余额173.68亿元，较年初增加29.43亿元，增幅20.37%；分行各项贷款226.74亿元，较年初增加32.35亿元，增幅16.64%；全年经营运行良好，无安全和重大责任事故发生。

2021年，徽商银行亳州分行成功上线亳州市不动产登记中心、亳州市公共资源交易中心、亳州市公管局现金管理系统；成功办理分行首笔FDI外商资本金业务以及全市首笔跨境人民币ODI业务。

2021年，徽商银行亳州分行推进机构网点建设。加快利辛支行建设，并于上半年完成迁址工作；完成新设支行蒙城望月路支行开业工作，网点数量达到13个；完成分行大楼购置事项，装修正在有序推进中。网点布局完善，将有效扩大、延伸徽商银行亳州分行服务区域和范围，为更好地服务市政、市企、市民提供平台支持。

（马冰茹）

【中国邮政储蓄银行亳州市分行】2021年，中国邮政储蓄银行亳州市分行在习近平新时代中国特色社会主义思想指导下，在市委市政府、监管部门、社会各界关心和支持下，围绕服务地方经济发展大局，坚定信心，主动作为，统筹推进疫情防控、经营发展和风险防控工作，完成各项目标任务。

2021年，邮储银行亳州市分行个人储蓄存款净增8.58亿元，公司存款日均净增6.02亿元。信用卡新增客户3.56万户，新增手机银行3.74万户，新增快捷支付绑卡5.58户，代理保险销量3.39亿元，个人理财年日均净增1.21亿元，公司理财年日均净增1.5亿元。各项贷款余额190.07亿元，年内新增26.67亿元，增幅达16.32%，全年实现零售贷款净增21.24亿元，规模突破140亿元大关。

坚持“员工至上”，加强疫情防控物资储备，保障员工生命安全健康；加强员工动态排查跟踪，坚持“日报告”“零报告”制度；加强人员出行管理，按照“谁审批、谁负责”原则，严格落实审批报备制度；督促员工加快疫苗接种，做到“应接尽接”“应快尽快”。

2021年，邮储银行亳州市分行充分利用元旦、春节等假期有利时机，成立清收突击组，由各级领导带队，实行一户一策，逐个击破。严格执行“三项清单”限时督办机制，固化“每周四”上门清收日活动，落实行

2021年10月27日，邮储银行工作人员走访农户宣传创业担保贷款

（岳胜楠　供图）

领导对亘点不良大客户督办机制，确保贷高质量完成资产保全工作。加强合规警示教育，大力传导“展业不违规、违规不展业”经营理念；加强内控合规体系建设，提高制度执行力，通过抓问题、控流程、实整改、严问责，推动制度执行，推进高质量发展。获总行2021年度全国产保全“固堤清淤”大行动优胜团队奖。

2021年，邮储银行亳州市分行不断深化“三农”金融服务，深耕农村市场，加大农村金融供给，助推乡村振兴战略实施。成立5个乡村振兴服务队伍，将业务下沉、人员下沉，提高网点服务乡村振兴的能力；优化“劝耕贷”“小额信用贷”等办理流程，推出“极速贷”“惠农经营贷”等纯线上、纯信用贷款产品，与省农担合作推出“见贷即保”业务，破解农村地区“担保难”问题；针对普惠型涉农贷款给予75BP的资金转移定价优惠，切实为“乡村能人”“信用村信用户”“新型农业经营主体”“一般农户”等提供最优惠的金融支持；不断加强与农业农村、财政、人社等部门合作，开展金融支持新型农村经营主体“惠农贷”项目等，适时借助平台将惠农产品、政策推介给更多需要的“三农”客户。2021年，该行本年涉农贷款余额超103亿元，年增长近15亿元，增幅17%；全市普惠型涉农贷款结余超25亿元，较年初增长近4亿元，增速超17%。全年“三农”贷款净增5.5亿元，增幅超38%，共建设信用村563个，信用户10488户，发放乡村振兴卡4906张，为乡村振兴注入发展动能。

2021年，邮储银行亳州市分行始终把为实体经济服务作为根本出发点和落脚点，高度重视小微企业金融服务，把支持实体经济发展摆在突出位置，把支持“大众创业、万众创新”摆在突出位置，通过银政、银企合作，切实支持小微企业发展。2021年，该行惠型小微企业贷款余额超35亿元，本年净增近5.5亿元，较年初增速17.82%。普惠型小微企业户数超9100户，较年初净增近1900户。普惠型小微企业利率6.03%，较年初下降21BP。积极助力复工复产，疫情暴发以来，累计向疫情防控企业投放贷款超230亿元，为20281户中小微企业提供资金帮扶。

2021年，邮储银行亳州市分行坚持以客户为中心的思想，坚持把实事办好、把好事办实，切实完善金融服务，充分考虑广大客户的各项金融需求，从银行网点软硬件设施、服务方式、人文关怀等多方面做精、做优，助力客户体验提升。加大网点改造力度，加快调整网点布局，优化功能分区，在网点设立公众教育区、电子银行体验区、VIP客户室、儿童乐园休闲区等功能区域，提升网点服务环境；加强智能设备配备，顺应数字化时代变迁，加快智能设备投放，提升客户业务办理速度。目前，全市网点共布放38台ITM，29台CRS；加强标杆网点创建，组织开展服务明星支行评比活动，对服务进行规范化要求，营造“比、学、赶、超”的氛围，在竞赛中查缺补漏，不断优化服务水平，助力客户体验提升。2021年度服务质量得分居全省第二位。

2021年，邮储银行亳州市分行持续落实金融扶贫责任，市县行共派驻4名第八批驻村扶贫干部，开展定点扶贫包干工作；结对帮扶责任人定期走访脱贫村，慰问脱贫户。加快推动绿色银行建设，加大绿色信贷投放，重点支持绿色融资项目。2021年，绿色信贷较年初增长5.38亿元，增幅133%。积极开展绿色植树、爱心捐款、包保路段执勤、文明交通疏导、学雷锋志愿服务等社会公益活动，争做道德规范标兵。先后获得总行2021年度邮爱公益“百强团队”称号、2020年度金融机构支持地方经济发展先进单位三等奖、“惠商贷”获评金融创新奖二等奖；“三农”金融事业部获评2021年度亳州市巾帼文明岗；分行营业部获评邮储银行省内、亳州地区同业首家挂牌“长春花”适老化支付服务特色银行网点。

（岳胜楠）

·保　险·

【中国人寿保险股份有限公司亳州分公司】2021年，中国人寿保险股份有限公司亳州分公司全年实现保费11.08亿元。个险渠道：全年实现新单保费9217.7万元，其中十年期占比55.1%，保障型保费占比42%。全面调整业务、队伍发展模式，投入产出效率明显改善，质量管控初见成效，资源配置有保有压，充分保障基础性、战略性支出，市场持续领跑。银保：全年实现期缴保费2818.7万元，达成全年预算目标的102.5%，同比增长25.28%，其中五年期达成883.63万元，同比增长176.5%；标准保费达成254.69万元，达成预算目标的106.12%，同比增长124.99%。年度职能考核迈进全省先进行列。团险：团险渠道坚持规模效益并进，全年保费收入3334.07万元，净增保费494.35万元，同比增长17.41%。特别是老小（计生）业务达到1686.33万元，业务稳健发展，在整个团短险保费中占据半壁江山。健康险：自2016年起经办亳州市谯城区城乡居民基本医保和承办大病保险，在服务方面，建设标准化医保服务中心，实现所有业务一个窗口办理，参保群众满意度大幅度提高。在基金监管方面，智能审核与专家评审相结合，实现“线上+线下”一体化、全过程监管，促成商保医保合作共赢局面。2021年亳州健康险渠道在保费规模及大健康注册两方面均完成省公司预算目标，受到总部表彰，成为全省标杆。全市大病保险报销23291人次，理赔金额6013.04万元。

（段松岩）

【中国人民财产保险股份有限公司亳州市分公司】2021年，人保财险亳州市分公司在市委、市政府和上级公司坚强领导下，以卓越保险战略为引领，积极深度融入长三角建设和亳州“六一战略”，立足“稳中求进”总基调，大力推进体制机制变革、创新驱动发展、服务转型升级，实现高质量发展。

2021年，全市系统实现保费收入12.75亿元，与2020年基本持平（受车险综改影响），保费规模位列全省系统第四。全年上缴税收总额9756万元（其中代扣代缴6925万元）。全险种综合赔付率80.39%，高于亳州财险行业6.43个百分点。保费规模、赔款总额和纳税贡献均居亳州财险行业首位。

围绕“六大服务”，按照省公司“四梁八柱”总体框架，紧扣市委提出“六一战略”，主动与有关职能部门联系对接，制定保险服务方案，并实时跟踪。在服务乡村振兴方面，继续承办防止返贫类保险项目，实现政策性养殖保险突破；试点高标准农田建设保险和农村灾毁公路保险，在重点乡镇开展“乡村振兴保”。在服务智慧交通方面，车险结构进一步优化，家用车保费占比超过50%，线上化率持续提升；深化警保联动，为全市电动自行车上牌提供网点服务；向亳州民用机场跑道建设提供一揽子保险服务。在服务健康养老方面，继续承办三县大病保险项目，配合医保部门开展打击医保欺诈；“皖惠保”项目顺利启动，取得预期效果。在服务绿色环保方面，新能源汽车专属保险产品推出，承保辆数持续增加；安责险提标扩面，承保企业数量和保费规模均在全省系统领先。在服务科技创新方面，为在亳落地的高科技企业提供综合保险服务。在服务社会治理方面，诉责险承保量扩大，农民工工资支付履约险、合同款支付保证险、工程质量保险等实现突破；精神病人监护人责任险和公立养老机构综合责任险试点成功。

（牛晓星）

【国元农业保险股份有限公司亳州中心支公司】2021年国元保险亳州中支坚持以习近平新时代中国特色社会主义思想为指导，深入学习习近平总书记考察安徽时的重要讲话指示精神，在亳州市委、市政府和上级党委的坚强领导下，团结带领广大党员干部职工稳中求进、克难奋进、高歌猛进，以开拓实干凝聚创业伟力，以科技创新驱动发展转型，以举旗定向书写忠诚担当，统筹推进稳增长、惠民生、防风险，实现了疫情防控、防灾减灾、经营目标的全面胜利。

2021年，国元保险亳州中心支公司实现总保费收入4.48亿元，2021年，累计为全市农业提供风险保障65.13亿元，有效帮助农户灾后恢复生产，有效缓解农户因灾致贫或因灾返贫。利用《走进农家》《行风热线》《亳州晚报》等地方媒体，对农业保险进行宣传，全年做客《行风热线》4期。开展“3·15”消费者权益保护周、“防灾减灾宣传周”“7·8”全国保险公众宣传日、“扫黑除恶专项斗争宣传”、“防范打击非法集资宣传月”、“2021年金融消费者教育与金融知识普及”等宣传活动。

国元保险亳州中支深入贯彻落实财政部《关于农业保险高质量发展的意见》文件精神，持续推动农业保险“提标、扩面、增品”，大力发展创新型农业保险，构建多层次的农险保险体系，努力实现农业保险转型升级和高质量发展，全面服务乡村振兴。种植业大宗农作物（小麦、玉米、大豆）保险覆盖面位于全省第一，养殖业保险（能繁母猪）参保率达到100%，特色农业保险险种数量位于全省地市前列，林业保险（公益林）实现全市全覆盖，承保面100%。国元保险亳州中支充分发挥综合优势，创新推出了养殖托管、产业扶贫、党建扶贫、结对帮扶等扶贫方式，形成“脱贫+防返贫”的攻守兼备的有效实践，为建立稳定脱贫的长效机制提供了保障，筑起脱贫攻坚“拦水坝”和“防火墙”。2021年6月，定点帮扶贫困村利辛县东李村脱贫出列，中支驻点扶贫工作队队长、副总经理刘鹏飞获得“全省脱贫攻坚先进个人”称号。五年来，国元保险亳州中支累计投入扶贫资金约920万元。另外，在减免农户自缴保费的情况下，又支付赔款1080.3万元。

国元保险亳州中支持续加大融资服务力度，充分发挥保险“助推器”功能，为新型农业经营主体增信融资提供风险保障。通过全国首创“532”贷款保证保险（若贷款本息出现损失，国元保险公司承担50%、地方政府承担30%、银行承担20%），重点支持了亳州市一大批家庭农场、专业合作社等新型农业经营主体和种养大户的发展。截至年底，累计为亳州市1020家中小企业（注：新型农业经营主体占95%以上）解决贷款近5亿元。有效缓解新型农业经营主体“融资难、融资贵”问题，加快了小微企业的发展，切实增强了亳州市金融业结构多样性。

（宋　词）

【中国太平洋人寿保险股份有限公司亳州中心支公司】中国太平洋人寿保险股份有限公司亳州中心支公司成立于2006年，下辖市区本部、涡阳支公司、蒙城支公司、利辛支公司，公司拥有49名员工和728名营销员。公司始终坚持“诚信立业，合规经营”的诚信准则，紧抓合规和基础管理不放松，通过持续学习和不断创新，推动转型升级，加快发展步伐，为客户提供全方位的保险保障服务。

2021年，中国太平洋人寿保险股份有限公司亳州中心支公司坚定践行集团公司转型2.0决策部署，全面推进以客户需求为导向的战略转型，在充满挑战的环境下，在寿险总、分公司的领导下，以集团“三最一引领”愿景目标为指引，践行总公司“三个聚焦”的转型目标，坚持“高质量的快速发展”总基调，持续推动优增优育人力发展体系，搭建绩优组织夯实队伍提升产能，推动分层次的客户服务活动，实现保费收入35617.33万元，个人业务新保期缴保费市场占比10.9%，同比增长4.9%。当地市场排名第三位。上缴税金109.35万元。

2021年，中国太平洋人寿保险股份有限公司亳州中心支公司把握新机遇，实现新跨越，秉承推动和实现可持续的价值增长的经营理念，稳步推进各项转型举措。在业务发展方面，打通渠道壁垒，整合渠道资源，优化业务流程，以产能提升为突破，以队伍建设为抓手，着力提升人均产能与网均产能；在资源配置方面，围绕投入产出比的持续改善，加强统筹管理，提高资源效用，发挥考核机制的牵引作用；在内部控制方面，坚持合规经营，持续优化风险内控体系，从源头上防范和遏制各种经营风险，坚决治理销售误导，切实保护消费者利益；在人力资源方面，加强绩效文化建设，强化专业化人才队伍的培养，完善绩效管理，健全后备人才库。

2021年，公司以“做一家负责任的保险公司”为使命，坚持“以客户需求为导向，专注保险主业，推动和实现可持续的价值增长”的经营理念，致力于提供全生命周期的专业关注与整体解决方案，公司积极探索和实践基于新技术应用的模式创新和流程再造，加快布局企业级移动应用，聚焦客户端，形成了以“神行太保”“太慧赔”“太平洋保险”App、“太平洋寿险”官微及“科技个险”五大应用平台为主要构成的企业级移动应用体系，推动销售和服务模式在业内率先转型，带给客户便捷贴心的服务体验。公司坚持诚信经营，认真履行保险责任，切实保障保险消费者的合法权益。

公司通过持续的产品创新和服务创新，满足客户多方面的需求，目前在售险种200余个，覆盖人寿保险、年金保险、健康保险、意外伤害保险等多个领域。

公司在产品策略方面，优先发展保障型、长期储蓄型产品，并通过数据分析与客户洞见开发客制化产品。

公司关注客户需求，改善客户界面，提升客户体验，全心全意为客户提供“在你身边”的优质服务。在客户策略方面，致力于完善客户服务体系，创造以“坐享服务、智能导航、便捷透明”为核心要素的全新客户体验；认真履行保险责任，切实保障保险消费者的合法权益，强化诚信建设，实施承保、理赔透明化举措，不断完善“95500”全国客户服务电话体验和高端客户增值服务；在营运体系建设方面，公司积极探索和实践基于新技术应用的模式创新和流程再造，将智能移动终端、3G无线网络、第三方实时支付、保险智能引擎、微信平台等有效结合，在行业内打造并推出了“神行太保”智能移动保险生态系统，推动销售和服务模式转型升级。公司以指标改善为着力点强化服务评价工作，积极打造随时随地全方位、线上线下立体化的良好客户界面，实现客户端、销售端、理赔端的多领域覆盖，让客户体验新技术应用带来的便利，同时梳理优化理赔流程，提升理赔服务时效，加强理赔调查力度，在有效管控风险的基础上，提高理赔获赔率。全年理赔服务申请到支付1.2天。

太平洋寿险亳州中支在注重自身发展的同时，时刻不忘“以客户为中心”的服务宗旨，积极回馈社会，积极承担社会公益责任，致力于打造“责任、智慧、温度”的保险公益品牌，树立良好的保险企业形象。

公司参加当地消费者协会和行业协会组织的“3·15”消费者权益保护日现场集中宣传，在公司大厅开展“首席总经理”接待日活动，以“以金融消费者为中心助力疫情防控”为主题开展消费者权益日客户服务活动。大力推广线上平台，优化客户服务体验，充分利用太平洋寿险管微、太平洋保险App服务平台，远程指导客户自助办理保全业务。运用“太慧赔”指导客户自助快速理赔，重疾赔付最快时效2小时。采用创新的宣传方式，扩大宣传受众范围，在疫情防控期间进入大早会直播间“以金融消费者为中心助力疫情防控”——“3·15”消费者权益保护教育宣传周内容，普及线上办公新技术、承保理赔知识，引导消费者依法理性维权。积极参与转发银保监，总、分公司各项微信公众号推帖，落实总、分公司《消费者权益保护及金融风险防范应知应会》通关训练，通过转发《风险提示》《防范非法集资风险》《警惕“代理投诉退保”骗局》等一系列“3·15”教育宣传周专刊以及分公司发布的各类客户服务使用指南视频、“以案说险”案例进行宣传。倡导科学理性消费理念，集中开展形式多样的教育宣传，为消费者权益保护做出表率，有效地推动了公司的品牌建设和良好社会形象，通过普及保险知识，帮助保险消费者树立理性消费观念，提高消费风险意识和自我保护能力，增强公众的保险意识。在全社会形成保护保险消费者合法权益的良好氛围，促进保险业持续健康发展。

（李　蕾）

交通 邮政 通信

治理后的涡河航道 （刘勤利　摄）

交　通

【概况】2001年7月，亳州市交通局成立，2010年4月更名为亳州市交通运输局。主要承担综合运输体系的规划协调，会同有关部门编制综合运输体系规划，指导交通运输枢纽规划和管理，组织实施交通运输行业技术标准和规范，拟订公路、水路行业规划、政策、标准并监督实施等职能。2021年，市交通运输局有6个内设科室、6个二级机构。二级机构分别为：市公路管理服务中心、市地方海事（港航）管理服务中心、市道路运输管理服务中心、市县乡公路管理服务中心、市交通基本建设工程质量管理服务中心和市出租车管理服务中心（市网约车管理服务中心）。

2021年，省下达亳州市国省干线公路建设任务11个，其中续建项目9个、新建项目2个，总里程187.9千米，年度计划投资14.57亿元。全年累计完成投资18.10亿元，完成占比124%。

全市共完成农村公路提质改造工程368千米，完成投资5.46亿元；完成农村公路大中修养护提升工程821千米，完成投资1.1亿元；完成农村公路安全生命防护工程建设计划183.9千米，完成投资2039.2万元；完成农村公路危桥改造9座，完成投资1428.4万元。2021年，亳州市共完成国省干线公路养护项目12个，完成投资5540万元。在2021年度全省普通国道日常养护质量巡查中，亳州市在全省18个被查单位中实施进度排名第五，综合评分等级为优。

市政府与省港航集团签订关于涡河航道及港口一体化建设战略合作协议，市交通局组建涡河航道一体化建设工作专班，积极与省港航集团进行对接，完善项目清单，共编制项目31个，总投资115.37亿元。

2021年下半年，由市公路中心具体负责3个高速公路出口疫情防控卡点的管理和查验工作。在疫情防控期间，共投入一线人员700余人次，后勤车辆200多辆次，投入防疫资金约5万元。

亳州市谯城区龙凤小区幼儿园，民警在“交通安全互动课”上为小朋友讲解交通安全知识，图为小朋友在体验文明交通安全出行　（刘勤利　摄）

【行业治理】2021年，市交通局坚持开展执法业务宣传培训，全面深入推行“三项制度”，不断提高依法行政能力和水平。开展“4·15”国家安全日、《中华人民共和国民法典》集中宣传月等主题宣传活动，累计设置宣传咨询台12个，发放宣传材料2100余份。扎实开展执法案卷评查活动，随机抽取评查执法案卷180卷，反馈问题23个，进一步提升执法人员的能力和水平。

落实交通运输生态环境保护监管责任，强化国省干线公路保洁，全年共投入人工12000余人次，各种机械4000余台次，投入保洁经费约400万元，发现并整改道路施工工地问题21个。推进营运柴油车治理和挥发性有机污染物专项整治，全年共核查年审、新增营运大型货车燃油达标9358辆，筛选18家有意向且符合条件的企业建设机动车排放污染治理站。加大港口、码头、船舶污染防治力度，开展港口码头大气污染防治核查4次，排查复查港口码头40家次，发现问题并完成整改8家，积极推进船舶污染物港口接收工作，全年累计接收船舶生活垃圾、污水20余吨。

落实“屡禁不止、屡罚不改”严重违法企业行政处罚失信信用修复工作，全年完成企业省内处罚信息清零145家，修复失信信息4084条，企业退出台账率和失信信息清零率均为100%，多次获省交通运输厅通报表扬，被列为全省第一批“信用交通市”创建工作试点市。

路警联合治超常态化开展。重视执法改革后治超站的日常管理，公路超限检测站不间断运行，驻站式治超站公安交警24小时驻守。交通运输和公安交警部门相互配合、形成合力，积极开展路政、运政、交警联合执法，收到“1+1>2”的效果。全年共精检车辆93.4万辆次，查处超载超限车辆2010辆次，卸载货物2.8万吨，查处货源单位168家次，罚款579.32万元，其中交通执法处罚520.2万元。

首次采用省市联合监督方式，对亳州市高速公路建设项目开展质量监督。利用互联网信息化平台开展远程监督，采用无人机对部分高空作业、特殊构件施工地点进行现场查验，消除监督盲区。2021年，共开展全市交通重点工程质量安全综合督查4期、中间交工监督检查150项次，累计检测实体质量8000余处，下发质量安全监督检查告知单22份、质量安全反馈意见15份。

【安全生产保障】2021年，市交通局制订《亳州市交通运输局安全生产专项整治三年行动“集中攻坚年”实施方案》，在抓好行业日常安全生产工作基础上，围绕道路运输、水上交通、工程建设等行业重点领域安全生产突出问题，梳理出10个方面91条任务清单，已排查并整改隐患570处。

对全市两家危险化学品道路运输公司共计128辆危运车辆进行全面梳理，建立危险化学品道路运输车辆挂靠清理治理台账。加强从业人员管理，全市危险品运输企业主要负责人和安全管理人员均已取得资格证书。在危化品运输车辆安装具备防碰撞识别功能的视频监控系统，电子运单普及率达到100%。加快推进危险品运输车辆清退工作，全市危险品运输车辆由年初135台缩减至112台。

开展客渡船安全管理和内河船舶涉海运输行为专项整治，对“内河船舶参与海上运输专项治理联动平台”通报中涉及的4艘船舶所属公司进行约谈，并处罚款37.3万元；开展水上无线电秩序管理专项整治，全年共出动执法人员409人次、执法车50余辆次、巡逻艇114艘次，纠正违法船舶36艘次、行政处罚33艘次、罚款金额10.49万元；按照能撤则撤原则，积极开展撤渡工作，全年撤销渡口10道，超出过去3年来撤渡数量总和，辖区渡口布局更加科学合理；创新安全监管方式，在重点时段重点水域打造“监管部门护航、救援人员伴航、涉水企业爱航”“三位一体”水上安全命运共同体，坚持在客流高峰期进行全天候“旁站式”监管，得到上级充分认可。

全面落实交通公安常态化联合执法机制，积极开展“春雷行动”联合执法，激发“路警联合”新活力，开展执法检查74次，参与执法人员2240人次，检查车辆2261台次，查处车辆103台次，查处重点货源单位9家，整治乱堆乱放3处。开展道路客运领域打击非法营运违规经营行为专项行动，联合省高速公路路政支队、合肥、淮南等地交通执法部门，联动打击跨区域道路运输违法行为。

（杨华卿）

·公　路·

【概况】2020年，亳州市公路管理服务中心推进普通国省干线公路建设，加强公路养护、管理。2021年国省干线公路建设项目共11个，其中续建项目9个、新建项目2个，总里程187.9千米，年度计划投资14.5726亿元。全年累计完成投资18.1015亿元，完成占比124.2%。

【养护工程】进度排名全省第五名。2021年养护工程项目共计12个，完成投资5540万元。其中，第一批计划G329舟鲁线、S238圣王路等路面修复与预防养护工程5个，完成投资4509万元。第二批计划S238赵桥、湖沟桥等桥梁项目7个，完成投资1031万元。2021年在省公路管理服务中心日常养护质量巡查工作中，全省18个市、县（省直管市、县）所监管的全部普通国道公路资产路段，亳州市综合评分等级为优。

【治超项目建设】利用省补治超

专项资金660万元，完成X010线亳柘路、G105谯城两动态检测卡点升级改造项目建设和新建G311东段动态检测卡点项目建设工作。同时，积极协调通达利公司完成S309治超站建设工作。

2021年8月1日，亳州81路“战友车队”公交专线开通　（刘勤利　摄）

【安全生产】全年未发生安全责任事故。持续开展安全生产专项整治“三年行动”，不断强化公路安全隐患排查治理工作。对公路桥隧、临水、急弯陡坡、重要路段和在建工程项目等安全隐患进行排查，对排查出的隐患迅速整改，严防责任事故发生。2021年，共计排查一般安全隐患280处，整改280处，投入整改资金约224万元。

【疫情防控】疫情防控期间，全市交通运输部门投入一线防控人员125人，对进入亳州市的公路通道和运输场站进行管控。8月1日—9月2日，各卡点共查验车辆115.46万辆，劝返车辆4.25万辆、劝返人员8.72万人，移送疫苗接种1235人。对目的地为中高风险地区的66条客运班线全部停运，停运车辆130辆，查扣防疫措施落实不到位出租车50余辆。

（杨华卿）

·铁　路·

【普通铁路】中国铁路上海局集团有限公司阜阳北站亳州站（以下简称“亳州站”）位于亳州市芍花路，始建于1991年，二等站，京九线。距京九铁路北京西站751千米，距京九铁路深圳站1621千米，距禹亳铁路许昌站190千米，距亳宿铁路龙山集站60千米。在客运业务方面，亳州站主要办理旅客乘降和行李、包裹的托运；在货运业务方面，亳州站主要办理整车、零担货物发到，其中，危险货物仅办理农药和化肥的发到工作。

国省干线公路　（杨华卿　供图）

2009年5月，对亳州站进行改建和扩建。改扩建后的亳州站占地总面积达34799平方米，站房风格类似于仿汉类型，总面积为9574平方米。候车室分为上下两层，总面积4327平方米，可容纳3000人，最高聚集人数4500人。新站内建造2座无柱雨棚，旅客列车停靠站台3个，增设2条货车到发线、1座进站天桥，新建8米宽出站地道和两个高站台，可杜绝进出站旅客的对流和拥挤。售票大厅面积253平方米，比原来增加83平方米，售票窗口由4个增至12个。售票厅里开设有残疾人购票专窗。亳州火车站还在市区开设2个售票代理点，方便春运等时间购票，缓解买票排队时间长等难题。

根据国家铁路集团有限公司的统一部署，自2020年6月20日始，亳州站实施电子客票。截至2021年底，实现安全生产4504天。

【高速铁路】亳州南站站房建筑面积14999平方米，建筑高度21.3米，主体两层。一层设有售票处、服务台、检票口。候车室中部设置的180°靠墙式“12306”服务中心，主要设置有售取票、重点旅客服务、遗失物品查找、接送站、急救药箱、便民箱、综合信息问询、投诉建议受理等功能。二层设有餐饮、贵宾候车室、军人及重点旅客候车室、母婴候车室等，满足不同群体旅客的候乘需求。

有固定列车38对，始发列车15列（上海方向3列、杭州方向3列、温州方向2列、合肥方向4列、安庆方向2列、黄山方向1列），由亳州南站出发可直达北京、上海、安庆、黄山、杭州、温州、郑州、西安、兰州、厦门、福州等200余个城市。亳州南站开通运营后，亳州与合肥、郑州形成1.5小时交通圈，与南京、芜湖形成2.5小时交通圈，与上海、杭州形成4小时交通圈，时空距离的大幅缩短为长三角药企到亳州投资奠定基础。

【铁路建设】截至2021年底，亳州市境内开通运营3条铁路，分别为青阜铁路、京九铁路，商合杭高铁，通车里程216千米。

续建铁路项目。阜蒙淮（阜阳西至双堆集）城际铁路全长142.5千米，其中亳州段85千米、占比59.7%，总投资236.61亿元。先期工程蒙城开工点2020年12月30日开工。截至2021年底，项目环评、可研、初步设计已获批，接轨方案已报国体集团。亳州市首期资本金2.183亿元已拨付阜淮公司；已开展633亩先行用地组卷报批工作。

前期项目。亳州—蚌埠城际铁路作为“十四五”期间实现新开工项目列入推动长三角一体化发展领导小组办公室印发的《长三角一体化发展规划“十四五”实施方案》、作为前期工作项目列入《2021年全省铁路建设工作安排和铁路建设计划》。截至2021年底，第三方已开展亳蚌城际铁路线路方案研究。

2021年2月21日，长三角地区首列务工专列亳州始发 （刘勤利 摄）

·亳州交通投资控股集团有限公司·

【概况】2017年8月，亳州市以亳州交投公司为主体，合并安车集团、公交公司等市属企业，组建亳州交通投资控股集团有限公司（以下简称“交控集团”）。主要承担市政府委托的交通基础设施、城市公共交通、地方高速公路、地方机场、地方城际铁路、停车场的融资、开发、运营和管理等。

2021年，交控集团实现收入20.79亿元，其中竞争性子公司实现收入14.96亿元，完成年度岗位责任目标值的149.6%，实现净利润2958万元，完成岗位责任目标的118.32%。上缴税费3651万元，其中经营性税费2510.6万元。上缴国有资本经营收益1000万元。截至2021年12月31日，集团资产总额108.9亿元，所有者权益53.9亿元，资产负债率50.51%，国有资本保值增值率103.26%。

2021年，交控集团取得授信36.85亿元，放款21.75亿元。其中，直接融资方面，集团累计发行债券10亿元，储备注册额度5亿元；围绕重点项目资金保障，成功取得亳蒙高速一期国开行授信21.6亿元，期限30年。

2021年，交控集团利用“一网一微”宣传平台，推出信息近1700条，制作各类专题片视频20个，被各级媒体采用信息180条，其中在《亳州晚报》等相关市级媒体发表信息100余篇，《安徽日报》采用5篇、《安徽商报》采用4篇，《交控集团坚持党建引领打造“财务总监委派+共享中心管控+纪检审计监督”闭环监管新模式》被《中国改革报》刊登。

2021年，公交集团营运党支部获得全省先进基层党组织称号，五路女子“木兰”车队获得全国巾帼文明岗称号；安车集团被评为第九届亳州市“文明单位”，安车工会职工书屋被授予全国工会职工书屋示范点称号。

【项目建设】2021年，亳蒙高速一期项目全线开工建设，完成工程投资6.15亿元，投资完成率103%；亳州货车停车场综合体十河项目主体结构已封顶；南站金融商务中心项目、李门楼还原小区（二期）保障房项目序时推进；标识标牌生产制造项目已于12月23日完成竣工验收；亳州港多式联运物流园项目正在开展初步设计及相关专题审批工作。

【安全生产】2021年，交控集团下发《亳州交控集团2021年安全生产工作要点》，分解任务目标，确定责任单位，认真组织实施。与各子公司层层签订《安全生产目标责任书》，细化各子公司安全生产责任考核指标，根据《关于开展2020年度安全生产考核巡查工作的通知》要求，对各子公司安全生产工作情况进行考核与通报，有效推进各子公司安全工作推深做实；2021年，交控组织召开安委会（扩大）会议3次、安委办工作会议7次，深入学习习近平总书记关于湖北十堰燃气爆炸事故、夏季防汛救灾工作等作出的重要批示精神，及时传达上级对安全生产工作决定、指示和工作部署，落实省、市安委会会议精神，并结合集团实际情况，下发文件贯彻执行；严格按照“一岗双责”工作要求，定期组织开展综合安全检查、季节性检查及专项检查，并针对节假日前后、复工复产、冬季雨雪大风、夏季高温汛期等重点时期进行专项检查督导。全年开展各类专项及综合检查13次，发现隐患540余处，下发隐患整改通知书61份，重大安全生产隐患通知书1份。

2021年6月28日，亳州交控集团文艺小分队在魏武广场合唱《祝福祖国》
（刘勤利　摄）

【党史学习教育】2021年，交控集团聚焦“学党史、悟思想、办实事、开新局”总体目标，高标准高质量完成党史学习教育各项任务。践行“我为群众办实事”活动，9个党支部与所在基层村（社区）党组织签订结对共建协议书，开展主题党日结对共建活动10余次。同时，集团党委着眼解决群众“所需所盼”问题和企业发展难点问题，制定“企惠”让利于民、“红色”暖心服务等10项“我为群众办实事”重点任务；开展“领导干部接待日”“管理层一线体验日”“青年干部座谈会”等活动，着力解决基层和企业急难问题，共计带队开展走访调研80余次，与180余名一线工作人员进行沟通交流，帮助解决问题17个。

【深化企业改革】2021年，交控集团推进薪酬制度规范化，畅通员工晋升渠道。印发《亳州交控集团子公司（事业部）组织绩效管理暂行办法》《员工职业发展通道管理办法》等11项文件制度，在管理机制上打破常规，建立管理岗和技术岗并行薪酬激励体系，打通集团本部与子公司之间人才流动和晋升通道；研究下发《关于建立容错纠错机制激励干部担当作为暂行办法》，在市属国有企业中率先建成管理集约化、核算自动化、业务标准化管控服务型财务共享中心；下发《亳州交控集团试行委派财务总监工作方案》，采取近距离、全天候、常态化贴身服务，全力构建“财务总监委派+共享中心管控+纪检审计监督”一体化、闭环式全链条监督体系，打造地方国有企业全方位“鹰眼”监督新样板。

【助力文明城市创建】2021年，交控集团开展线路优化，聚焦“中小学校、居民小区、大型商超、医院车站、政务办公区”，辐射涡北新城、谯城经开区、高新区等区域，延伸连接城乡公交换乘点，逐步构建“快线、干线、支线、微线”+“定制”公交线网保障体系，第一轮线网优化已于12月份开始。上善环保公司以公益服务为中心，清洗护栏约238万米，新装更换护栏1万米；累计拖运事故车辆2.5万辆，违停车辆1.9万辆，出动救援车辆2万车次；开展常态化保洁，清理隐蔽式垃圾2吨，不断提升市区环境卫生质量，助力文明城市创建。

【亳蒙高速公路项目建设】2021年，交控集团全线展开路基工程、桥涵工程建设，累计完成4%灰土填筑125万立方米；桩基1506根；立柱完成1070根；盖梁完成180道；梁板预制完成460片；涵洞及通道完成30道；梁板架设150片。完成工程投资6.15亿元，投资完成率103%。

亳蒙高速公路项目起点位于亳州市谯城区立德镇，设枢纽互通接济广高速，经规划中的亳州机场和涡阳县、蒙城县，终点位于宁洛高速。全长104千米，总投资约135亿元，全线设计速度120千米/小时。该项目是亳州市高速公路网重要组成部分，也是皖北地区重要交通干线。项目建成后，亳州至蒙城车程不到1小时，将完善区域高速公路网络，与周边高速公路共同构成一条新的快速通道，对进一步提升亳州市及沿线区位优势，发展外向型经济具有重大意义。

【五路“木兰”车队获得全国巾帼文明岗荣誉称号】2021年，交控集团5路木兰线获“全国五一巾帼标兵岗”荣誉称号。“木兰线”即亳州市区公交5路，因驾驶员全部为女性而得名，线路全长24千米，36名驾驶员，平均年龄37岁。

（杨威风）

邮 政

【概况】亳州市邮政管理局于2012年10月挂牌成立，主要职能是贯彻执行国家邮政法律法规、方针政策和邮政服务标准，研究拟订全市邮政发展规划，监督管理全市邮政市场以及邮政普遍服务和机要通信等特殊服务，负责行业安全生产监管、统计，保障邮政通信与信息安全等。

2021年，亳州市邮政、快递企业（含总部直营分支机构）55家，从业人员6000人；邮政营业场所139处，其中普遍服务场所102处；快递企业分支机构110家，快递末端服务网点205个；行政村快递网点覆盖率100%。全年邮政行业业务总量完成29.47亿元（全省第五位），同比增长49.57%（全省第一位）；业务收入完成21亿元，同比增长13.86%；快递业务量完成2.57亿件（全省第三位），同比增长68.4%（全省第二位）；快递业务收入完成13.58亿元（全省第四位），同比增长14.77%。邮政业务收入在全市GDP占比超过1%。邮政快递业发展成效连续第二年获市政府通报表扬。

【市场监管】2021年，亳州市邮政管理局做好新《仿印邮票图案监督管理办法》贯彻落实，依法开展仿印邮票图案及其制品许可审批。快递业务经营许可寄递服务及分支机构寄递服务实现“全网通办”和“一次不用跑”。邮政普遍服务审批和相关备案全部通过线上办理，全年共受理邮政普遍服务“审批”2件，办理各类备案9件。

【邮政普遍服务】2021年，亳州市邮政管理局组织邮政普遍服务质量检查，实地检查邮政普遍服务营业场所121个，非现场检查邮政普遍服务营业场所89个，检查建制村87个，下发责令整改通知书5份，约谈邮政企业4次。常态化实现建制村投递信息化监管，全市建制村周五班以上投递比率达100%。完成中央巡视专项信箱、高校录取通知书寄递服务等专项任务。

【快递园区建设】2021年，总投资额50亿元的韵达亳州产业园和总投资额4亿元的市电商快递园动工。亳州港多式联运综合物流园、涡阳多式联运物流园、蒙城城市骨干冷链物流产业园、利辛农产品冷链物流产业园等行业基础设施项目列入市“十四五”规划。

【快递进村、进校园】2021年，亳州市邮政管理局以“邮政+快递+电信+商超”多方合作模式全面推进“快递进村”工程，截至2021年11月底，全市1344个建制村全部实现快递服务通达，提前一年完成100%全覆盖目标。亳州学院快递服务中心、亳州职业技术学院快递服务中心建成运营。快递进校园实现高校全覆盖。

【快递服务现代农业】2021年，亳州花草茶连续第三次获评“全国快递服务现代农业金牌项目”并以1.35亿件寄递量排名全国第二位。涡阳苔干、亳州黑芝麻丸、涡阳糖蒜等3项目入选“全省快递服务现代农业银牌项目”。

【从业人员权益保障】2021年，亳州市邮政管理局出台《亳州市做好快递员群体权益保障，维护快递末端稳定运营工作方案》，印发《关于做好基层快递网点优先参加工伤保险工作的通知》，全市累计3380名快递员参加工伤保险，参保率达到93.89%。省局党组书记、局长伍洲文，省总工会副主席阮怀楼、许建清，市委书记杜延安等领导多次慰问快递小哥。组织开展快递从业人员技能提升培训，共培训快递从业人员520人次。

（刘虎诚）

通　信

【无线电管理】2021年，无线电管理处以创建“模范机关”为目标，在单位内部建设方面持续发力，推进工作“周部署、周调度、周推进”制度，合理调整人员岗位职责，进一步提升工作效能。成立议事决策领导小组，切实落实“三重一大”制度，研究部署机房改造、资产处置、合同签订等重大事项11件。规范完成174.67万元报废固定资产处置，全面核验盘点在用资产，完善设备、资产出入库登记管理制度；完成中心机房及业务用房的改造工作，改善了工作环境。新增便携式无线电频谱监测设备2套，监测能力进一步提升；全年开展技术练兵3次，全流程执法1起，开展业务党课3次，国家级杂志发表论文2篇，业务人员行政执法能力、无线电理论业务能力得到有效提升。再次被市政府评为年度机关效能考核良好等次，在省经信厅年度考核中荣获“先进单位”称号。

频率台站管理。2021年，管理处网上办理行政许可16件，呼号指配5件，频率电台注销2件，频率延续2件，核发电台执照7件。组织召开全市广播电视系统无线电管理工作暨业务培训会，进一步推动广播电视“模转数”、700MHz频段清理、监督检查等工作。完成11个模拟电台注销手续，新办理电视电台执照4个，延续广播、电视电台执照11个，700MHz清频完成75%，

2021年9月17日，开展年度无线电发射设备销售市场检查（张　耀　供图）

广电台站频率置换稳步推进，广播电视台站管理规范化、精细化水平进一步提升。

服务5G建设。召开5G基站建设协调推进会，听取运营商意见建议，积极推进台站批量管理、台站数据资料入库、电台执照核发等问题。5G干扰协调机制运行良好，协调市电信公司和各地球站设台单位推动完成全省唯一第二批14个中频段卫星地球站技术改造，及时协调排查5G干扰3起。全力推进5G基站“两表一单”规范上报，截至11月底全市已建成5G基站1808个，入库1250个，执照核发1250个，干扰协调完成27个，协调完成率100%。

信号监测和干扰排查。2021年，管理处结合“扫黄打非”、考试保障、重大活动和重要时期无线电安全保障等工作，结合常规监测和专项监测，做好无线电频谱监测工作，全年监测总时长20300小时。将“扫黄打非”、考试保障、重大活动和重要时期无线电安全保障等工作的监测数据分类保存并纳入频谱月报分析利用，编发频谱月报12期，完成专项监测任务6次。受理并成功排查市广播电视台、市人防办、市车管所等单位干扰8起，对造成干扰的雄川汽车有限公司等多家单位和个人进行了行政处罚或责令整改。

切实履行市“扫黄打非”“反电诈”联席办成员单位职责，联合相关部门开展联合监督检查4次，开展打击“黑广播”“伪基站”专项行动2次，先后查处文化小区、盛祥国际城等处“黑广播”5起，收缴设备5套。配合公安部门查处颍上县利用GoIP设备电信诈骗案件、亳州境内手机呼叫电信诈骗案件，端掉窝点3个，抓获犯罪嫌疑人34名，查获电话卡上千张，手机101部，电脑5台。进一步筑牢了无线电安全防线，有效保障了人民群众财产安全。省公安厅和市联席办分别致函省经信厅表示感谢，被国家打击治理电信网络新型违法犯罪工作联席办公室表彰为“先进集体”。

完成建党100周年庆祝大会、世界制造业大会和全国、省、市“两会”期间的安全保障任务6次。完成教育、人事、卫生等各类考试安全保障任务45次。共出动无线电技术人员320余人次，出动无线电监测和管制车辆80余台次，扎实的工作作风多次得到市政府领导和考试主办方的高度评价。

联合亳州市市场监督管理局对主城区10余家电子通信器材经销单位开展无线电发射设备销售市场监督检查，对发现的未备案销售或销售未核准设备的行为，依据相关法律法规对4家单位进行了批评责令整改，对1家单位下达了责令整改通知书。同时，根据“谁执法、谁普法”的工作要求，执法人员向各个商户发放《中华人民共和国无线电管理条例》和《无线电发射设备销售备案指南》等材料100余份。

按照“谁执法，谁普法”的工作要求，2021年，管理处组织干部职工开展行政执法培训，重点学习执法文书、执法流程等内容。在市普法门户网站上推送“图说宣传——无线电管理条例”1篇，向安徽经济和信息化、法治亳州微信公众号投稿2篇。其中《无线电人想对高考学子说》的高考安全热点文章，被市政府领导批示要求教育系统在全市转发。结合教育“双减”政策，利用延时服务时间段开展进校园科普宣传活动，助力学生的全面发展和综合素质的提高。在省经信厅内网发布宣传15篇，中国无线电管理网3篇，政务信息网37条，《亳州晚报》等报刊3篇，法治亳州官网2篇，在省经信厅、中安在线、亳州普法等主流微信公众号发布信息8篇，在市广播电视台宣传报道2次，进一步增强了社会公众的法治观念，养成依法依规用频设台意识。

（张　耀）

【电信】中国电信亳州分公司成立于2000年8月，隶属中国电信安徽公司，下辖涡阳、蒙城、利辛3个县级分公司。2021年，中国电信亳州分公司荣获安徽省第十一届文明单位、安徽省安全文化示范单位、亳州市年度安全生产工作先进单位、亳州市第一届诚信企业、亳州市机关效能建设考核优秀单位、亳州市劳动保障诚信A级单位、谯城区放心消费示范单位等荣誉称号。

2021年，中国电信亳州分公司全年上门服务76.5万用户，提升用户网络使用感知。积极响应政府信息化建设需要，打造一批可操作、易复制的数字化平台项目，助力政府提升管理效能。

2021年，中国电信亳州分

公司加快5G、千兆新型基础设施建设。快速部署千兆网络，全市111个局站已全部开通千兆网络能力。2021年开通5G室外站565处，开通5G室分78处，初步完成对市区、县城、乡镇、工业园区及热门景点5G信号覆盖，同时完成大型场馆、大型商业综合体以及党政机关单位等重要场景5G室内覆盖。

（丁　浩）

【移动】中国移动通信集团安徽有限公司亳州分公司（以下简称“市移动公司”）成立于2000年11月23日，隶属中国移动安徽公司，是亳州区域网络规模、客户规模最大的通信运营企业，下辖涡阳、蒙城、利辛3个县级分公司和1个市区营销中心。市移动公司为客户提供移动通信、家庭宽带、互联网及数据专线、大数据、云计算、物联网等综合信息服务。2021年，亳州移动加快5G网络建设与客户发展，全年电信业务总量累计完成21.1亿元，比2020年增长22.3%。

发挥网络强国、数字中国、智慧社会主力军作用，加快5G基础设施建设，开展4G/5G网络协同优化，实施黑点攻坚、弱覆盖攻坚、集团单位优化攻坚，增强网络覆盖，提升网络质量。截至2021年底，5G基站累计到达1005座，完成投资2.56亿元。全面推广以1000M宽带为依托的“智慧家庭”体系，为用户提供智能家居应用、5G+VR沉浸式数字体验、4K超高清互联网电视，提供7×24小时专属服务，为广大人民打造美好数字生活。运用人工智能、云存储、5G等技术，部署立体化智能摄像头，深入推进“数字乡村”建设，助力乡村社会治安综合治理数字化进程。

开展总经理接待日、满意度提升领先工程。深化集中投诉处理运营工作，精准打击治理电信新型网络诈骗，维护客户权益。全力保障疫情防控定点医院、防疫单位、政府机构等重要单位通信畅通，重点做好大数据支撑，落实疫情防控“三个保障”工作要求。免费为市民提供宽带义诊、网络优化、宽带提速等便民服务。

（李晓波）

【联通】中国联合网络通信有限公司亳州市分公司（以下简称“市联通公司”）于2001年4月6日成立，主要职能是提供网络通信服务。

推进移网5G化，为不同的客户目标群打造产品套餐。加快线上化转型，优化线下实体渠道，以5G、智家、权益等创造价值、打动客户。

搭建智慧行业平台，推广“钉钉”等品牌产品。新增L900基站63个，L1800基站142个，室分系统19处，竞合电信室分3处，对3所高校54台设备进行扩容；专线业务开通364条，提速40余条；扩容谯城区Bras地址池8个C，OLT上联扩容50余条，OLT新开10余个。

提升用户上网感知，整治宽带弱光。通过整改主干线路质量、基站标准化、接入网设备整合、去除三级分光组网、重点合作商技术帮扶等措施，光衰不达标准率降低至2%以下，网络质量提升。

（市联通公司）

城乡建设与管理

亳州城市一角　　　　（刘勤利　摄）

城乡规划

【概况】2019年3月，亳州市机构改革，将原市城乡规划局的行政职能划入市自然资源和规划局。2021年，市自然资源和规划局印发实施《亳州市村庄规划三年行动实施方案（2021—2023年）》，完成《亳州市村庄规划编制规程（试行）》编制及专家评审工作，13个村庄规划试点工作圆满完成并通过评审。

2021年，市自然资源和规划局组织编制《省际毗邻区中心城市战略实施规划》，立足亳州自身基础和发展机遇，统筹谋划建设省际毗邻区的总体规划建设策略和行动计划。按照《安徽省国土空间规划委员会办公室关于开展国土空间专项规划编制工作的通知》，对接各行业主管部门，梳理37项专项规划的编制清单并适时启动，做好专项规划与国土空间总体规划的有效衔接，为全市实施“六一战略”提供支撑。

完成《亳州市道东高品质城市生活示范区单元控制性详细规划》《酒城大道与昭武路交口东北角街坊控制性详细规划》《亳州市南部高质量承接长三角产业转移示范区单元控制性详细规划》的编制工作，并经2021年5月17日第14次市自然资源和规划管理委员会研究通过。牵头制定并于2021年9月与市委党的建设工作领导小组联合印发《关于落实街道规划参与权的试行实施意见》，保障城市规划的合理性、科学性和可操作性。

实施规划“一张图”数据动态更新维护，逐月将实际发生的规划成果数据变化落到“一张图”上，及时更新绿线、蓝线、红线等内容，并更正原坐标系转换的误差，形成规划监督管理的有效抓手。2021年，共更新项目89个，有效助力提升亳州市城市治理能力现代化水平。在容积率核实审查方面，对市自然资源和规划管理委员会审议通过的建设项目容积率执行情况进行梳理汇总，并分季度上报市政府。2021年，共核实已批建设项目101个，均满足规划设计条件等相关容积率设定要求。

【规划审批制度建设】2021年，市自然资源和规划局优化市自然资源和规划管理委员会议事规则，将市自然资源和规划管理委员会办公室由市自然资源和规划局调整至市政府办公室；将市自然资源和规划管理委员会的会议形式划分为全体会议、主任办公会议和专题会议三个层级，明确每个层级会议审议事项内容；成立各区自然资源和规划管理委员会，明确由市自然资源和规划局各分局具办工业项目规划设计方案审查等各项审批事项，并建立审查机制，为推行工业项目“拿地即开工”打下基础。2021年，共协助市政府组织召开市自然资源和规划管理委员会全体成员会33次，审议议题161个，其中工业项目规划设计方案63个，商住项目29个，学校、医院、消防站等公共建筑项目28个，地块控规、总体规划等其他议题41个。

在“多规合一”“多审合一”方面，优化亳州市“一张图项目策划生成”操作规程，并自2021年4月起，免费代建设单位制作“项目策划生成数据文件”等资料，将项目策划生成事项由依申请办理事项转变为政府全程代办的政府内部运转事项，解决项目策划生成流程复杂、申报困难问题，减轻建设单位负担。全年共帮助86家企业制作“项目策划生成数据文件”，平均为每家企业节省2天的申报材料准备时间。同时，简化划拨项目、出让项目审查流程，将国有建设用地使用权划拨批准与新版“建设用地规划许可证”审批合并审查，只需一次申请即可发放两个证件；将国有建设用地使用权出让审批与新版“建设用地规划许可证”审批合并审查，在签订国有建设用地使用权出让合同时，已容缺完成新版建设用地规划许可证审查，实现新版建设用地规划许可证即时办理。

【城市功能建设】2021年，市自然资源和规划局启动国土空间规划城市体检评估工作，初步成果已上报省自然资源厅。完成省绿色生态城市试点任务，对《亳州市生态网络研究》《城市园林绿化树种选择研究》《中心城区通风廊道研究》《永久性城市绿带实施路径研究》《北关历史文化街区可持续性发展研究》成果进行征求意见及修改完善，并于2021年11月19日、20日通过专家评审。认真做好基础设施和公共服务设施项目审查工作，2021年共审查自来水厂、公园、污水处理厂、污水泵站、菜市场等基础设施和公共服务设施项目方案9个，完成基础设施和公共服务设施项目选址5个，完成专用电力线路路径审查8个，完成亳蒙高速、五蒙高速项目选址论证和180个5G基站站点选址。深入推进亳州市中心城区项目规划跟踪管理全覆盖，依据《亳州市建设工程规划批后管理办法》，加强对建设工程规划许可的批后管理，严把规划验线环节，引入第三方测绘机构对所有新批经营性项目进行第三方规划验线，实行验线全覆盖。对申报的规划核实申请，按照《亳州市城市建设工程规划核实管理办法》依法开展规划核实工作，引入第三方复核单位，出具建设工程竣工核实技术报告，严格按照规划条件、经审定的修建性详细规划和规划许可证进行规划核实。全年共依法规划核实建筑面积约400万平方米。

【改革创新】2021年，亳州市两次制定公布建设工程规划许可证豁免清单，将老旧住宅小区改造、部分道路附属设施、部分临时建筑、涉水涉电涉气外线接入工程等对城市规划影响较小的建设项目列入清单，简化建设单位申报流程，降低申报成本。经估算，截至2021年底，超30个项目免于办理建设工程规划许可证。同时，配合工程建设项目审批改革领导小组完成第4轮审批制度改革任务，一般划拨类项目审批事项由8个整合为4个，申报材料由34个精简为4个，由法定审批时限200日、承诺时限70个工作日压缩为43个工作日；出让类项目审批事项由5个整合为3个，申报材料由18个精简为2个，由法定审批时限130日、承诺时限55个工作日压缩为35个工作日，审批效率和建设项目工程审批系统应用居全省前列。

（周 顼）

住房和城乡建设

【概况】亳州市住房和城乡建设局（以下简称"市住房城乡建设局"）主要职责为贯彻执行党中央关于住房和城乡建设的方针政策和决策部署，负责全市住建领域建筑活动及建筑工程质量安全监督管理，组织市本级政府投资的重点项目建设，指导全市保障性住房、老旧小区改造及农村危房改造等，单位内设办公室（组织人事科）、财务审计科、住房保障科、城市建设科、村镇建设科、建筑市场监管科、行政审批科、政策法规科、消防科、历史文化名城保护办公室10个科室。

【重点项目建设】2021年，亳州市住房城乡建设局承担市本级政府投资项目119个，总投资约191.49亿元。截至年底，完成项目63个，完成投资50.16亿元。道东片区建成1号、2号、3号地路网118千米，开工建设14千米三清大道，亳芜还原小区二期等安置还原小区及学校医院建成移交。

【棚户区改造】2021年，亳州市棚户区改造计划新开工24个项目9830套，基本建成12个项目12449套，2018年及以前年度开工的16.64万套安置房计划全部竣工交付，棚户区改造年内计划投资约112亿元。实际开工10426套，开工率为106.06%，基本建成14560套，完成率为116.96%。亳州市公租房保障坚持实物保障与租赁补贴保障并举方式，在做好公租房实物保障工作同时，加大租赁补贴保障力度，将城镇中等偏下收入住房困难家庭、新就业无房职工和稳定就业外来务工人员纳入租赁补贴保障，逐步扩大租赁补贴保障范围。2021年，全市计划面向城镇中低收入住房困难家庭、新就业无房职工和稳定外来务工人员发放租赁补贴1360户，已发放2108户，发放率为155%，发放租赁补贴资金431万元。

【农村危房改造】2021年，亳州市住房城乡建设局加强农村危房改造工作监管，按照"逐户鉴定、逐户审批、逐户验收"要求，810户危房改造任务竣工且完成危改补助资金打卡发放，同步完成新增C、D级危房312户改造工作，农村危房实现动态清零。农村房屋安全隐患排查整治按照"信息准确全覆盖、排查录入全覆盖、安全鉴定全覆盖、隐患整治全覆盖"要求，完成各类房屋排查104.57万户。农村生活垃圾治理收运处置体系逐步健全，市辖区内生活垃圾得到治理行政村占比达到100%，推进农村生活垃圾治理全域市场化成效显著。

【老旧小区改造】2021年，全市改造61个老旧小区，约90.36

万平方米，惠及群众8743户。“十四五”时期老旧小区改造专项规划已编制完成，计划改造老旧小区234个。

【城市体检和更新】亳州市高度重视城市体检和城市更新工作，城市体检被住建部确定为样板城市。亳州市出资95万元聘请省城乡规划院对市中心城区进行全面体检评估，结合体检发现问题，以2～3平方千米范围为更新单元，明确更新单元功能定位、空间结构、公共配套、蓝绿空间、历史文化保护等内容，拓展资金渠道，用市场逻辑、资本力量，创新更新模式，统筹实施城市更新行动。重点实施六大更新片区涉及25个更新单元，总投资40亿元。

【黑臭水体整治】2021年，亳州市坚持“厂、网、河、岸”系统推进城市黑臭水体整治工作。市中心城区12处黑臭水体已完成整治，并通过省级复核检查；三县24处黑臭水体已基本完成整治，正在巩固提升，并逐步建立长效机制。市中心城区已建海绵项目137个，建设面积合计1907.2公顷，圆满完成“建成区25%面积实现海绵建设”阶段性目标，城市排水防涝功能力得到明显提升。

【历史文化名城保护】亳州市成立历史文化名城保护委员会，加强对历史文化名城保护工作领导，三县一区相应成立历史文化名城保护机构。市财政列支3000万元用于历史文化名城保护工作。修编《亳州历史文化名城保护规划（2021—2035年）》《北关历史文化街区保护规划（2021—2035年）》。截至2021年底，全市共公布历史建筑113处，涡阳县新华街、蒙城县北大街于2021年9月份被省人民政府列为安徽历史文化街区、聘请10名经验丰富的专家顾问，协助做好亳州市历史文化名城保护工作。

【工程审批制度改革】2021年，亳州市住房城乡建设局完成工程审批四轮改革，印发《亳州市工程建设项目审批流程图（4.0）》。与3.0版相比，政府投资房屋建筑类项目从75个工作日压缩至70个工作日，减少5个工作日；企业投资民用建筑类从70个工作日压缩至55个工作日，减少15个工作日；企业投资小型、工业类从40个工作日压缩至26个工作日，减少14个工作日；标准地出让工业类项目从27个工作日压缩至20个工作日，减少7个工作日；新增社会投资简易低风险类项目15个工作日；政府投资老旧小区改造项目（既有建筑外立面改造项目、未改变功能的装饰装修项目，既有建筑增设电梯项目）均从20个工作日压缩至11个工作日，减少9个工作日。

【规范建筑业发展】2021年，下发《亳州市房屋建筑和市政基础设施工程项目诚信履约提升行动方案》，加强亳州市建设工程项目履约监管，促进建设工程项目各方主体诚信履约。制定出台《亳州市进一步培育和壮大建筑业企业的若干措施》《亳州市积极应对疫情促进城乡建设有序发展的若干政策》，加大对建筑企业扶持、奖励力度，激励企业做大做强，提高企业竞争力，促进建筑业发展。2021年亳州市建筑业总产值167.87亿元，同比增长17%，增速居全省第五位。

（葛　伟）

·亳州城建发展控股集团有限公司·

【概况】亳州城建发展控股集团有限公司（以下简称“城建集团”）主要承担市政府委托的城市基础设施和公共事业的建设、融资、运营和管理等职能。旗下子公司涉足房地产开发、建筑施工、工程咨询管理、装饰装修、乡村振兴、中药材加工、物业管理、商业运营、城市管网经营、建材商贸集采等多个产业领域。2021年，城建集团完成经营性收入87.81亿元，上缴经营性税费2.71亿元，完成融资资金81.87亿元。

【项目建设】2021年，华佗广场项目广场区域已于药交会前顺利开放。魏武广场停车楼已投入使用，窑鸿沟及窑鸿支沟综合治理项目、铁西公园、蔷薇路菜市场、三角花园菜市场等项目顺利完工。全年累计完成34个游园、公园等创园绿化项目，涡河综合治理项目已全部完成。

【地产商业运营】2021年，城建集团竞拍土地7宗、总面积33.86公顷。商业运营方面，建安文化广场项目新入驻商户25家，项目整体经营率84.7%。缤纷城项目新引入小米等知名品牌，项目整体经营率99.63%。华佗广场项目已完成合作超市签约及地下商业街区招商方案，签约意向商户15家，招商签约率42%。

【融资工作】2021年，城建集团完成间接融资审批15.5亿元，落实资金7.02亿元。完成直接融资审批25.65亿元，落实资金74.85亿元。集团按季度编制宏观经济分析报告和债务分析报告，详细分析宏观经济数据、公司债务情况。

（张启业）

城市管理

【概况】2003年6月19日，亳州市市容管理局成立，为正县级建制；2005年5月，亳州市市容管理局更名为“市城市管理行政执法局”；2015年1月，亳州市城市管理行政执法局、市住房和城乡建设委员会合并；2017年6月15日，市城市管理行政执法局与市住房和城乡建设委员会分开，设立市城市管理行政执法局；2019年，设立市城市管理局，保留市城市管理行政执法局牌子，内设市容环卫科、城市节水管理科、数字城管指挥中心等6个科室，辖亳州市城市管理局直属分局（4个行政执法大队）、亳芜执法大队、市城管督察支队、亳州市公用事业管理服务中心、亳州市园林建设管理服务中心5个直属机构，在编人员132人。

2021年，亳州市城市管理局围绕文明城市创建、卫生城市创建、国家园林城市创建、生活垃圾分类、疫情防控、大气污染环境整治、城市生命线建设工程等工作，开展市容市貌专项整治、城市基础设施管养维护、7条示范道路和2个示范街区试点工作。

2021年，亳州市城市管理局共清理整治店外经营10740处、乱摆摊点2900处，规范非机动车停放40810辆，清理各路段商户门前乱贴乱画、乱扯乱挂等26596处，对临街户外广告设施进行安全隐患排查，拆除破损门头、广告4900处。对保洁公司实施奖惩考核，处罚道路保洁公司约1181.1万元，对23家大型高排放餐饮企业开展餐饮油烟在线监测试点，实现餐饮油烟实时在线监测。开展泔水治理专项行动，餐饮企业因餐饮油烟和乱倒泔水问题共处罚12.3万元。拆除违法建设32151平方米。2021年数字城管城区覆盖面积163平方千米，系统共上报案件532963件，立案532587件，结案520871件，整改率97.8%。

2021年，市城市管理局被省住房和城乡建设厅评为学雷锋先进单位、被中国地理信息产业协会评为先进单位。

【执法方式创新】2021年，亳州市城市管理局在市区21条示范道路开展联合徒步执法工作。城市管理、市场监管、公安交警、属地社区抽调人员，成立27个联合徒步执法组，按照创建文明城市实地测评标准，对市政设施、园林绿化、市容市貌、环境卫生等城市管理问题，开展联合执法。

实施城管执法进小区工作，打通城市管理“最后一千米”。促进城管执法与小区物业监管工作有效衔接，市主城区464个居民小区全部完成执法队员进驻，统一设置“城管执法进小区公示牌”，公示执法人员姓名、联系电话等信息，建立健全群众反映问题受理反馈机制。2021年共清理小区内及门口处流动摊贩与店外经营3500次，拆除清理小区内乱搭乱建93处，协助物业清理小区小广告及乱涂乱画5600处，办理有关环境卫生方面投诉案件97件，查处小区内乱堆乱放行为464件。

【国家园林城市创建】2021年，亳州市城市管理局开展《亳州市城市公园体系规划》编制工作，建成各类游园和小微绿地30处，建成区新增公园绿地面积约60万平方米。建成京九铁路沿线防护林10千米，面积199万平方米。建成22千米沿河景观绿化，新建绿道55.3千米。完善绿化管养网格化巡查、多部门联动巡查等管理制度，排查整治绿化问题3800件，完成城市裸露土地治理3.5万平方米，安装绿化护栏10千米。开展专项整治行动，将市管绿地划分4个片区146个网格，建立网格化、常态化督查巡查和定期通报制度，下发督查通报11次，整改各类问题2500个，对11家园林养护企业进行处罚，收缴违约金100万元。县级园林绿化同步推进。涡阳县开展园林县城创建工作，实施景观“亮点和花彩行动”，更新和补植各类绿化60万平方米，完成绿化提升4.15万平方米。2021年，亳州市新增绿化面积约310万平方米，完成市区道东片区29段新建路网绿化、京九铁路沿线防护林地。

【市政设施服务】2021年，亳州市城市管理局完成城南污水处理厂调水管网工程建设、市污水处理厂中水厂工程土建工程建设。编制《亳州市中心城区停车设施专项规划》。完成2021年省厅下达停车泊位建设任务2800个。

基础设施管养。2021年处置市政设施问题14813件，结案率98%。完成牡丹路跨龙凤新河桥、大地桥等12座桥梁维修加固和验收。完成希夷大道北段、花戏楼路、木兰大道、魏武大道北段4条道路弱电下地管网建设工程。

“四水一气”整治。2021年全年完成制水5785万吨，较2020年底增加854万吨，增加17.3%。地表水日供水量占城区日供水量比例峰值达82%，整体占比66.2%。城市污水处理能力达到26万吨/日，全年处理污水约8564万吨。2021年关停市三水厂地下水水源井22个，配合市水利局关停81家自备水源井，为73家自备井用户安装自来水。实施供水分区计量工作，开展直饮机整治。完成40条主干道约376千米雨水管网清淤。实施易涝点整治，对31个易涝点进行整治整修。实施易涝点责任制，成功应对9次较强降水可能造成的安全隐患。完成亳州市天然气应急储备站建设，新增储气量54万立方米，累计储气量达到71万立方米，应急调峰能力是2020年的4倍。实现13个乡镇通气。

【生活垃圾分类】2021年，亳州市城市管理局完善生活垃圾分类投放和运输设施，全年新增2100个餐厨垃圾专用桶，配备22辆餐厨垃圾运输车辆。推进示范片区建设，投资180万元，设置462个生活垃圾分类亭。开展垃圾分类进学校、进机关、进企业、进社区活动。提高生活垃圾处理能力，2021年亳州市生活垃圾焚烧发电二期项目、亳州市餐厨废弃物处理项目、涡阳县生活垃圾焚烧发电项目建成投入使用，生活垃圾焚烧处理能力达到3200吨/日，生活垃圾处理能力是2020年的1.5倍。出台《亳州市城市生活垃圾分类管理办法》，完善生活垃圾分类法制保障。

【文明城市创建】2021年，亳州市城市管理局完成牵头9项和协办17项专项行动任务。持续推进城区内27条路弱电下地工程，牵头实施115个小区空中管线整治。完成城区主次干道道路破损和绿化排查，采用小修机制修复10.48万平方米裸土，完成市政派单14813件；修复更换城区主次干道树池箅子近4000个；建成各类游园13处。城乡接合部（城市出入口）综合整治，共计维修路面约1.9万平方米。完成亳芜园区和谯城区共计59条道路900套路名牌安装，高新区31条路744套路名牌安装招标工作，全年改造公厕170座。完成8个示范背街小巷整治提升工作。开展城管执法进小区行动，清理整治户外小广告4.8万处。规范非机动车停放，施划非机动车停车线共计18.1万米，累计规范非机动车乱停乱放4.8万辆，暂扣单车约有4000辆。处罚流动摊点942个，罚款42600元。

【安全生产】2021年，亳州市城市管理局开展燃气隐患大排查大整治行动和专项督导检查、县区间交叉互查。全市城管系统排查整改燃气安全隐患1525处，市政、园林、市容环卫等方面安全隐患4193处，排查整改问题隐患989处，关停不规范液化气门店3家。查处非法运输和非法倒装液化气行为21起，移送司法机关拘留10人，立案处罚13起，罚款17.8万元。开展全市工业企业自建LNG设施专项整治、市政公用行业及市容环卫、园林绿化方面安全监管。开展防灾减灾、“安全生产月”、消防宣传月安全宣传活动。编制完成《应急工作总体方案》，形成“一中心、一办、九队、二分中心”应急组织体系，健全供水、燃气、排水、道桥、照明（城市亮化）、市容环卫、城市防汛（除雪）、园林绿化、城管执法、水库应急、数字城管网络防渗透等11个专项应急预案。市级城管系统组织开展各类安全培训36次、应急演练47次。

（王纪福）

房地产管理

【概况】2021年，亳州市继续加强房地产调控力度，坚持“房住不炒”定位不动摇，以“稳地价、稳房价、稳预期”为目标，供需两端综合发力。受房价下跌、需求减弱等因素影响，房地产开发市场呈现投资逐步回落，商品房销售下滑，先行指标持续走弱等特点。

2021年底全市商品房销售平均单价5819.7元/平方米，每平方米低于2020年同期140.4元，房价连续下跌，购买预期转弱。1—12月全市房屋施工面积3308.4万平方米，同比增长1.3%。

2021年，全市在建房地产开发项目累计完成投资占全部项目计划总投资的63.1%。接近完工项目（累计完成投资占计划总投资90%以上项目）有79个，占32.8%。从县区接续力看，亳州高新区、谯城区、涡阳县和蒙城县4个县区投资进度超过50%，其中，涡阳县投资进度达到75.9%，房地产开发续建项目现阶段完工度较高，后续开发量减少。

【房地产主要指标】2021年全市房地产开发投资453.6亿元，较2020年增长0.9%，比2019年增长9.2%，两年平均增长4.5%。与全省比，亳州市增速低于全省（3.1%）2.2个百分点，居全省第12位，亳州市增速在前11个月均高于全省，最后一个月低于全省。分县区看，亳州高新区和涡阳县房地产开发投资分别下降14.0%和11.6%，亳芜产业园、利辛县和谯城区分别增长124.6%、26.6%和13.9%。从工程用途看，住宅投资375.3亿元，占投资比重82.7%，增长0.6%；办公楼投资3.9亿元，占投资比重0.9%，下降15.9%；商业营业用房投资39.9亿元，占投资比重8.8%，增长5.1%。

从销售市场看，销售下降、待售增加。2021年，亳州市商品房销售面积增速高开低走，持续回落。2021年全市商品房销售面积685.3万平方米，较2020年下降2.7%，为年内最低点。比2019年同期增长1.9%，两年平均增长1.0%。与全省数据对比，亳州市增速低于全省（9.7%）12.4个百分点，居全省第15位。从县区看，六载体三正三负。涡阳县、利辛县和亳州高新区房地产销售面积分别下降32.8%、6.3%和4.8%，亳芜产业园、谯城区和蒙城县分别增长63.6%、23.4%和2.4%。从用途看，住宅销售640.5万平方米，占比93.4%，同比下降5.9%；办公楼销售0.4万平方米，占比0.1%，下降67.8%；商业营业用房销售17.9万平方米，占比2.6%，同比增长5.3%；其他房屋销售26.5万平方米，占比3.9%，同比增长448.0%。待售面积持续增长。2021年全市商品房待售面积88.2万平方米，较2020年增长27.9%。其中，住宅待售面积64.5万平方米，增长20.2%。

从先行指标看，三大先行指标持续走弱。房地产到位资金、土地购置面积和新开工面积三大先行指标全部走弱，2021年实际到位资金551.9亿元，较2020年下降1.9%，为2019年2月以来的低点；土地购置面积292.4万平方米，下降5.3%；新开工面积775.1万平方米，同比下降19.0%。

【区域对比】亳州市房地产开发投资和商品房销售面积占全省比重分别为6.3%和6.6%，较2020年分别回落0.1和0.8个百分点。从增速位次看。亳州市房地产开发投资增速居第12位，商品房销售面积增速居第15位，增速位次较2020年分别后移5位和9位。

从县区看，区域差异大，发展不平衡。分区县看。一是从项目个数看，亳州高新区最多为62个，亳芜产业园最少为4个，高新区、蒙城县和亳芜产业园项目个数同比增加，谯城区、涡阳县和利辛县项目个数同比减少，分别较2020年同期减少2个、3个和1个。二是从投资增速看，亳芜产业园最高为124.6%，亳州高新区最低，增速同比下降14.0%，相差138.6个百分点。三是从销售面积增速看，亳芜产业园最高为63.6%，涡阳县最低，增速相差96.4个百分点。

·安徽古井房地产集团有限责任公司·

【概况】2021年，安徽古井房地产集团有限责任公司（以下简称“古井房地产集团”）全年实现营业收入81779.86万元，净利润3299.54万元，上缴税金5578.72万元，国有资本经营收益200万元。公司重获一级资质房地产开发企业，被评为“2020年度全市安全生产和消防工作先进单位”“亳州市希望工程爱心单位”“2021年亳州市劳动保障守法诚信A级单位”等称号。古井房地产集团党支部被评为“五星基层党组织”，古井房地产集团公司远教终端站点入选全市第四批“五星远教站点”。古井颐康园项目部被评为“安徽省‘安康杯’竞赛优胜班组”“2020年度亳州市青年安全生产示范岗”。

【悦水苑“交房即发证”】2021年，古井悦水苑集中交房，并且成为亳州市主城区第一个“交房即发证”试点项目。“交房即发证”就是让购房人在收房时，一手拿钥匙，一手领到不动产产权证，既方便又快速。古井悦水苑位于药王大道与人民路交叉口，北临亳州谯城区万达广场。项目总投资额约10亿元，总占地面积约142.26亩，总建筑面积约24.3万平方米，拥有1216套住宅，规划居住人口0.39万人，容积率2.0，绿化率35%以上。周边有文化教育、医疗、公园、商业步行街等现代城市资源。整个项目规划兼容住宅、商业、酒店等功能，规划分区明显，体现以人为本设计理念，兼顾居民对居住环境、居住类型、居住心理需求，全力打造现代高档住宅小区。12月20日，亳州市“交房即发证”试点项目暨亳州市新建商品房“交房即发证”首发仪式在悦水苑项目举行。

【招标项目“评定分离”】古井颐康园隔热铝合金门窗采购及安装工程成为亳州市首个成功采用“评定分离”模式招标项目。该项目将“评标委员会评审”和“招标人定标”分成两个独立环节。评标委员会按照招标文件规定评标方法和标准，根据投标文件价格、技术、业绩等因素给予评审意见，并向招标人推荐一定数量、不排序中标候选人。招标人组织定标委员会按招标文件规定定标方法进行定标，确定中标人。评标结束后，招标人将从企业实力、企业信誉、拟派团队履约能力及履约水平和样品评估等方面，对中标候选人进行考察，形成客观公正考察报告提交定标委员会。定标委员会根据充分竞争、公平公正、择优选优原则，从价格因素、企业实力、企业信誉、拟派团队管理能力与履约水平、考察情况、样品综合评估等方面对各中标候选人进行评审比较，采取票决定标法，确定总票数最高中标候选人为中标人。该项目的启动，为亳州市开展“评定分离”试点工作积累了一定工作经验，促进了诚信市场建设。古井房地产集团完善公司级评标专家库，规范招标工作流程，严控优选设计、施工、材料、设备及总承包单位，为高质量供给提供前提。

（穆　琳）

国土资源管理

【概况】2001年7月，亳州市国土资源局成立。2015年9月，在市国土资源局挂市不动产登记局牌子，在内设机构地籍测绘管理科，挂不动产登记科牌子。2010年3月，调整市国土资源局主要职责，设6个内设机构。2019年3月，组建亳州市自然资源和规划局，保留市林业局牌子，设11个内设机构，下辖市国土资源储备发展中心（土地规划整理中心）、市不动产登记中心、市国土资源执法监察支队、亳州市林业技术推广中心、生态修复中心5个直属机构；设立亳州市自然资源和规划局谯城分局及城区分局2个派出机构，主要贯彻执行党中央关于自然资源、林业、草原和规划工作的方针政策和决策部署，落实省委、省自然资源厅党组、市委工作要求，在履行职责过程中坚持和加强党对自然资源、林业、草原和规划工作的集中统一领导。

2021年，以市委、市政府名义印发《亳州市田长制工作实施方案》，全市各县（区）、乡（镇）及部分村均出台田长制工作方案，其中县级方案4份，乡级方案87份，村级方案1261份。明确各级田长9304名，聘用巡田员3545名，并划分责任区域，市、县、乡、村四级责任制已初步建立，横到边、纵到底、全覆盖、无死角的耕地保护新机制日趋完善。全市所有建设项目均严格按照“先补后占、占一补一、占优补优”要求，落实耕地占补平衡制度，大力实施土地开发复垦整理，新增耕地6632.54亩。亳州市蒙城县2021年实施旱地改造为水田项目1.23万亩，耕地质量等别平均提升1等，粮食产能增加125.71万千克，有效实现耕地提质增效。为170多家农业经营单位和个人办理设施农用地备案3500余亩，助推亳州市农业现代化发展及融入长三角一体化发展，助力建设长三角绿色农产品生产加工供应基地。同时，扎实开展耕地保护督察疑似问题核实举证及整改、农村乱占耕地建房问题摸排、卫片执法、“大棚房”问题“回头看”、例行督察问题整改等工作，以“零容忍”态度遏制违法占用耕地行为，并严格依法查处整改，坚决守住耕地红线。

2021年，完善“政府+部门”协同修复治理废弃矿山及“政府+部门+矿山企业”协同修复治理采煤沉陷区工作机制，巩固提升2020年度废弃矿山治理成果，并对剩余省级补助资金进行再安排，发挥好资金效益。按时完成2688个历史遗留矿山图斑核查工作，并提交省级审核。有序开展采煤沉陷区生态修复工作，基于“双随机、一公开”，对矿山企业“二合一”方案编制及计提基金和年度修复治理计划落实情况进行检查，督促煤矿企业对生产在建矿山实行“边开采边治理”，因地制宜实施修复治理。认真开展矿山生态修复暨突出生态环境问题整改“回头看”工作，排查矿山生态修复项目12个，并完成问题整改。

【资源要素保障】2021年，建立土地要素保障会商机制。与市发改委等部门建立会商机制，并坚持目标导向，重点会商项目规划选址、用地计划、土地征收成片开发方案编制、土地征收、用地标准、耕地占补平衡，以及林地使用审核、穿越生态保护红线论证、环境容量、违法用地等堵点、难点问题，依法高效保障用地需求。已与市发改委、交通运输局、文旅集团等单位多次召开会商会议，就全市亳蒙高速二期、徐淮阜高速、亳州机场、古井技改项目二期等重点事项进行会商，有效规范项目用地，加快项目建设进程。

2021年，全市完成20余个项目用地预审与规划选址，涉及新增建设用地12195.6亩，其中徐淮阜高速、亳蒙高速二期、包浍河等重大建设项目已获得省级用地预审和规划选址的批复。同时，积极为2021年编制上报的666个省重大投资项目和10个国家重大项目争取用地计划指标，有效保障亳州机场、亳蒙高速、涡河航道多式联运等项目用地需求。

提升项目用地报批质效。着眼于亳州市“六一战略”目标定位，从优化审查流程、组织专家论证、全程跟踪服务方面发力，严把审查关、科学关、效率关，确保土地征收成片开发方案符合城市发展要求。2021年，全市完成31个、64211.4亩片区土地征收成片开发方案编报工作，并全部获批。省政府用地审批权下放以前，全市组卷上报省政府各类建设用地85个批次、19247亩，已全部获批。审批权下放后，亳州市科学制定《亳州市承接省政府委托行使用地审批权实施方案》《亳州市自然资源和规划局落实市政府承接省政府委托用地审批权审查工作实施细则（试行）》及《亳州市建设用地会签会审制度》等文件，建立健全责任体系、技术体系、审批体系及监督体系，实现报件从受理到批复平均用时20.6个工作日工作质效。截至2021年底，亳州市共受理各类报件56个、13139.79亩，批准38个、10115.42亩。同时，不断提高林地报件质量，经局务会研究后及时上报省林业局审批，2021年共上报审批林地29宗、1400.89亩。

优化土地供应结构和布局。于年初科学编制年度土地供应计划，加强供需双向调节，坚持有保有压，优化土地供应结构和布局。注重高端、高效、低耗能、低污染产业等重点项目的均衡布局及建设用地供应，优先保障亳州市国家重点建设项目、基础设施建设项目及开发区用地需要，不断拓展新领域，发展新业态。2021年，全市供应土地497宗、3.40万亩，成交价款230.83亿元。同时，科学制定“空间准入”标准，在全市六个工业园区全部推行“标准地”改革，实现全覆盖。在高新区全面推行工业项目承诺制+“标准地”改革工作机制，同步推进区域评估和“以地招商、精准招商”双重工作，提高供地用地精准度和土地利用率。2021年，全市以“标准地”形式出让工业用地25宗、1847.36亩，占工业用地出让总面积的52.22%，有效承接并加快优质产业落地建设。

提升土地节约集约利用水平。坚持遏制增量和盘活存量并行发力，严把土地供应和项目监管关，按照“一地一策”要求，落实“增存挂钩”机制，持续加大存量批而未供和闲置土地清理处置力度，着力解决土地资源“紧缺”和“沉睡”双重问题，破解经济社会发展“梗阻”。2021年，全市2009—2018年批准的批而未供土地基数为32408.2亩，已处置6254.85亩，处置率为19.30%；2019—2020年批准的批而未供土地基数为11338.9亩，已处置8680亩，处置率为76.6%；闲置土地任务基数为32867.8亩，已处置18331.3亩，处置率为55.77%。两类任务均完成自然资源部下达15%任务要求，折算新增建设用地指标14897亩，有力保障未纳入重点项目清单产业项目用地需要。

开展城乡建设用地增减挂钩及工矿废弃地复垦利用项目。严格落实群众事情自己议、自己定、自己干、自己管的“四自”方针及征求群众意见率100%、项目到户测绘率100%、资金补偿到户率100%的“三个100%”工作做法，规范实施城乡建设用地增减挂钩项目，置换和拓展城乡建设发展空间，实现优化布局、增加耕地、保障用地目标。2021年，全市增减挂钩项目已组卷上报51个批次、20524亩，已验收10844亩，工矿废弃地复垦利用项目已验收21个批次、8379亩，均超额完成年度目标任务。

矿产资源要素保障。编制亳州市地热资源详查储量分割报告，于2021年4月底通过专家评审并完成修改完善。严格落实自然资源部《关于推进矿产资源管理改革若干事项的意见（试行）》和《安徽省自然资源厅关于贯彻落实矿产资源管理改革若干事项的实施意见》，持续推进“放管服”改革，首次以审批主体成功出让王花园地热资源探矿权，成交价款365万元。积极编制完成《亳州市矿产资源总体规划（2021—2025年）》，科学预测近五年资源需求和供应能力，合理规划矿产资源勘查开发总体布局，并圈定市级重点勘查区及重点开采区，提升矿产资源宏观管理及保障能力，发挥市场在矿产资源配置中起决定性作用，保障经济社会高质量发展。

【登记调查】自然资源资产统一确权登记工作。坚持外学内研，学习借鉴贵州省多类型自然资源资产统一确权登记制度，并结合全市实际，按照《亳州市自然资源统一确权登记总体工作方案》安排，统筹推进自然资源资产统一确权登记工作。市本级自然资源统一确权登记工作已于2021年11月中旬完成全部主体工作，并通过专家验收；县区级自然资源统一确权登记工作已全面启动。

第三次全国国土调查相关工作。按照“合格一批，上报一批”原则，分批向国家和省三调办上报成果。同时，在“三调”初始库基础上，结合最新影像，对国家下发的重点变化图斑、复核意见图斑等进行外业全面调查举证及内业全面复核，并结合统一时点更新，对69872个图斑进行全面自查自纠。经县级自查、市级复查，亳州市“三调”成果已经省级验收。

测绘地理信息相关工作。出台《亳州市工程建设项目“多测合一”工作办法（试行）》《亳州市工程建设项目“多测合一”技术导则（试行）》，实现“多测合一”专网与市直相关部门联通，并试运行“多测合一”平台。完成全市818个国家等级三角点、水准点、全球卫星定位点（GPS）等测量标志普查工作。推进亳州市地理信息公共服务平台2021年评估工作，正式上线运行“天地图·亳州”手机端，完成“一市一图”“一县一图”编制发布工作，审批办理测绘作业证35本。

【政务服务】开展“四送一服”及“推进自然资源要素对接”活动。定期深入包保企业，了解企业发展瓶颈，并提出破解建议，为企业发展提供土地要素保障及政策服务。2021年，全市系统通过开展“四送一服”等活动，为企业解决土地要素9112.95亩，政策宣讲206场次，实现政策知晓度升上来、问题数量降下去、满意度升上来、政商关系和谐度升上来的“三升一降”良好态势，打造“亲清”政商关系和“四最”营商环境。

推进全市不动产登记提升行动10个方面77项工作任务，并于2021年8月18日完成验收，评定等级为“好”。2021年，亳州市已实现不动产登记“零材料”在线申报、“一码清”缴纳税费、“不见面”办理登记，并推行“交地即发证”“交房即发证”新模式，在中心城区范围内全面推广使用不动产登记电子证照，真正让服务对象“闲”起来，数据“忙”起来，效率“高”起来。2021年颁发证书198767本、证明140851份，通过“互联网+不动产登记”办理业务85707件。同时，聚焦群众“急难愁盼”及历史遗留问题，聚力攻坚，推动“办证难”问题专项治理工作全部完成，并印发《亳州市加强中心城区房地产开发建设项目全过程管理若干规定的通知》，建立长效管理机制；印发《亳州市“难安置”问题专项治理工作督导方案》，完成3844套房屋安置工作，涉及安置户2739户；印发《亳州市中心城区国有划拨土地上房屋上市交易暂行办法》，允许市中心城区范围内国有划拨土地上房屋办理产权转移登记，实现上市交易，妥善解决历史遗留问题；房地一体农村宅基地和集体建设用地使用权确权登记颁证工作外业调查接近尾声，登记颁证工作正加紧推进，切实让群众的获得感成色更足、幸福感更可持续、安全感更有保障。

持续推进审批流程优化。原则上每周召开一次市自然资源和规划管理委员会全体成员会议，确保企业项目20个工作日内完成工程建设许可阶段审查；压减和优化审批流程，聚力推进“多审合一”“多证合一”，实现多项工作的同审、合审及同步发证，并实现建设项目用地预审与选址意见书、建设用地规划许可证、建设工程规划许可证电子签章、电子证照发放，减少企业跑腿；将测绘事项由原来的15项减少为5项，扎实推进“多测合一”，可压缩测绘时间30%以上，降低测绘收费30%以上，实现测绘成果在部门间互联、互认、共享。

【安全工作】2021年，常态化落实疫情防控工作。持续督促落实《亳州市自然资源和规划局（林业局）疫情防控工作方案》，严格执行常态化管理及防控，积极督促干部职工接种疫苗，从“人防”和“防人”两方面持续发力。

落实地质灾害防治相关工作。组织技术人员于汛前对地质灾害隐患进行调查排查，完成汛前、汛中、汛后地质灾害调查报告，更新地质灾害隐患点数据库；编制《2021年度亳州市地质灾害防治方案》和各隐患点防治应急预案；加强应急值守，认真落实24小时值班制度。开展1∶5万地质灾害风险调查工作，其中涡阳、谯城、蒙城地质灾害风险调查评价技术方案已通过省厅审查。

注重安全生产培训学习。定期传达学习习近平总书记关于安全生产重要论述及批示指示精神，并邀请专家对干部职工进行交通安全和防火防灾培训，提升干部职工安全意识。

加强调度及排查整改。逐月召开局安全生产工作推进会，通报当月工作开展情况及下月工作打算；印发《亳州市自然资源系统安全生产大起底大排查大整改活动实施方案》《关于做好汛期地质灾害防范工作的紧急通知》等文件，结合安全生产专项整治三年行动计划，加强日常检查、特殊时期重点检查及隐患排查治理，扎实开展安全生产各项工作，并完成市安委办分解的100条隐患排查整改任务。

（周　顼）

林业资源管理

【概况】2021年，全市共完成人工造林3.56万亩、森林抚育4.19万亩，创建省级森林城镇4个、森林村庄28个，均超额完成省下达任务。编制《亳州市江淮运河生态廊道建设工程实施方案》，完成江淮运河生态廊道两侧15千米范围内人工造林1.05万亩、森林质量提升1.02万亩。全面建立“四级林长”+网格护林员的全域林长制责任体系及“林长+检察长”“林长+警长”工作机制，实现巡林治林护林全覆盖，保障林业生态健康稳定发展。2021年，全市3409名林长共开展巡林76480次，发现并解决问题3027个；检察机关共发出涉林保护公益诉讼起诉书5件，责令补种树木910余棵，恢复林地10余亩；森林警长协助林长开展巡林督查及联合执法行动，立案查处涉林违法案件10起，查办破坏野生动物资源案件16起。依托亳州市野生动物收容救护中心收容救助野生动物138只（头），其中国家二级重点保护野生动物72只（头）。建立健全自然保护地日常巡查制度及落实情况逐月报告制度，加强随机督查及联合督查；积极争取省级专项资金173万元，持续加大自然保护地建设保护力度。扎实开展美国白蛾飞机防治工作，作业面积达134万亩，实现主要林业有害生物成灾率控制在3.35‰以下防治目标。

【产业发展】2021年，印发《亳州市集体林权流转交易规则（试行）》和《关于推进农村产权交易服务体系建设等有关工作的通知》，进一步规范亳州市集体林权流转工作。2021年全市办理林权登记6件，登记面积1053.39亩；抵押登记5件，抵押面积862.20亩，抵押金额2770万元；“五绿兴林·劝耕贷”融资6200万元；申请林业贴息贷款5782.8万元，已下达102.85万元；为27021亩公益林及4000余亩商品林投保，并创立新险种，为亳州市10棵古树名木购买保险。出台食用林产品质量安全监测实施方案，联系第三方完成食用林产品质量安全检测工作。审核县区推荐8家林业产业龙头企业、4家省级示范家庭林场和4家省级特色林业示范园，并报省林业局审批。因地制宜发展林下经济，形成以林药、林菜、林禽、林旅为主打的林业产业发展格局，充分发挥林业生态效益、经济效益和社会效益，实现资源增长、林业增效、产值增加。2021年，全市林业产业总产值达86.9亿元，较2020年增长10%。

【森林防火】2021年，森林防火期严格落实24小时值班值守制度，在重点时段认真开展森林防火巡查工作，全面启动森林火灾风险普查工作，外业样地可燃物调查完成71.74%，实现森林火灾“零发生”。及时修订《亳州市森林防灭火应急预案》，并编制“十四五”森林防火规划和林火阻隔系统建设专项规划。

（周　项）

水资源管理

【概况】2021年，亳州市及时下达取水户年度取用水计划并监督实施，积极推进取用水在线监控系统建设，将年取水量5万立方米以上的古井贡酒股份有限公司等企业单位纳入重点监控名录实施重点监管。积极推进并完成茨淮新河及怀洪新河流域6条河流水量分配工作，顺利完成年度涡河生态流量管控工作任务。国家节水行动顺利实施，涡阳县、谯城区被水利部命名为节水型社会建设达标县区；蒙城县节水型社会达标建设通过省水利厅专家验收。亳州国祯生物质热电有限公司等3家企业被认定为第七批省级节水型企业。超采区综合治理取得成效，积极开展取用水管理专项整治行动，全面完成1185个需整改取水项目问题整改工作。加大自备井排查整治工作，指导三县完成年度中深层井封闭任务，深层地下水水位逐步回升，上升幅度在全国位于前列。

【制水】2021年亳州市制水公司共完成制水量5785.20万吨，完成全年任务5400万吨的107%。与2020年同期4930.87万吨相比，增加854.33万吨，同比增长17.3%。各厂分别完成制水量为：一水厂16.82万吨，三水厂367.58万吨，涡北水厂1363.39万吨，应急加压泵站207.86万吨；城南地表水厂制水量为3829.55万吨，地表水占比为66.2%。

2021年，亳州市汤泉水质检测有限公司被省住建厅命名为“全省住房城乡建设系统学雷锋活动示范点”，张飞获得“全省住房城乡建设系统岗位学雷锋标兵”荣誉称号。

【重点工程】亳州市资源性缺水和人为性缺水并存，超量开采地下水导致环境地质问题异常突出，水资源缺乏和水体污染是制约亳州市经济社会发展重要因素。为破除水资源制约，有效解决亳州市城区供水问题，并切实保护地下水，进一步优化城区供水结构，在市委、市政府安排部署下，市制水公司于2020年开始涡北地表水厂和三水厂地表水厂改造工程建设论证准备工作，2021年全面启动、并着力推进各项前期准备工作。

截至2021年底，涡北地表水厂工程立项、可研、初设、环评和节能评估等批复均已完成，用地选址、土地划拨和用地规划许可证已办理，水资源论证已完成，水土保持方案和地质灾害评估报告已完成，规划设计方案已经市规委会通过，施工图已设计完成，建设工程规划许可证、人防、抗震、图审已完成，工程控制价已确定；监理招标已发布，工程施工招标已开标。施工单位已进场施工。涡北水厂前期工作已完成100%。第三水厂改造工程立项、可研、环评已完成，土地预审及选址意见书、建设用地规划许可证和建设用地划拨决定书已办理；设计招标已完成，正在编制各项工程方案，三水厂前期工作已完成40%。（李明田）

教　育

2021 年 11 月 8 日，教师志愿者与学生在课间一起做游戏　　（刘勤利　摄）

概　述

【概况】2000年9月，地级亳州市成立后，成立亳州市教育局筹备组。2001年6月，成立亳州市教育局，设基础教育科、职业与成人教育科（民办教育管理科）、计划财务审计科（市教育经费核算中心）、市政府教育督导委员会办公室等7个内设机构。主管全市教育事业和语言文字工作。

2021年，亳州市共有各级各类学校2369所。其中，普通高等教育学校2所，成人高等教育学校1所，中等职业学校12所，普通高中32所，普通初中277所，小学983所，特教学校4所，幼儿园1058所。共有在校生（包括在园幼儿）1190253人，其中，普通高等教育25276人，成人高等教育13567人，中职教育70674人，普通高中104805人，普通初中265082人，小学511485人，特教学校1495人，幼儿园197869人。共有教职工78036人，其中，专任教师67200人。

2021年，亳州市坚定实施教育优先发展战略，促进教育均衡充分发展，教育工作取得明显成效。智慧资助工作经验在全省推广，全市教育系统党史学习教育系列活动被《人民日报》《中国教师报》《安徽日报》《教育文汇》和中央广播电视台、人民网、“学习强国”等10余家主流媒体宣传报道，教师队伍建设等工作在全省会议上作典型交流。亳州市教育局被中宣部、司法部、全国普法办授予“全国‘七五’普法先进集体”荣誉称号，被省委、省政府授予“全省脱贫攻坚先进单位”荣誉称号。参加全国中小学实验教学工作创新案例征集活动，获优秀组织奖。

【教学管理】2021年，亳州市创新职业教育办学模式。在全省率先将中考体育理化操作考试引入职业学校举办。组织6所中职学校与30家企业开展校企合作，在2所中职学校开展现代学徒制试点，在4所中职学校开展学分制试点。创新教师队伍建设机制。加强思政课教师队伍建设，为市属高校配齐专职辅导员和思政课教师。补充公办教师1065人，城乡义务教育学校专任教师本科以上占比75.18%，比2020年提高5.7个百分点。深入推进“县管校聘”管理改革，交流轮岗中小学教师2555人、校长164人。完善师德师风建设长效机制，设立10个市级名校长工作室，评选10名“药都最美教师”、10个“药都最美教师”提名奖、10名“最美职教人”、10个“最美职教人”提名奖。加强教师培训。培训教师及教育管理干部164551人次，“国培计划（2021年）”工作举措被省教育厅推荐刊发于教育部“微言国培”微信公众号。评审全市教师职称卷2554卷。组织2次教师资格考试面试，共26140名考生参加面试。认定1095人具备高级中学教师资格、143人具备中等职业学校教师资格。开展普通话水平测试工作，共测试9019人。培养名师名校长。实施“123”名校长培养工程、“2535”名师培养计划，举办20多期专题培训班、论坛，市外高级研修培训校长教师5000多人次，评选各类市级名师2996人。创新教育评价机制。制定《深化新时代教育评价改革总体方案负面清单》，开展新时代教育评价改革专题培训，排查整改六个方面的问题。扎实推进新高考改革，完善教学质量检测制度，严禁宣传炒作中高考“状元”、升学率等违规行为。设立市政府教育质量奖，科学设置评分权重，多维度评价，克服唯分数倾向，市级每年列支财政资金600万元，用于奖励教育质量比较突出的学校和个人。

【教育质量的巩固提升】2021年，亳州市促进学前教育普惠发展。提高民办幼儿园“转普”积极性，发挥优质幼儿园的示范引领作用。稳步推进“两餐一点”，在40所中心城区幼儿园开设食堂，满足家长个性化需求。促进义务教育城乡一体化发展。推进义务教育优质均衡发展县区创建，持续改善城乡义务教育学校办学条件。推进35个教育联盟（集团）建设，扩充优质公办教育资源。加大控辍保学力度，健全控辍保学机制，确保所有具备学习条件的义务教育阶段适龄儿童少年全部就学。促进高中阶段教育普及发展。投入使用亳州一中综合楼、利辛二中高中部、利辛县启明高级中学新校区、利辛县师达高级中学，增加普通高中学位10000个。强力抓好中央巡视安徽反馈问题整改，推进高中大班额治理任务见底清零、中职学校办学条件全面改善。投资7.8亿元，建设占地575亩的亳州职教园区。

【校园管理】2021年，亳州市全面加强党对教育工作的领导。建立健全市委、市政府领导联系学校制度，完善党委统一领导、党政齐抓共管、部门各负其责的教育领导体制。各县区均成立民办学校行业党委，各级各类学校党组织覆盖率达100%。组织百万师生共学党史，开展微型党课活动，授课5110人次；深入推进“我为群众办实事和万名教师大家访”活动，着力解决师生、家长“急难愁盼”等问题。维护校园安全稳定。认真落实意识形态责任制，严防全市教育系统意识形态领域风险。健全校园安全管理季度调度推进制度，出台《亳州市校园安全规范管理年活动实施方案》等11项安全制度，落细校园安全管理责任。开展校园安全规范管理年活动、校园及周边安全隐患排查整治行动和校外培训机构专项治理行动，组织暗访15次，发现消除校园安全隐患538处。加强“三防”建设，全市2428所中小学幼儿园封闭式管理、“一键式”报警及视频监控系统与公安联网率、专职保安员配备率、“护学岗”建设均为100%。完善教育督导机制。出台《关于深化新时代教育督导体制机制改革的实施方案》，开展2020年度县（区）党政领导干部履行教育职责督导考核。完成市、县两级新一届督学聘任工作，聘任市级督学200名、特邀督导员18名。组织防范校园欺凌、五项管理、义务教育均衡发展等专项督导，推动教育督导“长牙齿”“树权威”。推动“双减”落地见效。实施德智体美劳“五大行动”，加强作业、睡眠、手机、读物、体质“五项管理”，促进学生身心健康和谐发展。全市1260所义务阶段学校均建立作业公示制度、出台作业管理办法，作业时间控制达标率100%；均开展课后服务，参与教师4万人、服务学生70多万名，实现参与学校和有需求的学生两个“全覆盖”目标。发挥教研推动作用，打造高效优质课堂。实施“慧学习”系列课程，提高课后服务质量。加强校外培训机构监管，全市289所经教育部门审批的学科类校外培训机构已完成注销261所、“营转非”28所，压减率为90.31%。

2021年，亳州市规范民办教育发展。围绕“严格控制增量、逐步消化存量”总目标，深入推进非法办学机构专项治理，严格民办学校年检，停止审批民办义务教育阶段学校，核减民办学校招生计划14812人。截至2021年底，全市民办义务教育学校共有在籍学生172699人、占比为22.21%，较当年5月份减少29980人、占比降低3.7个百分点。积极融入长三角教育一体化。主动与长三角教育发达地市对接，与连云港市教育局签订两地教育合作框架协议，搭建市—县—校三级交流平台，建立多层次、全方位结对合作运行机制，在教育教学互动交流、师资队伍建设、优质资源共享等方面深入交流合作。推进乡村智慧学校建设。建设乡村智慧学校323所并全部与省智慧学校监管平台互联互通，实现乡村中小学智慧学校建设全覆盖，智慧课堂应用学科达标率和课时达标率达100%。组织信息化领导力、智慧学校管理、教育信息技术课题研究现场培训活动，开展中小学智慧课堂教学大赛等3项教育信息化竞赛评比活动。

【办好公办教育】2021年，亳州市扩充公办教育资源。新建、续建、改扩建公办中小学幼儿园50所（中小学20所，幼儿园30所）。其中，市中心城区新建、续建、改扩建公办中小学10所、幼儿园9所。精准落实资助政策。深入开展智慧资助试点，资助学生16.9万人，发放资助资金2.54亿元，超额完成年度目标任务。全市各学段资助系统维护及时、准确，零遗漏、零误差，实现“快”“准”“全”目标。优化乡村学校布局。按照“科学评估、应留必留、先建后撤、积极稳妥”的原则，优化调整237所乡村小规模学校，分流学生6129人、教师1256人，有效整合教育资源，提高乡村小规模学校办学效益。实施义务教育经费保障机制。全市拨付义保经费66288.18万元，拨付率为100%；拨付免费教科书资金8581.48万元；发放义务教育阶段家庭经济困难学生生活补助5164.46万元，资助136628人；全市校舍维修改造项目完工面积501740平方米，投资18190万元，完工率和投资完成率均为100%。加强教科研工作。承担省义务教育线上教学资源建设269课时的教学视频录制任务。组织全市线上精品课评选推优，推荐120节课，获省优精品课46节，位居全省第四。评审立项172项课题，评审结题48个课题。开展全市普通高中新课程、新教材优质课评选活动，15个学科共327人参加评选。对全市24所普通高中学校进行全覆盖集中教学视导，听课210节，召开师生座谈会48次，组织学科教研活动53场，举行专家报告会5场，全市一万多名师生参与视导活动。推进性别平等教育工作，依托课题研究，指导中小学、幼儿园将性别平等的理念融入日常教学活动和校园文化，扩大性别平等教育的广度和深度。实现“平安招考”目标。加强考试工作软硬件建设，坚持防疫与考务并重，维护招生考试的公平公正，18类、24次考试国家考试做到“零”失误。

（张秀礼）

学前教育

【概况】2021年，全市有独立幼儿园1058所，较2020年919所增加139所。1058所幼儿园中，公办园327所，较2020年279所增加48所，在园幼儿100959人（占在园幼儿总数的51.02%）；民办园731所，在园幼儿96910人，其中普惠性民办幼儿园492所，普惠性民办幼儿园覆盖率（公办园和普惠性民办园在园幼儿占比）为86.55%。全市学前三年毛入园率94.53%。全市有学前教育教职工17622人，其中专任教师13014人。全市幼儿园校园占地面积3188457平方米，校舍建筑面积1614554平方米，各类图书1716110册，固定资产总值269704万元。

【学前教育管理】2021年，亳州市教育局科学统筹使用2021年上级财政转移支付资金9550.10万元，全部用于支持学前教育发展，扩大学前教育资源和幼儿资助范围；2021年，全市累计落实普惠性民办幼儿园补助资金1632.64万元，亳州高新区和谯城区主城区公办幼儿园课后延时服务资金522.19万元，用于支持公办幼儿园举办托育工作市级财政资金200万元；全面落实学前教育资助政策，累计资助幼儿17835人次，发放资助资金765.82万元。列支财政预算资金6830万元，在完成25个新建改扩建学前教育民生工程任务的基础上，超额完成5个学前教育项目。投入使用15所，扩充学位6120个；完成66所普惠性民办园的认定工作，全市普惠性民办幼儿园达492所。持续加强小区配套幼儿园建设管理，继2020年完成全市55所小区配套幼儿园治理后，又有2所新建小区配套幼儿园移交办成公办园，有6所转为普惠性民办园，1所改扩建为公办园。

2021年，亳州市教育局面向社会为幼儿园公开招聘在编教师134人，劳务派遣教师263人。全市公办幼儿园有教职工5657人，其中在编教职工2948人。组织全市幼儿教师开展网络教研活动6次、线下赴名园观摩交流研讨5次，累计有15000多人次参加。扩充幼儿教师后备资源，全市共1780人取得幼儿教师资格证。

2021年，亳州市教育局下发《亳州市幼儿园办园水平评估指标体系（试行）》，新增市级特优幼儿园办园等级。全市新认定市级特优园15所、市级一类园48所；市中心城区幼儿园积极开展课后服务和“两点一餐”工作。有76所公办幼儿园实施课后服务，参与教师1449人，服务学生13684人，家长满意度100%；44所公办幼儿园为幼儿提供午餐供应服务，6所公办幼儿园推进食堂建设；制定《推进幼儿园与小学科学衔接攻坚行动的实施方案》，建立市级试点幼儿园50所、小学15所，其中省级试验区1个、省级试点园6所、试点校2所，进一步促进幼儿身心和谐发展。

（张秀礼）

义务教育

【概况】全市共有各类初中277所，较2020年的274所减少3所。共有初中在校生265082人，较2020年247125人增加17957人。全市初中教职工18686人，其中专任教师16367人；专任教师中本科及以上学历15161人，专科学历1206人；拥有中级职称5301人，中高及以上职称2592人。全市初中校园占地面积

9163370平方米，校舍建筑面积3530223平方米，拥有各类图书7836064册，各类计算机57897台，固定资产总值447990万元。

【义务教育管理】2021年，全市有各类小学983所，较2020年的1106所减少123所。有小学教学点82个，较2020年227个减少145个。全市有小学在校生511484人较2020年527962人减少16478人。全市有小学教职工30131人，其中专任教师28904人；专任教师中本科及以上学历18878人，专科学历10026人；拥有中级职称10360人，中高及以上职称2758人。全市小学校园占地面积11508571平方米，校舍建筑面积3703688平方米，拥有各类图书9868268册，各类计算机89498台，固定资产总值525180万元。

2021年，亳州市教育局召开招生入学政策新闻发布会，下发《关于做好2021年普通中小学招生入学工作的通知》（教基〔2021〕6号）和《关于进一步规范义务教育阶段招生入学工作的通知》，继续实施义务教育网上报名，合理划定学区，严格遵守义务教育免试、就近入学原则，规范招生秩序，从严管控中小学起始年级招生班额，把好义务教育入学关，确保公平公正。

2021年，全市教育重点建设项目投资16.08亿元，实施中小学建设项目20个；按照“科学评估、应留必留、先建后撤、积极稳妥”原则，撤并乡村小规模学校237所，有效整合教育资源，提高乡村小规模学校办学效益；新组建各类教育联盟（集团）9个，扩充教育联盟队伍，不断推进联盟（集团）办学模式改革，充分发挥优质学校的优势，推动学校一体化发展和义务教育县域优质均衡发展。

2021年，亳州市教育局全面落实“五项管理”和“双减”政策，实现义务教育学校课后服务“两个”全覆盖。印发《亳州市教育局关于进一步加强中小学生手机管理工作的通知》《亳州市教育局关于加强中小学生“五项管理”致家长的一封信》《亳州市教育局转发教育部办公厅关于加强义务教育学校作业管理的通知》，并召开中小学“五项管理”落实推进会。开展中小学进校园课外读物排查工作，落实课外读物进校园问卷填报及推荐读物备案制度。印发《关于进一步规范中小学生课后服务工作的通知》（教基〔2021〕22号），明确服务时间、内容、经费保障和教师待遇等，全市义务教育学校全部开展课后服务，服务学生70余万人，参与课后服务教师4万人，学校提供课后服务时间达标率为100%。搭建课后服务平台，实施“慧学习”系列课程，组建由科技辅导员、优秀运动员、优秀教练员、“非遗”传承人、书法家和绘画艺术家等专业人员参与的课后服务队伍，拓展课后服务渠道，提升课后服务质量。持续开展控辍保学工作，排查春、秋季学生返校就读情况，共排查在籍在校学生138.8万人次，未发现因贫失学辍学现象。对学籍管理系统下发的21304名疑似失学辍学适龄儿童名单进行核实，实现A类（需要劝返人员）动态清零。在核查过程中，各县区教育局、各学校积极与公安、社区、民政、残联等部门对接，确保适龄儿童少年不因贫失学辍学。制作“控辍保学”警示教育片，以案示警，要求各县区和乡镇政府、教育主管部门、中小学校各司其职、各负其责，汇聚推动控辍保学的强大合力。2021年底，全市九年义务教育巩固率

2021年6月10日，亳州市谯城区风华桐乡路小学老师在为孩子们讲解香囊的制作方法和作用　　（刘勤利　摄）

为95.75%，涡阳、蒙城、利辛、谯城分别为95.43%、95.58%、96.42%、95.56%。

2021年，亳州市教育局建成红色教育基地、爱国主义教育基地25个，其中，涡阳、蒙城、利辛、谯城分别为8个、6个、4个、7个，实现县域全覆盖。建成青少年校外活动中心4所，国家级研学旅行基地1个，省级研学旅行基地5个。开展以“弘扬雷锋精神，践行榜样力量”为主题学雷锋系列活动和“百年光辉历程，全面建成小康”主题系列活动。开展市级优秀德育工作者、优秀班主任、先进班集体、“三好学生”评选工作。积极加入长三角德育工作联盟，参加长三角班主任基本功大赛省级选拔赛，开展优秀劳动教育案例、优秀德育案例、德育成果评选工作，组织参与安徽省第五届校园读书创作活动；完成市第六届“千名新时代好少年”评选工作。组织参加第28届全国青少年爱国主义教育读书活动安徽赛区小学生讲故事、中学生演讲会比赛，荣获二等奖2个、三等奖2个。建成市级未成年人心理健康辅导中心1所，县级心理健康辅导中心4所，学校心理健康辅导室840所。各级心理健康辅导中心（室）开设心理信箱、心理热线和网络咨询平台。举办亳州市第三届运动会青少年田径比赛暨第五届中学生田径运动会，组建11个组别参加全国校园足球夏令营安徽省分营活动，初中女子甲组获得第八名。组织全市25名优秀学生选手参加安徽省校园体育联赛中学生田径联赛，有3名学生荣获二等奖、9名学生荣获三等奖。选拔10名跳绳运动员代表安徽省参加第十四届学生运动会，其中姚佳君获得男子单摇全国第八名。为庆祝建党100周年，开展红歌“快闪”满校园活动。举办全市庆祝第37个教师节校园文艺展演活动，展示美育活动成果。在全省第七届中小学生艺术展演活动中，选报20个艺术表演节目、20个艺术作品、8个艺术实践工作坊、8个美育案例参加省级评选。下发《关于贯彻落实〈中共安徽省委 安徽省人民政府关于全面加强新时代大中小学劳动教育的实施意见〉的通知》（亳教组发〔2021〕13号），各中小学校积极开展以“家务劳动我能行，亲力亲为勇当先”为主题的家务劳动实践教育活动，多渠道拓展实践场所，建成县级劳动教育实践基地4个，实现区域内全覆盖。

（张秀礼）

特殊教育

【概况】2021年，全市有特教学校4所。有特殊教育学生4629人，其中特殊教育学校在校生1495人，普通中小学随班就读学生2430人，普通中小学送教上门学生704人。全市有特殊教育教职工201人，专任教师193人；专任教师中本科及以上学历161人，专科学历32人；拥有中级职称58人，中高及以上职称40人。全市特教校园占地面积85821平方米，校舍建筑面积60505平方米，拥有各类图书61500册，固定资产总值15250万元。

【特殊教育服务管理】全市特殊教学校主要有学前和义务教育学段学校，招收有听力、智力、视力缺陷和自闭等类型学生。积极探索以职业教育为重点的残疾人高中阶段教育，在亳州市特殊教育学校开设剪纸、缝纫、糕点烹饪等专业，向职业教育延伸。在普通学校建立特殊教育资源教室20个，成立亳州市特殊教育资源指导中心，并在县（区）设置5个分中心，实现特殊教育的全过程、专业化管理。指导各县区做好特殊教育各项工作，确保适龄残疾儿童少年接受义务教育。依托亳州市特殊教育资源指导中心，对全市特殊教育教师开展2021年特殊教育教师业务培训；按照教育部要求，组织人员线上参加义务教育阶段特殊教育学校教材国家级示范培训。开展2021年全市特殊教育工作会议，表彰一批特殊教育优秀工作者和优秀教师，提高“特教人”工作的积极性。联合残联部门对适龄残疾儿童少年受教育情况逐一核实，组织各地残疾人教育专家委员会对适龄残疾儿童少年就学情况进行鉴定，按照“一人一案、分类安置”原则，对全市适龄残疾儿童进行入学安置。全市适龄残疾儿童少年入学率达到95.2%。

（张秀礼）

·亳州市特殊教育学校·

【概况】亳州市特殊教育学校创

建于1959年，新校区位于市高新区，占地75亩，建筑面积42000平方米，是一所集盲教育、聋教育、培智教育、自闭症教育、聋儿语言康复、智力康复、职业教育于一体的综合型特殊教育学校。截至2021年，学校有学前、义务教育、职业高中3个办学层次。现有32个教学班，在籍生492人，送教生170人。在编教师61人，其中本科学历59人，正高级教师1人，高级教师20人，安徽省特级教师4人，全国特教园丁奖获得者3人。

2021年，学校获“市级教育工作先进单位”集体荣誉，黄学伟老师获2021年“药都最美教师”称号、宁侠老师荣获“市级优秀教师”称号。安徽省政府正式批复，同意授尹珺、周凤荣两位老师“安徽省特级教师”称号，按规定享受特级教师津贴。

【新校区建设】亳州市特殊教育学校校区坐落在亳州市经开区百合路以北、菁华路以西，环境优美，交通便利。占地5公顷，建筑面积约4.2万平方米，总投资约1.2亿元。有教学楼三座，宿舍楼、综合楼、食堂，风雨操场各一座，体育活动场、停车场、给排水系统、暖通空调、供电系统、弱电系统、消防系统等配套建设。配套设备约投资2310万元，其中：智能化校园建设项目约800万元，办公家具采购项目约360万元，配套设施多功能报告厅和风雨操场设备采购项目约550万元，配套设施校史展厅和律动室设备采购项目约230万元，语言康复训练设备项目约73万元，职业实训设备约81万元，送教上门设备约30万元，食堂设备约66万元，缝纫等设备120万元。各项设施均达到国家颁布特殊教育学校建设标准和设施配备要求。新校区为皖北特教学校建校规模最大、硬件设施最为完备的特教学校。

【教学科研】亳州市特殊教育学校发挥亳州市特殊教育资源中心、赵庆春（特殊教育）首席专家工作室平台作用，为“注重专业发展，勇于专业拓展”优秀教师提供学习研讨机会，共享教学方法、教研成果。组织青年教师积极参与人教社聋校教参以及培智生活数学七年级上册编写工作，带动青年教师业务进步，并受到人教社高度褒奖。与合肥特教中心秦娟教育名师工作室进行线上联合教研活动，组织优秀教师到蒙城、涡阳、利辛特教学校进行校级公开课交流展示。教研活动秉承特殊教育《义务教育数学课程标准》理念，以教学展示为抓手，以座谈相结合形式，本校周凤荣、武孙静、何云侠分别进行聋校义务教育数学、盲校语文示范课交流展示与探讨交流，有效整合教学策略和教学手段选择，实现优质资源共享。坚持“多形式”培训，提升教师专业素养。以集中学习、研讨，分散自主研究，网络线上、线下共同交流、外出培训等形式开展各项培训工作，促进全体教师专业水平实现较大提升，参训教职工都能有所学、有所用，从而推动学校办学水平得到全面提高。为增强培训的针对性和实效性，加强特殊教育学校校长和骨干教师培训，积极倡导教师参加“国培计划”“省培计划”“手语培训”，组织骨干教师分赴淮北参加《第二届特殊需求群体认知发展与教育会议》、上海参加中国教育学会特殊教育分会举办“培智学校自闭症儿童教育质量提升研讨会”、宿州参加皖北特教培训等。坚持以赛促教，丰富教师专业技能。2021年，学校教师参加教育教研活动及各类教育教学大赛，取得一定成绩：亳州市红歌“快闪”满校园活动获集体二等奖；安徽省优质课一等奖1人次；全市特殊教育优质课一等奖2人次；全市小学幼儿园安全优质课一等奖1人次、三等奖1人次；彭金凤、田欣欣、黄学伟荣获全市中小学优秀自制教具评选一等奖；全市六项电教学术优秀作品一等奖2人次，二等奖1人次；三等奖2人次；全市中教育教学信息化大赛一等奖1人次、二等奖2人次、三等奖1人次；全市党史故事演讲比赛二等奖1人次等。

【教学工作】学校结合市情校情，开办特殊教育职业高中班，加大师资力量投入，带动聋生参加高考，提升学历水平。为进一步巩固学生康复成果、培养学生团体意识、提高学生实践能力，学校定期组织全体师生及学生家长参加研学旅活动，到校外课堂中学习锻炼。学校先后带领学生前往火星时代研学基地、十河大周润耕天下等开展多次研学旅行活动。

推进职业教育，助力特殊群体孩子终身发展。学校注重发展职业教育，帮助学生掌握一技之长。听障类剪纸装裱专业是本校有近20年传统龙头专业，极具亳州地方文化色彩，既传承和发扬传统手工技艺，也发挥听障人生理优势，培养技能。在龙头专业带动下，学校开设书法课、计算机、缝纫、西点烹饪制作、盲人推拿按摩等专业。盲人推拿按摩专业毕业生就业率年年达100%，有效解决皖北、苏北地区盲人就业问题；缝纫专业与杉杉服装产业对接，作为校企合作专业，为聋生就业提供机会与支持；智障类职业教育是学校新兴专业，针对培智生需求开设西点烹饪、手工皂专业，发展态势较好。该专业的开设，已成为学校职业教育又一亮点。

听障儿童语言康复训练与智力残疾儿童康复训练齐头并进。2021年，在训听障儿童38名，智障儿童20名，有全天训练、半日训练、亲子同训、随班就读、个训等形式；坚持听觉口语法五大领域共同发展，重视“听故事、学说话”绘本教学，让听障儿童快乐学说话康复理念，助听障儿童在有趣故事情境中发展语言能力。坚持评估与训练相结合，依据《安徽省残疾人精准康复服务行动实施方案》，制定个性化康复方案，建立康复服务档案，科学化开展康复服务。

【送教上门】为贯彻落实《安徽省教育厅、安徽省残疾人联合会关于加强义务教育阶段适龄残疾儿童少年送教上门服务工作的通知》要求，学校对亳州市户籍，因身体、精神或残疾不能到学校接受教育6～15周岁儿童少年开展送教上门服务，2021年，送教人数160人，计送教4000余人次。学校教职工利用周末时间，为残疾儿童送文化知识、康复知识、政策知识，对残疾儿童身体、心理、认知能力、语言能力、运动协调能力进行培养和训练；运用家庭资源及其他本土资源进行认知教学。本着人文关怀宗旨，每一次送教上门，学校都准备相应生活用品（米、面、油、校服、小食品等）。建立“送教上门”工作档案，做到一人一案，各班做到年初有计划，过程有资料，年终有总结。

【资助工作】配齐资助人员，做实做细中职资助政策宣传工作，让学生与家长熟知资助政策。核实资助对象，落实资助政策。2021年，职业高中学生享受国家助学金累计41人次，助学金金额共计7.95万元；享受免学费学生累计58人次，共计4.5万元；资助金额总计12.45万元。细化学生校内勤工俭学工作。2021年，累计12名学生参加勤工俭学。其中，长期进行勤工俭学学生有6名，本年度共计支付学生勤工俭学资金17200元。发挥陪读家长作用，开展亲子职业课堂，并给予相应劳动报酬。2021年，组织家长与学生进行香包、手工皂等手工艺品制作，支付费用2113元。

（孙雨瑞）

普通高中教育

【概况】2021年，全市有普通高中32所。有普通高中在校生104805人，较2020年89813人增加14992人。有普通高中教职工8016人，其中专任教师7051人。专任教师中本科及以上学历7046人；拥有中级职称2000人，中高及以上职称1841人。全市普通高中校园占地面积2927510平方米，校舍建筑面积2163374平方米，拥有各类图书2383711册，各类计算机18863台，固定资产总值363008万元。

【普通高中教育管理】2021年，亳州市教育局统筹制订高中阶段学校招生计划，推进普通高中招生制度改革，完善学生综合素质评价，全市高中阶段毛入学率达到94.03%。印发《关于做好2021年普通中小学招生入学工作的通知》（教基〔2021〕6号）和《关于做好2021年普通高中新生建籍工作的通知》，召开全市普通高中招生工作会议，规范招生宣传程序，严格执行教育部关于招生入学“十项禁令”，按照统一批准的招生计划、范围、标准和方式同步招生，坚决纠正违规行为，确保起始年级班额不超过55人。市政府教育督导委员会制发《普通高中“大班额”专项治理工作方案》（亳教督〔2021〕2号），成立以市教育局主要负责人任组长的普通高中“大班额”专项治理工作领导小组，市政府分管领导召开专题调度会，听取整改进展情况工作汇报，现场解决存在问题；市教育局主要负责人对存在“大班额”的县（区）和学校坚持月调度制度，逐校逐班按序时进度整改，实现9月初高中“大班额”治理任务见底清“零”。

2021年，亳州市投入使用亳州一中综合楼、利辛二中高中部、利辛县启明高级中学新校区、利辛县师达高级中学，增加普通高中学位10000个。公开招聘高中教师352人，进一步优化高中教师队伍结构。召开全市高考综合改革精神培训视频会和高考综合改革实施方案解读培训会，组织开展普通高中高考综合改革教学视导活动。成立亳州市高考综合改革领导小组，全面落实高考综合改革工作，全力推进高考综合改革落地落实落细。

（张秀礼）

·亳州一中·

【概述】1910年，福音学堂创办；1920年，学校扩建分南北两院；1938年，更名为怀恩学校；1941年，怀恩学校解散；1942年，更名为公立涡北中学校；1945年，改为私立涡北中学；1947年，怀恩复校，怀恩与涡北两校并存；1948年，更名为亳州中学；1952年，改为亳县中学；1959年，定为省属重点中学，更名为安徽省亳县第一中学；1977年12月，复定为省重点中学；1986年，更名为亳州市第一中学。是安徽省示范性普通高级中学。

2021年高考，亳州一中取得全市最好成绩，一本达线1087人，600分以上266人。其中，文科第一名665分，全省排名第57名，理科第一名701分，全省排名第14名。

2021年学校被评为全国文明校园、安徽省文明单位、安徽省青少年演讲与口才实训基地、安徽省优秀校园新媒体、优秀校刊、优秀校报、最佳校长支持奖、亳州市高中教育质量综合评价奖一等奖、亳州市教科研基地学校、亳州市教育工作先进单位、亳州市市直教育系统先进党组织、亳州市首批中小学合唱艺术特色学校、亳州市五四红旗团支部、亳州市共青团规范化建设“十佳学校”、亳州市希望工程爱心单位、亳州市亲子读书活动优秀组织奖、亳州市教育系统学雷锋活动先进集体等荣誉或称号。两次登上“学习强国”平台，连续3年被评为空军招飞工作先进单位。

王科建被评为安徽省特级教师，相坤被评为安徽省优秀班主任，姚辉被评为安徽省最美教师，戴安被评为药都最美教师，3人被评为药都名师，6人被评为市学科带头人，12人被评为市教坛新星，3人被评为市优秀教师。王继锋、黄艳秋市级名师工作室成立。在全市各类教学评比中，29人获市级一等奖，71人获市级三等奖以上。1项省级课题立项，7项市级课题立项，4项市级课题结题。

【党建工作】2021年，亳州一中共召开12次“三会一课”学习，校领导讲党课4次，举办以“学党史知党情跟党走”为主题的首届“纵横杯”人文素养大赛，开展百米长卷绘党史活动和《学党史传家风》等系列读书征文活动。召开1次校风校纪报告会、2次党风廉政建设工作会议。举办“学党史悟思想办实事开新局”微党课比赛、“诵读红色经典唱响红色旋律”比赛，向全校师生播放365集《中国共产党百年瞬间》。表彰优秀党员45名，优秀党务工作者12名，学习强国“学习之星”21名，为三位优秀党员颁发“光荣在党50年”纪念章。制定《亳州一中党建督查量化考核评分细则》，一月一督查，一月一公示，全年开展党建督查10次。意识形态有高度。召开意识形态专题会议3次，中心组理论学习33次，交流研讨会5次，师生宗教信仰排查1次，开展谈心谈话11次。以党建统领全局，构建更加民主的管理体系。充分发挥学校党工群团积极作用，完善集体议事决策程序。拓宽议事渠道，成立离退休教师协会，实行校领导班子联系方式公布制，推进学生校长助理制，2021年共收到提案165条，师生参与治校管校热情空前高涨，学校管理日渐精细，管理效能日益提升。

【教学工作】2021年，亳州一中制定《亳州一中“守教育初心、担育人使命、作师德表率”主题教育活动方案》，启动师德师风签字仪式，开展师德师风建设警示教育，全年共开展14次廉政谈话，评选25个党员示范岗。培养名师队伍。实施青蓝工程，举行师徒结对拜师活动。建设2个名师工作室，举行12场专家论坛，实施校级名师帮扶9次。激发队伍活力。完善职称评审、奖优评先制度。慰问、帮扶困难教职工38人，举行教职工业余文体活动，丰富教职工业余生活，增强教职工幸福感和获得感。夯实课堂教学，成功举办“三新”改革背景下的教学大赛、智慧课堂大赛，推出智慧公开课126节，名师示范课15节。加强综合教学管理，下发教学抽查通报19期，教室日志反馈意见19期，收集教学建议65条，全面提高教学的针对性及课堂教学效果。选派骨干前往长三角地区挂职学习，组织教师赴湖北黄石二中、阳新一中实地考察学习，与上海向明中学、连云港新海高级中学等名校确立友好合作关系，与上海松江二中签订合作协议，与松江二中、庄河高中联合开展“三地线上同课异构活动”，联合合肥168中学进行教学交流活动。完善教研网络系统，调整、充实学校教科研队伍，制定《亳州一中“三新”改革三年规划和一年行动方案》《亳州一中新课程实施方案》，编辑出版《亳州一中报》。坚持把课堂教学作为实施教育科研的主渠道。举行新课程、新教材、新高考全员培训会，九大学科新教材使用感悟经验交流会，召开4次“三新”改革主题教研推进会，编印2本校本教材。发挥名师效应，大力实施青蓝工程、名师工程，举行校内专家专题讲座9次，开展大教研活动8次、集体备课活动24次。举办3次名师工作室主题教研活动、6次校内主题教研活动，承办5次市级专题教研活动。

【文化建设】2021年，亳州一中成立艺术中心、体育中心，将图书馆、科学馆独立设置，开展红色经典文化、优秀传统文化进校园活动，举办书法艺术、文化艺术专题讲座，建设有温度、有厚度的文化校园。推进“五育并举”，成立38个学生社团，开展“传承中华美德少年”评选、爱国主义教育、亲子征文、校园读书创作等系列活动，充分挖掘节日教育的潜在教育功能，举办校园文化艺术节、体育节和师生艺术展演。完善评价体系，细化完善评价方案，坚持从道德品质、公民素养、学习能力、交流合作与实践创新、运动与健康、审美、表现能力6个维度全面评价学生，2021年共表彰拾金不昧之星、诚信之星等新时期美少年381人次，5名学生被评为亳州市新时代好少年，85人获市级三等奖以上奖项，3人获省级一等奖。

【平安校园建设】2021年，亳州一中调整学校疫情防控工作领导小组，完善防控方案，常态化开展疫情防控。坚持“日报告”“零报告”制度，刊发一期疫情防控指南，召开4次疫情防控专题会议，统筹储备口罩6.8万只、消毒液3862千克，成功完成高考、中考及教师招考等大型考试考务工作，实现校园零感染。内外联动，形成合力，维护校园安全。完善“人防、物防、技防”三级防御体系，实行24小时值班制。邀请亳州市人民检察院检察长黄世斌进行专题法治讲座，举行4场安全教育主题报告会，开展13次安全专项检查，举办14次安全主题活动和4次大型心理拓展辅导活动，每学期进行一次全员心理筛查。

（高　剑）

中等职业教育

【概况】2021年，全市有中等职业学校12所。有中职在校生70674人（全日制40789人，非全日制29885人）。全市中职学校共有教职工2198人，专任教师2024人。专任教师中本科及以上学历2019人；拥有中级职称582人，副高及以上职称497人。全市中职学校校园占地面积1766336平方米，校舍建筑面积1169017平方米，拥有各类图书1520553册，各类计算机10457台，固定资产总值148008万元。

【中等职业教育管理】2021年，亳州市教育局加大投入力度，扩充职业教育资源。市委、市政府在城区划拨土地575亩，投资7.8亿元建设亳州市职教园区。推进利辛机电科技学校建设，该项目投资4.8亿元，计划2022年建成投入使用。涡阳县规划建设科教园区，总投资14.8亿元。亳州中药科技学校通过省中职A类办学水平评估；亳州幼儿师范学校、亳州工业学校、蒙城建筑工业学校、亳州汽车工业学校、亳州新能源学校通过省中职B类办学水平评估。

2021年，亳州市教育局开展2021年全市中等职业学校“三优”作品评选活动，推荐优秀作品参加全省中等职业学校优秀论文、优秀教学软件和优质课评选活动，有42件作品获奖，获奖作品总数位居全省第二。开展全市职业学校教育教学技能竞赛和班主任业务能力竞赛活动，推荐优秀作品参加安徽省中等职业学校教育教学技能竞赛暨全国职业院校技能大赛教学能力和班主任业务能力比赛，有17件作品获奖，亳州中药科技学校教师陈强代表亳州市参加国赛。市教育局联合市人社局、市经信局、市总工会等5家单位举办2021年全市职业院校技能大赛，共设信息技术类、医药卫生类等12个专业大类71个项目，1233名选手参赛。市教育局联合市委统战部等8家单位举办全市第二届“最美职教人”评选活动，评选出10名“最美职教人”和10个“最美职教人”提名奖。

积极宣传引导，创新招生宣传方式。市教育局牵头，以谯城区为试点，把全区2021年中考理科实验操作考试和体育加试放到亳州中药科技学校举办，谯城区共有1.8万多名初中应届毕业生进入中职校园，现场感知中职学校。同时将2021年亳州市暨谯城区职业教育活动周安排在考点学校举办，有力宣传职业教育，吸引更多有学习职业技能意向的学生报考中职学校。组织中职学校招生人员走进初中学校宣讲职教政策，净化招生环境，杜绝有偿招生，规范招生行为。发挥“亳州职教”微信公众号的影响力，年度内发布职教信息1019条，关注量达15597人。

2021年，包天和任从礼2人获得全省“百姓学习之星”荣誉称号，其中包天代表亳州参加“全国百姓学习之星”评选。亳州市文化馆“人人有艺”全民艺术普及及免费公益培训获得全省“终身学习品牌项目”。亳州幼儿师范学校获评“全国国防教育示范学校”“全国中华优秀文化艺术传承学校”；亳州中药科技学校获评全国职业院校实习管理50强学校，校长李刚在全省职业教育大会上作办学经验介绍。

（张秀礼）

·亳州幼儿师范学校·

【概况】亳州幼儿师范学校始建于1951年，前身为亳县师范学校，1988年改为亳州幼儿师范学校。目前是皖北地区独立建制唯一一所中等幼儿师范学校。2015年后，学校荣获全国国防教育特色学校、全国中小学国防教育示范学校、全国青少年足球特色学校、全国中小学中华优秀文化艺术传承学校、全国教育系统先进集体、全国排球特色学校、“全国五四红旗团委”等荣誉称号。

学校占地面积352亩，建筑面积12.2万平方米，拥有独立钢琴房300间，多功能声乐教室8个、数码钢琴教室8个、录播室2个、书法实训室3个、绘画实训室9个、手工制作实训室3个、语音室2个、理化实验室2个、计算机网络教室6个、舞蹈教室10个、大型多功能厅1座，钢琴450架，电子钢琴600架，民俗乐器齐全，古筝120架，二胡128把，纸质图书22万册，电子图书20万册，学前教育专业实训室25个，是全国学前教育专业实训室配置最齐全学校之一。学校现有专兼职教师263人，其中在职在编167人，高级讲师58人，“双师型”教师150人，研究生及在读研究生56人。建有省级名师工作坊2个，市级名校长工作室1个，市级名师工作室5个，市级金牌思政教师工作室1个。设有五年制大专和三年制中专两个办学层次，包括学前教育、美术、音乐、舞蹈表演、航空服务、播音主持、城市轨道交通运营服务、保育8个专业，教学班95个，在校生5135人。拥有直属幼儿园2所，附属幼儿园4所，校外实习实训基地96个。

【评奖评优】2021年，亳州幼儿师范学校团委获评“全国五四红旗团委”，是亳州市唯一获此荣誉称号中职学校，这也是学校第七块国字号奖牌。学校荣获全市中等职业教育质量综合评价奖，获评亳州市平安校园。学校教师宁宁获“亳州市首届最美职教人”称号。

【宣传工作】2021年，亳州幼儿师范学校校园网发布新闻272条，市级平台发布新闻121条，省级媒体发布新闻86条。《安徽青年报》以《花儿为什么这样红——聚焦亳州幼师引人瞩目的办学特色》、《安徽商报》以《赓续百年初心担当育人使命——亳州幼儿师范学校坚持立德树人促进高质量发展》，受到省教育厅好评。《亳州晚报》以《强化素质教育彰显办学特色》整版报道学校素质教育成果。学校校训校风建设被“学习强国”平台报道，学校师生快闪《唱支山歌给党听》在“学习强国”平台推送，展示学校积极向上精神风貌。

【平安校园建设】亳州幼儿师范学校严格实行封闭式管理。坚持学校领导带班查勤、班主任宿舍值班制度，确保师生安全；严格门岗24小时值班制度，全天候监控校园，加强出入校园人员登记、身份核验，保证师生学习、生活和人身安全；在宿舍门口安装智能识别系统，方便准确快捷了解学生动态。开展各类安全培训。开展消防应急演练，提高安全防范能力，邀请有关部门专家举办消防知识、交通出行、疾病预防和法制教育等专题报告会，增强师生安全意识。强化学校食品卫生安全。对校内超市、食堂和校医院进行严格检查，要求经营者做到物美价廉质优。定期对食堂工作人员及膳食委员会进行培训，坚持每月组织膳食委员会进行食品卫生安全检查，加强环境卫生整治，确保校内食品卫生安全。加强法制教育。以“法治教育实践基地”为依托，以班级为单位，循环开展法治教育基地参观活动；通过开展法治讲座、发放法治教育读本、法治主题板报等途径，提高普法教育的实效，进一步提升师生的法治水平和法治观念，形成敬业爱岗、勤学上进、文明礼貌、尊师守纪的良好风尚，校园安全文明，获评亳州市2021年度“平安校园”。

（张　丹）

·亳州中药科技学校·

【概况】2021年，学校深入学习贯彻落实习近平总书记关于职业教育的重要指示，坚持立德树人、为党育人、为国育才，落实国家职教20条和省职教18条，坚持服务高质量发展、促进高水平就业的办学方向，深化产教融合、校企合作，稳步推进育人方式、办学模式改革，深化“三教改革”“岗课赛证”综合育人，强化学校内部管理，加快专业调整步伐，提高学校的办学水平和办学效益。2021年学校与教育部职业技术教育中心研究所合作内涵建设提升服务项目，是全国唯一一所获此服务项目的中职类院校；5月《中药鉴定技术》示范课入选教育部高教司课程思政示范课程；9月参加安徽省第二届技工院校学生创业创新大赛，两个参赛项目《乡村振兴　与艾同行》《“花之缘”——养生花茶项目》均获一等奖，并入围国赛；9月被认定为安徽省优秀中等职业学校；12月被确定为养老服务专业人才省级培养基地。2021年学校承办亳州市谯城区、高新区2021年初中学业水平体育与健康、理科实验操作考试，并在校园内举办职教成果展示活动，让初中生直观深入地认识职业教育、了解职业教育改革与发展动态、体验职业教育成果。

2021年，学校有在校生12824人（其中亳州中药科技学校5061人，安徽技师学院7023人，“3+2”五年制大专740人），专任教师400人。

【“三教”改革】教师参与2021年安徽省中等职业学校教师教学能力大赛，获得省级一等奖1个、二等奖4个、三等奖4个，学校获得安徽省教师教学能力大赛“优秀组织奖”荣誉称号；认真开展课题研究工作，组织开展各级各类研究课题的申报立项；完成亳州市中职学校三优评选工作，获得省级二等奖1个、省级三等奖4个，市级一等奖4个、市级二等奖13个、市级三等奖8个；开展中职学校师资队伍建设项目，参与安徽省职业教育创新发展试验区建设；组织专业课、公共课等近20名骨干教师参加省级培训。

【资助工作】学校将脱贫家庭学生、低保家庭学生和孤残学生等特殊困难学生全部纳入了国家助学金、免学费和校内资助范围，并积极配合各县（区）落实“雨露计划”资助项目，资助学生14069人次。

【职业培训】2021年度开展企业岗前培训、企业提升培训和鉴定共计32492人；承办亳州市创业大讲堂两期，来自全市创业者和从事电商销售的企业管理者、电商网点负责人、村“两委”、大学生村干部、创业致富带头人、有创业意愿创业者等近800人参加培训；承办谯城区和高新区退役军人的培训，共计60人参加培训；承办亳州市首届创业培训师大赛暨安徽省第三届亳州区选拔赛；开展学生职业技能鉴定，安徽亳州技师学院2021届1100余名毕业生参加鉴定。

【招生与就业】2021年学校招生人数为4871人，其中安徽亳州技师学院2466人，亳州中药科技学校2405人。2021年毕业生4298人、就业人数4212人、就业率98%、毕业生专业对口就业率89%；升学人数1351人，其中通过对口单独招生升学908人，二三分段制升学443人。

【校企合作】学校继续施行校企合作以及订单式人才培养模式，加大校企合作覆盖面，在与原有企业保持良好合作的基础上，又与安徽精诚本草中药饮片公司、安徽万花草生物科技有限公司、宁波恒远制衣有限公司等8家企业深度合作，累计深度合作企业达到85家。

【技能大赛】10月16日，2021年亳州市职业院校技能大赛（中职组）开幕式在亳州中药科技学校（安徽亳州技师学院）举行。本次大赛共8个赛点，设信息技术类、加工制造类、医药卫生类等12个专业大类71个项目，全市12所职业院校的1233名选手同台竞技。亳州中药科技学校赛点承办了文化艺术、医药卫生、交通运输（航空礼仪）、装备制备（机器人应用技术）、旅游、加工制造类等11个大赛项目，其中8个是省赛项目，3个是市赛项目，来自全市8所学校共200名选手在本赛点参加比赛。

（张晓银）

民办教育

【概况】2021年，全市有民办学校891所，较2020年增加36所。有在校生337476人，较2020年减少29587人。有教职工26890人（专任教师19796人）。其中，中等职业教育学校2所，在校生4792人，教职工182人（专任教师160人）；中小学校158所（高中11所、初中65所、小学82所），在校生206187人（高中24929人、初中82654人、小学98604人），教职工13951人（专任教师11783人）；幼儿园731所，在园幼儿96910人，教职工12757人（专任教师7853人）。

【民办教育管理】2021年，亳州市教育局以市委教育工作领导小组名义印发《亳州市进一步减轻义务教育阶段学生作业负担和校外培训负担的实施方案》，推进“双减”工作。大幅度压减学科类校外培训机构，认真贯彻落实习近平总书记关于“双减”工作作出的重要指示批示精神。召开由教育、民政、市场等部门参加学科类校外培训机构“营转非”登记会商会和培训会，印发《关于做好面向义务教育阶段学生的学科类校外培训机构统一登记为非营利性机构的通知》《关于加快推进面向义务教育阶段学生的学科类培训机构统一登记为非营利性机构工作的紧急通知》，全市289所经教育部门审批学科类校外培训机构注销261所、完成“营转非”登记28所，并向社会公示，学科类校外培训机构压减率达90.31%。市及县区教育、市场、公安部门组成45个督查组，7次对以中小学生为培训对象所有校外培训机构进行拉网式、地毯式督查，共督查校外培训机构508所，发现并整改问题26个，完成整改26个。年底，市教育局组成4个暗访组，采取“四不两直”方式，对各县区“双减”政策落实情况进行交叉互查。

2021年，审批设立利辛县师达高级中学有限公司（亳州市第一所营利性民办高中学校）。对全市11所民办高中阶段学校进行年检，合格等次6所、基本合格等次4所、不合格等次1所，年检结果向社会公示。市教育局联合市卫健委、市市场监管局、市公安局和市消防救援支队按照50%比例，采取随机抽查方式，开展营利性民办学校和校外培训机构“双随机、一公开”抽查。抽查3所营利性民办学校和10所培训机构，发现并整改问题3个。召开2021年度亳州市民办中小学校长培训会议，培训各县区教育局分管民办教育工作副局长、民办教育科室负责人及各民办中小学校长163人。培训内容涵盖加强民办学校党的建设、加强民办学校校长队伍建设、加强民办学校校园安全管理和规范办学行为、解读《民办教育促进法实施条例》、完善中小学心理危机筛查预警与干预机制等。

（张秀礼）

高等教育

【概况】2021年，全市有高等教育学校3所。其中，全日制普通高等教育学校2所（亳州学院、亳州职业技术学院），在校生25276人，教职工1078人，其中专任教师974人；成人高等教育学校1所（亳州电大），在籍生13567人，教职工104人，其中专任教师76人。

【高等教育管理】2021年，亳州高等教育提升内涵，加快高质量发展。亳州学院以制定“十四五”规划为引领，科学谋划顶层设计，服务支撑安徽“三地一区”建设、亳州“六一”发展战略；推进深化新时代教育评价改革，获批第四批“三全育人”综合改革试点校建设项目；推进“五育并举”，深化“思政课程+课程思政”课堂教学改革；推进体育艺术俱乐部改革，体育艺术俱乐部达29个，易班共建指数连续两年位居安徽省高校第一。引进紧缺人才52人、高层次人才14人；推进科研成果转化，获批国家级哲学社会科学项目，实现学校国家级项目“零的突破”，获学科技能大赛国家级奖项5项，省级一等奖35项，省级以上奖项229项。打造亳文化品牌，成立亳文化研究中心学术委员会，制定亳文化研究中心中长期发展规划，完成《亳州通史》《华佗五禽戏》撰写工作。占地601亩的亳州学院中医药学院基本完成主体建筑封顶。

亳州职业技术学院启动13个实验实训建设项目与计算机公共教学中心建设，建成VR虚拟仿真实训室、VR公共教学实验室，继续教育培训中心竣工。承办全国职业院校技能大赛高职组中药传统技能省级选拔赛，承办“关爱生命救在身边”亳州市应急救护大赛，获得全国红十字模范单位称号。药学院学生卞国强在2021年全国职业院校技能大赛“中药传统技能赛项”（高职组）获全国一等奖；信息工程系在“博导前程杯”全国电子商务运营技能竞赛总决赛中获得三等奖。举办亳台华佗五禽戏线上展演交流论坛。与亳州市互联网佳创业示范园运营有限公司共建省级校企合作示范基地。年度内开展职业技能等级鉴定2610人次，岗位技能提升培训1052人，大学生创业培训240人，组织开展各类社会考试19278人次。

（张秀礼）

·亳州学院·

【概况】亳州学院办学始于清宣统元年（1909）的蒙城师资讲习所，1952年创办蒙城县初级师范学校，1956年7月更名为安徽省蒙城师范学校，2002年3月独立升格为亳州师范高等专科学校，2016年3月独立升格为亳州学院。亳州学院是安徽省人民政府举办的公办普通本科高校，主要致力于培养本科层次应用型、技术技能型人才，承担人才培养、科学研究、社会服务、传承创新地方文化的基本职能。

截至2021年底，亳州学院下设有14个内设机构、2个群团组织、2个附属单位、13个党总支、11个教学院系。占地面积110.07公顷，建筑面积60.68万平方米，其中在建面积26.55平方米。在校教职工613人，其中专任教师524人，正高级51人，副高级124人，博士29人。在校学生13040人，其中本科生9828人，占比75.37%，专科生3212人，占比24.63%。

【党建工作】2021年，亳州学院党委深入开展党史学习教育，举办2期专题读书班和各类宣讲22场次，用好党史大教材，推动党史进课堂、进头脑，党史学习教育经验做法在《人民日报》发表，开展全体师生党史学习教育知识测试，组织党员干部、师生到亳文化馆、市展览馆等爱国主义教育基地开展红色游学活动，遴选教师到企业、社区、农村上党课、作宣讲；推深做实“我为群众办实事”，处级以上领导走访调研发现问题67个，完成率100%。围绕庆祝建党100周年，组织开展系列活动，集中学习习近平总书记“七一”重要讲话精神，隆重举办表彰大会，表彰先进基层党组织9个，优秀个人80人，向2名老党员颁发“光荣在党50周年”纪念章。突出抓好十九届六中全会、安徽省第十一次党代会和亳州市第五次党代会学习宣传贯彻，深入学习贯彻《中国共产党普通高等学校组织工作条例》，42个党支部开展学习60余场次，党员累计学习970余人次，制定出台《关于新时代加强高校党的建设和思想政治工作的实施意见》及任务分解。制定《具体化常态化开展政治监督实施意见》，全年开展党内政治监督谈话39人次。成立党委巡察办，圆满开展首轮校内巡察。获批第四批安徽省“三全育人”综合改革试点校，易班共建指数连续两年位居安徽省高校第一。严格落实意识形态和网络意识形态工作责任制，压实责任，管好重点领域、重要阵地，牢牢掌握意识形态工作领导权。

【教育评价综合改革】成立深化新时代教育评价综合改革领导小组和督导组，制定工作任务清单和负面清单。围绕以贡献增值的学科评价导向，推动学科评价改革；制定高层次人才引进、稳定、管理、考核措施办法，完善绩效工资方案、职称评审方案等制度，推动教师评价改革；落实第二课堂成绩单制度，推进学生评价改革。

【管理体制上划】2021年，亳州学院管理体制上划工作被市政府常务会议和市委常委会研究通过，先后4次向省委教育工委、省教育厅专题汇报进展情况。

【本科教学评估】2021年12月1—2日，召开年度教学工作会议暨本科教学工作合格评估启动大会，校长作《抓牢评估契机聚焦内涵建设加快推进学校事业高质量发展》的主题报告，副校长俞浩宣读《亳州学院本科教学工作合格评估工作方案》，党委书记胡恩彪作《提高认识找准问题明确措施真抓实干奋力夺取本科教育工作合格评估全面胜利》的动员讲话。

【学科建设】2021年，亳州学院加大一流专业、一流课程建设和“三性一度”课堂教学改革力度，新增数字媒体艺术1个本科专业，本科专业总数达28个；申报护理学、医学检验技术、食品营养与健康、数学与应用数学4个本科专业。抢抓“双一流”发展机遇，小学教育专业、学前教育专业、中药学专业、酿酒工程专业增设为省级一流本科专业，申报小学教育和酿酒工程2个国家级一流专业；获批省级一流课程15门、省级教学成果奖4项。

【队伍建设】2021年，亳州学院引进紧缺人才52人，高层次人才14人；支持15人攻读博士研究生；评定23名“双能型”教师，总数达216人；组织46名新教师接受岗前培训；评聘孟祥松、郭辉、陈德琥、魏磊、杨景保5人为三级教授，年度新晋升4名教授，19名副教授。获批周转池编制229名，编制总量增加至634名。落实岗位聘用制度，不同岗位职级首聘108名在编教师，岗位晋级聘用63名在编教师。2人入选省高校学科（专业）拔尖人才学术资助项目、2人入选高校优秀青年骨干人才国内访学研修项目、6人入选高校优秀青年人才支持计划项目；1人被推荐为省教育厅教育经费监管专家人选，1人被推荐为省级师德师风建设专家委员会并成功入选。

【发展规划与科学研究】2021年10月印发《亳州学院“十四五”事业发展规划》，全校29个二级部门、单位及附属单位均编制完成“十四五”事业发展规划。对标安徽省“三地一区”建设任务，制定《亳州学院服务支撑安徽省“三地一区”建设任务分解表》。

截至2021年底，共计立项科研项目90项，其中时伟教授获批国家级项目（2021年度全国哲社项目），实现国家级项目“零的突破”；获批教育部项目1项、省级项目30项、市级项目48项、横向课题获批30项。具体见表8：

亳州学院科研项目一览表

表8 单位：项

项目类型	申报数量	立项数量
国家社科基金项目	7	0
国家社会科学基金项目艺术学专项	1	0
全国教育科学规划项目	19	2

续表8

单位：项

项目类型	申报数量	立项数量
教育部人文社会科学研究项目	17	0
安徽省教育科学研究项目	2	0
安徽省哲学社会科学规划项目	24	4
省领导圈定课题	1	0
安徽省社会科学创新发展项目	11	未公布
安徽省三项课题	1	未公布
安徽省科技创新战略与软科学研究专项	1	0
安徽省自然科学基金项目	7	未公布
安徽省高校科学研究项目	49	26
安徽省重点研发项目	1	0
亳州市重点调研课题	2	2
亳州市社会科学规划项目	49	43
亳州市重点研发计划（自筹经费）项目	7	3
亳州学院院内科研项目	62	未公布
横向课题	30	30
合计	291	110

发表二类以上论文20篇，撰写咨政报告6篇，完成科技成果转化6项，协议资金10.5万元。获批专利85项，其中发明专利10项、实用新型专利66项、外观设计专利项9项。

10月20日，成立亳州学院科学技术协会；12月22日成立亳州学院社会科学界联合会，为推动学校科学技术、社会科学高质量发展和服务地方社会经济发展注入活力。

【**就业创业**】2021年，亳州学院毕业生3368人，截至2021年底就业3288人，就业率97.62%。从毕业生去向地区分布情况看，2869人分布在安徽，占比87.26%；1093人在亳州本地就业，占比33.24%。

毕业生整体就业区域分布一览表

表9

毕业生就业省份		省份就业人数（人）		区域就业人数占比	
安徽省	亳州市	1093	2869	33.24%	87.26%
	省内其他地区	1776		54.01%	
江苏省		121		3.68%	
浙江省		55		1.67%	
上海市		53		1.61%	

续表 9

<table>
<tr><th colspan="2">毕业生就业省份</th><th colspan="2">省份就业人数（人）</th><th colspan="2">区域就业人数占比</th></tr>
<tr><td rowspan="2">安徽省</td><td>亳州市</td><td>1093</td><td rowspan="2">2869</td><td>33.24%</td><td rowspan="2">87.26%</td></tr>
<tr><td>省内其他地区</td><td>1776</td><td>54.01%</td></tr>
<tr><td colspan="2">北京市</td><td colspan="2">25</td><td colspan="2">0.76%</td></tr>
<tr><td colspan="2">西藏自治区</td><td colspan="2">24</td><td colspan="2">0.73%</td></tr>
<tr><td colspan="2">河南省</td><td colspan="2">12</td><td colspan="2">0.36%</td></tr>
<tr><td colspan="2">广东省</td><td colspan="2">12</td><td colspan="2">0.36%</td></tr>
<tr><td colspan="2">云南省</td><td colspan="2">9</td><td colspan="2">0.27%</td></tr>
<tr><td colspan="2">贵州省</td><td colspan="2">9</td><td colspan="2">0.27%</td></tr>
<tr><td colspan="2">天津市</td><td colspan="2">8</td><td colspan="2">0.24%</td></tr>
<tr><td colspan="2">山东省</td><td colspan="2">8</td><td colspan="2">0.24%</td></tr>
<tr><td colspan="2">辽宁省</td><td colspan="2">8</td><td colspan="2">0.24%</td></tr>
<tr><td colspan="2">四川省</td><td colspan="2">7</td><td colspan="2">0.21%</td></tr>
<tr><td colspan="2">宁夏回族自治区</td><td colspan="2">7</td><td colspan="2">0.21%</td></tr>
<tr><td colspan="2">湖北省</td><td colspan="2">6</td><td colspan="2">0.18%</td></tr>
<tr><td colspan="2">吉林省</td><td colspan="2">5</td><td colspan="2">0.15%</td></tr>
<tr><td colspan="2">福建省</td><td colspan="2">5</td><td colspan="2">0.15%</td></tr>
<tr><td colspan="2">甘肃省</td><td colspan="2">4</td><td colspan="2">0.12%</td></tr>
<tr><td colspan="2">新疆维吾尔族自治区</td><td colspan="2">4</td><td colspan="2">0.12%</td></tr>
<tr><td colspan="2">江西省</td><td colspan="2">3</td><td colspan="2">0.09%</td></tr>
<tr><td colspan="2">重庆市</td><td colspan="2">3</td><td colspan="2">0.09%</td></tr>
<tr><td colspan="2">陕西省</td><td colspan="2">2</td><td colspan="2">0.06%</td></tr>
<tr><td colspan="2">黑龙江省</td><td colspan="2">2</td><td colspan="2">0.06%</td></tr>
<tr><td colspan="2">青海省</td><td colspan="2">2</td><td colspan="2">0.06%</td></tr>
<tr><td colspan="2">山西省</td><td colspan="2">1</td><td colspan="2">0.03%</td></tr>
<tr><td colspan="2">湖南省</td><td colspan="2">1</td><td colspan="2">0.03%</td></tr>
<tr><td colspan="2">河北省</td><td colspan="2">1</td><td colspan="2">0.03%</td></tr>
<tr><td colspan="2">内蒙古自治区</td><td colspan="2">1</td><td colspan="2">0.03%</td></tr>
<tr><td colspan="2">应征入伍未计入区域</td><td colspan="2">21</td><td colspan="2">0.64%</td></tr>
<tr><td colspan="2">合计</td><td colspan="2">3288</td><td colspan="2">100%</td></tr>
</table>

3677家单位参与线上招聘，提供岗位9006个；365家企业参与线下招聘，提供岗位1936个；举办就业宣讲会35场，需求人数3941人。举办5期创业意识和1期SYB创业培训，共计培训1058人次；9个创业团队入住大学生创业园，入住率75%；发放求职创业补贴100.5万元。

【人才培养】2021年，亳州学院全面推进“五育并举”，持续推进体育艺术俱乐部改革，俱乐部数量达29个。制定美育实施方案，学生在公共选修课程中至少需完成2学分；丰富实践形式，形成课堂内外相结合、普及教育与专业教育相促进、学校美育和社会美育相联系的美育新体系。实施劳动教育方案，开齐开足课程，在人才培养方案中设置2个必修学分和2个拓展学分，劳动理论16学时（1学分）和劳动实践32学时（1学分）为必修。

立项省级以上质量工程项目121项。组织学生参加各级各类学科技能竞赛，获国家级奖项5项，省级一等奖35项，省级以上奖项229项。103人考取硕士研究生。

【亳文化传承】2021年，制定亳文化研究中心中长期发展规划（2021—2035年），成立亳文化研究中心学术委员会和专家工作组。推进亳文化进课堂，开设《亳文化概论》《养生文化》《五禽戏》等选修课程。实施文化“走出去”战略，举办亳州市三曹文化座谈会，协办中国《庄学研究》集刊研讨会。加强平台建设，设立“老庄与道家文化”“三曹与魏晋文化”“华佗与养生文化”和“方言民俗文化”4个研究所。完成《亳州通史》初稿，已出版《亳州方言俗语集释》一部。立项科研项目3项，陈德琥教授的“民间艺术表演场域研究”立项为安徽省高校人文社科项目（重大）、程立中副教授的“亳州碑刻与地方社会研究”（AHSKHQ2021D10）立项为安徽省社科规划后期资助项目、代志星教授的“亳州养生文化传承创新基地”立项为校内项目。做好服务地方工作，李景彪、程立中撰写的“关于开展亳州碑刻文献整理与研究的建议”被亳州市人民政府曹振萍副市长批示采纳。王改凌撰写的《关于促进我市学前教育发展的建议》提案被立案实施。

【对外交流合作】沿“一带一路”国家和地区，交流合作院校增至8所。参加国际学术研讨交流4人次，赴国外留学人数由2020年13人增至17人，同比上涨30.8%。抢抓“长三角”一体化发展战略，与上海中医药大学开展合作，与嘉兴学院签订战略合作协议，与上海奉贤区高校沟通联系，学习先进办学经验，提升办学质量和水平。

【基础建设】占地601亩亳州学院中医药学院校区基本完成主体建筑封底。四期工程完成建设工程竣工验收备案。投资520万元采购12万册纸质图书，馆藏图书达101万册。新建财务信息化等系列项目，升级学校官网及二级网站站群系统等项目。营造生态文明建设良好氛围，建立完善工作机制，增加经费投入，大力推进绿色校园建设。

（王晓军）

·亳州职业技术学院·

【概况】亳州职业技术学院成立于2003年6月，是一所全日制公办普通高等职业院校、安徽省技能型高水平大学立项建设单位。办学层次以普通专科为主，兼有专升本、五年制大专和成人教育本、专科。学校占地面积32.07公顷，总建筑面积22.9万平方米，实验实训基地建筑面积4.2万平方米。

亳州职业技术学院是全国红十字模范单位、中华全国总工会“职工教育培训示范点”、国家节约型机构示范单位、省文明单位、省首批校企合作示范基地、省就业先进单位、省创业示范点、省绿化工作模范单位、省红十字先进模范校、省高职扩招标杆校、省园林式单位、省卫生工作先进单位和市首届文明校园。

亳州职业技术学院开设有医学院、药学院、教育与管理学院、智能工程系、信息工程系、建筑工程系、基础教学部、马克思主义学院和继续教育学院9个二级教学单位。建有国家级职业技能鉴定站、安徽省中医药科学院亳州中医药研究所、安徽省华佗中医药研究院、亳州市产品质量检验检测研究院，国家创新发展行动计划10项，国家级实训基地2个，省级实训示范中心9个。2021年，共开设39个专业，新申报2个三年制大专专业，增设5年制大专专业5个。其中国家骨干专业1个、中央财政支持建设专业4个，省级特色专业和综合改革试点专业13个，省级高水平专业（群）2个。

亳州职业技术学院有专兼职教师718人，其中校内教师387人，校外兼职教师331人，教授、研究员和主任医师等正高级职称15人，副教授、副研究员、副主任医师等副高级职称77人，外聘专家、教授59人，享受国务院政府特殊津贴1人，市政府津贴10人，省级学科与技术带头1人，教学名师、专业带头人、教坛新秀16人，“双师素质”教师307人。

【招生就业】2021年，亳州职业技术学院录取学生5001人。其中，分类招生录取1864人，普高录取1083人，面向社会扩招950人，五年制大专录取541人，三二转段录取563人。在校生人数达13600多人，2021届毕业生2002人，就业落实率97.05%。2021年，省内就业1672人，占毕业生总数83.52%，市内就业1116人，占毕业生总数55.74%。大学应历届毕业生积极应征入伍，学校武装部被评为先进基层武装部。2021年底，在籍专、本科函授学生10104人，开展职业技能等级鉴定2610人次，岗位技能提升培训1052人，大学生创业培训240人，组织开展各类社会考试19278人次。

【内涵建设】2021年，亳州职业技术学院立项45项省级质量工程，立项和建设教育部提质培优项目64个、省职业教育创新试验区项目10个，完成省级质量工程年度检查项目33项，结题验收31项。校级内涵建设项目年度结题验收45项。获省级优秀教学成果特等奖1项，二等奖1项。完成15个“1+X”证书试点申报和证书考核工作，581人参加“1+X”证书考核考试，1600余人次参加职业资格技能考核。2021年，签订校企科研合作项目16项，报告方案被政府部门签批9项，成果转化32项，获批安徽省教育厅高校科研重（大）点项目29项，其中重大项目4项。

【师资队伍】2021年，编制内公开招聘紧缺专业教师21名。评聘正教授2名、副教授4名、高级实验师1名。获批省级高校优秀人才项目等10余项，获批市人才补贴资金156万元。组织认定省级“双师型”教师18人，出台校级“双师型”教师认定办法，认定校级“双师型”教师130人。

【基础建设】2021年，亳州职业技术学院继续教育培训中心竣工，建筑总规模19426平方米，其中地上12层，地下负一层，工程合同价为5419万元。大学生活动中心竣工验收，总建筑面积16089.18平方米，主楼为3层，建筑高度21.9米，合同价为5420万元。东区高标准绿化、过校暖气管道下地、停车场和教职工宿舍区改造升级。启动13个实验实训建设项目与计算机公共教学中心建设，建成VR虚拟仿真实训室、VR公共教学实验室。搭建校园统一信息门户，构建校情数据指挥分析平台，建成22个子系统，完成教室多媒体升级改造。

【技能大赛】2021年，亳州职业技术学院承办全国职业院校技能大赛高职组中药传统技能省级选拔赛，6所高校共计12名选手参加比赛。2021年5月8日，承办“关爱生命救在身边”亳州市应急救护大赛，获得全国红十字模范单位。2021年学生省级及以上技能大赛获奖52项。2021年6月25日，药学院学生卞国强在2021年全国职业院校技能大赛“中药传统技能赛项”（高职组）获全国一等奖。2021年12月19日，信息工程系在“博导前程杯”全国电子商务运营技能竞赛总决赛中获得三等奖。在2021年安徽省高等职业院校教学能力大赛中获一等奖2项，二等奖1项，三等奖3项。其中，医学院参赛团队获得一等奖并以大类第一名好成绩入围国赛选拔赛。在2021年安徽省第七届“互联网+”大学生创新创业大赛、安徽省第十五届大学生职业规划设计大赛中获三等奖3项；在安徽省第三届创业培训讲师大赛微课竞赛中获省级一等奖1项。

【“三年建设”】2021年，亳州职业技术学院实施师德师风建设年、教学整改推进年、学生管理提升年“三年建设”。修订《亳州职业技术学院教师专业技术资格申报业绩量化积分实施办法》。打造学生工作“554 五育”体系。2021 年 11 月 17—19 日，通过教育厅复核专家现场验收，完成教学整改 10 个方面“有效”考核。

【党史学习教育】2021 年，亳州职业技术学院举办庆祝建党 100 周年表彰大会和党史学习教育宣讲报告会，微视频展播“亳职师生说党史小故事”39 期，落实“我为群众办实事”60 件。2021 年 9 月 1 日，由李乾坤、尚慧霞、牛天宇、崔庆玉、刘明海 5 名党员组成代表队，获全市党史知识竞赛一等奖，学校获“优秀组织奖”。2021 年 9 月，校领导到各院系为学生宣讲习近平总书记“七一”重要讲话精神。2021 年 11 月 30 日，省委宣讲团成员程中才、高林为学校师生代表作党的十九届六中全会精神宣讲。2021 年 12 月 7 日，党委书记廉保军、院长周美启为学校师生宣讲党的十九届六中全会精神。

【第二次党员大会】2021 年，亳州职业技术学院召开中国共产党亳州职业技术学院第二次党员大会。大会主题是“高举中国特色社会主义伟大旗帜，坚持以习近平新时代中国特色社会主义思想为指导，深入学习贯彻习近平总书记关于教育的重要论述，系统总结学校党委过去五年的工作，科学确定未来五年学校的奋斗目标和重点任务，动员全校党员干部师生，坚守育人初心，深化职教改革，为创建特色鲜明的职业本科院校不懈努力，奋力推进亳州职业教育高质量发展”。党委书记廉保军代表上一届党委作《坚守育人初心深化职教改革奋力推进亳州职业教育高质量发展》工作报告。会议选举产生新一届党委委员、纪委委员。党委委员 9 名：廉保军、周美启、马大干、李辉、张文敬、刘传义、崔晓燕、周春风、刘耀武；廉保军任党委书记，决定马大干任副书记，李辉任纪委书记；纪委委员 5 名：李辉、杨清华、陈高飞、徐德明、余兴华。

【市产品质量检验检测研究院建设】2021 年，省市场监督管理局委派 4 位评审专家对检验检测机构资质进行现场评审。2021 年 8 月 31 日，取得检验检测机构资质认定证书。2021 年 10 月 16—17 日，省农业农村厅委派 3 位评审专家对农产品质量安全检测机构考核进行现场评审。11 月 10 日，取得农产品质量安全检测机构考核合格证书。2020 年 9 月 8 日，学校召开党委会研究市产品质量检验检测研究院组建事宜，2021 年公开招聘研究人员 3 名。

【校企合作】2021 年，亳州职业技术学院与亳州市互联网佳创业示范园运营有限公司共建省级校企合作示范基地获批。2021 年 5 月 9 日，附属利辛医院在利辛县中医院正式揭牌，聘用 28 名利辛县中医院高级职称医生为学校外聘教授（副教授）。2021 年 6 月 9 日，亳州职业技术学院附属医院在亳州市中医院正式揭牌。2021 年 12 月 11 日，亳州职业技术学院中医见习基地在奇手恒康保健按摩服务有限公司揭牌。2021 年，“古井管理学院”开设旅游管理、酒店管理、市场管理、机电一体化技术 4 个专业共招生 381 人；“讯飞人工智能学院”，开设汽车智能技术、工业机器人技术、大数据技术、软件技术 4 个专业共招生 349 人。

【华佗五禽戏交流论坛】2021 年 6 月 1 日，亳州—台湾华佗五禽戏线上展演交流论坛在亳州职业技术学院举行。此次论坛分设亳州职业技术学院、台湾师范大学两处会场，采用网络视频连线、全程线上互动方式进行。

（蒋博文）

·安徽广播电视大学亳州分校·

【概况】安徽广播电视大学亳州分校（以下简称“亳州电大”）创办于 1982 年，是亳州市唯一一所以促进全民终身学习和技能社会建设为使命、以现代信息技术为支撑、以“互联网 +”为特征，面向社会开展学历继续教育和非学历继续教育的，服务亳州市全民终身学习的，多层次、多规格、多功能、多形式办学的综合性新型高等学校，辖涡阳、蒙城、利辛 3 个县级学院。

亳州电大在校生连续 6 年维持在 1.5 万人左右，其中校本部 5000 多人。2021 年春秋两季，亳州电大开放教育本科专业 13 个，专科专业 17 个，共计招生 4396 人，其中本部 1595 人，招生规模居全省前列。亳州电大自 2011 年开始连续 11 年荣获安徽开放大学“办学先进单位”称号。

【教学教研】2021年，亳州电大共有76名学员获得国家开放大学和安徽开放大学奖学金，3人被评为国家开放大学优秀毕业生，7人被评为省开大优秀毕业生，3人被评为“亳州市三好学生”。全年共110名学员成功申请学士学位，学位获得人数在全省占比12%。

2021年，亳州电大建立健全《亳州电大教科研管理制度》，激励教师积极参与各级举办的教学科研活动，产出高质量成果。先后有教师获得“亳州市先进教育工作者”“党员示范岗”“优秀共产党员”“国开省开优秀班主任”“国开优秀学生工作者”“全省开放教育招生工作优秀个人”等荣誉称号。17名教师参加市教育局“四有好老师”征文评选活动；2名教师申报亳州市教育科学研究重点项目；2名教师获安徽开放大学首届基本功大赛三等奖和优秀奖；1名教师获教育类课程思政大赛三等奖；1名教师获政法类说课大赛二等奖；2名教师分别获“学习习近平总书记在庆祝中国共产党成立100周年大会上重要讲话新思想新观点新论断论文评选活动”二等奖、三等奖。

【非学历教育】2021年，亳州电大创业指导中心共开展市人社局SYB创业培训8期，创业意识培训4期，共培训622人；开展亳州市民政局养老护理员2期、房产经纪人培训4期、幼儿教师岗位提升培训1期，共培训学员1115人。增强广大社会青年的创业意识和创业能力，助推政府民生工程有力实施。积极参与省校非学历继续教育项目。2021年，亳州市参加“安徽专业技术人员继续教育在线”培训人数2000多人。配合市委组织部管理市干部教育在线平台，2021年全省干部教育在线学习8969人。

【校园信息服务硬件建设】2021年，亳州电大对校园网络进行升级改造，教师办公网络达到1000兆，500兆无线覆盖校园。多媒体教室和网络机房满足教学和考试需要，其中有容纳200人多功能会议室2个，容纳100人多功能会议室2个，多媒体教室16个，网络机房16个。

（刘 军）

科　技

2021 年 2 月 19 日，科技人员利用无人机实施麦田病虫害防治　　（张延林　摄）

概　述

【概况】亳州市科学技术局（以下简称“市科技局”）于2000年成立，职责是贯彻执行党中央关于科技创新工作的方针政策和决策部署，落实省委、市委的工作要求，在履行职责过程中坚持和加强党对科技创新工作的集中统一领导。2019年，亳州市机构改革，优化市科学技术局职责，将市人力资源和社会保障局的外国专家管理职责划入市科学技术局；市科学技术局的专利管理相关职责划入市市场监督管理局。

2021年，亳州国家农业科技园区在科技部综合评估中获评优秀，涡阳县省级农业科技园区获批组建。认定省级科技企业孵化器3家，备案省级众创空间2家。认定市级科技企业孵化器1家，备案市级众创空间2家，组建市级工程技术研究中心7家、市级重点实验室2家、市级临床医学研究中心4家。建成亳州市网上技术大市场，实现科技成果转化“一站式”服务。

【高企培育工作】实施高新技术企业加速成长行动。370家企业纳入高企培育库，128家企业通过高新技术企业认定，全市高新技术企业数达256家。加快推进科技型中小企业评价入库工作，入库企业272家。

【关键核心技术攻关】安徽瑞思威尔科技有限公司“徽派浓香型白酒现代制造关键技术研究与应用”项目获省科技奖二等奖。立项实施中央引导地方科技发展资金项目6项、省科技重大专项3项、省重点研发计划项目5项，市科技重大专项12项、市重点研发计划（自筹经费）项目60项。

【科技金融合作】设立规模为1.5亿元的亳州市科技成果转化引导基金，鼓励金融机构针对科技型企业开发金融产品。出台《亳州市推动科技融资担保业务实施办法（试行）》，进一步发挥融资担保机构支持科技型企业发展。常态化组织“政产学研用金”专项对接会，引导银企“面对面”精准对接。

【企业服务】依托亳州市网上技术大市场，梳理20项奖补政策纳入“免审即享”平台，申报市级科技创新政策兑现无须提供纸质材料，实行网上申报和评审，不见面办理，减轻申报单位和科技人员负担。

（赵肖宇）

志愿者与孩子们一起做电力科学小实验　　（刘勤利　摄）

气　象

【概况】2021年全市年平均气温16.5℃，较常年平均显著偏高1.0℃，与2019年并列为有完整气象记录（1966年）以来最高。全市平均年降水量956.9毫米，较常年偏多一成左右。年日照时数2063.4小时，较常年偏多0.5成。年内寒潮频发，盛夏多雨，秋季遭遇罕见高温，冬季出现中度气象干旱，综合全年气候要素、极端气候事件及其灾害影响，2021年属于“正常”气候年景（气候年景分为5个等级：好、较好、正常、较差、差）。

2021年，市气象局组织世界气象日、防灾减灾日、科普日等大型科普宣传活动8次，举办线上线下科普宣传讲座5次。联合市科协举办“亳州市2021年中学生气象科普作品创作大赛”，推荐5个作品参加全省气象科普作品创作大赛，获二等奖1个、三等奖2个。亳州市防灾减灾科普教育中心被安徽省科协认定为“2021—2025年安徽省科普教育基地”，全市已建成科普教育基地5个，其中全国气象科普教育基地3个。全市已建成校园气象站18个，建成防灾减灾标准化乡镇56个，建成防灾减灾标准化示范村48个，建成防灾减灾示范社区12个。

2021年，市气象局发布“亳州市防雷安全公告”。市县分别组织召开防雷安全监管联席会议，进一步推动防雷监管工作。依托安徽省事中事后综合监管系统，序时开展“双随机、一公开”防雷安全生产执法检查，实现抽查事项执法检查全覆盖。全年开展执法检查23次，其中联合检查10次，共对168家重点单位开展线下执法检查，下发整改通知书并督促27家单位完成整改。全年完成行政审批办件37件。

2021年，市气象局承担安徽省气象局科研项目3项，承担亳州市科技重大专项1项，组织立项2021年度亳州市气象局科研项目7项，有3项科技创新成果实现业务化应用。年内全市在省级以上刊物交流或发表论文28篇，其中期刊论文4篇，获优秀论文2篇。年内新晋工程师1人，全市中级以上职称40人，其中高工13人，占比22%。本科以上56人（硕士研究生7人），占比95%人。在全省气象行业业务技能竞赛中，亳州代表队选手荣获个人全能三等奖和两项单项三等奖。联合市总工会、市人力资源和社会保障局举办第三届亳州市气象行业职业技能竞赛，44名选手参加比赛。年内有2人荣获全省气象系统先进工作者称号，1人荣获安徽省气象学会优秀学会工作者称号，1人荣获安徽省优秀值班预报员称号，1人荣获全省重大气象服务先进个人称号，1人荣获亳州市五一劳动奖章。

【重大气候事件】年平均气温为有完整气象记录以来最高。年平均气温16.5℃，为有完整气象记录以来最暖的一年。年内除春季与常年持平外，冬、夏、秋三季均偏高，其中冬季为有完整气象记录以来第三强暖冬，弱于1999/2000年和2019/2020年冬季。

盛夏多雨寡照，高温日数偏少。全市盛夏（7—8月）多雨寡照，高温偏少。一是降雨偏多，7—8月全市平均雨量561.6毫米，比常年偏多近6成，为有完整气象记录以来第四多，少于2003年（677.0毫米）、2005年（740.4毫米）和2007年（747.6毫米）。二是日照时数偏少，全市平均日照时数279.4小时，较常年偏少两成，为有完整气象记录以来第五少。三是高温日数偏少，盛夏（7—8月）高温日数4.8天，较常年同期偏少6.2天。

台风“烟花”影响居历史第二。台风影响持续时间长，风雨强，但雨势平缓。台风“烟花”于7月26日开始影响亳州市，29日下午影响基本结束，影响时间达4天。全市大部出现7～9级阵风，蒙城马集、翟湖极大风速达20.8米/秒（9级），全市大部雨量100～160毫米，个别乡镇雨量超过200毫米，但雨势相对平缓，最大小时雨强20～35毫米，最大赵桥37.4毫米。从影响范围和强度综合来看，“烟花”仅次于1818台风“温比亚”，为近30年来影响亳州的第二强台风。

10月出现罕见高温天气。10月3—4日全市出现1～2天高温（日最高气温≥35.0℃）天气，极端最高气温37.0℃（蒙城，10月4日），打破10月极端最高气温和高温终日最晚纪录，其中高温终日亳州推迟2天、涡阳推迟3天、利辛推迟15天、蒙城推迟23天。

年初年末出现强寒潮。2021年1月6—8日强寒潮天气极端气温低。受寒潮天气影响，全市48小时最低气温降幅9.9℃～11.0℃，最大降幅蒙城11.0℃，极端最低气温-12.0℃，（7日，谯城）。入秋后又发生4次寒潮，分别出现在11月6—8日、11月20—22日、12月16—18日及12月23—25日，其中11月6—8日全市48小时最低气温降幅16.1℃～17.8℃，最大降幅涡阳17.8℃，过程降温幅度达近30年来最大，过程最低气温-0.4℃～-0.9℃。

年末出现中度气象干旱。11月中旬至12月全市平均雨量2.0毫米，较常年同期（44.9毫米）偏少9成以上，平均气温7.1℃，较常同期年异常偏高1.6℃，降水持续偏少，12月上旬前期旱情显现并迅速发展，一直持续到年底，全市大部出现中度气象干旱。

【综合气象探测】2021年地面气象观测业务运行稳定，观测站网密度不断提高，观测数据传输及时、可用率高。截至2021年底，全市建成103套多要素自动站、33套城市气象自动站、2套环境气象自动站、15套单雨量站、95套高速公路气象站、25套国省道交通气象站、14套自动土壤墒情监测站、10套大气电场仪、4套闪电定位系统、4个国家自动气象站、4套车载移动气象站、3套生态气象监测站、1个机场气象站、1部C波段双偏振天气雷达和1部风廓线雷达。全市气象探测设备运行稳定，自动站稳定运行率99.99%，气象数据可用率100%，数据传输及时率99.89%，综合观测质量全省第一。

【气象预报预警】2021年，亳州市24小时晴雨预报质量93%，24小时暴雨（雪）预报质量38%。共发布寒潮、暴雨（雪）、强对流、雾霾等预警信号156期。制作各类服务材料245期，编发预报预警短信818条，发送微博1569条。

【预警信息“一键式”发布】2021年，亳州市气象局更新全市各级党政领导、行业主管部门、重点防御单位、防汛责任人等共7885名气象灾害预警责任人信息，将其纳入预警服务平台。启用安徽省突发事件预警发布系统，实现与短信、邮件、微博、微信等预警信息发布手段自动对接，基本实现预警信息“一键式”发布。与广电部门合作，将谯城区4049个应急广播接入省突发公共事件预警发布系统。

【行业气象服务】2021年，绘制农业产业结构现状分布图，开展镇村气象信息员培训，制定《农业气象周年服务方案》，联合农业部门开展针对性为农服务。调整农业气象专家联盟成员，完善农气会商、农情调查、服务产品制作机制。在小麦赤霉病防治、夏收夏种、秋收秋种等关键农时农事阶段，召开农业气象专家联盟会议，联合开展农气会商65次、农情调查13次，编发农用天气预报226期，制作发布为农服务产品66期。2021年，建成亳州道路交通气象信息服务平台，制定《亳州市低能见度天气预报、预警发布服务流程（试行）》，强化低能见度预报预警服务。年内发布大雾、低能见度等预报预警信息131期。2021年，完善生态气象监测网络，加强环保、气象、$PM_{2.5}$专家小组三方预报会商，年内开展会商1095次。

【人工影响天气】2021年，完成13个固定人工影响天气作业点视频监控；提升弹药储存专业化能力，市局本部火箭弹存储整体迁至亳州市军分区国防动员教育训练基地；采购人工增雨燃气炮一台；进行人影火箭弹升级，置换590枚WR-98GPS火箭弹；报废和停用手动火箭发射装备8套。全市现有全自动人影发射装备17套，全自动人工增雨发射车10辆，自动化率100%；实现空域申报录音存档率100%。围绕大气污染防治和农业生产需求，常态化开展人工增雨作业，年内开展人工增雨9轮次，发射增雨火箭弹47枚。

（马魁侠）

防震减灾

【概况】2003年亳州市地震检测站成立，隶属市科技局；2006年加挂市地震工作办公室的牌子；2007年更名为市地震局；2009年，市人民防空办公室、市地震局机构整合，在市人民防空办公室加挂市地震局牌子，负责全市防震减灾行政管理工作，地震监测站整建制划入市人民防空办公室管理。

2021年，市地震局获得全省地市级防震减灾工作综合考核先进单位。利辛县地震局荣获全省县级防震减灾工作综合考核先进单位称号。

【监测预报】2021年，成立亳州市震情监视跟踪工作领导小组，研究制定《亳州市2021年度震情监视跟踪工作方案》，对震情跟踪各项工作进行部署。严格执行“震情会商工作制度”和“震情会商报告报送制度”，组织开展会商12次。群测群防网点动态管理。根据省地震局工作要求和年度工作安排，安排值班人员定期对全市56个宏观观测点进行电话抽查，同时要求各县区对辖区内地震群测群防工作开展全面核查，对工作不力网点和个人，及时进行调整。2021年，全市完成13个群测群防网点优化调整。组织开展“三网一员”业务培训，2021年10月29日，邀请省地震局专家对全市“三网一员”开展业务培训，进一步提高群测群防员业务工作能力和专业技术水平。5月31日，市地震局到县区开展地震监测台站安全和仪器运行情况检查。重点检查供电、数据采集及通信传输设备等，并就故障排查等工作向省地震局专家请教学习，和仪器厂家进行沟通交流。协办省地震局重点项目建设任务。2021年，根据省地震局工作部署要求，市地震局主动对接，大力协调推进，全力做好省地震局重点项目建设保障工作，顺利完成国家地震烈度速报与预警工程亳州区域项目和安徽省GNSS地震前兆观测网亳州基准站建设工作。

【震灾预防】2021年，市地震局加强建设工程抗震设防安全管理。一般性建设工程按照《中国地震动参数区划图》GB 18306—2015核定地震动参数；学校、医院等人员密集场所，提高主体建筑设施的抗震能力；重大工程开展工程场地项目安评，涡河特大桥、安徽亳州民用机场、中煤新集利辛板集电厂二期工程3个项目，均已开展场地地震安全性评价。完成全市6个省级开发区区域性地震安全性评价，安评成果已嵌入工程项目审批系统并运用。完成全市房屋设施抗震设防信息采集和管理平台数据3000多条，并督促县区按要求完善数据更新。开展建设工程地震安全日常检查和“双随机、一公开”监管。加强对县区审批业务培训和指导，建立“市县联动”行政审批和监管制度，提高亳州市建设工程抗震设防监管能力和服务水平。开展防震减灾科普教育基地和示范学校创建。亳州市防震减灾科普教育中心已取得国家级科普教育基地称号；2所学校取得省级科普示范学校称号；6所学校取得市级科普示范学校称号。实施亳州市城市活动断层探测及地震危险性评价项目。工作实施方案通过国家局评审，已开展亳州市城市活动断层探测及地震危险性评价项目目标区浅层地震勘探、中深部地震勘探、标准钻孔探测与第四纪地层剖面的建立等工作，超额完成年度工作目标任务。

【应急响应】2021年，市地震局修订印发《亳州市地震局地震灾害应急响应工作预案》。预案修订进一步增强亳州市地震应急联动机制建设，优化地震应急组织体系，增强地震应急响应和处置能力。组织开展地震应急响应桌面演练。11月30日，亳州市地震局组织开展全市地震现场工作队应急响应桌面演练。演练模拟亳州市某地发生地震，市、县（区）两级地震部门启动应急响应，模拟开展地震触发、震情上报、应急人员部署、现场工作队出发、震情灾情调查核实、震情趋势会商、舆情分析等处置工作。通过演练，全体人员对地震现场工作程序和方法、步骤、阶段性要求有较了为深入认识，达到锻炼队伍、提升能力预期效果。积极开展蒙城县2.6级地震应对工作。2021年8月13日13时42分，亳州市蒙城县板桥镇发生2.6级地震。震中区部分群众有感，未造成人员伤亡及财产损失。地震发生后，亳州市地震局立即向市委、市政府报告震情信息，市委、市政府主要领导第一时间作出批示，提出具体工作要求。市地震局迅速启动应急响应工作预案，开展应急处置和震情监视等工作。加强值班值守。学习传达市领导批示指示精神，要求各科室扎实做好24小时全天候值班值守工作。开展趋势会商。会同省地震局开展地震趋势会商，处理分析各类观测资料。及时通知蒙城县地震部门开展现场工作，会同蒙城地震台在震中区调查地震影响、收集各类舆情信息。及时与震中区及附近乡镇防震减灾助理员、群测群防网点信息员联系，了解掌握宏观观测信息。强化宣传引导。积极向震中区及附近群众科普防震减灾知识，不断增强群众的防震减灾意识和防震避险能力。

【科普宣传】2021年，市地震局与市委宣传部、市教育局、市应急管理局、市科协、市科技局、市气象局、市消防支队等部门建立联动机制，联合开展“文化科技服务三下乡”“宪法宣传周”“科技活动周”“国际减灾日”“5·12”防灾减灾宣传周等重点时段宣传活动。引导社会力量开展防震减灾科普宣传活动。与人防（地震）志愿者服务队建立人防和防震减灾科普机制，组织人防蓝天志愿者服务队、人防（地震）阳光志愿者服务队投身人防和防震减灾科普知识宣传，

亳州市 2021 年全国科普日校园科普联合行动走进黉学育才小学

（赵肖宇　供图）

指导学校学生、社区居民掌握自救互救技能。开展“5·12”防灾减灾日系列宣传活动。在本单位政务信息公开网、微博、公众号、大厅电子显示屏和户外电子屏滚动发布、播放防灾减灾宣传片和防灾减灾宣传标语、文字。组织开展防震减灾知识培训。利辛县地震局在县直幼儿园给全体教师开展防震减灾知识培训；蒙城县地震局在冷涧社区对干部群众进行应急避险科普知识培训。组织开展广场宣传。5 月 12 日当天组织参加防灾减灾委在魏武广场集中宣传，摆放宣传展板，发放宣传册页 1000 余册，解答群众咨询 30 余人次。各县区人防办、地震局在当天也均参加各自县区组织的广场宣传。组织学校安全应急疏散演练。当天市本级在市八中举办应急疏散演练，全校中小学师生 3000 余人参加演练，人防蓝天救援队现场指导师生疏散并开展培训。利辛县地震局组织第四幼儿园师生和汝集中学、巩店王店小学、展沟中学师生，蒙城县组织许疃中心小学师生，涡阳县组织实验小学师生开展应急疏散演练。开展防灾减灾知识宣传进社区、进家庭活动。市人防办（地震局）在市经开区南湖家园社区开展防空防震减灾科普知识进社区、进家庭宣教活动，现场发放防空防震减灾宣传品，并到三户社区居民家庭普及科普知识，进一步提高群众参与防空防震的知识及技能。组织开展防空防震知识网络宣传以及有奖测试活动。联合亳州晚报社在“5·12”防灾减灾活动周以及“9·18”警报试鸣日活动期间，在传统媒体以及新媒体上组织开展丰富多彩的防空防震知识网络宣传及有奖测试活动。组织开展全市防震减灾科普宣传队伍培训。10 月 29 日，在亳州市委党校举办全市防震减灾综合业务知识培训，邀请省地震局专家为市防震减灾工作领导小组成员单位负责人、三县一区地震部门负责人及业务骨干、地震应急第一响应人、新增防震减灾“三网一员”等近 50 人进行培训。

（王洪仁）

文 化

2021 年 2 月 16 日，民间艺人在亳州市华佗广场进行民俗表演　　（刘勤利　摄）

概 述

【概况】2021年全市文化系统以习近平新时代中国特色社会主义思想为指导，全面贯彻党的十九大和十九届二中、三中、四中、五中、六中全会精神，认真学习贯彻习近平总书记考察安徽重要讲话指示精神，全面落实市委、市政府决策部署，立足新发展阶段、贯彻新发展理念，以改革创新为动力，以社会主义核心价值观为引领，以满足人民群众文化需求和增强人民精神力量为着力点，统筹做好疫情常态化精准防控，大力繁荣发展文化事业，不断开创亳州文化强市建设新局面。

【文化服务】完善服务体系。按照现代公共文化服务体系建设的标准要求，推动市“三馆一院”、县区“两馆一场”建设和达标升级，完成第七次全国公共图书馆评估定级申报工作。持续推进乡镇综合文化站专项治理工作，着力解决个别乡镇综合文化站房屋被占用、功能被弱化的问题，推动乡镇综合文化站电子地图建设。推进社保卡在公共文化场馆“一卡通”应用。

发挥平台效用。制定并完善公共文化场馆服务绩效评价体系，加大在文化民生工程中考核比重；补齐安徽文化云平台建设短板，蒙城县博物馆、涡阳县博物馆等接入“安徽文化云”平台；完成市局与安徽文化云平台公司战略合作，在全省率先实现辖区内公共场馆绩效评价月通报、月排名，进一步强化安徽文化云平台管理评价作用，推动全市公共文化场馆提质增效。

丰富活动阵地。完成了市文化馆、市博物馆、市图书馆法人治理机构工作。市文化馆、市博物馆开展文化社教品牌进学校进社区进乡村活动44场。统筹推进村综合文化服务中心提档升级，完善一村一档资料，已建成村级综合文化服务中心1338个，覆盖率为99.5%。完成主城区5家基层图书阅读点布局建设，打造15分钟阅读圈，营造“书香亳州”浓厚氛围。蒙城县从2018年开始，按照“五有”标准，以“村史馆”“乡风民俗馆”等为载体，整合行政村现有文化阵地，围绕“精神家园”建设目标，投资2.4亿元，为全县275个村各建设1个建筑面积约1000平方米的农民文化大礼堂，大力培育“礼堂文化”，倡导文明新风。年底全县已建成投入使用143个，不断推进村级公共文化设施提档升级。

【文化惠民】创新文化惠民工程。指导县区创新开展“送戏进万村”活动，不断完善“按需制单、百姓点单、政府送戏”的运行机制，确保送戏下乡的质量和数量。截至10月底，全市5个图书馆、5个文化馆、5个博物馆全部对外免费开放，完成“送戏进万村”1429场次，提前完成年度目标任务，不断满足广大人民群众日益增长的精神文化需求。

开展文化品牌活动。围绕建党100周年，开展庆祝中国共产党成立100周文艺演出、“颂歌献给党”歌咏比赛、“红色经典诵读大赛”、“红色戏曲展演”、“非遗传承展绝技百年华诞颂党恩”——非遗展示活动以及“看电影学党史”——优秀影片主题展映等主题活动25场次，营造庆祝中国共产党成立100周年的浓厚氛围；开展了“5·18”国际博物馆日、“文化和自然遗产日”、第六届“我在博物馆画文物”全市青少年儿童绘画大赛、“人人有艺”全民艺术普及免费公益培训、“亳州文化大讲堂”等系列主题活动100余场次。

【文艺创作】推动文艺精品创作。完成了2021年度省级戏曲孵化计划申报工作，涡阳县青年泗州戏剧团《孝的陷阱》、利辛县拉魂腔剧团《童心可贵》成功入选2021年度省级戏曲孵化项目，取得亳州市入围作品数量新突破。积极开展市级戏剧创作孵化计划，经过专家评审，共评选出大戏3部、小戏6部，落实戏曲孵化资金48万元，有力促进全市文艺创作工作。

完善文化顶层设计。贯彻落实全省深化国有文艺院团改革实施意见，开展国有院团社会效益评价考核工作，正在进行亳州市国有院团改革实施意见等相关规范性文件起草工作。积极推进“东亚文化之都”申报工作，亳州市正式作为安徽省唯一被推荐市，上报文化和旅游部角逐2023—2025年度“东亚文化之都”，并被文化和旅游部批准为2025年

"东亚文化之都"创建单位。

【文化发展】增强法制意识。组织全市文化工作者开展《中华人民共和国公共文化服务保障法》《安徽省公共文化服务保障条例》《安徽省革命文物保护条例》《亳州市历史文化名城保护条例》等法律法规学习，提升全系统人员法律意识。

加强队伍建设。加强与高等院校合作力度，建立了亳州市文化人才专家库，积极推荐乡村文化能人参加全市第二届乡村能人评选工作，涡阳县临湖镇文化站站长董涛等10人成功入选全市第二届乡村能人。

【文化市场综合执法】落实疫情防控常态化工作。按照疫情防控指挥部的要求，加强市场巡查，落实疫情防控措施，特别是在元旦、春节、"五一"、端午、中秋、国庆等节假日期间，加强巡查辖区文化经营单位落实疫情防控措施情况，每周定期向省文旅厅汇总上报全市文化市场疫情防控执法检查数据，全面落实各项疫情防控常态化举措。

开展安全生产隐患自查自治，加大市场监管力度，督促经营单位查漏洞、补短板。在重要节日、重大活动期间和暑期汛期等重点时段加强与应急管理、交通、公安、消防、市场监管、卫生健康等部门的协作配合，联合开展文化和旅游安全生产隐患排查治理行动，努力打造平安文化市场。在建党100周年前夕，按照省、市文化旅游体育行政部门要求，对主管行业安全生产进行大排查大起底大整治工作，部署文化旅游体育行业安全生产大检查工作，对三县两区进行地毯式摸排，及时整改发现问题。

2021年，市文化市场综合执法支队共出动执法人员1.5万余人次，检查经营单位6500余家次，开展专项整治行动8次，立案查处违规经营单位70余家次（出版物市场20余起），罚款28万元，责令停业整顿8家次，吊销文化经营许可证3家，受理举报投诉120余起，没收盗版书籍和非法出版物3500余册，有效净化了市场秩序。

文物保护

【概况】2021年，为深入贯彻落实党中央、省委省政府、市委市政府关于文物工作的决策部署，在省文物局和市文化旅游体育局的正确领导下，市文物中心严格按照"保护为主、抢救第一、合理利用、加强管理"文物工作方针，推动亳州市文物事业健康有序发展。

【队伍建设】坚持与时俱进，提高政治站位。通过组织全体人员集中学习、分组讨论以及自学的方式，坚持以习近平新时代中国特色社会主义思想为指导，以习近平总书记关于文物工作的系列重要论述和指示批示精神为根本遵循。认真传达学习全省文物局局长会议和全市文化旅游体育局局长会议精神，总结回顾"十三五"全市文物工作，规划"十四五"文物工作蓝图。进一步强化责任担当意识，切实增强政治自觉和行动自觉，以强烈的政治责任感和历史使命感，加大工作力度，压实文物安全责任，推进亳州市文物保护利用传承工作。

【文物安全监管】开展各种形式文物安全检查。一是按照省文物局、省消防救援总队统一部署，组织开展了全市冬春文物火灾防控及全市文物火灾隐患整治和消防能力提升三年行动实施方案落实情况自查、巡查以及省级督查，重点检查了花戏楼、华祖庵、南京巷钱庄、张虚谷宅、亳州市博物馆、蒙城博物馆等重点文博单位，共排查安全标识安装位置不准确、缺少应急照明、消防人员持证上岗等安全隐患21项，已全部整改完毕；组织开展冬春文物消防安全"回头看"工作，新排查花戏楼东门消防通道存在文物建筑上拉扯电线、亳州古地道渗漏水等安全问题已完成整改。二是开展节假日文物旅游景区安全检查。开展元旦、春节、清明、"五一"、端午、中秋、"十一"等节假日文物安全督查检查，各县（区）开展自查，市文物部门重点抽查活动，并对节假日期间文物安全工作进行认真总结。三是根据省文物局关于开展2021年"安全生产月"活动统一部署，组织开展了一系列文物工作"安全生产月"活动。积极参加市局组织的启动仪式、文物宣传进社区、"文化和自然遗产日"文物宣传进景区，安排部署各文博单位悬挂安全内容横幅，张贴标语、宣传画，利用LED屏播放安全生产宣传内容，组织开展国保单位花戏楼、高新区事业管理局开展消防应急演练等活动。

【“三项治理”】完成全市文物领域“三项治理”（行动）第一阶段性自查检查，召开亳州市文物领域“三项治理”（行动）专题调度会，指导利辛县省保单位伍奢冢遗址、市保单位柳叶县古城址遗址等“法人违法案件”等问题整改。与市公安局联合下发《深入开展打击文物犯罪专项行动工作方案》，开展打击文物犯罪专项行动。

按照《安徽省文物局关于扎实开展“三项治理”（行动）问题整改的通知》（皖文物督函〔2021〕138号）要求，在全面自查、重点检查的基础上，对所列问题逐项明确整改时限、整改措施及责任人，确保整改任务按时完成。配合省文物局督查组完成伍奢冢遗址“法人违法案件”整改；督促利辛县政府、县文化旅游体育局明确柳叶县古城址遗址保护范围内养殖场整改措施、时限。

【项目建设】推进“三防”项目建设。完成南京巷钱庄消防工程的招标，正在组织项目实施。完成花戏楼消防、安防工程，曹氏家族墓群及薛阁塔安防工程方案编制上报。启动南京巷钱庄防雷、安防项目，亳州古地道安防等“三防”项目立项编制上报。实施文保单位修缮项目。完成涡北基督教堂屋面维修；完成花戏楼砖雕、木雕彩绘，南京巷钱庄修缮、古地道防护工程等项目立项，并通过国家局审批，正在开展项目方设计（前期勘察研究）招标前的准备工作；指导蒙城万佛塔修缮项目，通过验收，加大文物工程质量监管力度。

推进重点工程建设考古工作。配合亳州市重点工程项目建设，完成和平路九年义务制学校、第三十四中学、柴家沟还原小区等项目文物考古勘探发掘，亳望府建设工地古墓葬抢救发掘。配合省考古所完成亳蒙高速沿线文物调查，完成亳州机场考古发掘。正在组织开展金达融府文物考古发掘，人民路菜市场工程（涉亳州古地道建控地带）文物保护前期准备工作，已报请国家文物局待批。重点推进亳州市三清大道工程涉程井遗址（省保单位）段项目，《亳州市三清大道工程涉程井遗址段工程建设方案》通过国家文物局、省政府审批；程井遗址考古发掘工作已全面开展，预计2022年2月份可完成考古发掘。

【文物保护】实施文物资源区域评估。根据全省开发区文物区域评估工作统一部署，制定下发了《亳州市开发区文物资源区域评估工作实施方案》，确定了工作方式、工作步骤及时间节点等要求，成立亳州市文物资源区域评估工作领导小组，统一委托安徽省文物考古研究所组织实施并出具评估报告。年底前，亳州市高新区、亳芜产业园区等6个省级开发区已全部完成文物资源区域评估，通过省文物局审批，成为安徽省首个全部完成开发区文物资源区域评估的市。截至年底，按照省文物局对亳州市6个开发区文物资源区域评估工作提出具体意见，上报市政府建议采取“分类分级”的保护方式，进一步做好区域内文物保护工作。

配合历史文化名城保护工作。配合市名城办完成黄山、安庆、歙县、福州、泉州等历史文化名城调研，谋划古淝公所、木兰祠等文保单位文物修缮、环境提升项目6个。安排文物保护科侯永专门配合北关历史街区改造，做好项目建设中文物（古建筑）保护技术支持。完成全市革命文物名录入编。组织申报革命文物名录工作，亳州市共有50处（件）革命文物载入《安徽省首批革命文物名录》。

亳州市国家级非物质文化遗产代表性项目

【概况】亳州市国家级非物质文化遗产代表性项目共6项，分别为华佗五禽戏、二夹弦、老子传说、西凉掌（亳州晰扬掌）、淮北梆子戏、蒸馏酒传统酿造技艺（古井贡酒酿造技艺）。此外，亳州市省级非物质文化遗产代表性项目38项；市级非物质文化遗产代表性项目180项。亳州市共有国家级非遗传承人2人、省级30人、市级210人。

【华佗五禽戏】国家级非物质文化遗产保护项目。华佗五禽戏发源于亳州，是东汉伟大医学家华佗继承古代导引养生术，依据中医学阴阳五行、脏象、经络、气血运行法则，观察禽兽活动姿态，用虎、鹿、猿、熊、鸟等动物形象动作创编的一套养生健身功。为更好地传承发展五禽戏，亳州市政府和国家体育总局在亳州每年都举办中国（亳州）华佗五禽戏养生节。2012年，国家体育总局授予亳州“中国五禽戏之乡”牌匾。五禽戏是一种外动内静、动中求静、动静具备、有刚有柔、刚柔相济、内外兼练的仿生功法，与中国的太极拳、日本的柔道相似。锻炼时要注意全身放松，意守丹田，呼吸均匀，做到外形和神气都要像五禽，达到外动内静，动中求静，有刚有柔，刚柔并济，练内练外，内外兼备的效果。

【二夹弦】国家级非物质文化遗产保护项目。中国汉族戏曲剧种之一。主要流行于山东西部、河南东部及北部，江苏北部，安徽北部一带的地方戏。因为它的伴奏乐器四胡（四弦胡琴）是每两根弦夹着一股马尾拉奏，因而其流行地的群众按照其方言习惯称它为“二夹弦”。“撕绫罗，打茶盅，不如二夹弦哼一哼”“二夹弦哼一哼，不穿棉袄能过冬”“不吃不穿不过年，也要去听二夹弦”，这些来自亳州广大人民群众的村言俚语，表达了对二夹弦这一剧种的喜爱和赞美，也充分证明了这一稀有剧种的价值。

【老子传说】国家级非物质文化遗产。老子传说故事是在涡阳民间一直流传至今的美丽传说故事。由于老子传说故事极富地方特色，语言独特，耳熟能详，已流传千百余年。老子传说故事基本上分为两个部分，第一部分是老子的故事，刻画了老子从童年到暮年的成长过程；第二部分是有关老子和天静宫的传说，浓厚的神话色彩，亲切的地方口语叙述，为我们描述了老子传奇的一生。

【西凉掌（亳州晰扬掌）】晰扬掌发源于亳州，元朝时期回族阿訇，根据穆斯林礼拜动作，《古兰经》文字的运笔走势，结合中国象棋的对弈棋局，而演化的一门武术“晰扬掌”，“晰”为“晰诸教异同之理，阐幽明生死之说，上穷造化，中尽修身，末言后世”。“扬”为发扬光大之意。共有七套拳术，354个招式，步法有随、快、退、碾，回环转折，曲线迂回。劲力刚而不僵，柔而不松，以内合为基础，以外合为根本，达到劲、力、体一致。20世纪80年代全国武术挖掘整理时，国家体委通过专家考证，认定晰扬掌发源于亳州，于2007年在亳州成立了晰扬掌保护协会，以颜勇为代表的传承人和晰扬掌爱好者组织参加国内外武术比赛，获得多项大奖，并与德国、韩国、马来西亚、卡塔尔、科威特、日本、加蓬等国家进行交流。多年来，晰扬掌协会积极组织晰扬掌的挖掘、整理、研究和普及工作，2013年11月被国家体育总局批准为首批中国体育非物质文化遗产保护与推广项目。

【淮北梆子戏】淮北梆子戏，又称“亳州梆剧”“安徽梆子”“土梆子”，是流行于淮北地区的艺术个性化比较强的地方戏曲剧种，也是安徽省具有较大影响的剧种之一，是亳州最受欢迎的一戏剧剧种。淮北梆子戏的唱腔具有高昂、粗犷、奔放、感染力强的特点，有文武曲牌200多种。对这种演唱形式，老百姓习惯称它为“高梆”。亳州梆剧唱腔结构为板腔体，主要有慢板、二八板、飞板、栽板、滚板、流水板等板式。伴奏乐器有打击乐（大锣、小锣、战鼓、梆子、边鼓、钹、镲等)、民间管弦乐（竹笛、板胡、二胡、月琴、中软、琵琶、唢呐、笙等)。

【蒸馏酒传统酿造技艺（古井贡酒酿造技艺）】古井贡酒产地为亳州，其酿造技艺起源于曹操向汉献帝进献“九酝春酒”及其酿酒方法“九酝酒法”，该工艺最早记录于北魏贾思勰《齐民要术》，距今已有1800多年的历史。经世代传承，该酿造技艺以“泥窖发酵、混蒸续楂、老五甑操作”为主要特征，特别是“桃花春曲”“分层取醅”“择时摘酒”等糠、水、曲等配料方式为其核心工艺。除去形成文字的培训传承外，还以师徒方式口传手授，需要酿酒工在大量的实践中用心体会。2008年12月古井贡酒酿造工艺被列入第二批省级非物质文化遗产。其工艺演变与发展同亳州地区居民生活方式、思想观念及风俗习惯融为一体，形成亳州独特的酒文化。

新闻出版广播电视

【概况】2021年，在市委、市政府和局党组的坚强领导下，广播电视新闻出版科围绕年度岗位责任目标和2021年重点工作，加大工作谋划和推进力度，各项工作取得新的进展和成效。2021年，做好全国、省、市“两会”，“党史学习教育”等重大主题宣传报道，圆满完成建党百年等重大活动转播工作，形成主流舆论强势。高频率、全方位做好疫情防控、反诈骗和征兵等公益广告的播放工作。精品力作不断涌现。积极推进广播电视公益广告创作、评审和展播工作，亳州广播电视台荣获全国公益广告扶持传播机构类项目。组织开展“弘扬社会主义核心价值观共筑中国梦”主题原创网络视听节目征集和展播活动，亳州广播电视台制作《20年见证我与亳州共成长》五集系列短视频荣获2021年“弘扬社会主义核心价值观共筑中国梦”主题原创网络视听节目三等奖。做好安徽省广播电视奖参评申报和季度推优工作，2021年向省局推荐48件优秀作品，18件作品获奖，其中《“藏粮图”里说丰年》等荣获一等奖。组织开展2021年全省广播电视节目技术质量奖（金鹿奖、金帆奖）作品申报工作，亳州市广播电视新闻出版局荣获“2021年安徽省广播电视节目技术质量奖组织奖”，亳州广播电视台、蒙城融媒体中心荣获“2021年安徽省广播电视节目技术质量奖综合奖”，16件作品获奖，其中亳州广播电视台节目《二大娘》荣获录制技术奖一等奖。组织开展2021年“皖美呈现——影像安徽记录计划”短视频创作活动，亳州广播电视台《弟兄仨》荣获2021年“皖美呈现”项目优秀纪录片。积极申报省广播电视精品专项资金的奖励扶持，用于引导、激励亳州市优秀广播电视作品的创作生产。阵地建设不断强化。深入推进广播电视媒体深入融合，亳州广播电视台融媒体新闻中心挂牌运营，三县融媒体中心建成挂牌并通过验收。亳州广播电视台“掌上亳州”新闻客户端、蒙城县融媒体中心《建好服务平台做强“媒体+”》荣获“2021年长三角广播电视媒体融合成长项目”。在省广电局举行“信仰的力量”全国广播电视和网络视听行业青年演讲比赛安徽赛区初赛中亳州市广播电视新闻出版局荣获优秀组织单位奖，亳州广播电视台陈百慧、殷海璐荣获三等奖。

【惠民工程】深入实施应急广播、公益电影放映等惠民工程，大力推进公共服务体系建设，不断提升新闻出版广播影视传播力和公共服务承载力。一是推进全市应急广播增质提效工作。2020年，三县一区应急广播体系建设任务已全部完成。2021年完成市级平台和高新区应急广播建设，建成上下贯通、可管可控、安全可靠的应急广播体系。应急广播在疫情防控、脱贫攻坚战和日常工作宣传中发挥巨大作用，亳州市台制作的《亳州村干部广播喊话》被《人民日报》“两微一端”等中央主流媒体广泛转载推送。二是落实2021年农村电影公益放映全年目标任务。下发《关于印发〈2021年亳州市农村电影公益放映实施方案〉的通知》，制定公益电影放映考核细则，组织开展了“看电影学党史”等主题放映活动。截至12月3日，全市农村公益电影共放映17006.17场次，已达成全年15588场次任务的109.1%，新片率达到77.23%。三是不断提升农家书屋管理服务。制定下发《2021年亳州市农家书屋工作要点》，及时部署2021年农家书屋重点工作。完成全市1296个农家书屋更新配送工作，更新图书89607册、采购报刊2550份，其中，省版24553册，占比27.44%，署版65054册，占比72.56%，实际采购资金1960834.86元，重点围绕5种报纸、期刊进行更新，确保农家书屋“一屋一报一刊”。紧紧围绕庆祝中国共产党成立100周年主线，大力实施农家书屋助力乡村振兴行动，积极开展“新时代乡村阅读季”、“我的书屋我的梦”农村少年儿童阅读实践活动和“优秀农家书屋”评选等活动，进一步提高了书屋使用效能。“我的书屋·我的梦”农村少年儿童阅读实践活动中，亳州利辛县征文小学组戴紫涵入围全省大众评审环节。

【行业治理】认真履行行业监管和属地管理责任，坚持日常监管和专项整治相结合，做到管理与服务并重、规范与发展共举，全面加强行业管理。一是加强行业阵地管理。以出版物发行、印刷企业、内部资料性出版物的年度检验工作和印刷企业、书店等新闻出版统计年报工作为抓手，做好新闻出版广电行业管理工作。按时完成全市211家出版物发行单位，93家印刷企业年度检验和资料上报工作。完成了新闻出版广播电视季报、快报和年报等统计直报工作。全市在线直报的单位共计222家，涉及报纸出版、批发零售、包装装潢、出版物印刷、出版物发行等行业。规范完成亳州市8家广播电视节目制作经营机构换证工作和7家内部资料性出版物的年度核验工作。2021年5月，亳州广播电视台龙洁荣获国家广播电视总局2020年度基层广播电视统计工作"优秀个人"称号。二是全面打击整治"黑广播"、非法地面卫星接收设施工作。市局召开2021年度境外卫星电视传播秩序和黑广播专项整治工作联席会议，调整境外电视传播秩序专项整治工作联系会议成员单位，进一步明确职责分工。制定下发《关于开展整治非法卫星电视广播地面接收设施督查、互查行动的通知》，明确专项行动方案任务、目标和时间节点，组织开展打击非法卫星地面接收设施专项行动，切实把整治行动落到实处。会同安广网络亳州分公司推出"携卫星锅置换有线电视、广电宽带业务享半价优惠套餐"优惠措施，做到惠民利民无缝对接。三是全面加强农村广播电视节目秩序规范化建设管理工作。严格落实意识形态工作责任制的要求，积极主动履行属地管理职责，全面完成79家业主、59个前端统一信号源"小片网"专项整治任务。制定下发《亳州市规范农村广播电视节目传送秩序专项行动工作方案》，进一步做好小片网规范化建设管理专项整治工作。将"小片网"规范化管理纳入广播电视安全播出大检查的重要内容，共同部署，共同检查，采取"四不两直"的方式进行督查巡查，开展"小片网"整治和标准化建设回头看工作。7月8—9日，省广电局主办、市局协办的全省农村广播电视节目传送秩序规范化建设管理工作推进会在亳州市召开，得到省、市领导的高度评价和认可。

【安全播出管理】2021年3月下发《关于做好亳州市迎接中国共产党成立100周年全市广播电视和网络视听安全播出保障专项工作的通知》，成立安全播出专项检查领导小组，要求各单位开展自查，市局组织专项检查。6月，下发《关于印发〈迎接中国共产党成立100周年亳州市广播电视行业安全大检查回头看工作方案〉的通知》，重点围绕省局安全播出检查发现问题和广播电视及网络视听安全播出、网络安全和设施安全进行全面检查，组织开展广播电视发射塔安全大检查。重点抓好元旦、春节、"两会"、建党100周年、"十一"和冬奥会等重要保障期安全播出、网络安全和设施保护重要保障工作。各地各单位重点保障期间领导带班、靠前指挥，完善值班值守制度，安全播出值班人员24小时在岗轮流值班，全面启动安全"零事故"、播出"零异常"报告制度，全力以赴抓好安全播出工作，确保万无一失。

【人才培养】做好广播电视新闻出版行业技能人才职称评定工作，加强人才培养工作。市局联合市人力资源和社会保障局、市总工会举办了首届亳州市广播电视行业职业技能竞赛，亳州广播电视台等5支代表队26名一线业务骨干参加了培训竞赛，推荐6名选手参加省局竞赛，亳州市广播电视新闻出版局荣获"2021年全省广播电视行业职业技能竞赛优秀组织单位"，1名选手获省二等奖，2名选手获省三等奖。

·亳州广播电视台·

【概况】亳州广播电视台于2010年6月8日组建，为市政府直属事业单位。2021年，亳州广播电视台有新闻综合频道、农村频道两个电视频道和新闻综合广播、交通音乐广播两个广播频率。以《药都时空》《走进农家》等为代表电视品牌栏目，每天播出自制节目489分钟；综合广播以《政风行风热线》《村村通广播》等为代表广播品牌栏目，每天播出自制节目412分钟；交通音乐广播以《交通热线》《乐动全城》等为代表广播品牌栏目，每天播出自制节目510分钟。2021年有各类专业技术人员134人，播音员主持人持证人数24人。

【对外宣传】2021年，亳州广播

电视台亳州视听网、掌上亳州新闻客户端推出“首页首屏首条”工程，做到习近平新时代中国特色社会主义思想和总书记重要论述讲话天天见、天天新，推送消息1200余条。围绕全面实施“六一战略”、“争创全国文明城市”、脱贫攻坚、乡村振兴、党史学习教育等内容，推出重点策划报道18个；围绕长三角一体化发展、全面深化改革成果、常态化疫情防控、“十四五”规划纲要解读等，推出自主策划报道20个。推出“好人在身边”“榜样”“身边正能量”等典型人物报道75个；以亳州道德模范人物为原型推出“家风故事”系列短视频，已制作推送3篇；先后开辟“庆祝建党100周年系列专题——党史上的今天”“奋斗百年路启航新征程——学党史悟思想办实事开新局”等20多个专题、专栏，重点围绕建党100周年和党史学习教育开展宣传。其中《“红色快递”助学流动党员》等多篇报道被新华网、中央电视台《朝闻天下》和《安徽新闻联播》等引用。新媒体平台推出“我想对党说”“百年百秒”等微视频、微海报30多个。在省台发稿排名稳居全省地市台第一方阵。电视方面在《安徽新闻联播》发稿365条，在央视发稿32条；广播方面在省台发稿330条，其中在《全省新闻联播》发稿190条，在中国之声、央广网发稿16条。台广播节目中心被评为中央广播电视总台中国之声优秀供稿奖。

【融媒一体建设】出台《亳州广播电视台融媒体建设提升行动方案》，有序有力推进媒体融合，已形成载体多样、渠道丰富、覆盖广泛移动传播矩阵。亳州广电旗下各新媒体平台总用户数已超160万。其中，掌上亳州新闻客户端用户60万+，月活用户8.5万人；药都时空微信公众号用户36.4万，是亳州地区关注度最高、影响力最大的微信公众号，日均点击量达15万，单条平均点击量2.5万人次，单条新闻最高点击量达21万，全省媒体类公众号WCI排名前三。深度整合广播电视新闻资源，结合工作实际，根据网站、新闻客户端、微博、微信、广播、电视等媒介传播特点，通过融媒体中央厨房统筹调度，建立“前端采集一体化、终端播出多样化”媒体融合采编流程，形成新闻客户端、网站、微博、广播、电视、微信、抖音多媒体滚动梯次发布、优势互补、双向互动新型传播格局。利用“新闻夜校”开展写稿、摄像、短视频制作业务培训，建立一套适应融媒体发展规章制度，完善《掌上亳州App记者编辑绩效考核方案》《药都时空微信公众号绩效考核方案》等绩效考核制度，调动采编记者工作积极性。创新内容生产机制，按照《亳州广播电视台融媒体工作室管理办法》，鼓励编辑、记者自由组合“内部创业”，组建工作室。“i+”“大芋头”“南湖扬帆”等融媒体工作室已创作推出一大批融媒体传播精品。新媒体平台已经成为掌控亳州地区舆论话语权的重要宣传阵地，有力地提升亳州广电舆论引导力。

【节目创新创优】通过周评、月评、季评等形式，优化创新创优工作机制，新闻作品获奖档次和数量均居全省市级台前列。在2020年度安徽新闻奖评审中，报送作品《“藏粮图”里说丰年》《我为爸爸的村庄画幅画》《姚玉刚和他的“藏粮图”》分别荣获安徽新闻奖一等奖。近年来，先后有9件新闻作品荣获安徽新闻奖一等奖，是全省荣获安徽新闻奖一等奖较多地市台之一。精心制作播出一系列弘扬社会主义核心价值观、贴近群众生活、具有较高思想性、艺术性公益广告，荣获全国2020年度广播电视公益广告扶持项目优秀传播机构，受到国家广电总局表彰，是安徽省唯一获得此殊荣的广播电视台。短视频《在林间》获得省局“百年路新征程”建党100周年暨“皖美呈现”优秀短视频一等奖，《弟兄仨》获得2021年全省优秀电视纪录片奖补和2021年“皖美呈现”优秀纪录片。在安徽省广电技术奖评选中，先后荣获金鹿奖11个（其中一等奖2个、二等奖3个）、金帆奖7个（一等奖1个、二等奖2个、三等奖4个）。选拔技术骨干参加全省技术能手竞赛，荣获二等奖1个、三等奖1个，创历史最好成绩。亳州广电中心1000平方米演播厅灯光工程荣获第十六届中照照明奖二等奖。

【硬件提升】2021年，全台摄录编播设备全部实现高清化，广播电视播控机房技术设备处于全省领先水平。围绕建党100周年等重要保障期，强化安全播出保障。加强网络安全管理，制定新闻网站网络运行安全细则，对可能出现网络安全问题制定预案，在重要节点增加值班力量，线上线下值班相结合，做到万无一失。按照《亳州广播电视台安全播出突发事件应急预案》开展安全播出演练，把安全播出各项工作落细、落小、落实，交出安全播出“零事故”好成绩，荣获2021年度全省广电行业安全播出表现突出单位。

【队伍建设】从严落实《中国共产党党员教育管理工作条例》，突出政治标准，制定和落实党员发展计划，把好党员入口关，严格按照规定程序做好党员发展工作。2021年，发展党员2名。持续推进“全体党员讲微型党课”活动，拓展深化微型党课教育。2021年，各党支部党员讲党课59人次。根据实际工作需要，按照《党政领导干部选拔任用工作条例》相关规定，选拔产生部门正职、副职、主管等12名管理人员，其中正科级干部2名。2021年1月，组织开展2020年度“平凡楷模”评选活动，有12名员工被授予“平凡楷模”荣誉称号。扩大职称申报和持证上岗工作范围，为16位专业技术人员办理技术职务聘任手续。根据《亳州市招才引智实施办法》，为3名取得副高职称聘用员工申请纳入事业编制管理。

（陈工作）

·亳州晚报社·

【概况】《亳州晚报》系中共亳州市委机关报，创刊于1994年4月，全国统一刊号CN34-0073。其前身为《药都报》，2008年10月更名为《亳州晚报》，同时，亳州报社更名为亳州晚报社。2011年6月，亳州晚报社划转至安徽日报报业集团。主要职能是秉承“坚持党性，走近百姓”的办报宗旨，坚持“党报性质，晚报风格”的办报理念，围绕市委、市政府中心工作，反映全市改革发展实践，展示人民群众良好精神风貌，唱响主旋律，传播正能量。

《亳州晚报》全国公开发行，四开16版，单面彩色印刷，周五刊。实行自主印刷，报纸全年定价386元。有《亳州晚报》公众微信、微博，“亳州发布”公众号、亳州新闻网、“亳州头条”客户端、“小黄橙”抖音号等新媒体。推进媒体融合，形成全媒体格局，是全国第二批数字出版转型示范单位。

2021年，亳州晚报社记者李锦文获2021年亳州市第四届“全体党员讲微型党课”总决赛一等奖；记者汝平、任雷、蒋海涛获得“2020年度亳州环保世纪行好新闻评比”一等奖；记者汝平、编辑许发夫获得“2020年度亳州环保世纪行好新闻评比”二等奖；记者张珍家庭获得亳州市“最美家庭”荣誉称号。《亳州晚报》的《培育和践行社会主义核心价值观·暖新闻》栏目被省委宣传部评为全省首届报纸主题宣传原创优秀栏目。《患者“清零”背后的中医药力量》获得安徽新闻奖一等奖，《一线直击！亳州一个村庄的“战疫”》《一片一组一邻精准为民服务》获得安徽新闻奖二等奖，《遇见最美亳州》获得安徽新闻奖三等奖。《“三长合一”实现一举多得》获得安徽经济好新闻奖一等奖，《凌晨四点，亳州“草根药市”见闻》《信心是战胜疫情的特效药》获得安徽经济好新闻奖二等奖，《医养结合提升“夕阳红”幸福指数》获得安徽经济好新闻奖三等奖。《农产品直播带货热闹过后如何热销？》获得安徽新闻奖（网络类）二等奖，《决胜脱贫看今朝我的扶贫周记》获得安徽新闻奖（网络类）三等奖。网络专题“我为脱贫带货”获得安徽日报报业集团新闻奖一等奖。《准备好了吗？》《这一年，一曲难尽》在“E心向党爱在亳州”全市正能量短视频评选中获得二等奖。

【重大主题策划】2021年，亳州晚报社推出多个重大主题策划。在庆祝建党一百周年以及党史学习教育宣传报道中，《亳州晚报》在及时全面准确地做好党史学习教育动态报道同时，通过聚焦主题、回顾历史、评论引导、融合报道等方式，全媒体平台共发稿逾700篇，推出如“奋斗百年路启航新征程——探访亳州红色印记”等一批专题专栏，为亳州市党史学习教育活动营造浓厚舆论氛围。特别是在中国共产党成立100周年之际，推出“奋斗百年亳州‘信’仰”特刊，用8个整版收集整理一批党组织以及亳州籍共产党员或者在亳战斗、工作过共产党员家信、口信、短信及微信，展现亳州百年来在党的领导下发生的沧桑巨变。亳州新闻网在首页上部位置开设重点头条及要闻专区，及时转载发布重要方针重大政策。

在疫情防控工作中，《亳州晚报》充分运用专栏、言论、公益广告等形式，刊发权威信息，开展主题策划，发布主流声音，全媒体平台推出“众志成城抗击疫情”专栏，围绕各个阶段重点有针对性地开展宣传报道工作。围绕“非必要不返乡”；另一方面迅速采写刊发《没有特殊情况，尽量不要出亳州》《在外务工人员非必要不返乡》等报道；另一方面策划推出“小别离大团圆”系列报道，刊发《“这个春节不返乡，在哪过年都一样”》《“只要家人在一起，在外过年也开心”》等稿件，发稿200余篇。

在生态文明宣传方面，结合市委、市政府中心工作和环保督察整改工作，《亳州晚报》在做好常规报道同时，加强评论、公益广告刊发力度以及舆论监督报道和新媒体报道力度，相继推出“生态环保督察进行时”“生态环保督察整改进行时”栏目，共刊发相关稿件近280篇，公益广告25期，为生态文明宣传教育营造浓厚舆论氛围。

围绕文明城市创建，开设“争创全国文明城市在行动”主专栏，集中刊发《谯城对照标准查缺补漏推进“创城”工作》等稿件，报道全市上下社会各界争创全国文明城市相关举措。同时在“争创全国文明城市在行动”主专栏下，开设“践行市民公约，做文明有礼亳州人”和“创建文明城市曝光台”子栏目，报道文明创建工作中正反面典型。

围绕世界中医药之都建设、长三角经济一体化、“四送一服”、乡村振兴等重大主题，以大手笔反映重大事件，以大视野整合新闻资源，推出“脱贫攻坚答卷”“从脱贫攻坚到乡村振兴”“四送一服在行动”“扎实推进长三角一体化发展”等重点主题策划。

在市第五次党代会宣传报道工作中，《亳州晚报》全媒体平台共发稿逾120篇，推出《新起点，新未来！》《喜迎党代会现场看发展》等一批精品主题策划、评论和新闻报道，新媒体作品点击量逾80万次。

【评论工作】2021年，《亳州晚报》围绕市委、市政府各项中心工作组织撰写一批评论文章。围绕免费注射疫苗，组织撰写《这份“最好礼物”，激励你我奋斗新征程》评论；围绕“非必要不返乡”，以《“小别离”成就“大团圆”》为主题，组织撰写评论，表达“小别离终究是大团圆，让我们迎着即将到来春风，勇敢前行，抗击疫情，此战必胜”的主题；刊发《党史学习教育就在我们身边》言论，引导市民充分利用亳州丰富红色文化资源党史学习教育“活教材”，从身边感悟学习党史，把红色传统发扬好，把红色基因传承好；围绕“近期境外输入引发的本土聚集性疫情”，组织撰写《防控疫情，我们每个人都很重要》评论，提出在疫情面前，我们既是命运共同体，也是责任共同体。此外，《实体店普及“无理由退货”，还需各方努力》等多篇言论，围绕市委、市政府中心工作和市民日常生活，上接天线、下接地气，使《亳州晚报》发挥党媒在传递党和政府声音、沟通党和人民联系、引导社会舆论方向、激励民众意志作用。

【“四力”活动】2021年，《亳州晚报》紧紧围绕庆祝中国共产党成立一百周年、党史学习教育、乡村振兴、城市文明创建、全面小康、“四送一服”以及疫情防控等中心工作，推出一系列践行“走转改”、提升“四力”栏目和系列报道。如“从脱贫攻坚迈向乡村振兴”系列报道，回顾亳州大地的脱贫故事、展望正在发生的振兴愿景；“走进乡村看小康”专栏，用接地气乡村故事，深情讲述亳州大地上发生的历史变革；“四送一服在行动”专栏，从企业角度，用一个个鲜活案例，报道市委、市政府真心为企的真金白银举措……多篇新闻报道被国家和省有关媒体转载。

《亳州晚报》特别将历练“脚力、笔力、眼力、脑力”与做好“党史学习教育”宣传报道工作紧密结合起来，开设“奋斗百年路启航新征程·学党史、悟思想、办实事、开新局”“我为群众办实事”等专栏、专题；推出“奋斗百年路启航新征程——探访亳州红色印记”大型系列报道；在市委宣传部指导下，加强对榜样典型人物宣传。

【媒体融合实践】2021年，《亳州晚报》“两微一端”及官方抖音共6个平台，围绕全市重点工作，及时回应社会关切，全年共发稿约24000条。“亳州发布”、《亳州晚报》微信粉丝数量全年分别增加23000人、18000人；“亳州发布”、《亳州晚报》微博粉丝数量全年分别增强2200人、1600人；亳州头条新闻客户端用户数较为稳定；“小黄橙”抖音粉丝数量由2020年底的110000人增加至近170000人。2021年，全年组织开展如“网络正能量作品征集评选”、“点滴奉献情暖亳州”网友无偿献血活动、“冬日温暖向阳花开”养家农村留守儿童公益活动等20余次。亳州新闻网与亳州妇联联合创立药都红娘项目，开展三次线上线下活动，已注册会员800余名，网上牵手成功300余人次。

（詹秀秀）

博物馆

【提升改造】完成市博物馆书画艺术展厅展陈设计及施工一体化项目、喷淋系统改造、出入口控制系统安检设备房建设、标识标牌、变压器增容提升改造相关工程，积极推进文明创建整改博物馆破损地砖维修、展厅漏水维修项目，聘请谯城区环保局环保监督员进行全程指导，工程负责人全程监督，保障环保施工，确保安全生产，年底前已全部完成并验收合格。

【安全实战演练】积极开展安全应急大演练，主要针对消防安全、防盗抢、防暴反恐、停电等应急处突练兵，强化各岗位之间快速反应和及时联动处置能力。不断对标国家AAAA级旅游景区基础设施标准，完善微型消防站建设，进一步强化博物馆消防安全系统。

【社教活动】为弘扬亳州市优秀传统文化，推动民俗文化的传承与发展，营造喜庆祥和的节日氛围，市博物馆举办“乐享亳博”元旦系列活动、“迎新春写春联送祝福”公益活动、“博物馆欢乐奇妙夜”中秋、国庆专场活动；举办“5·18”国际博物馆日系列公益活动，通过拓片技艺传承、非遗剪纸、文物拼图、传统投壶等一系列现场教学体验项目，充分发挥博物馆社教作用，宣传弘扬亳州历史文化；依托“亳博课堂”，精心设计贴合青少年儿童需要的社教课程，充分体现博物馆的特色资源，每周六、周日定期推出“我在博物馆学党史”“小小考古人”“神奇的造纸术”“你不知道的二十四节气”“我在博物馆画团扇”“汉服纹样设计”“科学小实验”等26项课程，拓展社会教育的服务范围，推动中华优秀传统文化创造性转化和创新性发展，使其与现代社会发展相协调、与青少年精神文化需求相契合，不断提升亳州博物馆社教品牌“亳博课堂”的影响力和知名度；为响应省文化和旅游厅与省教育局联合开展“百万青少年走进博物馆”系列活动的号召，发挥博物馆青少年教育功能，博物馆通过研学博物馆、馆校共建等活动，以团体预约的模式，免费为青少年、学生提供义务讲解、社教活动体验等服务；市博物馆精心组织开展了“庆祝中国共产党成立100周年——亳州市书画篆刻剪纸精品迎春展”、第五届“我在博物馆画文物”全市青少年儿童书画大赛获奖作品展、庆祝中国共产党成立100周年花铺盖——中国土家族织锦西兰卡普亳州展、“众心向党——中国共产党亳州革命历史光辉展”、迎国庆“福·寿·喜”剪纸书法艺术展等专题展览，不断丰富市民的精神文化生活。

【曹操宗族墓群文字砖拓片全国巡展】市博物馆整合曹操宗族墓群出土的近600块文字砖资源，依托“曹操”为主题、以馆藏大量珍贵汉文字砖为主线，于11月开展“曹操宗族墓群文字砖拓片全国巡展·黄庭坚纪念馆站”，并缔结为友好博物馆。12月开展的“曹操宗族墓群文字砖拓片全国巡展·谯城站”，是继西安碑林博物馆、中国文字博物馆、蒙城博物馆、南京六朝博物馆等地之后第九站，展出曹操宗族墓群文字砖拓片百余件套，较为全面地代表了曹操宗族墓群文字砖的精华部分，精彩地展现了其历史文化与书法价值。市博物馆积极推动与全国各大博物馆缔结友好博物馆相关事宜，拉开历史文化交流的序幕，共同推动文博事业蓬勃发展。

【“我在博物馆画文物”青少年绘画大展】为庆祝中国共产党成立100周年，促进全省文化事业繁荣发展，全面展现青少年的绘画水平与艺术普及的成果，增强青少年对优秀传统文化特别是红色历史文化的认同感和自豪感，市博物馆举办庆祝中国共产党成立100周年——2021安徽省首届“我在博物馆画文物”青少年绘画大展，面向全省开展征稿工作，共征集到来自全省16个地市的参赛作品近千幅，涵盖国画、素描、版画、拼贴画、水彩画等多种门类，取材广泛、形式新颖。本次画展特邀国家一级美术师杨国新、徐若鸿等国内知名画家组成评审专家组进行公平、公正、公开的评审，省文物局博物馆处和亳州市文化旅游体育局机关纪委全程跟踪监督。经过初审和复评，共评选出一、二、三等奖180名，参展奖200名，优秀组织奖7名，优秀指导奖6名，并于12月28日举办“我在博物馆画文物”全省青少年绘画大展暨颁奖仪式。

【馆校共建】市博物馆作为亳州市青少年第二课堂活动基地，多年来坚持做好馆内展览和宣传教育工作，组织学生参观博物馆已常态化开展。同时，为方便学生参观展览和了解亳州历史文化遗产，市博物馆本着“以文物为根本，以社教为核心”的理念，积极创新“流动博物馆、非物质文化遗产进校园／进社区”系列公益社教活动，陆续走进亳州市第一中学、建安文化广场、市体育馆、五马镇福寿源颐养之家敬老院，走进郑店子小区、桃花源小区等社区，通过传统展板讲解、文物知识有奖问答、“非遗”展演等现场互动项目，让群众更为直观地感悟亳州传统文化魅力，了解亳州厚重的历史人文。同时与亳州市第一中学开展馆校共建战略合作，签署馆校共建协议并进行授牌，为学生搭建学习优秀传统文化、开展爱国主义教育的平台。2021年该活动累计开展26场次，惠及青少年学生近2.45万人。为深度融合教育资源，创新活动形式，市博物馆在进校园的基础上，开展“亳博学堂”系列活动。陆续走进亳州市三曹小学、亳州市八中小学、亳州市黉学育才小学的课堂上，开设了“师生共话说亳州揭秘城市的起源”“文物会说话石斧的故事”“礼乐圆桌会相约博物馆”“知书达理做出彩少年”等课程，累计举办15场次。课程不仅讲述了“亳”字的起源、亳州精美文物及悠久的历史，还鼓励同学们走进博物馆，感受古人的智慧，激发青少年的文化自信，争做知书达理的新青年。

【《中国砖铭全集》《亳州市碑刻砖铭全集》编辑工作】为深入挖掘和发挥曹操宗族墓群文字砖、画像砖在传统历史文化中的重要地位与作用，市博物馆、市文化馆馆长吴磊担任副主编参与“十三五”国家重点图书出版规划项目《中国砖铭全集》书籍编辑工作，现该书已正式出版。全集共十五卷，市博物馆馆藏东汉文字砖作为第五卷整卷出版，亳州卷是唯一彩色印刷卷，也是迄今为止第一次实物与拓片对照出版，该形式更全面、清晰地诠释了砖铭的内容以及价值，囊括了全国各地具有代表性的古代砖铭8000多种，历史跨度由先秦至清末，是一部兼备艺术、历史和学术研究意义的优秀图书。同时，市博物馆积极推进《亳州市碑刻砖铭全集》等书籍编辑工作，参与编辑了《安徽古代文明系列丛书——亳州古代文明》《中国少数民族文物图谱安徽卷》等书籍。

【馆藏文物修复工作】积极推进博物馆馆藏陶瓷器102件、青铜器65件文物修复工作，已修复完成，并邀请专家认证验收；积极与安徽省考古所对接推进亳州新出土文物修复相关工作。

【入选安徽省十个精品课程项目】为弘扬中华优秀传统文化、红色文化和社会主义先进文化，培育和践行青少年的社会主义核心价值观，根据《教育部国家文物局关于利用博物馆资源开展中小学教育教学的意见》等文件精神，经各市申报、专家评审和综合评议，推选出安徽省十个精品课程项目和六个精品课程入围项目，亳州市博物馆《拓片的记忆与传承》课程成功入选安徽省十个精品课程项目，并在安徽省文化和旅游厅官网公示。此次入选“安徽省十个精品课程项目”是对亳州市博物馆创新社教模式的鼓励与肯定。接下来，市博物馆将继续创新推出针对青少年的系列精品课程与活动，传播科学文化知识，弘扬优秀传统文化。

2021 年荣誉称号或表彰奖励情况汇总表

表 10

单位	荣誉称号	授予单位	授予时间
亳州市博物馆	安徽省十个精品课程项目“拓片的记忆与传承”	安徽省文化和旅游厅	2021 年 12 月 2 日
亳州市博物馆	“我在博物馆画文物”全省青少年绘画大展优秀组织奖	安徽省文物局	2021 年 12 月 6 日
亳州市博物馆	全国文化和旅游系统先进工作者（吴磊）	人力资源和社会保障部 文化和旅游部	2021 年 9 月 2 日
亳州市博物馆	“2021 中国特色旅游商品大赛”银奖	中国旅游协会	2021 年 9 月 3 日
亳州市博物馆	“2021 中国特色旅游商品大赛”入围奖	中国旅游协会	2021 年 9 月 3 日
亳州市博物馆	“2021 中国特色旅游商品大赛”入围奖	中国旅游协会	2021 年 9 月 3 日
亳州市博物馆	“2021 中国特色旅游商品大赛”入围奖	中国旅游协会	2021 年 9 月 3 日
亳州市博物馆	“2021 中国旅游商品大赛”入围奖	中国旅游协会	2021 年 9 月 25 日
亳州市博物馆	亳州市第五批市级公共机构节水型单位	亳州市水利局	2021 年 12 月 9 日

文化馆

【概况】市文化馆作为全市群众文化主阵地，承担着组织大型公益性群众文化活动；开展“人人有艺”全民艺术普及免费公益培训；组织创作各类艺术作品，丰富群众文化生活；举办各类艺术展览；收集、发掘、整理民间艺术遗产和非物质文化遗产等工作任务。

【工作情况】加强疫情防控，完善馆内基础设施建设。自开展疫情防控工作以来，为落实馆领导防疫工作要求，精心组织、周密安排，每天对馆内进行全方位喷洒酒精消毒，同时对进出馆内人员做好登记、测量体温、戴口罩、酒精消毒、扫描安康码、行程码等防疫工作。加强安全生产管理，制定安全制度。督促物业加强安全生产管理，制定安全生产制度，定期开展安全检查，2021 年 1—12 月进行消防安全排查 15 次、物业消防安全知识培训 4 次、全馆人员消防安全知识测试 1 次、消防安全知识讲座及消防模拟演练 2 次、电力安全排查 15 次、电梯安全维护 24 次。在 6 月 19 日全省文化旅游行业安全生产防患大起底、大排查行动中，联合消防部门对市博物馆进行检查，发现消防控制柜未联动，主机上无区域标识，不能正常启动水泵、风机，及时与施工方城建发展控股集团有限公司进行联系对接，通过发函等方法，督促进行维修，更换损坏的设施，并不定期与其联动进行消防、水电安全隐患摸排。加强对消防、用电、电梯等重点区域的检查，做到及时发现及时整改。丰富创建内涵，打造绿色文明窗口。丰富创建内涵，打造绿色文明窗口。对照文明创建标准，提升硬件设施和软件服务，新增景观小品、卫生健康知识等。打造绿色文明窗口，对馆内损坏的标识标牌进行更新；对综合展厅、文化休闲书吧、楼梯走廊等绿植进行更新并增加，为群众营造一个集休闲、阅读、体验于一体的绿色环境。做好大型活动前期筹备及安保等工作。一是在文化馆欢乐奇妙夜活动中做好活动前期的准备工作及安全维护工作。二是在“人人有艺”全民艺术普及免费公益课程中加强巡查，维护现场秩序，确保学员人身安全，活动有序开展。指导督促物业对保洁人员进行思想和工作细节及责任方面的教育培训，并对每个保洁人员定人、定岗、定责，明确责任和分工。做好基础设施维护工作。针对六楼阳光房玻璃爆裂现象，为排除安全隐患积极与城建集团对接，对玻璃进行了全面更换，及时排除了安全隐患，保障场馆正常运营使用。

【公益培训】组织开展四期亳州市文化馆“人人有艺”全民艺术

普及免费公益培训课程。结合疫情防控需要，2021年市文化馆通过错时错峰的方式，开设177个公益班级，2124余课时，学员5300余名。自2019年3月场馆运行以来，该系列免费公益培训课程已连续招生11期，内容涉及书法、国画、篆刻、拓片、棋类、琴类、老年智能手机、非物质文化遗产项目等50多个艺术门类，共开设488个公益班级，5856余课时，惠及学员17700余名。创新设立“人人有艺”全民艺术普及免费公益课程展览馆分校。为进一步深化免费开放，让更多群众能充分享受到公益艺术培训成果，亳州市文化馆“人人有艺”全民艺术普及免费公益培训成立了市展览馆分校，并于4月10日正式开课。本期课程开设4个公益班级，包含乒乓球、羽毛球、软笔书法、国画等。通过前期宣传准备，市展览馆分校受到了广大市民的热烈欢迎，110余名学员如约到分校上课。推出系列线上公益课程。为丰富市民群众精神文化生活，加大全民艺术普及特色数字资源供给，提供优质公共文化共享服务，春节期间，市文化馆梳理现有艺术普及、文化活动等数字资源，推出“云上学好课”线上公益课程。市文化馆汇集文化艺术人才优势力量，优选拓片、古琴、篆刻、绘画、书法等精品课程，制作五期视频，在安徽公共文化云“云上学好课”专栏、微信公众号、快手、抖音等平台发布，为市民群众提供多种选择，足不出户就能享受多样文化服务。课程主要以视频形式呈现，内容以艺术专业或资深老师用简明扼要的语言，进行生动而深刻的剖析，又使用视频手段使概念形象化、理论具体化；以优质的教学理念，弘扬优秀传统文化，传播经典艺术，且线上公益课程资源丰富，便于搜索，易于传播，应用广泛，为广大市民提供了更高效便捷的学习途径。

做好数字化服务，免费提供线上教育培训资源，“数字化资源”包括“百科学习系统”“时夕乐听网”“时夕乐学网”“文化易点通”四大版块，关注官方公众号即可免费获取海量学习资源。其中，颠覆传统的学习模式，“时夕乐听网”将流行、新颖、丰富、经典的有声读物通过完美的音质传递到市民的耳朵，实现解放双手，用耳朵去学习，去享受生活，内容覆盖就业择业、经管系列、少儿读物、曲艺杂谈、文学艺术、人文地理、国学经典、生活百科、网络小说、教育培训、名家精粹11个系列。

推出“每日一课”，提高服务水平。“每日一课”集合社会资源，涵盖音乐、书法、美术、舞蹈、摄影、戏剧、曲艺等多门免费课程，通过登录“亳州市文化馆”微信公众号即可在线观看课程，极大方便了有学习需求的居家人群，是文化馆采用“互联网＋公共文化”的模式科学实施公共文化服务工作的新探索。

【群文活动】开展亳州文化大讲堂活动。组织开展亳州文化大讲堂——2021年亳州市古琴学会春分雅集活动、“悠悠我心”——张旭光书法艺术讲座、庆祝中国共产党成立100周年——钢琴音乐会、安全生产消防讲座、“庆国庆”兰亭会馆书法点评会、墨开芍香——杨国新·徐若鸿笔会等，吸引上千人参与活动现场。同时开展亳州文化大讲堂——馆校共建系列活动8期。亳州市文化馆不断整合亳州市优秀文化资源，持续拓展群众文化的服务形式和范围，弘扬优秀传统文化，丰富群众精神文化生活。增添节日气氛，弘扬优秀传统文化。为烘托节日氛围，市文化馆春节期间组织开展了“迎新春送春联”活动，为市民现场免费书写春联。文化和自然遗产日、端午节期间，开展欢乐奇妙夜专场活动，市民现场体验包粽子等民俗活动及剪纸、拓片等非遗技艺。举办“非遗传承展绝技·百年华诞颂党恩”——亳州市庆祝建党100周年非遗展示活动，开展“庆国庆·展非遗”——亳州市非物质文化遗产展示普及活动。组织开展“文化进万家·云上过大年”系列活动。为丰富春节期间群众文化生活，落实好疫情防控有关要求，按照省文化馆工作要求，开展了“文化进万家·云上过大年”系列活动。市文化馆围绕节庆、非遗、民俗等主题，开展优秀节目类、好物推荐类、综合活动类等10余项活动并录制短视频上传“安徽文化云平台”。同时组织优秀老师授课，录制上传了5节“云上学好课”活动视频。此项工作被省文化馆授予“2021年春节期间基层群众文化活动线上服务优秀组织单位”称号。开展流动博物馆、流动文化馆暨非遗进校园、进社区活动。2021年，市文化馆联合市博物馆共开展19期流动文化馆暨非遗进校园进广场进社区进军营系列活动。活动分别走进了亳州市第一中学、建安文化广场、薛阁街道站前社区等。同时亳州市博物馆、文化馆与亳州市第一中学签订了“馆校共建战略合作”协议，并举行了揭牌仪式。

参与省内外各项文化活动。市文化馆积极组织参加“2021安徽省少儿书画大赛”，共47件作品获奖，其中一等奖10件、二等奖15件、三等奖22件。积极参加庆祝中国共产党成立100周年“永远跟党走”安徽省群众大家唱歌咏大会、安徽省广场舞集中展演、“大地欢歌”第三届安徽省群星奖音乐、舞蹈门类决赛等活动。组织馆办团队进基层演出。为进一步加强文化馆流动服务和志愿服务水平，馆办团体持续开展进基层演出。截至目前，亳州市文化馆馆办团体流动演出开展进景区、进敬老院演出共26场。举办多种主题展览。2021年，市文化馆开展多种主题展览。截至年底，共举办庆祝中国共产党成立100周年——亳州市迎新春书法绘画篆刻剪纸作品展、庆祝中国共产党成立100周年——亳州市书画篆刻剪纸精品迎春展、“永远跟党走”——亳州市谯城区魏武社区首届居民美术书法摄影作品展览、庆祝中国共产党成立100周年——“悠悠我心”梁景堂书法作品展、庆祝中国共产党成立100周年——书法美术摄影剪纸作品展、翰墨抒情——常州书法作品展、亳州市第二届双拥摄影书画展、“庆祝中国共产党成立100周年”——迎国庆全市政协系统书画展、迎国庆“福寿喜”书法剪纸艺术展、庆祝中国共产党成立100周年——第五届“我在博物馆画文物”全市青少年儿童书画获奖作品展、庆祝中国共产党成立100周年“花铺盖——中国土家族织锦西兰卡普亳州展”、众心向党——中国共产党亳州革命历史光辉展12场线下展览。同时，市文化馆开展了童心向党——亳州市少儿书画线上作品展、庆重阳“寿”字书法剪纸线上作品展、“万众一心·抗击疫情”线上绘画作品展等线上展览，丰富公共文化服务方式。

2021年2月15日，亳州市文化馆市民在参加猜灯谜活动　（刘勤利　摄）

【文创产品开发】持续推进文创产品开发，参加各类文创大赛。2021年市文化馆积极创新推动文化创意产品开发工作，设计研发峥嵘岁月·记忆传承学习套装等产品，是安徽省唯一获选参加中国旅游协会主办的“全国红色旅游创意产品和红色旅游演艺创新成果征集活动”的产品；研发“寻味古亳香炉套装”参加2021年9月于四川省乐山市举办的“2021中国特色旅游商品大赛”获全国银奖；参加阜阳市庆祝建党100周年红色文化创意设计大赛荣获优秀奖；设计“华佗牌”亳药养生套盒和“华佗牌”亳药养生香包系列；受邀参加10月15日在黄山市举办的第五届中国非物质文化遗产传统技艺大展暨安徽特色旅游商品及文创展，携七套全国旅游商品大赛获奖作品，分别在全国旅游商品大赛安徽获奖精品展和安徽省博物馆联盟文创产品展区进行展陈。

新华书店

【概况】2021年，亳州新华书店有限公司落实免费教科书发行政策，做好义务教育阶段的免费教材发行工作，严格兑现“课前到书，人手一册”的服务承诺，服务质量处于行业领先水平，2021

全年送书到校共计986车次。全力做好教材余缺调剂工作，及时解决学校因学生增减而产生的课本余缺，保证学校正常教学秩序，全年为九年义务教育阶段学校免费提供教材400万余册。

【“红色快递”送学服务】 2021年，为破解外出党员去向难掌握、书目发放难、学习难开展等问题，亳州市委党史学习教育领导小组提出“流动不流学，务工不误学”要求。面对全市1.4万名遍及全国的流动党员，亳州新华书店在扎实做好市（县、区）党史学习教育系列图书宣传及发行工作基础上，融入政府做服务，坚守重点图书发行主阵地，创新开展“红色快递”送学服务，无偿为三县一区亳州外出流动党员邮寄5693份“红色快递”，同时对1923名外出流动党员进行电话回访，有力助推亳州市外出流动党员党史学习教育走深走实，实现“流动不流学，务工不误学”目的。亳州新华书店最终在一周内完成全市近20万名党员图书征订和送书上门服务，率先在全省实现党史学习教育图书党员人手一套，为全市党员开展党史学习提供坚实用书保障。中央党史学习教育《简报》、省委办公厅《安徽信息》，《光明日报》、新华网、人民网、“学习强国”、《安徽日报》等中央、省直媒体先后20余次推介亳州“红色快递”送学服务经验做法。

【农家书屋】 为巩固拓展脱贫攻坚成果同乡村振兴有效衔接，深入实施农家书屋助力乡村振兴行动，亳州新华书店在市、县（区）文化旅游体育局监督和指导下，严格按照农家书屋配送要求，圆满完成亳州市农家书屋出版物补充工作。2021年为全市共计1310个农家书屋网点更新图书89607册，采购报刊2550份。

【基层服务】 2021年，亳州新华书店积极响应中宣部“我们的中国梦”——文化进万家活动要求，开展流动售书下基层活动，通过展示展销党建、文学、少儿、科技等种类图书，打折促销回馈基层群众，丰富其文化生活，彰显企业责任和社会担当。2021年亳州新华书店全年开展文化惠民流动售书98场，实现全市乡镇、街道全覆盖。除此之外，亳州新华书店还积极与军营共建，定期进军营捐赠图书、开展图书展销，拉近军民鱼水情。

【“书香蒙城”建设】 蒙城县图书馆立足本职，大力推进“书香蒙城”建设。2021年年客流量达到636947人次，年活动量为569场，读者办证年增长量为8082张。在全国县级馆公众号影响力评比中，稳居全国前十，线上直播话题最高关注度达到5.2万人次，受到全国各大主流媒体专题报道60次，成为读者心中的网红打卡地。

（聂海丽）

医疗卫生

2021 年 1 月 12 日，亳州中药科技学校老师在实训基地为学生讲解静脉输液知识　　（刘勤利　摄）

概　述

【概况】截至2021年底，全市共有各级各类医疗卫生机构2513个。其中，医院86家（综合医院49家、中医院8家、中西医结合医院9家、专科医院17家、护理院3家），乡镇卫生院92个，村卫生室1340个，社区卫生服务中心15个，社区卫生服务站116个，妇幼保健机构5个，疾控中心5个，卫生计生监督局（所）5个，采供血机构1个。全市实有床位27516张，千人口床位达5.52张；在岗卫生技术人员增至30243人，其中执业（助理）医师12007人，千人口执业（助理）医师达2.41人；注册护士数增至14122人，千人口注册护士达2.83人。

2021年，引进高层次人才4名、急需紧缺人才（硕士研究生）34名，评审通过卫生系列高级专业技术资格396人，落实医疗单位引育人才待遇199.9万元。2名医疗卫生专业技术人员被评为第四届“江淮名医”，8名乡镇卫生院专业技术人员被评为“徽乡名医”，14名优秀乡村医生获评为全市第二届“乡村创新创业领军能人”。出台《亳州市高层次人才健康医疗服务暂行办法》，对高层次人才落实免费健康体检、建立健康档案、定期指导服务、建立绿色通道等关心关爱政策。

2021年，全市共投入卫生健康经费21.69亿元，其中市本级5.52亿元、谯城区2.56亿元、涡阳县2.31亿元、蒙城县2.89亿元、利辛县6.92亿元。2021年市本级申请政府非标准债券资金2.4亿元，其中市人民医院急诊大楼项目4000万元，市中医院二期工程项目5000万元，市肿瘤医院项目1.5亿元。市中医院二期工程项目申请中央资金5000万元。

【科教工作】2021年，举办卫生健康适宜技术培训班3期，700多人参加培训。接收住院医师规范化培训学员51人、全科医生转岗培训108人、农村订单定向免费医学毕业生21人。新招录定向生47名，并与县区签订就业协议书。举办省级、市级继续教育项目24个、133个，分别培训4600人次和12913人次，继续教育项目完成率和执行合格率均为100%。亳州市人民医院儿科、全科医学科、心血管内科被评审确定为2021年省医疗卫生重点专科建设一般项目（临床）。

【医疗监管】2021年，通过安徽省医疗服务综合监管平台进行医疗机构及医务人员不良执业行为记分11494起，其中医疗机构记分675起、医务人员记分474起。在省医疗服务诉求平台受理案件47起，投诉举报案件查处率100%。开展重大事项合法性审核7件，完成行政执法人员资格认证考试、推广证明事项告知承诺制、法治政府建设自查等工作任务。所有行政审批事项和公共服务事项均实行网上办理，市级共办理2300余件，政民互动咨询回复1462件，行风热线回复50件，说办就办回复47件，没有不满意办件。

【人口工作】2021年统计年度，亳州市出生人口49588人，人口自然增长率3.68‰，出生人口政策符合率83.86%，出生人口性别比113.93（女性=100），完成各项人口控制目标任务。全市共确认奖励扶助对象73113人（其中扩面61798人），发放

2021年5月12日，在“全国防灾减灾日”宣传活动上，亳州市红十字会志愿者向市民宣传红十字知识
（刘勤利　摄）

资金7742.97万元；确认特扶对象1184人，发放资金811.36万元；为12548名破产企业职工兑现一次性奖励725.7万元，对28342户独生子女家庭兑现独生子女保健费3005.766万元，为计生家庭分别代缴“新农合”和养老保险7540.988万元、858.52万元。

【医政医管】2021年，全市完成胸痛、创伤、卒中三大中心建设，持续实施县级医院能力提升工程，开展临床路径管理工作，全市县级以上医院临床路径入径率77.87%，完成率80%以上，在2020年度全省临床路径管理工作督查中排名为全省第三位。加强医疗质量安全监管，共成立39个市级专业质控中心，全年开展公立医院年度考评、临床路径季度考评、综合医疗质量督查、药事、护理、院感、血液透析、临床用血、民营医院医疗质量、处方点评、暗访等医疗质量安全督查82次；每2个月开展一次群众就医感受暗访，发现问题563条，已全部整改。全市卫生健康行政部门和医调委共受理调解纠纷93例，其中医调委调解45例、行政调解48例，调解成功93例，调解成功率100%，共计产生赔偿256.17万元。顺利完成1552人医师执业资格考试，机考雷同率为0。

【健康促进】2021年，市级组织开展健康促进工作督导4次、技术指导3次，举办培训会4期。通过市、县（区）电视台播放“健康素养66条”、新冠肺炎预防等公益广告40部，通过报纸、网络、微信号等发布新冠肺炎防控、控烟、传染病防治等科普知识百余篇。评选市级健康巡讲专家12名，3人入选省级健康巡讲专家库。建立市级健康科普专家库，共有120人。市级开发制作公益广告《守护你的眼》、一则“老年人防跌倒”顺口溜、一篇《减肥中的这些事，你了解吗》，并在微信、网站等平台发布。6家省级健康促进医院及戒烟门诊播放控烟宣传视频，发放戒烟知识宣传页1000余份，发送短信10万条。涡阳通过省级评估验收，成为第三批省级健康促进县。全市三县一区均通过省级健康促进县区评估。全市共建成健康促进医院（二级及以上）17家、健康促进学校469所、健康促进企业160个、健康社区（村）318个、健康家庭477个，打造7个健康主题公园、11个健康步道、2个健康一条街。积极开展以“文明健康生活方式”为主题的健康中国行活动，在机关事业单位、药厂企业等广泛宣传每个人是自己健康的第一责任人，倡导文明健康生活方式。制定《进一步普及健康知识专项行动方案》，全市各级医疗卫生单位积极开展以文明健康生活方式为主题宣传活动，引导居民接种新冠病毒疫苗。积极开展健康科普进机关、进学校、进社区活动，2021年全市共开展进机关33场次，覆盖2350人；进学校141场次，覆盖33356人；进社区5454场次，覆盖28.3万人；开展“三下乡”活动46场次，自行开展义诊活动44场次。

【健康脱贫与乡村振兴】2021年，市卫健委持续巩固健康脱贫成果，确保无村卫生室和村医空白点，做好154590人已脱贫人口4种慢病签约服务工作，开展34种大病专项救治。推进健康脱贫与乡村振兴无缝对接，将标准化村卫生室和城市社区卫生机构建设纳入民生工程，以乡镇为单位结合人口规模，统筹资金和建设要求，科学设置村卫生室布局，初步建成以乡镇卫生院“院办院管”延伸点为主体、一般村卫生室为补充，公益特色鲜明的村级医疗卫生服务体系。

【基层卫生】2021年，组建市级基层医疗机构标准化建设专家组，统筹负责“优质服务基层行”、社区医院创建和特色专科创建等项目督查指导工作。全市51家乡镇卫生院（社区卫生服务中心）达到优质服务基层行“基本标准”，其中17家达到“推荐标准”，3家社区卫生服务中心创建成为社区医院，10家乡镇卫生院创建成二级综合医院。持续推进村卫生室标准化建设，建成标准化城市社区医疗卫生机构和村卫生室598个，完成率103.46%。积极推进中心卫生室建设，形成农村地区“15分钟健康服务圈”，全市中心卫生室已达35个。

【卫生健康项目建设】2021年，全市继续实施总投资约66亿元医疗卫生健康事业“三年提升、两年巩固”行动，共筹建卫生健康项目88个。截至2021年12月底，已建成涡阳县中医院二期工程、利辛县第二人民医院改扩建工程、蒙城县第一人民医院感染性疾病检测和诊疗能力提升等62个项目。市第二人民医院、市儿童医院、市人民医院急诊大楼项目主体均已封顶，正在进行内部装修；市肿瘤医院主楼地下室施工，部分区域进行二层施工；市中医院二期工程病房楼正在施工。

【医药卫生体制改革】2021年，印发全市深化医改2021年工作要点和解决跨省就医问题补短板、医疗卫生资源补短板、托育服务补短板工作方案，定期通报进展情况。持续推进现代医院管理制度试点，完成全市8个紧密型县域医共体绩效考核，规范紧密型医共体中心药房建设，加快推进蒙城县“医共体+医防融合”试点。市人民医院与薛阁社区卫生服务中心建成紧密型医联体。持续做好百医驻村、千医下乡和万医轮训工作，市人民医院派出2名医务人员驻村服务，各二级以上公立医院遴选85名医生到基层医疗机构帮扶，选派村医到市县医院进修，共开展带教查房4262次、外科手术1507次，卫生院人员进修346人次、培训5352人次，村医服务水平和能力明显提高。2021年全市县域内就诊率86.18%。

【智慧医疗信息化建设】2021年，亳州市推进医疗信息便民服务，全民健康信息平台为疫情防控、家庭医生签约服务、电子健康档案向群众开放、精准扶贫和医保智能审核等提供数据支持，利用世行贷款开展亳州市全民健康信息平台（二期）建设，开发面向群众的智能问诊系统部署在市卫生健康委官方微信公众号；建设市人民医院心电远程诊断中心和各医共体牵头医院分中心，建成市、县、乡三级心电诊断体系，全年为乡镇卫生院提供远程心电诊断3.52万例；推进以电子病历应用水平分级评价为重点的智慧医院建设，市医院、市中医院电子病历达到4级、利辛县人民医院等8家县级医院电子病历达到3级；全市累计发放电子健康卡100.50万张、用卡432.99万次；智医助理AI辅助诊断2126.41万次，健康随访智能语音呼叫298.1万次；亳州市人民医院互联网医院提供预约挂号13.41万人次、报告查询75.57万人次、门诊缴费支付5.48万人次、在线咨询1.29万人次、在线复诊4159人次；加强网络信息安全，全市12家二级以上公立医院在公安局网安部门定级备案系统15个。

【农村敬老院改革】2021年，亳州市在中国人口与发展论坛中对农村敬老院改革工作作典型经验介绍。全市139家乡镇敬老院已有132家与乡镇卫生院融合发展，老人医疗服务和集中供养紧密结合，大幅提升在院老人健康状况。全市集中供养全失能“五保”老人830人，半失能“五保”老人1131人，全自理“五保”老人4233人。这些老人经精心医疗照护后，987名患病老人中有960名病情得到基本控制、415名有褥疮的老人中已全部痊愈。全市在院老人100岁以上的有13人，较2019年增加9人；80～99岁的有1796人，较2019年增加135人。

（侯学振）

中医药服务

【概况】2021年，全市92个乡镇卫生院、14个社区卫生服务中心全部建成中医馆，每县（区）拨付35万元村卫生室中医药服务能力建设经费，所有社区卫生服务站村卫生室均配置4类中医诊疗设备，开展4项以上中医药适宜技术，具有中医药服务能力，“15分钟中医药服务圈”基本建成。

【“三名”工程建设】创建“名院”。市中医院二期工程即将封顶，涡阳县中医院二期工程完工、三期工程开工，亳州市华佗中医院陵西院区、养老中心建设工程即将完工，市中医院成功获评“三甲”，涡阳县中医院获得三级称号，蒙城县中医院正在创建“三甲”中医医院。创建“名科”。2021年，全市评选出“十四五”市级中医重点专科16个。2021年12月，市中医院肛肠科等2个专科被省中医药管理局确定为“十四五”省级特色专科。培养“名医”。蒙城县中医院刘亮获批省著名中医称号，亳州市中医院程玉峰获“江淮名医”称号。同时，还开展首届青年名中医评选工作。

【名医堂项目】2021年，向中国中医科学院发文，申请在亳州市布局设立名医堂，定期邀请国医大师和全国著名老中医到亳坐诊、带徒。

【合作共建】亳州市中医院成功获批省中医区域医疗中心建设项目，全面启动与省中医院的合作创建任务。华佗中医院加入不孕不育症中西医结合多学科医疗联盟（上海）。利辛县中医院与南京市中医院签订合作协议，与上海中医药大学附属曙光医院、江苏省中医院、浙江省中医院、安徽省中医院共同签订长三角中医、中西医结合内分泌代谢病专科联盟合作框架协议。市中医院与连云港市中医院签订技术合作协议；市中医院派出30余人到苏州、常州中医院学习进修；市中医院与微医控股（浙江）有限公司签订共建亳州市中医院互联网医院合作协议，与江苏省第二中医院签订合作协议。

【智慧医疗服务试点】积极建设“互联网+中医”平台，亳州市中医院互联网医院正式运营。各县区中医院也开展前期准备工作，其中华佗中医院互联网医院已获得批准。

（侯学振）

疾病预防控制

【概况】全市疾控机构共有编制417个，其中2021年新增编制167个（谯城区疾控中心新增编制150个，蒙城县疾控中心新增编制17个）。开展实验室核酸检测能力提升工程，市疾控中心申请财政资金104万元增购新冠核酸检测设备，日检测能力从2000管增加到5000管。先后购置约800万元大型理化检测设备，水质检测项目从80项提高到106项。

全市以县区为单位，适龄儿童22剂次国家免疫规划疫苗报告接种率均达95%以上。全市累计完成接种1104330剂次，民生工程任务完成率101.62%。开展卡介苗阳转监测工作，全市共监测100名儿童，12周阳转率94.0%。麻疹、AFP、流脑、乙脑、AEFI监测相关指标均达到规定要求。其中，年化排除麻疹风疹病例报告发病率2.56/10万、48小时完整调查率100%、麻疹血标本采集率为100%；AFP报告后48小时调查率为93.33%，合格便采集率为89.29%；流脑24小时及时调查率和标本采集率均为100%，AEFI及时报告率98.21%。

完成全市碘盐、尿碘、水碘监测和儿童甲状腺肿调查工作。各县区持续保持碘缺乏病消除状态，达到饮水型地方性氟中毒控制标准。

【传染病防控】传染病报告管理。2021年，全市共网报法定传染病21865例，报告病种主要为乙型肝炎6450例、其他感染性腹泻4868例、手足口病4293例、肺结核2333例、梅毒1125例。

流感防控。全市共报告流感样病例8403例，采集并检测流感样病例咽拭子标本1230份，流感病毒阳性结果17份。其中，混合型1份，BV型14份。

手足口病防控。全市共报告手足口病病例4293例，其中重症2例，无死亡病例。每月定期开展手足口病病原学监测，共采集检测病例样本393份，阳性结果302例，其中CoxA16病毒57例、其他肠道病毒245例。

肠道传染病防控。落实腹泻病人监测周报制度，全市共就诊腹泻病人9522例，其中县区级3361例、乡镇级6161例。落实

2021年5月13日，市民在国医馆接种新冠病毒疫苗　（何　甜　供图）

霍乱弧菌环境和食品监测统计月报制度，共采集水体、水产品、食品、公厕粪便等样本1231份，霍乱弧菌检测结果均为阴性。

登革热防控。完成6轮次伊蚊密度监测工作，共调查1680户，发现阳性水体176个，平均布雷图指数为10.48，提示5—7月存在传播风险，7—9月存在高度传播风险。落实清理蚊虫滋生地、滞留喷洒等综合防控措施。

艾滋病、结核病等重大传染病防控。艾滋病患者抗病毒治疗全部移交到医疗机构。开展艾滋病哨点监测，共采集标本2804人份，发现1例HIV阳性患者、42例梅毒阳性患者；完成自愿咨询检测1318人次；受理学校结核病预警信息342个，排除227个，规范处置疑似事件115起，联合市教育局开展全市学校结核病防控专项暗访。艾滋病CD4检测和病毒检测比例分别为98.30%和98.30%，治疗成功率和覆盖率分别为91.66%和97.12%；结核病患者登记管理率100%，总体到位率97.20%，结核病病原学阳性率51.14%，重点人群耐多药筛查率100%。

【应急处置】2021年，全市举办新冠肺炎疫情流行病学调查培训班，市、县（区）流行病学调查小分队共300人次参加培训。做好物资储备。储备医用防护口罩、防护服等个人防护物资200套，将流调小分队所需物资分发装箱，确保随用随取。先后开展新冠肺炎疫情常态化防控下突发疫情应急处置桌面推演和实战演练。做好风险评估，开展专题风险评估4次、日常风险评估12次。

应急处置。全市共报告突发公共卫生事件及相关信息5起（其中一般事件0起、未分级事件5起），报告发病72人，波及5455人，无人员死亡。5起突发公共卫生事件中传染病类2起、食源性疾病类2起、食物中毒类1起。

【公共卫生服务】2021年，全市各城区共设置68个监测点，农村共设置168个监测点。农村监测点优先选择农村安全饮水工程，乡镇覆盖率达100%。全市饮用水监测任务为472份，实际完成559份，完成率118.4%。完成贫困村水质检测工作，覆盖全市所有贫困村，收集上报数据559条。用户水龙头水质监测情况每季度向社会公示。

食品卫生。制定食品安全风险监测方案，全市10家哨点医院共上报食源性疾病病例3435例，任务完成率124.90%；全市食品污染物及有害因素监测任务174份，完成182份，完成率104.60%；病原学检测任务120例，完成182例，完成率151.67%，检测结果为阳性占17.58%，其中诺如病毒阳性率6.59%。定期分析疑似聚集性病例，每季度分析食源性疾病监测数据，及时形成季度分析报告。组织开展食品安全宣传、全民营养周等宣传活动。

职业卫生。制定职业病防治项目实施方案，举办培训班1期，定期审核上报职业病防治民生工程个案卡。全市共下达职业病个案报告任务2500例，完成6187例，完成率247.48%。

放射卫生。制定医疗卫生机构医用辐射防护监测项目、职业性放射性疾病监测项目等实施方案，举办放射卫生监测项目网报系统培训班，完成对61家放射诊疗机构、6家监测点医院信息调查、录入等工作。

学校卫生。制定亳州市学生常见病和健康影响因素监测方案，开展学生常见病和健康影响因素监测质量控制，完成对72间教室的环境监测。覆盖4个县区、31所学校，共体检学生10477人。

慢性病管理。开展死因监测，全市通过死因监测信息系统网报死亡病例且已终审数为32032例，粗死亡率6.41‰，上报完成率106.84%。做好上消化道癌机会性筛查及诊治工作，6家项目医院上消化道癌机会性筛查任务13000例，2021年1—12月共上报完成机会性筛查29403例，完成率226.18%；胃镜诊疗任务38789例，实际上报42904例，完成率110.61%。

（侯学振）

妇幼健康

【概况】2021年，亳州市继续实施免费婚前医学检查工作，全市4个县区均完成婚检规范化门诊创建验收工作，婚检服务质量逐步提升。全市完成婚前健康检查8.32万人，任务完成率134.1%，婚检率95.9%，疾病检出率9.5%，支出资金763.1万元。

【妇幼公共卫生项目】全市0～6岁儿童保健和孕产妇保健工作常态化开展，儿童保健和孕产妇保健服务水平不断提高。全市孕产妇健康管理率、3岁以下儿童系统管理率和7岁以下儿童保健覆盖率分别达94.6%、87.3%、91.4%。全市完成免费孕前优生健康检查3.72万人，完成农村宫颈癌筛查7.7万人、乳腺癌筛查2万人，均超额完成年度目标任务。全市新增叶酸发放人数4.7万人，发放叶酸19.6万瓶。

【出生缺陷综合干预】2021年，亳州市继续实施免费孕中期产前筛查工作。7月，亳州市启动早孕期产前筛查工作，开展早中孕联合产前筛查，进一步提高产前筛查阳性率，筛查效果反馈良好。10月，亳州市启动新生儿耳聋基因筛查，进一步扩大新生儿疾病筛查服务内容。全市完成免费孕中期产前筛查2.75万人，任务完成率114.6%，全市产前筛查率72.3%，符合条件建册孕妇筛查率82.4%。新生儿遗传代谢病筛查3.9万人，新生儿听力筛查3.8万人，新生儿先天性心脏病筛查3.7万人，新生儿疾病筛查率均达到90%以上。

【母婴安全保障】2021年，亳州市严格落实母婴安全五项制度，强化监督考核，认真开展妊娠风险评估与管理工作，继续将产科质量、控制剖宫产率纳入妇幼民生工程考核，实行季度考核，定期通报。全市孕产妇死亡2例，低于2020年同期水平，全市剖宫产率34%，控制成效良好。

【出生医学证明管理】2021年，亳州市加强出生医学证明管理，做好换发、补发、机构外签发、证件申领等工作，组织开展出生医学证明督导检查。2021年，全市共签发“出生医学证明”40862张，首发39701张，补发810张，换发351张，废证73张，首次签发率97.16%。废证率0.18%，未发生违规违法签发行为。

【妇幼信息管理和监测】2021年，亳州市持续推进“三网监测”、淮河流域出生及出生缺陷监测、危重孕产妇医院监测、出生缺陷监测等项目有序实施。完成统计年度妇幼卫生年报质控工作。先后两次召开全市孕产妇安全管理会议，举办全市妇幼卫生信息培训班，进一步推进全市妇幼卫生信息管理和监测水平。2021全市孕产妇死亡率为4.78/10万，5岁以下儿童死亡率3.66‰，婴儿死亡率2.20‰，均达到“两纲”目标要求。

（侯学振）

卫生监督执法

【概况】2021年，全市卫生健康系统承担“双随机”任务1137家，检查发现关闭4家，任务完成1133家，任务完成率99.65%，完结率100%。全市立案查处528件行政处罚案件，其中医疗卫生类207件（无证行医58件），传染病防治类124件，公共场所类118件，放射卫生类15件，生活饮用水类26件，职业卫生12件，餐饮具消毒单位4件，学校卫生20件，妇幼健康1件，消毒产品生产单位1件，执行罚没款285.88万元。

【专项监督检查】开展医疗废物处置专项检查。共检查32家市直医疗机构，31家存在问题，其中2家已立案处罚。

开展无证公共场所整治专项活动。共检查公共场所320家，其中159家持有卫生许可证，161家无卫生许可证，持证率49.69%。在检查的240家单位中，212家已办理卫生许可证，3家正在办理，5家已停止营业，1家被立案查处，19家未办理卫生许可证，已责令尽快办理。

开展游泳场馆监督抽查工作。共监督检查41家游泳场馆，采集117份水样进行检验，检验结果已进行公示。

开展消毒产品生产企业分类监督综合评价（试点）工作。选取27家消毒产品生产企业，按照《消毒产品生产企业分类监督综合评价表》相关内容进行综合评价，其中1家不合格，被列入重点监督单位。

开展居民小区二次供水设施“你点我查”活动。对群众选出20个居民小区二次供水设施进行监督检查，采集20份水样进行检验，2家居民小区二次供水水质菌落总数不合格，1家居民小区二次供水水质浑浊度不合格，及时下达卫生监督意见书，责令经营者限期整改。

开展餐饮具集中消毒服务单位专项检查。自5月起，每季度对全市所有餐饮具消毒服务单位开展监督抽检工作。2021年，立案处罚4家，罚款4万元。监督、抽检结果及时向社会公示，并向有关部门进行通报。

开展农村集中式供水专项监督检查工作。共检查各类集中式供水单位120家次，对55家存在问题单位责令其整改，立案处罚5家，罚款1560元。

开展打击非法医疗美容服务专项整治活动。2021年，全市立案查处7起违法案件，罚款13.8万元，没收非法所得3.14万元。

开展商超影剧院专项检查。对全市38家商场、超市、影剧院室内空气和15家影剧院3D眼镜进行卫生学检测抽查。3家商场、超市室内空气不合格，2家影剧院室内空气不合格，已下发卫生监督意见书，要求抽检结果不合格单位查明原因，消除卫生安全隐患，保证室内空气符合国家卫生标准。

开展现制现售直饮水机水质专项抽检。共对8家水质处理器经营单位进行监督检查，对100台现制现售饮用水自动售水机出水水质进行抽检，抽检结果显示9台售水机出水细菌总数不合格，合格率为91%。对于抽检水质不合格现制现售直饮水机，统一在新闻媒体上予以公示，并责令相关经营单位停止制售，待消除卫生安全隐患，对水质进行再检验，检测结果合格后才可进行销售。

【血液安全管理】2021年，全市无偿献血37877人次、同比增长3.88%，无偿献血总量72960单位、同比增长4.19%，无偿献血总量位列全省第四位。其中，全血采集35871人次，同比增长3.18%；采集全血量69224单位，同比增长3.52%。单采血小板采集2006人次，同比增长18.07%，单采血小板采集3736个治疗量，同比增长18.49%。捐献400毫升全血人次占总献血人次的比例为92.95%。自愿无偿献血者比例为100%。固定献血者比例为52.78%。常住千人口献血量为14.6单位/千人。

（侯学振）

医疗保障

【概况】亳州市医疗保障局（以下简称“市医保局”）于2019年1月31日挂牌成立，下设市医疗保障综合服务管理中心。主要职责是贯彻执行国家医疗保险、生育保险、医疗救助等医疗保障法律法规规章和政策规划标准，组织制定全省城乡统一的药品、医用耗材、医疗服务项目、医疗服务设施等医保目录和支付标准；建立价格信息监测和信息发布制度；制定药品、医用耗材的招标采购政策；组织制定和完善异地就医管理和费用结算政策等。

【医疗待遇保障】2021年，亳州市医保局下发《关于做好2021年城乡居民基本医疗保险费征缴工作的通知》，强化网站、公众号、报纸、电视、乡村小喇叭等立体宣传，畅通皖事通、微信、村居代办点缴费渠道，落实重点群体参保资助。2021年参保595.01万余人（其中居民565.57万人，职工29.44万人），参保率达99%以上。

慢病待遇提标扩围。2021年，亳州市医保局下发《亳州市基本医疗保险门诊慢特病管理办法》，统一居民和职工63个门诊慢特病种及鉴定标准、用药目录、待遇政策，职工慢病门诊待遇由每人每年2000元左右增至3000元，鉴定工作常态化开展。同时，创新慢性病“两路三盲”“随申随办”认定模式，即群众、专家、经办人员不见面、不连通，参保群众可通过“皖事通”App随时申报，解决参保群众在慢性病管理服务存在堵点痛点问题。

2021年，亳州市医保局出台城乡居民基本医保、大病保险和城乡医疗救助民生工程《实施方案》及《考核细则》，签订责任书，编制行事历，印制宣传手册3万余份，实行每月督查、双月考核。2021年全市普通（大额）门诊报销2.62亿元，门诊慢特病报销4.83亿元，住院报销38.15亿元。全市居民政策内住院报销73.2%，大病保险报销61.9%，直接医疗救助38.4万人次，金额2.13亿元，位居全省第一等次。2021年，亳州市医保局在全省率先出台《亳州市巩固拓展医疗保障脱贫攻坚成果有效衔接乡村振兴战略实施方案》，继续落实“四不摘”要求，坚持参保信息双比对、脱贫人口定期监测、医保服务持续优化等，健全防范化解因病致贫返贫长效机制。

【医保综合改革】2021年，国家五批药品集采亳州市共采购6405万元、高值耗材集金额1亿余元，全年节约费用4.5亿元。全市推广日间病床、“两病”按人头付费等试点成果。“同病同保”扩大至所有二级医院和乡镇卫生院。养老机构门诊基金统筹共济扩展至全市所有敬老院。亳州市围绕中医药门诊适宜技术病种和住院优势病种，选择23个病种实行按病种付费，选择3个病种实行中西医同病同保，助力亳州“世界中医药之都”建设。

【医保行风建设】2021年，亳州市医保局召开全市医保经办规范化建设现场会暨“行风建设提升年”启动会，按照9大任务、37项“好差评”服务清单，以及“七应七尽”要求，完善“市县乡村”四级服务网络。7月，开展县区医保行风互查互评，对照综合评定9个方面、体验式评价和群众满意度41项指标，互查互找、互学互促，并将评比结果纳入年度综合考评。10月，市医保局“打通医保内循环群众购药不作难”做法被国家医保局宣传报道。全国医保行风建设亳州市获得好评，全省医保行风建设市医保局位列前茅。

【医保基金监管】2021年，亳州市医保局以《医疗保障基金使用监督管理条例》为重点，推出“四高四大”（高位推进、高频覆盖、高层解读、高压严打，大走访、大练兵、大服务、大督查）活动举措，培训53场次、曝光70起典型案例、1.3万余人参加、医保专家现场解读条例，营造学法、守法、用法良好氛围。专项治理扎实开展。陆续实施“专项治理回头看”“点穴式巡察”“三假专项治理”“乡村医疗机构医保违规行为专项整治行动”。2021年，全市共处理定点医药机构1346家、参保人199名，解除协议16家、移送司法机关5起，追回违规基金7994.11万元。

2021年，亳州市医保局全国试点获评优秀。成立市、区医保基金安全管理中心、增加人员编制，智能监控系统拓展至卫生院和民营医院，强化网格化管理、实行驻点监管、建立“流动哨所”，健全“三医联动、舆情监测、案件移送”等长效机制。9月，亳州市医保基金监管方式创新试点获评全国“优秀”，11月，省委、省医保局专版印发亳州做法，省、市委主要领导作出批示，给予充分肯定。

【信息化建设】2021年，亳州市医保局成功上线国家信息平台。作为全省第一批信息平台建设示范城市，市医保局做足三篇文章（即精密组织实施、强化要素保障、注重培训指导），严把三个关口（即严守标准关、时间关、应用关），盯住六个环节（即业务模块测试、数据迁移校验、医院接口改造、待遇算法检测、软件实际操作、上线风险评估），11月12日，新平台在亳州市顺利上线，基本实现群众无感切换新旧系统。

2021年，亳州市医保局“两定”协议云上签约。开发医保服务协议网签系统，全市2612家定点医药机构线上签订定点协议，应用数字水印、国密

2021年5月14日，亳州市医保局举办“中行杯”《医疗保障基金使用监督管理条例》知识竞赛
（李秀刚　供图）

算法等，确保协议签订合法、便捷、高效。2021年，亳州市医保局医保电子凭证全流程应用。全市351万余人激活医保电子凭证、激活率59.1%；全市12家二级以上公立医院实现购药、就医结算等全流程场景应用，实现“看病不带卡，就用医保码”。

（李秀刚）

·亳州市人民医院·

【队伍建设】2021年，亳州市人民医院加强干部队伍建设，完成中层干部换届轮岗，公开选拔或民主推荐17名中层干部、6名班组长。贯彻落实“双培养”机制，发展新党员30名，培养新入党积极分子52名。严把选人用人关，审核把关307人次，暂缓4人职称聘任、2人岗位晋升。加大“外引”力度。加大硕博研究生（含规培本科）招聘力度，签约全日制博士研究生1人、硕士研究生33人；创新人才引进新途径，对五类人才实行柔性引进，成功签约3名知名专家；完成基础人才（普通本科、专科）招录66人。加大“内培”力度。出台鼓励职工攻读研究生政策，已支持3名职工攻读全日制博士研究生、2名职工攻读全日制硕士研究生。全年外送医务人员学习169人次，派出业务骨干进修99人次，培养省级及以上专科护士36人。积极选拔培养优秀青年人才，选拔第二届“临床杰出青年医师”35名，选拔首届“杰出青年护理人才”54名，与中国科学技术大学联合举办亳医新星研修学习班。高级职称评审通过107人，其中正高职称9人、副高职称98人。魏广友等10人获聘安医大兼职教授、副教授，涂胜等10人获聘2021年度安医大硕士生导师，魏广友被评为“江淮名医”，张飞鹏被评为“安徽省优秀共产党员”，郭佩茹获“安徽省五一劳动奖章”。

【公立医院综合改革】2021年，亳州市人民医院持续深化公立医院综合改革。完成2020年度国家三级公立医院绩效考核工作。按要求完成指标上报、自评及省级增设指标数据填报。完善医院综合质量考核指标，突出抓好质量控制。持续优化调整综合绩效核算方案，完成5次重大政策调整。持续健全现代医院管理制度。全年新增内部管理制度27个、修订完善制度33个。

药品耗材合理使用。严格执行国家和省药品、耗材集中带量采购成果，8月份陆续启动低值耗材招标采购中，耗材最高降价50%以上。加强合理用药监管，充分利用处方前置审核系统，加强抗肿瘤药物、抗菌药物、辅助用药点评，点评病历1050份，处罚不合理病历36份，药占比控制在28.7%。加大耗材合理使用控制管理力度，修订耗材占比目标值，开展耗材占比点评2次，处罚超标科室10个。

修订临床路径表单39个，新增病种4个，全年完成临床路径60468例，临床路径出院占比为68.18%，临床路径变异率下降至17%。

加大基层帮扶力度，举办医共体成员单位骨干医师培训10期，培训500人次，接收基层进修26人，下派专家165人次。着力提升辐射能力，与鹿邑县人民医院建立医联体。积极推进医共体双向转诊，制定实施方案和绩效考核方案，全年下转病人2511例，较2020年同期大幅增加。

【学科建设】2021年，亳州市人民医院学科建设再获新突破。“十三五”4个省级重点学科终期评估获优秀等次，儿科、心血管内科、全科医学科入选“十四五”省级重点学科。积极对接融入“长三角”，加入中国公共卫生联盟，挂牌上海市儿童医院儿科协作医院、西京消化病医院亳州整合医学中心，与上海市公共卫生临床中心、复旦大学附属肿瘤医院、上海市儿童医院、上海市第一人民医院等开展深入合作，邀请专家指导200余人次。医学中心建设取得新进展，房颤中心、高血压达标中心通过专家组验收；产前诊断中心高分通过省级验收；生殖医学中心人工授精技术试运行结束，进入省卫健委验收程序，已完成受孕13人、出生婴儿2名；启动VTE、上消化道急性出血救治基地、全院血糖管理中心、骨质疏松、门静脉高压、心脏康复中心等诊疗中心规范化建设；有序推进创伤中心建设，与市交警支队建立警医联动工作机制，创伤中心团队140多名核心成员参加CTCT亳州站培训并通过考核；推进省级儿科、肿瘤科区域医疗中心建设，已经市政府同意，进入与上级医院对接洽谈阶段。进一步修订专科能力评价标准，启动第二轮专科能力评价，规范亚专业组管理，完成第一轮140个亚专业组述职考评。护理学科建设持续加强，启动第二周期护理学科建设，设置专业20个，遴选带头人20名、学科骨干72名并建立考核机制，制定护理学科发展规划（2022—2024年），成立护理学科建设专家委员会，建立护理学科建设项目考核评估体系。

112项“三新”项目立项，46项2018年度“三新”技术项目结题，成功开展全市首例ECMO技术、全国范围内首次创造性应用空氧条件下（吸氧浓度21%）呼吸机无创辅助通气治愈一例口服大剂量敌草快中毒合并ARDS患者、采用立体定向颅脑微创穿刺引流术（软通道）成功救治多名危重脑出血患者、成功开展经脐单孔腹腔镜手术、全市首例OCT指导冠脉介入治疗等先进医疗技术。多名医务人员在省级及以上病例大赛中斩获佳绩，钱贝丽在“营在ICU”全国重症营养病例思辨赛浙皖区域赛中荣获冠军、在第六届“人福杯”重症镇痛镇静病例讨论大赛华中赛区决赛中获得二等奖，吴利萍在“丽珠杯”省生殖与遗传疾病诊疗联盟病例视频大赛中荣获一等奖，陆静、刘芳欣在省超声医学技能竞赛中分别获得个人全能一等奖和二等奖，王义凯在省围术期镇痛管理病例大赛中荣获二等奖，李东戈在全省首届冠心病介入围手术期综合管理病例大赛荣获二等奖。

【科研教学】2021年，亳州市人民医院签约成为安徽医科大学直属附属医院，加入“安医系”医疗服务体系。鼓励申报国家自然科学基金项目，召开2022年度国家自然科学基金申报动员大会，申报2022年国家自然科学基金项目初稿21项。全年成功申报科研课题29项，其中省级重点研发计划项目2项，省教育厅高校科学研究项目1项，市级重点研发计划项目12项，安医大校级基金项目8项，省红十字会中医传承科研项目2项、其他横向科研课题3项，获批专利21项。完成国家级继教项目1项、省级继教项目8项、市级继教项目22项。修订科研学术论文奖励办法，论文质量进一步提高，全年发表论文367篇，其中SCI论文12篇，中文核心期刊论文27篇，统计源期刊98篇。完成安理工本科班及安庆医专双主体教学班教学任务，持续开展住院医师规范化培训、全科医生转岗及骨干全科医生培训，教学质量进一步提升，住培学员执业医师考试通过率达94%，省级结业考核通过率95.6%，在全省26家西医住培基地中排名第四，2020级全科转岗学员省级结业考核通过率100%；临床技能中心选拔模拟教学师资72名，开展各级各类医务人员培训及考核16000余人次。完成GCP机构及首批9个专业基地设备配置，成立药物临床试验管理机构委员会和药物临床试验伦理委员会，完成7个类Ⅳ期项目立项审查。儿科、骨科、肿瘤科3个市级临床医学研究中心获批成立，启动建设。

【质量和安全管理】2021年，亳州市人民医院落实医疗核心制度，保障患者安全，定期开展综合医疗质量检查和业务查房，每季度做好医疗安全不良事件、非计划再次手术、住院超过30天患者情况分析通报，督促临床科室加强负面事件管理。采用病历质量专项检查、病历书写重要节点控制、信息手段实时病历监控等多种方式加强病历质量管理，严格落实奖惩，全院归档病案甲级率99.11%。以赛促学，以学促进，举办规范诊疗行为专题培训、2021年亳州市病案首页主要诊断编码正确率培训，成功举办第三届心电图培训与竞赛、首届医学人文演讲比赛、医疗核心制度竞赛和优秀病案演讲比赛。护理质量持续提升，开展护理项目改善47项，推广精益化管理案例8项。挂靠该院的市各专业质控中心中，临床路径等11个专业质控中心被省卫健委评为2020年表现突出的市级质控中心，病案质控中心在2021年安徽省病案质控中心年会上取得地市级质控中心第一名并被评为“优秀质控中心”，超声质控中心在省级竞赛中获得个人全能一等奖。

落实全员安全生产责任制，完善安全生产制度体系。层层签订安全生产和消防安全责任书，修订安全生产管理制度、消防安全管理制度，制定危化品安全管理规定，每天开展消防安全巡查，每周对消防设施进行检查，每月组织院级消防安全检查，定期召开安全生产专题会议。制定隐患举报奖励措施，建立安全隐患上报微信群，发现隐患问题及时整改。上线“智慧消防”系统，对全院消防设施进行实时动态监控。深入开展各类安全生产活动。组织开展“安全生产月”系列活动、“测测你的安全力”活动，安全生产知识竞赛，联合公安机关开展突发事件应急演练，联合消防支队开展灭火疏散逃生演练，全年开展消防安全知识培训65场，实现消防安全培训全员覆盖。积极应对和化解医疗纠纷。全年纠纷数量有所减少，赔偿金额明显降低，无重大纠纷发生。

【医保管理】2021年，亳州市人民医院开展打击欺诈骗保专项治理“回头看”，配合完成市委巡察组打击欺诈骗保巡查，开展2021年医保违法违规行为专项治理，开展新一轮医院获取医保基金自查自纠，迎接省医保局检查、市医保检查、谯城区医保检查，完成自查自纠、申诉和问题整改。同时，严肃责任制和责任追究制，把医保管理延伸到医务人员诊疗服务，发现问题对直接责任人进行处罚。

成立医保管理委员会，建立三级医保管理组织体系，每季度召开医保管理委员会会议，研究解决问题。出台医疗保障基金使用内部管理制度，制定负面清单8类、256项，日常开展分解住院和检查式住院督查等，强化住院患者实名制、身份核实和在院管理，规范慢性病门诊管理。

推进15项医保信息标准编码贯标，完成医保结算清单升级改造并通过省医保局验收。及时准确执行《国家基本医保药品目录（2020年）》，动态更新700多种药品医保类型、限制支付条件标识，完善医生工作站医保限制支付药品弹窗提示，妥善解决医保限制支付药品使用问题。

【经济运营】2021年，亳州市人民医院经济运营质量持续提升。成立运营管理委员会，制定运营管理实施方案，开展绩效奖核算情况、医疗工作量指标完成情况、科室收入结构等有关指标月度分析，加大成本管控，降低科室运营成本。推进SPD和二级库房建设，推行低值耗材信息化精准管理，实现零库存，SPD已完成招标。采用多种融资手段，保障医院资金良性运转，全年使用自有资金偿还银行贷款2.1亿元。加强收费督查，全年累计开展院内督查9次，督查全院各科室平均3.5次。积极申报新开展医疗服务项目，获批4项。加大经济行为内审力度，全年完成工程项目审计32个，累计审减金额122.5万元，完成标后履约、医共体专项资金、医保专项资金、仓库盘点及采购供货四个专项审计，有效保障医院财经秩序规范运行。

【后勤管理】2021年，亳州市人民医院推进能源托管工作挂网招标。上线医用织物智能柜，医院织物管理进一步精细化、智能化。持续加强医疗垃圾及污水处理规范化管理，上线运行医疗废物管理系统，完成食堂油烟设备以及油水分离机整改、污水站在线等比例采样器的安装和调试、土壤污染隐患排查等工作。

【智慧医院建设】2021年，亳州市人民医院智慧医院建设再获提速。加快推进电子病历六级及互联互通成熟度测评四级甲等项目建设，已完成项目招标和医生工作站升级，为后续集成平台、360患者视图、电子签名、临床辅助决策系统等系统上线奠定基础。实现全院5G网络覆盖，移动护理项目通过验收，积极探索5G+医疗，围绕急诊救治、远程诊断创新5G应用场景，正在快速推进实施5G+急救项目升级。进一步方便患者就医，完成全院业务电子医保凭证全流程改造、社保工伤结算等系统改造，上线住院自助机，完成门诊自助机软件升级。市区域远程心电平台项目通过验收，市区域医学检验中心已制定建设方案并完成招标。加强网络安全管理，完成医院关键信息基础设施网络安全自查和现场审核，顺利通过院内系统三级等保测评。

【医院服务品牌建设】2021年，亳州市人民医院上线新版医院门户网站，开展建党100周年系列活动宣传，加强安徽医科大学文化宣传，成立院级宣讲团和信息员队伍，全年发布宣传信息987条，卒中中心建设相关报道在安徽电视台《今皖风采》栏目发布并推送“学习强国”平台。开展评先评优、护士节、医师节庆祝表彰活动，开办职工子女暑托班，开展百草园徒步行、拔河比赛、职工篮球赛等文体活动，职工凝聚力进一步提升。全力做好文明卫生城市创建各项工作，积极开展环境卫生专项整治，美化医院环境。

开展“平均住院日下降一天行动”，加强平均住院日和床位使用率管理，全院平均住院日较2020年同期下降0.5天；日间手术病种增至55个，完成3827例；MDT增至15个病种，完成400余例；完成与上级医院远程会诊185例、与下级医院医共体会诊127例，荣获“华西医院远程医学——共创辉煌奖”；启动第一批加速康复试点病种24个，推行加速康复外科护理，完成300余例。深化丰富优质护理服务内涵，推进责任制整体护理，积极探索开展“以患者为中心”医护一体化、多学科合作模式。以患者就医需求为导向，新院区新开设知名专家门诊、多学科联合门诊，北院区完善门诊设置、新开业体检中心，方便老城区患者就诊体检；成立临床精准用药实验室，启动血药浓度和药物基因检测项目，指导患者个体化用药；优化老年人就医流程，提供老年友善服务，完成安徽省老年友善医疗机构创建评价，建立亳州市人民医院医养联合体；进一步畅通投诉渠道，按照《医疗机构投诉接待处理“十应当”》要求，规范完善机制流程。医学影像云胶片项目被省卫健委作为改善服务典型案例在“健康安徽”微信公众号发布。全年门诊患者满意度为95.59%，住院患者满意度为98.54%，出院随访病人满意度为99.43%。

【**基建项目建设**】2021年，亳州市人民医院有序推进急诊大楼项目建设，5月11日封顶，12月底完成外装，内装施工完成80%，已完成项目环评，部分设备已完成招标采购。稳步推进放疗中心、核医学科再扩建项目，完成项目设计招标和环评、卫评，修改后设计方案已上报市规划局研究审批。按市政府要求配合市残联进行残联大楼消防改造，已完成消防、内装改造，正在联系第三方检测公司初验，整改后上报资料至质监站。完成南、北院区双电源供电改造工程。完成北院医技楼及体检中心改造。

【**政府指令性任务**】2021年，亳州市人民医院完成各类政府指令性任务。推进亳州市职业病防治院建设，完成职业健康体检机构和职业病诊断机构备案，通过年度职业健康质量控制检查。选派第七批“组团式”援藏医疗人才1人、第二批“千医下乡”派驻医生6人、驻村第一书记1人。全年开展义诊20余次，承担重大活动医疗保障任务80余次，纪委驻点服务300余人次，完成全市478名口腔医师和市直临床医师定期考核，承担2021年普通人口慢性病鉴定9506例。完成看守所体检600人次，承担监外执行鉴定任务102例，完成亳州学院等驻点医疗服务工作。

（何　甜）

·亳州市中医院·

【**概况**】2021年，亳州市中医院出院人次为3.3万人次，门急诊人次为63.3万人次，手术例数为7500余例，三四类手术例数4500余例，介入治疗例数1500余例，120接诊患者数6600余人。全年共开展5000人次体检服务，开展健康教育讲座328次，通过电话回访对出院患者进行健康指导1.8万人次，为出院康复期患者提供居家护理服务36人次。

2021年，亳州市中医院面向社会公开招聘工作人员23名，引进急需紧缺型人才5名，引进普通外科副主任医师马陈建等高层次人才3名。肺病科主任程玉峰获批安徽省第四届“江淮名医”称号。医院组织申报卫生系列高级专业技术职称40人，评审通过率为82%。聘任卫生专业技术人员382人，其中首聘291人。开展中层干部及业务骨干管理培训、业务沙龙学习活动，落实人才培养工作计划。通过多项举措，为人才培养搭建坚实平台，努力提高医务人员综合素质和能力。

2021年，亳州市中医院围绕“名院”“名科”“名医”，对健康科普知识、医疗技术发展、优秀典型人物、科室建设和医院管理等进行院内外宣传。医院更新官网新闻259篇，制作并发放院报12期，发布微信公众号原创文章112篇、抖音视频46条。医院工作受到国家级媒体报道5次，省级媒体报道20次，亳州电视媒体报道90余次，并获批为安徽省中医药文化宣传教育基地建设单位。

2021年，亳州市中医院受到国家卫健委办公厅、国家中医药管理局办公室通报表扬，获评“以签约服务为依托，拓展药学服务新领域”先进典型医院、“以改善中药药事服务为核心，开展‘放心用中药’”行动先进典型医院，胸痛中心荣获“以病人为中心，推广多学科诊疗模式”先进典型科室称号，4人被评为先进典型个人。

【疫情防控】2021年，亳州市中医院召开新冠疫情防控专项会议3次，组织新冠肺炎疫情防控知识培训40多场、院内督查50余次，开展普通病区疑似新冠肺炎感染应急处置演练活动。定期对全院职工进行核酸检测，每周对重点人群进行核酸检测。完成政府指令性核酸采集任务13次，累计调派护士129人次，完成核酸采集2万余人次。加强疫情防护物资保障和管理工作，入库防疫所需紧急采购设备252台，采购金额约453.24万元。

2021年，亳州市中医院落实疫苗接种工作任务。在社区、乡镇、学校、医院等场所，针对不同年龄阶段重点人群逐步推进疫苗接种工作，派驻新冠病毒疫苗接种医疗保障救治2200多次，累计接种约16.7万人次，单日最高接种量达9276人次。

【党建工作】2021年，亳州市中医院选举产生新一届中共亳州市中医院委员会和中共亳州市中医院纪律检查委员会。制定医院章程党建工作专章，修订完善医院领导班子议事决策制度。2021年，亳州市中医院召开全体团员大会，选举并产生新一届团委委员。医院团委开展“助力高考”“教师资格体检”“中医中药中国行”“疫苗接种”“咽拭子采集”等志愿服务活动59次，参与志愿者共计1272人次，志愿服务时长达5399小时。

【学科建设】2021年，安徽中医药大学第一附属医院（省中医院）与亳州市中医院正式签约，合作共建省级中医区域医疗中心。亳州市中医院制定“365”五年医院建设目标及实施方案，利用五年时间着力打造3个省级重点学科，建设6个优势学科，新增5个省级重点专病，培养50名临床业务骨干，通过优质医疗资源和管理资源下沉，不断促进医疗、教学、科研、康复、保健、预防“六位一体”全面发展。认真落实“长三角区域一体化”发展工作，亳州市中医院积极对接连云港市中医院、苏州市中医院、常州市中医院，分批次输送行政、临床管理人员及业务骨干共30人前往各医院学习。与连云港市中医院签订技术合作协议，围绕医疗技术、学科建设、人才培养、科研教学、中医特色等领域开展全方位合作。与安徽省儿童医院、蚌医一附院签订合作协议，持续深化与省中医院心血管内科、解放军第九〇一医院骨科、河南中医药大学儿科等开展技术合作，通过对外合作交流，进一步提升医院核心竞争力与区域影响力。

2021年，亳州市中医院新建血液科门诊、肾病科门诊、肺结节门诊、高血压门诊、夜间中医门诊等，开设血液科、肾病科，成立新生儿科和血液净化中心，进一步完善学科建设。与市人民医院共同运行“120”调度指挥中心，实现“120”急救医疗资源共享。亳州市中医院通过中国胸痛中心认证授牌，成功创建并挂牌“防治卒中中心”，进一步增强亳州市中医院急危重症医疗救治能力，“三大中心”建设工作取得突破性成效。加强“三新”项目管理，医院开展三新项目共59项，其中脑外科

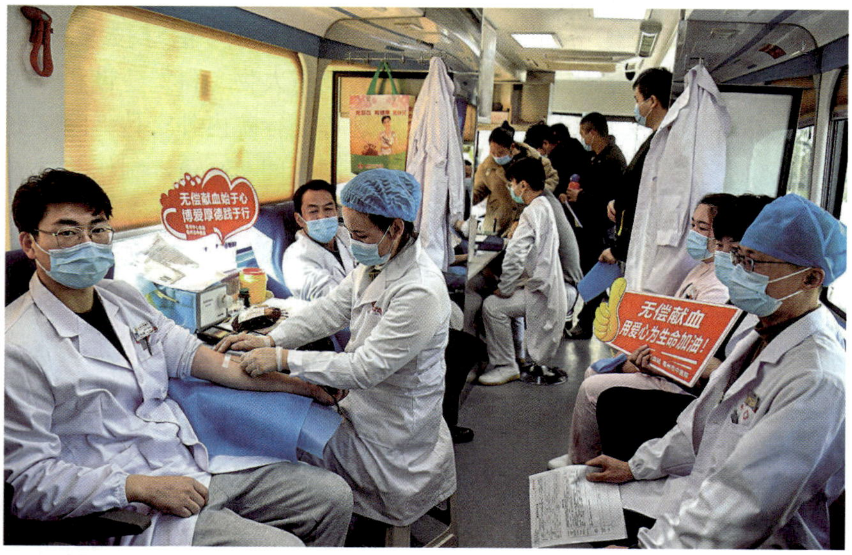

2021年12月3日，亳州市中医院医护人员参加无偿献血活动

（刘勤利　摄）

“右正中神经电刺激昏迷促醒技术”、影像科“X射线骨密度检测”、检验科“CYP2C19基因多态性与氯吡格雷耐药基相关性的分析”、针灸科“针刺第二掌骨全息穴治疗颈椎病”等项目取得突破性进展。

【教学科研】2021年，亳州市中医院获“一榜一中心两基金”，科研成果持续增收。获批2021年亳州市科技重大专项揭榜挂帅项目1项，市财政资助60万元；肺病科获批亳州市中医肺病临床医学研究中心；获批2021年度省红十字会中医药传承创新发展研究项目2项，资助资金4万元；获批2021年亳州市重点研发计划自筹经费项目12项。亳州市中医院与北京中医药大学和中日友好医院合作，举办亚专科医学专题讲座与循证医学沙龙远程培训；组织开展科研知识能力提升培训班、医学科研诚信与作风学风建设专项教育活动等，丰富科研培训内容，提升科研管理水平。

亳州市中医院与亳州职业技术学院签署合作协议，挂牌亳州职业技术学院（非直属）附属医院。制定《亳州市中医院教学查房规范》，规范临床教学活动。加强师资力量队伍建设，孟辉、王秋侠入选亳州市健康素养巡讲专家库。邀请中国工程院院士、国医大师石学敏到院示诊教学，进行学术讲座。开展院内“三基”培训12次、青年医师培训14次。组织以“好书共读”为主题“4·23”世界读书日活动。扎实推进继续医学教育工作，获批2021年市级继续医学教育项目25项，组织申报2022年省级继续医学教育项目10项。推进临床技能中心建设，完成选址、图书设计、建设方案论证工作。

亳州市中医院申报的第七批全国老中医药专家学术经验继承工作项目，已通过省中医药管理局公示；尹安坤获批安徽省“西学中”高级人才研修项目指导老师。医院正在积极准备筹建国医大师徐经世工作室、全国名中医马骏工作室、国家级名中医赵化南工作室、安徽省名中医刘健、江苏省名中医许小凤工作室，与江苏省中医药大学第二附属医院开展肛肠专科合作等，以工作室建设为抓手，培育优秀青年中医师队伍。

【质量建设和安全管理】2021年，亳州市中医院完善医院制度建设，梳理包含党建、医疗、护理、财务、医保等292项制度。开展运行病历、归档病历、围手术期、临床危急值等督查工作，加强多学科会诊、院内和院际会诊、临床路径等管理。全年累计开展重大手术269例、外院专家会诊手术82例，完成多学科会诊113次、院际会诊271次。出台住院总管理办法，进一步规范传染病流程，保质保量完成上报工作。重视病案首页数据质量控制，质控病案首页1311份，将质控结果与绩效挂钩，不断提高病案首页填写完整合格率，并顺利通过四级电子病历复审。医院影像中心获“2021年亳州市医学影像质控中心质量考核”第一名，李婷获2021年安徽省影像诊断技能竞赛皖北区二等奖。

修订护理质量管理评价标准和有关制度，实施目标责任制管理、护理质量分级警示管理。2021年共开展护理项目检查88次，举行护士分层次培训29次，受训人员达3940人次，组织中西医技能操作考核和中西医理论考核，选派护理管理人员和护理骨干人员外出学习，举办健康教育视频比赛、第二届“外周静脉留置针操作”比赛、第二届护理质量改善比赛等，通过多种方式巩固护理人员队伍建设，提升护理人员专业素质。张傲君、梁雪获2021年安徽省中医护理特色技术典型案例分享及评比活动优秀奖。

建立临床药师工作制度，完善临床药学科室建设。组织召开抗菌药物、麻精药品管理培训，规范重点监控药品和抗菌药物、抗肿瘤药物使用，促进合理用药。落实处方点评制度，点评处方和病历数达1.59万份。提供在线药学咨询、用药知识宣教等“互联网+药学服务”，通过“小北药学社”公众号，发布原创药学科普文章、科普短视频等130篇。医院邓颜博获第五届安徽省医院药师个体化药学服务优秀案例大赛亳州赛区二等奖，姚威、王纪伟获三等奖；王帅获全省中医药职业技能大赛一等奖，纪晶晶获二等奖。

2021年，亳州市中医院运转并落实上级各部门有关文件精神1200余件，4月正式启动二期工程建设，做好施工过程质量控制和安全管理，主体楼已完成12层施工，较好地完成年度目标任务。医院重视消防和安全生产工作，组织“安全生产月”活动，开展消防演练及全员培训4次，严格落实消防月督查制度。深化平安医院建设，建立警医联动联防机制，严厉打击“医托”、“医闹”、偷盗等治安不法事件，开展治安技能培训、突发应急演练，进一步提高安全服务意识和治安维稳应急处置能力。畅通院内外沟通渠道，加强综合治理能力，有效化解投诉、纠纷事件，确保患者满意。打造高效后勤服务队伍，保障后勤管理有序运转。医院认真践行新时代爱国卫生运动要求，改善院内环境，加强病媒生物管理，打造无烟医院，助力亳州市全国文明城市和国家卫生城市创建。做好检验、CT等二期项目大型设备招标采购工作，为医院发展夯实硬件基础。医院荣获2020年度安徽省卫生先进单位，西药房被市妇联授予“亳州市巾帼文明岗”称号。

【“华佗工程”建设】2021年，亳州市中医院开具门诊处方22.4万张，中药处方占比63.39%、饮片处方占比33.19%、非药物疗法人次占比10.11%、中草药使用率18.28%。

2021年，亳州市中医院与蒙城中医院签订院内制剂研发、生产合作协议，正在进行两个品种研发；与济人药业签订制剂室建设合作框架协议，已完成合作协议第一阶段建设，实施丸剂、散剂、膏方、汤剂个体化生产，并完成协定丸剂处方11种研发生产。扩展中药个体化加工业务，可进行31种协定处方生产。开具个体化加工处方数6154张，收入约78.09万元。

2021年，实施中医适宜技术42项、7.02万例，共计35.56万人次，实施中医护理方案37种、1.31万例。医院中医传统治疗室开展蜡疗6120人次、穴位贴敷3748人次、中药熏洗4625人次、拔罐667人次、腕踝针197人次、督灸148人次等，为群众提供中医药特色诊疗服务，彰显中医药在疾病治疗中的优势。

【智慧医疗建设】2021年，亳州市中医院不断提高信息化建设水平，努力完善信息化管理服务。与浙江微医控股集团有限公司合作共建互联网医院，进一步促进医院“互联网+医疗健康”发展。完成全面健康信息平台对接，实施电子医保凭证全流程应用，新增多功能自助机、自助报告打印机、住院式壁挂机等自助设备，上线病理系统、血透系统、消毒供应系统、成本核算及预算系统，实现自助机医保结算功能、自助核酸开单功能，以及自助建档、打印报告、排队查询等功能，为患者提供更加便利就诊服务。同时，完善院内信息系统等级保护建设及相关定级备案、三级等保测评等，保障院内网络安全。

（魏珊珊）

体　育

2021 年 12 月 4 日，亳州市谯城区十河镇大周村，参赛选手参加徒步走比赛　　（刘勤利　摄）

群众体育

【概况】2021年，亳州市共建设全民健身设施277块。涡阳县、蒙城县、谯城区已建成县、区“五个一”公共体育设施。全市共有62个乡村（街道）建成“三个一”公共体育设施，完成率71.26%。村级农民体育健身工程覆盖率100%，30%村完成村级体育设施提升改造。“15分钟健身圈”城市社区覆盖率100%，公共体育设施免费或低收费开放率100%。亳州市人均体育面积2.16平方米。

【公共体育设施维护】通过公开招标方式定期对城乡器材进行巡查，发现问题及时维修；建立一巡查、两报告工作机制，委托中标单位网上定位亳州市公共体育器材和场地并建立大数据，为公共体育器材的布点、管理、修缮、更换提供了科学准确的技术保障。更换及维修器材合计260余件，提高体育设施使用效率，确保市民休闲有去处、健身有场地。

【全民健身活动】坚持以“全民健身、健康亳州”为主题，广泛开展全民健身活动，线上线下同步发力，打造了一批有影响力的全民健身品牌活动，全年举办全民健身赛事活动500次，直接参与人数达40万人次。与省老年体协联合开展健身气功五禽戏线上培训，省内外众多爱好者报名学习，共计19万人次观看。亳州市4支代表队代表安徽省参加全国十四运健身气功五禽戏、气舞两个项目上斩获1个一等奖、3个二等奖。举办“我要上全运”安徽省龙舟公开赛（亳州站）、2021年“亳州杯”全国象棋快棋锦标赛等在省内及全国有影响力的高端赛事，得到社会各界高度评价和省体育局的高度肯定。龙舟赛近10万人现场观赛，300多万人线上观赛，被省体育局评价为样板典范赛事，象棋快棋锦标赛是全国首个象棋快棋等级分赛。积极组织形式多样的冰雪（类冰雪）项目比赛，共计42万人次参与。这些赛事活动既带动了亳州市全民健身活动开展，又扩大了亳州的域外知名度和美誉度。

（张星辰）

利辛县市民健身公园　　（刘勤利　摄）

青少年体育

【概况】2021年亳州市青少年体育工作在省体育局的指导下，市文化旅游体育局党组的正确领导和全市青少年体育工作者的共同努力下，坚持改革创新和规范化建设，各项工作得到扎实有序推进。

【人才储备及选材】完成青少年运动员注册。为高质量完成青少年运动员注册工作，开展注册工作业务培训，细化运动员首次注册、重新注册及注册确认工作，2021年亳州市成功注册青少年运动员3914名，较2020年增加1000多名，为省运会做好人才储备。做好市体校招生选材。通过试训、选拔从2000多名报名人员中筛选出311名运动员，在“体教融合”背景下积极探索招生选材新模式，年底前各运动队正在积极冬季训练，蓄势待发。

【竞技项目布局】以市体校建立运营为契机，围绕省十五届运动会，合理调整项目布局，形成以体校为龙头，县区为骨干、训练单位为支撑的后备人才培养体系。体校本部作为赛前集训机构和业余训练中心，设置体操、击剑、激光枪、田径、跆拳道、武术套路、手球、拳击9个长训项目。三县一区设置21个“市校外训练点”，蒙城县布局举重、拳击、散打、自由式摔跤、中国式摔跤、柔道、武术7个校外训练点；利辛县布局男篮、轮滑、田径、足球4个校外训练点；涡阳布局女篮、手球、散打3个校外训练点；谯城区布局了武术套路、散打、跆拳道、射箭、女排、游泳、速度轮滑7个校外训练点，形成以市体校为训练中心、“市外训练点”为单位的训练体制。

【全省竞赛】组织参加全省青少年游泳、田径等23个项目锦标赛，并做好运动员的选拔、集训和参赛工作，共获得金牌22枚，银牌45枚，铜牌54枚，为备战十五届省运会奠定基础。其中参加2021年安徽省青少年锦标赛举重项目获金牌1枚、银牌12枚、铜牌10枚，团体总分第三名，2名运动员打破级别历史纪录最好成绩；国际式摔跤项目获得金牌5枚、银牌3枚、铜牌10枚，团体总分第四名；武术套路项目获得金牌9枚、银牌13枚、铜牌9枚，团体总分第六名；武术散打项目甲组获金牌3枚、银牌1枚、铜牌1枚，团体总分第五名。指导各县区组队参加全省县级青少年田径锦标赛和全省县级青少年三人篮球锦标赛，指导亳州市各传统体育项目学校参加2021年全省传统体育项目学校各项比赛。

【教练员队伍建设】为进一步加强亳州市青少年训练教练员队伍建设，努力提高教练员的理论知识和业务技能水平，亳州市认真抓好教练员、裁判员队伍建设工作，继续坚持通过各种有效手段，做好教练员、裁判员队伍的岗位培训和继续教育工作，不断提高其业务能力和理论水平。组织教练员岗位培训和继续教育工作。截至年底，组织亳州市1人参加全国体操教师培训班、6人参加2021年全省排球教练员培训班，10人参加2021年安徽省田径裁判员培训班，2人参加安徽省举重教练员裁判员培训班、2人参加安徽省跆拳道教练员裁判员培训班、2人参加安徽省柔道教练员裁判员培训班、1人参加安徽省射击教练员裁判员培训班，2人参加2021年全省纯洁体育讲师培训班，2人参加2021年全省反兴奋剂业务知识培训班暨运动营养培训班，1人参加全国青少年户外体育活动营地管理人员线上培训班，6人参加全省体育传统项目学校体育教师培训班，1人参加全省各级各类体校科研人员培训班，9人参加全省冬夏令营专业技术人员培训班。举办亳州市教练员、体育传统体育学校教师培训班。在全市开展教练员、体育教师培训工作，培训篮球、田径、足球教师共70人。组织教练员撰写论文，深化理论知识。积极组织亳州市教练员参加参加省体育局2020年度青少年训练教练员论文征集，提交8篇论文，其中一篇获二等奖，一篇获三等奖。

【体教融合】建立“体教融合”联席会议制度，与市教育局联合出台《亳州市体教融合工作联席会议制度》，并召开联席工作会议，协调解决在学校体育、体校青少年体育训练、运动员文化教育及校外体育活动、体育竞赛中的重大问题。全省青少年体育工作会议4月28—29日在亳州召开，省局领导和全省各地市分管领导、竞技科长、体校校长参观学习亳州体校管理经验及体教融

2021年7月26日，全省青少年游泳锦标赛在亳州举行　（张星辰　供图）

合工作先进做法，并被列为“体教融合亳州模式”报国家体育总局为体教融合创新典型。根据《安徽省体育局安徽省教育厅关于深化体教融合促进青少年健康发展实施意见》结合亳州市实际，草拟《亳州市关于深化体教融合促进青少年健康发展实施意见》并征求相关单位意见。

【二级运动员及传校审核工作】开展二级运动员复核工作。复核亳州市报名参加体育单招的运动员资格，截至年底，共复核田径、跆拳道、篮球、手球、乒乓球、足球、武术套路、武术散打等项目共38名二级运动员，复核合格率为100%，确保2021年普通高校学校运动训练、武术与民族体育专业及部分高校高水平运动队招生考试公平公正性。为全面了解亳州市体育传统项目学校工作开展情况，3月，组织体育传统项目学校对2020年度学校体育工作进行评价，亳州市11所学校参与自评，青少科进行复评并形成2020年度体育传统项目学校评价报告，为进一步加强体育传统项目学校布局，整合传统项目学校资源，建立小、初、高相衔接的传统项目学校人才培养体系奠定基础。

【赛事活动】承办“我要上全运”2021年安徽省社区运动会龙舟赛暨第十四届全运会群众比赛龙舟项目安徽选拔赛暨安徽省龙舟公开赛（亳州站），龙舟赛于7月4日在亳州市涡河流域举行，全省共18支队伍参赛，亳州市三支队伍历经两个月的训练后，分别获优异成绩，亳州学院获安徽省公开赛第一名及本次大赛龙头奖。

承办2021全国象棋快棋赛。2021年10月16—21日，由国家体育总局棋牌运动管理中心、中国象棋协会、安徽省体育总会主办，安徽省社会体育指导中心、安徽省象棋协会、亳州市文化旅游体育局承办的2021年全国象棋快棋锦标赛在亳州市举办，来自全国的22支参赛队参加比赛，为进一步推动亳州市象棋发展，创建中国象棋之乡打下深厚基础。

承办2021年全省青少年游泳锦标赛，2021年7月亳州市承办了由安徽省体育局、安徽省教育厅主办，安徽省田径游泳运动管理中心、安徽省游泳运动协会、亳州市文化旅游体育局、亳州市教育局承办的安徽省青少年游泳锦标赛在亳州市体育馆开赛，全省16个地市队伍共868名青少年运动员参加比赛。

筹办亳州市第三届运动会青少年比赛。举办亳州市第三届运动会田径、跆拳道、武术套路、武术散打4项比赛，丰富青少年文体活动，增强青少年身体素质。

【奖补工作】根据《亳州市青少年体育项目布局管理办法》，结合各布局项目单位运动员注册、输送及参赛成绩，发放2020年亳州市青少年体育项目布局经费。按照《亳州市有突出贡献的运动员教练员奖励暂行办法》，对亳州市参加2021年安徽省锦标赛获得优异成绩的运动员、教练员进行奖励。

（张星辰）

社会事务管理

2021 年 10 月 13 日，文化社区携手亳州四幼走进福利院欢度重阳节　　（梁秀梅　摄）

人力资源管理

【概况】市人力资源和社会保障局于2009年11月成立，下属事业单位6个：社保局、就业局、监察支队、考试中心、仲裁院、信息中心。其中社保局、仲裁院为参公单位，社保局、监察支队为副处级单位。2015年4月，撤销市人社局信息中心，将该机构整建制划入市就业局；2016年1月，局机关增设机关事业单位养老科；2017年5月，市劳动保障监察支队更名为市劳动保障监察综合执法支队，增设内设机构1个。2019年，市人力资源和社会保障局内设科室调成7个。2020年10月，市就业人才服务局更名为市公共就业人才中心，加挂市创业服务中心牌子。

2021年，全市城镇新增就业7.2万人，就业形势保持总体稳定。常态化开展“2+N”招聘活动，统筹开展“巾帼风采”“云招聘”等特色专项活动，创新开展“招聘进镇村”专场招聘活动，组织开展金秋招聘月校企人才合作对接会。突出重点群体，开展退役军人就业服务月活动，组织残疾人专场招聘会，实施2021年高校毕业生就业服务行动，开展未就业高校毕业生实名登记帮扶和服务，大力开发就业见习和公益性岗位，安置就业困难人员720人、高校毕业生2994人。开展“亳州老乡请您回家”返乡创业工作，推动创业带动就业，开展创业培训5834人次，发放创业担保贷款7.72亿元，返乡创业成功9076个，带动就业10.1万人。

有序推进职称制度改革，发挥职称评审“指挥棒”作用。开展高层次人才选拔推荐，选拔推荐1人为全国杰出专业技术人才人选，推荐并获批2人分别享受省政府特殊津贴和国务院政府特殊津贴。加强博士后工作站建设，召开全市博士后科研工作站建设推进会，新引进4名博士后进站工作。推行“1+N”服务模式，采取线上比对、人工比对、现场比对相结合方式实施资格复审，实行告知承诺等制度，强化人文关怀，提供贴心暖心舒心考试服务。率先建立“五防”人事考试管理机制，创新设置线上线下监考模式，实现疫情防控和人事考试“双安全”。

与工会等部门定期会商开展劳动关系“和谐同行”能力提升三年行动。探索开展维护新就业形态劳动者权益保障，推进和谐劳动关系创建活动，开展千户企业培育共同行动。设立劳动仲裁法律援助工作站，无偿为劳动者提供法律援助服务。持续开展“业务规范提升年”“案件评查专项行动”“百名仲裁员服务千家企业活动”和“千名青年志愿者联系万家企业活动”等系列活动。扎实开展金牌劳动人事争议调解组织培育选树工作，古井集团等4家企业获评全省首批“金牌劳动人事争议调解组织”。全年办理劳动人事争议案件1661件，立案审理案件结案率98.73%，调解成功率84.28%。扎实开展根治欠薪专项行动。全市主动监察各类用人单位846家，追发劳动者工资待遇2529.46万元，办理现场投诉举报3771件、“全国根治欠薪线索反映平台”案件线索982件，“12345”市长热线举报投诉转办件3324件，以涉嫌拒不支付劳动报酬罪移交公安机关13件。

【“亳州老乡，请您回家”返乡创业活动】2021年，亳州市委书记杜延安再发一封家书《迎老乡回故乡　建家乡——再致亳州老乡的一封家书》，再次掀起亳州老乡返乡创业热潮。出台《亳州市推动全民创业促进就业支持实体经济高质量发展若干措施（试行）》。举办3期“创业大讲堂”和首届创业培训讲师大赛；同上海交大农业与生物学院签订校地合作协议，围绕创新创业人才等重点工作开展多渠道、多层次和多形式交流与合作；亳州市推荐的选手荣获2021年全省创业培训讲师优胜奖并以第一名成绩被推荐参加全国比赛。持续加强创业扶持专项资金扶持力度，充分发挥创业带动就业倍增效应，将创业扶持专项资金落到实处。全市发放创业担保贷款7.72亿元，完成目标任务160.85%；发放三项奖补资金595.95万元。

【长三角区域人力资源服务机构协同发展论坛】2021年6月25日，举办长三角区域人力资源服务机构协同发展论坛。长三角区域100余家人力资源服务企业参加活动。积极对接长三角区域人力资源服务机构，20家来自长三角区域人力资源企业与亳州进行签约并正式入驻。深化区域劳务对接和长三角地区劳务协作，与长三角上海嘉定区、江苏无锡市26个地市签订劳务合作协议。探索设立驻外皖籍农民工服务站，建设10个驻外农民工和“亳州老乡请您回家”服务站，其中北京服务站被批准为省级农民工服务站，跨区域服务水平不断提高。

【“亳州养生”品牌创建】2021年，形成“政府主导、政策引导、企业主体、市场运作”品牌创建思路，明确“亳州养生”品牌包含“药膳”“保健按摩”“花草茶”三大板块。探索品牌运营方式，成立品牌发展联盟、统一公众logo、编制培训教材、开设品牌体验店；开展技能培训，培训药膳制作师、保健按摩师、中式烹调师、电子商务师、茶艺师及直播销售员、评茶员等1.2万人。制定药膳制作师行业标准，并在人社部职建司进行现场认定，亳州市被人社部批准先行开展药膳制作师职业技能等级认定试点工作。

【职业技能大赛】2021年，全市职业技能大赛共举办育婴员、养老护理员、美容师、美发师、汽车维修工、电工、砌筑工、保健按摩师、中式烹调师等21个工种竞赛，累计306名选手参赛，实现“以赛促教，以赛促学，以赛促改，以赛促建”目标。提升劳动者技能水平，在全市营造崇尚技能、尊重劳动良好氛围。

【就业帮扶】2021年，帮助全市16.33万脱贫劳动力实现稳定就业，超过2020年规模。突出抓好乡村公益性岗位规范化管理，全市乡村公益性岗位开发安置3.26万人。建立就业帮扶车间包保机制，全市16个就业帮扶车间带动149名脱贫劳动力就业。

【清理整顿人力资源市场秩序专项行动】2021年，进一步加强对人力资源市场秩序监管。通过联动检查、信息共享、联合惩戒等方式对人力资源市场秩序进行清理整顿，全年检查人力资源服务机构34家、用人单位30家，其中查处违法案件5家并责令整改。整顿成效获人社部、公安部、国家市场监管总局联合通报表彰。

【农民工工资保障】2021年，成立根治拖欠农民工工资工作领导小组，由市政府负责人任组长，39个市直部门为成员单位（2021年新增5个）。在全市范围推进建设领域农民工实名制登记及工资支付监管信息化平台规范应用，对农民工实名制登记、用工考勤、工资支付等环节实时监控并预警。建立健全预警处置机制，通过督办函、交办单等方式督促处置预警信息。全市累计1461个工程项目纳入平台管理，农民工实名制登记40.1万人。强化执法联动，严惩恶意欠薪。坚持“就低、就简、尽快”原则，加快涉嫌拒不支付劳动报酬犯罪案件移交和查办，实现案件快移交、快侦查、快处置。加大拖欠农民工工资违法行为联合惩戒力度，对符合列入拖欠农民工工资“黑名单”条件失信企业和个人做到应列尽列，面向社会公布，并推送至公共资源交易信用平台和“信用亳州”平台，实现信用信息互认共享，使欠薪企业“一处失信，处处受限”。2021年，2家施工单位被记不良记录，8家建设单位被通报批评，1家施工单位（用人单位）被列入拖欠农民工工资“黑名单”，面向社会公布拖欠工资典型案件3批8起。

【根治欠薪专项行动】2021年，市委、市政府先后6次召开会议安排部署，分管人社、住建、公安市领导联合召开调度会议，集中约谈问题隐患较大的45家建设单位和60家施工单位，推动突出隐患问题及时化解。坚持齐抓共管，针对就业和工程领域新业态，及时将邮政、电信、移动、联通、铁塔等单位纳入市拖欠农民工工资工作领导小组成员单位。创新建立乡镇（街道）欠薪矛盾排查和调处机制。建立“周调度”机制，对排查和执法检查工作进行“一周一调度”，发布《工作动态专报》7期，及时通报各地各部门工作开展情况和存在问题。成立专项排查组，统筹运用现场排查、监管信息化平台监测等方式，重点排查工程款和农民工工资支付情况，全覆盖排查在建工程项目269个，梳理欠薪隐患项目82个，逐一建立台账，实行销号管理。通过增拨工程款、释放房产预售监管资金等举措，优先保障农民工工资支付。增拨政府投资类工程款1.3亿元、释放房产预售监管资金2亿元，化解隐患项目42个。坚持挂牌督战，重点突破疑难案件。市政府分管负责人和属地政府“一把手”挂牌督战重点项目19个，责任部门主要负责人挂牌督战重点项目35个。

【“免申即享”政策直通车】2021年，创新实施便民惠企政策“免申即享”，通过平台建设、惠企政策梳理、数据共享、流程再造等措施，精简优化办事环节，利用大数据碰撞比对等智能手段，让政策兑现“零等待、零跑腿、零成本”，真正帮助企业足不出户“坐”等政策找上门。实施失业保险费返还、稳岗补贴2项惠企惠民政策“免申即享”，向2256户企业发放失业保险费返还资金3053万元，向3035户企业发放中小企业稳岗补贴752.9万元。该模式获评2021年度亳州市优化营商环境优秀改革案例。

【行风建设】2021年，实施“快办行动”，实现10个“一件事”打包办、20个高频事项提速办。持续优化办事流程，开展工伤线上鉴定和退休档案预审工作，让数据多跑路、群众少跑腿。创新建立“办不成事”反映机制，开发“办不成事”小程序，以“办不成事”登记倒逼改进作风，确保群众“求助有门、门中有人”。扎实开展“人社干部走流程”活动。全市人社干部围绕31项高频服务事项，通过“亲身办”“陪同办”等形式，累计开展“走流程”活动120次，发现存在问题106个，提出意见建议108条，对15项人社业务精简材料10项，减少流程8项。2021年11月30日，《安徽日报》时评版，发表题为《“走流程”办实事要走得“真实细新”》的文章，介绍亳州市人社干部走流程经验做法。创新开展“人社服务进企业”活动。聚焦企业需求、职工权益，深入企业开展面对面宣传交流。了解企业用工缺工情况，摸排岗位信息，定期发布劳动力岗位需求，为重点用工缺工企业制定个性化方案。通过公共服务网络招聘平台、品牌专项招聘活动、“直播带岗”等线上线下多种形式，打造立体式全方位招聘矩阵，帮助企业解决用工需求。同时，积极宣传企业职工养老保险政策、工伤保险条例、保障农民工工资支付条例等人社政策，切实维护企业和职工权益。

（刘　凯）

社会保障

【概况】2021年，全市职工养老保险、失业保险、工伤保险参保分别为50.54万人、19.8万人、33.02万人，城乡居民养老保险缴纳当年保费223.8万人，均超额完成全年任务，基金运行总体平稳。发行第三代社保卡60万张，在交通出行、旅游观光、文化体验等领域基本实现一卡通用。

【社会保险保障】2021年，全面完成2019年机关事业单位退休人员待遇重核工作。通过开展经办人员业务培训、畅通工作沟通机制、完善申报材料复核机制、建立工作通报制度四项举措，保质保量完成待遇重核工作，共重核1440人。落实养老金待遇调整工作。迅速启动2021年度企业和机关事业单位退休人员基本养老金调整工作，经过动员部署、信息核对、待遇调整、资金筹集、统一发放5个阶段，全市10.88万名符合条件的退休人员调整后的养老金全部发放到位。提升城乡居民养老保险缴费水平。开展广泛宣传，筛选2021年即将到龄领取待遇人员，包保到人，开展一对一宣传引导，引导群众主动选择高档次补缴费，提高待遇领取水平，全年补缴到位2897人、8570.82万元；平均缴费水平244.53元/年，比2020年提升25.98元；平均待遇领取水平126.56元/月，比2020年提升5.51元。

【基金风险防控】开展社会保险基金专项检查。2021年4月和12月，组织开展两次对县区专项检查工作，以疑点数据抽查为基本检查方法，实地查看纸质材料、走访问询相关人员、检查系统操作痕迹，查找危害基金运行安全风险隐患，印发专项工作通报指出存在问题，提出整改要求。开展社会保险基金管理风险排查。从5月下旬到10月，深入开展社会保险基金管理风险排查工作，以2019年以来养老金发放异常、待遇发放内部控制等10大项目42个小项开展自查，逐条对照疑点数据组织开展地毯式排查，对发现问题边查边改，疑点数据全部核查整改完毕，涉及资金全部追缴到位。开展城乡居民基本养老保险基金管理集中整治“百日攻坚”行动。从

2021年9月下旬到年底在全市集中开展“百日攻坚”行动，各县区对照上级下发的疑点数据核查等7个方面内容深入自查，发现19个问题已全部整改到位。

【基金监管】2021年，制定“城乡居保待遇核定安全运行图”，对高频事项、大额事项、关键信息变更事项及时标注预警，做到风险防范关口“前移”。实行资格认证季报制度，及时摸清待遇领取人员生存状态情况。严格用户权限管理，确保用户权限与岗位职责相适应，坚决杜绝“一人通办”。

【社保政策“六进”活动】通过广播电视、农村大喇叭、公交设施、文艺会演等多种形式宣传社会保险参保、缴费、待遇等各项政策，引导广大企业、群众积极主动参保。举办企业宣讲培训活动，召集园区投产企业进行集中宣讲，督促企业落实用人单位社会保障权利、义务和责任。组织人员深入企业、深入社区（村）送政策送服务，进村入户发放宣传年画60余万份和告城乡居民一封信20余万份，重点将城乡居民养老保险政策讲透、好处讲明、细账算清。充分发挥服务窗口、基层服务平台作用，面对面地为群众解难释疑。通过以上活动，扭转用人单位和从业人员认识上不足和观念上误区，努力营造参保光荣浓厚社会氛围。

【减征社会保险费】2021年，根据国家和省相关政策实施阶段性降费，城镇职工基本养老保险单位缴费比例由20%降至16%，失业保险总费率由3%降至1%，工伤保险费率以基准费率为基础下调50%。2021年全市通过落实降低社会保险费率政策减征5969家企业社会保险费4.44亿元，其中基本养老保险费3.21亿元，失业保险费0.95亿元，工伤保险费0.28亿元。

【“社银合作2.0”模式】2021年，开展“社银合作”，打通服务群众“最后一公里”，解决社保经办力量薄弱、服务网点少难题，推动社保业务办理权限下沉。7月21日，“社保经办服务站”在亳州市药都农商银行7家网点同时挂牌。已开通银行经办网点21个，开通社保业务19项，满足群众“就近办”“多点办”“方便办”需求。依托省集中系统，选取药都银行网点为试点支行，授权银行配置账号和操作权限并刻制银行社保业务专用章，将部分经办业务交由银行营业网点办理，在银行网点门口悬挂“社保业务服务站”牌匾，内部设置“社保业务经办窗口”，办理参保证明打印、养老保险待遇资格认证等19项高频事项。出台《亳州市“社银合作”2.0服务模式》，对照“社银合作”标准，统一标志标识、统一窗口（柜台）设置，授权业务统一经办目录、统一服务清单、统一服务流程，社保经办业务窗口配置专用计算机、扫描仪、读写终端等设备，配备自助服务设备、便民服务用品等，做到“五统一、五配备”。

【退休档案预审】2021年，主动进企业、下基层，在企业职工退休档案审核工作中，开展档案预审环节，专门到大型企业（如古井集团）进行临退休人员档案预审；对于中小型企业，提前三个月接收档案开展预审，累计预审2022年退休人员档案191份。方便广大参保职工提前做好退休材料准备工作，提高参保职工退休材料的规范性、完整性和准确性，确保到龄退休人员能够按时领取养老金。

【居民服务“一卡通”】2021年，推进以社会保障卡为载体居民服务“一卡通”建设，出台《亳州市居民服务一卡通服务目录》，对482项政务、生活服务事项实施一卡通用。发行加载交通部秘钥第三代社会保障卡，亳州市民可直接凭社保卡在全国所有地级城市、505个县级城市乘坐公交、地铁。全国首创社保卡景区闸机直接购票功能，被省人社厅作为人社服务优秀案例报人社部。

（刘　凯）

民　政

【概况】2001年亳州市民政局成立，2019年，实施市级民政部门机构改革，部分职能划转。主要职能是：登记管理和执法监督社会组织；落实城乡居民最低生活保障、临时救助、生活无着人员救助；指导城乡社区治理体系和治理能力建设，推动基层民主政治建设；负责乡（镇、街道）级行政区划设立、命名、变更和政府驻地迁移的审核上报，承担行政区域界线的勘定和管理，地名管理；指导社会福利事业管理；负责婚姻登记、儿童收养和殡葬管理等。内设5个职能科室和机关党委，下辖市社会救助和经济状况核对中心、市福利彩票发行中心、市救助管理站、市社会福利中心、市精神病人福利中心 5个事业单位。

2021年，亳州市民政局获得“安徽省脱贫攻坚先进集体”荣誉称号；社会救助工作、社会组织党建工作、流浪乞讨救助管理工作、儿童福利和未成年人保护工作、社工站建设工作成绩突出，分别在全省工作会上作典型发言；流浪乞讨专项行动工作获市领导专门批示；福彩公益金绩效评价工作，连续两年获得全省第一；在2020年度民生工程组织实施工作中成绩显著，被评为“先进市直牵头单位”。在全省率先开展社会救助住地申办工作；编制印发民政事业发展“十四五”规划。

【党史学习教育工作】2021年，亳州市民政局坚持把党史学习教育、学习贯彻习近平总书记“七一”重要讲话精神和党的十九届六中全会精神作为重大政治任务，与贯彻落实省第十一次党代会精神、市第五次党代会精神结合起来，全市民政系统深入开展大学习、大宣讲、大培训、大调研、大落实，以实际行动捍卫“两个确立”、做到“两个维护”。深化学思践悟，创新举办8期民政大讲堂。立足民政特色深化学习效果，创新开展“关爱老人·享受美好生活”“事实无人抚养儿童助学工程”系列活动，打造富有民政特色的“8+6+N”办实事活动品牌，全市民政系统共走访慰问特殊群体18215人次，解决个案问题688个，支出资金126.9万元。

【基本民生保障】2021年，亳州市共保障低保对象12.8万户、23.5万人、特困人员2.7万人、孤儿和事实无人抚养儿童5779人、困难（艾滋病）群体1496人，10.4万人享受困难残疾人基本生活补贴，6.8万人领取重度残疾护理补贴。2021年，全市民政系统支出各类社会救助资金15.3亿元，较2020年度增长5.5%，创历史新高。修订低保、临时救助操作规程和特困人员认定办法，制定《亳州市改革完善社会救助制度的若干措施》等相关配套措施。推动建立健全低保对象动态管理、低收入人口动态监测预警、主动发现快速响应、低收入人口分层分类救助帮扶“四项机制”。大力推进巩固拓展民政领域脱贫攻坚成果同乡村振兴有效衔接。推进社会救助“放管服”改革，在全省率先开展社会救助住地申办。在全省率先将县级政府购买社会救助服务经费定为社会救助资金总额的1%，鼓励社会力量参与社会救助。2021年，亳州市实施政府购买社会救助服务项目47个，支出资金767万元。

【养老服务】2021年，亳州市民政局推进养老机构提质增效，改造提升县级特困人员供养服务设施14家，改造提升完成率100%；评选出8家市级智慧养老示范项目；建成养老床位35809张，其中护理型床位16572张，护理型床位占比46%。2021年新增社会办养老床位650张；落实“民办公助”财政补贴政策，发放社会办养老机构补贴资金1092.4万元。完成346户困难老年人家庭适老化改造任务；高龄津贴发放2210.4万元，惠及12.8万名老年人，覆盖率100%；发放低收入养老服务补贴2404.4万元，惠及4.1万人，覆盖率56.2%。开展养老服务从业人员培训2595人次，举办养老护理员职业技能竞赛，全面提升护理水平。加强养老领域安全生产检查和非法集资摸底排查，2021年度亳州市养老领域未发生安全生产事故和非法集资案件。

【儿童福利】2021年，亳州市社会散居孤儿标准提高到1100元/月·人；集中养育标准提高到1550元/月·人，全年发放孤儿和事实无人抚养儿童保障金7291.8万元。孤儿保障的范围进一步扩大，明确年满18周岁，但仍在普通高中、中等职业学校、高等职业学校、全日制普通高校就读、正在服义务兵役的事实无人抚养儿童可继续参照孤儿基本生活保障。进一步加大政府购买农村留守儿童和困境儿童关爱服务项目投入，2021年支出资金同比增长50%。未成年人保护格局初步形成。成立亳州市未成年人保护工作委员会，全市4所救助站均设有未成年人救助保护中心，建立乡镇（街道）未成年人保护工作站32个。联合“12345”市长热线设置未成年人保护专栏，及时为未成年人提供救助保护。

【基层社会治理】2021年，亳州市圆满完成1348个村（社区）换届选举，全市村委会“一肩挑”比例98.85%，居委会“一肩挑”比例100%，党组织领导核心作用更加突出、村（社区）班子结构更加优化。社区综合服务设施建设更加完善。全市所有村（社区）全部建立党群服务中心，开展“一站式”服务，村级综合服务设施覆盖率达到100%。扎实推进智慧社区建设试点工作。城乡社区协商工作不断深化，全市1区1街道11社区已成功创建省级示范点。蒙城县立仓镇罗集社区，被确定为第一批全国村级议事协商创新实验试点单位。充分发挥典型示范引领作用，亳州市谯城区薛阁街道马元社区四个“家”工作法入选第二批全省优秀社区工作法。持续开展社区“万能章”治理专项行动，公布36项不应由基层群众性自治组织出具证明事项，深化拓展为基层减负。

【专项社会事务】2021年，亳州市民政局婚丧服务能力持续提升。殡葬领域整治成效显著，共摸排整治违建墓地762座。稳步提升遗体火化率，12月份达到88.9%；着力整治殡葬行业乱象，全面开展全市殡葬业价格秩序、公益性安葬设施建设经营专项整治活动。倡导文明祭扫，在皖事通手机App上开通网上祭扫通道。加强婚姻登记机关标准化建设，有效提升服务水平。特殊群体关爱服务不断深化。市精神病人福利中心为166名特困群体精神病患者提供照护服务；推行困难残疾人生活补贴和重度残疾人护理补贴资格认定申请“跨省通办”；救助流浪乞讨人员994人次，使用资金787.7万元。开展优化行政区划设置研究，形成《行政区划调整舆论宣传研究》成果。顺利完成第四轮市级界线亳州蚌埠线、市内界线蒙城利辛线联检。亳州市7篇地名故事入选全省地名文化专著《安徽最美地名故事》。补录更新地名1452条。

【社会组织培育管理】2021年，全市新培育社会组织191家，其中行业协会商会21家、公益慈善类5家。坚持党建引领。全市720家社会组织组建党组织，市级社会组织党组织覆盖率提升至57%，走在全省前列。引导行业协会商会积极参与“双招双引”，引进投资项目4个，实际到位资金4.2亿多元。配合相关部门出台关于支持行业协会商会在“一都一区一基地”“一城一市一中心”建设和“双招双引”中更好发挥作用的具体措施。开展“我为企业减负担”专项行动，为289家会员企业减免收费165.9万元。开展“百社进百村”助力乡村振兴行动，推动6家社会组织主动帮扶10个脱贫村。动员社会组织有序参与河南防汛救灾工作，累计捐款捐物30余万元。强化综合监管。整治47家“僵尸型”社会组织，取缔非法社会组织2家、劝散3家，抽检查商协会84家，规范会费收取65家，支持28家营利性校外培训机构落实“营改非”登记。

【福彩慈善社会工作】2021年福利彩票销售2.26亿元，筹集公益金2781万元。募集慈善资金365.8万元。2021年建成乡镇社工站23个，亳州市蒙城县在全省率先实现17个乡镇（街道）社工站建设全覆盖，打出“亳州样板”，在全省社工会上作典型发言。加强社工人才培育。2021年底，亳州市通过社会工作者职业水平考试人数为500人，参加社会工作者职业水平考试人数达1461人，为历年之最。新增民办社工机构9家。扎实推进民政部社工人才支持“三区”计划、全省社会公益“十百千”工程志愿服务类项目。志愿服务队伍不断壮大，全市注册志愿者97.8万名，志愿者团体4445个。

（胡月琴）

退役军人事务

【概况】亳州市、县（区）两级退役军人事务局于2019年成立，市民政局原下设的市退役军人服务管理中心整建制划转至市退役军人事务局。全市成立退役军人服务管理中心6个，乡镇（街道）、村（社区）成立退役军人服务管理工作站。全市形成以市、县（区）、乡镇（街道）、村（社区）退役军人服务管理“两站两中心”为主体的“4421”工作架构（四级工作体系、四级政策咨询、两级申请受理、一个平台办理）。主要职能：贯彻执行国家退役军人思想政治、管理保障和安置优抚等工作政策法规，褒扬彰显退役军人为党、国家和人民牺牲奉献的精神风范与价值导向；负责军队转业干部、复员干部、退休干部、退役士兵的移交安置工作和自主择业、就业退役军人服务管理工作；组织开展退役军人教育培训、优待抚恤等工作；组织指导全市拥军优属工作；负责烈士及退役军人荣誉奖励、军人公墓维护以及纪念活动等。完成市委、市政府交办的其他任务。

【安置工作】2021年，亳州市退役军人事务局制定下发《关于做好2021年退出现役士兵安置工作的通知》《关于下达2021年度符合政府安排工作条件退役士兵和退出消防员安置计划的通知》等文件，扎实做好转业军官和退役士兵及退出消防员安置工作，接收军转干部全部安置到行政岗位，接收符合政府安排工作条件的退役士兵和退出消防员。

【优抚工作】2021年，亳州市退役军人事务局落实关爱帮扶长效机制，投入资金1161万元；落实优待金按月发放机制，发放各类优抚对象抚恤补助资金23715.42万元；提高义务兵家庭优待金发放标准，发放义务兵优待金。深入开展走访慰问活动，春节、“八一”等节日走访慰问困难退役军人及其他优抚对象，发放慰问金；慰问荣立功勋退役军人、获得奖励现役军人家庭，发放奖励金292万元。扎实开展解“三难”活动，帮扶优抚对象解“三难”，发放补助金。落实纪念设施提质改造，皖北烈士陵园、蒙城烈士陵园被省政府批准为第五批省级烈士纪念设施保护单位。

【双拥工作】2021年，省创建检查验收组对亳州市创建新一轮省级双拥模范城（县）工作进行检查验收，副市长应国君代表亳州市进行工作汇报。年内，建成亳州市双拥主题公园，成功举办亳州市第二届双拥摄影、书画作品展；开展“模范退役军人”“最美拥军人物”等评选活动，评选出市级“模范退役军人”19名、“最美拥军人物”17名、“好军嫂”18名、“优秀兵妈妈”20名。开展对立功受奖军人家庭送喜报活动，全市共送立功受奖喜报1612次，其中二等功8人次、三等功310人次、优秀士兵1294人次，发放立功受奖奖励金246.4万元。聚力服务备战打仗，开展“情系边海防官兵”活动，走访慰问边海防官兵家庭202户，对有困难需求家庭26户进行帮扶援助。社会化拥军形式多样，开通“81路国防公交”专线。

【就业创业】2021年，亳州市退役军人事务局开展退役士兵职业教育和技能培训工作，投入培训经费525.28万元，任务完成率120%、培训合格率100%。面向自主就业退役士兵开展适应性培训，推进退役军人从部队人才到经济社会发展重要力量的角色转换。扎实开展就业创业优惠、技能培训等政策宣传活动，向全市退役军人及退役军人事务系统工作人员发送政策宣传短信20万余条、各类宣传册10万余份，全市退役军人就业创业政策知晓率显著提升。积极搭建退役军人就业平台，全年组织各类型招聘活动53场，提供就业岗位2.7万余个、达成就业意向2354人；依托亳州公共招聘网“退役军人招聘专区”，常态化开展就业服务，扎实开展退役军人“就业服务月”等活动，为退役军人针对性开展就业服务。推荐6名退役军人创业者到四川大学、上海交通大学参加安徽省退役军人创业特训营培训。选拔推荐3个退役军人项目参加第二届安徽省退役军人创业创新大赛，2个项目获得优秀奖。

【体系建设】2021年，亳州市退役军人事务局立足服务保障体系“全覆盖”“五有”的基础，通过示范创建、队伍建设等推动全市服务保障体系建设从“有”向“优”转变；统一在退役军人服务中心（站）设立“法律援助、老兵谈心”综合服务室，持续推动实施100家全国示范型退役军人服务中心（站）创建，已全部通过省级验收。全市1355个村（社区）退役军人服务站全部配备军服专干，专职从事退役军人服务保障工作，组织并参加全省退役军人事务系统“业务技能大练兵大比武”活动，荣获三等奖。组建退役军人“红耀江淮药都老兵”志愿服务队895支，开展形式多样志愿服务，更广阔拓宽退役军人服务保障体系队伍。

（张　婕）

开发区简介

亳州高新技术产业开发区一角　　　　（刘勤利　摄）

亳州高新技术产业开发区

【概况】1993年4月，省政府批准成立亳州经济技术开发区；2013年7月，与市南部新区合并成立亳州经济开发区；2018年5月，市委、市政府研究决定，将谯东镇部分村、汤陵街道部分社区和十九里镇，划入市经开区，调整面积47平方千米，调整后面积约147平方千米；2019年1月，省政府批准更名为安徽亳州高新技术产业开发区；2020年8月，经市委研究，谯东镇铜关村、辛各村划入市高新区管辖，调整后面积约158平方千米。

【经济运行】2021年，亳州高新区10项指标增速居全市前三位。其中，两项指标居全市第一位：第二产业增加值126.28亿元、增长14.5%，规模工业增加值增长22.5%。三项指标居全市第二位：地区生产总值242.68亿元、增长10.9%，工业投资35.43亿元、增长32.7%，工业技术改造投资13.9亿元、增长35.7%。五项指标居全市第三位：战略性新兴产业产值增长25.9%，高新技术产业增加值增长12.5%，建筑安装工程投资148.23亿元、增长16.8%，一般公共预算收入15.94亿元、增长12.7%，以及进出口总额增长率。以亳州高新区为核心申报中国（安徽）自由贸易试验区亳州联动创新区、亳州市国家加工贸易产业园成功获批。

【招商引资】2021年，高新区签约招商项目69个、总投资296.5亿元，其中工业项目62个、总投资246.4亿元。落地项目58个、总投资181.2亿元，其中工业项目53个、总投资145亿元。

【项目建设】2021年，高新区新增投试产项目30个；新开工项目48个，其中工业项目34个。2021年，亳州高新区列入全市重点调度推进项目135个、总投资815.8亿元，年度计划投资168.4元，完成投资201.7亿元，完成年度任务的119.7%。高效推进企业投资项目承诺制改革和“标准地”改革试点，已有18家企业参与“承诺制改革”试点改革；高新区95平方千米“标准地”区域评价9项评估已全部完成，按“标准地”模式落地项目5个、用地255.7亩，占全年出让工业项目用地78.5%。

【产业发展】2021年，高新区完成新入规工业企业17家、服务业企业7家、限上商业企业27家，孵化新增进出口企业21家，新增战略性新兴产业企业5家。切实了解企业实际生产情况，精准研判发展状况，重点对工业产值、工业投资、技改投资等主要经济指标进行监测分析，促进全区重点企业健康发展。2021年高新技术企业认定通过24家，全区共有49家，比2020年净增18家，增长率54.8%。万草堂、花吟姿等47家企业通过省审批进入科技型中小企业库。东方帝维、古井贡酒立项省科技重大专项，分别获得360万元、120万元省财政专项资金支持。谓博和金国源立项安徽省中央引导地方科技发展专项资金“百城百园”项目，各获得中央财政资金100万元；亳州市互联网+创业科技企业孵化器被认定为省级孵化器。截至2021年底，全区拥有国家级众创空间1家，省级孵化器1家、市级1家，省级科技创新平台3家、市级7家。

【“四送一服”】2021年，高新区持续推行“四送一服”服务机制，共通过“四送一服”平台受理企业问题687个，已办结680个。帮助109家企业贷款7.6亿元，为208家企业解决用工935人，协调7宗企业用地327.22亩，达成产学研合作协议9个。2021年，各单位累计走访企业3800余家次，开展活动100余次，参与企业900余家次，发放政策汇编998份，发放“四送一服”名片652张。亳州高新区优化营商环境经验做法被主流媒体正面报道24次。服务大厅提供7×24小时政务服务，引入网上“中介服务超市”，实现高新政务服务“全天候、全方位、不打烊”。创新设立“零号”窗口，让一切疑难问题在这里归零。千方百计为企业争取上级政策、项目和资金，申报各类项目319项（次），申请项目资金7616.92万元。

【疫情防控】2021年，市高新区累计接到省推送数据4045条，已全部核实完毕；集中医学隔离观察累计763人，至年底均已解除隔离，检测结果均为阴性。建立进口冷链食品集中监管仓，做好冷链食品集中排查，凡在市高新区经营冷链食品每周接受一次随机抽检，进口冷冻食品须向区市场监管部门报备，抽样核酸检测显示阴性方可售卖。截至12月底，已累计采集进口冷链食品核酸检测样本4152份。有序推进疫苗接种。设立5个定点接种点，动态设置9处临时接种点，因地制宜将疫苗接种服务送到“家门口”，最大限度方便群众接种。至12月底，完成12岁以上人群新冠病毒疫苗第一剂次累计接种245207剂次，完成率101.24%，第二剂次累计接种218469剂次，完成率105.51%，完成省市任务要求。3～11岁人群应接种41617人，已接种40621人，完成率97.6%；加强针接种70930剂次。

【文明创建】2021年，高新区发放创建全国文明城市倡议书15万余份、《市民手册》75700份，通过广播、电子屏等多种形式广泛宣传，党员干部率先垂范，走上街头、走进小区开展“清洁美丽家园”志愿服务行动，动员更多群众参与，营造浓厚创建氛围。36个居民小区整治提升通过市级综合验收，投入1020万元整治提升居民小区17个。开展建筑围挡、道路标线施划、交通秩序集中整治、重点场所整治、“僵尸车”专项整治、物流园区提升、商业街区改造等专项治理行动，打造万达广场等一批示范点，城市面貌焕然一新。倾心打造“红色基因传承计划”志愿服务项目，获评市级优秀志愿服务项目，王成良家庭荣获2021年安徽省第一届文明家庭、2021年全国“最美家庭”；每月坚持开展理论宣讲进基层活动，累计开展10场。以各新时代文明实践所（站）为平台，统筹各方力量，全年开展各类创建活动1036场次，累计宣传报道740篇，其中国家级50篇、省级175篇、市级332篇，《亳州晚报》文明创建专版主题报道5期，制作“创城·我们在行动”2期。

【市容管理】2021年，高新区数字城管指挥中心共受理市数字城管派遣案件23651件，按期处理22570件，总结案率100%。在生活垃圾分类试点文化小区建成13座垃圾分类智能投放站，与厨余垃圾收集处理厂对接餐饮商户、机关学校食堂1200余家，签订餐厨垃圾收运合同。道路保洁实行冲洗、洗扫与人工保洁相结合模式，机动车道每天冲洗洗扫4次、洒水2次，非机动车道、人行道每天冲洗洗扫2次，道路机械化作业率超过98%。建立网格化包保责任制，把辖区划分194个网格，每个网格结合实际设置1～2名网格员，网格责任落实到个人，网格员在各自网格内徒步巡查。

【环境保护】2021年，高新区对辖区1209家餐饮店铺进行登记造册，依法整治餐饮业店外经营、占道经营行为，精细化开展道路保洁，已连续四年实现全年“零燃放”工作目标。高新区全面完成自备井建档工作，封存或封闭中深层自备井36处，第九社区管理中心曹庙日处理量50吨污水处理厂投入使用，十九里镇马寨污水处理厂提标改造完成，污水管网等配套不断完善。截至12月31日，污水处理厂国控点$PM_{2.5}$平均浓度为38.4微克/立方米，同比下降19.5%；亳州学院国控点$PM_{2.5}$平均浓度为39.1微克/立方米，同比下降26.9%。

【市场监管】2021年，全区新登记注册市场主体10099户，其中新增企业4549户、个体工商户5532户。深入实施“双随机、一公开”监管、重点监管和信用监管，积极推进综合执法改革，大力加强市场监管执法，有效维护公平竞争市场环境。深入开展“品质提升”行动，进一步夯实企业质量发展基础，服务企业品牌经济发展，培育企业发展新动能。2021年培育市政府质量奖企业3家、市政府质量提名奖企业5家。申报商标示范企业3家、共授权专利431件，办理股权出质12件，有效融资3亿元。开展食品安全专项整治，做到食品生产企业检查100%，餐饮、小餐饮检查100%。

【平安建设】2021年，高新区开展大走访活动，1502名干部走访群众79839户，收集负面问题22155项，至年底回访22144项，回访率99.9%。领导班子成员带头开门接访、带案下访，共接待群众25批、62人次，带案下访5批次。36项重复信访、信访积案全部汇报化解并通过审核，推进信访事项“大起底、大化解、大督办”专项行动，排查起底各类信访事项341项。排查各类风险隐患和矛盾纠纷517件，化解509件，化解率98.4%。全面落实精神障碍患者包保责任制，2019年、2020年连续两年荣获“全市信访工作先进单位”称号。建立健全扫黑除恶斗争长效机制，强力推进斗争向纵深发展。

【社会事业】2021年，高新区严格审批城乡居民最低生活保障，全面开展城乡低保、“五保”年审。2021年度，全区低保覆盖2792人，发放资金1158万余元。救助孤儿58名，纳入“五保”供养339人，发放各项残疾惠民补助资金371万余元。为4255名被征地农民办理养老保险，发放养老金4346.56万元。妥善处理市转办涉贫信访件4件，实施三批次个性化帮扶，及时发放“四带一自”特色种养殖项目资金72.52万元。经核准，216人符合林业扶贫项目补助条件，拨付资金16.3万元。拨付光伏资金130.6万元，128名学生享受“雨露计划”项目资助，138名困难群众享受大病救助政策，涉及资金114万余元，把“脱贫不脱政策”落实到位。开展春节、“八一”等重要节日慰问走访，完成2000多名退役军人全要素信息采集、1000多名优抚对象进行年审，落实优抚资金602.7万元，惠及服务对象1035人。成立镇级服务队10个，社区（村）级服务队35个，实现一乡镇、一村居一支退役军人志愿者服务队。开展农民工工资支付和监管平台使用情况专项排查6次，完成系统内36家、系统外74家企业农民工工资督查考核工作。受理拖欠农民工工资投诉160余件，解决拖欠金额1900余万元，惠及农民工2000余人。收缴33家企业农民工工资保证金1055万余元。受理办结市长热线450余件，回复和办结率100%。将清欠工作和兑现项目优惠政策直接挂钩，监管处置力度不断加强，整治成效不断提升，保障农民工工资支付权益，清欠长效机制进一步完善。

【党的建设】2021年，高新区开展党史学习教育。带头学习贯彻习近平新时代中国特色社会主义思想和党的十九届六中全会精神，深入学习习近平总书记考察安徽重要讲话指示精神，及时跟进学习习近平总书记重要讲话精神。召开党工委理论学习中心组学习会15次，邀请专家学者现场授课3次，组织专题交流研讨8次，邀请市级宣讲团宣讲4次。发放党史学习教育必学书目4600套，组织区级宣讲30余次，开展全民阅读主题演讲大赛、歌咏大赛、微型党课比赛，集中收看庆祝中国共产党成立100周年大会并组织研讨。按要求开展巡回指导6轮，制定印发《亳州高新区“我为群众办实事”实践活动具体举措》。扎实开展“我为群众办实事”实践活动，按月更新党员干部走访调研台账，编制重点民生项目18项，清单制管理，持续推进工作落实。完成十九里镇第八届党委和纪委班子换届，完成各社区管理中心党委班子换届选举工作，全面完成35个村、社区党组织换届工作，共选出干部195名。村党组织班子平均年龄39.6岁，村书记平均年龄36.5岁，社区（村）级党组织成员年龄、文化水平等结构进一步优化。指导各党委全面开展标准化规范化建设自查，243个党组织全部达标，高新区党群服务中心交付使用。按要求设立亳州高新区党费专用账户，高质量完成154名党员发展任务。深入推进基层党组织“登高计划”、城市社区“领航计划”、非公企业“璀璨计划”。开展贯彻习近平总书记考察安徽重要讲话批示精神落实情况督查，推进新一轮深化“三个以案”警示教育，进一步推动作风建设向纵深发展。围绕安全生产、疫情防控、营商环境、换届工作、落实中央八项规定精神等重点工作开展监督检查，纪监部门较好发挥监督“探头”作用，保障各项工作顺利开展。

（梁　浩）

亳州芜湖现代产业园区

【概况】亳州芜湖现代产业园区于2012年1月设立，是省政府特批设立、亳芜两市共建的特别政策区，享受省级开发区各项政策，是贯彻省委、省政府“加快皖北发展、加强南北合作”战略要求的三大南北共建园区之一。园区是长三角省际产业合作园区、安徽省服务外包示范区，实行财税独立、封闭管理的运营体制。

2021年，亳州芜湖现代产业园区15项经济指标中，7项指标增速居全市第1位，4项指标增速居全市第2位。其中地区生产总值10.8亿元，同比增长11.9%；一般公共预算收入完成4.04亿元，增长61.2%，高新技术产业增加值、限上消费品零售总额、战略性新兴产业产值、房地产投资、建筑业总产值、固定资产投资分别增长42.2%、28.5%、124.6%、24.3%、29.9%、18.4%。

【招商引资】 按照"招大引新""抓大放小"招商思路和"龙头带动、以商招商、基金招商、产业链招商"平台招商的招商理念，围绕"3-1"主导产业，充分利用两市政策叠加的优势，开展双招双引，全员招商，营造一个良好招商氛围。2021年，除2.5产业园和人力资源产业园外，园区共签约项目87个，协议总投资306.73亿元。其中工业项目74个，亿元以上工业项目45个，已落地30个；5亿～10亿元项目10个，10亿元及以上项目12个。

【项目建设】 2021年，园区列入市重点项目69个，总投资251.9亿元，1—12月累计完成投资44.8亿元，新开工34个，已竣工7个。列入省重点项目55个，总投资238.03亿元，1—12月完成投资46.8亿元，新开工项目19个，已竣工项目12个。狠抓新引进项目落地开工，其中总投资50亿元韵达产业园，总投资10亿元臻芯半导体封装项目，总投资20亿元智芯智能终端设备生产项目，总投资5亿元以上科博检测、国信健康、晶宫绿建、金亳科技项目全部开工，为稳投资、保增长起到关键作用。

【盘活提升】 2021年，园区通过招商盘活、依法收地、协调纠纷、投资收购等方式已收回盘活问题项目16个，盘活土地2467亩、存量厂房近30万平方米。抓提升。园区研究出台《关于大力促进企业做大做强的奖励扶持办法》《工业企业富余厂房认定暂行办法》，鼓励和推动存量企业自我转型升级，实现上规模、上台阶、做大做强。2021年，园区"五上"企业发展到97家、规上工业企业47家。

【园中园建设】 按照"产业链招商、集群式发展、模块化布局"发展理念，调整产业定位、创新招商方式，出台《关于开展产业链招商、推进产业集群建设的实施意见》。精心打造2.5产业园（建筑业集聚区）等十大特色"园中园"，既促进产业集聚发展，又充分利用存量载体优势，盘活一批闲置资产和地块，实现存量增量相互促进、"两驾马车"齐头并进的发展态势，也为产业链招商提供相应的集聚空间，有利于"链主"发挥龙头效应。亳芜电子信息产业园总建筑面积37.95万平方米，已完成A、B、C、D四个区域的招商，8家企业正式入驻，5家投产，发展初具规模、初见成效。

【产业合作园建设】 亳州芜湖现代产业园区作为安徽省首批、亳州唯一的省际产业合作园区，园区着力推动建设，取得成效。2021年4月份，园区进一步推进与浙江富阳、台州湾合作共建省际产业合作园区，就建立合作共建机制等方面签署备忘录，在合作共建基础上共商深化合作，安排2名部门负责人分赴2个开

2021年11月4日，亳芜现代产业园区药企生产车间　（刘勤利　摄）

发区挂职，开展驻点招商。共同打造的大健康产业园、五金机电产业园正在招商之中。

【优化营商环境】探索实施项目审批“四证齐发”，进入常态化。首创“免申即享”政策扩展到2大类80项，累计办理事项113件，兑现财政资金9202万元。首批“园区事务代表”下沉收集问题92个、解决87个，帮助企业兑现发展扶持资金7206万元，协助企业获批贷款7300余万，累计为企业招工128人。建立“办不成”问题专项调度制度，专题研究解决企业提出的长期悬而未决“硬骨头”问题，得到人民网、凤凰新闻中心转发推广。持续深化“四送一服”工作，共宣传政策解读110场。办结问题142个，要素对接90个，解决企业融资1.27亿元，帮助58家企业招工1164人。

【党建工作】2021年，园区共组织开展中心组学习20次，其中专题研讨8次。深化党史学习教育“我为群众办实事”实践活动，实地走访企业20余家，现场收集企业反映问题21个，并高质量解决。以园区2.5产业园内企业为依托，组建2.5党建联盟，以楼宇党建为样板，打造出一个党建协作、互动联动、融合发展良好环境。强化思想监督、做实日常监督，聚焦“免申即享”“园区事务代表制度”“办不成问题”专项调度制度等创新举措，强化对行政审批、政务服务、制度落实、工作质效等方面的监督，确保园区各项优化营商环境创新举措立得住、落得实、行得远。

【六大成效】一是发展步入新阶段。园区企业进入厚积薄发的新一轮投入、产出并进阶段。园区核心经济指标均保持两位数增长，大部分核心经济指标增速全市前列。规上企业数、利用外资额率先“倍增”。财政收入增幅达60%。二是项目取得新突破。实现重大项目“零”的突破。成功签约10亿元以上项目12个，包括总投资50亿元的韵达现代产业园项目、总投资40亿元的华韵本草中药业产业园项目等一批重大项目，充分发挥龙头引领带动作用。三是合作开启新篇章。亳州市党政代表团赴芜湖市考察交流，两市党政主要负责人共商合作共建大计。芜湖市加大援建力度，取得奇瑞项目、人力资源产业园、亳芜铁山宾馆等标志性成果。积极推进省际产业合作园区建设，深化与浙江富阳、台州湾合作共建，签署备忘录，举办推介会，共同打造的亳芜浙江五金机电产业园建设加快。四是产业有新定位。瞄准先进制造业和战略性新兴产业等重点方向，年初就确定“3+1”主导产业定位，并结合园区产业发展基础，明确电子信息产业为园区主导产业。五是招商开启新模式。“基金+产业”招商模式成功破题，与海尔资本共同设立8亿元亳海股权投资基金，与建安资本设立30亿元康安基金，天使基金正在筹划之中。一批投资项目正在积极推进，已签约两个。六是营商环境得到新优化。“免申即享”政策得到国务院及省政府高度肯定，在亳州全市推广。园区事务代表、“办不成问题”专项调度会等制度得到省“四送一服”办公室充分肯定。亳芜配套品牌又添新成员：亳芜人力资源产业园、亳芜2.5产业园开园，亳芜公园、亳芜铁山宾馆、中国银行亳芜支行投入使用，亳芜小学开工建设。

（田继云）

县（区）概览

陵西湖美景　　　　（刘勤利　摄）

涡阳县

【概况】涡阳县于清同治三年（1864）置县，隶属颍州府，解放后属阜阳专区和阜阳市，2000年5月由阜阳辖下划归亳州市。2020年，涡阳县辖20个镇、3个街道、1个省级经济开发区，辖区面积2110平方千米，户籍人口173万人。

【工业经济】完成规模工业增加值54亿元，增长10%。54家企业纳入国家科技型中小企业库，新认定高新技术企业21家，高新技术产业增加值增长16%。新申报战新企业5家，战新产业产值增长8.5%。新增国家级专精特新“小巨人”企业1家、省级专精特新冠军企业1家。鸿路钢构四期、易腾服饰等7个亿元以上工业项目建成投产。星园科技企业孵化器获评省级科技企业孵化器，安徽省“861”计划重点建设项目信湖煤矿建成投产。

【现代农业】建设高标准农田15万亩，新增耕地3300亩，粮食种植面积稳定在372万亩以上，粮食生产实现“十八连丰”，小麦最高单产860.6千克，刷新全省单产纪录。专用品牌粮食订单生产比重提高至93%，金沙河“农民＋职业农民＋专业合作社”股权联盟模式种植推广至1.1万亩。新增省级以上示范专业合作社17家、示范家庭农场8家，3家合作社入选中国农民合作社500强。培育超50亿元农产品加工园1个。“涡阳硬质小麦”获批国家地理标志证明商标，新认证“三品一标”产品24个。创建省级长三角绿色农产品生产加工供应基地2家。

【现代服务业】新增限上商贸企业40家，完成限上消费品零售额36.8亿元，增长15%。向阳大道、乐行路等商业组团乘势而起，紫金御景金街、葛沟水街先后建成，天河金街、金大地特色街区相继开业。电商新业态激发消费新活力，新增农村电商经营主体157家，培育网销千万元企业2家，实现电子商务交易额27亿元，增长30%。获批国家级电子商务进农村综合示范项目，涡阳电子商务集聚区获评省级服务业集聚区。皖北第一个公用型保税仓投入使用。

【招商引资】健全招商引资机制，组建9大招商专班，成立20支招商小分队，布局4个驻点招商圈。24场对接沪苏浙招商推介会接续召开，“涡阳·台州”老乡恳谈会成功举办。新签约招商引资项目73个，协议投资526.7亿元。与浙江永康、平湖、丽水签订园区合作共建协议。携手永康共建高硼硅制品产业园，高炉工艺品小镇全面开建。探索建立“委托招商、市场化招商”新模式，与华美智造签订超百亿元“产业新城”项目，首批7个项目成功签约。

【改革创新】国投集团二次优化资产结构，信用等级得到提升。深化招投标制度改革，连续3年获评全国政府采购百强县。“标准地”改革顺利完成，12个项目实施“标准地”出让。“证照分离”改革试点全覆盖推进。深入推进“互联网＋政务服务”，全程网办事项占比99.88%，日均网办3091件，即时办结率为100%。204项惠民惠企政策纳入“免申即享”。全力推行“田长制”改革，基本农田监管横向到边、纵向到底。51个村“一块田”改革试点推广，适度规模经营提质扩面。

【生态环境】“1+1+N”突出生态环境问题整改工作扎实推进，第二轮中央环保督察转办件全部销号。新设环境专项监督长545名，“清河行动”“河道四乱整治”“幸福河湖”创建取得明显成效。西淝河清水廊道建设顺利实施，武家河绿色生态河道建设完成。7个镇政府驻地污水处理设施提质增效行动圆满完成。4个国控、省控断面水质达标，涡河地表水质优于Ⅳ类。空气质量监测实现全天候网格化管控，全年$PM_{2.5}$平均浓度降至41.8微克/每立方米，优良天数占比达76.7%，较2020年同期提高4.2个百分点。垃圾填埋场三期、生活垃圾发电厂投入运营。畜禽粪污资源化利用整县推进，利用率达97.46%。

【城乡建设】县镇两级国土空间规划加快编制，村庄规划布局全面启动。涡阳县城南新区宜居生活圈设计荣获全国优秀城乡规划设计奖。完成棚户区改造1500

套、老旧小区改造9个，新建安置小区3个，2953套安置房交付使用，9000余名群众乔迁新居。完成城区市政管网清淤疏通48.5千米，消除城区积水点39处。滨河景观带有序开放，涡河1号公路基本建成。义门大桥主体工程基本完工，涡河四桥顺利通车。太极公园、紫光南园建成开放。新华街获评安徽历史文化街区，老城记忆得以传承。完成大中沟治理79条，改造提升县乡道路45.3千米。常态化开展农村乱占耕地建房专项整治，农村房屋建管得到强化。义门镇赵屯村、曹市镇柴村、马店集镇大罗村入选安徽省千年古村落地名文化遗产名录。

【民生福祉】31项民生工程完成年度任务。城乡居民基本医疗保险、养老保险参保率均达95%以上。累计发放低保金2.79亿元。落实城乡居民医疗保险补偿10.55亿元、大病保险补偿1.51亿元。妇幼保健综合楼、县人民医院改扩建一期工程基本建成，安徽省立医院涡阳分院成功挂牌。新兴镇中心卫生院、石弓镇中心卫生院成功创建二级综合医院。中国消除疟疾认证涡阳评估点通过世界卫生组织验收。天静宫初中、义正书院高级中学开学招生，新增初高中学位7050个，高中“大班额”难题得到根本性好转。校外培训机构整顿成效显著，“双减”政策全面落实，义务教育阶段课后延时服务全覆盖。获批全国科普示范县创建单位。丹城镇入选“安徽省民间文化艺术之乡”。涡阳青年泗州戏剧团荣获第九届全国服务农民、服务基层文化建设先进集体。

【社会治理】全面发起“1+2+30”安全生产专项整治三年行动“四季攻势”，道路交通安全、消防安全、危化品等重点行业领域安全生产专项整治常态化开展。“难安置”问题专项治理扎实推进，“难办证”实现“四个清零”。强化食品药品安全监管，完善食品药品安全治理体系、提升治理能力，全力守护好群众生命安全和身体健康。积极压降不良贷款，整体不良贷款率降至1.2%。深入开展信访积案和涉法涉诉信访事项“清零”攻坚行动，202件信访积案得到有效化解。办理市、县长热线5.7万件。严厉打击电信网络诈骗，侦破512起案件，追回、冻结资金838.9万元。“八五”普法有序开展，“法治门诊”被国家级媒体宣传报道。荣获全省“首批法治政府建设示范县”称号。

蒙城县

【概况】2021年，蒙城县贯彻习近平总书记考察安徽系列重要讲话指示批示精神，落实党中央决策部署和省第十一次党代会、市第五次党代会精神，锚定“一市一城三中心、一地一区三集群”总体定位，加快建设现代化美好蒙城。蒙城县荣获“中国农业社会化服务平台优秀推广县”“省级返乡入乡创业示范县”“美丽乡村建设先进县”“安徽省卫生县城”“2017—2020年度全省农村基层党建工作先进县”等荣誉称号。

【党建引领】2021年，坚持将政治建设摆在首位，提高政治判断力、政治领悟力、政治执行力。制定实施《中共蒙城县委关于加强新一届县委班子政治建设的意见》。开展“我为群众办实事”实践活动，144个项目落地见效，为民办实事2.1万件。开展庆祝建党百年系列活动，表彰“两优一先”及优秀选派帮扶干部200人。带头落实“三会一课”制度，深化“一月一课一片一实践”活动，推动各级党员干部学习教育常态化长效化。实施保密宣传教育培训和监督检查常态化，提高全县党员干部保密意识和能力。围绕党的十九届六中全会精神等重点内容，开展各类主题宣讲、专题辅导1600余场次，各级领导干部、党组织书记讲授党课1169场次。强化意识形态阵地管理，建好管好用好新时代文明实践中心、农民文化大礼堂等文化阵地，开展意识形态专项检查。单独组建非公企业和社会组织党组织110个。

【廉政建设】2021年，开展新一轮深化“三个以案”警示教育、“三严三实”、“马上就办，真抓实干”专项行动。查处违反中央八项规定精神问题54件、66人，党纪政务处分44人。查处形式主义、官僚主义问题10件、19人，党纪政务处分4人。执行《蒙城县落实基层减负的三十四条措施》。从乡村振兴、疫情防控等基层一线提拔或进一步使用干部116人，选拔“五方面人员”19人进入乡镇领导班子。实施“懒政怠政、不作为慢作为”专项治理，开展专项督查17次。深化“12+N”监督模式，围绕16项重点工作发现并督促整改问题240余个；开展党内政治监督谈话84人，指出并整改问题318个，征求意见建议105条。开展主体责任谈话1.36万人次，其中廉政谈话1.24万人次、提醒谈话1175人次。十二届县委巡察实现全覆盖，发现问题7452个、整改率为99.99%，移交问题线索477个、办结率为85.53%，推动建章立制1603项。配合市委巡察机构开展涉粮问题专项巡察。纪检监察工作协作区标准化建设持续规范、全面提升，推进国企纪检监察体制改革。推进反腐败斗争。全县纪检监察机关处置反映问题线索1170件，给予党纪政务处分257人，移送司法机关3人。查处群众身边腐败和作风问题141件，给予党纪政务处分58人。运用监督执纪“四种形态”处理1204人次，其中第一种、第二种形态占比93.8%。反腐败协调小组成员单位移送线索243件，县纪委监委发出纪检监察建议书17份、督促案发单位完善制度机制7项，实施行贿人信息库建设，选取2个村开展县级集体“三资”提级监督试点。开展廉政宣讲3000余场次，警示教育8.9万余人次，举办第五届庄子清廉思想研讨会，微视频《父亲的礼物》等8部作品入选第二届“安徽廉洁文化精品工程”。

【重要决策】2021年3月，贯彻落实中央、省委关于乡村振兴决策部署，巩固拓展脱贫攻坚成果同乡村振兴有效衔接，制定印发《蒙城县全面推进乡村振兴、加快农业农村现代化实施方案》《关于加快实施拓展脱贫攻坚成果同乡村振兴有效衔接的实施方案》。11月，学习宣传贯彻省第十一次党代会精神，制定《关于认真学习宣传贯彻省十一次党代会精神的实施方案》。12月，学习宣传贯彻党的十九届六中全会精神，制定印发《关于深入学习贯彻党的十九届六中全会精神的意见》；加强县委班子理论武装，推动良好政治生态构建，制定印发《中共蒙城县委关于加强新一届县委班子政治建设的意见》。

【经济发展】2021年，全县实现地区生产总值428.79亿元，总量在全省59个县（市）排名第15位、较2020年前进2个位次，在长三角152个县（市）排名第81位、较2020年前进1个位次。市统计局反馈的23项经济指标中，蒙城县有16项位居前两位。签约亿元以上工业项目56个、总投资206亿元，承接沪苏浙地区亿元以上项目33个、总投资80.3亿元。完成工业投资38.03亿元，增长29.8%。三大主导产业工业总产值104.9亿元，占全县工业总产值的76%。战新产值增长38.7%。市场活力加快释放。落实7×24小时不打烊服务，开设长三角“一网通办”专窗和“跨省通办”综合窗口，77个事项实现跨省办理。深化返乡创业，转化落地项目1260个、投资10.4亿元，带动创业就业2.6万人。市场主体增长12%，社会消费品零售总额增长20.6%。

【乡村振兴】2021年，推行“供耕种管收销”“六位一体”农业生产“大托管”模式，粮食生产实现“十八连丰”。蒙城县连续10年被列为全国生猪调出大县。上海市外蔬菜主供应基地发展到3866.67公顷，销往长三角农产品销售额26.8亿元。规上农产品加工业产值63.1亿元，增长16%。建设农村巷道152千米。开展“五清一改”村庄清洁行动，改厕6200户、整治问题2万余个。建设“省级美丽乡村”26个，蒙城县获评“省级美丽乡村建设先进县”。推进巩固拓展脱贫攻坚成果同乡村振兴有效衔接，投入衔接资金3.9亿元，实施项目161个；当年识别监测对象50户182人，制定帮扶措施368条。村均集体经营性收入46.44万元，其中50万元以上经济强村92个、占34.3%。

【城乡建设】2021年，全县建成涡河路（望月路—北蒙大道）、安驰大道、西一路、文体路和民建路等道路10.6千米，李庵桥改造工程完工通车。启动北九路、北十路、周元路东段等9条道路建设，涡河景观带项目完成庄子大道至安驰大道段工程量的80%，鲲鹏路红线外绿化改造工程完工验收。实施灵山大道、三义路等路段人行道改造维修，铺装硬化人行道1.7万平方米。综合客运枢纽站、全民健身中心建成投用。农村厕所革命新要求全面落实，美丽乡村建设持续推进。

实施城区污水管网升级改造、涡北污水处理厂管网联通工程、城区绿化提升及市政设施零星维修等项目。实施城乡供水一体化项目。开展茨淮新河饮用水源地标准化建设，自动在线监测预警和视频监控系统安装2座。老旧小区、棚户区改造等住房保障事业稳步发展。城乡环卫一体化项目，实施垃圾日产日清、垃圾不落地。整县推进农村畜禽粪污资源化利用项目，禽粪污资源化利用率达97.4%。

【生态环境保护】2021年，落实中央和省、市环保督察交办问题整改，加强大气、水、土壤污染防治，$PM_{2.5}$浓度下降13.4%、优良天数比率提升5.9%；国考断面水质稳定达标。开展清水廊道乡镇黑臭水体整治试点，整治农村黑臭水体20条。巩固畜禽粪污资源化利用，秸秆综合利用率达95%，蒙城县获评“省农作物秸秆综合利用工作成效明显县”，当年度中央财政秸秆综合利用试点县奖补项目获批。发挥河长、林长和生态环保监督长作用，设立村级网格环境专项监督长308个。健全环保执法监督检查、日常巡查等长效机制，开展环保进社区、进企业等宣传活动。

【综合治理】2021年，平安蒙城建设成效明显，信访积案有效化解，扫黑除恶专项斗争收官。“七五”普法完成。持续加强基层消防安全治理体系建设。推进安全生产专项整治三年行动，强化安全教育培训，突出风险管控及隐患排查整改。落实县委防范化解重大风险“1+9+13”方案体系。非法集资、电信网络诈骗等违法犯罪行为得到有效遏制，开展“难办证”“难安置”问题专项整治，房地产市场平稳健康发展，各领域重大风险有效防控。

【社会事业】2021年，全县发放低保资金2.34亿元，惠及56.58万人次。发放特困人员供养资金3748万元、丧葬补助84.6万元、护理补贴644.27万元。适老化改造农村特殊困难老年人家庭100户。落实80周岁以上老年人高龄津贴和低收入老年人居家养老服务补贴制度。拨付残疾人“两项补贴”。开展“情满漆园·助困同行”社会救助项目。实施职业病防治、婚前健康检查、“两癌”筛查、幼儿托育、城市社区卫生机构和村卫生室标准化建设等民生项目。乡镇敬老院消防改造如期推进。整合各类资金530余万元，开展重点文保单位万佛塔、文庙修缮，马公府地面修整，陆建章宅环境整治等。文化体育事业健康发展，创成国家二级文化馆1个、二级图书馆1个、三级博物馆1个，蒙城籍运动员田企业获第十四届全运会男子古典式摔跤67公斤级金牌。

（王丽娜）

利辛县

【概况】利辛县位于安徽省西北部、亳州市南部，东部与蒙城县接壤，东南部与淮南市的凤台县为邻、南部与阜阳市的颍上县交界，西南与阜阳市颍东区相连，西部牵手阜阳市太和县，北部与涡阳连接。县域介于北纬32° 51′～33° 27′和东经115° 54′～116° 31′，坐落在美丽的西淝河中游两岸，土地平畴秀壤，阡陌流金，是理想的宜作宜居生态之地。1964年10月31日国务院全体会议第148次会议通过，决定设立利辛县。辖阜阳县王人、王市、马店、胡集4区，辖涡阳县阚集、江集、张村3区，辖凤台县阚疃、展沟2区，辖蒙城县望疃区，共10个区组成利辛县辖区。1965年5月1日，利辛县正式成立。2000年5月后，隶属新成立的亳州市。2021年，利辛县行政区设置有23个乡镇，分别是城关镇、城北镇、阚疃镇、张村镇、中疃镇、望疃镇、程家集镇、胡集镇、新张集乡、展沟镇、大李集镇、马店孜镇、永兴镇、王人镇、王市镇、巩店镇、汝集镇、孙庙乡、孙集镇、纪王场乡、江集镇、旧城镇、西潘楼镇。利辛区位优越，交通便利。宁洛高速、济广高速、济祁高速、国道329和多条省道纵横交织，京九铁路、青阜铁路贯穿南北，淮宿阜城际铁路利辛段开工建设。县城距阜阳机场45千米，亳州机场临境而建，三小时经济圈内覆盖南京、合肥、郑州、武汉、徐州等城市。西淝河、阜蒙河、茨淮新河航运通江达海。全县总面积2005平方千米，南北跨度41.6千米，东西距离68.5千米。

利辛县境内为新生代第四纪以来巨厚的松散沉积物发育，厚度约1000米，其下隐伏有寒武纪、奥陶纪、石炭系和二叠纪地层。全新统下段，顶板埋深一般大约20米，最浅13.48米，最深24米；底板埋深在36～40米以下，总厚度约18～26米。顶部为灰黑色、紫灰色黏土、亚黏土，含腐殖物较多，为古风化壳。岩性致密细腻，稍有滑感，无微细层理构造，含有较多淡水动物外壳。

利辛县全境位于淮河平原区、淮北中南部砂礓黑土平原亚区，属剥蚀堆积地形和堆积地形。亿万年来，黄河改道、淮河泛滥，造就了广袤平原。从大尺度来说地势平坦，以万分之一坡降由西北向东南微倾，县西北部最高处海拔为32米，县东南部最低处海拔为22米，平均海拔为28米。从小尺度来说有一定起伏，河间地区有一定数量大小不等的半封闭状蝶形洼地发育。剥蚀堆积平原广泛分布于河间地区，泛滥带主要是由西淝河洪水泛滥淤积物构成，分布于沿河两岸狭窄地区，宽度1千米～2千米。

利辛县年平均降水量859.5毫米，一年中降水量较为集中的时段为6月下旬至8月上旬，是全县的雨季。降水量最多的月份是7月，平均229.3毫米；降水量最少的月份是12月，平均19.3毫米。境内无大型湖泊、水库，地表水主要控制在各主要河道中。水容量4.24亿立方米。水量补充主要靠降水和上游来水。有4条水系：茨淮新河流域、西淝河下段流域、涡河流域、芡河下段流域。

利辛县气候属暖温带半湿润季风气候。主要特点是：季风明显、日照充足，气候温和，雨量适中，四季分明，无霜期较长。春、夏、秋季主导风向以偏南风为主，冬季以偏北风为主。年均气温14.8℃，无霜期215天，年均日照时数2223.4小时。年均太阳辐射总量124.7千卡／平方厘米。

【县情特色】优质农产品生产基地。2021年，利辛县深度融入长三角一体化进程，利用长三角区域的技术、资本、人才和信息等资源便利化流动优势以及巨大的市场容量，大力促进利辛特色产业链进一步升级。服务长三角大市场，打造一批面向长三角的“菜篮子”“果园子”“米袋子”农产品基地和产业合作基地。以特色优势产业为重点，抓好现代优势特色农业品种、品质、品牌提升行动，进一步提升利辛农产品精深加工和综合利用水平，大力建设绿色优质农副产品生产加工基地、农产品产地集配中心和果蔬流通集散地，打造面向长三角的特色农产品交易中心。科学布局粮食生产基地，大力发展优质专用小麦，巩固“小麦千斤县”“吨粮县”创建成果。2021年，利辛县粮食总产138.58万吨；年生猪出栏80.4065万头，牛出栏2.39万头，羊出栏76.28万只，家禽出栏1295.8万羽，禽蛋产量2.205万吨。全面推广畜禽良种化、养殖设施化、生产规模化、防疫制度化、粪污资源化和监管常态化。加快发展展沟、阚疃等5个乡镇稻渔生态农业，王人、巩店等5个乡镇的中药材产业，城北、中疃等乡镇果蔬产业；加快建设城北国家级农业产业强镇和省级绿色果蔬特色小镇，望疃、程家集等乡镇的优质专用粮食生产基地，永兴、马店孜等乡镇的现代化特色畜禽水产养殖基地，创建一批国家级和省级农业产业园、科技园区。2021年8月，利辛县通过安徽省农业农村厅“第二批安徽省农产品质量安全县”复查认定。2021年12月，利辛县被农

茨淮新河风光（刘勤利　摄）

业农村部绿色食品发展中心认定为“第六批全国有机农产品基地”称号。

全国水生态文明城市。2018年11月，利辛县通过水利部专家组的验收，获“全国水生态文明城市”称号。利辛县通过创建活动，初步实现“水安、水清、水活、水美、水润”的总体目标，全县取得明显的生态效益、社会效益和经济效益。2021年，利辛县水资源利用效率不断提升，高效节水灌溉率提高到25.70%，城市公共供水管网漏损率降低为10%。通过控源截污减排工程的实施，城区污水集中处理率达100%，农村污水集中处理率达88%；通过水系连通工程、河道综合整治工程和生态保护修复工程的实施，重点河流水环境质量明显改善，水功能区水质达标率达到80%。通过农村饮水安全工程的建设，水安全保障能力不断提升，农村饮水安全人口比例为100%，城乡供水保证率达100%。实施茨淮新河、西淝河、芡河、阜蒙新河4条骨干河道治理工作，河流防洪达标率达到100%。实施水网、绿网，路网三网并进，全面沟通“八横六纵”水系，构建“两沟三湖四溪五河十六园”的城市绿化景观格局，打造滨水二环33千米绿道骑行系统，建设1条西淝河美好乡村示范带、6条美好乡村精品线、2个美好乡村生态旅游示范区。

国家园林县城。2021年，利辛县以深化新一轮林长制改革为抓手，绿化道路沟渠2826条、自然村庄270个，建设森林生态廊道28.1千米，创建省级森林城镇1个、森林村庄8个，植树造林1.62万亩。2021年，利辛县携2015年获得国家园林县城之势，继续依据《利辛县城总体规划（2009—2030年）》，城区发展方向为西进北扩、南控东待，重点发展滨河新区、经开区，全面提升老城区人居环境，大力推进老城区范围内的棚户区、老旧小区、城中村的改造。县财政资金加大投入，加强园林绿化建设和养护，建立园林绿化投融资机制，采取政府购买服务等方式，不断拓宽资金筹集渠道，引导社会资本参与园林绿化建设。突出抓好公园绿地建设，先后建设晴岚溪绿道公园、五一广场、淝河之韵游园、健身广场、西淝河森林廊道等26处公园、广场、游园、带状景观绿地，基本形成“100米见绿、500米见园”的公园绿地圈。加大城区沟河综合治理力度，对城区沟河进行绿化提升和景观改造。抓好道路绿地建设，依据道路性质，以城区新建道路为重点，高标准推进道路绿化建设。抓好城市生产绿地建设，先后建成状元河、大管村、淝畔绿洲等苗圃。县城建设特色突出、人居生态环境良好，形成人与万物和谐共处的理想城市。

全国绿化模范县。2016年2月，全国绿化委员会授予利辛县为“全国绿化模范单位”。2021年，利辛县以实施“千万亩森林增长工程”“林业增绿增效行动”为重点，以招商引进企业和大户造林为抓手，以林长制改革和财政资金支持为动力，稳步推进造林绿化事业发展。累计完成造林面积15.58万亩，森林质量提升19.96万亩，建设森林长廊示范段212千米，创建省级森林城镇7个、森林村庄58个。全县域内树种结构持续得到有序调整，结合群众意愿，大力推进美国薄壳山核桃、榉树、朴树、楸树、女贞、红叶石楠、白蜡、泡桐、法梧、栾树等10多个经济景观树种培育和造林绿化，城镇、村庄、单位及沟渠道路等绿化水平全面提升，生态环境越来越好。2021年，利辛城区路网覆盖面积40平方千米，绿化面积960万平方米，绿地率36.94%，绿化覆盖率38.48%，人均公园绿地面积14.83平方米。

全国“四好农村路”示范县。2019年11月，交通运输部、农业农村部、国务院扶贫办联合下发文件，命名利辛县为“四好农村路”全国示范县。至2021年底，利辛县紧紧围绕交通扶贫总目标，整合民生工程、特色扶贫、旅游开发、整村推进等项目，破解农村道路“邻而不接”“通而不畅”的瓶颈，全面实现县城通二级及以上公路，乡镇通三级及以上公路、相邻乡镇通路面宽度5米以上公路，361个村“村村通”路面宽度4.5米及以上公路和境内规划保留自然村“庄庄通”硬化路的目标，大部分自然村实现“户户通”硬化路。利辛县在“四好农村路”建设上，紧紧围绕强化基础、完善配套、健全功能、创优环境，不断积聚乡村发展新动能。2021年，利辛县城乡公路网全部联通，公交线路达36条，全县实现城乡“半小时交通生活圈”。

【经济社会发展】2021年，利辛县坚持以习近平新时代中国特色社会主义思想为指导，深入学习贯彻习近平总书记考察安徽重要讲话指示精神，全面贯彻党的十九大和十九届历次全会精神以及省第十一次党代会、市第五次党代会精神，围绕强化“两个坚持”，实现“两个更大”，统筹抓好稳增长、促改革、扩开放、调结构、优生态、惠民生、防风险、保稳定、固成果各项工作，全县经济社会发展和党的建设各项事业取得新成效。2021年，利辛县实现地区生产总值366.8亿元，较2020年增长9.2%；一般公共预算收入18.0亿元，增长13.2%；社会消费品零售总额249亿元，增长19.9%；金融机构年末各项存款余额545.0亿元、贷款余额427.5亿元，分别增长16.7%、21.8%；规模工业增加值增长16.6%，固定资产投资增长30.9%。城镇常住居民可支配收入36438元，增长9.1%，农村常住居民可支配收入15549元，增长9.5%。

现代农业。2021年，利辛县发展优质专用粮食生产基地115万亩，建设高标准农田12万亩，全年粮食总产突破12亿千克，实现“十八连丰”，单产、总产均居全省前列。开展“一镇一业”“一村一品”示范镇村创建，莲藕龙虾共作、肉牛和山羊养殖、皖鸽良种选育、食用菌种植等农业特色产业初具规模。创建省级示范合作社25家、示范家庭农场196家，新增经济强村43个。累计培育市级以上龙头企业92家，规模以上农产品加工企业31家，“三品一标”有效认证79家、161个产品。被农业农村部绿色食品发展中心认定为“第六批全国有机农产品基地”。

工业经济。2021年，利辛县园区共有规模以上工业企业78家。规上工业总产值86.23亿元，同比增长10.63%；规上工业增加值18.45亿元，同比增长10.48%。固定资产投资36.08亿元，同比增长30.8%。其中，工业投资13.16亿元，同比增长55.7%。2021年，利辛县以强化产业链、提升价值链为导向，推动轻纺服饰产业“品牌化、集群化、生态化”发展。充分利用国内国际两个市场，加快产业延伸、拓展，做宽轻纺领域，做精轻纺产品，做高轻纺层次，做长轻纺链条，建设成为现代新型轻纺服饰产业集群和产品研发基地，全县轻纺服饰产业总产值向百亿规模迈进。全力推进丝网纱门产业集聚提升，支持富亚纱网、骄阳软门等龙头企业加大研发投入，建设国家级技术中心和工程中心，拓展丝网新的应用领域，做大做强磁性智能纱门。鼓励骨干企业获取外贸出口自营权，利用电商物流进一步拓展国内外市场，打造“中国丝网纱门之都”，形成国内外知名的丝网纱门产业集群。延伸发展纺织服装产业，以伯希和、君翰纺织、佳辉服饰、京威服饰等骨干企业为重点，大力推动纺织服装服饰产业利用新材料、新技术和新工艺，不断开发新产品，重点发展差别化、功能性新型纺织材料（纤维）及高性能产业用纺织品。设立服装研发中心，发展中高档运动、休闲服装。实施品牌化营销战略，形成研发、生产、销售“一条龙”经营格局。

煤电产业。2021年，中煤新集板集煤矿位于利辛县胡集镇境内，共有煤炭资源54094.3万吨。煤矿设计可采储量20642.2万吨，设计生产能力300万吨/年，服务年限51年。2021年3月，矿井开始联合试生产。中煤新集利辛发电厂，是煤电一体化项目，将新采集煤炭就近打捆配送火力电厂，是利用板集煤矿自产煤炭燃烧发电的坑口电厂，缺口由基地外配送。中煤新集利辛发电有限公司装机规模为3320兆瓦，分二期建设。一期工程2×1000兆瓦超超临界燃煤发电机组于2016年10月建成投产，周发电量约2亿千瓦时；二期工程2×660兆瓦超超临界燃煤机组于2021年1月获得核准，二期工程是安徽省“十四五”规划建设重点项目。

服务业。2021年，利辛县服务业发展实现“量质齐升”，服务业在经济社会发展中的作用日益突出，成为推动转型发展的重要引擎。2021年服务业增加值达到199.3亿元，增长7.9%。2021年规上服务业营业收入79662万元，同比增长3.9%。服务业法人单位数26家（含3家挂库单位）。内贸流通：社会消费品零售总额249亿元，增长20%以上。其中，限额以上消费品零售额32亿元，同比增长12%。全县在库限上商贸企业共149家，法人企业53家，个体工商户96家。外贸进出口：全县实现进出口总额6300万美元，增长5.4%。新增备案实绩出口企业7家。全县电商交易额31.4亿元，同比增长7%。全年完成利用外商直接投资5009万美元，增长202.3%。

民生事业。2021年，利辛县城区面积拓展至31.3平方千米，常住人口城镇化率达到37.46%。利辛高铁站、亳州港利辛港区、利辛火车站、西潘楼货运场站等一批重大项目加快推进。32项民生工程年度任务圆满完成，教育、卫生、文化、体育等各项事业协调发展。利辛县民政局获得“全国农村留守儿童关爱保护和困境儿童保障工作先进集体”称号。利辛县妇联被评为安徽省妇联系统先进县（区）。县委组织部、县医保局、县卫健委等多个单位获得全市民生工作综合排名第一等次。2021年，全县计划投入46.23亿元实施32项民生工程，截至12月底，累计拨付资金45.75亿元，占计划投入资金的98.96%（美丽乡村建设项目和基本农田加建设为跨年度实施项目，剩余的部分为质保金）。32项民生工程全部按时完成年度目标任务。2021年，全县优良天数占比75.65%，同比上升3.63%。

社会治理。2021年，利辛县全面贯彻总体国家安全观，深入落实防范化解重大风险“1+9+14”方案体系，有效防范化解房地产、互联网金融、粮食安全等领域风险。加强平安利辛建设，深化视频数据平台应用，常态化机制化开展扫黑除恶斗争，维护社会大局和谐稳定。持续深化“邻长制”改革，实施社区治理和服务能力提升工程，加快智慧社区建设，打造“网络+网格”基层社会治理升级版。坚持和发展新时代“枫桥经验”，完善“警民联调”机制，继续推行开门接访、带案下访、重点约访和包案回访制度，加强综治中心标准化规范化建设，完善社会矛盾纠纷多元预防调处化解综合机制。扎实推进“八五”普法规划实施，开展法治政府建设示范创建活动。强化退役军人服务保障，落实优抚安置政策。深入开展安全生产专项整治三年行动，持续提升防灾、减灾、抗灾能力。加快构建“一镇一委一站”基层火灾防控体系，建设乡镇消防工作站8个。强化食品药品安全监管，积极争创省食品安全示范县。全力抓好国防动员、双拥共建、民族宗教、全民科学素质、外事、侨务、对台、气象、地震、公积金管理和机关事务管理等工作，充分发挥工会、共青团、妇联、文联、残联、科协、工商联等人民团体作用，推动社会全面进步。

【利辛西淝河国家湿地公园】2021年3月，《国家林业和草原局关于2020年国家湿地公园试点验收结果的通知》下发，利辛西淝河国家湿地公园顺利通过验收，正式成为国家湿地公园。利辛西淝河国家湿地公园位于利辛县城西部，以西淝河中游河段为主体，西北起朱集闸、东南至吕台大桥，河流长27千米，涉及汝集、孙集、西潘楼、王市、马店孜、城关、胡集和程家集8个乡镇，规划总面积958.71公顷，其中湿地面积585.95公顷。多年来，利辛秉持可持续发展理念，围绕打造“环境优美、自然和谐、宜居宜业、宜游宜乐”的西淝河湿地生态，累计投资近1.3亿元，建设保育区632.27公顷、恢复重建区209.44公顷、宣教展示区63.70公顷、合理利用区50.75公顷、管理服务区2.55公顷。2021年，西淝河森林生态廊道综合生态服务功能完善，流域水质清澈，游客服务中心、民俗展览馆、湿地学校、湿地书屋、科研监测站、拓展训练教室等研学游基地设施齐全，科普植物园、湿地展览馆景观丰富，榉树湿地生态林、黄桃产业园遥遥相应。园区水岸蜿蜒，曲径通幽，色彩斑斓、景色宜人，成为黄淮平原地区河流湿地保护与生态友好型利用的示范项目、安徽省湿地科普宣教的精品工程、水源及水质安全生态屏障，是融湿地保护、湿地修复、科普教育、科研监测、湿地体验、湿地文化展示等多功能于一体的利辛生态建设标志性工程。

（孙福爱）

谯城区

【概况】2021年，谯城区辖21个乡镇和3个街道，（不含亳州高新区代管的十九里镇）有村委会238个，社区居委会40个。区域面积2263平方千米，耕地面积14.58万公顷，户籍总人口171.6万人（含亳州高新区和亳芜现代产业园人口），比2020

年增加0.1万人，全年出生人口1.9万人，出生率11.1‰；死亡人口1.3万人，死亡率4.0‰，自然增长率7.03‰。出生人口男女性别比为113.5（女性=100）。全年实现地区生产总值（GDP）761.5亿元（含亳州高新区和亳芜现代产业园），按不变价计算，比2020年增长8.8%。分产业看，第一产业增加值84.2亿元，增长9.2%；第二产业增加值310.4亿元，增长7.7%；第三产业增加值366.93亿元，增长9.7%。三次产业结构调整为11.1∶40.8∶48.2。其中，工业增加值占GDP的比重为30.0%。服务业增加值占GDP的比重为48.2%，较2020年增加0.9个百分点。

全年粮食作物种植面积16.57万公顷，比2020年同比提高0.2%；全年粮食产量91.2万吨，比2020年增加1.1万吨，增产1.2%。药材种植面积4.72万公顷，比2020年增加500公顷。蔬菜种植面积2.79万公顷，比2020年增加200公顷；全年蔬菜产量126.4万吨，比2020年增长4.2%。

全区有规模以上工业企业300户，比2020年减少8户。全年规模以上工业总产值增长10.4%，在总计中，国有企业增长10.4%，集体企业下降13.6%，股份合作企业下降35.5%，股份制企业增长10.3%。各工业行业有14个行业总产值保持增长。其中废弃资源综合利用业增长199.0%，印刷和记录媒介复制业增长62.9%，酒、饮料和精制茶制造业增长30.7%，石油、煤炭及其他燃料加工业增长25.9%，电力、热力生产和供应业增长22.7%，专用设备制造业增长22.2%，金属制品业增长22.2%，燃气生产和供应业增长17.3%，食品制造业增长12.3%，橡胶和塑料制品业增长7.5%，水的生产和供应业增长6.4%，非金属矿物制品业增长4.1%，农副食品加工业增长1.0%。

全年资质内建筑企业共完成总产值84.4亿元，增长11.8%，实现利润2.37亿元。房屋建筑施工面积690.6万平方米，比2020年增加246.4万平方米；房屋竣工面积212.9万平方米。

全年固定资产投资增长-0.6%，较2020年同期下升7.0个百分点。其中，工业投资增长0.8%，房地产开发投资增长-0.4%。全年新签项目81个，合同总投资324亿元；新建亿元以上工业项目52个。新落地项目61个。成交工业用地32宗、1598亩。全区109个省重点项目累计完成投资1173.1亿元，占年度目标任务的120.9%；187个市重点项目累计完成投资227.6亿元，占年度目标任务的105.8%；197个区领导分包项目累计完成投资213.7亿元，占年度目标任务的97.1%。

全年进出口总额18273万美元，比2020年减少52.8%。其中，出口14319万美元，同比减少58.5%；进口3954万美元，同比减少6.2%。全年实际利用外商直接投资21054万美元。

全年国内游客925万人次，比2020年同期增长8%。国内旅游收入78亿元，比2020年同期增长16.7%。

全年财政收入同比增长，一般公共预算收入28.4亿元，比2020年增长9.0%。增值税增长15.0%，企业所得税增长3.8%，个人所得税降低34.3%，房产税增长33.9%。全年财政支出72.4亿元，比2020年降低5.6%。其中，全年31项民生工程投入36.9亿元，民生支出占同期财政支出比重50.97%。全年金融机构各项存款余额（人民币口径，下同）1243.8亿元，比2020年末增加167.8亿元，增长15.6%。其中，住户存款余额683.5亿元，增长15.2%。金融机构各项贷款余额1380.3亿元，

鸟瞰谯城经开区　　（刘勤利　摄）

比2020年年末增加143.4亿元，增长11.6%。

全年社会消费品零售总额413亿元，比2020年增长20.4%。按经营地统计，城镇消费品零售额348亿元，增长20%；乡村消费品零售额65亿元，增长18%。全年公路旅客运输量1042万人，公路货运量1604万吨；公路旅客周转量62802万人千米，公路货物运输周转量240619万吨千米。

全区各类专业技术人员111321人。授权专利814件。

全区城镇和农村常住居民人均可支配收入分别为40641元和18592元，城镇收入同比增长9.4%，农村收入同比增长9.6%。

【**政治文明建设**】2021年，谯城区委召开中共亳州市谯城区第十三次代表大会、区委全委会议、区委全面深化改革委员会第七次会议、区委党的建设领导小组会议、区委农村工作会议暨全区巩固拓展脱贫攻坚成果同乡村振兴有效衔接推进会、区委议军会议、区委财经委员会第五次会议等重要会议，部署全年重大工作。区委常委会共举行常委会会议54次。开展深入学习贯彻党的十九届六中全会精神和习近平总书记考察安徽重要讲话指示精神，实施长三角一体化发展战略，加快承接产业转移集聚区建设。开展党史学习教育，编制“我为群众办实事”清单69项，组织党员志愿服务1655次，参与党员1.93万人次，为群众办实事6335件；开展新一轮深化“三个以案”警示教育，推动并整改形式主义、官僚主义问题276个，为民办实事解难题2070个，查处违反中央八项规定精神问题74起，处理79人，党纪政务处分47人。完成十二届区委第九轮巡察，开展涉粮问题专项巡察和集体“三资”提级监督试点村专项巡查。

谯城区纪委、监委制定《关于进一步加强作风建设，为经济高质量发展提供坚强保证的意见（试行）》等一系列督查措施。开展“三严三实”“马上就干，真抓实干”作风建设专项行动，开展房地产领域突出问题专项整治，开展农村乱占耕地建房问题整治，开展扫黑除恶纠治“四风”，持续优化营商环境等专项治理，深入开展反腐败斗争。全区纪检监察组织按照上级纪委、监委要求，处置问题线索1497件，立案349件，给予党纪政务处分340人，办理留置手续15起，涉嫌犯罪移送司法机关18人。

区人大常委会举行常委会会议16次，主任会议26次。听取和审议“一府两院”专项工作报告13个。开展专题调研12次，开展《亳州市城市绿化条例》执法检查1次，专项询问1次，作出决定决议18项。依法任免国家机关工作人员256人次。听取和审议预算执行情况、决算、审计等情况报告，听取区人民法院、区人民检察院的工作报告，批准谯城区2021年预算执行情况与2022年区级预算的报告。

区政协围绕“加强农村人居环境整治，助力乡村振兴”“实施长三角一体化发展战略，加快承接产业转移集聚区建设”，区政协常委组织专题协商议政2次。召开区政协常委会议6次，主席会议12次，组织开展调研和视察34次，撰写调研报告18篇，提出意见建议54条。收到委员提案208件，经审查立案182件，转作委员来信处理26件。

【**精神文明建设**】2021年，谯城区开展习近平新时代中国特色社会主义思想和习近平总书记考察安徽重要讲话指示精神的学习，组织“举旗帜·送理论”等主题宣讲550场次，受众4万人。谯城区是全国新时代文明实践中心试点县区，有新时代文明实践中心（所、站、点）437个，实名注册志愿者22.3万人，成立600余支志愿服务队，开展志愿服务活动1万余场。开展文化惠民活动，组织“送戏进万村”演出248场，组织“艺路同心”“向阳花开”“非遗展演进乡村”等活动100余场，农村公益电影放映3293场，为全区250个农家书屋配送图书17750册。开展谯城好人评送活动，23人获评“谯城好人”，13人获评“亳州好人”，3人获评“安徽好人”，7人获评“中国好人”。建成区镇村三级应急广播体系，疫情防控发挥重要作用。举办新闻发布会7场，中央和省级媒体刊发有关谯城的报道3200篇，推送网络新媒体报道1.2万余篇。

【**社会文明建设**】2021年，全区新建（改扩建）公办幼儿园6所、新投入使用义务教育学校

4所，智慧学校89所，维修改造农村中小学139所；招聘中小学新任教师47名、特岗教师47名，选调122名中小学教师到城区任教，交流轮岗中小学教师582人、校长48人；全区义务教育巩固率95.31%。

全区有各类医疗机构891个，有床位2917张；有执业（助理）医师2583人，注册护士3063人；建立居民电子健康档案142.24万人份，管理高血压、糖尿病患者分别为19.01万人、6.87万人；推进乡镇敬老院体制改革，加强医疗养老机构深度融合。开展常态化疫情防控，严格落实防控措施，发挥基层党组织政治引领作用和党员先锋模范作用，全区3100余名党员干部深入275个村（社区）1045个疫情检测点开展志愿服务，核查重点人员信息5万余条，管控1000余人；全区开展六轮核酸检测，检测重点人员12870人次；全区接种新冠病毒疫苗314万剂次。

全区全面实行低保城乡统筹，城乡低保标准统一提高至657元/人·月，发放城乡低保金25427.58万元，保障城乡困难居民645029人次；发放临时救助资金190.17万元，救助困难群众730人次；发放艾滋病救助金95.07万元，救助905人次；发放重度残疾人生活补贴和护理补贴2394.93万元，实现全覆盖；扶持有创业能力残疾人60人，发放扶持资金24万元。全区完成26个老旧小区改造，涉及建筑面积31万平方米，惠及2809户。全年完成4个棚户区改造项目，建成1626套。全年完成4次公租房配租，1092户享受政府住房保障。

全区民营经济发展连续七年获全省三类县（区）第一名，城镇新增就业12649人，城镇登记失业率在4%以下。全区发生各类生产安全事故6起，死亡7人，伤3人，分别比2020年下降70%、61.1%和78.6%。开展食品药品安全检查执法，抽检食品及食用农产品1200批次，检测农产品69644组，组织抽检药品157组。开展信访积案“大起底、大化解、大督办”专项行动，推动化解国家信访局交办案件219件（交办240件）。

【生态文明建设】2021年，谯城区健全完善现代环保治理体系，在古井、魏岗、十八里、大杨和张店挂牌成立5个生态环境保护监管协作区，设置区、镇、村三级生态环境专项监督长（监督员），上岗生态环境专项监督长（监督员）7876名，织密织细环境特护网络体系。完成中央环保督察信访问题57件，完成省环保督察信访问题317件。

实施地表水污染等防治攻坚战。修建乡镇集镇污（雨）水管网204.6千米，79个农村污水处理设施交由第三方运维，运行正常。开展“清河”行动，推进西淝河清水廊道流域水污染治理和古井水环境整治，排查整治入河排污口160余处。加强白芍脱皮加工等农村水污染监管，强化黑臭水体治理。

推进大气污染防治。制定《亳州市谯城区“散乱污”企业排查整治清理工作方案》《谯城关于重点企业涉VOCs治理有机溶剂源头替代实施方案》，开展VOCs专项整治，完成8家重点行业涉VOCs企业废气治理提升改造工作。完成5家中药企业制药提取行业废气治理。做好秸秆禁烧和烟花爆竹、大盘香禁燃禁放工作，实现秸秆禁烧“零火星”。集中开展裸露地面扬尘、道路扬尘、施工工地扬尘、工业企业扬尘整治，控制扬尘污染。

全区$PM_{2.5}$平均浓度为37微克/立方米，同比下降21.1%；空气优良天数比率为79.7%，取得有监测记录以来历史最好成绩。

（王艳芳）

人　物

环卫工人品尝爱心腊八粥　　（刘勤利　摄）

2021年中国好人榜亳州人物

单三毛

单三毛，男，1979年5月生，中共党员，亳州市疾控中心工作人员，2018年亳州市委组织部第七批选派帮扶干部，现任蒙城县坛城镇张圩村第一书记、扶贫工作队队长。

2011年5月，在中华骨髓库安徽分库亳州工作站成立的第一天，单三毛就采集了造血干细胞样本，加入造血干细胞志愿者库。2018年2月，单三毛与一名33岁的急性骨髓系白血病女性初配成功。当年4月13日，他正式捐献造血干细胞，成为亳州市第七例造血干细胞捐献者。完成首次捐献后，放不下工作的单三毛婉拒了组织劝他先休养身体的好意，于4月份当月就赶往蒙城县坛城镇张圩村，开始了自己的扶贫工作。2020年9月，单三毛突然又接到红十字会的通知：患者病情复发，需要他捐献淋巴细胞。一听说是“救命”，单三毛依然二话没说，当即答应。2020年11月2日，单三毛在病床上躺了5个小时，成功捐献126毫升的淋巴细胞。时隔两年，单三毛再次为同一名血液病患者带来生的希望。先后获评“蒙城好人”“亳州好人”等称号。

赵忠东

赵忠东，男，1950年生，中共党员，亳州市谯城区薛阁街道西马园社区居民。

年逾70岁的退休职工赵忠东凭借对公益事业的无限热情，十年来他坚持以雷锋为榜样，积极组织参与公益活动，自费创办亳州“励志馆”免费供人们参观学习。将精心收集的古今中外伟人、名人、草根和媒体的至理名言，自筹资金16万元印成10册、10余万本《励志语录》免费向社会发放，被誉为“励志老人”；2010年，签订遗体捐献书，自愿在去世后捐献眼角膜等器官和遗体；从2013年开始参加爱心助考。他的足迹已经遍布亳州市三县一区，安徽的16个地级市、江苏的南京市和上海市。他说要在2033年之前跑遍全国，最终完成为全国的考生助力的愿望；赵忠东还会利用自己的专长制作呼吸机、肢体健康机、拐杖、万向椅等送给有需要的人。自参与公益活动起，赵忠东辗转各地多次为困难家庭和留守儿童捐款捐物。2020年疫情期间，70岁的他协助社区干部在卡点查验出入证、测量体温，空闲时间他还骑着电动车为街道、社区居民提供免费开锁、换锁服务等。

赵忠东，2011年11月被评为“安徽省优秀志愿者”，2014年5月被评为“亳州好人”，2019年12月被评为“安徽好人”，2020年被省教育厅评为“百姓学习之星”。

刘华军、刘华丽、刘华斌

刘华军，男，1962年8月生，亳州市爱心协会会长；刘华丽，女，1964年8月生，亳州市爱心协会副会长；刘华斌，男，1969年2月生，在亳州市谯城区委老干部局工作。三人均为“爱心老人”刘汉章子女。

刘汉章在身患癌症的情况下，多年来收养资助200多名孤儿和贫困学子，帮扶80多户贫困家庭，捐款达200多万元，令人感佩动容。2012年2月，刘汉章去世后，他的儿子刘华军、刘华斌和女儿刘华丽三兄妹接过了父亲“爱的接力棒”。8年来，刘氏三兄妹共捐款20多万元资助贫困学子48名，帮助贫困家庭近百户，惠及群众千余人，志愿服务时长约13500余小时。他们用大爱彰显仁心，以善行诠释担当，并将其优良家风发扬光大，将爱的雨露洒遍药都大地。2020年初，疫情期间，兄妹三人作为志愿者积极参与疫情防控，累计捐赠物资价值5万多元。近年来，兄妹三人分别荣获“谯城好人”“谯城区道德模范”“亳州好人”“安徽好人”等称号。

姚森、姚丹丹、门振东

姚森，男，1988年2月生，中共党员，退役军人，涡阳县乐行水务集团员工；姚丹丹，女，1991年12月生，涡阳县急救中心护士，与姚森系兄妹关系。门振东，男，1995年12月生，涡阳县龙山镇南三里门庄村人，合肥工业大学研究生。

2021年2月6日下午3点左右，退役军人姚森和妹妹姚丹丹一家人在龙山游玩，突遇溺水事故，兄妹二人和大学生门振东通过布条缠腕入水牵引溺水者、长时间心肺复苏等措施，成功从30多米深的水里救出落水者王琪（未成年人，化名），从死神手里夺回一个鲜活的生命。三人合力救援落水者的事迹，被《亳州晚报》、《安徽日报》、安徽文明网、今日头条、央广网等多家媒体广泛宣传，《人民日报》微信以《这对亲兄妹，必须上头条！》为标题报道了救人事迹。三人见义勇为事迹被网民赞誉为“教科书式救援”。

董素侠

董素侠，女，汉族，1966年4月生，亳州市利辛县旧城镇韩庄村人。

董素侠的丈夫长年在广州务工，儿子、儿媳在外地工作。家中仅留下她和3个守卧在床完全失去生活能力的老人。大伯葛玄龄本是村里的“五保户”，年轻时患脑梗留下了后遗症，生活不能自理，60岁时就和侄子一家生活。2006年10月，大伯又患上了小脑萎缩，从此彻底瘫痪在床，一日三餐全靠喂养，董素侠不怕脏、不怕累，端水喂饭，擦屎接尿，整整15年，直到2020年4月大伯去世。2008年6月，时年80岁的公公葛益龄患上了脑梗死，腿脚僵硬不随和，又完全依靠董素侠的每日照顾。2009年4月，董素侠母亲董潘氏患上腰椎间盘骨质增生、膝关节髌骨软化症，术后落下个半身不遂。娘家兄弟身体也不好，侍候不了。董素侠毅然决然把老母亲接到自己家中，悉心照料，躬亲伺候。董素侠孝老爱亲的事迹和积极乐观面对困难的精神深深地感动着周边的人，培育了韩庄村良好的乡风民风。董素侠2018年被评为“亳州好人”，2019年8月份荣获“安徽好人”称号，2020年12月份获评亳州市第七届道德模范提名奖。

侯传宇

侯传宇，1953年6月生，亳州市涡阳县曹市镇辉山村人，辉山烈士陵园管理员。

涡阳辉山烈士陵园建于1945年，从建园之初到1984年，侯传宇的父亲为陵园守墓40年。1984年侯传宇父亲去世，临终前把守墓使命交给了侯传宇。从1984年开始守墓，到如今建党100周年，37年来侯传宇从没放弃过自己守墓的使命，充当着守墓人和讲解员的双重角色，每年向前来缅怀先烈的人们讲解埋葬在这里的300多名烈士的英勇抗战故事，达100多场次，总受益群众20余万人。如今侯传宇又在培养自己的儿媳妇刘红丽成为第三代守墓人。2018年侯传宇被评为“亳州好人”，2021年4月份获评“安徽好人”。

张永军

张永军，男，1962年1月生，安徽省涡阳公益救援队发起人。2013年，张永军自发组织成立涡阳县公益救援队，从最初的5个人发展到现在的200余人，每年在省内外组织水上打捞、水上救援、抗洪抢险等救援活动达100多次，开展防溺水宣传教育50余场次，受教群众达10000余人，间接挽回群众生命财产损失上千万元。2021年7月20日河南郑州突遇暴雨洪水，做过心脏搭桥手术正在恢复期的张永军7月21日一早就带队驰援郑州，救出1000余名群众。张永军先后被评为“亳州市第六届道德模范”“安徽好人”“安徽省十佳志愿服务优秀典型”。多年来，他的公益救援队间接挽回群众生命财产损失上千万元，成为当地政府应急救援不可或缺的力量。

贾广合、韩纪娟

贾广合，男，1972年11月生；韩纪娟，女，1972年12月生。夫妇二人均为安徽省亳州市谯城区牛集镇吴老家村村民。2021年8月11日，夫妇俩刚满18岁的女儿贾雨婷不幸遭遇车祸去世，贾广合夫妇悲痛之际，选择在“人体器官捐献亲属确认登记表”上签下了名字，捐出女儿所有可用器官。贾雨婷的1个肝脏、2个肾脏和1对角膜已顺利完成移植，成功挽救了3名肝、肾衰竭患者的生命，让2名眼病患者重见光明。网友纷纷通过各种方式祝福“雨婷，一路走好”，同时对贾广合夫妇的大爱义举表示称赞。

纪建立

纪建立，男，1940年9月生，中共党员，安徽亳州谯城区淝河镇退休干部。2004年，纪建立创办了“老纪科普协会”，免费为当地贫困户提供科技交流和学习平台。截至2021年底，该协会举办科技扶贫培训会150余场次，老纪自费带领贫困户外出考察学习8次，帮助220多个家庭实现脱贫。2010年，纪建立牵头成立关心下一代工作委员会，资助贫困家庭儿童。他先后获评“安徽省十大新闻人物”“全国离退休干部先进个人”“安徽好人”等称号。

2021年安徽好人榜亳州人物

侯传宇

（参见“2021年中国好人榜亳州人物”）

卢 毅

卢毅，女，1990年6月生，中共党员，蒙城县许疃镇土桥村党总支第一书记，驻村扶贫工作队队长。

大学毕业后，卢毅就成为一名大学生村干部。2018年4月，当时怀着身孕的卢毅主动请缨成为土桥村的驻村扶贫干部，为了走访群众，了解脱贫工作难点，卢毅硬生生地把原本35码的脚走成了37码。她积极号召土桥村外出务工成功人士回乡创业，发展第二产业。在驻村扶贫干部和全体村民的共同努力下，土桥村变了样，不仅在全县率先完成“一户一块田”土地流转试点工作，又成立了土桥现代农业种植专业合作社，将全村7260亩土地一次性全部流转。村民既可以为合作社打工，又可以外出务工，既收租金又拿工资。村民们的口袋鼓了起来，实现了在家门口就业。截至2020年底，土桥村集体经济达到119.3万元，村民人均年收入达1.2万元。卢毅2020年11月被评为“安徽省三八红旗手”，2021年2月被授予“全国脱贫攻坚先进个人”称号，2021年荣获“全国优秀共青团干部”称号。

纪建立

（参见“2021年中国好人榜亳州人物”）

李子杰

李子杰，男，1967年12月生，中共党员，高级技师、工程师，现任国网利辛县供电公司马店供电所所长。

李子杰自1995年从基层抄表员干起，先后在两个所负责32个台区近万户的抄表和维修工作，他的勤恳工作赢得了较高的满意度和信任度，连续六年保持“零”投诉。2001年8月李子杰任供电所安全员，2009年8月调任利辛县阳光公司安全质量部主任，他在两年内对全县近60条长达3000余千米的10千伏线路全面检查一遍，清晰地掌握了各条线路情况。当安全员15年，李子杰积极参与供电线路故障抢修，多次完成“急难险重”任务。结合日常管理，他独创了“细、柔、严、宽”的“四字工作法”。此法简单实用，由利辛县继而在亳州市供电系统推广应用，促进了全市电力安全管理提档升级。2017年9月，李子杰调任马店供电所所长，带领全体职工用一年时间把该所创建成国网公司“五星级供电所”，这在全市70多个供电所中属于首例。李子杰被誉为全省农电“安全卫士”，其事迹多次被全国、省、市报刊网站刊登。

近年来，李子杰连续荣获“亳州好人”“安徽省供电公司优秀共产党员”“安徽省供电公司优秀班组长”“安徽省劳动模范”“全国五一劳动奖章”“全国劳动模范”等荣誉称号。

邵 超

邵超，男，1980年3月生，中共党员，亳州市蒙城县楚村镇中心小学教师，安徽省“万人计划”第二批援疆教师。

自2013年发起第一场“关爱留守儿童”活动开始，身为一名乡村教师的邵超，不断组织各种助学公益活动，为贫困学生和留守儿童送去温暖和帮助。至今已为1353名贫困学生提供捐赠价值493845元的温暖包；协调策划慈善人士为贫困家庭募集资金近5万元。2018年，他响应教育扶贫号召，发起“扶贫公益进校园”活动126场次，在全县九个学区设立文学创作基地，为师生作文水平的提升做出了很大贡献。2020年，他前往新疆和田地区皮山县，开始为期一年半的援疆支教工作。支教期间，他带领固玛镇小学（南校区）安徽援疆教师成立教研组，创立支教《工作简报》，搭建工作交流平台，提高大家的业务水平。他会同《安徽日报》联合开展援疆教师先进事迹典型选树活动，不断提升安徽教育援疆的知晓度和美誉度，传播安徽援疆好声音。

近年来，邵超连续获评“蒙城好人”、蒙城县“优秀共产党员”“亳州好人”“感动蒙城道德模范提名奖”、皮山县固玛镇小学“优秀援疆教师”等荣誉称号。

贾广合、韩纪娟

（参见“2021年中国好人榜亳州人物”）

陈建军

陈建军，男，汉族，安徽淮南人，1997年7月出生，中共预备党员，2014年9月入伍，生前系亳州市消防救援支队蒙城县大队齐山路消防救援站战斗员，三级消防士消防救援衔。2021 年 11 月 12 日，陈建军为营救跳楼轻生女子坠落，经抢救无效不幸牺牲，年仅 24 岁。他生前荣获先进个人称号 1 次、优秀士兵称号 2 次、嘉奖 2 次，先后参加各类灭火救援战斗 1300 余次，疏散营救被困人员近百名。陈建军为救轻生女子，不慎坠楼牺牲的事迹，被“人民日报”公众号、央视新闻、中国新闻网、《环球时报》等多家媒体广泛宣传。2021 年 11 月，被追授“感动蒙城道德模范”“亳州好人”“安徽青年五四奖章”荣誉称号。

2021 年亳州好人榜

董　涛

董涛，男，1963 年 6 月生，涡阳县标里镇团结行政村小董自然村人。

董涛现任涡阳县临湖镇文化广播经济信息服务站站长，镇文化计生扶贫党支部书记。20 世纪 90 年代申请的第一台电影放映机，20 年间，他坚持放映了 5000 多场露天电影；为给农民兄弟打造一个专属文化活动阵地，他积极奔走呼吁，于 2010 年争取 35 万元拨款，将镇文化活动中心从仅有一间房、一张桌，发展到现在拥有室内文化活动场所 650 平方米、室外活动场地 5000 平方米的多功能综合型基层文化阵地；脱贫攻坚战打响后，他先后组织文化团队编排、创作扶贫宣传剧本 21 个、演出 500 余场次，举办文化扶贫、脱贫技能培训班 28 期，培训受众 6000 余人次。

2020 年，董涛荣获涡阳县乡村优秀人才奖，享受亳州市第五批市政府特殊津贴，被表彰为亳州市新时代文明标兵先进个人、扶贫工作先进个人。2020 年 12 月被评为第四季度敬业奉献类“涡阳好人”。

张殿侠

张殿侠，男，1972 年 4 月生，谯城区薛阁街道师庄新村居民，亳州雷锋车队志愿者。

从 2004 年春季，张殿侠开始投身公益活动。当年，张殿侠第一次资助的一名贫困学生现已毕业在北京工作；2009 年张殿侠在妻子马艳癌症住院期间向本镇一名癌症患者和本村两户特殊困难家庭送去生活物品及爱心捐款 10000 余元；2005—2013 年，张殿侠为家乡修路建桥捐款共计 3 万元；2015 年春节，回到牛集镇老家，去敬老院给老人们送去米、面、油及慰问金 2000 元，并给百余户困难家庭和留守儿童送去近百份米、面、油和现金 10000 余元。2019 年 12 月 4 日，张殿侠和马艳夫妇共同在人体器官捐献志愿书和角膜捐献申请表上签字。多年来，他捐款建桥、捐资修路、庙会捐款、资助贫困学生。献爱心，做好事，从未间断过；据不完全统计，自参加公益活动以来，张殿侠个人捐款、捐物达 12 万元之余。

张殿侠荣获 2020 年 7—8 月份“谯城好人”。

李　健

李健，男，1974 年 4 月生，涡阳县农机监理站职工、农机工程师。

2020 年 8 月 16 日凌晨 1 点 10 分左右，在涡阳县淮中大道老西关检查站桥南，一辆载有 3 人的电瓶车自西向东疾驰，由于速度快、光线暗，直接开进了涡楚河，其中两人离岸边比较近，爬了上来；另一个女孩离岸边比较远，掉进 4 米深的涡楚河里，沉入水中。路过的李健立即跳入水中，多次探寻到孩子位置后，李健把她拉出水面，送到岸边。发现孩子已经昏迷，他利用部队学到的急救知识对孩子展开施救，使孩子转危为安，事后默默离开。2017 年李健偶遇一老大爷翻车事故，立即把伤者运至县医院，并垫付了医药费和药钱。多年来，遇到需要捐助的人，他都慷慨解囊，100 元、200 元、500 元……接受他捐助的人太多了，他自己都记不清捐助过多少人。

李健，2012 年获得亳州市农机监理工作“先进个人”荣誉称号，2020 年 12 月份被评为“涡阳好人”。

修　志

修志，男，1967 年 6 月生，蒙城县乐土镇梨园村党总支第一书记、扶贫工作队队长。

2017 年 4 月，修志被选调到蒙城县乐土镇梨园村，担任党总支第一书记、驻村扶贫工作队长。从入村的那天起，他就吃住在村，为了梨园村的发展与谋划，事无巨细，日日奔波。2017

年，他积极协调流转土地810亩，引来2家蔬菜种植企业成功落户，带动附近100多名村民就近就业。2019年他提议并筹资成立了梨园村股份经济合作社，帮助村集体增加收入。良好的服务产生了良好的影响，2019年，阜阳的养殖能手李锦洲慕名而来，九零农业种植专业合作社拔地而起。2019年10月，因积劳成疾导致右腿膝盖骨半月板磨损，他只能去医院动手术，但他不顾医生静养的叮嘱住院六天就回到了扶贫工作第一线。2020年在疫情严峻时期，大年初五他就早早地返回岗位，与广大的基层干部一起奋战在抗疫第一线。2018年被评为蒙城县脱贫攻坚先进个人，2019年获评亳州市优秀选派帮扶干部，2019年、2020年连续2年获评蒙城县优秀驻村第一书记。2020年12月，获评“蒙城好人”。

李宏斌、朱新艳

李宏斌，男，1969年7月生，亳州市中药科技学校教师；朱新艳，女，1971年2月生，夫妻二人系亳州市谯城区花戏楼街道杏花村社区居民。

1995年李宏斌与朱新艳结为伉俪，婚后，李宏斌夫妇把老人的起居照顾得井井有条。2002年，父母同时患脑梗住进了医院，夫妻俩轮换着一边在医院陪护，另一边在家为老人准备调养身体的饭菜。近两个月的治疗，夫妻俩都消瘦了一圈。2003年，李父因糖尿病、脉管炎并发，伤口溃烂，疼痛难忍。夫妻俩看在眼里，心如刀绞。为了帮助父亲摆脱病痛，李宏斌专门请假陪父亲去合肥治疗，白天给父亲穿衣喂饭、伺候大小便、按摩身体，晚上租一张小床睡在老人病床边，一路细心照顾。2006年，父亲去世，母亲患老年痴呆，生活不能自理。为了更好地照顾婆婆，儿媳朱新艳主动辞去工作。15年过去了，当年30多岁壮年的李宏斌、朱新艳夫妇，现在已经年过半百，黑发渐渐变成了白发；可现已85岁的老母亲，尽管有痴呆症记不清亲人，但精神仍然健硕，每到周末孩子们来看她，她都非常快乐。

姚森、姚丹丹、门振东

（参见“2021年中国好人榜亳州人物”）

陆建军

陆建军，男，1955年3月生，中共党员，退役军人，蒙城县自然资源和规划局退休干部，蒙城庄子书画研究院常务副院长。

陆建军1970年12月入伍后，在部队连续三年获得“军事方位角夜间十千米竞赛”第一名，受到团嘉奖一次。2006年，陆建军因疾病肢体留下了四级残疾，2008年提前退休后就投身到公益活动宣传中。2010年以来，陆建军通过新浪微博、今日头条等网络渠道发布好人事迹、文化生活、爱心公益活动文字新闻信息5万多条、图片10万幅、视频约8000条，负责参与策划“蒙城县纪念改革开放35周年书画展”“蒙城县纪念抗日战争胜利70周年书画展”以及蒙城县首届庄子文化书画作品晋省展、“八一”进军营、向劳动模范赠送书画等大型或特定书画活动16次，他所发布的新闻信息受到全国总工会副主席郭明义的高度关注。同时，陆建军参加关爱留守儿童、走进敬老院、捐助农村贫困生（贫困户）、爱心送考、戏剧进校园（进社区、进农村）、参加全国文明城市、好人事迹文艺演出等各类爱心公益活动达1200次，参与大型公益活动策划、把关120多次，捐款30多次，志愿服务达1万个小时。

2019年陆建军被评为“第一届亳州市最美退役军人”，2020年9月获评“蒙城好人”。

马　杰

马杰，男，1987年10月生，中共党员，蒙城县海事处工作人员。

2020年12月30日气温骤降到–8℃，早晨8点30分左右，蒙城海事处接到“110”转接电话：有人报案，在蒙城老闸口东有人落水。接到转报后，蒙城海事处立即启动应急救援预案，赶到现场，马杰第一时间发现落水人员漂浮在河面，马杰没顾得上脱衣服鞋子，毫不犹豫跳入冰冷刺骨的河水中，游了十几米，将已冻到几乎失去知觉的落水人员成功救上岸。奋力施救损耗大量体力，刺骨河水更让他冻到几乎麻木，当天气温是入冬以来最冷的一天。随后，马杰在海事处几位同事的帮助下，才脱掉已经冻结成冰的衣服，换上同事买来的棉衣。马杰曾是一位消防兵，在消防部队参加过1000余次灭火救援行动，也多次参加过抢险救援。

马杰先后获评优秀士官，全省优秀共产党员等称号，记三等功一次，2020年12月被亳州市地方海事司通报表扬。获评2021年1—2月“蒙城好人”。

邵米娜

邵米娜，女，1983年3月生，中共党员，现任涡阳县高炉镇代集村委会书记、主任。

参加扶贫工作以来，邵米娜积极争取村集体项目50多个，村内新修道路13.6千米、建设高标准农田6915亩、改厕531户、危房改造73户、建设村民活动广场7座、村主干道全部硬化，137户贫困户“两不愁三保障”及饮水安全问题全面解决。村容村貌全面提升，为乡村振兴打下坚实基础。2017年怀孕7个月的邵米娜还来回穿梭在各村之间跑项目问政策，丈夫身患肝硬化门静脉高压出血，她也少有时间照顾。6年来，邵米娜的足迹遍布村内每一条路，访问贫困户1690余人次，建立一户一档137卷，制定“一户一方案、一人一措施”400余份。实施特色种养殖项目32户、光伏扶贫69户、温氏分红收益分配117户、资产收益18户、“一村一品”13户、公益岗位27人、低保110户，人均增收2180多元，全面高质量实现全村338人脱贫、贫困村出列。

2021年邵米娜被评为“全国脱贫攻坚先进个人”。

朱小利

朱小利，女，1976年10月生，谯城区观堂镇刘集行政村人。

2008年，丈夫刘雷外出遭遇车祸，下半身失去知觉不能动弹，经过治疗后也只能靠坐轮椅移动身子，生活不能自理。面对突然的变故，朱小利绝望之后强打起精神，12年来，她悉心照顾瘫痪丈夫，任劳任怨，每天早早起床、煮饭、清洗家中人和孩子的衣物，为丈夫端吃端喝、喂药，更换尿片，毫不嫌弃地伺候丈夫的大小便。朱小利每天都会花上一个多小时，给老公按摩、擦洗全身，每次都累得腰酸背疼，她却毫无怨言。怕丈夫不舒服，她每天要帮丈夫翻身5～6次，在床上待久了，她还要用娇小的身子抱起丈夫坐轮椅，推着他晒晒太阳。丈夫瘫痪后，刚开始脾气还不好，怕拖累家人，经常有轻生的念头，在朱小利一次次的鼓励、劝导下刘雷最终放弃了轻生的念头。

2016—2020年，朱小利多次被刘集村委会评为“好媳妇”“孝老爱亲道德模范”。

杜艳艳

杜艳艳，女，1981年7月生，现任利辛县“110”指挥中心三级警长，二级警督警衔。

杜艳艳2014年调入利辛县“110”指挥中心，先后参与处置重大紧急事件300余起，无一发生失误。2020年杜艳艳接手利辛县“江淮义警”各项工作，自此她带领义警队伍积极参与无偿献血，开展帮扶救助活动捐款捐物达2万余元，她个人更是以多种形式在腾讯、支付宝等平台累计助学捐款12年，帮扶贫困家庭6户，每到春节、中秋节等重大节日，她都亲自登门看望，送去米、面、油等生活物资，嘘寒问暖，收拾院落。疫情防控期间杜艳艳联合“江淮义警”“爱心协会”争取到了4000只防护口罩、100桶酒精、50桶消毒液，为永兴镇诸王小学和双龙小学复学复课助力。2020年以来杜艳艳发展江淮义警1543名，受理举报案件426起，其中有效举报334起，协助公安机关侦查破案320余次，抓捕归案18人。利辛县“江淮义警”活动总积分达到9万多分，位列全省县级排名第二，在亳州市公安“江淮义警”工作中遥遥领先。

杜艳艳2019年获评“4+1”岗位争先优秀民警、2020年获评全省“110”工作成绩突出个人，2021年获评3—4月“利辛好人”称号。

刘小磊

刘小磊，男，1980年5月生，涡阳县丹城学区重兴中学教师。

2021年3月21日下午，刘小磊一家三口在涡阳县德和公园游玩时，发现一名儿童意外落水，孩子在挣扎中不断向河中移去，眼看孩子就要沉入河底，危急时刻，刘小磊老师来不及多想立即跳入河中，3月的河水冰冷刺骨，不会游泳的他艰难地前行着，用尽全身的力气把落水儿童成功救出，在把孩子交给家长之后，便悄悄消失在了人群中。将孩子安全救起，后知后觉的他才想起来自己不会游泳，但是看到孩子在水里挣扎，他根本没想那么多，只是一心想把孩子救上来，庆幸的是河水不是太深。

刘小磊曾先后获评涡阳县“优秀班主任”“教坛新星”“优秀班集体”等荣誉称号。

张稳军

张稳军，男，1975年7月生，中国国际工程咨询有限公司高级工程师，驻利辛县胡集镇杨湾村担任党总支第一书记兼扶贫工作队队长。

三年来，为打牢杨湾村乡村振兴基础，他利用各类扶贫资金发展了黄鳝养殖、孔雀养殖、黄牛养殖，蔬果大棚、南瓜种植等多种产业并举的集体经济，促使杨湾村集体收入由0变成2020年收入超98万元，为杨湾村注册了“皖湾”牌商标，扩大了杨湾农副产品知名度和附加值。张稳军驻村以来，在杨湾村开展“救急难”行动发放资金5万余元，慰问因大病需要救助的困难党员群众及敬老院。先后组织4家爱心企业为杨湾小学捐赠20余万元教学设施和学生用品，极大地改善了杨湾小学办学条件和形象。2019年，为杨湾村筹资近200万元，帮助村庄修建水泥路0.7千米，桥梁两座，至此，杨湾村水泥路已达13千米，形成了庄庄通。为村内农田埋置涵管，极大地改善了排涝设施，增加路灯80余盏，结束了村民晚上摸黑出行的历史。2020年疫情防控期间，隔离在湖北的张稳军录制广播会，筹集资金5万余元用于村里抗疫，他本人捐款1000元，为利辛一中、胡集卫生院、胡集中心校捐赠口罩4万只，极大地帮助和鼓励相关单位防疫抗疫。

张稳军2019年6月获评亳州市优秀选派帮扶干部，2021年3—4月获评“利辛好人”，2021年5月获评“全省脱贫攻坚先进个人”。

桑万春

桑万春，男，中共党员，1951年12月生，谯城区淝河镇李小庙村路庄村民。

1984年11月，桑万春和妻子李中英去进货，途中妻子不小心从车上摔了下来，因伤及神经，经过两个多月的治疗，虽然病情有所好转，但还是造成了瘫痪、长期卧床，生活起居离不开人。当时孩子还不到十岁，家中又没有母亲帮衬，很多亲戚说他还年轻，劝他放弃妻子免受拖累，但桑万春却执意与妻子同甘共苦，独自承担起照顾妻子和整个家庭的责任。因为妻子长期卧病在床，吃喝拉撒都在床上，一天都要换洗很多次尿片，所以桑万春每天早上起床第一件事就是给妻子换洗尿片，然后又赶紧为妻子和孩子做上一顿可口的饭菜，饭后还要送孩子上学；每天定时给妻子喂水喂饭、梳头、按摩；妻子比较爱干净，桑万春便定期给妻子洗澡，擦身，避免长期卧床生出褥疮。有时，在地里干完农活回到家已经精疲力尽，他还是会拖着疲倦的身体花上将近一个小时为妻子按摩，虽然每次都累得腰酸背疼，但桑万春一直精心侍候着，从不厌烦。为了照顾瘫痪的妻子，37年来桑万春一个男子，既当爹又当妈，一边照顾着年幼的孩子，一边打理家里几亩农田，还要照顾生活不能自理的妻子，但是他没有怨天尤人，而是调整状态、应对一切，无怨无悔地挑起全部生活重担，辛苦养家。

信继红

信继红，男，1972年3月生，涡阳县花沟镇信辛村信老家自然村人。

2002年信继红的妻子因遭遇车祸，导致胸部以下瘫痪，当时小女儿仅一岁多，儿子八九岁，对信继红来说犹如天塌一般，但是他来不及难过，就擦干眼泪，振作起来，有卧病在床的妻子有年幼的孩子需要他照顾。刚开始妻子胸部以下完全失去知觉，每天都要抠痰、擦身、换尿布，他把妻子照顾得头头是道，毫无异味。前几年，妻子失去了活下去的勇气，认为自己就是个废人和累赘，所以他还要经常给妻子做心理辅导。现在妻子已经可以坐轮椅出行了，轮椅上下车不方便，每次都是他抱着妻子上下车。两个孩子就是家庭的希望，一定要好好培养孩子，目前儿子在法国读博士，女儿在上海读大学。2020年下半年花沟镇第五批采煤塌陷区搬迁启动了，他所在的信老家行政村就在此次搬迁行列，他第一时间配合搬迁组工作，签订协议、腾空家里、交出钥匙，帮助搬迁工作组做好宣传工作。

贾广合、韩纪娟、贾雨婷

（参见“2021年中国好人榜亳州人物”）

杨振翔

杨振翔，男，1981年1月生，涡阳县城关街道新城社区军服专干，曾在部队荣立三等功。

2021年2月13日，大年初

二，杨振翔与妻子武春燕一道到乡下亲戚家拜年，回家的时候看到不远处沟里有人落水，杨振翔快速冲到河边，来不及脱去棉衣，纵身跳进刺骨的河水里展开营救。由于河坡比较陡峭，杨振翔先把落水的三人拖拽到河边，再斜躺着身体将三人逐一救上岸。幸好施救及时，落水三人没有生命危险。得知他们没有身体不适并且离家不远后，杨振翔就与妻子一起骑上电动车离开了现场。全身湿透的杨振翔硬着头皮骑着电动车赶了十多千米，到家时手脚几乎都失去了知觉，当晚就喷嚏不停。

刘万一

刘万一，男，1936年12月生，谯城区大杨镇退休干部。

1951年5月15岁的刘万一受父亲影响参军入伍，同年赴前线参加抗美援朝战争，1952年6月在“六·一二”战斗中身负重伤，荣获二等功，左腿留下残疾，造成三级甲等伤残。1954年退伍返乡，先后在合作社、大杨小学、中学工作，1975他担任大杨镇文化站站长期间，牵头创办戏校，成立武术、礼炮、曲艺协会等，率团参加亳县剧场文艺会演，一次就获得创作、组织、设计、演艺等22个奖项，并代表亳县到阜阳地区参加为期一周的巡演，1980年他的妻子赵俊英，从行政部门调到大杨文化站担任副站长，夫妻携手，由于各项工作成绩突出，1996年大杨镇文化站被省厅领导誉为文化战线上的“夫妻站”。

武雪松

武雪松，男，1972年5月生，利辛县城关镇向阳社区党总支书记、居委会委员。

2004年，武雪松当选为向阳社区党总支书记，为更好地方便群众，武雪松带领社区党员干部在深入调研、学习借鉴的基础上，开发了“两网三化一平台”，居民有困难，可以随时通过平台进行反映，社区党员干部就能第一时间前往处置，实现了党员干部多跑路、群众少跑腿。2020年初，疫情肆虐，武雪松带领党员群众坚守疫情防控一线30多天，帮助居民疏通下水道、修理房屋漏水等50余次，开展物品代购服务200多次。为解决居民生活物资采购困难，及时协调2家大型购物超市和2家供应商，开通了便民送货“绿色通道”。17年来，他带领社区党员干部帮助居民解决实际问题，化解矛盾纠纷近万件，向阳社区群众无一人越级上访。

武雪松，先后于2017年获评“安徽省劳动模范”、2020年获评“安徽省优秀共产党员”“安徽省抗击新冠肺炎疫情先进个人”“安徽省最美社区工作者”等荣誉称号、2021年被评为“全国优秀党务工作者”。

许龙华

许龙华，男，1950年8月生，涡阳县陈大镇黄庄村桥口自然村人。

27年前，许龙华45岁的妻子许袁氏突发脑梗，紧急送医治疗后，情况虽有好转但腿却落下了毛病。多年的治疗，病情也几经反复，5年后，妻子病情加重瘫痪在床，除了脑子清醒，脖子以下的肢体不能动弹。那时，许龙华的大女儿已出嫁了，小女儿才十七八岁，最小的儿子只有十二岁，家庭的负担，照顾妻子的重任全部落在许龙华一人身上。为了照顾妻子，这个从未干过家务、没做过饭的男人，成了妻子的“保姆”，操持起了这个家，做饭、洗衣、换尿不湿、伺候大小便，一照顾就是22年。22年的漫长时间里，许龙华早已“创造”了一套只有他们夫妻俩才能明白的交流方式。妻子一摸嘴唇就是渴了，要喝水。他一边照顾许袁氏，一边照顾孩子，还有十多亩地的农活要做，日子虽然过得很难，但他却从未想过放弃。

许龙华，2021年8月入选“亳州好人”。

姜标、刘宁

姜标，男，1992年3月生，亳州市恒大林溪郡秩序部中队长；刘宁，男，1996年2月生，亳州市恒大林溪郡秩序员。2021年8月10日凌晨4点左右，姜标和刘宁接到监控室通知地下车库有可疑人员，二人立刻进入车库排查，10分钟后在地下车库发现3人正在逐个尝试打开车门，于是他们便上前制止。3名男子见到保安后撒腿就跑，姜标和刘宁在后紧追不放，在追赶到一个路口后，嫌疑人恼羞成怒突然掏出随身携带的一把长刀向他们砍去，猝不及防之下，姜标手臂被砍伤，紧随其后的刘宁也被伤到面部。但二人仍未放弃阻止嫌疑人逃跑，在其身后追赶，在追至恒大城南门附近后被及时赶来的派出所民警现场抓获，嫌疑人被控制后姜标和刘宁被送往人民医院救治。为维护小区业主生命财产安全不受侵害，他们不顾个人安危勇追窃贼的事迹受到了小区业主的一致赞许。

姜标、刘宁，2021年10月入选“亳州好人”。

康 红

康红，女，1977年12月生，亳州市青少年关爱协会会长。2017年初她牵头创办了亳州市青少年关爱协会，被誉为乐于助人的“爱心妈妈”。几年来，每年高考季她都会提前谋划，带领着她的团队参加爱心送考，高考结束后实地走访摸排困难家庭、募集资金资助贫困大学新生，据统计，自2017年以来康红为贫困大学生捐款17余万元，资助贫困大学生50余人。2020年新冠肺炎疫情突袭而至，她更是冲锋在前，筹集防疫物资，并带领志愿者先后到社区、镇村等防疫一线捐助生活和防疫物资。2020年12月23日，康红在角膜捐献申请登记表上签下了自己的名字，几年来，康红组织爱心捐款捐物近百万元，受益人数9000余人次。先后获评“感动药都”志愿服务优秀个人、市“优秀青年志愿者”、亳州市最美巾帼志愿者、2020年“最美抗疫女性志愿者”、2021年“亳州市巾帼建功标兵”等荣誉称号。

刘 倩

刘倩，女，1977年10月生，中共预备党员，涡阳县第四小学教师。刘倩1996年参加工作，在教育岗位上默默奉献25年。2021年4月1日，这个特殊的日子里，刘倩被确诊为乳腺癌，下了手术台拿到病理分析后，第二天她带着引流管回到学校，5天后，刘倩又在蚌埠做了“左乳全切手术”，术后第二天上午输完一瓶止血液就签字办理出院手续。在家休息一周后，刘倩又回到工作单位。刘倩曾于2016年度连续三年获亳州市“一师一优课一课一名师”一等奖；2020年荣获亳州市小学道德与法治教学设计活动三等奖；2021年获亳州市“师德标兵”荣誉称号。

陶万年

陶万年，男，1972年4月生，中共党员，蒙城县公安局治安管理大队队长。1995年7月，陶万年参加公安工作，20多年来，他先后任职于刑侦大队、东关派出所、经侦大队、马集派出所和乐土派出所，指挥参与办理各类案件5000余起，破获各类刑事案件1000余起，成功侦破了“9·05”特大组织卖淫案、“霜天小娇”非法出版物案件、“水世界”组织卖淫案等一系列影响重大的案件。2021年以来，陶万年处罚涉黄、涉赌案件共193人，采取刑事强制措施47人，起诉48人，有力地净化了社会治安环境。陶万年于2008年，荣立个人“三等功”；2019年获评全市“扫黄打非”先进个人、全市卷烟打假先进个人；2020年获评“全市公安机关抗击新冠肺炎疫情防控工作成绩突出个人”，全市“药都最美民警”等荣誉称号。

韦登辉

韦登辉，男，1992年10月生，临泉县田桥街道韦楼村人，妻子韩元梅为利辛县王人镇邵庙后韩村人。2018年初，二人还未成婚，准岳父韩纪元突发脑出血，辗转于各大医院治疗，医生多次下病危通知书，并建议放弃治疗。当时，准岳母常年高血压且患有腔梗，女友韩元梅因父亲病情患上抑郁症，下面还有一个刚成年的弟弟需要供养。韦登辉推迟婚礼，借遍身边所有亲戚、朋友的钱，举债70余万元，坚持为准岳父治疗，对于此事父母也表示支持并在经济上给予一定帮助。由于准岳父病情较重且一度处于植物人状态，韦登辉辞去其在南京某国企的工作，每天定时给准岳父刷牙喂饭、擦洗身体、翻身按摩、清理尿袋。在韦登辉的坚持下，岳父逐渐恢复少许意识，2019年4月，与妻子完婚后，他选择来到后韩村继续照顾岳父。

韦登辉，2021年10月入选“亳州好人”。

（市文明办）

附　录

亳药花海休闲观光大世界　　（刘勤利　摄）

《亳州市2021年国民经济和社会发展统计公报》[1]

亳州市统计局　国家统计局亳州调查队

2022年3月23日

2021年是党和国家历史上具有里程碑意义的一年。全市上下在市委、市政府的坚强领导下，坚持以习近平新时代中国特色社会主义思想为指导，认真学习贯彻党的十九大和十九届历次全会精神，全面贯彻落实党中央和省委、省政府决策部署，坚持稳中求进工作总基调，完整、准确、全面贯彻新发展理念，聚焦"六一战略"目标，经济社会保持平稳健康发展，疫情防控成果持续巩固，实现了"十四五"良好开局。

一、综合

初步核算，全年生产总值（GDP）[2]1972.7亿元，按可比价格计算，比上年增长8.6%。分产业看，第一产业增加值271.3亿元，增长9.1%；第二产业增加值681.4亿元，增长8.1%；第三产业增加值1019.9亿元，增长8.8%。三次产业结构由上年的14.2∶35.0∶50.8调整为13.8∶34.5∶51.7，其中工业增加值占GDP比重为24.8%。按常住人口计算，人均GDP39509元，比上年增加3390元。

年末全市常住人口498.6

2021年全市生产总值及其增长速度一览表

表1

指标	绝对数（亿元）	比上年增长（%）
生产总值	1972.7	8.6
第一产业	271.3	9.1
第二产业	681.4	8.1
工业	490.0	9.6
建筑业	191.8	4.6
第三产业	1019.9	8.8
交通运输、仓储和邮政业	87.8	9.6
批发和零售业	172.8	14.8
住宿和餐饮业	40.4	20.2
金融业	138.7	6.6
房地产业	170.7	3.5
营利性服务业	188.0	9.7
非营利性服务业	213.1	7.2

2021年全市居民消费价格比上年涨跌幅度一览表

表2　　单位：%

指标	比上年涨跌幅度
居民消费价格	0.5
其中：食品烟酒	−0.5
居住	0.3
衣着	1.1
医疗保健	1.9
交通和通信	3.9
教育文化和娱乐	0.2
生活用品及服务	−0.1

万人，常住人口城镇化率为43.2%，比上年提高0.7个百分点。

全年居民消费价格比上年上涨0.5%，其中食品烟酒价格下降0.5%。商品零售价格上涨0.6%。工业生产者出厂价格上涨7.7%，工业生产者购进价格上涨11.5%。

全年城镇新增就业7.2万人，新增转移农村劳动力8.1万人，开发就业见习岗位5673个，公益性岗位2644个。年末城镇登记失业率2.54%，较上年提升0.17个百分点。

二、农业

全年粮食作物种植面积875.3千公顷，比上年增加2.5千公顷，小麦种植面积438.4千公顷，增加1.7千公顷。油料种植面积8.3千公顷，增加0.2千公顷。蔬菜种植面积78.3千公顷，增加2.8千公顷。中草药材种植面积58.5千公顷，增加0.4千公顷。

全年粮食产量514.6万吨，比上年增长1.9%。其中，夏粮318.3万吨，增长0.7%；秋粮196.3万吨，增长3.8%。油料产量4.5万吨，增长2.6%。糖料产量0.5万吨，增长0.5%。蔬菜产量312.7万吨，增长5.5%。瓜果产量59.0万吨，增长6.1%。

年末全市生猪存栏188.5万头，比上年增长9.6%；全年生猪出栏342.6万头，增长33.8%。猪牛羊肉产量32.5万吨，增长29.0%。禽蛋产量8.1万吨，下降12.0%。牛奶产量1.1万吨，增长37.5%。水产品

2021年全市主要农产品产量一览表

表3　　单位：万吨

产品名称	绝对数	比上年增长（%）
粮食	514.6	1.9
油料	4.5	2.6
#花生	4.0	2.9
油菜籽	0.4	−0.9
芝麻	0.1	2.6
糖料	0.5	0.5
蔬菜	312.7	5.5
瓜果	59.0	6.1

产量5.4万吨，增长1.9%。

年末全市农业机械总动力830.1万千瓦，比上年增长2.1%。农作物耕种收综合机械化水平93.6%，主要农作物生产基本实现全程机械化；率先建设全省首个“无人农场”，实现农民种田不下地；肥水还田提升高标准农田地力做法，获农业农村部《农田建设简报》刊登向全国推广。培育“亳字号”农产品品牌，提升优质亳菊、亳芍、亳丹皮、亳天花粉、义门苔干、涡阳大豆等区域公共品牌知名度，全市“三品一标”认证总数691个、认证个数居全省前列。涡阳县、利辛县被农业农村部认定为全国绿色食品原料基地和全国有机农产品基地。

年末市级以上农业龙头企业635家，较上年新增65家，其中国家级7家，省级65家。全市新建农民专业合作社省级示范点（社）54个，较上年新增34家，年末拥有农民合作社2.8万家，获批省级农产品加工强园2个。规模以上农产品加工企业总数328家，省级农业产业化示范联合体43个。累计建设省级长三角绿色农产品生产加工供应基地17家。五得利集团、金沙河面业、温氏集团、上海鹏欣集团、牧原集团、正大集团等一批国内知名企业落户亳州，形成了中药加工、精品粮油、绿色蔬果、生态畜牧、优质白酒五大农产品加工集群。

全市共建成美丽乡村省级中心村355个，市县自主建设中心村231个，新增农村“三变”改革实施村36个，实施农村“三变”改革的村总数达1194个。新建成乡镇到村水泥（沥青）路368千米。新增中国美丽休闲乡村1个、省级休闲农业示范园区2个、省级“一村一品”示范村镇2个。完成农村改厕4.97万户，蒙城县完成农村厕所长效机制示范县建设；完成31个行政村农村环境整治、43个行政村农村生活污水治理、13条农村黑臭水体治理、26个乡镇政府驻地生活污水处理设施提质增效；农村生活垃圾无害化处理率98%；“五清一改”村庄清洁行动覆盖所有行政村。在全省率先出

台乡村振兴医保政策，回归基本医疗保险、大病保险、医疗救助三重制度常态化保障，健全防范化解因病致贫返贫长效机制。

三、工业和建筑业

年末全市规模以上工业[3]企业665户。全年规模以上工业增加值比上年增长7.5%。国有企业和大中型工业企业生产增长较快，增幅分别比规模工业高了23.4个和10.9个百分点。

全市30个工业行业中，12个保持增长。其中，煤炭开采和洗选业增长42.1%，农副食品加工业增长9.1%，酒、饮料和精制茶制造业增长22.9%，医药制造业下降7.6%，汽车制造业增长6.9%，电力、热力生产和供应业增长15.1%，计算机、通信和其他电子设备制造业增长6.2%，五大主导行业对全市规模以上工业增长贡献率达87.0%。高新技术产业增加值增长0.6%。战略性新兴产业产值增长8.6%。

规模以上工业统计的主要产品产量中，小麦粉增长8.0%、精制茶增长32.1%、熟肉制品增长7.8%、白酒增长3.7%、服装增长1.5%、塑料制品增长22.9%。

全市规模以上工业企业营业收入增长11.9%；营业利税总额下降5.8%；利润总额下降17.9%。农副食品加工业，酒、饮料和精茶制造业，医药制造业，金属制品业，非金属矿物制品业，计算机、通信和其他电子设备制造业，电力、热力生产和供应业，燃气生产和供应业8个行业利润均超亿元。

全年建筑业增加值191.8亿元，比上年增长4.6%。房屋建筑施工面积1058.7万平方米，增加347.2万平方米；房屋竣工面积318.7万平方米，增加125.3万平方米。

四、固定资产投资

全年固定资产投资[4]比上年增长1.0%。其中，工业技术改造投资增长14.4%；民间投资下降2.7%。分产业看，第一产业投资增长81.8%，第二产业投资增长8.8%，第三产业投资下降2.9%。工业投资增长9.1%，其中制造业投资增长11.8%。

全年房地产开发投资453.6亿元，比上年增长0.9%。商品

2021年全市规模以上工业增加值一览表

表4　单位：%

指标	比上年增长
规模工业增加值	7.5
其中：国有企业	30.9
集体企业	−10.7
股份合作企业	−28.0
股份制企业	6.1
外商及港澳台商投资企业	7.1
其他企业	31.1
其中：国有及国有控股企业	21.7
其中：大中型工业企业	18.4

2021年全市主要工业产品产量一览表

表5

产品名称	单位	绝对数	比上年增长(%)
小麦粉	万吨	1546.4	8.0
精制茶	吨	3800.3	32.1
白酒	万升	72945.5	3.7
熟肉制品	吨	73555.4	7.8
饮料	万吨	27.6	−5.6
冻肉	万吨	71.0	−0.4
饲料	万吨	523.4	−13.2
日用塑料制品	万吨	3.3	22.9
水泥	万吨	2092.8	−5.0
商品混凝土	万立方米	4684.6	−3.8
砖	亿块	42.5	20.7
石墨及碳素制品	吨	26558.0	107.0
服装	万件	14895.5	1.5
布	万米	13699.5	−72.4
家具	万件	213.2	−58.8
电光源	万只	93.7	5.3

房销售面积685.3万平方米，下降2.7%；商品房销售额398.8亿元，下降5.0%。

全年992个市重点项目投资完成率101%。其中，497个续建项目投资完成率107%；495个年度计划新开工项目开工488个，开工率98.6%。623个省重点项目投资完成率120.3%；242个计划新开工项目开工223个，开工率92.1%；竣工项目118个，竣工率126.9%，超额完成全年目标。亳州魏武广场停车楼项目、蒙城万达广场项目、墨泰新型材料项目、永刚药业提取项目、江淮瑞风中高端MPV产品引进技术改造项目、北京同仁堂现代中药生产建设项目等亿元以上项目建成投产或主体完工；古井集团酿酒生产智能化技改项目、住方科技公司智能化门窗生产项目、利辛县传旗重科装备制造产业园项目、绿色装配式建筑产业园钢结构（桥梁钢、焊管）生产项目、韵达亳州现代产业园项目、亳蒙高速项目、亳州民用机场项目等亿元以上项目加快建设。

五、国内贸易

全年社会消费品零售总额1190.1亿元，比上年增长20.0%。按经营地统计，城镇消费品零售额912.7亿元，增长19.9%；乡村消费品零售额277.4亿元，增长20.3%。按消费类型统计，商品零售额1080.6亿元，增长18.9%；餐饮收入109.5亿元，增长32.2%。

限额以上单位商品零售额中，吃、穿、用类商品零售额分别比上年增长21.8%、下降3.9%和增长14.9%。其中，粮油类增长9.6%，肉禽蛋类增长9.8%，服装类下降5.4%，化妆品类增长4.6%，日用品类增长8.3%，中西药品类增长27.7%，家用电器和音像器材类增长4.2%，石油及制品类增长17.1%，汽车类增长15.7%，金银珠宝类下降8.2%，文化办公用品类增长20.9%。

全市电商网点774个，培育电商示范镇8个、电商示范村31个、网销额超1000万元的电商龙头企业10家。新增农村电商经营主体632家，全年实现农产品网络销售额95.8亿元。

六、对外经济和旅游

全年进出口总额6.4亿美元，比上年下降39.0%。其中，出口4.8亿美元，下降47.6%；进口1.6亿美元，增长17.6%。从出口经营主体看，生产型企业出口增长36.2%，贸易型企业出口下降97.0%。从出口商品看，中药材出口下降14.4%，高技术产品增长8.0%。全市孵化新增进出口实绩企业45家。积极组织92家企业参加第四届进博会等国际会展，实现进出口额2.98亿美元；210家企业与RCEP缔约方开展外贸进出口贸易，累计实现进出口总额3.5亿美元；22家企业通过跨境电商平台实现出口2734万元。

全年新设外商投资企业7家；实际利用外商直接投资5.1

2021年全市行业固定资产投资增长速度一览表

表6　　单位：%

行业	比上年增长
农、林、牧、渔业	79.4
采矿业	−14.9
制造业	11.8
农副食品加工业	−48.1
酒、饮料和精制茶制造业	221.3
医药制造业	−17.2
非金属矿物制品业	44.4
汽车制造业	79.5
电力、燃气及水的生产和供应业	10.5
交通运输、仓储和邮政业	−37.6
信息传输、软件和信息技术服务业	−84.6
批发和零售业	−49.8
住宿和餐饮业	86.5
房地产业	−0.3
教育	−10.3
卫生和社会工作	138.9
文化、体育和娱乐业	30.2

亿美元，增长18.5%。

全年接待国内旅游人数2385.4万人次，比上年增长26.8%。国内旅游收入189.6亿元，增长36.1%。年末全市共有旅行社34家，AAA级以上旅游景区44处，其中AAAA级旅游景区9处；3星级以上旅游饭店15家，其中五星级饭店1家、四星级饭店4家；全国乡村旅游重点村2个、省级及以上中医药健康旅游基地5个、省研学旅行基地3个、省旅游商品特色街区2个、省级旅游度假区1个、省级旅游休闲街区1个、省级特色旅游名镇4个、省级特色旅游名村6个、省级休闲旅游示范点12个、AAA级旅游村庄13个。北关历史街区成功获评安徽省旅游休闲街区，汤王温泉度假区获评省级旅游度假区。神农谷中医药研学旅游基地、康美华佗国际中药城研学旅游基地、火星时代研学旅游基地、古井酒文化研学旅游基地获评安徽省研学旅游示范基地。古亳寻味香炉套装荣获“2021中国特色旅游商品大赛”全国银奖，百年峥嵘、百年筑梦、百年征程3个产品入选全国红色旅游创意产品。

七、交通和邮电

全年交通运输、仓储和邮政业增加值87.8亿元，比上年增长9.6%。

2021年全市出口主要分类及地区分布一览表

表7

指标	绝对数（万美元）	比上年增长（%）
出口额	48066	-47.6
其中：中药材	12216	-14.4
其中：机电产品	4938	-80.4
其中：一般贸易	42909	-50.0
加工贸易	5069	-9.7
其中：生产型企业	46330	36.2
贸易型企业	1736	-97.0
国有企业	348	111
民营企业	6443	-6.8

2021年末全市金融机构人民币各项存贷款余额一览表

表8

指标	年末数（亿元）	比上年末增长（%）
各项存款余额	2847.5	13.8
其中：单位存款余额	859.3	12.8
住户存款余额	1944.8	15.5
各项贷款余额	2742.9	15.2
其中：短期贷款余额	1061.6	11.4
中长期贷款余额	1638.4	17.0
# 个人消费贷款	854.5	15.3

全年公路旅客运输量833万人，比上年下降45.8%，公路和水运货物运输量27596万吨，增长10.0%；公路旅客运输周转量8.7亿人千米，下降34.3%，公路和水运货物运输周转量662.2亿吨千米，增长10.2%。全年港口货物吞吐量18.7万吨，下降62.4%。亳州机场、亳蒙高速二期、徐淮阜高速亳州段等项目正式开工，11个普通国省干线公路建设项目有序推进。

年末全市民用汽车拥有量76.1万辆，比上年增长8.6%，其中私人汽车66.3万辆，增长8.6%。轿车拥有量33.9万辆，增长9.6%，其中私人轿车33.1万辆，增长9.7%。全市城区年末公交营运车辆2139辆，出租车营运车辆3005辆。

全年邮电业务总量[5]71.8亿元。其中，电信业务总量42.3亿元；邮政业务总量29.5亿元。年末本地固定电话用户20.9万户；移动电话用户512.0万户。年末基础电信运营企业计算机互联网宽带接入用户174.2万户。开通5G基站1608个，实现重点集镇、工业园区、高速、高铁沿线5G网络覆盖。

八、财政、金融和保险业

全年一般公共预算收入140.3亿元，比上年增长11.0%，其中税收收入96.2亿元，增长11.4%。财政支出377.4亿元，其中民生支出完成321.1亿元，占财政总支出的85.1%，同比提高1.2个百分点。

年末全市金融机构各项存款余额（人民币口径，下同）2847.5亿元，比上年末增加

345.8亿元，增长13.8%。其中，单位存款余额859.3亿元，增长12.8%；住户存款余额1944.8亿元，增长15.5%。金融机构各项贷款余额2742.9亿元，比上年末增加362.5亿元，增长15.2%。其中，短期贷款1061.6亿元，增长11.4%；中长期贷款1638.4亿元，增长17.0%，中长期贷款中个人消费贷款854.5亿元，增长15.3%。

年末全市共有9家证券公司营业部，开户股民（含基金）总数13.4万个，比上年增长21.0%。全市共有保险公司37家，其中，财产保险公司18家，人寿保险公司19家。全年保险业保费总收入80.3亿元，增长1.2%。其中，财产险业务保费收入37.4亿元，下降2.6%；人身险业务保费收入43.0亿元，增长4.8%。赔款和给付32.8亿元，增长24.6%。其中，财产险业务赔款和给付支出27.0亿元，增长34.9%；人身险业务赔款和给付支出5.7亿元，下降8.6%。

九、教育和科学技术

年末全市普通高校2所，在校学生2.5万人。各类中等职业教育学校（不含技工学校）12所，在校生7.1万人。普通高中32所，在校生10.5万人，高中阶段毛入学率94.0%。普通初中277所，在校生26.5万人，初中阶段适龄人口入学率100%。小学983所，在校生51.2万人，小学学龄儿童入学率100%。各级各类成人学校毕业生1.3万人。新建、改扩建中小学、幼儿园50所，优化调整237所乡村小规模学校。建设乡村智慧学校323所，并与省智慧学校监管平台互联互通，实现乡村中小学智慧学校建设全覆盖。

年末全市有各类专业技术人员9.7万人，比上年增长5.4%。全市新认定高新技术企业128家，总数达256家。各类科技成果493项。主要科技成果有：安徽济人药业有限公司“五味中药对欧盟出口质量控制示范研究”、亳州市农业科学研究院“涡麦182”等。

全市现有省技术创新中心1家、省重点实验室1家、省工程技术研究中心17家、省新型研发机构1家、省院士工作站2家。当年新获批省级科技企业孵化器和众创空间5家，新备案市级科技企业孵化器和众创空间3家、新组建市级工程技术研究中心7家、重点实验室2家、临床医学研究中心4家。认定技术合同567项、合同成交总额56.2亿元，其中企业吸纳技术合同375项、成交额36.4亿元，输出技术合同143项、合同成交额11.7亿元。加强博士后工作站建设，新引进4名博士后进站工作。成立各级各类科技志愿服务队64支，组织科普活动267场次，参与公众超过30万人次。涡阳县被中国科协命名为全国科普示范县。

全年全市商标注册22547件，同比增长41.8%；有效商标总量80553件，同比增长38%。授权专利4023件，其中发明专利722件。全市拥有国家地理标志产品4个，安徽皖美品牌示范企业6家。

十、文化、卫生和体育

年末全市共有专业艺术表演团体520个，文化馆5个，公共图书馆5个，博物馆5个，乡镇综合文化站87个，建成村级综合文化服务中心1338个，建设农家书屋1296个。全市免费送戏下乡1429场。全国重点文物保护单位8处，省级重点文物保护单位44处，市级重点文物保护单位59处。国家级非物质文化遗产名录6项，省级名录38项，市级名录180项。广播电台4座，中波发射台和转播台1座，广播人口覆盖率100%。电视台4座，有线电视用户15万户，电视综合人口覆盖率100%。全年出版报纸1种，总印数903万份。

年末全市共有卫生机构2513个，其中医院86个，卫生院92个，社区卫生服务中心

2021年全市各类教育发展情况一览表

表9　　单位：万人

指标	招生数	在校生数	毕业生数
普通高等教育	0.8	2.5	0.5
中等职业教育	3.8	7.1	3.0
普通高中	3.7	10.5	3.0
普通初中	8.9	26.5	8.0
小学	7.9	51.2	9.1
特殊教育	0.07	0.5	0.06

（站）131个，妇幼保健院（所、站）5个，疾病预防控制中心5个。卫生技术人员30189人，其中执业（助理）医师11993人，注册护士14130人。医院、卫生院实有床位数26124张。全年诊疗2402.4万人次。村卫生室1340个，乡村医生和卫生员3941人，农村有医疗点的村占总村数的100%。坚定不移抓好疫情防控和疫苗接种工作，全市设置接种点146个、接种台690个，培训接种人员4568人，全市累计接种新冠病毒疫苗940.8万剂次、428.3万人。市人民医院与安徽医科大学合作共建安徽医科大学附属亳州医院；市中医院与安徽中医药大学第一附属医院合作打造省级中医区域医疗中心和国家规培基地。市第二人民医院、市儿童医院、市肿瘤医院、市人民医院急诊大楼、市中医院二期工程项目有序推进。亳州市再次被国家卫生健康委、中国红十字总会、中央军委后勤保障部卫生局授予"无偿献血先进市"。

年末全市共有体育场地14615个，其中体育场21个，体育馆3座。全年在国际和国内的重大比赛中，亳州市运动健儿获24枚金牌、48枚银牌和57枚铜牌。"全民健身"系列主题活动蓬勃开展，全年共举办百人以上群众体育活动90次，其中现代体育项目群众活动62次，民间传统体育群众活动28次。举办首届"亳州杯"全国象棋快棋锦标赛。

十一、人民生活和社会保障

全年全市常住居民人均可支配收入24481元，比上年增长9.9%。人均消费性支出17706元，增长8.9%。

按常住地分，全年城镇常住居民人均可支配收入37319元，比上年增长9.3%。人均消费支出23918元，增长8.7%。其中，食品支出增长7.4%，衣着增长22.4%，居住增长37.5%，教育文化娱乐服务增长30.4%。城镇常住居民恩格尔系数[6]为31.0%，比上年下降0.3个百分点。年末城镇常住居民人均住房建筑面积57平方米。

全年农村常住居民人均可支配收入16769元，比上年增长9.7%。人均生活消费支出13974元，增长8.4%。其中，食品支出增长6.0%，衣着增长58.1%，居住下降9.2%，交通下降28.5%。农村常住居民恩格尔系数为33.5%，比上年下降0.7个百分点。年末农村常住居民人均住房建筑面积67.2平方米。

年末全市参加城镇职工基本养老保险38.6万人，比上年增长19.3%；城镇职工基本医疗保险29.4万人，增长4.4%；城乡居民基本医疗保险565.6万人，增长0.9%；参加生育保险595.0万人，增长1.1%；失业保险19.8万人，增长16.3%；全市参加工伤保险33.0万人，增长0.3%；参加新型农村养老保险362.5万人，下降0.2%。全市城乡低保水平进一步提升，全年发放低保金10.9亿元，较上年增长4.0%，城镇低保年末保障0.9万人，农村低保年末保障22.6万人。

年末全市有各类收养性社会福利单位床位3.7万张，收养各类人员6661人。城镇建立各种社区服务设施732个，乡镇、街道及县（市、区）级社区服务中心93个，综合性社区服务站127个，改扩建乡镇敬老院14所。全年销售社会福利彩票2.3亿元，筹集公益金2781万元。

十二、资源、环境和安全生产

全年批准建设用地189.7公顷，落实基本农田保护面积51.3万公顷，出让国有土地使用权1247.1公顷。补充耕地1085.7公顷，人工造林2373公顷，完成四旁植树103.4万株，完成森林抚育4.2万亩，创建省级森林城镇4个、森林村庄28个。完成江淮运河生态廊道两侧15千米范围内人工造林1.1万亩、森林质量提升1.0万亩。年末园林绿地面积4224.9公顷，建成区绿化覆盖率为43.2%，人均公共绿地面积18.4平方米。

全市水资源总量28.8亿立方米，用水总量10.1亿立方米。已发现各类矿产8种，已探明储量的矿产4种，煤炭储量达50.6亿吨。城市日供水综合能力33.9万吨，自来水普及率达99.8%。液化气年家庭用量0.3万吨，城市气化率达99.7%。

年末全市有各类气象台站4个，自动观测点315个，市、县级环境监测站5个。全市年平均气温16.5℃；年日照总时数2059.2小时；年平均降水量957.1毫米。

全年市区环境空气质量优

良天数为285天，空气质量达标率为78.5%。$PM_{2.5}$平均浓度为38.1微克/立方米，比上年下降14.3%。区域环境噪声平均值为54.2分贝，交通噪声平均值为62.4分贝。在涡河设置的涡河亳州、义门大桥、岳坊大桥、龙亢4个监测断面，水质类别分别为Ⅳ类、Ⅲ类、Ⅲ类、Ⅲ类，较上年水质改善。西淝河亳州市断面水质为Ⅳ。

全市共发生各类生产安全事故38起、死亡41人，分别比上年下降41.5%、25.5%。全年共排查安全隐患11.3万处，无重大生产安全事故、无重大森林火灾事故、无重大消防火灾事故、无重大自然灾害事故，安全生产形势总体稳定向好。

注：

［1］本公报数据为初步统计数。部分数据因四舍五入的原因，存在与分项合计不等的情况。

［2］生产总值及各产业增加值绝对数按现价计算，增长速度按可比价格计算。

［3］规模以上工业统计范围为年主营业务收入2000万元及以上的企业。

［4］固定资产投资统计范围为计划总投资500万元以上项目及房地产。

［5］邮电业务总量按2020年不变价格计算。

［6］恩格尔系数是指居民食品消费支出占全部消费性支出的比重。

《亳州市旅游促进条例》

（2021年8月31日亳州市第四届人民代表大会常务委员会第四十六次会议通过　2021年9月29日安徽省第十三届人民代表大会常务委员会第二十九次会议批准）

第一章　总　则

第一条　为了有效保护和科学利用旅游资源，规范旅游市场秩序，优化旅游环境，保障旅游者和旅游经营者及其从业人员的合法权益，促进旅游业高质量发展，根据《中华人民共和国旅游法》和有关法律、行政法规，结合本市实际，制定本条例。

第二条　本条例适用本市行政区域内促进旅游业的规划建设、业态发展、服务保障、监督管理活动。

第三条　旅游业发展应当坚持自然资源、历史文化资源保护与利用并重，遵循政府引导、市场主导、创新驱动、产业融合的原则，实现社会效益、经济效益和生态效益相统一。

第四条　市、县（区）人民政府应当将旅游业发展纳入国民经济和社会发展规划，制定促进旅游业发展的政策措施，加大对旅游业发展的投入和支持，建立健全促进旅游业发展综合协调机制和考核激励机制，统筹解决旅游业发展中的问题。

乡镇人民政府、街道办事处应当配合有关部门做好本行政区域内促进旅游业发展相关工作。

村民委员会、居民委员会应当协助有关部门做好促进旅游业发展相关工作。

第五条　市、县（区）旅游主管部门负责本行政区域内促进旅游业发展统筹协调、指导服务、产业发展、监督管理等工作，其他有关部门应当按照各自职责，做好促进旅游业发展工作。

开发区（园区）、旅游景区等管理机构应当按照市、县

（区）人民政府规定的职责，做好本区域内促进旅游业发展工作。

第六条 旅游行业组织应当依照法律、法规和章程的规定开展活动，加强行业自律管理，组织开展职业道德教育和业务培训，提高从业人员素质。

第七条 市、县（区）人民政府应当发展旅游职业教育和培训，加强旅游人才队伍建设。

市、县（区）人民政府鼓励和支持各类社会机构和志愿者开展旅游公益活动，对促进旅游业发展做出突出贡献的单位和个人给予奖励。

第二章 规划建设

第八条 市、县（区）人民政府应当按照全域旅游发展要求，依法组织编制旅游发展规划，并向社会公布。跨县（区）行政区域的旅游发展规划应当由市人民政府组织编制或者由所在地县（区）人民政府共同协商编制。

县（区）人民政府的旅游发展规划应当符合市旅游发展规划，并报市人民政府备案。

第九条 市、县（区）人民政府组织编制国土空间规划和其他有关规划时，应当充分考虑促进旅游发展需要，合理预留旅游发展空间。

旅游资源丰富、旅游项目集中的区域，应当优先规划建设交通、通信、供水、供电、生态环境、医疗卫生等基础设施和公共服务设施。

第十条 市、县（区）人民政府应当按照职责范围对亳州老街、曹操地下运兵道、曹操宗族墓群、汤王古墓遗址、八角台遗址、花戏楼、华祖庵、古井贡酒酿造遗址、天静宫、尉迟寺遗址、万佛塔、庄子祠以及其他适宜整体保护和利用的旅游资源，统筹组织编制旅游发展专项规划。

第十一条 市、县（区）人民政府应当统筹安排用地计划，依法优先保障旅游重点项目等建设用地。支持依法利用荒地、荒坡、荒滩、废河道（沟、塘）、空置房产等开发旅游项目。

鼓励农村集体经济组织依法以集体经营性建设用地使用权入股、联营等方式参与旅游经营活动。

第十二条 市、县（区）人民政府应当建立健全促进旅游业发展财政投入保障机制，将旅游业发展资金列入财政预算。

市、县（区）人民政府应当引导金融机构开发适应全域旅游发展的信贷产品，加强信贷支持。

支持社会资本投资参与旅游资源开发、旅游项目建设，鼓励各类资本通过参股、兼并、收购等方式组建跨区域、跨行业、跨所有制的旅游产业集团和产业联盟。

第三章 业态发展

第十三条 市、县（区）人民政府应当发展全域旅游，制定有利于全域旅游发展的产业政策，促进旅游业与相关产业融合发展。

第十四条 市、县（区）人民政府应当统筹利用本地历史人文资源发展文化旅游，依托红色文化、中医药文化、道家文化、曹魏文化、白酒文化等文化资源，培育文化旅游品牌。

鼓励利用历史文化街区、古镇名村、传统古村落、名人故居故里、博物馆、纪念馆和历史建筑等历史文化资源，开发具有亳州特色的文化旅游项目和产品。

鼓励依托非物质文化遗产项目、民间艺术、手工艺、传统节日等开展民俗旅游。

鼓励开发和培育具有影响力的文化创意、影视制作、文化会展、学术研讨、动漫游戏、演出演艺和节庆活动等旅游品牌，丰富旅游产品供给。

第十五条 市、县（区）人民政府应当依托国防教育综合基地、皖北烈士陵园、新四军第四师纪念馆、辉山红色景区和板桥集战斗纪念馆等革命遗址和纪念设施，发展红色旅游。

支持机关团体、企事业单位、学校以及培训机构利用红色旅游景区开展爱国主义和革命传统教育活动，弘扬社会主义核心价值观。

第十六条 市、县（区）人民政府应当支持利用优质中医药资源和生态资源，发展中医药健康旅游示范区、示范基地和示范项目。

鼓励依托中医药资源、华佗五禽戏和亳州药膳等医养资源，发展旅游观光、休闲养生、医疗保健、运动康体、健康膳食等康养旅游，开发康养旅游产品。

第十七条 市、县（区）人民政府应当保护、传承亳州特色名吃制作技艺，鼓励和支持创新、推广亳州美食产品，开发具有亳州特色的餐饮项目和产品。

鼓励和支持各类餐饮业态融合发展，丰富亳州美食内涵。

市、县（区）人民政府应当建立本地特色餐饮食品品牌推荐名录。

第十八条　市、县（区）人民政府应当把乡村旅游发展纳入乡村振兴、新型城镇化建设等相关规划，结合本地资源特点、生态环境优势，制定有利于乡村旅游发展的政策措施，推动乡村旅游公共服务体系以及配套设施建设，打造特色旅游小镇。

鼓励和支持利用自有资源、乡村特色资源依法从事乡村旅游经营活动，注重挖掘乡土文化内涵，创新乡村旅游开发模式，引导乡村旅游经营者开发田园观光、休闲健身、农事体验等特色乡村旅游产品，带动乡村产业发展。

第十九条　市、县（区）人民政府应当加强对中药、食品等工业遗产资源的普查、认定、保护。

鼓励和支持依托亳州中药、白酒等工业资源开发特色工艺流程展示、工业观光、工业文化体验等工业旅游项目和产品。

第二十条　市、县（区）人民政府应当制定相关政策措施，鼓励和支持学校组织学生开展研学旅行活动。

鼓励和支持依托自然和文化遗产资源、公共设施、传统古村落、博物馆、科技馆、展览馆、大中专院校、工商企业、科研机构等，建设研学旅行基地，创新开发研学旅行产品。

第二十一条　市、县（区）人民政府鼓励依托人文历史、自然景观、传统文化、体育赛事、特色美食、田园风光等资源，举办具有影响力、公众参与性强的特色节庆活动，开发和培育特色节庆旅游品牌。

第二十二条　市、县（区）人民政府应当建立夜间旅游发展促进机制，加强夜间交通服务和城市夜景照明设施建设，鼓励和支持合理利用城市夜间景观、商业设施、剧院书场、特色餐饮等优势要素，发展夜间旅游。

第四章　服务保障

第二十三条　市、县（区）人民政府应当按照全域旅游发展要求，加强旅游基础设施建设，完善旅游公共服务体系，合理布局旅游交通路线，统筹建设连通景区、景点、乡村旅游服务基地的道路以及配套的停车场、单车停放点、旅游集散与换乘中心、游客服务中心、休闲驿站、旅游厕所、通信等旅游公共设施。

车站、码头、机场、宾馆、酒店、景区（点）等应当根据有关规定建设和维护无障碍设施，为残疾人、老年人、孕妇等特殊群体安全旅行和正常使用提供便利。

第二十四条　市、县（区）人民政府应当制定扶持政策，促进宾馆、饭店、旅行社等旅游服务业的发展。

鼓励和支持社会资本投资住宿业，满足市场多样化需求。

鼓励和支持旅游经营者开发自驾游产品，建设房车营地、自驾游基地、露营基地等，完善自驾旅游服务保障体系。

第二十五条　爱国主义教育基地和政府投资主办的博物馆、美术馆、图书馆、展览馆、科技馆等公共场馆，除重点文物保护单位和珍贵文物收藏单位外，应当免费向公众开放。

利用公共资源建设的旅游景区（点）应当明示优惠政策，对军人、劳动模范、未成年人、全日制学校学生、老年人、残疾人以及其他符合条件的旅游者按照规定实行门票费用减免。

鼓励和支持具备条件的旅游景区（点）逐步扩大享受门票费用减免的旅游者范围。

鼓励旅游景区（点）设立公众免费开放日。

第二十六条　市、县（区）人民政府应当制定扶持政策，鼓励和支持根据本地资源优势，研发旅游产品，培育体现亳州特色和文化内涵的旅游商品品牌。

市、县（区）人民政府应当完善城市商业区旅游服务功能，支持规划建设特色美食街区、特色商品购物街区、文旅休闲街区，丰富产品供给。

第二十七条　市、县（区）人民政府应当推进智慧旅游建设，建立旅游信息共享与服务机制，提供旅游景区、线路、交通、气象、食宿、安全、医疗急救等信息服务。

鼓励旅游经营者建立和利用旅游电子商务平台，开发网上在线宣传、信息查询、预订、支付和评价等服务功能，推广和销售旅游产品。

第二十八条　市、县（区）

人民政府统筹组织本地旅游形象和旅游品牌宣传推广工作，建立旅游宣传推广协调机制，加强与长三角地区以及其他地区旅游合作，开展旅游资源开发、旅游线路设计、市场联合推广等交流，实现资源共享，推进区域旅游一体化。

鼓励媒体提高公益广告投入比例，加强旅游形象、旅游产品、文明旅游等宣传推广。

第五章　监督管理

第二十九条　市、县（区）人民政府应当依法将旅游应急管理纳入政府应急管理体系，制定应急预案，建立健全旅游突发事件应对机制、旅游安全综合监管机制和旅游安全工作责任制。

市、县（区）人民政府旅游主管部门应当组织开展旅游安全宣传、教育和培训，开展旅游安全检查和监督，会同有关部门对本行政区域的旅游安全风险进行监测评估，及时向社会发布旅游安全警示信息。

旅游经营者应当定期对提供的产品和服务进行安全检验、监测和评估，对直接为旅游者提供服务的从业人员，开展安全风险防范和应急救助技能培训。

第三十条　市、县（区）人民政府应当建立健全旅游综合协调、市场联合执法、投诉统一受理等监管机制，加强对旅游市场和旅游服务质量的监督管理，规范旅游市场秩序。

市、县（区）人民政府旅游主管部门应当建立健全旅游投诉处理工作机制，向社会公布旅游投诉方式，依法及时处理旅游投诉。

第三十一条　为旅游者提供交通、住宿、餐饮、购物、娱乐等服务的经营者及其从业人员，应当依法诚信经营、公平竞争，不得进行虚假宣传，欺骗、误导旅游者。

旅游经营者提供的商品和服务应当明码标价、质价相符，并符合保障人身、财产安全的要求。

旅游经营者及其从业人员应当宣传文明旅游行为规范，引导旅游者文明旅游，劝阻不文明行为。

第三十二条　旅游者在旅游活动中应当遵守法律法规、社会公共秩序和社会公德，尊重当地风俗习惯、文化传统和宗教信仰，爱护旅游资源，保护生态环境，遵守文明旅游行为规范，服从景区管理，不得攀树折枝、践踏草坪、刻画涂污或者以其他方式损坏景物。

第六章　附　则

第三十三条　本条例自2022年1月1日起施行。

索　引

主题索引

本索引采用主题分析索引法，按索引词首字汉语拼音字母顺序排列，同声同韵字按声调、同音字按笔画顺序排列，若首字母相同按第二字音序排列，依次类推。索引词后的阿拉伯数字表示该词所在页码，数字后的英文字母 a、b、c 分别表示该页文字的左、中、右栏。

C

D

M

N

P

Q

R

S

T

W

X

Y

Z

图表索引

本索引按图片和表格在文中的先后顺序排列，图片说明文字和表格标题后的阿拉伯数字表示所在页码。

系列图片索引：

随文图片索引：

表格索引：